Die Vergütung des Betreuers

Die Vergütung des Betreuers

Handbuch der Vergütungs- und Aufwendungsregelungen

5. überarbeitete und aktualisierte Auflage

bearbeitet von

Horst Deinert
Dipl.-Sozialarbeiter/Dipl.-Verwaltungswirt (FH),
Verwaltungswissenschaftler (VWA), Duisburg

Kay Lütgens
Rechtsanwalt, Justiziar des BdB e.V., Hamburg

Bundesanzeiger
Verlag

Bibliografische Information Der Deutschen Bibliothek
Die Deutsche Bibliothek verzeichnet diese Publikation in der Deutschen Nationalbibliografie;
detaillierte bibliografische Daten sind im Internet über <http://dnb.ddb.de> abrufbar.

ISBN 3-89817-685-9

© 2008 Bundesanzeiger Verlagsges.mbH., Köln

Lektorat: Dorothea Venator
Herstellung: Gerhard Treinen
Satz: starke+partner, Willich
Druck und buchbinderische Verarbeitung: Appel & Klinger Druck und Medien GmbH, Kronach

Printed in Germany

Übersicht

Vorwort zur 5. Auflage

Die 4. Auflage dieses Buches erschien im Herbst 2005. Das 2. Betreuungsrechtsänderungsgesetz und mit ihm die Pauschalierung der Vergütung für Berufs- und Vereinsbetreuer war wenige Monate zuvor in Kraft getreten. Bekanntlich war diese Neuregelung der Betreuervergütung gegen den Protest der Berufsverbände und gegen zahlreiche Empfehlungen von Experten zustande gekommen, um Fehlentwicklungen im Betreuungsrecht zu begegnen und Ressourcen besser zu verwenden – so die Gesetzesbegründung.

Von Seiten der Kritiker war eingewendet worden, die Pauschalierung der Betreuervergütung werde nachteilige Folgen für die Qualität der Betreuungsarbeit mit sich bringen und in den Jahren zuvor begonnene Spezialisierungen umkehren zugunsten einer Einheitsbetreuung, bei der es weniger als bisher auf persönliche Kontakte zu den Betreuten ankommt, sondern ein Zurück zur anonymen Mündelverwaltung bedeuten. Das Kölner Institut für Sozialforschung und Gesellschaftspolitik hat seitens des Bundesjustizministeriums einen Gutachtenauftrag erhalten, u.a. um zu eruieren, wie sich die Pauschalierung auf die Betreuungstätigkeit auswirkt. Ein erster Zwischenbericht Mitte 2007 brachte hierzu allerdings noch keine eindeutigen Antworten. Ergebnisse, die Grundlage für Veränderungen des Vergütungsrechts sein könnten, sind erst mit dem Abschlussbericht im Jahr 2009 zu erwarten.

Als die Vorauflage erschien, konnten wir noch nicht alle Problemlagen vorausahnen, die das neue Vergütungsrecht mit sich bringen würde. Wir haben für uns erkennbare Problemfelder, z.B. beim Betreuerwechsel, angesprochen und mögliche Antworten geliefert, die zum Teil von der Rechtsprechung nicht akzeptiert wurden. In anderen Bereichen, z.B. bei der Frage des Aufenthaltsstatus der Betreuten, konnten wir allerdings der Rechtsprechung einige Hinweise geben, wie die häufige Zitierung dieses Buches zeigt.

Für diese Neuauflage haben wir mehrere Hundert Gerichtsbeschlüsse, überwiegend von Landgerichten und Oberlandesgerichten, die seit Inkrafttreten des 2. Betreuungsrechtsänderungsgesetzes ergingen, ausgewertet und in den Buchtext einfließen lassen. Sowohl zu den im Rahmen der Neuregelung strittigen Fragen als auch zu Fragen, die im „alten" Vergütungsrecht bereits eine Rolle spielten, gab es kontroverse Rechtsprechung. Da sich inzwischen nahezu alle möglichen Fallgestaltungen durch Rechtsprechung belegen lassen und für die allermeisten Fragen eine herrschende Rechtsmeinung entstanden ist, hoffen wir, allen an Betreuervergütungsverfahren Beteiligten mit dieser Neuauflage wieder eine gute Hilfestellung geben zu können. Ebenso hoffen wir, einige Schwachstellen des jetzigen Vergütungssystems aufzeigen und damit Anregungen für Korrekturen des Vergütungsrechts geben zu können.

Für Hinweise, Ratschläge, Ergänzungen wie auch Fehlermeldungen sind die Autoren weiterhin stets dankbar.

Duisburg/Hamburg, im Februar 2008

Horst Deinert

Kay Lütgens

Hinweis

Wenn nachstehend Paragrafen ohne Gesetzesangabe genannt werden, so beziehen diese sich stets auf das Bürgerliche Gesetzbuch (BGB). Alle Personenbezeichnungen gelten sowohl in männlicher wie auch in weiblicher Form.

Inhalt

7 Pauschalvergütung für Berufsbetreuer

9 Verfahren zur Geltendmachung von Entschädigungsansprüchen

10 Entstehen und Erlöschen der Ansprüche

11 Mitteilungspflicht von Berufsbetreuern

12 Steuerrechtliche Behandlung der Betreuerentschädigung

13 Sozialversicherung

14 Bevollmächtigte – Tätigkeit aufgrund von (Vorsorge-)Vollmachten

Anhang

Inhalt der CD-ROM

Hier geben wir Ihnen eine Übersicht über die enthaltenen Dokumente. Ein ausführliches Inhaltsverzeichnis finden Sie auf der CD-ROM.

Arbeitshilfen

*   Übersicht über die Entschädigungsansprüche
*   Vergütungsübersichten
*   Berechnungsmuster
*   Antragsformulare

Materialien zum 2. BtÄndG

*   Gesetzesentwurf (Bt-Drs. 15/2494)
*   Beschlussempfehlung und Bericht des Rechtsausschusses (Bt-Drs. 15/4874)
*   Zweites Betreuungsrechtsänderungsgesetz (BGBl. I 2005 S. 1073)

Rechtsgrundlagen

*   Bundesrecht
*   Landesrecht

Rechtsprechung

*   Rechtsprechungsübersicht zum VBVG in Leitsätzen
*   Bundesverfassungsgericht
*   Bundesgerichtshof
*   Weitere Gerichte (BFH, OLG etc.)

Steuern

*   Allgemeine Informationen
*   Umsatzsteuer

Abkürzungen

a.A.	anderer Ansicht
a.F.	alte(r) Fassung
AG	Amtsgericht; auch Ausführungsgesetz; Aktiengesellschaft
Anm.	Anmerkung
AnwBl	Anwaltsblatt
AO	Abgabenordnung
Art.	Artikel
AVR	Arbeitsvertragsrichtlinien
BA	Bachelor
BAG	Bundesarbeitsgericht
BAT	Bundesangestelltentarifvertrag
BayObLG	Bayerisches Oberstes Landesgericht
BayObLGZ	Entscheidungssammlung des BayObLG
BayVBl.	Bayerische Verwaltungsblätter (Zeitschrift)
BBiG	Berufsbildungsgesetz
BdB	Bundesverband der Berufsbetreuer/-innen e.V.
BezG	Bezirksgericht
BfA	Bundesversicherungsanstalt für Angestellte
BFH	Bundesfinanzhof
BFHE	Entscheidungssammlung des Bundesfinanzhofes
BGB	Bürgerliches Gesetzbuch
BGBl.	Bundesgesetzblatt
BGH	Bundesgerichtshof
BGHZ	Entscheidungssammlung des BGH in Zivilsachen
BGW	Berufsgenossenschaft Gesundheitsdienst und Wohlfahrtspflege
BLAG	Bund-Länder-Arbeitsgruppe „Betreuungsrecht"
BMJ	Bundesministerium der Justiz
BRAGO	Bundesrechtsanwaltsgebührenordnung
BR-Drs.	Bundesratsdrucksache
BSG	Bundessozialgericht
BSHG	Bundessozialhilfegesetz
BStBl	Bundessteuerblatt
BtÄndG	Betreuungsrechtsänderungsgesetz
BT-Drs.	Bundestagsdrucksache
BtBG	Betreuungsbehördengesetz
BtE	Betreuungsrechtliche Entscheidungen (Rechtsprechungssammlung; Bundesanzeiger Verlag)
BtG	Betreuungsgesetz
BtInfo	Zeitschrift des Verbandes freiberuflicher BetreuerInnen
BtMan	Fachzeitschrift „Betreuungsmanagement"
BtPrax	Fachzeitschrift „Betreuungsrechtliche Praxis"
BtV	Betreuungsverein
BVerfG	Bundesverfassungsgericht
BVerwGE	Entscheidungssammlung des BVerwG
BVG	Bundesversorgungsgesetz
BVormPrüfVO	Berufsvormünderprüfungsverordnung
BVormVG	Berufsvormündervergütungsgesetz
BVormVGAG	Ausführungsgesetz zum BVormVG
BWNotZ	Baden-Württembergische Notarzeitung

DAVorm	Fachzeitschrift „Der Amtsvormund"
DB	Fachzeitschrift „Der Betrieb"
DBSH	Deutscher Berufsverband für soziale Arbeit
DDR	Deutsche Demokratische Republik
ders.	derselbe
dies.	dieselbe
DNotI	Deutsches Notarinstitut
DNotZ	Deutsche Notarzeitschrift
DRiG	Deutsches Richtergesetz
DRiZ	Deutsche Richterzeitung
DRV	Deutsche Rentenversicherung
DStZ	Deutsche Steuerzeitschrift
DV	Deutscher Verein für öffentliche und private Fürsorge
EFG	Entscheidungen der Finanzgerichte (Zeitschrift)
EFH	Evangelische Fachhochschule
EGBGB	Einführungsgesetz zum Bürgerlichen Gesetzbuch
EGInsO	Einführungsgesetz zur Insolvenzordnung
EinigungsV	Einigungsvertrag zwischen der Bundesrepublik Deutschland und der DDR
ErbStG	Erbschaftsteuergesetz
EstG	Einkommensteuergesetz
EU	Europäische Union
e.V.	eingetragener Verein
EzFamR	Entscheidungssammlung zum Familienrecht
FamRZ	Zeitschrift für das gesamte Familienrecht
FDGB	Freier Deutscher Gewerkschaftsbund (der DDR)
FEVS	Fürsorgerechtliche Entscheidungen der Verwaltungs-und Sozialgerichte
f./ff.	folgende/fortfolgende
FG	Finanzgericht
FGG	Gesetz über die Angelegenheiten der freiwilligen Gerichtsbarkeit
FGO	Finanzgerichtsordnung
FGPrax	Fachzeitschrift „Praxis der freiwilligen Gerichtsbarkeit"
FH	Fachhochschule
FPR	Fachzeitschrift „Familie Partnerschaft Recht"
FReG	Gesetz über das gerichtliche Verfahren bei Freiheitsentziehungen
FuR	Fachzeitschrift „Familie und Recht"
gem.	gemäß
GewO	Gewerbeordnung
GG	Grundgesetz
GoÄ	Gebührenordnung für Ärzte
GoZ	Gebührenordnung für Zahnärzte
GSiG	Gesetz über eine bedarfsorientierte Grundsicherung
GÜ	Geschäftsübersicht
HeimG	Heimgesetz
HibL	Hilfe in besonderen Lebenslagen
HK BUR	Heidelberger Kommentar zum Betreuungs- und Unterbringungsrecht
h.M.	herrschende Meinung
HOAI	Honorarordnung für Architekten und Ingenieure
HRG	Hochschulrahmengesetz
HzL	Hilfe zum Lebensunterhalt

IFB	Institut für freie Berufe der Universität Erlangen-Nürnberg
IHK	Industrie- und Handelskammer
info also	Zeitschrift „Informationen zum Arbeitslosen- und Sozialhilferecht"
InsO	Insolvenzordnung
ISG	Institut für Sozialforschung und Gesellschaftspolitik, Köln
ITB	Institut für transkulturelle Betreuung, Hannover
i.V.m.	in Verbindung mit
JGG	Jugendgerichtsgesetz
JMBl.	Justizministerialblatt
JurBüro	Fachzeitschrift „Das Juristische Büro"
JVEG	Justizvergütungs- und -entschädigungsgesetz
KF	Kirchliche Fassung
KG	Kammergericht (Berlin)/Kommanditgesellschaft
KGSt	Kommunale Gemeinschaftsstelle für Verwaltungsvereinfachung
KindPrax	Fachzeitschrift „Kindschaftsrechtliche Praxis"
KJHG	Kinder- und Jugendhilfegesetz
LG	Landgericht
LHO	Landeshaushaltsordnung
LPK	Lehr- und Praxiskommentar
Ls	Leitsatz
LSG	Landessozialgericht
MA	Master
MBl.	Ministerialblatt
MDR	Monatszeitschrift für deutsches Recht
MünchKomm	Münchener Kommentar zum BGB
m.w.N.	mit weiteren Nachweisen
MWSt	Mehrwertsteuer (Umsatzsteuer)
NDV	Nachrichtendienst des Deutschen Vereins für öffentlicheund private Fürsorge
NDV-RD	Rechtsdienst des Deutschen Vereins für öffentlicheund private Fürsorge
n.F.	neuer Fassung
Nieders. Rpfleger	Fachzeitschrift „Der niedersächsische Rechtspfleger"
NJ	Fachzeitschrift „Neue Justiz"
NJW	Neue Juristische Wochenschrift
NJWE-FER	NJW-Entscheidungsdienst Familien- und Erbrecht
NJW-RR	NJW-Rechtsprechungsreport Zivilrecht
NRW	Nordrhein-Westfalen
NVwZ	Neue Zeitschrift für Verwaltungsrecht
NW	Nordrhein-Westfalen
OLG	Oberlandesgericht
OVG	Oberverwaltungsgericht
PKH	Prozesskostenhilfe
RBerG	Rechtsberatungsgesetz
RdLH	Zeitschrift „Rechtsdienst der Lebenshilfe"
RFHE	Entscheidungssammlung des Reichsfinanzhofes
Rn.	Randnummer
Rpfleger	Fachzeitschrift „Der deutsche Rechtspfleger"
RpflG	Rechtspflegergesetz
RuP	Fachzeitschrift „Recht und Psychiatrie"

SächsBestG	Sächsisches Bestattungsgesetz
SchlHOLG	Schleswig-Holsteinisches Oberlandesgericht
SCHUFA	Schutzgemeinschaft für allgemeine Kreditsicherung
SGB	Sozialgesetzbuch
SGB I	Sozialgesetzbuch, 1. Buch, Allgemeiner Teil
SGB II	Sozialgesetzbuch, 2. Buch, Grundsicherung für Arbeitssuchende
SGB V	Sozialgesetzbuch, 5. Buch, Krankenversicherung
SGB VI	Sozialgesetzbuch, 6. Buch, Rentenversicherung
SGB VII	Sozialgesetzbuch, 7. Buch, Unfallversicherung
SGB VIII	Sozialgesetzbuch, 8. Buch, Kinder- und Jugendhilfe
SGB X	Sozialgesetzbuch, 10. Buch, Verwaltungsverfahren
SGB XI	Sozialgesetzbuch, 11. Buch, Pflegeversicherung
SGB XII	Sozialgesetzbuch, 12. Buch, Sozialhilfe
SGG	Sozialgerichtsgesetz
SMS	Short Message Service (Handy-Nachrichten)
SozG	Sozialgericht
StVollzG	Strafvollzugsgesetz
TVöD	Tarifvertrag für den öffentlichen Dienst
UStG	Umsatzsteuergesetz
VBVG	Vormünder- und Betreuervergütungsgesetz
VfB	Verband freiberuflicher BetreuerInnen
VG	Verwaltungsgericht
VGH	Verwaltungsgerichtshof
VGT	Vormundschaftsgerichtstag e.V.
VKA	Verband Kommunaler Arbeitgeber
VO	Verordnung
Vorbem.	Vorbemerkungen
VormG	Vormundschaftsgericht
VWA	Verwaltungs- und Wirtschaftsakademie
VwGO	Verwaltungsgerichtsordnung
VwVfG	Verwaltungsverfahrensgesetz
VwVG	Verwaltungsvollstreckungsgesetz
WoBauG	Wohnungsbauförderungsgesetz
ZEV	Zeitschrift für Erbrecht und Vermögensnachfolge
ZfF	Zeitschrift für das Fürsorgewesen
ZfS	Zeitschrift für Sozialrecht
ZfSH/SGB	Zeitschrift für Sozialhilfe/Sozialgesetzbuch
Ziff.	Ziffer
ZPO	Zivilprozessordnung
ZSEG	Gesetz über die Entschädigung von Zeugen und Sachverständigen
ZTR	Zeitschrift für Tarifrecht des öffentlichen Dienstes
ZVG	Gesetz über Zwangsvollstreckung und Zwangsverwaltung
ZVK	Zusatzversorgungskasse

Literatur

Aufgenommen wurden die für die Bearbeitung verwendete Literatur sowie weitere themenbezogene Fachbücher. Fachzeitschriftenbeiträge sind, soweit unten nicht aufgeführt, innerhalb des Textes in den Fußnoten genannt.

1   Kommentare

Bassenge, Oeter/Herbst, Gerhard: Kommentar zum FGG, 10. Auflage, Heidelberg 2004

Bauer, Axel/Klie, Thomas/Rink, Jürgen (Hrsg.): Heidelberger Kommentar zum Betreuungs- und Unterbringungsrecht (Loseblattsammlung), Heidelberg 1994 ff. (zitiert: HK BUR/*Bearbeiter)*

Baumbach, Adolf/Lauterbach, Wolfgang: Zivilprozessordnung (ZPO). Kommentar, 63. Auflage, München 2005

Bienwald, Werner: Betreuungsrecht – Kommentar zum BtG/BtBG, Bielefeld, 4. Auflage 2005

Birk, Ulrich-Arthur u.a.: Bundessozialhilfegesetz – Lehr- und Praxiskommentar, 5. Auflage, Baden-Baden 1998 (zitiert: *LPK BSHG)*

Dahlem, Otto/Giese, Dieter/Igl, Gerhard/Klie, Thomas: Das Heimgesetz, (Loseblattsammlung), Köln

Damrau, Jürgen/Zimmermann, Walter: Betreuungsgesetz – Kommentar zum BtG, Stuttgart, 3. Auflage 2001 (zitiert: *Damrau/Zimmermann)*

Dodegge, Georg/Roth, Andreas: Praxiskommentar Betreuungsrecht, 2. Auflage Köln 2005 (zitiert: BtKomm/*Bearbeiter)*

Ermann, Walter/Westermann, Harm: Bürgerliches Gesetzbuch, Handkommentar, 11. Auflage, Münster 2004 (zitiert: Erman/*Bearbeiter)*

Fröschle (Hrsg.): Praxiskommentar Betreuungs- und Unterbringungsverfahren; Köln 2007 (zitiert: Fröschle/*Bearbeiter)*

Gitter, Wolfgang/Schmitt, Jochem: Heimgesetz, Kommentar und Rechtssammlung, Stand 1. Februar 2003

Gottschick, Hermann/Giese, Dieter: Bundessozialhilfegesetz, Kommentar, 9. Auflage, Frankfurt/Main 1985

Größmann, Gunter/Iffland, Sascha/Mangels, Reiner: Heimgesetz, 5. Auflage, Hannover 2002

Jürgens, Andreas (Hrsg.): Betreuungsrecht (Kurzkommentar), 3. Auflage, München 2005 (zitiert: Jürgens/*Bearbeiter)*

Jurgeleit (Hrsg.): Betreuungsrecht. Handkommentar; Baden-Baden 2006

Keidel/Kuntze/Winkler: Kommentar zum FGG, 15. Auflage, München

Knittel, Bernhard: Betreuungsgesetz – Kommentar zum BtG (Loseblattsammlung), Starnberg-Percha 1992 ff.

Krahmer, Utz, Sozialgesetzbuch I – Lehr- und Praxiskommentar (zitiert: LPK SGB-I/*Bearbeiter)*, 1. Auflage Baden-Baden 2002

Kunz, Eduard/Butz, Manfred/Wiedemann, Edgar: Heimgesetz, Kommentar, 9. Auflage, München 2003

Mergler, Otto/Zink, Günther: Bundessozialhilfegesetz, Kommentar (Loseblattsammlung), Stuttgart 1997 ff.

Meyer/Höver/Bach: Die Vergütung, Entschädigung von Sachverständigen, Zeugen, Dritten und von ehrenamtlichen Richtern nach dem JVEG, 23. Auflage, Köln 2004

Münchener Kommentar: Bürgerliches Gesetzbuch – Kommentar, 4. Auflage, München 2002 (zitiert: MünchKomm/*Bearbeiter*)

Münder (Hrsg): Sozialgesetzbuch XII – Sozialhilfe. Lehr- und Praxiskommentar; 7. Auflage Baden-Baden 2005

Oestreicher/Schelter/Kunz: Bundessozialhilfegesetz, Kommentar, 1.–4. Auflage, München 1993

Palandt: Bürgerliches Gesetzbuch – Kommentar, 65. Auflage, München 2006 (zitiert: Palandt/*Bearbeiter*)

Schellhorn, Walter/Jirasek, Hans/Seipp, Paul: Bundessozialhilfegesetz, Kommentar, 13. Auflage, Neuwied 1988

Schmidt: Einkommensteuergesetz, 20. Auflage, München 2000

Soergel, Hans/Siebert, Wolfgang/Wolf, Manfred: Bürgerliches Gesetzbuch – Kommentar, 13. Auflage 1999 und Ergänzungsband (zitiert: Soergel/*Bearbeiter*)

Tipke/Kruse: Abgabenordnung (Loseblattsammlung), Köln 2007

2 Weitere Fachbücher

Adler, Reiner: Berufsbetreuer als freier Beruf, Nürnberg 1998

Adler, Reiner (Hrsg.): Qualitätssicherung in der Betreuung, Köln 2003

Bach, Wolfgang: Kostenregelungen für Betreuungspersonen, 2. Auflage, Köln 1999

Bienwald, Werner: Verfahrenspflegschaft, Bielefeld 2002

Bund-Länder-Arbeitsgruppe „Betreuungsrecht"

    Abschlussbericht, Juni 2003; in: Betrifft: Betreuung Nr. 6 sowie unter
    www.bundesgerichtshof.de/gesetzesmaterialien/BetrRAendG/abschlussbericht.pdf

    Zwischenbericht, Juni 2002; in: Betrifft: Betreuung Nr. 4 sowie unter
    www.bundesgerichtshof.de/gesetzesmaterialien/BetrRAendG/zwischenbericht.pdf

Deinert, Horst: Arbeitshilfe für Betreuungsvereine, 2. Auflage, Frankfurt/Main 1996

Deinert, Horst/Walther, Guy: Handbuch der Betreuungsbehörde, 3. Auflage, Köln 2006

Deinert, Horst: Online-Lexikon Betreuungsrecht, http://lexikon.btprax.de

Deinert, Horst/Lütgens, Kay/Meier, Sybille: Die Haftung des Betreuers, 2. Aufl. Köln 2007

Fiala/Stenger: Geldanlagen für Mündel und Betreute, 2. Auflage, Köln 2004

Fröschle, Tobias: Betreuungsrecht 2005. Systematische Darstellung der Änderungen nach dem 2. Betreuungsrechtsänderungsgesetz, Köln 2005

Jochum, Günter/Pohl, Kay-Thomas: Nachlasspflegschaft, 3. Auflage, Köln 2006

Jürgens, Andreas/Kröger, Detlef/Marschner, Rolf/Winterstein, Peter: Das neue Betreuungsrecht, 4. Auflage, München 1999

Knittel, Bernhard: Textsammlung Betreuungsrecht mit Einführung, 4. Auflage, Köln 2005

Lantzerath, Gisela/Schimke, Hans-Jürgen: Finanzierungsleitfaden für Betreuer und Verfahrenspfleger, Köln 1994

Meier, Sybille: Handbuch Betreuungsrecht, Heidelberg 2001

Meier, Sybille: Handbuch Betreuervergütung, Heidelberg 2003

Oberloskamp, Helga (Hrsg.): Vormundschaft, Pflegschaft und Beistandschaft für Minderjährige, 2. Auflage, München 1998

Oberloskamp, Helga/Schmidt-Koddenberg, Angelike/Zieris, Ernst: Hauptamtliche Betreuer und Sachverständige – Ausbildungs- bzw. Anforderungsprofil im neuen Betreuungsrecht, Köln 1992

Raack, Wolfgang/Thar, Jürgen: Leitfaden Betreuungsrecht, 4. Auflage, Köln 2005

Richter, Ronald: Das neue Heimrecht, Baden-Baden 2002

Salgo, Ludwig u.a.: Verfahrenspflegschaft für Kinder und Jugendliche, Köln 2002

Seitz, Walter/von Gaessler, Gertraud: Betreuungsrechtliche Entscheidungen (BtE), Band 1–3 (Jahrgänge 1992/93, 1994/95, 1996/97), Köln 1996–2000

Sellin/Engels: Qualität, Aufgabenverteilung und Verfahrensaufwand bei rechtlicher Betreuung, Köln 2003

Zimmermann, Walter: Anwaltsvergütung außerhalb des RVG; 2007

3 Zeitschriften- und Buchbeiträge (Auswahl)

Baumhoer: Die Reform der Reform – scheitert des Betreuungsrecht an der reformierten Mittellosigkeit? BtPrax 1996, 1343

Becker/Brucker Die Verantwortung des Betreuers für die Lebensqualität des Heimbewohners; in: Betrifft: Betreuung Nr. 5, S. 195

Bestelmeyer: Das 2. BtÄndG – Eine vergütungs- und verfassungsrechtliche Totgeburt; Rpfleger 2005, 583

Bienwald: Das 2. Gesetz zur Änderung des Betreuungsrechts; FF 2005, 239

ders., Zur Verweigerung der Aufwandspauschale gegenüber elterlichen Betreuern, FamRZ 1995, 116

Deinert: Die Heranziehung des Betreuten, seiner Familienangehörigen und Erben zu den Betreuungskosten FamRZ 1999, 1187

ders.: Zur Höhe des kleinen Barvermögens bei der Betreuervergütrung; BtPrax 2001, 103

ders. Betreuervergütung und Staatsregress nach dem Tod des Betreuten; FamRZ 2002, 375

ders.: Betreuungsrechtliche Auswirkungen des Kostenrechtsänderungsgesetzes und des neuen Sozialhilferechtes; BtPrax 3/2004, M10

ders.: Gewöhnlicher (Heim-) Aufenthalt und pauschale Betreuervergütung; FamRZ 2005; 954

ders. Zur Neuregelung der Berufsbetreuer-, Berufsvormünder- und Berufspflegervergütung; BtPrax spezial 2005, S 13

ders. Neue Pauschalvergütung für anwaltliche Berufsbetreuer; JurBüro 2005, 285 = FuR 2005, 308

ders. Neue Betreuervergütung und Übergangsrecht; Rpfleger 2005, 304

Diederichsen: Die Vergütung von Betreuern vermögender Betreuter; in. *Sonnenfeld* (Hrsg.): Festschrift für *Bienwald*; Bielefeld 2006, S. 49

Dodegge Das 2. Betreuungsrechtsänderungsgesetz; NJW 2005, 1896

Fischer, Aufwendungsersatz und Vergütung in Betreuungssachen und deren Realisierung, JurBüro 1993, 264

Frommann, Die Vergütung des Berufsbetreuers und des nebenberuflichen Betreuers, NDV 1993, 9 = BtPrax 1993, 41

Fröschle Der Grundsatz der persönlichen Betreuung; BtMan 2005, 15

ders.: Der gewöhnliche Aufenthalt im Vergütungsrecht; BtPrax 6/2006

Funk: Veränderungen der ökonomischen Rahmenbedingungen und Fallgestaltung durch die Pauschalierung, BdB aspekte, Heft 61, Oktober 2006, S. 10-16

Gerhards/Lemken: Zielgerade erreicht: das 2. BtÄndG; BtPrax spezial 2005, S. 3

Hellmann: Bundestag beschließt 2. BtÄndG; RdLH 2005, 5

*Höcker:*Stellungnahme zur Mittellosigkeit der betreuten Person, BtPrax 1993, 166

Jacobsen: Sozialhilferechtliche Einrdnung von Bestattungsvorsorgeverträgen als Schonvermögen; NDV 2007, 357

Jürgens, Leistungen der Pflegeversicherung sind kein Einkommen!; BtPrax 2000, 71

ders.: Änderung bei den Einkommensgrenzen in der Sozialhilfe; NDV 2005, 9

Jurgeleit: Die Reform des Betreuungsrechts – eine Übersicht; FGPrax 2005, 139

Karmasin, Aufwendungsersatzanspruch des Betreuers, BtPrax 1998, 133

Von König: Gesetzliche Änderungen bei Aufwendungsersatz, Aufwandsentschädigung und Vergütung des Vormunds, Pflegers, Betreuers; Rpfleger 2004, 391

Lipp/Ohrt: Betreutes Wohnen als „Heim"? BtPrax 2005, 209

Lütgens: Bundestag verabschiedet das 2. Betreuungsrechtsänderungsgesetz; BdB aspekte 54/05, 22

Maier: Pauschalierung von Vergütung und Aufwendungsersatz; BtPrax spezial 2005, S. 17

Mann: Der Berufsbetreuer – ein Freier Beruf? NJW 2008, 121

Neumann/Neumann: Zur praktischen Umsetzung des ab dem 1.7.2005 geltenden Vergütungssystems, BtMan 2005, 90

Oeschger: Zum Sommer wird es kommen; Betreuungsrechtsänderungsgesetz verabschiedet; BtMan 2005, 34

Rosenow: Die geplante Abschaffung der persönlichen Betreuung; BtPrax 2003, 203

ders.: Honorarvereinbarung und Ermessensvergütung bei vermögenden Betreuten; BtMan 2005, 1213

*Schulte:*Schutz des angemessenen Hausgrundstücks in der Sozialhilfe; NJW 1991, 546

Seitz, Ansprüche von Berufsbetreuern auf Vergütung und Aufwendungsersatz, BtPrax 1992, 82

Sonnenfeld, Vergütung und Auslagenersatz der unterschiedlichen Betreuertypen, Rpfleger 1993, 97

Unruh: Zur Verfassungsmäßigkeit der Vergütung von Berufsbetreuern nach dem 2. BtÄndG; BtPrax 2005, 121

Weiß: Aufwendungsersatz bei Mittellosigkeit des Betreuten; Rpfleger 1994, 51

Zimmermann Die Betreuer- und Verfahrenspflegervergütung ab 1.7.2005; FamRZ 2005, 950

ders.: Vergütungsfähige Stunden im Betreuungsrecht, FamRZ 1998, 521

ders.: Probleme des neuen Betreuervergütungsrechts, FamRZ 1999, 630

ders.: Probleme der Betreuervergütung gemäß VBVG; in. *Sonnenfeld* (Hrsg.): Festschrift für *Bienwald*; Bielefeld 2006, S. 363

ders.: Probleme der Nachlassverwaltervergütung; ZEV 2007, 519

1 Die Formen der gesetzlichen Vertretung

1.1 Betreuung

Die Vormundschaft und Gebrechlichkeitspflegschaft für Volljährige wurden zum 1.1.1992 **1** mit Inkrafttreten des Betreuungsgesetzes durch das einheitliche Rechtsinstitut „Betreuung" (§§ 1896 ff.) ersetzt.

Das Vormundschaftsgericht kann mehrere Betreuer bestellen, wenn die Angelegenheiten **2** des Betreuten dadurch besser erledigt werden können (§ 1899), und zwar

- in der Weise, dass die Betreuer unterschiedliche Aufgabenkreise haben;
- in der Weise, dass mehrere Betreuer nur gemeinsam den Betreuten vertreten dürfen;
- in der Weise, dass ein Betreuer den anderen im Verhinderungsfall vertritt.

Die Bestellung mehrerer Betreuer wurde im Rahmen des 2. BtÄndG insoweit eingeschränkt, dass bei entgeltlicher Betreuungsführung mehrere Betreuer nur noch bestellt werden dürfen, soweit es um die Sterilisation, die Vertretung im Verhinderungsfall oder um die Gegenbetreuung (§ 1792) geht. Auch die „Delegationsbetreuung" im Auftrag des Betreuers (§ 1899 Abs. 4 2. Alternative) ist seit dem 1.7.2005 nicht mehr zulässig. **3**

1.1.1 Einzelbetreuer (ehrenamtlich, § 1897 Abs. 1)

Zum Betreuer eines psychisch Kranken oder geistig, seelisch oder körperlich Behinderten, **4** der seine Angelegenheiten ganz oder teilweise nicht besorgen kann, ist in der Regel eine natürliche Person zu bestellen (sog. Einzelbetreuer, § 1897 Abs. 1). Dies kann, muss aber nicht eine mit dem Betroffenen verwandte Person sein. Die Führung einer Betreuung ist grundsätzlich ein unentgeltliches Ehrenamt.

▶ *Zu den Anteilen der einzelnen Betreuungsarten in der Rechtspraxis der letzten Jahre vgl. die Übersichten in Kapitel 3, Rn. 163 ff.*

Mitarbeiter des öffentlichen Dienstes bedürfen u.U. einer Genehmigung ihres Dienstherrn (Arbeitgebers) zur Übernahme von Betreuungen.[1]

1.1.2 Selbstständige Berufsbetreuer (§ 1897 Abs. 6, 8)

Bei besonders komplizierten Angelegenheiten und bei besonders schwierigen Betreuungen kann es notwendig sein, einen professionellen Betreuer zu bestellen.[2] Hierbei war es ursprünglich relativ schwierig, festzustellen, wann jemand Betreuungen als Beruf führt. Abzustellen war zum einen auf die Zahl der Betreuungen, zum anderen auf deren Schwierigkeitsgrad, aber auch auf die berufliche Qualifikation des Betreuers. Entscheidend war, ob die Betreuung nur im Rahmen einer Berufsausübung zumutbar zu bewältigen ist.[3] **5**

Seit 1.1.1999 bestimmt § 1836 Abs. 1 (i.V.m. § 1908i Abs. 1), wann jemand in der Regel **6** als Berufsbetreuer anzusehen ist: Wer mehr als 10 Betreuungen führt (oder in absehbarer Zeit führen wird). Die bisherige weitere Voraussetzung (Aufwendung von mehr als 20 Wochenstunden) ist zum 1.7.2005 entfallen (Einzelheiten dazu in Kapitel 6, Rn. 461 ff.).

---

1   Vgl. im Einzelnen HK BUR/*Deinert*, § 1784; *Deinert* DAVorm 1995, 1031
2   *Jürgens, Kröger, Marschner, Winterstein,* Das neue Betreuungsrecht, 3. Aufl., Rn. 122
3   MünchKomm/*Schwab* § 1836 Rn. 24.

7   Als selbstständige Berufsbetreuer kommen traditionell Rechtsanwälte, nach dem Willen des Gesetzgebers aber auch andere Berufsgruppen, insbesondere soziale Fachkräfte in Betracht. Zur Qualifikation übernimmt das Vormünder- und Betreuervergütungsgesetz (VBVG) die Regelungen aus § 1 des zum 1.7.2005 aufgehobenen Berufsvormündervergütungsgesetzes zur Einstufung beruflicher Betreuungspersonen.

1.1.3   Vereinsbetreuer (§ 1897 Abs. 2 Satz 1)

8   Vereinsbetreuer sind Mitarbeiter eines anerkannten Betreuungsvereins, die dort ausschließlich oder teilweise als Betreuer tätig sind. In jedem Fall muss es sich um hauptamtliche Mitarbeiter handeln. Vereinsbetreuer können nur mit Einwilligung des Vereins bestellt und entlassen werden. Die Wahrnehmung der Betreuung gehört zu ihren Pflichten im Dienst- und Arbeitsverhältnis. Sie führen die Betreuung aber selbstständig und sind grundsätzlich nur der Kontrolle und Aufsicht des Vormundschaftsgerichts unterworfen.

9   Vereinsbetreuer sind eine durch das Betreuungsrecht neu hinzugekommene Art von Betreuern. Im Gegensatz zum Minderjährigenrecht werden sie persönlich – und nicht der Verein – zum Betreuer bestellt. Sie haben eine wichtige Funktion bei der Umsetzung des Gesetzes. Vereinsbetreuer sollen zum einen professionelle Qualität in das Betreuungswesen bringen, zum anderen als natürliche Personen auch den Grundgedanken der Einzelbetreuung verwirklichen. Neben der Führung von Einzelbetreuungen haben sie vielfach auch sog. Querschnittsaufgaben des Vereins zu übernehmen, so etwa die Gewinnung und Beratung ehrenamtlicher Betreuer oder seit 1.7.2005 auch Bevollmächtigter[4] (vgl. dazu Rn. 840 ff.).

1.1.4   Behördenbetreuer (§ 1897 Abs. 2 Satz 2)

10   Wie der Vereinsbetreuer ist der Behördenbetreuer nicht selbstständig, sondern ein hauptamtlicher Mitarbeiter der Betreuungsbehörde. Zu seiner Bestellung bedarf es der Einwilligung der zuständigen Behörde. Auch der Behördenbetreuer führt die Betreuung im Rahmen seiner Amtspflichten, aber als Einzelbetreuer. Auch er ist persönlich bestellt und unterliegt in der Art seiner Betreuungsführung grundsätzlich nur der Kontrolle des Vormundschaftsgerichts[5] (vgl. dazu Rn. 859 ff.).

1.1.5   Institutionen als Betreuer

1.1.5.1   Verein als Betreuer (§ 1900 Abs. 1)

11   Wenn keine natürliche Person als Betreuer bestellt werden kann, bestellt das Vormundschaftsgericht einen anerkannten Betreuungsverein zum Betreuer. In diesem Fall entsteht kein persönliches Betreuungsverhältnis zwischen Betreuer und Betreutem, sondern der Verein „als solcher", also als Institution, übernimmt die Aufgabe der Betreuung. Auch dafür bedarf es der Einwilligung des Vereins. Da eine Institution keine Betreuung durchführen kann, überträgt der Verein die „Wahrnehmung" der Betreuung einzelnen Personen. Diese sind aber keine Betreuer. Das Betreuungsrechtsverhältnis (z.B. Bestellung, Pflichten, Entlassung) entsteht nicht zwischen ihnen und dem Betreuten, sondern zwischen dem Verein und dem Betreuten. Diese Bestellung ist inzwischen die absolute Ausnahme, da der Gesetzgeber in diesem Fall keinen Vergütungsanspruch vorsieht (vgl. dazu Rn. 860).

---

4   Vgl. hierzu § 1908f, vgl. auch zum Thema: *Deinert*, Arbeitshilfe für Betreuungsvereine, 2. Aufl., Frankfurt/Main 1996 sowie HK BUR/*Deinert-Walther*, Kommentierung zu § 1908f.
5   Vgl. auch zum Thema: *Deinert/Walther*, Handbuch der Betreuungsbehörde, 3. Aufl., Köln 2006

1.1.5.2   Behörde als Betreuer (§ 1900 Abs. 4)

Als letzte Betreuungsart nach den Einzelbetreuern und dem anerkannten Betreuungsver- **12**
ein erwähnt das Gesetz die zuständige Behörde als Betreuer. Wie beim Verein ist hier die
Institution Betreuer, überträgt aber die Wahrnehmung einzelnen Personen. Die Behörde
darf (wie auch der Verein nach Absatz 1) nicht zur Einwilligung in eine Sterilisation zum
Betreuer bestellt werden (§ 1900 Abs. 5). Anders als beim Verein bedarf die Bestellung
der Behörde nicht deren Einwilligung. Sowohl Verein als auch Behörde sind jederzeit verpflichtet, dem Gericht mitzuteilen, wenn die Betreuung auch durch eine natürliche Person
möglich ist (§ 1900 Abs. 3). Auch bei der Bestellung der Betreuungsbehörde besteht in
keinem Fall ein Vergütungsanspruch (vgl. dazu Rn. 871).

1.2   Kontrollbetreuung (§ 1896 Abs. 3)

Hat der Betroffene jemanden zur Regelung seiner Angelegenheiten bevollmächtigt, kann **13**
ein Betreuer bestellt werden, dessen Aufgabe es ist, den Bevollmächtigten zu kontrollieren. Die Bestellung eines Kontrollbetreuers (auch Überwachungs- oder Vollmachtsbetreuer
genannt) kommt z.B. dann in Betracht, wenn der Betroffene den Bevollmächtigten z.B.
behinderungsbedingt nicht mehr überwachen kann.[6] Auch für diesen Betreuer gilt, dass
er nur bestellt werden soll, wenn dies notwendig ist.

1.3   Gegenbetreuung

Durch die Verweisung in § 1908i auf § 1792 besteht die Möglichkeit, auch bei einer **14**
Betreuung Erwachsener einen Gegenbetreuer zu bestellen, für den sinngemäß das Gleiche wie für den o.g. Gegenvormund gilt. Hiernach kann jeder der o.g. Personen auch
Gegenbetreuer sein, also kann es ehrenamtliche Gegenbetreuer, freiberufliche Gegenbetreuer, Vereinsgegenbetreuer und Behördengegenbetreuer geben. Auch der Verein und
die Behörde können Gegenbetreuer sein. Lediglich dann, wenn die Behörde selbst (gem.
§ 1900 Abs. 4) zum Betreuer bestellt wurde, ist die Bestellung eines Gegenbetreuers nicht
zulässig. Die Aufgaben eines Gegenbetreuers entsprechen denen eines Gegenvormunds
(vgl. dazu § 1799). Soweit der Gegenbetreuer beruflich tätig ist, gilt für seine Vergütung
des gleiche wie für den Berufsbetreuer.

1.4   Ergänzungsbetreuung (rechtliche Verhinderung)

Ein Ergänzungsbetreuer (nach § 1899 Abs. 4) wird immer neben einem anderen Betreuer **15**
bestellt, z.B. dann, wenn dieser Betreuer an der Erledigung einzelner Angelegenheiten
rechtlich gehindert ist. Dies kann dann der Fall sein, wenn er bei Abschluss eines Vertrags
auf der einen Seite für sich selbst, auf der anderen Seite als Vertreter des Betreuten tätig
werden müsste. Solche Insichgeschäfte lässt § 181 jedoch nicht zu (vgl. dazu auch unten
Rn. 34 – Ergänzungspflegschaft). Dies gilt auch, wenn nahe Angehörige des Betreuers
von solchen Rechtsgeschäften betroffen sind (§ 1795) oder wenn es um Schadensersatzansprüche zwischen Betreuer und Betreutem geht. Auch wenn der Betreuer selbst
geschäftsunfähig geworden ist (z.B. Koma nach einem Unfall), wäre die Bestellung eines
solchen Betreuers angebracht (vgl. zum Vergütungsanspruch Rn. 919 ff.).

---

6   *Jürgens* § 1896, Rn. 32; *Bienwald* Rpfleger 1998, 231

1.5   Vertretungsbetreuung (tatsächliche Verhinderung)

16   Für den Fall, dass ein Betreuer an der Ausführung seiner Pflichten tatsächlich verhindert ist, kann ein Vertretungsbetreuer bestellt werden (§ 1899 Abs. 4). Dies ist insbesondere bei Berufsbetreuern empfehlenswert, wenn diese längerfristig krank sind oder einen längeren Urlaub antreten. Die Vergütungsregelung bei beruflichen Betreuern in den Fällen der Ziffern 1.4. und 1.5. sind seit dem 1.7.2005 gemäß § 6 VBVG unterschiedlich geregelt.

▶   *Zur Betreuervergütung im Verhinderungsfall vgl. Kapitel 6, Rn. 927 ff.*

1.6   Vormundschaft

17   Die Vormundschaft ist ein Ersatz für die elterliche Sorge für einen Minderjährigen, wenn die Eltern diese aus einem der nachfolgenden Gründe nicht ausüben können oder dürfen. Die bis zum 31.12.1991 existenten Vormundschaften für Volljährige gingen mit Inkrafttreten des Betreuungsgesetzes am 1.1.1992 in Betreuungen über (Art. 9 § 1 BtG).

18   Gründe für die Vormundschaft:

- Entzug des elterlichen Sorgerechtes wegen Verletzung des Kindeswohls gemäß § 1666;
- Ruhen der elterlichen Sorge aus rechtlichen Gründen (z.B. Minderjährigkeit oder Geschäftsunfähigkeit der Eltern) gem. § 1673;
- Ruhen der elterlichen Sorge aus tatsächlichen Gründen (z.B. Inhaftierung der Eltern, unbekannter Aufenthalt der Eltern) gem. § 1674;
- Tod beider Elternteile oder des sorgeberechtigten Elternteils nach Ehescheidung.

19   Jeder dieser genannten Sachverhalte muss vom Familiengericht festgestellt werden und hat zur Folge, dass für den Minderjährigen gemäß § 1773 ein Vormund zu bestellen ist.

1.6.1   Einzelperson als Vormund

20   Zum Vormund ist in erster Linie eine Einzelperson zu bestellen. Die Eltern können, solange sie Inhaber der elterlichen Sorge sind, bestimmen, wer Vormund ihres Kindes werden soll. Dies kann auch in einem Testament geschehen. Es gilt in diesem Fall die Benennung durch den zuletzt verstorbenen Elternteil (§§ 1775 ff.).

21   Allerdings gibt es Gründe, die Bestimmung der Eltern zu übergehen, diese sind in den §§ 1778 ff. genannt. Beamte bedürfen einer Genehmigung ihres Dienstherrn (Arbeitgebers) zur Übernahme von Vormundschaften.[7]

1.6.1.1   Einzelvormund (ehrenamtlich; § 1836 Abs. 1 Satz 1)

22   Die Vormundschaft ist ein Ehrenamt. Es gibt eine staatsbürgerliche Übernahmepflicht. Nur unter bestimmten Umständen (§ 1786) ist es dem als Vormund Vorgesehenen möglich, die Bestellung abzulehnen. Das Vormundschaftsgericht kann ein Ehepaar zu gemeinschaftlichen Vormündern bestellen (ab 1.1.1999 ausdrücklich in § 1775 geregelt). Beschäftigte des öffentlichen Dienstes bedürfen auch hier einer Genehmigung des Arbeitgebers/Dienstherrn (§ 1784).

---

7   Vgl. im Einzelnen HK BUR/*Deinert* § 1784; *Deinert* DAVorm 1995, 1031

1.6.1.2 Berufsvormund (selbstständig; § 1836 Abs. 1 Satz 2, 3)

Genau wie bei dem Betreuer kann auch der Vormund Minderjähriger freiberuflich tätig **23** sein. Es gelten die gleichen Kategorien wie oben unter Berufsbetreuer erwähnt, jedoch gilt hier auch der im bisherigen Recht genannte Zeitaufwand von mehr als 20 Wochenstunden. In der Praxis sind Berufsvormünder seltener als Berufsbetreuer, da die meisten Vormundschaften Minderjähriger vom Jugendamt geführt werden. In den letzten Jahren ist auch hier eine Tendenz zur Bestellung von beruflichen Vormündern, meist aus sozialpädagogischen Berufsfeldern, erkennbar. Der Berufsvormund hat einen Vergütungsanspruch nach § 1836 Abs. 1 i.V.m. den §§ 1 bis 3 VBVG.

1.6.2 Institutionen als Vormund

1.6.2.1 Verein als Vormund (§ 1791a)

Vereine sind, wenn eine Anerkennung nach § 54 SGB VIII erteilt ist, zur Führung von Ver- **24** einsvormundschaften und -pflegschaften berechtigt. Die Bestellung des Vereines zum Vormund ist immer dann möglich, wenn kein geeigneter ehrenamtlicher Einzelvormund vorhanden ist oder die Eltern selbst gem. § 1776 den Verein als Vormund benennen. Es gibt bei Vormundschaften nicht die Bestellung einzelner Vereinsmitarbeiter, wie bei den Betreuungen (§ 1897 Abs. 2), sondern die Bestellung erfolgt zugunsten des Vereins als juristischer Person (vergleichbar der echten Vereinsbetreuung gem. § 1900 Abs. 1).

Der Verein beauftragt einen seiner Mitarbeiter gemäß § 1791a Abs. 3 mit der Wahrneh- **25** mung der Aufgaben des Vormundes. Diese Tätigkeit kennt keinen Vergütungsanspruch. Der Bundesgerichtshof entschied aber kürzlich: „wird der Mitarbeiter eines Vereines in dieser Eigenschaft zum Pfleger (Ergänzungspfleger nach § 1909 BGB) bestellt, so steht dem Verein für die Tätigkeit seines Mitarbeiters ein Vergütungsanspruch in analoger Anwendung des § 67a Abs. 4 FGG zu[8]." Für diese im Gesetz bisher nicht vorgesehene Konstruktion ist die Bestellung einer Einzelperson mit ausdrücklicher Hinzufügung der Bezeichnung „als Mitarbeiter des Vereins..." erforderlich.

1.6.2.2 Jugendamt als Amtsvormund

Das Jugendamt wird gem. § 55 SGB VIII kraft Gesetzes Vormund in den dort vorgeschrie- **26** benen Fällen, z.B.:

- gem. § 1791c für ein Kind einer unverheirateten Mutter, die die elterliche Sorge nicht ausüben kann (z.B. weil sie minderjährig ist oder ihr das Sorgerecht nach § 1666 entzogen wurde);

- gemäß § 1751 (wenn während des Adoptionsverfahrens die elterliche Sorge der leiblichen Eltern ruht).

Das Jugendamt kann allerdings auch genau wie der oben genannte Verein als Amtsvor- **27** mund bestellt werden, wenn eine geeignete ehrenamtliche Einzelperson nicht vorhanden ist (§ 1791b). Auch hier wird kein einzelner Mitarbeiter persönlich bestellt (wie in § 1897 Abs. 2 beim Behördenbetreuer), sondern das Jugendamt als Teil der Trägerkörperschaft Stadt oder Landkreis (also einer juristischen Person des öffentlichen Rechtes).

Das Jugendamt überträgt die Ausübung der Aufgaben des Vormunds Einzelnen seiner **28** Beamten oder Angestellten. Der Beamte oder Angestellte ist dann gesetzlicher Vertreter des Kindes oder des Jugendlichen (§ 55 Abs. 2 SGB VIII). Das Jugendamt soll gem. § 56 Abs. 4 SGB VIII jährlich prüfen, ob die Vormundschaft auf eine Einzelperson übertragen werden kann. Eine Vergütung wird nicht gewährt.

---

8   BGH, Beschluss XII ZB 148/03 vom 14.3.2007; FamRZ 2007, 900 = MDR 2007, 888 = NJW-RR 2007, 937 = Rpfleger 2007, 393 = FGPrax 2007, 219 = BtPrax 2007, 256 (Ls), unter Bezugnahme auf BVerfG FamRZ 2000, 414

1.7 Gegenvormund (§ 1792)

29 Der Gegenvormund ist in § 1792, seine Tätigkeit in § 1799 genannt. Er soll bestellt werden, wenn Vermögen zu verwalten ist, es sei denn, die Vormundschaft wird von mehreren Vormündern gemeinschaftlich geführt. Ist das Jugendamt Vormund, so kann kein Gegenvormund bestellt werden, allerdings kann das Jugendamt Gegenvormund sein. Für die Person des Gegenvormundes gelten die allgemeinen Bestimmungen über Vormundschaften.

30 Der Gegenvormund soll den Vormund bei seiner Tätigkeit beaufsichtigen, allerdings hat er gegenüber dem Mündel keine Vertretungsmacht. Er hat bei Pflichtwidrigkeiten das Vormundschaftsgericht zu informieren, damit es ggf. gem. § 1837 einschreitet. Zu bestimmten Rechtsgeschäften benötigt der Vormund die Genehmigung des Gegenvormundes (z.B. §§ 1809, 1810, 1812, 1814); bei Verweigerung kann sie jedoch durch das Vormundschaftsgericht erteilt werden. In der Praxis spielt die Gegenvormundschaft kaum noch eine Rolle. Für die Vergütung eines beruflichen Gegenvormundes gilt das gleiche wie für die eines beruflichen Vormundes (vgl. auch Rn. 1028).

1.8 Pflegschaft

31 Eine Pflegschaft (für einen Minderjährigen) schränkt die elterliche Sorge in dem vom Familiengericht bestimmten Wirkungskreis ein. Der Vormund ist Inhaber der gesamten elterlichen Sorge, während der Pfleger nur einzelne Wirkungskreise hat, die das Gericht festlegt. Anders als bei Vormundschaften gibt es Pflegschaften sowohl für Minderjährige als auch für Volljährige. Die verschiedenen Arten der Pflegschaft (und ihre Besonderheiten) sind nachstehend kurz dargestellt.

32 Genau wie bei der Vormundschaft ist in erster Linie eine Einzelperson zum Pfleger zu bestellen, unter den o.g. Voraussetzungen ist aber auch die Bestellung eines anerkannten Vereins oder des Jugendamtes möglich. Die Bestimmungen für die Führung von Vormundschaften gelten gem. § 1915 auch für Pflegschaften, d.h., es können ehrenamtliche Einzelpfleger, selbstständige Berufspfleger oder der Verein oder das Jugendamt als Pfleger tätig werden (vgl. unter Vormundschaften, Rn. 17 ff.). Nach der Neufassung des § 1915 durch das 2. BtÄndG kann bei beruflich geführten Pflegschaften (nach dem BGB) vom eigentlich durch § 3 VBVG festgelegten Stundensatz abgewichen werden.

1.8.1 Arten der Pflegschaft

1.8.1.1 Abwesenheitspflegschaft (§ 1911)

33 Ein abwesender Volljähriger, dessen Aufenthalt unbekannt ist, erhält für seine Vermögensangelegenheiten, soweit sie der Fürsorge bedürfen, einen Abwesenheitspfleger. Ein solcher Pfleger ist ihm auch dann zu bestellen, wenn er durch Vollmachtserteilung Vorsorge getroffen hat, aber Umstände eingetreten sind, die zum Widerrufe der Vollmacht Anlass geben. Das Gleiche gilt von einem Abwesenden, dessen Aufenthalt bekannt, der aber an der Rückkehr und der Besorgung seiner Vermögensangelegenheiten verhindert ist. Beispiele sind auch Verschollene, bei denen noch keine Todesfeststellung nach dem Verschollenheitsgesetz möglich ist.

1.8.1.2 Ergänzungspflegschaft (§ 1909)

34 Die Ergänzungspflegschaft, die für Minderjährige angeordnet werden kann, betrifft einzelne Teilbereiche der elterlichen Sorge. Der Ergänzungspfleger wird z.B. für rechtsgeschäftliche Erklärungen bestellt, die die sorgeberechtigten Eltern wegen des Verbots von Insichgeschäften (§§ 181, 1795) nicht abgeben dürfen, weiterhin für Angelegenheiten, in denen die Eltern in anderer Weise selbst tangiert sind, z.B. bei der Aussagegenehmigung für Minderjährige in Strafverfahren gegen die Eltern oder einen Elternteil. Häufig erfolgt auch eine Bestellung eines Ergänzungspflegers, wenn über einen Antrag auf Entzug der gesamten elterlichen Sorge (§ 1666) noch nicht entschieden werden kann, aber bestimmte Angelegenheiten, z.B. Fragen der Aufenthaltsbestimmung oder der Einwilligung in dringende Operationen, kurzfristig zu entscheiden sind. Bei Ergänzungspflegschaften kann es sich somit um kurzfristige Angelegenheiten handeln, aber auch um dauernde Fragen, so ist z.B. auch eine Pflegschaft mit der vollständigen Personensorge oder der Vermögenssorge insgesamt denkbar[9] (vgl. dazu auch den Pfleger nach § 67 Abs. 4 JGG).

1.8.1.3 Leibesfruchtpflegschaft (§ 1912)

Eine Leibesfrucht (Nasciturus) erhält zur Wahrung ihrer künftigen Rechte, soweit diese einer Fürsorge bedürfen, einen Pfleger. In der Regel geht es um die Vertretung bei der Vaterschaftsanerkennung oder bei erb- oder namensrechtlichen Angelegenheiten. Die Leibesfruchtpflegschaft endet mit der Geburt des Kindes.   **35**

1.8.1.4 Nachlasspflegschaft (§ 1960)

Die Nachlasspflegschaft ist eine Pflegschaft für noch unbekannte (oder unerreichbare) Erben. Diese können minderjährig oder volljährig sein. Der Nachlasspfleger hat den Nachlass für die unbekannten Erben zu sichern, bis diese ermittelt sind. Somit kann sich die Nachlasspflegschaft nie auf Angelegenheiten der Personensorge, sondern nur der Vermögenssorge erstrecken.   **36**

Die Sicherung des Nachlasses ist die Pflicht des Nachlasspflegers. Er hat in diesem Rahmen häufig die Bestattung des Verstorbenen zu organisieren, die Wohnung aufzulösen, Nachlassverbindlichkeiten aus dem Nachlass zu begleichen, ggf. eine Nachlassinsolvenz einzuleiten. Die Verantwortlichkeit des Nachlasspflegers besteht gegenüber den Erben. An die Stelle des Vormundschaftsgerichtes tritt das Nachlassgericht. Ansonsten gilt für die Bestellung und Person des Nachlasspflegers das Gleiche wie für jeden anderen Pfleger.   **37**

▶   *Zur Vergütung des Nachlasspflegers vgl. Kap. 6, Rn. 897 ff.*

1.8.1.5 Prozesspflegschaft (§ 57 ZPO)

Stellt sich in einem Gerichtsverfahren heraus, dass eine der Prozessparteien prozessunfähig (entsprechend der Geschäftsunfähigkeit, vgl. § 104) ist, und ist noch kein anderer gesetzlicher Vertreter bestellt, so bestellt das Prozessgericht für die Vertretung innerhalb des Verfahrens einen Prozesspfleger. Dieser ist dem weiter unten in Rn. 42 genannten Verfahrenspfleger vergleichbar.   **38**

Die Regelung über die Prozesspflegschaft gilt über § 62 Abs. 4 VwGO auch für verwaltungsgerichtliche Verfahren und über § 58 Abs. 2 FGO für finanzgerichtliche Verfahren. § 72 SGG trifft eine identische Regelung für das Verfahren vor dem Sozialgericht.   **39**

1.8.1.6 Pflegschaft für Sammelvermögen (§ 1914)

Ist durch öffentliche Sammlung Vermögen für einen vorübergehenden Zweck zusammengebracht worden, so kann zum Zwecke der Verwaltung und Verwendung des Vermögens ein Pfleger bestellt werden, wenn die zu der Verwaltung und Verwendung berufenen Personen weggefallen sind. Die Vergütungsansprüche eines beruflichen Pflegers für das Sammelvermögen können gegen letzteres festgesetzt werden[10].   **40**

---

9   Vgl. *Oberloskamp*, S. 346
10   LG Koblenz FamRZ 2007, 238 = MDR 2006, 1353 = FGPrax 2007, 133; OLG Zweibrücken FamRZ 2007, 853

1.8.1.7 Pflegschaft für unbekannte Beteiligte (§ 1913)

41 Ist unbekannt oder ungewiss, wer bei einer Angelegenheit der Beteiligte ist, so kann dem Beteiligten für diese Angelegenheit, soweit eine Fürsorge erforderlich ist, ein Pfleger bestellt werden. Insbesondere kann einem Nacherben, der noch nicht erzeugt ist oder dessen Persönlichkeit erst durch ein künftiges Ereignis bestimmt wird, für die Zeit bis zum Eintritt der Nacherbfolge ein Pfleger bestellt werden. In der Regel geht es bei der Pflegschaft für unbekannte Beteiligte um vermögensrechtliche Angelegenheiten.

1.8.1.8 Verfahrenspflegschaft (§§ 50, 67, 67a, 70b FGG)

42 Das FGG sieht die Bestellung eines Verfahrenspflegers, also eines Interessenvertreters des Betroffenen vor. Dies kann Minderjährige (z.B. gem. § 50 FGG, sog. „Anwalt des Kindes" in kindschaftsrechtlichen Verfahren und gem. § 70b Abs. 1 i.V.m. § 70 Abs. 1 Nr. 1a und Nr. 3 FGG bei Freiheitsentziehungen), aber auch Volljährige betreffen (gem. § 67 FGG in Betreuungsverfahren und gem. § 70b Abs. 1 i.V.m. § 70 Abs. 1 Nr. 1b und Nr. 3 FGG bei Freiheitsentziehungen). Ein weiterer Verfahrenspfleger ist vorgesehen in § 5 Abs. 2 Satz 2 des Gesetzes über das gerichtliche Verfahren bei Freiheitsentziehungen (z.B. für Unterbringungen aufgrund des Infektionsschutzgesetzes).

Nach § 67a Abs. 4 FGG haben ab 1.7.2005 auch „Vereins"-Verfahrenspfleger einen Vergütungsanspruch. Nach der gleichen Bestimmung können nun auch Behördenmitarbeiter als Verfahrenspfleger bestellt werden, allerdings ohne Vergütungsanspruch.

▶ *Zur Vergütung des Verfahrenspflegers vgl. Kapitel 6, Rn. 873 ff.*

1.8.1.9 Besonderer Vertreter im Verwaltungsverfahren

43 Nach § 16 VwVfG (und den entsprechenden Regelungen der Verwaltungsverfahrensgesetze der Länder) kann für ein Verwaltungsverfahren ein besonderer Vertreter durch das Vormundschaftsgericht bestellt werden, wenn kein gesetzlicher Vertreter vorhanden ist, und zwar in folgenden Fällen:

- unbekannte Beteiligte;
- abwesende oder an der Besorgung der Angelegenheit verhinderte Beteiligte;
- Beteiligte mit Aufenthalt im Ausland;
- Beteiligte, die infolge psychischer Erkrankung oder körperlicher, geistiger oder seelischer Behinderungen nicht in der Lage sind, in dem Verwaltungsverfahren tätig zu werden;
- herrenlose Sachen.

44 § 15 SGB X trifft für das Verwaltungsverfahren nach dem Sozialgesetzbuch eine analoge Bestimmung (außer der Bestimmung für herrenlose Sachen). § 81 AO enthält eine entsprechende Regelung für steuerrechtliche Verfahren.

▶ *Zur Vergütung des Vertreters im Verwaltungsverfahren vgl. Kapitel 6, Rn. 910 ff.*

2 Grundsätze der Finanzierung von Betreuern, Vormündern und Pflegern

2.1 Geschichtliche Entwicklung

2.1.1 Die Gesetzeslage nach dem/vor Inkrafttreten des Betreuungsgesetzes

Die Ämter des Vormunds, des Pflegers und des Beistands waren traditionell Ehrenämter. Das gesetzliche Leitbild der Vormundschaft war der echte Einzelvormund oder -pfleger, der nicht mehr als zwei Vormundschaften oder Pflegschaften führte. Die Vormundschaft stellte (und stellt auch weiterhin grundsätzlich) eine staatsbürgerliche Pflicht dar.   **45**

Die logische Folgerung aus diesem Grundsatz war es, die Amtsführung eines Vormundes oder Pflegers nicht zu entgelten. Der Vormund oder Pfleger handelte zwar auch im staatlichen Interesse, vorrangig wurde er aber in seiner Rolle als Mitglied einer Gemeinschaft, für die auch er einzustehen hatte, in Anspruch genommen. Eine Vergütung war mit dieser Rollenbeschreibung grundsätzlich nicht zu verbinden.   **46**

Trotzdem blieben Vormünder und Pfleger nicht vollständig ohne finanziellen Ausgleich. Es wurde jedoch strikt zwischen dem Ersatz ihrer Aufwendungen und einer Vergütung unterschieden.   **47**

Nach § 1835 a.F. konnten Vormünder und Pfleger von ihrem Mündel den Ersatz der Aufwendungen verlangen, die für die Führung der Vormundschaft bzw. Pflegschaft erforderlich waren. Bei Mittellosigkeit des betreuten Menschen richtete sich dieser Anspruch gegen die Staatskasse (§ 1835 Abs. 3 a.F.).   **48**

Aus besonderen Gründen (z.B. wegen des Umfangs der zu tätigenden Geschäfte) konnte das Gericht dem Vormund oder Pfleger nach § 1836 Abs. 1 a.F. auch eine Vergütung bewilligen, deren Höhe im Ermessen des Vormundschaftsgerichts lag.   **49**

2.1.2 · Die Rechtsprechung des Bundesverfassungsgerichts vom 1.7.1980

Im Jahre 1980 wurden die gesetzlichen Grundsätze der Finanzierung der Vormünder und Pfleger durch ein Urteil des Bundesverfassungsgerichts entscheidend geändert und im Blick auf Berufsvormünder/-pfleger erweitert.[1]   **50**

Anlass der Gerichtsentscheidung waren Anträge eines anwaltlichen Berufsvormundes auf Erstattung von Kanzleiunkosten und Entschädigung für Zeitaufwand, die bei der Vormundschaft für einen mittellosen Mündel entstanden waren.   **51**

Der Berufsvormund betreute etwa 250 Mündel und Pfleglinge, von denen über 80 Sozialhilfe erhielten. Bei diesen mittellosen Personen billigte die Staatskasse durch das Vormundschaftsgericht lediglich die Erstattung minimaler Sachkostenpauschalen zu; ein Ersatz für Zeitaufwand und Auslagen für Personalkosten wurde nicht bewilligt.   **52**

Das *BVerfG* hat in der obigen Entscheidung die Ehrenamtlichkeit der Vormundschaft und Pflegschaft grundsätzlich bestätigt. Es äußerte jedoch erhebliche Bedenken für die Fälle, in denen Vormundschaften und Pflegschaften berufsmäßig geführt wurden. Für diese Berufsvormünder legte das *BVerfG* den § 1835 Abs. 2 a.F. in verfassungskonformer Weise   **53**

---

1   BVerfGE 54, 251; FamRZ 80, 765 = NJW 80, 2179 = DAVorm 80, 636 = Rpfleger 80, 461 = JurBüro 81, 361 = AnwBl 1980, 350 = DRiZ 1981, 66 = JZ 1980, 520 = MDR 80, 995

mit dem Ergebnis aus, „dass die zu erstattenden Aufwendungen neben den Barauslagen auch die Vermögenswerte umfassen, die der Vormund in Gestalt anteiliger Bürounkosten und seines Zeitaufwandes zugunsten des Mündels aufopfert".[2]

54 Über den Einzelfall hinaus hatte das *BVerfG* damit eine staatliche Pflicht anerkannt, im Rahmen von Berufstätigkeit geführte Vormundschaften und Pflegschaften angemessen zu entschädigen. Das *BVerfG* geht davon aus, dass die „Errichtung und Verwaltung von Vormundschaften zu den obersten Aufgaben der staatlichen Wohlfahrtspflege"[3] gehört und dass mit der Übertragung dieser Aufgabe auf Einzelpersonen ein Eingriff in deren Handlungsfreiheit liegt. Dieser Eingriff muss sich am Grundsatz der Verhältnismäßigkeit orientieren. Das Gericht sah ihn dann als verletzt an, wenn jemand unentgeltlich Vormundschaften und Pflegschaften in so großem Umfang übernimmt, dass er sie nur im Rahmen seiner Berufsausübung wahrnehmen kann: „Wenn ... der Staat für Aufgaben, deren ordentliche Wahrnehmung im öffentlichen Interesse liegt, Staatsbürger beruflich in Anspruch nimmt, dann erweist es sich als übermäßige, durch keine Gründe des Gemeinwohls gerechtfertigte Einschränkung der freien Berufsausübung, den derart Belasteten eine angemessene Entschädigung für ihre Inanspruchnahme vorzuenthalten. Für diese Beurteilung kann es nicht ausschlaggebend sein, ob der Betroffene diese Belastung freiwillig oder gezwungenermaßen übernimmt. Maßgebend ist allein die Tatsache einer Inanspruchnahme, der der Betroffene [...] nur im Rahmen seiner Berufstätigkeit ordnungsgemäß nachkommen kann".[4]

55 Gleich wichtig ist der zweite tragende Gedanke dieser Entscheidung: Wenn mittellose Menschen Vormünder oder Pfleger bekommen, die nicht angemessen entschädigt werden, dann sind sie gegenüber begüterten Mitmenschen benachteiligt. Nach der Auffassung des *BVerfG* ist „lebensnah"[5], davon auszugehen, dass die unentgeltliche Vormundschaft oder Pflegschaft nicht mit dem gleichen Einsatz durchgeführt wird wie die entgeltliche. Dies sei als ein Verstoß gegen den Gleichheitssatz (Art. 3 GG) nicht hinnehmbar. Vielmehr ist durch die Rechtsprechung sicherzustellen, „dass mittellose Mündel aus finanziellen Gründen keine schlechtere Betreuung als Vermögende erhalten".[6]

56 Auch dieser Gedanke zwingt den Staat dazu, Berufsvormünder und ihre Nachfolger, die Berufsbetreuer, so zu finanzieren, dass sie engagiert für die betreuten Menschen eintreten und ihre berufliche Qualifikation in vollem Umfang nutzen können. Die rechtspolitische Forderung nach einer angemessenen Entschädigung der Berufsbetreuer bekam so eine verfassungsrechtliche Dimension.

2.1.3   Das Betreuungsgesetz vom 1.1.1992

2.1.3.1   Allgemeines

57 Im neuen Betreuungsrecht, das am 1.1.1992 in Kraft trat, wurden die Regelungen über Vergütung und Aufwendungsersatz wesentlichen Änderungen unterzogen. Beibehalten wurde jedoch, dass sich die Regelungen über Vergütung und Aufwendungsersatz im Vormundschaftsrecht für Minderjährige finden und über Verweisungsvorschriften auch für Betreuungen (§ 1908i) und Pflegschaften (§ 1915) gelten. Ebenfalls beibehalten wurde das Prinzip der Unentgeltlichkeit und die klare Trennung von Aufwendungsersatz einerseits und Vergütung andererseits.

58 Zum ersten Mal gab es feste Regelungen für die Vergütung von Berufsvormündern und -pflegern. Damit zog der Gesetzgeber Konsequenzen aus der Rechtsprechung des

---

2   BVerfG NJW 80, 2181
3   BVerfG NJW 80, 2179
4   BVerfG NJW 80, 2180
5   BVerfG NJW 80, 2180
6   BVerfG NJW 80, 2181

BVerfG, das eine Gleichbehandlung der Berufsvormünder mit den Ehrenamtlichen gefordert hatte. Dieser neue Vergütungsanspruch gegen die Staatskasse wurde in § 1836 Abs. 2 a.F. festgeschrieben.

Daneben enthielt das Betreuungsgesetz eine Erweiterung der erstattungsfähigen Aufwendungen, nämlich die Übernahme der Kosten einer angemessenen Haftpflichtversicherung. **59**

Weiterhin gibt es seit dem 1.1.1992 eine pauschalierte Aufwandsentschädigung für ehrenamtliche Betreuer, Vormünder und Pfleger, die ihnen das entnervende Nachweisen geringfügiger Aufwendungen ersparen soll. **60**

Letztlich musste eine Regelung für die Finanzierung der Betreuungsvereine, der Vereinsbetreuer, der Behörden und der Behördenbetreuer gefunden werden. Hier kam es darauf an, diese neu in das Gesetz aufgenommenen Betreuungsarten angemessen und der jeweiligen Interessenlage entsprechend zu finanzieren. Die entsprechenden Vorschriften finden sich in den §§ 1908e und 1908h. **61**

Die Konzeption und die Einzelvorschläge der Bundesregierung waren im parlamentarischen Verfahren Gegenstand heftiger Kontroversen mit der Interessenvertretung der Länder, dem Bundesrat. Hintergrund der Auseinandersetzung war die Problematik, dass Aufwendungsersatz und Vergütung (bei Mittellosigkeit des Betreuten) aus den Justizkassen der Länder zu zahlen sind. Die Länder waren daran interessiert, diese Kosten so gering wie möglich zu halten, andererseits nicht die Aufgaben anderer Institutionen (z.B. der Kommunen) zu übernehmen. So war vor allem die Förderung der Betreuungsvereine umstritten. Die Länder sahen dies als eigene Sache an und wollten sie nicht in einem Bundesgesetz geregelt wissen. Dahinter stand sicherlich auch der Gedanke, diese Vereinsförderung den Kommunen zu übertragen. Inzwischen gibt es nahezu in allen Bundesländern Richtlinien, wie und in welcher Höhe Betreuungsvereine von Ländern und Kommunen gefördert werden. Gefördert wird allerdings nur die so genannte Querschnittstätigkeit, also die Gewinnung, Schulung und Begleitung ehrenamtlicher Betreuer gem. § 1908f. Sie ist keine Vergütung für geleistete Betreuertätigkeit. **62**

2.1.3.2 Kompromiss bei der Vergütung

Ebenfalls nur durch einen Kompromiss konnte die Frage der Höhe der Vergütung für Berufsbetreuer geregelt werden. Einem Vorschlag des *BVerfG* folgend, hatte der Regierungsentwurf[7] das ZSEG[8] als Grundlage für die Vergütung genommen. Richtlinie für die Vergütung war hiernach der Stundenhöchstsatz, der einem Zeugen als Entschädigung für seinen Verdienstausfall gewährt werden kann. Dieser betrug bei Verabschiedung des Betreuungsgesetzes 20,– DM. Durch eine Änderung des ZSEG (Kostenrechtsänderungsgesetz vom 24.6.1994)[9] erhöhte er sich seit dem 1.7.1994 auf 25,– DM. In dem Fall, in dem die Führung der Betreuung mit besonderen Schwierigkeiten verbunden ist oder besondere Fachkenntnisse erforderlich sind, wollte die Bundesregierung eine Erhöhung der Vergütung bis zum Fünffachen dieses Stundensatzes ermöglichen. Nachdem der Bundesrat lediglich den dreifachen Satz für vertretbar hielt, wurde eine Kompromisslösung gefunden. Nach dieser war die Erhöhung in der Regel bis zum Dreifachen möglich, der fünffache Betrag sollte unter außergewöhnlichen Umständen im Einzelfall gewährt werden können. **63**

Auch die Höhe der Aufwandspauschale für ehrenamtliche Betreuer nach § 1836a war umstritten. Der Bundesrat erreichte hier mit dem Hinweis auf die Haushaltslage eine Senkung dieser Jahrespauschale von 480,– auf 300,– DM, seit 1.7.1994 durch das Kostenrechtsänderungsgesetz: 375,– DM. Die dadurch bewirkten Minderausgaben machten **64**

---

7   BT-Drs. 11/4528
8   Zeugen- und Sachverständigenentschädigungsgesetz (ZSEG), seit dem 1.7.2004 von dem Justizvergütungs- und -entschädigungsgesetz (JVEG) abgelöst.
9   BGBl. I S. 1325

60 Mio. DM aus. Im ersten Diskussionsentwurf des Betreuungsrechts im Jahre 1998 waren sogar 600,– DM als Aufwandspauschale vorgesehen gewesen. Dieser Betrag wurde erst zum 1.1.1999 durch das 1. BtÄndG realisiert.

▶ *Zu Details der Aufwandspauschale vgl. Kapitel 5, Rn. 335 ff.*

65 Inhaltlich wurde das Betreuungsgesetz immer als eine Jahrhundertreform verstanden, es zeigte sich bei den Finanzierungsfragen aber schon zu diesem Zeitpunkt, dass der Stellenwert der betroffenen Menschen von den Verantwortlichen wohl doch nicht allzu hoch angesetzt wurde.

66 Mit der Einführung des Betreuungsrechts am 1.1.1992 hatte der Gesetzgeber auch die Figur des Berufsbetreuers eingeführt. Zwar wurden auch nach altem (Vormundschafts-) Recht Vormundschaften als Beruf geführt, im Gesetz fanden sie jedoch keinen Raum. Erst die Rechtsprechung des *BVerfG* (vgl. oben Rn. 50 ff.) eröffnete Berufsbetreuern durch die verfassungskonforme Auslegung des § 1835 Abs. 2 a.F. eine – wenn auch auf bestimmte Fälle begrenzte – Vergütungsmöglichkeit.

67 An diese Rechtsprechung knüpfte der Gesetzgeber mit Einführung des Betreuungsgesetzes in § 1836 Abs. 2 a.F. an.

▶ *Zur Frage, wer Berufsbetreuer ist, vgl. Kapitel 6, Rn. 459 ff. Spezielle Formen des Berufsbetreuers sind der Vereins- und der Behördenbetreuer. Die für diese Personen geltenden Besonderheiten finden Sie im Kapitel 6, Rn. 842 ff., 865 ff.*

68 Die Vorschrift des § 1836 Abs. 2 war mit dem BtG neu in das Gesetz aufgenommen worden. Der Gesetzgeber hatte mit ihr der Entscheidung des Bundesverfassungsgerichts vom 1.7.1980[10] Rechnung tragen wollen.

69 Durch die Verweisung auf den Höchstbetrag, der einem Zeugen als Verdienstausfall nach dem ZSEG zu gewähren ist, wurde der Mindestbetrag der Vergütung festgelegt; er betrug zuletzt 25,– DM pro Stunde und war dem Berufsbetreuer, wenn der Betreute mittellos war, aus der Staatskasse zu zahlen (§§ 1836 Abs. 2 Satz 4, 1835 Abs. 4 a.F.).

70 Dieser Betrag konnte bis zum Dreifachen erhöht werden, wenn die Führung der Betreuung besondere Fachkenntnisse erforderte oder mit besonderen Schwierigkeiten verbunden war. Traten im Einzelfall Umstände hinzu, die die Besorgung bestimmter Angelegenheiten außergewöhnlich erschwerten, war eine Erhöhung bis zum fünffachen Satz möglich (§ 1836 Abs. 2 Satz 3 a.F.).

2.1.3.3 Besondere Fachkenntnisse

71 Besondere Fachkenntnisse des Betreuers waren ein Kriterium, um die Vergütung auf den dreifachen Satz zu erhöhen, § 1836 Abs. 2 Satz 3 a.F. Unter besonderen Fachkenntnissen verstand das Betreuungsgesetz Kenntnisse, die über den allgemeinen Wissensstandard eines Berufsbetreuers bzw. Berufsvormunds hinausgingen.[11] Es ist jedoch höchst zweifelhaft, ob man angesichts der differenzierten Anforderungen an einen Betreuer und die Öffnung der hauptberuflichen Betreuertätigkeit für verschiedenartige Berufsgruppen von einem allgemeinen Wissensstandard eines Berufsbetreuers sprechen kann.[12]

72 Exemplarisch werden medizinische, juristische, psychotherapeutische Kenntnisse oder die eines Wirtschaftsprüfers usw. aufgezählt.[13]

73 Bedenklich – und vom Gesetzgeber nicht gewollt – war es, das Maß an Fachkenntnissen an der Ausbildung des Betreuers zu orientieren.[14]

---

10 BVerfGE 54, 251 ff.
11 BT-Drs. 11/4528, S. 111
12 *Frommann* BtPrax 1993, 41, 42; *Deinert* JurBüro 1993 513/515, Knittel § 1836 Rn. 32
13 BT-Drs. 11/4528, S. 111
14 *Knittel* § 1836 Rn. 34, *Lantzerath/Schimke*, S. 65.

In Literatur und Rechtsprechung setzte sich mehr und mehr die Ansicht durch, dass in aller **74** Regel schon aus der Bestellung einer Person mit besonderer Ausbildung zu folgern war, dass deren besondere Fachkenntnisse für die konkrete Betreuung erforderlich waren.[15]

Zusätzlich war in der Rechtsprechung zur Höhe der Vergütung aus dem Vermögen der **75** betreuten Person auch die Höhe der in der Berufsgruppe des Betreuers üblicherweise gezahlten Entgelte ein Anhaltspunkt, zumal diese in der Regel ja auch auf die berufliche Qualifizierung des Betreuers abstellen. Für die Höhe dieser Vergütung stellte das Bayerische Oberste Landgericht in ständiger Rechtsprechung fest, dass die unterste Grenze für die Bemessung dieser Vergütung durch die Kostenstruktur der jeweiligen Betreuungsbüros gegeben sei. Neben dem Ersatz der Unkosten müsse durch die Vergütung ein angemessenes Honorar erwirtschaftet werden können.

So wurden Stundensätze von ca. 200,– DM vom *BayObLG* als angemessen betrachtet[16], **76** ähnlich auch das *LG München I* für die Vergütung einer Diplom-Sozialpädagogin.[17] Das *OLG Schleswig* sah in einem ähnlichen Fall für einen Rechtsanwalt als Betreuer einen Stundensatz von 300,– DM als angemessen an.[18]

Für nicht-anwaltliche Betreuer waren die üblicherweise in der jeweiligen Berufsgruppe **77** gezahlten Gehälter als Maßstab heranzuziehen, so hatte das *LG München I* für einen freiberuflichen Sozialpädagogen[19] 130,– DM stündlich zuzüglich Mehrwertsteuer als angemessen betrachtet; ähnlich das *BayObLG* für einen Diplom-Verwaltungswirt[20] sowie für eine Dipl.-Psychologin 110,– DM.[21]

Die teilweise extrem kleinliche und offenbar fiskalischen Gesichtspunkten verbundene **78** Rechtsprechung vieler Amts- und Landesgerichte hatte eine Unsicherheit hervorgerufen, die für Berufsbetreuer und Amtsgerichte – hier besonders Rechtspfleger – eine unglaublich große – und überflüssige – Belastung darstellte. Für Berufsbetreuer hatte die Vergütungsfrage inzwischen existenzielle Bedeutung. Wenn landgerichtliche Rechtsprechung Stundensätze von kaum mehr als dem Grundbetrag von 25,– DM (einschließlich Mehrwertsteuer) für kommerzielle Betreuung als angemessen erachtet, Amtsgerichte dem Berufsbetreuer gegen jeden Datenschutz verstoßende Nachweise hinsichtlich der erbrachten Tätigkeit abverlangen und dann noch bei – unstreitig – mittellosen Betreuten auf die Unterhaltpflicht von Angehörigen verweisen, ehe der Anspruch gegen die Staatskasse anerkannt wird, dann kann es nicht verwundern, dass viele – engagierte – Betreuer bereits entnervt resigniert und aufgegeben haben.[22]

Für Betreuer mit Wohnsitz in den neuen Bundesländern war von der Berufsbetreuervergü- **79** tung (jedenfalls bei Mittellosen) ein Ostabschlag von 20 % vorgesehen, der zum 1.7.1996 auf 10 % vermindert wurde. Erst zum 1.7.2004 wurde der Ostabschlag entgültig aufgehoben[23], nachdem er zum 1.3.2002 bereits für Ostberlin entfallen war[24].

---

15 BayObLG FamRZ 1994, 124; LG Berlin BtPrax 1993, 40; AG Bremen JurBüro 1993, 113 und Rpfleger 1992, 434; LG Duisburg JurBüro 1993, 283 = Rpfleger 1993, 242; LG Köln Rpfleger 1993, 156; LG Krefeld DAVorm 1993, 102 = JurBüro 1993, 155 = Rpfleger 1993, 155; LG Giessen BtPrax 1993, 107; AG Marburg, Beschluss vom 27.4.1993 – 3 T 3/93 (nicht veröff.); AG Mühldorf JurBüro 1993, 154; LG München JurBüro 1992, 807 und JurBüro 1993, 38; AG Uelzen FamRZ 1992, 1349; *Seitz* BtPrax 92, 82 (85) sowie: *Deinert* NDV 1992, 329; *Barth/Wagenitz*, FamRZ 1994, S. 78, *Bienwald* § 1836, Rn. 35

16 BayObLG, z.B. in Rpfleger 1988, 529; Rpfleger 1990, 459 = FamRZ 1990, 1359; Rpfleger 1992, 297 = JurBüro 1992, 412; JurBüro 1993, 49; FamRZ 1993, 224 = NJW 1993, 671; AnwBl 1993, 534; MDR 93, 1209; BayObLG Rpfleger 1987, 67

17 LG München I FamRZ 1995, 112

18 OLG Schleswig MDR 94, 1048 = DAVorm 94, 803

19 LG München I FamRZ 95, 112

20 BayObLG MDR 93, 1209

21 BayObLG BtPrax 1999, 31

22 Vgl. *Lantzerath/Schimke*, S. 60

23 Art. 4 des KostRMoG vom 5.5.2004 (BGBl. I S. 718)

24 § 19 ZSEG in der Fassung des Gesetzes vom 22.2.2002 (BGBl. I. S 981)

2.1.4   Der Weg zum 1. Betreuungsrechtsänderungsgesetz

80   Keine Frage das neue Betreuungsrecht betreffend hat die Gerichte so intensiv beschäftigt wie die Finanzierung der Berufsbetreuer. Die Vergütung der Berufsbetreuer wurde sehr uneinheitlich gehandhabt. Beispielsweise erhielten Anfang 1997 20 % der Vereinsbetreuer in Mecklenburg-Vorpommern regelmäßig eine Vergütung von weniger als 50,– DM/Stunde, während lediglich 8 % den dreifachen Stundensatz erhielten.[25] Zu der Frage, mit welchem Stundensatz ein Berufsbetreuer zu vergüten sei, sind unzählige Entscheidungen ergangen. Der Bund Deutscher Rechtspfleger beklagte in seiner Resolution zum Betreuungsrecht anlässlich des 29. Rechtspflegertages[26], dass sich das Betreuungsrecht in der Praxis zu einem Betreuer-Vergütungsrecht entwickelt habe. Rechtspflegerinnen und Rechtspfleger verwendeten gut 2/3 ihrer Arbeitszeit in die Bearbeitung der Vergütungsanträge.

2.1.5   Das 1. Betreuungsrechtsänderungsgesetz ab 1.1.1999

81   Triebfeder der Reform von 1999 war es vor allem, die stetig steigenden Kosten, die aus den Justizhaushalten für die Betreuervergütung aufzubringen waren (und sind), zu begrenzen. In diesem Zusammenhang sollte auch geklärt werden,

- welche Stundensätze angemessen sind,

- wann der Betroffene als mittellos zu gelten hat , die Vergütung also aus der Staatskasse zu zahlen ist (siehe dazu Kapitel 8, Rn. 1200 ff.),

- ob in den Vergütungssätzen die Mehrwertsteuer enthalten oder ob sie zusätzlich zu erstatten ist,

- ob Rechtsanwälte als Verfahrenspfleger nach der BRAGO zu vergüten sind und

- ob den neuen Bundesländern ein Abschlag von 10 % vorzunehmen war, weil das ZSEG dort mit der Maßgabe galt, dass die Beträge um 10 % zu kürzen sind.

2.1.6   Zielsetzung des 1. Betreuungsrechtsänderungsgesetzes

82   Das 1. Betreuungsrechtsänderungsgesetz sah zahlreiche Gesetzesänderungen vor, die fast allesamt zum Ziel hatten, die Aufwendungen des Staates für die gesetzliche Betreuung zu vermindern (bzw. den Kostenanstieg aufzuhalten). Ein Großteil davon bleibt auch nach Inkrafttreten des 2. BtÄndG am 1.7.2005 erhalten. Dies waren insbesondere:

- Aufwertung der Betreuungsvorsorgevollmacht;

- Änderungen beim Aufwendungsersatz (§ 1835)

- Ausnahmestellung entgeltlich geführter Betreuungen (§ 1897 Abs. 6)

- Einführung eines neuen Vergütungssystems für entgeltliche Betreuungen

  – Neue Vergütungsstufen nach beruflicher Qualifikation (§ 1 BVormVG);

  – Beschränkung der abrechenbaren Tätigkeiten (§§ 1836 Abs. 2, 1 BVormVG);

  – Zeitbegrenzungen/Individualpauschalen (§ 1836b);

  – Rechtsmittelbeschränkungen (§ 56g FGG);

- Beteiligung der Betroffenen und seines Erben an den Betreuungskosten (§§ 1836c bis 1836e);

- Beschränkungen bei Bestellung und Vergütung von Verfahrenspflegern;

- Beschränkungen bei sonstigen Verfahrensfragen.

---

25   *Gregersen* BtPrax 1997, 178
26   Rpfleger 1997, 67

Die Vergütungshöhe bei Mittellosigkeit wurde in § 1 des neuen Berufsvormündervergütungsgesetzes (BVormVG) auf 35,– DM/Stunde festgesetzt (ab 1.1.2002 18,– €). Verfügte der Betreuer über besondere Fachkenntnisse, die er durch eine ehre oder vergleichbare Ausbildung erworben hatte, erhöhte sich der Stundensatz auf 45,– DM (ab 1.1.2002 23,– €) und bei durch ein Hochschul- oder Fachhochschulstudium erworbenen Fachkenntnissen auf 60,– DM (ab 1.1.2002 31,– €). Unbeschadet der Tatsache, dass dies nur bei mittellosen Betreuten vorgesehen war, sollten nach den Vorstellungen des Gesetzgebers diese Regelungen für die Gerichte aber auch eine Orientierungshilfe für die Vergütung von Betreuern sein, bei denen sich der Vergütungsanspruch gegen den Betreuten richtet.[27] Vorübergehend konnten die genannten Vergütungsstundensätze im Rahmen der Besitzstandsregelungen (§ 1 Abs. 3 BVormVG, z.T. in Verbindung mit Landesrecht) auch dann gezahlt werden, wenn der bereits seit mehr als zwei Jahren tätige Berufsbetreuer die Berufsqualifikation nicht hatte. Eine Nachqualifizierungsregelung (§ 2 BVormVG) erlaubte nach landesrechtlicher Umsetzung eine Nachschulung und Prüfung zur Erlangung einer höheren Vergütungsstufe.

83

2.1.7 Änderungen durch die Euroumstellung

Die Einführung des Euro als alleinige Währung zum 1.1.2002 brachte einige Umstellungen bei der Entschädigung von Betreuern:

- **Höhe der Aufwandspauschale für ehrenamtliche Betreuer (§ 1835a)**

84

Die Aufwandspauschale machte das 24fache des Stundenhöchstsatzes der Zeugenentschädigung von zuvor 25,– DM/Std. aus. Nach dem Gesetz vom 27.4.2001[28] erhöhte sich der Stundenhöchstsatz für Zeugen (§ 2 ZSEG) ab 1.1.2002 auf 13, € . Aufgrund dessen beträgt die Aufwandspauschale ab 1.1.2002 somit 312,– €. War die Pauschale noch 2001 fällig (wiederkehrendes Datum der Betreuerbestellung, vgl. § 1835a Abs. 2 i.V.m. § 69a Abs. 3 FGG), betrug sie 600,– DM, geteilt durch 1,95583 = 306,78 €, egal wann der Antrag gestellt wurde oder das Gericht darüber entschied. War die Pauschale jedoch nach dem 1.1.2002 fällig, betrug sie 312,– €.

- **Fahrtkostenerstattung für Betreuer (§ 1835 Abs. 1 i.V.m. § 9 Abs. 3 ZSEG)**

85

Die Fahrtkostenerstattung von zuvor 0,52 DM/km wurde nach dem Gesetz vom 27.4.2001[29] ab 1.1.2002 auf 0,27 € umgestellt.

- **Höhe des Stundensatzes der Betreuervergütung (§ 1 BVormVG)**

86

Die Stundensätze des Berufsvormündervergütungsgesetzes betrugen zuvor 35,–, 45,– und 60,– DM. Durch das Fernabsatzgesetz vom 27.6.2000[30] wurden die Beträge zum 1.1.2002 auf 18,–, 23,– und 31,– € umgestellt. Für Betreuer in den neuen Bundesländern, für die nach Art. 4 des 1. Betreuungsrechtsänderungsgesetzes die Stundensätze um 10 % ermäßigt waren, bedeutete dies ab 1.1.2002 16,20 €, 20,70 € und 27,90 €.

- **Freibeträge bei Ermittlung der Mittellosigkeit des Betreuten (§§ 1836c, 1836d, 1836e)**

87

Hier wurde Bezug genommen auf die sozialhilferechtlichen Regelungen (§§ 76, 79, 81, 88 , 92c des damaligen BSHG).

Der Einkommensfreibetrag nach § 81 Abs. 1 BSHG, der für die Betreuervergütung maßgeblich ist, machte ab 1.7.2001 gem. § 82 Abs. 1 BSHG die Summe von 1.612,– DM aus. Es erfolgte durch Gesetz vom 21.12.2000[31] ab 1.1.2002 nach § 82 Abs. 2 BSHG eine

88

---

27 BT-Drs. 13/7158, S. 26
28 BGBl. I S. 751
29 BGBl. I S. 751
30 BGBl. I S. 897
31 BGBl. I. S. 1983

Umrechnung auf volle Euro. Die Eurosumme vom 1.1.2002 bis 30.6.2002 betrug 826,– €, danach erfolgte die nächste Erhöhung gem. § 82 Abs. 1 BSHG.

89   Die Vermögensfreibeträge (sog. kleines Barvermögen; § 1 der VO zu § 88 BSHG i.V.m. § 1836c Nr. 2) änderten sich durch Gesetz vom 21.12.2000[32] mit Wirkung ab 1.1.2002 wie folgt:

- Aus 2.500,– DM wurden 1.279,– €,

- aus 4.500,– DM wurden 2.301,– €,

- aus 8.000,– DM wurden 4.091,– €,

- aus 1.200,– DM (Ehegattenzuschlag) wurden 614,– €,

- aus 500,– DM (Kinderzuschlag) wurden 256,– €;

- der Erbenfreibetrag für pflegende Angehörige (§ 92c Abs. 3 Nr. 2 BSHG i.V.m. § 1836e) wurde von 30.000,– DM auf 15.340,– € umgestellt.

90   • **Beschwerdewert bei Rechtsmitteln im Vergütungsverfahren (§ 56g Abs. 5 FGG)**

Die Wertgrenze für die Einlegung der sofortigen Beschwerde bei Vergütungsentscheidungen betrug 300,– DM. Durch Gesetz vom 13.12.2001[33] ist ab 1.1.2002 eine Umstellung auf 150,– € erfolgt.

2.1.8   Kostenrechtsmodernisierung am 1.7.2004

Die sich auf Betreuer auswirkenden Regelungen des Kostenrechtsmodernisierungsgesetzes[34] waren im Einzelnen:

91   • **Aufwendungsersatz (§ 1835)**

In § 1835 wurde bei den Fahrtkosten der Verweis auf das Zeugen- und Sachverständigenentschädigungsgesetz (§ 9 ZSEG) durch einen Verweis auf das neue Justizvergütungs- und Entschädigungsgesetz (§ 5 JVEG), welches Bestandteil des Kostenrechtsmodernisierungsgesetzes ist, ersetzt. Dies war zunächst einfach nur eine Änderung des Verweises, weil das ZSEG durch das JVEG ersetzt wurde. Es beinhaltete jedoch auch inhaltliche Änderungen, denn mit Wirkung vom 1.7.2004 erhöhte sich die Kilometerpauschale bei Benutzung eines Privat-PKW von 0,27 € auf 0,30 €. Die Höchstbegrenzung zulässiger PKW-Nutzung auf Dienstreisen von 200 km entfiel ebenfalls. Dies galt entsprechend den Übergangsvorschriften für alle Fahrten nach dem 30.6.2004.[35]

92   Die Regelung zum Erlöschen der Ansprüche nach 15 Monaten (bisher § 1835 Abs. 1 Satz 4) wurde durch einen eigenständigen Absatz 1a ersetzt. Hiernach muss eine vom Gericht abweichend gesetzte Frist mindestens zwei Monate betragen und auf die Folgen des Fristversäumnisses hingewiesen werden.

93   • **Aufwendungspauschale für Ehrenamtliche (§ 1835a)**

Die Aufwendungspauschale für ehrenamtliche Betreuer, Vormünder und Pfleger machte bislang das 24fache des Stundenhöchstsatzes der Zeugenentschädigung aus. Da dieser bis zum 1.7.2004 13,– € ausmachte, betrug die Pauschale 312,– €/Jahr. Mit § 22 des neuen JVEG wurde der Höchstsatz auf 17,– € erhöht. Zugleich wurde der Multiplikator in § 1835a auf den 19fachen Betrag gesenkt. Netto bedeutete dies dennoch eine Erhöhung der Aufwandspauschale auf 323,– € (Erhöhung um 3,5 %). Entsprechend dem unveränderten § 1835a Abs. 2 i.V.m. § 69a Abs. 3 FGG bedeutete dies, dass alle Aufwandspau-

---

32   BGBl. I. S. 1983
33   BGBL. I S. 3574
34   KostRMoG vom 5.5.2004 (BGBl. I S. 718)
35   §§ 24, 25 JVEG

schalen, die nach dem 30.6.2004 fällig wurden, mit diesem höheren Satz abzugelten waren. Es entspricht der h.M. aus früheren Abänderungen, dass eine Quotelung alter und neuer Pauschalbeträge nicht stattfindet[36].

•   Vergütung der Berufsbetreuer und -vormünder (§ 1836)   **94**

Zum einen wurde die Erlöschensregelung (§ 1836 Abs. 2 Satz 4) an die oben erwähnte Konkretisierung der Regelung zum Aufwendungsersatz angepasst.

Zum anderen war durch die Streichung des Artikels 4 des (1.) Betreuungsrechtsände-   **95**
rungsgesetzes der Wegfall des 10 %igen Ostabschlags bei der Vergütung der Betreuer und Vormünder verbunden. Da hierzu keine Übergangsvorschriften erlassen wurden, war davon auszugehen, dass sich dieser Wegfall auf alle Tätigkeiten des Betreuers, Vormundes oder Pflegers bezieht, die nach dem 30.6.2004 geleistet wurden. Auch dies entsprach dem Verfahren, das bereits zum 1.7.1996 praktiziert wurde, als der Ostabschlag von 20 auf 10 % reduziert wurde.[37] Im Gebiet von Ost-Berlin war der Abschlag bereits mit Wirkung vom 1.3.2002 entfallen.[38]

2.1.9   Neues Sozialhilferecht ab 1.1.2005

Am 27.12.2003 wurde das 12. Buch des Sozialgesetzbuches (SGB XII) veröffentlicht[39],   **96**
das das Bundessozialhilfegesetz (BSHG) und das Grundsicherungsgesetz mit Wirkung vom 1.1.2005 ablöste. Für die Betreuervergütung ergaben sich dadurch folgende Änderungen:

•   Heranziehung des Betreuten zu den Kosten der Betreuung (§ 1836c)   **97**

Statt auf die Regelungen der §§ 76, 79, 81, 82 und 88 BSHG wurde mit Wirkung vom 1.1.2005 auf die entsprechenden Regelungen des neuen SGB XII verwiesen (§§ 82, 85 bis 87 und 90 SGB XII). Inhaltlich bedeutete dies, dass sich die Freibeträge des Betreuten wie folgt ändern:

Der Einkommensfreibetrag (zuzügl. Unterkunftskosten) für den Betreuten von zuvor   **98**
853,– € sank auf den 2fachen Eckregelsatz der Sozialhilfe, der in den alten Bundesländern ab 1.1.2005 zunächst 690,– € und in den neuen Bundesländern 662,– € ausmachte (ab 1.7.2007 bundeseinheitlich 694,– €)[40]. Auch der Familienzuschlag für den Ehegatten, Lebenspartner und überwiegend unterhaltene Personen von zuvor 80 % des Regelsatzes sank auf 70 %. Für Blinde und außerhalb von Heimen lebende Schwerstpflegebedürftige blieben vom übersteigenden Einkommen mindestens 60 % anrechnungsfrei (§ 87 Abs. 1 Satz 3 SGB XII).

Der Vermögensschonbetrag des Betreuten (bisher 2.301,– € nach § 1 der VO zu § 88   **99**
BSHG) erhöhte sich ab 1.1.2005 auf 2.600,– € (§ 1 der VO zu § 90 SGB XII).

Der bisherige Vermögensfreibetrag nach § 88 Abs. 3 Satz 3 BSHG (25.311,– €) bei Behin-   **100**
derten in einer Werkstatt für behinderte Menschen galt nach neuer Rechtsprechung auch bei der Betreuervergütung, weil in § 1836c allgemein auf § 88 BSHG verwiesen wurde.[41] Ab 1.1.2005 wird zwar für Sozialhilfeleistungen der genannten Art gar keine Heranziehung des Vermögens mehr vorgenommen; da diese Ausnahme von der Heranziehung aber künftig in § 92 SGB XII geregelt ist und in der Neufassung des § 1836c auf diesen

---

36   BayObLG Rpfleger 1999, 538 =JurBüro 1999, 604 = FamRZ 1999, 1602 = EzFamR aktuell 1999, 349 = Bay-ObLG-Rp 1999, 86; OLG Jena 6 W 159/00 vom 22.3.2000; LG Passau BtPrax 1999, 158 = RdLH1999, 174 sowie LG Bochum BtPrax 1999, 206; a.A.: LG München I BtPrax 1999, 205
37   Verordnung vom 15.4.1996, BGBl. I S. 604
38   § 19 ZSEG in der Fassung des Gesetzes vom 22.2.2002 (BGBl. I. S 981)
39   Gesetz zur Einordnung des Sozialhilferechts in das Sozialgesetzbuch vom 27.12.03 (BGBl. I. S. 3022)
40   Regelsätze ab 1.1.2005 lt. VO der Bundesregierung: alte Bundesländer 345,– €, neue Bundesländer 331,– €
41   Vgl. LG Schweinfurt RdLH 2000, 87 = FamRZ 2000, 1532; LG Dresden FamRZ 2001, 712; LG Chemnitz FamRZ 2001, 1026; OLG Dresden Beschluss 15 W 677/00 vom 17.5.2000; OLG Celle FamRZ 2003, 1047 = FGPrax 2003, 130; LG Münster BtPrax 2003, 233; BayObLG FamRZ 2003, 966 = BtPrax 2003, 180 = NJW-RR 2002, 1520

Paragraphen nicht verwiesen wird, ist ab 1.1.2005 die entsprechende Rechtsprechung hinfällig.

101 Nach den §§ 93a Abs. 2 und 137 Nr. 16 (ab 1.1.2005 Nr. 17) KostO gelten die neuen Einkommens- und Vermögensfreibeträge auch für die Geltendmachung der von der Staatskasse verauslagten Vergütungen für Verfahrenspfleger (§ 67 Abs. 3 FGG).

102 • **Regress der Staatskasse gegen den Erben des verstorbenen Betreuten (§ 1836e)**

Der Regress der Staatskasse gegen den Erben des Betreuten verwies bislang auf § 92c Abs. 3 BSHG, die Neuregelung findet sich in § 102 Abs. 3 SGB-XII. Vor dem 1.1.1005 betrug der Erbenfreibetrag zuletzt 1.706,– € (2fache Summe des bisherigen Freibetrags nach § 81 Abs. 1 BSHG). Ab 1.1.2005 macht der Freibetrag insgesamt das 6fache des Eckregelsatzes aus. Daher erhöht sich der Erbenfreibetrag in den alten Bundesländern auf 2.070,– € und in den neuen Bundesländern auf 1.986,– € (ab 1.7.2007 bundeseinheitlich 2.082,– €). Der besondere Freibetrag von 15.340,– € für den bisherigen pflegenden Angehörigen bleibt unverändert.

2.2 Auf dem Weg zum 2. Betreuungsrechtsänderungsgesetz

2.2.1 Allgemeines

103 Im Vorfeld der Reform von 1999 hatte der Gesetzgeber einem pauschalen Vergütungssystem noch eine klare Absage erteilt. In der Begründung des damaligen Entwurfs hieß es dazu:

104 Für eine Herausarbeitung von „Falltypen" oder „Tätigkeitskatalogen" gibt es schon angesichts der Vielgestaltigkeit konkret geführter Vormundschaften oder Betreuungen keine hinreichend tragfähigen Ansatzpunkte. Im übrigen ermöglichen solche Typisierungen von Fällen oder Tätigkeiten zwar eine von der Schwierigkeit des Einzelfalls abstrahierende Einheitsbewertung und -vergütung. Den einheitlichen Vergütungsbeträgen liegen jedoch Pauschalierungen zugrunde, die für den Vergütungsberechtigten nur dann zu einem kalkulierbaren und sachgerechten Ergebnis führen, wenn eine Vielzahl von Fällen einbezogen werden kann: Nur bei genügend großer Fallzahl kann mit hinreichender Sicherheit erwartet werden, daß die mit einer Pauschalierung notwendig verbundenen Über- und Unterdeckungen des im Einzelfall tatsächlich geleisteten Aufwands sich im Ergebnis ausgleichen. Vormünder und Betreuer erreichen die erforderlichen Fallzahlen nicht; die Zahl der ihnen zugewiesenen Mündel oder Betreuten liegt, auch weil Vormundschaften oder Betreuungen oftmals über einen längeren Zeitraum geführt werden, ganz wesentlich unter der Zahl der Mandanten eines Anwalts oder der Patienten eines Arztes. Anders als in diesen Bereichen kann der Zeitaufwand für die Führung einer Vormundschaft oder Betreuung schon deshalb nicht sachgerecht mit Einheitsbeträgen pauschaliert werden.[42]

105 Ohne auf die damals geäußerten Bedenken einzugehen wurde der Gedanke der gesetzlichen Regelung einer „überindividuellen" Pauschalierung der Vergütung beruflicher Betreuer m Zwischenbericht der Bund-Länder-Arbeitsgruppe vom 10.6.2002 wieder aufgegriffen.[43] Als notwendig erachtet wurden Differenzierungen nach Alter, Erkrankung, Aufenthaltsort, aufgewandten Stunden und Dauer der Betreuung. 18 Fallgruppen wurden hier gebildet. Die vier Betreuungszeiträume, die im jetzigen Gesetzestext zu finden sind, tauchen hier erstmals auf.

106 Der Abschlussbericht der Bund-Länder-Arbeitsgruppe Betreuungsrecht vom Juni 2003 enthält bereits das neue Vergütungssystem in seinen Grundzügen, wobei die Kriterien Alter und Erkrankung entfielen. Hier wurden alternativ eine Änderung des bisherigen Vergütungssystems für Vormünder (§§ 1836 ff.), welches für Betreuer nur analog angewen-

---

42 BtDrucks. 13/7158 S. 16
43 Zwischenbericht der BLAG, S. 45 ff.; abrufbar unter www.bundesgerichtshsof.de/gesetzesmaterialien/ BetrRAendG/zwischenbericht.pdf

det wurde oder eine eigene Vergütungssystematik für Berufsbetreuer in neuen §§ 1908l bis 1908o vorgeschlagen.[44] Im Gesetzesentwurf des Bundesrates vom 19.12.2003 ist dann die Wahl auf ein eigenes, von der Vergütung der Vormünder weitgehend abgekoppeltes Abrechnungssystem für Berufsbetreuer gefallen.[45]

Trotz der Einwände vieler Verbände[46] und weitgehender Ablehnung des Pauschalierungsmodells in der Anhörung des Rechtsausschusses am 16.6.2004 verabschiedete der Bundestag am 18.2.2005 mit Zustimmung des Bundesrates vom 18.3.2005 ein gegenüber dem Gesetzentwurf in einigen Punkten abweichendes Modell einer verpflichtenden Pauschalierung der Ansprüche aller Berufs- und Vereinsbetreuer. **107**

2.2.2 Grundzüge des 2. Betreuungsrechtsänderungsgesetzes ab 1.7.2005 – Zitate aus den Gesetzesmotiven

Die Einzelbegründung im Gesetzesentwurf zum dem damals für die Regelung vorgesehenen neuen § 1908l führt als Motive aus:[47] **108**

> Mit § 1908l Abs. 1 und 2 BGB-E wird ein System der Pauschalierung der Vergütung des Berufsbetreuers eingeführt. Dieses System beseitigt die Defizite des jetzigen Abrechnungssystems und ist **einfach, streitvermeidend, an der Realität orientiert** und für die Berufsbetreuerinnen und -betreuer **auskömmlich**.
>
> Rechtstatsächliche Grundlage
>
> Das Pauschalierungssystem beruht auf der vom Bundesministerium der Justiz in Auftrag gegebenen „**Rechtstatsächliche Untersuchung** zur Qualität von Betreuungen, zur Aufgabenverteilung im Bereich der Betreuung und zum Verfahrensaufwand" des Instituts für Sozialforschung und Gesellschaftspolitik (ISG-GA). Grundlage der Untersuchung war eine repräsentative Auswahl von 1 808 Betreuungsakten (die Ergebnisse sind im ISG-GA Kapitel D., Unterpunkt 9.3 dargestellt.)
>
> Zu den erhobenen Einzelnennungen beim Betreuungsaufwand hat das ISG **Häufigkeitstabellen** nach Stundenspannen erstellt, aus denen sich die Häufigkeitsverteilung ergibt.
>
> Diese enthalten neben dem rechnerischen (arithmetischen) Mittelwert ebenfalls die Standardabweichung sowie den Median.
>
> Für die Bestimmung der Fallgruppen und des pauschalen Stundenansatzes orientiert sich der Entwurf nicht am arithmetischen Mittel, sondern am Median:
>
> Zur Berechnung von Durchschnitten sind grundsätzlich mehrere Methoden bzw. Lagemaße anwendbar, die sich vor allem hinsichtlich ihrer Anfälligkeit für Extremwerte unterscheiden (vgl. W.R. Bihn/E. Gröhn: Deskriptive Statistik, Köln 1993)
>
> Das gebräuchlichste Maß zur Berechnung von **Durchschnittswerten** ist das **arithmetische Mittel**, das gebildet wird, indem die Summe aller Werte durch die Summe aller Beobachtungseinheiten bzw. Fälle dividiert wird. Das arithmetische Mittel kann aber durch einige wenige sehr hohe Werte angehoben werden, auch wenn sich im unteren und mittleren Bereich der Verteilung nichts verändert hat.
>
> Eine Alternative bildet der **Median**, der so ermittelt wird, dass zunächst alle Werte in einer Rangfolge geordnet werden. Sodann wird ein Einschnitt bei der Hälfte aller Fälle vorgenommen; der an dieser Stelle rangierende Wert ist der Median. „Ausreißer" am oberen oder unteren Ende der Verteilung wirken sich hierauf nicht aus. Der Median teilt die Werte einer sortierten Stichprobe in zwei Hälften. Bei unsymmetrischen Verteilungen mit einer breiten Streuung in der oberen oder unteren Hälfte beeinflussen die Extremwerte den so gebildeten Mittelwert im Verhältnis zum arithmetischen Mittel nur geringfügig. Ist die Streubreite in der oberen Hälfte groß, liegt der Median unter dem arithmetischen Mittelwert.
>
> Für die Berechnung von Betreuungspauschalen würde sich das arithmetische Mittel nur eignen, wenn die gesamte Spannbreite der Verteilungen berücksichtigt werden soll. Wenn dagegen der

---

44 Abschlussbericht der BLAG, Juni 2003, S. 139, 142; abrufbar unter www.bundesgerichtshof.de/gesetzesmaterialien/BetrRAendG/abschlussbericht.pdf
45 Bt-Drs. 15/2494; Gesamttext auf der beiliegenden CD-ROM
46 Vgl. dazu u.a. im Internet unter www.betreuung-mit-zukunft.de
47 Bt-Drs. 15/2494, S. 31 ff.; Gesamttext auf der beiliegenden CD-ROM (Hervorhebungen durch Fettdruck von den Autoren)

Einfluss von **Extremwerten** möglichst gering gehalten werden soll, um zuverlässig die Wirklichkeit abzubilden, ist eine Orientierung am Median zu empfehlen. Die Analyse der Häufigkeitstabellen zum Betreuungsaufwand, differenziert nach Dauer der Betreuung und Aufenthaltsort des Betreuten, ergibt, dass in allen vorgegebenen Zeitspannen die ganz überwiegende Anzahl der Fälle im unteren Mittelfeld monatlich aufgewandter Stunden liegt. Da die Pauschalen den Großteil der Fälle und damit die Wirklichkeit abbilden sollen, ist eine Orientierung am Median sachgerechter als am arithmetischen Mittel. Denn dieses wird durch „**Ausreißer**", auch nach unten, im Ergebnis verzerrt. Auf der Grundlage der Mediane ergeben sich nachfolgende Konsequenzen für die Bildung der Fallgruppen und der Festlegung des pauschalen Stundenansatzes:

Fallgruppen

Die Folgen aus den Ergebnissen der rechtstatsächlichen Studie für die **Fallgruppen** lassen sich wie folgt zusammenfassen:

- Die Unterschiede des Betreuungsaufwands bei den verschiedenen Krankheitsbildern sind verhältnismäßig. Eine Differenzierung nach Krankheitsbildern ist deshalb nicht notwendig. Damit werden Streitigkeiten vermieden, die sich aus einer nicht eindeutigen Abgrenzbarkeit der Krankheitsbilder ergeben.

- Der Betreuungsaufwand unterscheidet sich in den vorgegebenen Altersgruppen nicht wesentlich.

- Erhebliche Unterschiede im Betreuungsaufwand ergeben sich, je nachdem ob der Betroffene zu Hause oder in einer Einrichtung lebt. Der Betreuungsaufwand eines zu Hause wohnenden Betreuten ist signifikant höher.

- Von wesentlicher Bedeutung ist die Dauer der Betreuung. Nach Spitzenwerten während der ersten 3 Monate fällt der Betreuungsaufwand vom 4. bis 6. Monat und 7. bis 12. Monat sowie ab dem 2. Jahr der Betreuung kontinuierlich und stark ab.

§ 1908l Abs. 1 und 2 BGB-E bildet daher **Fallgruppen** ausschließlich in Abhängigkeit von der **Dauer** der Betreuung (1. bis 3. Monat, 4. bis 6. Monat, 7. bis 12. Monat, ab 2. Jahr) und dem **Aufenthaltsort** des Betroffenen (zu Hause oder in einer Einrichtung). Absatz 1 enthält die Stundenpauschalen bei Betreuten, die ihren gewöhnlichen Aufenthalt in einem Heim haben; Absatz 2 für alle übrigen unter Betreuung stehenden Menschen. Die **Definition eines Heimes** im Sinne dieser Vorschrift enthält Absatz 2 Satz 2. Sie ist im Wesentlichen § 1 Abs. 1 HeimG nachgebildet, löst den Anwendungsbereich jedoch von bestimmten **Krankheitsbildern.** § 1 Abs. 2 HeimG gilt entsprechend.

[...]

Hinsichtlich der Auskömmlichkeit der Fallpauschalen für die Berufsbetreuer gilt Folgendes:

Wie sich aus Berichten der Rechnungshöfe der Länder *Bayern* und *Schleswig-Holstein* sowie der niedersächsischen „Empirischen Studie über die Kostenentwicklung in Betreuungssachen und die Möglichkeit ihrer Reduzierung" ergibt, beruhen die vom ISG festgestellten Stunden **nicht vollständig** auf dem für eine rechtliche Betreuung **notwendigen und dem tatsächlich erbrachten Aufwand.** Dies ist in der Allgemeinen Begründung dargelegt worden. Es bestünden deshalb **gute Gründe**, von den statistisch ermittelten Pauschalsätzen einen **Abschlag** vorzunehmen. Davon sieht der Entwurf nur deshalb ab, weil keine validen Angaben zur Höhe des Abschlags vorliegen. Eine Erhöhung der Stundenansätze über die **Medianwerte** hinaus wäre jedenfalls nicht gerechtfertigt.

Die Pauschalen führen vielmehr zu **auskömmlichen Einnahmen** der Berufsbetreuerinnen und -betreuer, wie sie den jetzigen Einnahmen entsprechen. Nach dem Pauschalierungssystem können Berufsbetreuer, die zwischen 40 und 50 Betreuungen führen, bei einer Fluktuation zwischen 7 bis 10 % mit einer Vergütung zwischen 43 500 und 54 500,– Euro rechnen. In dieser Vergütung ist nicht der Auslagenersatz (pauschal 3 Euro pro abrechenbarer Stunde) und die Umsatzsteuer enthalten. Auf der Grundlage von ca. 1 700 abrechenbaren Stunden bei 40 – 50 Betreuungen ergibt sich ein pauschaler Aufwendungsersatz (ohne Umsatzsteuer) von 5 100,– Euro pro Monat.

Feste Pauschalen und Mischkalkulation

Die Pauschalen der Absätze 1 und 2 stehen von Beginn des Betreuungsverfahrens an fest und sind vom tatsächlichen Aufwand im konkreten Fall unabhängig. Von den zahlenmäßig geringen **Sonderfällen** des § 1908m BGB-E abgesehen gibt es **keine Ausnahmetatbestände.** Denn jeder Ausnahmetatbestand würde zu Streitigkeiten über seinen Anwendungsbereich und ggf. eine analoge Anwendung führen.

Die in § 1908l Abs. 1 und 2 BGB-E vorgesehenen „harten" Pauschalen stellen im deutschen Recht kein Novum dar. Vielmehr ist eine pauschale Vergütung in vielen Dienstleistungsbereichen, insbesondere bei den Ärzten, den Rechtsanwälten, den Notaren, den Architekten und Ingenieuren üblich.

Zur Vergütung der Ärzte entspricht es höchstrichterlicher Rechtsprechung, dass die Auskömmlichkeit – oder auch umgekehrt: die Notwendigkeit – der Pauschale nicht am Einzelfall gemessen werden darf. Es gibt im Einzelfall weder einen Zu- noch einen Abschlag. Entscheidend ist allein die Mischkalkulation (vgl. BSG, MedR 2001, 471 <473> und BSGE 88, 126 <136>); LSG NRW Urteil vom 10. April 2001, Az: L 5 KR 112/00). Entsprechendes gilt für die Vergütung der Rechtsanwälte. Es ist unzulässig, einem Rechtsanwalt im Einzelfall deshalb eine höhere Vergütung zuzubilligen, weil die gesetzliche Vergütung kein angemessenes Entgelt darstellt und ggf. noch nicht einmal die Geschäftskosten deckt. Umgekehrt kann seine Vergütung nicht gekürzt werden, weil nur ein geringer Aufwand nötig war, die Angelegenheit zu bearbeiten (vgl. Gerold/Schmidt/von Eicken/Madert-Madert, BRAGO, 15. Aufl. 2002, Einleitung Rz. 6).

Die Angemessenheit der Vergütung ergibt sich für die Berufsbetreuerinnen und -betreuer aus einer **Mischkalkulation** zwischen aufwändigen und weniger aufwändigen Fällen innerhalb der Fallgruppen. Auf eine gesetzliche „Verteilungsregelung" verzichtet der Entwurf hierbei bewusst. Denn der Aufwand ist im Einzelfall nicht vorhersehbar und abgrenzbar, **sichere Kriterien für „leichte" und „schwierige" Fälle** gibt es nicht, und eine gesetzliche Verteilungsregelung könnte zu einer Vielzahl von Rechtsstreitigkeiten führen. Es ist vielmehr davon auszugehen, dass – wie bereits nach jetzigem Recht – etwa entstehende Härten im persönlichen Kontakt zwischen Gericht und Berufsbetreuern geklärt werden können. Die Berufsbetreuer können sich an die Vormundschaftsrichter ihrer Bezirke wenden und auf die Belastungssituation aufmerksam machen. Die Vormundschaftsgerichte werden sich einem berechtigten Anliegen nicht verschließen.

Diese Grundsätze gelten in gleicher Weise für die Betreuungsvereine. Soweit diese durch ihre Mitarbeiter (Vereinsbetreuer) Betreuungen führen, konkurrieren sie direkt mit den freien Berufsbetreuern. Anders als im Bereich der **Querschnittsarbeit** ist hier eine besondere Förderung nicht geboten. Unberührt bleibt allerdings die Rechtsprechung des Bundesverfassungsgerichts (vgl. Beschluss vom 7. November 2001, FamRZ 2002, S. 85), wonach die Vereine für ihre Vereinsbetreuer immer den **höchsten Stundensatz** von derzeit 31,– Euro geltend machen können. Soweit der Gesetzgeber des Betreuungsgesetzes den Vereinen eine besondere, herausgehobene Rolle zuerkannt hat, war der Grund hierfür, dass zu Beginn der 90er Jahre des 20. Jahrhunderts noch kaum freie Berufsbetreuer vorhanden waren. Mittlerweile stehen jedoch – nicht zuletzt infolge der **Nachqualifizierungsmaßnahmen** nach dem Ersten Betreuungsrechtsänderungsgesetz – genügend qualifizierte freie Berufsbetreuer zur Verfügung. Soweit manche Vereine derzeit auf bestimmte, besonders aufwändige Klienten spezialisiert sind, ist – wie bei den anderen Berufsbetreuern auch – eine Umstellung hinsichtlich der übernommenen Fälle mit dem Ziel einer Mischkalkulation zumutbar. Schließlich profitieren die Vereine, bei denen i.d.R. mehrere Berufsbetreuer tätig sind, besonders von der vorgesehenen Pauschalierung, da sie die Möglichkeiten der Effizienzsteigerung (Delegation, Nutzen von Erfahrungen, Kenntnisse über Einrichtungen, Verwaltungen etc.) haben. Auf Grund ihrer Struktur sind Betreuungsvereine prädestiniert, eine **Mischkalkulation** unter Berücksichtigung aller für sie tätigen Berufsbetreuer herbeizuführen. So kann ein Betreuungsverein mit z.B. vier Berufsbetreuern in seiner Gesamtkalkulation wesentlich einfacher einen außergewöhnlich schweren Fall übernehmen als ein allein tätiger Berufsbetreuer.

Der Rechtsausschuss des Bundestags begründet die Endfassung der Bestimmung u.a. wie folgt[48]: **109**

Zu § 5 (Stundenansatz des Betreuers)

§ 5 legt den für die Vergütung des Betreuers zugrunde zu legenden pauschalierten Zeitaufwand pro Monat fest und übernimmt mit einigen Modifikationen § 1908l BGB – E. Erhalten bleiben insbesondere die im Entwurf gebildeten **Fallgruppen der Stundenpauschalen**, die lediglich nach **Dauer** der Betreuung und **Aufenthaltsort** des Betreuten in einer Einrichtung oder zu Hause unterscheiden. In die Pauschalierung des Zeitaufwands sind sowohl die Vergütungen einbezogen, die von den bemittelten Betreuten selbst zu zahlen sind, als auch diejenigen, die von der Staatskasse zu erstatten sind. Das im Bundesratsentwurf vorgeschlagene System der Pauschalierung bleibt somit im Ergebnis erhalten und stellt ein einfaches, streitvermeidendes und an der Realität orientiertes, für die Betreuer auskömmliches Abrechnungssystem dar.

Zu Absatz 1:

Die in Absatz 1 enthaltenen Stundenansätze orientieren sich an den Ergebnissen zum zeitlichen Betreuungsaufwand in der vom Bundesministerium der Justiz in Auftrag gegebenen „**Rechtstat-**

---

48   BT-Drs. 15/4874, S. 31 f.; Gesamttext auf der beiliegenden CD-ROM (Hervorhebungen durch Fettdruck von den Autoren)

sächlichen Untersuchung zur Qualität von Betreuungen, zur Aufgabenverteilung im Bereich der Betreuung und zum Verfahrensaufwand" des Instituts für Sozialforschung und Gesellschaftspolitik (ISG).

Zu Absatz 2:

Absatz 2 gibt die monatlichen Stundenansätze wieder, die für die aus der Staatskasse zu zahlende Vergütung anzusetzen sind, wenn der Betreute mittellos ist. Sie sind im Vergleich zu den Ansätzen für bemittelte Betreute niedriger. Die niedrigeren Stundenansätze lassen sich insbesondere mit dem in der Regel geringeren Aufwand für einen mittellosen Betreuten rechtfertigen. Ähnlich wie bei den niedrigeren Gebührenansätzen für Rechtsanwälte im Rahmen der Prozesskostenhilfe soll auch hier den **berechtigten Interessen der Staatskasse** bei der Gewährung von sozialen Leistungen Rechnung getragen werden. Absatz 3 übernimmt § 1908l Abs. 1 Satz 2 BGB – E.

2.2.3 Rechtspolitische Kritik am 2. Betreuungsrechtsänderungsgesetz

110 Stellvertretend für viele kritische Stimmen[49] sei vor allem auf die **Stellungnahme des Vormundschaftsgerichtstages** e.V. vom Februar 2004[50] verwiesen.

Unter anderem werden dort gegen die Reform die folgenden Argumente angeführt:

- Die pauschale Regelung vernachlässigt den durch Veränderungen in den Systemen der Sozialen Sicherheit hervorgerufenen steigenden Aufwand der Betreuungsarbeit.

- Da jeder Betreuer auch einfache Fälle benötigt, um eine wirtschaftlich vertretbare Mischung von Fällen zu erreichen, wird eine Spezialisierung auf die Bearbeitung schwieriger Fälle verhindert.

- Aus dem gleichen Grund werden Fachkenntnisse letztlich verloren gehen.

- Einkommenseinbußen je geführter Betreuung können nur durch höhere Fallzahlen kompensiert werden. Die hätten aber zur Folge, dass der Grundsatz der persönlichen Betreuung vernachlässigt werden müsste.

2.3 Entscheidungen des Bundesverfassungsgerichts zur Höhe der Betreuervergütung vor der Pauschalierung

111 Die Höhe der Betreuervergütung war immer wieder Gegenstand von Entscheidungen des Bundesverfassungsgerichts, weil Betreuer geltend gemacht hatten, dass die zugesprochenen Stundensätze nicht ausreichend seien, dem Berufsbetreuer eine angemessene Existenz in dem Sinne, dass er vom Einkommen her in etwa einem Behördenmitarbeiter mit vergleichbarer Qualifikation oder einem anderen Angehörigen seiner Berufsgruppe gleichgestellt ist, zu gewährleisten.

2.3.1 Beschluss des BVerfG vom 15.12.1999 (1 BvR 1904/95)

112 Mit diesem Beschluss[51] weist das *BVerfG* Verfassungsbeschwerden mehrerer Berufsbetreuer ab, die geltend gemacht hatten, dass die bis zum 31.12.1998 geltenden Vergütungsregelungen gemäß den o.g. Grundsätzen keine ausreichenden Verdienstmöglichkeiten bieten würden. Im Wesentlichen heißt es dort[52]:

[...] Die Gesamtabwägung zwischen der Schwere des Eingriffs und dem Gewicht der ihn rechtfertigenden Gründe ergibt, dass die **Grenze der Zumutbarkeit gewahrt** ist, also die Betr. nicht übermäßig belastet sind" (vgl. BVerfGE 83, 1, 19).

---

49 Vgl. z.B. unter www.betreuung-mit-zukunft.de
50 S. 12 ff.; S. 22 ff.; Gesamttext abrufbar unter www.vgt-ev.de
51 FamRZ 2000, 345 = BtPrax 2000, 77 (mit Anmerkung *Zimmermann* BtPrax 2000, 47) = JurBüro 2000, 261 (m. Anm. *Deinert,* auch BdB-Verbandszeitung Nr. 23, S. 13) = FGPrax 2000, 27 = AnwBl 2000, 204 = RuP 2000, 194: Verfassungsmäßigkeit der von 1992 bis 1998 geltenden Vergütungsregeln, Anspruch auf Erstattung der Umsatzsteuer; Volltext auf der beiliegenden CD-ROM.
52 Hervorhebungen durch Fettdruck von den Autoren

Anhaltspunkte dafür, dass durch die staatliche Gebührenregelung den Betreuern unangemessen niedrige Einkünfte zugemutet werden, gibt es nicht. Betreuer verfügen über unterschiedlichste berufliche Qualifikationen. Es ist ihrer freien Entscheidung überlassen, ob sie als Berufsbetreuer zu den ges. Konditionen tätig werden wollen; eine durchsetzbare Verpflichtung zur Übernahme von Betreuungen kennt das Gesetz nicht (§ 1898 Abs. 2 BGB). Auch gibt es kein Überangebot an Personen, die wegen einer Spezialausbildung darauf angewiesen wären, gerade als Berufsbetreuer zu arbeiten. Zudem hatte der Gesetzgeber bei der Ausgestaltung der Vergütungsregelung neben den Belangen der Betreuer die Interessen der Betreuten und ihrer Familienangehörigen zu berücksichtigen, die sich in einer Lage befinden, die sie anfällig macht, auf alle Konditionen einzugehen, nur um die Betreuung sicherzustellen.

Aus der Verfassung lässt sich nicht unmittelbar ableiten, was als Vergütung angemessen wäre und wie die Vergütungsstruktur auszugestalten ist. Vor der Eröffnung eines neues Berufes gibt es keine vergleichbaren Erkenntnisse und kein marktübliches Entgelt. Bei komplexen und sich entwickelnden Sachverhalten ist der **Gestaltungsspielraum des Gesetzgebers besonders weit**. Der Gesetzgeber muss einen angemessenen Zeitraum zur Verfügung haben, um Erfahrungen zu sammeln, Klarheit zu gewinnen und Mängeln einer Regelung abzuhelfen (vgl. BVerfGE 83, 1, 13 ff.). Hier brauchte er schon deshalb nicht allein auf Marktmechanismen zu vertrauen, weil er auch die Interessen der vermögenslosen Betreuten zu wahren hatte, für die dann nur die sehr wahrscheinlich gänzlich überlastete Betreuungsbehörde geblieben wäre (vgl. BVerfGE 54, 251, 270, 273 = FamRZ 1980, 765 [LSe]).

Berücksichtigt man die Tatsache, dass sich Angehörige vielfältiger Berufsgruppen für die freiberufliche Tätigkeit als Berufsbetreuer entscheiden, dass auch RAe eine entsprechende Spezialisierung nicht grundsätzlich ablehnen, wie sich aus der Stellungnahme des Kölner Anwaltvereins ergibt, wird man dem Grundsatz nach davon ausgehen können, dass der in der Vergütungsregelung angelegte Zielkonflikt zwischen dem Anreiz zur Gewinnung qualifizierter Betreuer einerseits und der kostengünstigen Gestaltung der Betreuung andererseits angemessen gelöst ist.

Für die Angemessenheit der Regelung spricht überdies, dass sie für Ergänzungen offen ist. § 1835 Abs. 3 BGB erlaubt es nach Auffassung des Schrifttums, die Dienste des Betreuers, die zu seinem sonstigen Gewerbe oder Beruf gehören, als Aufwendungen nach der für diese Leistungen geltenden Gebührenordnung oder Taxe abzurechnen (vgl. Staudinger/Engler, BGB, 13. Bearb., §§ 1773 bis 1895, 1999, 1835 Rz. 37 f., m.w.N.). Dies kommt insbesondere RAen oder Steuerberatern zugute.

(...)

Das Entgelt im Hauptberuf spielt für die Gebührenordnung eines in freier Entschließung übernommenen Zweitberufs keine Rolle. Es ist verfassungsrechtlich nicht geboten, die Vergütung generell am Hauptberuf auszurichten und die Kostenstruktur einer Anwaltskanzlei zu berücksichtigen.

Soweit ein **Rechtsanwalt** zu den ges. vorgesehenen Stundensätzen nicht kostendeckend arbeiten kann oder will, **braucht er Betreuungen nicht anzunehmen**.

[...]

(2) Betreuer benötigen auch nicht in gleicher Weise wie RAe **Hilfskräfte** für Organisations-, Schreib- und Verwaltungsarbeiten. Der Personal- und Kostenaufwand ihrer Büros kann ohne Gefährdung ihrer Aufgaben von derjenigen der RAe abweichen.

Es ist bereits **zweifelhaft**, ob es überhaupt **der Beschäftigung von Hilfspersonen** bedarf, wenn das Büro eines vollberuflichen Betreuers eine ausreichende technische Ausstattung hat. Nicht die Bearbeitung von Akten, sondern die rechtliche Besorgung von Angelegenheiten des Betreuten (§ 1901 Abs. 1 BGB) bei größtmöglicher Berücksichtigung seiner Wünsche (§ 1901 Abs. 1 und Abs. 2 BGB) ist Aufgabe des Betreuers, der sich in dem erforderlichen Umfang auch persönlich um den Betreuten kümmern soll (§ 1897 Abs. 1 BGB). In erster Linie soll die Betreuung **ehrenamtlich**, also nur für wenige Personen geführt werden. Erst in zweiter Linie kommt die Betreuung durch berufsmäßig Handelnde, sodann durch Vereine und letztlich durch eine Behörde in Betracht (§§ 1897 VI, 1900 Abs. 1 und Abs. 4 BGB). Damit hat der Gesetzgeber hinlänglich deutlich gemacht, dass die aktenmäßige Verwaltung von „Fällen" weitestgehend vermieden werden soll.

Dieses Ziel könnte aber mit einer arbeitsteiligen Betreuung in größeren Büros gefährdet werden. Deshalb sind Vergütungsregelungen, die eine solche Entwicklung zu vermeiden trachten, zumutbar, soweit sie die Betreuung in einer Hand ermöglichen. Das geschieht, indem einem Betreuer sämtliche für die jeweilige Betreuung aufgewendeten Arbeitszeiten nach einem einheitlichen, insgesamt angemessenen Stundensatz vergütet werden. Aus einer solchen Vergütung können die Kosten für Hilfspersonen regelmäßig nur schwer gedeckt werden. Schon aus wirtschaftlichen

Gründen werden die Betreuer daher davon absehen, einen Teil ihrer Aufgaben durch Dritte erledigen zu lassen. In dieselbe Richtung zielt die Regelung in § 1835a BGB, wonach Aufwendungsersatz für Büromaterial – den die Bf. zu Abs. 4. geltend macht – nur solchen Betreuern vorbehalten ist, die keine Vergütung erhalten. Denn bei ihnen werden die verbleibenden tatsächlichen festen Kosten nicht über die Stundensätze abgegolten.

(3) Insgesamt lässt sich nicht belegen, dass die **wirtschaftliche Existenz** von Berufsbetreuern mit den Vergütungsansprüchen gegenüber der Staatskasse nicht mehr gewährleistet ist.

Dies könnte allerdings der Fall sein, wenn ein Betreuer, der hauptberuflich tätig und ausgelastet ist und die Betreuungen auch ordnungsgemäß führt, mit den hiernach bewilligten Vergütungen nicht imstande wäre, seine Kosten zu decken und ein ausreichendes Einkommen zu erzielen. Dabei ist eine generalisierende Betrachtungsweise geboten, die auf den gesamten Berufszweig abstellt (vgl. BVerfGE 70, 1, 30).

Keiner der Bf. hat jedoch die eigenen wirtschaftlichen Verhältnisse in einer Weise offengelegt, die auf eine solche **Finanzierungslücke** schließen ließen. Es kann daher nur anhand der Gesetzeslage und der tatsächlichen Entwicklung des Betreuungswesens festgestellt werden, dass die Betreuung im Zweitberuf für RAe wirtschaftlich weniger interessant ist als für Berufstätige, die mit ihrem Hauptberuf geringere Einkünfte erzielen, und dass sich in Kenntnis der Vergütungsregelung eine Vielzahl qualifizierter Personen dem neu eröffneten Berufsfeld zugewandt hat. Die Vergütung hat demnach das Ziel des Gesetzgebers, geeignete Personen zu gewinnen, nicht gefährdet. Dem entsprechen auch die Ergebnisse einer neueren empirischen Studie (Adler, Berufsbetreuer als freier Beruf, 1998, S. 270 ff., 295), wonach die befragten Berufsbetreuer ganz überwiegend mit ihrer allgemeinen beruflichen Situation zufrieden waren. [...]

2.3.2 Beschluss des BVerfG vom 16.3.2000

113 Ähnlich die Argumentation in dem Beschluss des *BVerfG* vom 16.3.2000 (1 BvR 1970/99)[53]

– Keine Verfassungswidrigkeit des § 1 BVormVG.

[...] Die **Gesamtabwägung** zwischen der Schwere des Eingriffs und dem Gewicht der ihn rechtfertigenden Gründe ergibt, dass die **Grenze der Zumutbarkeit noch gewahrt** ist, also die Betr. nicht übermäßig belastet (vgl. BVerfGE 83, 1, 19). Unangemessen niedrige Einkünfte werden den Betreuern im gegenwärtigen Zeitpunkt nicht zugemutet.

Nach wie vor verfügen Betreuer über unterschiedliche berufliche Qualifikationen. Es ist ihrer freien Entscheidung überlassen, ob sie als Berufsbetreuer zu den ges. Konditionen tätig werden wollen. Es gibt keine durchsetzbare Verpflichtung zur Übernahme von Betreuungen, und es gibt auch kein Überangebot an Personen, die wegen einer Spezialausbildung darauf angewiesen wären, gerade als Berufsbetreuer zu arbeiten. Ebenso spricht unverändert für die Angemessenheit der Vergütungsregelung, dass sie durch § 1835 Abs. 3 BGB für Ergänzungen offen ist. Anhaltspunkte dafür, dass die wirtschaftliche Existenz von Berufsbetreuern mit den Vergütungsansprüchen gegenüber der Staatskasse nicht mehr gewährleistet wäre, gibt es nicht. Dabei ist eine generalisierende Betrachtungsweise geboten, die auf den gesamten Berufszweig abstellt (vgl. Beschluss des 1. Senats v. 15.12.1999 – 1 BvR 1904/95 u.a. –, FamRZ 2000, 345, 348).

Auch die vorgelegten Gutachten und Kostenberechnungen der Bf. führen nicht zu einer anderen Bewertung. Eine ausreichende Beurteilungsgrundlage liefern sie nicht. Wie in allen bisherigen Verfahren hat keiner der Bf. die eigenen Einnahmen und Belastungen konkret dargestellt. [...]

2.3.3 Beschlüsse des BVerfG vom 7.6.2000

114 Ähnliche Argumente enthalten die Beschlüsse des *BVerfG* vom 7.6.2000 (1 BvR 23/00, 1 BvR 111/00, 1 BvL 1/99 und 2/99) zur Nichtannahme von Verfassungsbeschwerden bzw. Unzulässigkeit von Vorlagebeschlüssen bezüglich der **Anwendung des § 1 BVormVG bei anwaltlichen Verfahrenspflegern.**[54]

Mehrere Aussagen der genannten Beschlüsse sind aus unserer Sicht nicht überzeugend.

---

53 BtPrax 2000, 120 = FamRZ 2000, 729 = NJW-RR 2000, 1241; Anm. *Hellmann* in RdLH 2000, 83; den Volltext der Entscheidung finden Sie auf der beiliegenden CD-ROM.
54 FamRZ 2000, 1280, 1284 = BtPrax 2000, 254 = NJWE-FER 2000, 280/282 (mit Anmerkung *Bienwald* FamRZ 2000, 1283) = JurBüro 2001, 43; die Volltexte der Entscheidungen finden Sie auf der beiliegenden CD-ROM.

Z.B.: „Soweit ein Rechtsanwalt zu den gesetzlich vorgesehenen Stundensätzen nicht kostendeckend arbeiten kann oder will, braucht er Betreuungen nicht anzunehmen." Dies mag zwar grundsätzlich richtig sein, blendet aber die schlechte wirtschaftliche Lage vieler Anwälte aus und erwähnt nicht anwaltliche Berufsbetreuer überhaupt nicht, für die sich aufgrund der hohen Arbeitslosigkeit keine andere Betätigung findet und die daher de facto keine Möglichkeit zum Berufswechsel haben.

115

Insgesamt erweckten die Entscheidungen den Eindruck einer gewissen „Kaltschnäuzigkeit". Aus der vorhandenen Bereitschaft vieler Menschen, den Beruf des Betreuers auch weiterhin auszuüben, wird gefolgert, dass die Vergütung nicht unangemessen niedrig sein könne. Dieses Argument ist nur auf den ersten Blick stichhaltig, einer tiefer gehenden Überprüfung hält es nicht stand: Jedenfalls in Zeiten hoher Arbeitslosigkeit wird sich für jede Tätigkeit jemand finden, der sich anbietet, sie noch etwas billiger zu erledigen – eine logische Konsequenz einer wirtschaftlichen Notlage, in der es immer noch besser ist, zu wenig zu verdienen als gar nichts. Ab einem gewissen Punkt dieser Abwärtsspirale lässt sich eine Preissenkung aber nur noch durch eine entsprechende Absenkung der Qualität der Arbeit erreichen.

116

Die Aussage „Die Festsetzung einer möglicherweise im Hauptberuf als gering zu bewertenden Vergütung liegt noch im Gestaltungsspielraum des Gesetzgebers, sofern er steuernd auf eine vermehrte Berufsbetreuung im Nebenberuf hinwirken will" lässt sich schließlich nur so interpretieren, dass auch das *BVerfG* letztlich wohl doch erkennt, dass die gewährte Vergütung äußerst gering ist; es billigt die Vergütung jedoch im Hinblick darauf zu, dass der hauptberuflich tätige Berufsbetreuer vom Gesetzgeber nicht gewünscht sei (in der Tat hat der Gesetzgeber die Ehrenamtlichkeit der Betreuung als Idealfall normiert).

117

2.4 Erste Erfahrungen mit der Reform

2.4.1 Vorläufige Einschätzungen

Wie sich die Reform des Vergütungsrechts auf die Situation von **Berufsbetreuern** objektiv auswirkt, kann zur Zeit nicht sicher beurteilt werden. In Gesprächen ergeben sich sehr unterschiedliche – nicht repräsentative – Bewertungen durch einzelne Betreuer.

118

Einige Betreuer geben eine sehr positive Einschätzung und berichten, dass sie seit der Reform für die gleiche Arbeit mehr verdienen würden.

119

Einige Betreuer berichten aber auch, dass sie ihre Arbeit durch die Pauschale nicht finanzieren können. Einige Betreuer aus dieser Gruppe haben die Tätigkeit aufgrund der Reform schon aufgegeben; andere Betreuer befürchten, dass sie dies in einiger Zeit tun müssen.

120

Die Mehrheit äußert sich dahingehend, dass die Reform mit Einkommenseinbußen pro Fall verbunden sei, man sich aber mit effizienterer Arbeitsweise (was auch weniger Besuche bei den Betreuten beinhaltet) und höherer Fallzahl „irgendwie durchbringen" könne.

121

Nach ersten Ergebnissen der Auswertung einer **Mitgliederbefragung des Bundesverbandes der Berufsbetreuer (BdB e.V.)** zu den Auswirkungen der Reform des Vergütungsrechts[55] wird die **fehlende Differenzierung der Pauschalen nach Krankheitsbildern** als problematisch angesehen. Während die Stundenkontingente für die Arbeit mit im Koma liegenden oder körperbehinderten Betreuten überwiegend als ausreichend angesehen werden, werden sie für die Arbeit mit Betreuten mit Psychosen oder Sucht-

122

---

55 Verbandszeitung des BdB, BdB-aspekte, Heft 60, Juni 2006, S. 34 f.; *Funk*, Veränderungen der ökonomischen Rahmenbedingungen und Fallgestaltung durch die Pauschalierung, BdB-aspekte, Heft 61, Oktober 2006, S. 10 ff.

merkmalen als nicht ausreichend bewertet. Letztere seien aber gerade das Hauptklientel vieler Betreuer, so dass kein ausreichender Ausgleich durch eine **Mischkalkulation** stattfinden könne. Die große Mehrheit der befragten Betreuer gab dementsprechend an, dass sie aufgrund der Pauschalierung ein Rückgang des Gewinns um 25 % erwarten. 65 % der Befragten äußerten, dass die Qualität der Arbeit unter dem Zeitmangel leiden würde. Nach den Angaben hat die für persönliche Gespräche oder Telefonate mit betreuten Menschen aufgewendete Zeit um 8 Prozentpunkte abgenommen, die Zeit für Aktenstudium, Schriftverkehr und Sachtelefonate demgegenüber um 7 Prozentpunkte zugenommen. Es lässt sich also ein Trend hin zu einer Betreuungsarbeit „vom Schreibtisch aus" erkennen.

123 Dieser Trend dürfte dadurch verstärkt werden, dass – bei gleich bleibender Vergütung – immer mehr **Verwaltungsarbeiten** erledigt werden müssen (z.B. die Beantragung von Zuzahlungsbefreiungen nach der Gesundheitsreform, Tätigkeiten in Zusammenhang mit Anträgen nach dem SGB II, GEZ-Befreiungen, Weigerung vieler Banken, Betreuer am zeitsparenden Online-Banking teilnehmen zu lassen[56]). Außerdem sind in letzter Zeit verstärkt Auseinandersetzungen mit Trägern anderer Hilfen zu beobachten. So wird z.B. häufig von Betreuern verlangt, Betreute zum Arzt zu begleiten; manche Stellen verweigern ihre Arbeit unter Hinweis darauf, dass diese ja durch den Betreuer erledigt werden könne. Für den Betreuer bedeutet dies weitere Mehrarbeit – entweder wegen der Auseinandersetzung darüber, wer nun tatsächlich tätig werden muss, oder weil er die betreffenden Tätigkeiten tatsächlich selbst erledigt.

124 Hinzu kommt, dass aufgrund der Entscheidung des BFH zur **Gewerbesteuerpflicht**[57] und der sich daraus gem. § 2 IHK-Gesetz ergebenden **IHK-Mitgliedschaft**[58], der Mehrwertsteuererhöhung auf 19 % seit dem 1.1.2007 sowie der Pflicht zur Gewerbeanmeldung, aus der sich in einigen Gemeinden wiederum die Verpflichtung zur Zahlung höherer Müllgebühren ergibt – alles Faktoren, die bei der Berechnung der Pauschalen nicht mit „eingepreist" worden sind – weitere Einkommenseinbußen resultieren.

> ▶ *Zu Einzelheiten der Gewerbesteuer und der IHK-Mitgliedschaft siehe Kapitel 12, Rn. 1879 ff., 1912 ff.*

125 Für sich genommen mag jede dieser Positionen als geringfügig erscheinen, in der Summe ergibt sich für Betreuer aber eine nicht unerhebliche Mehrbelastung.

126 Im Übrigen ist die Reform – unabhängig davon, wie man die Umstellung auf ein pauschales Vergütungssystem sonst beurteilt – handwerklich nicht geschickt gemacht worden. Es gibt mehrere Punkte, die einen Betreuer geradezu zum Widerspruch reizen und damit die Akzeptanz des Systems unnötig herabsetzen.

127 Als **Beispiel** lässt sich die Vergütung nach einem Umzug des Betreuten aus der eigenen Wohnung in ein Heim anführen. Unter Berufung auf den Gesetzestext und den Willen des Gesetzgebers gehen die Gerichte – letztlich zutreffend – davon aus, dass bereits ab dem Tag des Einzugs in das Heim nur noch die niedrigere Stundenzahl für die Fallgruppe „Betreuter lebt in einer Einrichtung" i.S.d. § 5 VBVG in Ansatz gebracht werden kann.[59] Für den Betreuer fällt aber gerade in dieser Phase der Betreuung besonders viel Arbeit an: Er muss den Betreuten z.B. etwas häufiger besuchen, um sich zu vergewissern, dass es ihm in seiner neuen Umgebung gut geht; er muss die Räumung der alten Wohnung organisieren; häufig kommt es zu Auseinandersetzungen mit dem Vermieter über eine Auszugsrenovierung; ggf. muss versucht werden, einen Kostenträger für die anstehenden

---

56 Unter Berufung darauf, dass die Bank dann nicht kontrollieren könne, ob der Betreuer überhaupt noch im Amt sei und ob die 3.000,– €-Grenze der §§ 1812, 1813 Abs. 1 Ziff. 2 BGB eingehalten werde
57 FamRZ 2005, 516 = BtPrax 2005, 67 = Rpfleger 2005, 192 = BStBl. II 2005, S 288 (Text auf Buch-CD)
58 Bestätigt z.B. durch VG Ansbach, Urteil AN 4 K 05.02434 vom 14.11.2005; VG Neustadt an der Weinstraße, 4 K 1375/06 NW vom 25.9.2006
59 Inzwischen ständige Rechtsprechung, siehe z.B. LG Mönchengladbach FamRZ 2006,1229; LG Arnsberg, Beschluss vom 16.1.2006 mit Az. 6 T 19/06

Arbeiten und evtl. (neben den bereits zu zahlenden Heimkosten) geschuldeten Mietzahlungen bis zum Ende der Kündigungsfrist zu finden.

Es mag sein, dass tatsächlich irgendwann im Laufe der Zeit ein Ausgleich für diese Mehrarbeit durch weniger arbeitsintensive Phasen einzelner Betreuungen – die ja auch nicht zu einer Absenkung der Vergütung führen – stattfindet. Ob das so ist, lässt sich im Moment nicht statistisch abgesichert feststellen. Es liegt aber auf der Hand, dass eine solche Regelung nicht dazu geeignet ist, den sich in einer solchen Situation befindlichen Betreuer von der Gerechtigkeit dieses Vergütungssystems zu überzeugen. **128**

Gesetzliche Änderungen werden vor 2009 nicht zu erwarten sein. Der Gesetzgeber lehnt zur Zeit jedenfalls alle früheren Änderungen unter Hinweis auf die erst im Jahr 2009 zur Verfügung stehenden Daten über die Entwicklung der Betreuervergütung ab.[60] **129**

Ausnahmen sind insoweit nur die anstehende Reform des FGG sowie die in Aussicht gestellte Änderung des § 1813 BGB. **130**

Viele Betreuer versuchen, den Einkommensverlust pro Fall durch die Übernahme von weiteren Betreuungen auszugleichen. Dies kann – bei in etwa gleich bleibender Anzahl von Betreuungen – rechnerisch nicht aufgehen. Einige Betreuer werden in der Konsequenz nicht mehr mit einer für die Sicherung der wirtschaftlichen Existenz ausreichenden Anzahl von Betreuungen „versorgt" werden können. **131**

In diesem Zusammenhang ist die zum Teil nicht transparente Vergabepraxis der Vormundschaftsgerichte problematisch. Häufig ist es für einzelne Betreuer nicht nachvollziehbar, warum sie bei der Vergabe neuer Betreuungen kaum noch berücksichtigt werden. **132**

Betreuer bekommen zunehmend den Eindruck, beobachtet und bewertet (und ggf. „aussortiert" zu werden), ohne dass die Kriterien deutlich werden. Das wird als außerordentlich belastend empfunden – ein Zustand, der die ohnehin nicht einfache Betreuungsarbeit sicherlich nicht erleichtert und auch kaum den Interessen der Betreuten dienen dürfte. **133**

Erforderlich ist es u.E. insoweit, dass von den Behörden und Gerichten klare und nachvollziehbare Vorgaben entwickelt werden, die es den betroffenen Betreuern ermöglichen, das eigene Verhalten entsprechend auszurichten. Vorbildlich ist hier z.B. das im Internet veröffentlichte **„Anforderungsprofil** für beruflich tätige rechtliche Betreuer/innen" der Arbeitsgemeinschaften örtlicher Betreuungsbehörden in Nordrhein-Westfalen.[61] **134**

In letzter Zeit können zunehmend **Fallzahlbegrenzungen** durch Betreuungsbehörden und Vormundschaftsgerichte beobachtet werden. **135**

Vom Ansatz her ist es nachvollziehbar, dass ein Betreuer schon wegen der zeitlichen Belastung ab einer bestimmten Fallzahl als weniger geeignet für die Übernahme weiterer Betreuungen angesehen wird als ein Kollege mit geringerer Auslastung. **136**

In diesem Zusammenhang muss man aber auch bedenken, dass nicht die reine Fallzahl alleine ausschlaggebend sein kann, sondern dass auch weitere Faktoren – wie die Ausstattung des Betreuerbüros, die Erfahrung, die Art der Fälle, die Beschäftigung von Hilfskräften usw. – für die Frage der Belastbarkeit entscheidend sind. Eine „starre Fallzahlbegrenzung" ist u.E. daher nicht sachgerecht. **137**

Außerdem muss berücksichtigt werden, dass ein Betreuter einen Anspruch darauf hat, **den besten** für seine Problematik vorhandenen Betreuer zur Seite gestellt zu bekommen. Es wäre deshalb verfassungsrechtlich zweifelhaft, einem Betreuer einen geeigneten „Fachmann" alleine wegen der Anzahl der diesem bereits übertragenen Fälle vorzuenthal- **138**

---

60 Siehe z.B. BtDrucks. 16/6872
61 Veröffentlicht z.B. in *Deinert/Walther*, Handbuch Betreuungsbehörde, 3. Auflage, Köln 2007 (dortige Buch-CD); Betreuerlexikon http://lexikon.btprax.de (unter dem Stichwort „Beteuervorschlag")

ten und dafür einen Betreuer zu bestellen, der zwar weniger Fälle (und damit mehr Zeit), dafür aber weniger Fachwissen hat.

139 Zum Teil wird das pauschale Vergütungssystem grundsätzlich in Frage gestellt, u.a. wird vorgebracht, dass der Betreuer (durch einen hohen „Stundenlohn") belohnt wird, der am wenigsten tut.[62]

140 Solche Befürchtungen sind einerseits nicht ganz von der Hand zu weisen, andererseits muss man aber auch sehen, dass ein pauschales Vergütungssystem auch Chancen mit sich bringt: Immerhin werden Anreize für eine **effiziente Arbeitsweise** geschaffen. Eine gute technische Ausstattung, der Einsatz von Hilfskräften und die Investition in Fortbildungen können sich durchaus auszahlen – wer seine Aufgaben schnell und sicher erledigen kann, kann unter den Bedingungen einer Pauschalvergütung mehr Geld verdienen, als ein langsam arbeitender, schlecht ausgebildeter Betreuer.

141 Um zwischen diesen beiden Polen ein vernünftiges Gleichgewicht herzustellen, bedarf es allerdings flankierender Maßnahmen. Es gibt einen Wechsel der Auseinandersetzungen vom „Was *darf* ein Betreuer tun?" (nach „altem Vergütungsrecht" – Wofür kann eine Vergütung verlangt werden?) hin zum „Was *muss* ein Betreuer tun?" (Was genau kann von ihm verlangt werden? Wo beginnt das **Haftungsrisiko**?).

142 Insoweit wurden die Betreuer vom Gesetzgeber alleine gelassen – es gibt nur vage Vorgaben in den §§ 1896, 1901 BGB, aber **keine fachlichen Standards**, keine genau definierten Tätigkeiten und Anforderungen (z.B. zur Erreichbarkeit) und kein Berufsbild (genauso genommen ist der Beruf des Betreuers nicht vorhanden – das Gesetz spricht nur vage von der beruflichen Führung von Betreuungen, an keiner Stelle von einem Beruf als Betreuer).

143 Insoweit sei noch einmal auf die Anforderungsprofile einzelner Betreuungsbehörden verwiesen, die einen positiv zu bewertenden Ansatz darstellen. In diesem Zusammenhang dürfen auch die Versuche des BdB e.V., durch den Aufbau eines Qualitätsregisters Standards für die Betreuertätigkeit zu schaffen, nicht unerwähnt bleiben.[63]

2.4.2 Verfassungsbeschwerde wegen der Pauschalierung

144 Soweit einige Betreuer im Hinblick auf die aktuelle Reform von den Berufsverbänden fordern, eine neue Verfassungsbeschwerde zu unterstützen, dürfte dies zur Zeit kaum erfolgversprechend sein.

145 Jedenfalls hat das Bundesverfassungsgericht bereits eine Vorlage des *OLG Braunschweig*[64] wegen der Frage der **Vereinbarkeit des VBVG mit dem Grundgesetz** als unzulässig abgewiesen.[65]

146 Hier ging es um die Frage, ob die Regelungen des VBVG deshalb gegen Art. 12 GG verstoßen würden, weil dort für besonders schwierige und aufwändige Betreuungen **keine Ausnahmen** von der Pauschalierung vorgesehen und auch keine Ausnahmen für ungewöhnlich hohe Aufwendungen, z.B. Reisekosten zur Wahrnehmung von Angelegenheiten in größerer Entfernung vom Wohn- bzw. Dienstort des Betreuers, möglich sind.

147 In dem der Vorlage zugrunde liegenden Fall hatte der Betreuer aufgrund besonderer Umstände in einem Abrechnungsquartal 64 Stunden und 33 Minuten an Arbeitszeit aufwenden müssen. Auslagen waren ihm i.H.v. 278,10 € entstanden, davon entfielen

---

62 *Fröschle*, 15 Jahre Betreuungsrecht – stimmt der Kurs noch? BtPrax 2007,191,193; *Rosenow*, Die Funktionalisierung der rechtlichen Betreuung durch den Sozialstaat, BtPrax 2007, 195, 200

63 Einzelheiten können auf der Internetseite www.bdb-qualitaetsregister.de nachgelesen werden.

64 Beschluss vom 14.11.2006 mit Az.: 20 W 60/06, BtPrax 2007, 32 – FamRZ 2007, 303 – BtMan 2007, 96 – RdLH 2007, 22 (Text auf Buch-CD)

65 Beschluss vom 6.2.2007 mit dem Az. 1 BvL 10/06, BtPrax 2007, 122 = FamRZ 2007, 622 = Rpfleger 2007, 317 = RdLH 2007, 22 (Text auf Buch-CD)

159,30 € auf Reisekosten. Auf Grundlage der §§ 4, 5 VBVG würde dem Betreuer lediglich eine Vergütung (inkl. Aufwendungsersatz und Steuern) i.H.v. 330,- € zustehen.

Das BVerfG hielt die Vorlage deshalb für unzulässig, weil das OLG die Verfassungswidrigkeit seiner Ansicht nach nicht ausreichend begründet und nicht alle wesentlichen Aspekte berücksichtigt habe. **148**

Unter anderem stellt das BVerfG in seiner Begründung auf die folgenden Argumente ab: **149**

- Die Frage, ob eine angemessene Vergütung erzielt werden kann, kann nicht alleine in Bezug auf einen einzelnen Betreuungsfall festgestellt werden. Da es sich um eine Mischkalkulation handeln würde, müsste man alle von dem betreffenden Betreuer geführten Betreuungen und die damit erzielte Vergütung über einen Zeitraum von mindestens 24 Monaten hinweg betrachten. Erst dann könne man feststellen, ob ein ungewöhnlich hoher Aufwand kompensiert werden könne oder nicht.

- Außerdem sei es fraglich, ob überhaupt auf einen Einzelfall abgestellt werden könne oder man nicht ohnehin nur bewerten dürfe, ob der betroffene Wirtschaftszweig insgesamt eine angemessene Vergütung erzielen könne. Pauschalregelungen auf Grundlage einer Mischkalkulation müssten möglicherweise notwendig dazu führen, dass die gesetzlich festgelegte Vergütung in Einzelfällen nicht angemessen sei.

- Und schließlich gäbe es im Gesetz keine durchsetzbare Verpflichtung zur Übernahme von Betreuungen. Es würde deshalb der freien Entscheidung eines Berufsbetreuers überlassen bleiben, ob er zu den gesetzlichen Konditionen tätig werden will oder nicht. Es würde dem Betreuer deshalb frei stehen, absehbar unrentable Betreuungen nicht zu übernehmen oder rechtzeitig niederzulegen.

Die Aussage, dass die Gerechtigkeit einer Pauschalvergütung nur bei Betrachtung aller von einem Betreuer geführten Betreuungen über einen **längeren Zeitraum** hinweg beurteilt werden kann, mag noch einleuchten. **150**

Nicht mehr auf Anhieb überzeugend ist der Einwand, dass möglicherweise nur darauf abzustellen sei, ob ein **Wirtschaftszweig insgesamt** noch eine angemessene Vergütung erzielen kann. **151**

Und das – vom BVerfG auch schon früher geäußerte – Argument, dass schließlich niemand gezwungen sei, eine Betreuung zu übernehmen, geht an der Realität vorbei. Wer sich auf die Führung von Betreuungen „eingelassen hat", hat in Anbetracht der Lage auf dem Arbeitsmarkt nicht ohne weiteres die Möglichkeit, in ein anderes Tätigkeitsfeld zu wechseln und befindet sich deshalb möglicherweise in einer Art **Zwangslage.** **152**

Ob ein Betreuungsfall rentabel oder unrentabel ist, lässt sich bei Übernahme einer Betreuung kaum absehen. Lässt sich dies erst später erkennen und wird dann ein Entlassungsantrag gestellt, muss der Betreuer – auch aus haftungsrechtlichen Gründen – noch bis zu einer (nicht immer zeitnah erfolgenden) Bearbeitung seines Antrags tätig bleiben. **153**

Schließlich ist es für ein **Funktionieren eines Pauschalsystems** notwendig, dass jeder Betreuer einfachere, aber auch schwierigere und aufwendigere Fälle übernimmt. Dies sehen auch die Betreuungsbehörden und die Vormundschaftsgerichte so. Wer zu häufig eine Betreuung unter Hinweis auf die fehlende Kostendeckung ablehnt, läuft deshalb möglicherweise Gefahr, bald überhaupt keine Fälle mehr übertragen zu bekommen. Im Übrigen haben selbstverständlich auch „komplizierte Betreute" ein Recht darauf, einen sachkundigen Betreuer zur Seite gestellt zu bekommen. Ein Vergütungssystem muss deshalb auch die Führung aufwändigerer Betreuungen finanzieren können. **154**

Die Entscheidung des BVerfG lässt jedenfalls erkennen, dass auch eine Verfassungsbeschwerde von Betreuern **sehr hohe Hürden** nehmen müsste, um ernsthafte Erfolgsaussichten zu haben. **155**

2.4.3   Vorläufiges Fazit

156   Wegen der in Bezug auf das pauschale Vergütungssystem vorgebrachten Kritikpunkte wird man kaum zeitnahe Abhilfe durch das Bundesverfassungsgericht oder die Rechtsprechung der Instanzgerichte erwarten können. Von der Politik sind vor 2009 ebenfalls keine Veränderungen zu erwarten. Laut Zwischenbericht des ISG[66] sind die Ausgaben des Staates für die Betreuervergütung auch nach der Reform weiter gestiegen. Das lässt nicht auf eine hohe Bereitschaft des Gesetzgebers schließen, die Betreuervergütung nennenswert zu erhöhen.

157   Möglicherweise besteht der größte Spielraum in Bezug auf gesetzliche Regelungen zu den finanziellen Belastungen der beruflich tätigen Betreuer (Gewerbesteuerpflicht, IHK-Mitgliedschaft usw.). Andererseits ist inzwischen in der Politik auch eine gesetzliche Fallzahlbegrenzung für beruflich tätige Betreuer in der Diskussion, was sich negativ auf die Einkommenssituation auswirken würde.

---

66   Siehe dazu unten Rn. 172 ff. mit näheren Einzelheiten.

3 Zahlen und Daten zur bisherigen Praxis der Betreuerbestellung und –vergütung

3.1   Anzahl der Betreuungen im Bundesgebiet

Zur zahlenmäßigen Entwicklung bietet die **Tabelle 1** (auf der nächsten Seite) eine Über-   **158**
sicht mit den absoluten Zahlen zum 31.12. des jeweiligen Jahres. Aufgrund der Zählart
enthalten die Zahlen neben den am Jahresende bestehenden Betreuungen auch Betreuungsverfahren, über die am 31.12. des jeweiligen Jahres noch nicht abschließend entschieden wurde. Die Zahlen ab 1994 enthalten in der Grafik auch die neuen Bundesländer
und die der bei den württembergischen Notariaten geführten Betreuungen (1994 noch
ohne Sachsen).

Die Auswertung ergibt eine kontinuierliche Zunahme der Betreuungszahlen,   **159**
Hauptgründe hierfür dürften sein:

* demografische Faktoren, wie eine statistische Zunahme von Einzelpersonenhaushal-
  ten und eine Verlagerung der Alterspyramide, hin zu einem größeren Anteil älterer
  Menschen, die einem größeren Risiko von psychischen Erkrankungen, wie Demenz
  oder der Alzheimerschen Erkrankung ausgesetzt sind;

* „Vereinzelung": Wegfall funktionsfähiger sozialer und familiärer Netzwerke mit der
  Notwendigkeit, familienfremde Betreuer zu bestellen;

* der „Nachholbedarf" der neuen Bundesländer (nahezu keine Vormundschaften und
  Pflegschaften vor 1992); auch fehlende statistische Erfassung bis einschl. 1994 aufgrund fehlender Verwaltungsstrukturen;

* die Herabsetzung einer „Hemmschwelle" durch den Wegfall des Entmündigungs-
  verfahrens, zumal die Betreuung – anders als die Entmündigung – weitestgehend
  als Fürsorge-, nicht als Repressionsmaßnahmen verstanden werden soll;

* die zunehmende „Verrechtlichung" der Gesellschaft durch zusätzliche Gesetze, insbesondere die Pflegeversicherung, für deren Inanspruchnahme gesetzliche Vertreter
  benötigt werden;

* eine erhöhte Aufmerksamkeit in der Gesellschaft für die Wahrnehmung von bürgerlichen Freiheitsrechten, die durch Freiheitsbeschränkungen z.B. in Einrichtungen von
  jeher missachtet wurden, nun aber ein Legitimationszwang durch einen gesetzlichen Vertreter als notwendig angesehen wird;

* die bisherige informelle Vertretung (Anscheinsvollmacht) wird nicht mehr akzeptiert;
  insbesondere bei medizinischen Behandlungen und Heimangelegenheiten wird
  mehr als früher auf eine korrekte gesetzliche Vertretung geachtet (insbesondere
  auch als Absicherungsbedürfnis von Institutionen);

* ein bisweilen falsches Verständnis des Rechtscharakters der rechtlichen Betreuung,
  die oft als „Ausfallbürge" für fehlende bzw. abgebaute soziale Infrastruktur miss-
  verstanden wird.

In den Jahren 2005 und insbesondere 2006 ist aber eine „Abflachung" der Steigerungs-   **160**
rate bei den Erstbestellungen von Betreuern erkennbar.

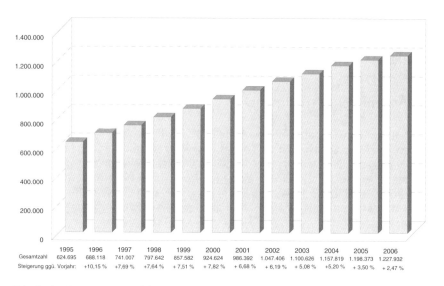

	1995	1996	1997	1998	1999	2000	2001	2002	2003	2004	2005	2006
Gesamtzahl	624.695	688.118	741.007	797.642	857.582	924.624	986.392	1.047.406	1.100.626	1.157.819	1.198.373	1.227.932
Steigerung ggü. Vorjahr:		+10,15 %	+7,69 %	+7,64 %	+ 7,51 %	+ 7,82 %	+ 6,68 %	+ 6,19 %	+ 5,08 %	+5,20 %	+ 3,50 %	+ 2,47 %

Tabelle 1: Betreuungsverfahren am 31.12. des jeweiligen Jahres

3.2 Neu angeordnete Betreuungen

161 **Tabelle 2** vergleicht die in den Jahren 1995, 2000 und 2005 erfolgten neuen Betreuerbestellungen in den einzelnen Bundesländern, wiederum in Relation zur Einwohnerzahl.

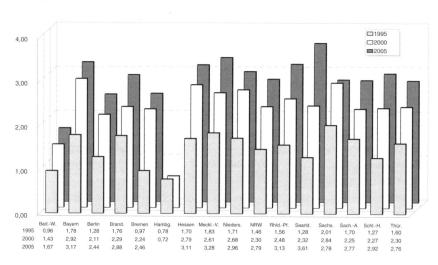

	Bad.-W.	Bayern	Berlin	Brand.	Bremen	Hambg.	Hessen	Meckl.-V.	Nieders.	NRW	Rhld.-Pf.	Saarld.	Sachs.	Sach.-A.	Schl.-H.	Thür.
1995	0,96	1,78	1,28	1,76	0,97	0,78	1,70	1,83	1,71	1,46	1,56	2,01	1,70	1,27	1,60
2000	1,43	2,92	2,11	2,29	2,24	0,72	2,79	2,61	2,68	2,30	2,48	2,32	2,84	2,25	2,27	2,30
2005	1,67	3,17	2,44	2,88	2,46		3,11	3,28	2,96	2,79	3,13	3,61	2,78	2,77	2,92	2,76

Tabelle 2: Neue Betreuerbestellungen je 1000 Einwohner

162 Hiernach zeigt sich, dass sich in den Vergleichsjahren die neuen Betreuungsanordnungen auch bezogen auf je 1000 Einwohner deutlich erhöht haben. Obwohl diese Tendenz praktisch in allen Bundesländern besteht, sind die Betreuungsanordnungen im Landesvergleich weiterhin sehr unterschiedlich. Besonders Hamburg und Baden-Württemberg fallen durch niedrige Betreuungsanordnungen auf.

Bei den neu bestellten Betreuern wurde die Justizstatistik ab 1999 erweitert: Erstmals sind **163** bei den Privatpersonen als neuen Betreuern Differenzierungen vorgenommen worden; es wird nun nämlich unterschieden in familienangehörige Betreuer, sonstige ehrenamtliche Betreuer und Berufsbetreuer, womit die Berufsbetreuer im engeren Sinne (selbstständig) gemeint sind, denn Vereins- und Behördenbetreuungen wurden schon vorher getrennt gezählt. Die Prozentanteile für das Jahr 2006 sind in der **Tabelle 3** dargestellt. Bei den Vereinen und Behörden wurden die Bestellungen nach § 1897 Abs. 2 und § 1900 zusammengerechnet.

Anteile nach Betreuungsart (bei Erstbestellungen)

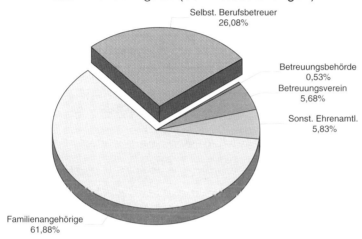

Quelle: Bundesministerium der Justiz, Sondererhebung Verfahren nach dem Betreuungsgesetz 2006; die Angaben Betreuungsverein und Betreuungsbehörde enthalten jeweils die Bestellungen nach § 1897 Abs. 2 und 1900 BGB (Zahlen ohne Hamburg)

Tabelle 3:   Neue Betreuungen 2006 nach Betreuungsart

Die **Tabelle 4** auf der nächsten Seite bewertet den Anteil der beruflichen Betreuerbestel- **164** lungen seit 1992 (ab 1999 wurden auch die selbstständigen Berufsbetreuer einbezogen; bis 1998 wurden sie nicht separat gezählt). Deutlich erkennbar wird der Rückzug der Behördenbetreuungen: während bei den Betreuungsvereinen bis 1995 ein Anstieg zu verzeichnen ist, geht der Anteil der Vereinsbetreuerbestellungen seit 1996 kontinuierlich zurück.

Dies dürfte auf anfangs vermehrte Vereinstätigkeiten und örtliche Bezuschussung von **165** Betreuungsvereinen durch Betreuungsbehörden zurückzuführen sein. Dies ist bis jetzt bei den Vereinen nicht so stark ins Gewicht gefallen, weil die absoluten Zahlen weiter anstiegen. Insgesamt sinkt jedoch die Bedeutung der Vereinsbetreuungen.

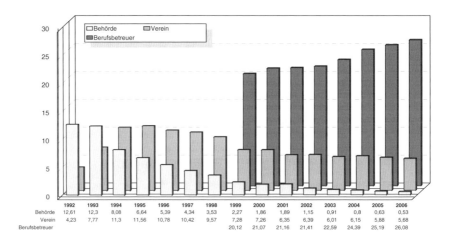

Quelle: Bundesministerium der Justiz, Sondererhebungen Verfahren nach dem Betreuungsgesetz 1992 – 2005, Auswertung: Deinert; die Spalten Verein und Behörde fassen die Bestellungen nach § 1897 Abs. 2 und 1900 BGB jeweils zusammen. Zahlen ab 2000 ohne Hamburg

Tabelle 4: Anteile bei neuen Betreuerbestellungen in %

3.3   Betreuerwechsel

166   Beim Wechsel des Betreuers, der nach einer Entlassung nach § 1908b oder im Falle des § 1908c erfolgen muss, liegen die Anteile anders als bei den Erstbestellungen. Laut Sondererhebung „Verfahren nach dem Betreuungsgesetz" wurden im Jahr 2006 insgesamt in 33.687 Fällen Betreuerwechsel durchgeführt, also bei rund 3 % aller Betreuungen. Angesichts der im gleichen Jahr erfolgten 2.222.843 Neubestellungen erscheint dies gering. Aber die deutliche Umverteilung weg von familienangehörigen Betreuern hin zu beruflich geführten Betreuungen deutet darauf hin, dass oftmals bei Erstbestellungen, gerade wenn zunächst auf Personen aus dem Familienkreis zurückgegriffen wird, ein ungeeigneter Betreuer bestellt wurde (zur Pauschalvergütung bei Betreuerwechsel, Kapitel 7, Rn. 1031 ff.).

167

Betreuerwechsel 2006	Gesamt	in %	zuvor Berufs-betreuer*	in %*
Familienmitglieder	8.865	26,32%	1.989	23,66 %
Sonst. Ehrenamtler	5.313	15,77%	896	17,75 %
Berufsbetreuer	14.006	41,58%		
Betreuungsverein	5.266	15,63%		
Betreuungsbehörde	237	0,70%		
Summe:	33.687			

Werte beziehen sich auf alle Bundesländer außer Hamburg; * beziehen sich außerdem nicht auf Rheinland-Pfalz

Tabelle 5: Betreuerwechsel 2006 – Anteile der ersatzweise bestellten Betreuer nach Betreuungsart

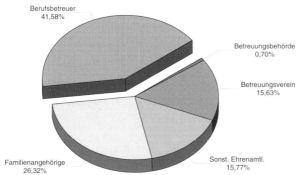

Anteile der ersatzweise bestellten Betreuer nach Betreuungsart

Quelle: Bundesministerium der Justiz, Sondererhebung Verfahren nach dem Betreuungsgesetz; Gestaltung Deinert; bei Betreuungsvereinen und Betreuungsbehörden wurden die Bestellungen nach § 1897 Abs. 2 BGB und § 1900 Abs. 1 bzw. 4 BGB zusammengefasst (Zahlen ohne Hamburg)

Tabelle 6: Betreuerwechsel 2006

3.4   Bestellung von Verfahrenspflegern

In Betreuungs- und Unterbringungsverfahren sind unter bestimmten Voraussetzungen (nach den §§ 67, 70b FGG) Verfahrenspfleger als Interessenvertreter der vom Gerichtsverfahren betroffenen Menschen zu bestellen. Der Arbeit der Verfahrenspfleger kommt daher eine wichtige Funktion zur Wahrung der Rechte der Betroffenen zu. Verfahrenspfleger wurden in folgender Anzahl bestellt (zur Vergütung des Verfahrenspflegers siehe Kapitel 6, Rn. 873 ff.). **168**

169

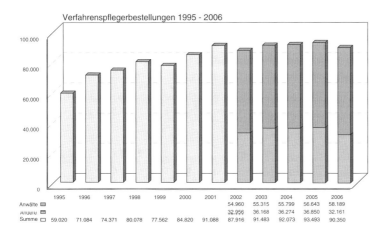

Verfahrenspflegerbestellungen 1995 - 2006

	1995	1996	1997	1998	1999	2000	2001	2002	2003	2004	2005	2006
Anwälte								54.960	55.315	55.799	56.643	58.189
Andere								32.956	36.168	36.274	36.850	32.161
Summe	59.020	71.084	74.371	80.078	77.562	84.820	91.088	87.916	91.483	92.073	93.493	90.350

Quelle: Bundesministerium der Justiz, Sondererhebung Verfahren nach dem Betreuungsgesetz (Zahlen ab 2000 ohne Hamburg), Grafik: Deinert

Tabelle 7: Verfahrenspflegerbestellungen 1995 – 2006

170 Die leichte Senkung der Zahlen im Jahre 1999 kann u.U. auf die Veränderung in § 67 Abs. 1 FGG zurückgeführt werden, die die Bestellung eines Verfahrenspflegers mehr als bisher in das Ermessen des Vormundschaftsrichters stellt. Allerdings sind seit 2000 die Bestellungszahlen wieder leicht angestiegen, 2006 wiederum leicht gesunken (für ausführliche Statistiken, insbesondere nach Ländern aufgeschlüsselte Zahlen siehe HK BUR/ *Deinert*, Rechtstatsachenforschung zu § 67 FGG).

3.5 Zur Entwicklung der Staatsausgaben für die Betreuervergütung

171 Die Ausgaben der Staatskassen (Justizhaushalte der Bundesländer) für Aufwendungsersatz und Vergütung der Betreuer (bei mittellosen Betreuten) haben sich seit 1992 kontinuierlich erhöht. Sie führten schließlich zum 1. und zum 2. Betreuungsrechtsänderungsgesetz, deren Zielsetzung insbesondere im Reduzieren von Betreuungskosten lagen. Nicht erfasst in den nachfolgenden Übersichten wurden Zahlungen aus dem Vermögen der Betreuten. Es ist zu vermuten, dass sie sich ähnlich wie die Zahlungen aus der Staatskasse entwickelt haben.

172 Zur Kostenentwicklung der Jahre 2005 und 2006 liegt inzwischen der Zwischenbericht des Kölner Institutes für Sozialforschung und Gesellschaftspolitik (ISG) zur Evaluation des 2. Betreuungsrechtsänderungsgesetzes vor, der sich u.a. mit der Frage der Zahlungen der Betreuervergütungen (aus der Staatskasse) befasst[1].

173 Nachstehend einige zentrale, auf die Betreuervergütung bezogene Aussagen aus dem Zwischenbericht des ISG:

174 Die Ausgaben im Betreuungswesen stiegen von 434 Mio. € im Jahr 2004 um + 15,4% auf 501 Mio. € im Jahr 2005. Der zusammenfassende Vergleich der Entwicklung des Jahres 2005 mit der des Jahres 2006 zeigt einen Ausgabenzuwachs von 501 Mio. € auf 579 Mio. € und somit um 15,5%. Damit fällt die durchschnittliche Steigerungsrate zwischen 2005 und 2006 nicht anders aus als zwischen 2004 und 2005. Ein Vergleich der Kostenentwicklung im ersten, zweiten, dritten und vierten Quartal (2006) im Vergleich zum jeweiligen Vorjahresquartal (2005) ergab zunächst eine starke Ausgabensteigerung im ersten Quartal, im zweiten und dritten Quartal sank die Zuwachsrate und stieg dann im vierten Quartal wieder an. Die Daten zu den Ausgaben im 1. Quartal 2007 weisen eine deutlich geringere Steigerung auf als in den Quartalen zuvor (insbesondere im Vergleich zum 4. Quartal 2006), die bei 6,8% liegt.[2]

175 Die genaue Zahl aller selbstständigen Berufsbetreuer/innen in Deutschland ist nicht bekannt. Die beiden Hochrechnungen des ISG, die auf Basis der Ergebnisse der Befragungen 2005 und 2006 erstellt wurden, weisen darauf hin, dass es zwischen 11.500 und 12.000 selbstständige Berufsbetreuer/innen in Deutschland gibt.

176 Der Anteil der männlichen berufsmäßigen Betreuer stieg zwischen dem Jahr 2005 und 2006. Im Jahr 2005 waren 54% der selbstständigen Berufsbetreuer/innen und der Vereinsbetreuer/innen insgesamt weiblich und 46% waren männlich. Im Jahr 2006 waren 51% weiblich und 49% männlich. Der steigende Anteil der männlichen Betreuer seit dem Jahr 2002 deutet darauf hin, dass immer mehr Männer als selbstständige Berufsbetreuer tätig sind (bei den Vereinen gab es diese Veränderung nicht).

177 Die Qualifikation der selbstständigen Berufsbetreuer/innen und der Vereinsbetreuer/ innen insgesamt hat sich zwischen den Jahren 2005 und 2006 nicht verändert. Die Mehrheit

---

1 Vollständiger Bericht im Internet auf den Seiten des Bundesjustizministeriums: www.bmj.bund.de/files/-/2455/ 2.%20Evaluationsbericht%20BR.pdf
2 ISG-Zwischenbericht a.a.O. S. 8

hatte 2005 und 2006 ein Studium abgeschlossen (87% im Jahr 2005 und 88% im Jahr 2006), und fast die Hälfte (48% im Jahr 2005 und 49% im Jahr 2006) haben eine abgeschlossene Ausbildung. Im Vergleich zum Jahr 2002 haben mehr Personen ein abgeschlossenes Studium, was darauf hin deutet, dass das Qualifikationsniveau der selbstständigen Berufsbetreuer/innen und der Vereinsbetreuer/ innen insgesamt seit 2002 gestiegen ist.[3]

Die durchschnittliche Wochenarbeitszeit der selbstständigen Berufsbetreuer/innen und der Vereinsbetreuer/innen sank deren Angaben zufolge im Jahr 2005 um eine Stunde (von 33 Stunden im Jahr 2004 auf 32 Stunden im Jahr 2005). Gleichzeitig ist die durchschnittliche Anzahl der Betreuungen pro Betreuer/in um eine Betreuung von 27 im Jahr 2004 auf 28 Betreuungen im Jahr 2005 gestiegen. Der Anteil der selbstständigen Berufsbetreuer/innen und der Vereinsbetreuer/innen insgesamt, die Aufgaben delegierten, ist seit dem 2. Halbjahr 2005 gestiegen (von 50% im 1. Halbjahr 2005 auf 55% im 2. Halbjahr 2005 und im 1. Halbjahr 2006). **178**

Der Anteil der selbstständigen Berufsbetreuer/innen, die mit Kolleg/innen kooperierten, blieb in den Jahren 2004 und 2005 mit 7% sehr gering. Der Anteil der selbstständigen Berufsbetreuer/innen und Vereinsbetreuer/innen insgesamt, die im Jahr 2005 nach der Vergütungsstufe 3 bezahlt wurden, sank im Vergleich zum Vorjahr um 9% und war mit 71% fast identisch mit dem Anteil der Betreuer/innen, die im Jahr 2002 die Vergütungsstufe 3 erhielten. **179**

Sowohl im Jahr 2004 als auch im Jahr 2005 gaben zwei Drittel der selbstständigen Berufsbetreuer/innen an, dass ihre Vergütung auskömmlich sei, für jeweils ein Drittel war dies nicht der Fall. Ein Jahr nach Inkrafttreten des 2. BtÄndG (30.06.2006) gaben unter den selbstständigen Berufsbetreuer/innen allerdings 55% an, dass ihre Vergütung nicht auskömmlich sei. 70% der selbstständigen Berufsbetreuer/innen erhielten nach eigener Aussage seit dem Inkrafttreten des 2. BtÄndG weniger Vergütung als in der Zeit davor. **180**

Die meisten selbstständigen Berufsbetreuer/innen waren im Jahr 2005 (88%) und 2006 (84%) umsatzsteuerpflichtig. Weiterhin mussten die meisten selbstständigen Berufsbetreuer/innen (65%) Gewerbesteuer zahlen, wodurch ihnen zusätzliche Kosten entstanden. **181**

Die selbstständigen Berufsbetreuer/innen und die Vereine gaben an, dass die durch die gesetzliche Neuregelung herbeigeführte Zeitersparnis im Oktober 2006 (Zeitpunkt Wiederholungsbefragung) größer ist als im Oktober 2005 (Zeitpunkt Erstbefragung). Ein Drittel schätzte die durchschnittliche Zeitersparnis auf mehr als 30 Minuten pro Monat pro Betreuung.[4] Wir vermuten, dass diese Zeitersparnis v.a. auf die vereinfachte Abrechnungspraxis zurückzuführen ist. **182**

• **Kostenentwicklung**

Im Rahmen des Auftrags zur Evaluation des 2. Betreuungsrechtsänderungsgesetzes wurde das ISG vom Bundesministerium der Justiz gebeten, die bisher vorliegenden Daten zu neueren Entwicklungen zu recherchieren und auszuwerten. Der Hintergrund war unter anderem auch die Beunruhigung einiger Länder, die in den ersten Monaten 2006 eine starke Steigerung der Kosten festgestellt hatten. Um dazu genauere Anhaltspunkte zu erhalten, führte das ISG quartalsweise Ad-hoc-Abfragen bei den Ländern zur Veränderung der Ausgaben durch, wobei die Entwicklung im ersten, zweiten, dritten und vierten Quartal im Vergleich zum jeweiligen Vorjahresquartal analysiert wurde. **183**

• **Ausgaben im Gesamtjahr 2005**

Die Ausgabenentwicklung variierte in den einzelnen Ländern sehr stark (vgl. folgende Tabelle). Im Durchschnitt stiegen die Ausgaben von 434 Mio. € im Jahr 2004 um + 15,4% **184**

---

3   ISG-Zwischenbericht a.a.O. S. 11
4   ISG-Zwischenbericht a.a.O. S. 12

auf 501 Mio. € im Jahr 2005. Hinter diesem Durchschnittswert stehen sehr heterogene Entwicklungen, die von einem leichten Anstieg in Thüringen und Bremen über stärkere Steigerungen in Rheinland-Pfalz, Sachsen und Baden-Württemberg (zwischen 25 und 35%) bis hin zu sehr starken Steigerungen in Sachsen-Anhalt (49%) reichen.[5]

Gesamtausgaben 2004 und 2005			
Land	**Jahr 2004**	**Jahr 2005**	**Veränderung**
Baden-Württemberg	24.335.361 €	31.621.266 €	29,9%
Bayern	54.283.367 €	63.298.258 €	16,6%
Berlin	26.572.509 €	28.835.423 €	8,5%
Brandenburg	14.600.124 €	17.364.747 €	18,9%
Bremen	3.772.545 €	4.051.651 €	7,4%
Hamburg	12.965.844 €	14.408.239 €	11,1%
Hessen	34.415.640 €	38.299.349 €	11,3%
Mecklenburg-Vorpommern	15.082.800 €	16.869.876 €	11,8%
Niedersachsen	49.416.535 €	54.173.062 €	9,6%
Nordrhein-Westfalen	111.744.554 €	122.683.582 €	9,8%
Rheinland-Pfalz	17.295.007 €	21.636.378 €	25,1%
Saarland	4.601.214 €	5.287.263 €	14,9%
Sachsen	22.103.082 €	29.746.751 €	34,6%
Sachsen-Anhalt	13.502.183 €	20.086.071 €	48,8%
Schleswig-Holstein	14.329.268 €	16.672.020 €	16,3%
Thüringen	15.387.919 €	16.314.634 €	6,0%
Bundesgebiet	**434.407.952 €**	**501.348.569 €**	**15,4%**

- • **Vergleich zwischen 1. Quartal 2005 und 1. Quartal 2006**

185 Von allen Teilnehmer/innen wurden im 1. Quartal 2006 starke Ausgabenzuwächse im Vergleich zum 1. Quartal 2005 berichtet, im Durchschnitt sind es + 21,7% (vgl. Tabelle auf der nächsten Seite; Sachsen-Anhalt konnte keine quartalsbezogenen Daten liefern). Die Veränderungsraten der Länder sind sehr heterogen. Die höchste Steigerungsrate findet sich in Berlin, dort stiegen die Kosten um 100%. In Hamburg dagegen sanken die Kosten um 9%.

186 Von diesen Ländern konnten acht die einzelnen Ausgabenkomponenten gesondert ausweisen. Anhand dieser aufgeschlüsselten Daten lässt sich erkennen, dass die Ausgaben für Vergütungen meist stärker gestiegen sind als die übrigen Ausgaben.[6]

---

5   ISG-Zwischenbericht a.a.O. S. 34/35
6   ISG-Zwischenbericht a.a.O. S. 35

Gesamtausgaben 1. Quartal			Veränderung 1. Q. 06 / 05
Land	1. Quartal 05	1. Quartal 06	Gesamtausgaben
Baden-Württemberg	8.563.249 €	11.047.724 €	29,0%
Bayern	18.160.544 €	21.316.563 €	17,4%
Berlin	4.623.761 €	9.255.215 €	100,2%
Brandenburg	4.266.109 €	6.185.387 €	45,0%
Bremen	831.522 €	1.433.110 €	72,3%
Hamburg	3.625.983 €	3.294.390 €	-9,1%
Hessen	8.919.172 €	12.453.045 €	39,6%
Mecklenburg-Vorpommern	4.282.377 €	6.891.946 €	60,9%
Niedersachsen	15.739.230 €	15.991.130 €	1,6%
Nordrhein-Westfalen	36.201.372 €	39.807.475 €	10,0%
Rheinland-Pfalz	6.125.426 €	7.988.238 €	30,4%
Saarland	1.808.773 €	1.705.996 €	-5,7%
Sachsen	7.689.820 €	9.776.909 €	27,1%
Sachsen-Anhalt	keine Ang. mögl.	keine Ang. mögl.	
Schleswig-Holstein	4.385.289 €	5.444.899,99	24,2%
Thüringen	4.073.978 €	4.710.858 €	15,6%
Bundesgebiet	**129.296.605**	**157.302.886**	**21,7%**

Als Erklärung wird unter anderem die veränderte Abrechnungspraxis in Betracht gezogen. Es ist davon auszugehen, dass sich vor der gesetzlichen Neuregelung Abrechnungen über einen längeren Zeitraum hinzogen und dass sich damit auch steigende Betreuungszahlen erst zeitversetzt in steigenden Ausgaben niederschlagen. Somit wird vermutet, dass auf Grund der Gesetzesänderung die nun vereinfachten Abrechnungen schneller eingereicht (Häufung von Abrechnungen) und auch schneller bearbeitet (Häufung der Ausgaben) werden. Daher müssten sich die Ausgabensteigerungen – soweit sie durch derartige Effekte bedingt sind – im Laufe der Zeit wieder ausgleichen. Allerdings dürfen auch mögliche andere Gründe nicht außer Acht gelassen werden. Zu diesen anderen möglichen Gründen kann hier aber noch keine Aussage gemacht werden, sondern sie müssen im weiteren Verlauf der Evaluation geprüft werden.[7]

187

---

7   ISG-Zwischenbericht a.a.O. S. 36

Vergleich zwischen den Gesamtausgaben im Jahr 2005 und 2006

Gesamtausgaben 2005 und 2006			Veränderung 2005/2006
Land	2005	2006	Gesamt
Baden-Württemberg	31.621.266 €	37.149.871 €	17,5%
Bayern	63.298.258 €	71.081.786 €	12,3%
Berlin	28.835.423 €	40.026.741 €	38,8%
Brandenburg	17.364.747 €	23.776.426 €	36,9%
Bremen	4.051.651 €	5.301.277 €	30,8%
Hamburg	14.408.239 €	16.100.096 €	11,7%
Hessen	38.299.349 €	43.900.301 €	14,6%
Mecklenburg-Vorpommern	16.869.876 €	19.176.353 €	13,7%
Niedersachsen	54.173.062 €	57.387.816 €	5,9%
Nordrhein-Westfalen	122.683.582 €	137.404.543 €	12,0%
Rheinland-Pfalz	21.636.378 €	25.912.224 €	19,8%
Saarland	5.287.263 €	5.581.205 €	5,6%
Sachsen	29.746.751 €	35.545.851 €	19,5%
Sachsen-Anhalt	20.086.071 €	24.314.001 €	21,0%
Schleswig-Holstein	16.672.020 €	18.940.898 €	13,6%
Thüringen	16.314.634 €	17.469.481 €	7,1%
Bundesgebiet	**501.348.569 €**	**579.068.871 €**	**15,5%**
Länder mit differenziertem Vergütungsausweis*			
Gesamtausgaben	229.178.624 €	260.265.191 €	**13,6%**
darunter: Vergütungen	186.451.326 €	223.831.135 €	**20,0%**

* diese Länder sind Baden-Württemberg, Hamburg, Mecklenburg-Vorpommern, Nordrhein-Westfalen, Rheinland-Pfalz, Saarland, Schleswig-Holstein

- **Gesamtausgaben 2005 und 2006**

188   Der zusammenfassende Vergleich der Entwicklung des Jahres 2005 mit der des Jahres 2006 ergibt einen Ausgabenzuwachs von durchschnittlich 15,5%. Somit ist die durchschnittliche Steigerungsrate mit der Rate zwischen den Jahren 2004 und 2005 (mit 15,4%, siehe oben) fast identisch. In Berlin ergab sich zwischen 2005 und 2006 eine Steigerung von 39%, in Brandenburg von 37% und in Bremen von 31%. In Rheinland-Pfalz und Sachsen waren es jeweils 20% und in Baden- Württemberg 18%. Hessen weist eine Steigerungsrate von 15% und Schleswig- Holstein von 14% aus. In Bayern, Hamburg und

Nordrhein-Westfalen liegt die Steigerungsrate bei jeweils 12%. Eine leichte Steigung wiesen Thüringen (7%), Niedersachsen (6%) und das Saarland (6%) auf. Sieben Länder können die einzelnen Ausgabenkomponenten gesondert ausweisen. Dies lässt erkennen, dass die Ausgaben für Vergütungen meist stärker gestiegen sind als die übrigen Ausgaben. Die Gesamtausgaben dieser Länder stiegen zwischen 2005 und 2006 um 13,6%, ihre Ausgaben für die Vergütungen dagegen um 20%.

Daraus lässt sich schließen, dass die Ausgabensteigerungen nicht durch andere Komponenten, sondern maßgeblich durch die gestiegenen Ausgaben für Vergütungen bedingt sind.[8]

189

- ● **Vergleich zwischen 1. Quartal 2006 und 1. Quartal 2007**

Die quartalsbezogene Abfrage der Kosten wird im Jahr 2007 fortgesetzt. Die Tabelle auf der folgenden Seite zeigt den Vergleich des jeweils 1. Quartals der Jahre 2006 und 2007. Die Daten zu den Ausgaben im 1. Quartal 2007 weisen mit einem Zuwachs von 6,8% eine deutlich geringere Steigerung auf als in den Quartalen zuvor (insbesondere im Vergleich zum 4. Quartal 2006). Dabei zeigen sich im Vergleich mit der Ausgabenentwicklung im 4. Quartal 2006 unterschiedliche Tendenzen. In drei Bundesländern erhöhte sich die Steigerungsrate. In Hamburg stieg sie von 36% im 4. Quartal 2006 auf 40% im 1. Quartal 2007 und in Thüringen von 4% auf 12%. In Mecklenburg-Vorpommern gab es im 4. Quartal 2006 einen Rückgang von -24%, im 1. Quartal 2007 einen leichten Anstieg von 0,4%.

190

In Bayern, dem Saarland und Schleswig-Holstein lag die Ausgabensteigerung in beiden Quartalen bei etwa 10% – im 4. Quartal 2006 etwas darüber, im 1. Quartal 2007 etwas darunter. Eine ähnliche Tendenz, aber auf etwas niedrigerem Niveau, lässt sich in Hessen (Rückgang der Steigerung von 7,7% auf 4,5%) und Niedersachsen (Rückgang von 8,6% auf 6,3%) beobachten.

191

Ganz anders ist dagegen die Ausgabenentwicklung in Baden-Württemberg (Rückgang der Steigerung von 13% auf 5%), Bremen (Rückgang von 35% auf 11%), Berlin (Rückgang von 41% auf 20%), Nordrhein-Westfalen (Rückgang von 19% auf 4%) und Rheinland-Pfalz (Rückgang von 13% auf 1,5%) verlaufen. In Sachsen, das im 4. Quartal 2006 mit 23% ebenfalls eine starke Ausgabensteigerung verzeichnete, sind die Ausgaben im 1. Quartal 2007 sogar absolut niedriger ausgefallen als im 1. Quartal 2006 (-3%).

192

Dieser Entwicklungsverlauf kann möglicherweise dadurch erklärt werden, dass die bevorstehende Mehrwertsteuererhöhung dazu geführt haben könnte, dass am Jahresende 2006 verstärkt Abrechnungen getätigt wurden. Zwar hätten auch im Jahr 2007 Abrechnungen von im Vorjahr geleisteten Betreuungen zum Mehrwertsteuersatz von 16% vorgenommen werden können, aber die Sorge um eine verminderte Nettovergütung (die Vergütungssätze wurden inklusive der Mehrwertsteuer festgesetzt und trotz Mehrwertsteuererhöhung unverändert beibehalten) könnte aus einer Verunsicherung heraus zu diesem Verhalten geführt haben.

193

Nun ließe sich der vermutete Mehrwertsteuer-Effekt korrigieren, indem man den Mittelwert zwischen den Ausgabensteigerungen des 4. Quartals 2006 und des 1. Quartals 2007 bildet und diesen Mittelwert für jedes dieser Quartale ansetzt. Die Ausgabensteigerung würde nach dieser Korrektur in beiden Quartalen durchschnittlich 11,3% betragen, nach 10,2 % im 3. Quartal 2006. Diese Schätzung legt die Interpretation nahe, dass sich die Ausgabenentwicklung bereits im 3. Quartal 2006 auf eine jährliche Steigerung zwischen 10% und 11% eingependelt hätte, wenn der Mehrwertsteuer-Effekt diese Entwicklung nicht verdeckt hätte. Es bleibt daher zu beobachten, wie sich die Kostenentwicklung in den folgenden Quartalen des Jahres 2007 darstellt.[9]

194

---

8   ISG-Zwischenbericht a.a.O. S. 40/41
9   ISG-Zwischenbericht a.a.O. S. 42

Gesamtausgaben im 1. Quartal 2006 und 2007			Veränderung 1. Q. 07 / 06
Land	1. Quartal 06	1. Quartal 07	Gesamtausg.
Baden-Württemberg	11.047.724 €	11.617.154 €	5,2%
Bayern	21.316.563 €	23.453.846 €	10,0%
Berlin	9.255.215 €	11.071.421 €	19,6%
Brandenburg	6.185.387 €	6.566.296 €	6,2%
Bremen	1.433.110 €	1.586.701 €	10,7%
Hamburg	3.294.390 €	4.606.935 €	39,8%
Hessen	12.453.045 €	13.017.238 €	4,5%
Mecklenburg-Vorpommern	6.891.946 €	6.916.991 €	0,4%
Niedersachsen	15.991.130 €	16.999.006 €	6,3%
Nordrhein-Westfalen	39.807.475 €	41.529.038 €	4,3%
Rheinland-Pfalz	7.988.238 €	8.110.097 €	1,5%
Saarland	1.705.996 €	1.874.924 €	9,9%
Sachsen	9.776.909 €	9.464.532 €	-3,2%
Sachsen-Anhalt	keine Ang. mögl.	keine Ang. mögl.	
Schleswig-Holstein	5.444.900 €	5.939.213 €	9,1%
Thüringen	4.710.858 €	5.291.220 €	12,3%
Bundesgebiet	**157.302.886 €**	**168.044.612**	**6,8%**

4 Der Aufwendungsersatz nach § 1835

4.1 Allgemeines

Der Anspruch auf Ersatz der Aufwendungen nach § 1835 soll den Betreuer davor bewahren, durch seine Tätigkeit finanzielle Nachteile zu erleiden. Deshalb wurden für die Erstattung von Aufwendungen der Betreuer die Ersatzansprüche herangezogen, die für Beauftragte gelten (§§ 669, 670). **195**

Danach besteht grundsätzlich Anspruch auf Ersatz der erforderlichen Aufwendungen (§ 670), auf Vorschuss für zu erwartende Leistungen (§ 669) sowie auf Verzinsung von Aufwendungen (§ 256) und Schuldbefreiung bzw. Sicherheitsleistung (§ 257). Praktisch bedeutsam und Gegenstand der weiteren Abhandlung sind hiervon nur die ersten beiden Ansprüche. **196**

Der Anspruch nach § 1835 entsteht kraft Gesetzes, er wird nur unter bestimmten Umständen vom Vormundschaftsgericht festgesetzt (siehe zu den Ausnahmen unter Kapitel 9, Rn. 1488 ff.). Er ist privatrechtlicher Natur, Gläubiger ist der Betreuer, Vormund oder Pfleger, Schuldner der Betreute, Mündel oder Pflegling bzw. dessen Erbe. **197**

Der Betreuer macht den Anspruch gegenüber dem von ihm Vertretenen geltend, er muss jedoch im Rahmen der Rechnungslegung die Aufwendungen gegenüber dem Vormundschaftsgericht nachweisen, sofern er nicht nach §§ 1854, 1957a, 1908i Abs. 2 von der Rechnungslegung befreit ist. Soweit Vorschuss infrage kommt, muss dieser ausdrücklich gegenüber dem Vertretenen verlangt und geltend gemacht werden. **198**

4.1.1 Anspruch nach § 1835 nach Inkrafttreten des 2. BtÄndG

Die Ansprüche nach § 1835 Abs. 1 können für Tätigkeiten seit dem 1.7.2005 weiterhin abrechnen: **199**

- Einzelvormünder und -pfleger (BGB-Pflegschaften), außer, diese machen die Aufwandspauschale nach § 1835a geltend

- Verfahrenspfleger (außer, der Verfahrenspfleger ist ein Verein oder eine Behörde), vgl. § 67a Abs. 1 FGG

- Ehrenamtliche Betreuer (sofern diese keine Aufwandspauschale nach § 1835a wählen)

- Behördenbetreuer gem. § 1897 Abs. 2 (sofern der Betreute nicht mittellos ist)

- Betreuungsvereine und Betreuungsbehörden als Betreuer nach § 1900 BGB (sofern der Betreute nicht mittellos ist; vgl. § 1835 Abs. 5 und § 8 VBVG)

- Vereine und Jugendämter als Vormünder oder (BGB-) Pfleger nach § 1835 Abs. 5 (sofern der Mündel/Pflegling nicht mittellos ist)

- Berufs- und Vereinsbetreuer, sofern sie ihre Tätigkeit nach konkretem Zeitaufwand abrechnen, das sind ausschließlich Betreuungen nach § 1899 Abs.2 (Sterilisationsbetreuer) sowie Vertretungsbetreuer wegen rechtlicher Verhinderung eines anderen Betreuers (§ 1899 Abs. 4), vgl. § 6 VBVG

Berufs- und Vereinsbetreuer (außer den o.g. Ausnahmen) konnten Aufwendungen nach § 1835 Abs. 1 im Rahmen der Übergangsvorschrift (Art. 229 § 14 EGBG) nur noch für Tätigkeiten bis einschließlich 30.6.2005 geltend machen. Die Ausschlussfrist für solche Tätigkeiten ist mit Ablauf des 30.9.2006 verstrichen. **200**

201   Für Tätigkeiten seit dem 1.7.2005 ist für diese Personen der Anspruch auf Ersatz von Aufwendungen nach § 1835 Abs. 1 in der pauschalen Betreuervergütung (§§ 4, 5,7 VBVG) enthalten. Aufwendungen können daher lediglich nach Steuerrecht als Vorsteuer bzw. Betriebskosten in Abzug gebracht werden.

> ▶ *Vgl. hierzu auch die Sonderregelung in § 1835 Abs. 3 (berufliche Dienste) unter Rn. 281 ff.*

4.2   Die Aufwendungen nach § 1835 Abs. 1

202   Aufwendungen sind Vermögensopfer, also Minderungen des eigenen Vermögens, die durch die Tätigkeit als Betreuer entstehen.[1] Notwendig sind alle Ausgaben, die der Betreuer „unter Berücksichtigung seiner subjektiven Kenntnis in objektiver Wertung für erforderlich halten durfte".[2] Für die Erforderlichkeit einer Ausgabe kann also kein abstrakter Maßstab angelegt werden. Der Betreuer kann vielmehr die Erstattung derjenigen Auslagen verlangen, von denen er guten Glaubens meinte, sie seien im Interesse des Betreuten notwendig, auch wenn sich dies nachträglich als Fehlbeurteilung herausstellt.[3]

203   Dabei handelt es sich zum einen um Ausgaben, die unmittelbar durch die Führung der Betreuung entstehen, zum anderen um solche, die notwendige Folge dieser Betreuung sind. Aufwendungen können freiwillig oder auf Anordnung des Vormundschaftsgerichts getätigt werden. Die Aufwendungen müssen in einem angemessenen Verhältnis zum Einzelfall stehen, auch der Lebensstandard des Betreuten ist zu berücksichtigen.[4]

4.3   Abgrenzung des Aufwendungsersatzes von der Verwaltung durchlaufender Gelder

204   Aufwendungen sind Ausgaben, die durch die Betreuertätigkeit im o.g. Sinne entstehen. Für diese gilt: Der Betreuer kann sie vom Betreuten bzw. bei dessen Mittellosigkeit aus der Staatskasse verlangen, es sei denn, der Betreuer hat nach dem 2. BtÄndG einen Pauschalvergütungsanspruch nach §§ 4, 5, 7 VBVG.

> ▶ *Beispiele für solche eigenen Aufwendungen des Betreuers finden sich unter Rn. 212 ff.*

205   Davon zu trennen sind Ausgaben, die der Betreuer für den Betreuten tätigt und die auch anfallen würden, wenn keine Betreuung bestünde. Diese Ausgaben kann der Betreuer direkt aus dem Vermögen des Betreuten an den Dritten zahlen, z.B. im Rahmen des bargeldlosen Zahlungsverkehrs. Ergibt sich aber, dass eine unbare Zahlung unpraktikabel oder unmöglich ist, kann der Betreuer diese zunächst aus eigenem Vermögen „vorfinanzieren" und sich im Nachhinein den Betrag aus dem Vermögen des Betreuten ersetzen lassen.

206   Hierbei handelt es sich nicht um Aufwendungsersatz nach § 1835 Abs.1, sondern lediglich um die Abwicklung der sich aus der gesetzlichen Vertretertätigkeit ergebenden Zahlungsvorgänge. In Höhe dieser vom Betreuer verauslagten Beträge ist der Betreute ungerechtfertigt bereichert (§ 812). Durch die Entnahme dieses Betrags aus dem Vermögen des Betreuten entsteht kein unzulässiges Insichgeschäft (§ 181), da es lediglich um den Ausgleich einer bestehenden Forderung geht, die § 181 ausdrücklich zulässt.

---

1   BGHZ 59, 328/329; *Seitz* BtPrax 92, 85; OLG Brandenburg FamRZ 2000, 1441
2   MünchKomm/*Schwab* § 1835 Rn. 7; *Knittel* § 1835 Anm. A 1.1
3   MünchKomm/*Schwab* § 1835 Rn. 17; *Knittel* § 1835 Anm. A 1.1
4   MünchKomm/*Schwab* § 1835 Rn. 17; *Bühler* BWNotZ 1993, 108; *Knittel* § 1835 Anm. A 1.1

Beispiel hierfür wäre das Verauslagen von Verwaltungsgebühren, z.B. für einen Personalausweis des Betreuten oder der Barkauf von Gegenständen für den Betreuten. Bei einigen Zahlungen ist nicht von vorneherein klar, worum im Sinne dieser Abgrenzung es sich handelt, z.B. bei Postnachsendeanträgen oder Briefporto. **207**

Faustregel zur Abgrenzung: Entsteht eine Aufwendung völlig unabhängig vom Bestehen der Betreuung, d.h. wäre die damit verbundene Handlung ohne die Betreuung auch beim Betreuten selbst angefallen, ist sie im Zweifel keine Aufwendung gem. § 1835 Abs. 1. **208**

Folge ist: Ein solcher Betrag ist stets aus dem Vermögen des Betreuten zu zahlen, die Staatskasse kommt auch bei Mittellosigkeit nicht dafür auf, es ist nicht Aufgabe des Betreuungsrechtes, dem Betreuten zusätzliche Sozialleistungen oder Gebührenbefreiungen zukommen zu lassen, auf die er ohne Vorhandensein der Betreuung auch keinen Anspruch hätte. Folge ist des Weiteren für Berufs- und Vereinsbetreuer, dass solche Aufwendungen weiterhin aus dem Vermögen des Betreuten entnommen werden können, sie gehören nicht zu den Aufwendungen nach § 1835 Abs. 1, die seit 1.7.2005 in der pauschalen Betreuervergütung enthalten sind. **209**

210

HINWEIS

Da sich hierzu weiterhin keine sichere Praxis gebildet hat, ist dem Betreuer zu empfehlen, die Entnahme solcher Ausgaben mit dem Rechtspfleger des Vormundschaftsgerichtes zu besprechen; die einzelnen Posten sollten in der Rechnungslegung (§ 1840) deutlich gemacht werden.

Sollte das Gericht die Entnahme als unzulässig ansehen (als nicht mehr separat erstattbare Aufwendung nach § 1835 Abs. 1), kann es den Betreuer zur Erstattung an den Betreuten auffordern; solche Beträge müssten nach § 1805 i.V.m. § 1834 vom Betreuer im Rahmen der Rückzahlung verzinst werden. **211**

4.4 Zu den Aufwendungen im Einzelnen

Beispiele für Aufwendungen nach § 1835 Abs. 1 **212**

* Ausgaben für Schreibpapier, Umschläge, Quittungsblocks, Briefporto etc.

* Postnachsendeaufträge

* Schreibauslagen

* Fotokopierkosten

* Telekommunikationsentgelte

* Fahrtkosten

* Verpflegungsmehraufwand

* Verdienstausfall

* Kosten eines Rechtsstreits

* Dolmetscherkosten

* Haftpflichtversicherungen

* Umsatzsteuer

4.4.1 Schreibpapier, Umschläge, Quittungsblocks, Briefporto etc.

213 Grundsätzlich gilt, dass sich die geltend gemachten Aufwendungen auf eine konkrete Betreuung beziehen müssen.[5] Gegen allzu kleinliche Anforderungen bei der Nachweisführung geringfügiger Ausgaben kann das aus dem JVEG hergeleitete Prinzip der Glaubhaftmachung angeführt werden. Keine Einwände bestehen hiernach bei der pauschalierten Abrechnung geringfügiger Aufwendungen.[6] Nicht als abrechenbare Aufwendungen sieht das *LG Berlin* die genannten Ausgaben an, diese seien mit dem Stundensatz des Betreuers abgegolten; eine Entscheidung, der wir uns weiterhin nicht anschließen können.[7]

214 Briefporto gehört nur dann zu den nach § 1835 Abs. 1 zu erstattenden Auslagen, wenn es sich um betreuerspezifischen Schriftverkehr handelt, also insbesondere zur Kommunikation des Betreuers mit dem Vormundschaftsgericht im Rahmen der Auskunftserteilung, Berichterstattung, Beantragung von Genehmigungen usw. Auch die Benachrichtigung sonstiger Beteiligter (Behörden, andere Gerichte, Vermieter, Gläubiger des Betreuten, Ärzte, Heime) vom Beginn und Ende der Betreuung gehören dazu. Ebenso Briefe des Betreuers an den Betreuten und Anforderung von Berichten vom Heim, die der Betreuer für seine eigene Tätigkeit benötigt. Diese Aufwendungen sind bei Nichtvorliegen von Mittellosigkeit des Betreuten vom Betreuer aus dessen Vermögen zu entnehmen und bei Mittellosigkeit aus der Staatskasse. Berufs- und Vereinsbetreuer, die pauschale Vergütung erhalten, können diese Aufwendungen nicht abrechnen.

215 Der sonstige Schriftverkehr mit Behörden, anderen Gerichten als dem VormG und privaten Beteiligten (z.B. Beantragung von Sozialleistungen, Abschluss und Kündigung von Verträgen usw.) fällt in die gesetzliche Vertretungstätigkeit. Diese Kosten sind vom Betreuer direkt aus dem Vermögen zu entnehmen. Dies gilt auch für pauschal abrechnende Berufs- und Vereinsbetreuer. Diese Ausführungen gelten sinngemäß auch für alle anderen Arten von Aufwendungen. Es wird darauf hingewiesen, dass diese Auffassung strittig ist. Sie sollte vor Ort mit dem Gericht geklärt werden.

216 Bereits im bisherigen Recht war es zunehmend strittig geworden, derartige Ausgaben einzeln abzurechnen. Beispiele aus der Rechtsprechung: Kosten für PC, Fax und Schreibmaschine sowie Materialkosten für Farbbänder, Tinte, Schreibpapier und Umschläge zählen zu den allgemeinen Geschäftskosten, die mit der Betreuervergütung abgegolten sind und die nicht als Auslagen erstattet werden können.[8]

4.4.2 Schreibauslagen

217 Für Schreibauslagen sind grundsätzlich nur die reinen Materialkosten zu berechnen; § 12 Abs. 1 Nr. 3 JVEG findet allenfalls analog Anwendung.[9] Für die Anfertigung von Schreibarbeiten durch Dritte können danach 0,75 € je 1.000 Anschläge berechnet werden, ggf. ist die Zahl der Anschläge zu schätzen.[10]

4.4.3 Fotokopierkosten

218 Die Notwendigkeit der Anfertigung von Kopien im Rahmen der Betreuertätigkeit wird im Allgemeinen zu bejahen sein; zum einen wird der Betreuer oft als Beweismittel zu Anträgen unterschiedlicher Art Fotokopien bereits vorhandener Dokumente bei Behörden oder

---

5   LG Koblenz BtPrax 1997, 247; *Bach*, a.a.O., S. 35
6   Z.B. für Aktendeckel, Schreibpapier usw.; AG Mühldorf Rpfleger 1993, 154/155
7   LG Berlin FamRZ 1995, 496; ebenso LG Kiel, 3 T 209/01 vom 14.0.2001
8   OLG Schleswig BtPrax 2002, 221 = FamRZ 2002, 1656 = FGPrax 2002, 219, ähnlich OLG Brandenburg FamRZ 2002, 626 = FGPrax 2001, 240 = FPR 2002, 106; KG FamRZ 2002, 264 und OLG Zweibrücken FGPrax 2003, 28 = FamRZ 2003, 477 m. Anm. *Bienwald* MDR 2002, 1415
9   LG Paderborn JMBl. NW 1992, 229/231 = Rpfleger 1993, 19/21 = JurBüro 1992, 693/695
10 AG Uelzen FamRZ 1992, 1349; ablehnend *Damrau/Zimmermann* § 1835 Rn. 23

Gerichten einzureichen haben, zum anderen ist die Anfertigung von Kopien für die Hand-akte des Betreuers wichtig, da der Betreuer nur bei Vollständigkeit seines Schriftwechsels in der Lage sein wird, die Interessen des Betreuten sachgerecht zu vertreten. Diese Verfah-rensweise spart auch erhebliche Zeit ein, die sonst bei wiederholten Anträgen z.B. auf zeitbegrenzten Sozialleistungen erneut aufgewendet werden müsste.[11]

Für die Anfertigung von Kopien können zwischen 0,10 und 0,15 € je Seite abgerechnet werden.[12] Werden Fremdkopierer benutzt (Copy-Shops usw.), sind die tatsächlichen Kos-ten, die sich im Rahmen der o.g. Beträge halten, zu ersetzen. **219**

Laut einer in der Literatur vertretenen Auffassung können analog zu § 7 Abs. 2 JVEG für die ersten 50 fotokopierten Seiten (eines Betreuungsvorgangs) 0,50 € je Seite und für weitere Seiten je 0,15 € in Rechnung gestellt werden.[13] Etwas abweichend hiervon in der Rechtsprechung: erste 50 Kopien je Betreuungsjahr 0,50 €/Blatt, weitere 0,15 €.[14] Die Regelung entspricht derjenigen der Kostenordnung, die die Kosten des Vormundschafts-gerichts regelt. Für Schreibauslagen berechnet das Gericht nach derzeitigem Recht (§ 136 Abs. 3 KostO) für die ersten 50 Seiten 0,50 €/Seite und 0,15 € für jede weitere Seite. **220**

Die Anfertigung von Fotokopien wichtiger Dokumente zur Information des Betreuten im Rahmen der Besprechungspflicht ist erstattungsfähiger Aufwand.[15] **221**

4.4.4 Postnachsendeanträge

Postnachsendeanträge führt die Deutsche Post AG nicht mehr gebührenfrei aus. Die Post-nachsendung kostet für Privatkunden für ein halbes Jahr 15,20 €, für ein Jahr 25,20 € sowie für Geschäftskunden (Firmen und Selbstständige) für ein halbes Jahr 30,20 €, für ein Jahr 50,20 € (Stand 1.1.2008). **222**

Es sind zwei verschiedene **Arten der Postnachsendung** zu unterscheiden: **223**

• für eigene Betreuertätigkeit

• im Rahmen der gesetzlichen Vertretung des Betreuten

Im ersten Fall leitet der Betreuer die Post, die sich an den Betreuten selbst richtet und an dessen Anschrift adressiert ist, zu sich weiter. Hierzu bedarf der Betreuer der Genehmi-gung des Vormundschaftsgerichtes im Rahmen des § 1896 Abs. 4. Hierbei handelt es sich um eine betreuerspezifische Aufwendung, die bei Mittellosigkeit aus der Staatskasse zu zahlen wäre; zugleich gilt, dass pauschal abrechnende Berufs- und Vereinsbetreuer ab 1.7.2005 diese Aufwendungen nicht mehr separat erstattet erhalten[16]. Derzeit kostenlos möglich ist die Postnachsendung des Betreuten an ein Postfach des Betreuers. **224**

Im zweiten Fall stellt der Betreuer einen Postnachsendeantrag zugunsten des Betreuten, weil dieser umgezogen ist, und zwar an dessen neue Anschrift. Dies ist eine Aufwendung im Rahmen der gesetzlichen Vertretungstätigkeit, die im Falle der Mittellosigkeit nicht aus der Staatskasse gezahlt wird und die auch Berufs- und Vereinsbetreuer aus dem Betreu-tenvermögen entnehmen können. **225**

---

11 *Bach*, Kostenregelungen Rn. C 2.4–2.6; *Knittel* § 1835 Anm. A 1.2; Meyer/Höver/*Bach* § 11 Rn. 7.9; *Damrau/ Zimmermann* § 1835 Rn. 13, *Meier*, Handbuch Betreuungsrecht, S. 349; LG München I FamRZ 1997, 450, LG Augsburg BtE 1992/93, S. 26; a.A. LG Berlin FamRZ 1995, 496, LG Paderborn Rpfleger 1993, 19/21

12 Rechtsprechung hierzu: LG München I JurBüro 1993, 113; LG Frankenthal Rpfleger 1988, 64/65 (0,10 €); LG Paderborn JMBl NW 1992, 231 = FamRZ 1993, 237 (LS); LG Wuppertal JurBüro 1996,154; LG Berlin FamRZ 1995, 496; OLG Dresden BtPrax 2001, 220 (0,15 €)

13 *Bach*, Kostenregelungen Rn. C 2.7; *Knittel* § 1835 Anm. A 1.2, *Meier* a.a.O., S. 350; LG Koblenz 2 T 224/00 vom 18.4.2000, a.A.: OLG Zweibrücken (je Kopie 0,30 DM = 0,15 €): FamRZ 2001, 864 = FGPrax 2001, 115 = BtPrax 2001, 169 = JurBüro 2001, 378 sowie OLG Dresden Rpfleger 2001, 492 und BayObLG FamRZ 2002, 495 = NJWE-FER 2001, 292

14 LG Koblenz BtPrax 2000, 180 = FamRZ 2001, 114

15 LG Hamburg BtPrax 2003, 43

16 OLG Köln, Beschl. v. 21.08.2006 – 16 Wx 164/06; BtPrax 2007, 255 (Ls)

4.4.5 Telekommunikationsentgelte

226 Ausgaben für die Inanspruchnahme von Telekommunikationsleistungen: Hier können nur Entgelte für Gesprächseinheiten abgerechnet werden, nicht aber anteilige Kosten für die Beschaffung oder Einrichtung der technischen Geräte oder Anlagen.[17]

227 Umstritten ist derzeit, ob Gesprächseinheiten von Funktelefonen (Handys) abrechenbar sind. Hier wird man sachgerechterweise darauf abstellen müssen, ob es für den Betreuer zumutbar gewesen wäre, das Festnetz, ggf. eine öffentliche Telefonzelle, zu benutzen. Hierzu muss bemerkt werden, dass das Netz öffentlicher Telefonzellen aktuell sehr stark ausgedünnt wird. Jedenfalls bei besonderer Dringlichkeit, z.B. bei der Durchführung von Unterbringungsmaßnahmen, wird es dem Betreuer unzumutbar sein, ggf. unterwegs eine Telefonzelle zu suchen.[18] Auch wenn der Betreuer unterwegs ist, ein Mitarbeiter seines Büros ihn aber dringend erreichen muss und dies nur durch Anruf der Handy-Nummer möglich ist, sind die Gesprächseinheiten zum Funknetz als gerechtfertigt anzusehen.[19]

228 ### 4.4.6 Fahrt- und Reisekosten

229 Solche Kosten können z.B. durch Besuche des Betreuten oder durch die Wahrnehmung von Verhandlungs-, Gerichts- oder Behördenterminen im Rahmen der Amtsführung entstehen.[20] Erstattet werden bei der Benutzung von öffentlichen Verkehrsmitteln die tatsächlich entstandenen Kosten (nachgewiesen durch entsprechende Fahrscheine).

230 Grundsätzlich sind Einzelfahrscheine zu erstatten; für Zeitkarten (Monats- oder Wochenfahrscheine) kommt eine Erstattung nur ausnahmsweise in Betracht, wenn die Karte für eine spezielle Betreuung notwendig ist.[21]

231 Bei Eisenbahnreisen sind die tatsächlich entrichteten Entgelte zu erstatten, auch wenn z.B. durch eine Bahncard die Entgelte niedriger als gewöhnlich ausfallen.[22] Seit 1.7.2004 sind auch die Kosten für Platzreservierungen bei der Deutschen Bahn AG abrechenbar. Da seit 1.7.2005 bei Berufs- und Vereinsbetreuern Fahrtkosten nicht mehr separat abrechenbar sind, wird auf die preisreduzierte Platzreservierung im Internet (www.bahn.de) hingewiesen.

232 Bei Benutzung eines eigenen PKW werden gem. § 1835 Abs. 1 Satz 2 zurzeit 0,30 € pro Kilometer erstattet. In diesem Punkt ist § 1835 Abs. 1 durch das 1. BtÄndG dahingehend ergänzt worden, dass die Höhe des Fahrtkostenersatzes ausdrücklich geregelt wird, und zwar durch Einfügung eines 2. Halbsatzes in § 1835 Abs. 1 Satz 1, der wie folgt lautet: „für den Ersatz von Fahrtkosten gilt die in § 5 des Justizvergütungs- und -entschädigungsgesetzes für Sachverständige getroffene Regelung entsprechend." Seit 1.7.2004 wurde die Höhe des Fahrtkostenersatzes im Rahmen des Kostenrechtsmodernisierungsgesetzes auf 0,30 € erhöht und entspricht seither der Höhe der steuerlichen Pauschalsätze bei Dienstgängen.

233 Neben der Kilometerpauschale sind auch die angefallenen Kosten für Parkautomaten, Parkhäuser usw. zu erstatten.[23] Kosten für durch Falschparken angefallene Verwarnungs- und Bußgelder („Knöllchen") sind kein erstattungsfähiger Aufwand, da eine Gesetzesverletzung vorliegt. Allenfalls dann, wenn der Betreuer durch von ihm nicht zu vertretende Umstände gezwungen wird, den PKW verkehrsordnungswidrig abzustellen, ist ausnahmsweise an eine Erstattung zu denken (z.B. Betreuter als Insasse des KFZ des Betreuers randaliert; Weiterfahrt ist nicht möglich).

---

17 So *Bach*, BtPrax 1993, 182 und BtPrax 1995, 8/9 sowie *Bach*, Kostenregelungen Rn. C3
18 LG Frankenthal JurBüro 1998, 39; LG Essen, erwähnt bei *Dodegge* NJW 1998, 2717
19 Zustimmend *Damrau/Zimmermann* § 1835 Rn. 23, ablehnend LG Koblenz FamRZ 1998, 1533
20 *Bienwald* § 1835 Rn. 8
21 *Bach*, Kostenregelungen Rn. C 4.3
22 Meyer/Höver/*Bach*, JVEG § 5 Rn. 5.9
23 *Bach*, Kostenregelungen Rn. C 4.7; Meyer/Höver/*Bach*, JVEG § 5 Rn. 5.16

Die Anschaffung von Winterreifen ist kein zusätzlicher Aufwand; nur die Kilometerpauschale ist anzuerkennen.[24]   **234**

4.4.7 Verpflegungsmehraufwendungen

Tagegeld und Übernachtungskosten bei Dienstreisen (dies sind Reisen außerhalb des Wohnortes) zählen nach hiesiger Auffassung zum abrechenbaren Aufwand analog zu § 6 JVEG.[25] Das *Bayerische Oberste Landesgericht* sah dies nicht als Anspruch des Betreuers an: kein Anspruch auf Verpflegungsmehraufwand bei längeren auswärtigen Betreutenbesuchen; keine analoge Anwendung des (damaligen) § 10 ZSEG auf Betreuer.[26] Dieser Auffassung können wir uns nach wie vor nicht anschließen. Auch wenn in § 1835 Abs. 1 nur auf § 5 JVEG im Rahmen des Fahrtkostenersatzes Bezug genommen wird, ist es u.E. kein Beleg dafür, dass andere Kosten, die (wenn auch nur ausnahmsweise) beim Betreuer ebenso wie bei Sachverständigen auftreten können, nach den gleichen Maßstäben erstattungsfähig sein müssen.   **235**

4.4.8 Verdienstausfall

Ob für die Betreuung aufgewendete Zeiten, durch die der ehrenamtlich tätige Betreuer Verdienstausfall erleidet, ein Aufwand ist, der gem. § 1835 ersetzt werden könnte, ist in der Literatur umstritten.[27] Nach hiesiger Meinung kommt eine Erstattung von Verdienstausfall für ehrenamtliche Betreuer, Vormünder und Pfleger ausnahmsweise dann infrage, wenn eine wichtige Angelegenheit nicht außerhalb der Arbeitszeit erledigt werden konnte. Als Grundsatz gilt jedoch, dass eine Erstattung für Zeitaufwand nur im Rahmen der Zubilligung einer Vergütung (§ 1836) erfolgen kann.   **236**

Auch die Kosten einer notwendigen Beaufsichtigung der Kinder des Betreuers während dringender Betreuungsgeschäfte zählen zum Aufwendungsersatz nach § 1835 Abs. 1.[28]   **237**

4.4.9 Kosten für Behördenanträge

Verwaltungsgebühren dürfen, wie oben unter Rn. 215 ff., erwähnt, meist keine Aufwendungen nach § 1835 Abs. 1 darstellen. Der Betreuer sollte versuchen, bei Behörden Gebührenerlass zu beantragen, wenn ein Dokument, eine amtlich beglaubigte Kopie o.Ä. zur Vorlage bei einem Gericht oder einen anderen Behörde benötigt werden; hier ist meist eine kostenlose Erteilung „für amtliche Zwecke" möglich. Ansonsten bietet der Gebührenerlass aus sozialen Gründen oft eine weitere Möglichkeit, den Betreuten von Kosten zu entlasten.   **238**

Zum Auslagenersatz zählten im Ausnahmefall jedoch auch Gebühren und Passfotos für einen ausländischen Pass des Betreuten, wenn ihre Höhe in keinem angemessenen Verhältnis zum Zeitaufwand steht, die der Betreuer mit absehbaren Auseinandersetzungen mit Sozialleistungsträgern führen müsste.[29]   **239**

---

24   LG Koblenz FamRZ 1998, 117 = BtPrax 1997, 247
25   LG Augsburg JurBüro 1993, 87; *Seitz* BtPrax 1992, 82/85; *Deinert* JurBüro 1993, 513; *Knittel* § 1835 Anm. 2; Meyer/Höver/*Bach* JVEG § 6; *Damrau/Zimmermann* § 1835 Rn. 25
26   BayObLG FamRZ 2004, 565
27   Gegen die Anrechenbarkeit: MünchKomm/*Schwab* § 1835 Rn. 8; *Erman/Holzhauser* § 1835 Rn. 1; *Bach*, Kostenregelungen Rn. C 6.1; dafür: *Seitz* BtPrax 1992, 85; *Damrau/Zimmermann* § 1835 Rn. 24; Staudinger/*Engler* § 1835 Rn. 7; *Jürgens* § 1835 Rn. 4
28   *Bach*, Kostenregelungen Rn. C 6.4; Meyer/Höver/*Bach* JVEG §7 Rn. 7.13
29   BayObLG FamRZ 2003, 405

4.4.10 Kosten eines Rechtsstreits

240 Gemeint sind hier die Kosten eines Rechtsstreits, die sich als notwendige Folge der Amtsführung ergeben.[30] Kosten der Verfolgung von Vergütungsansprüchen des Betreuers sind keine ersatzfähigen Aufwendungen. Sofern der Betreuer Prozesse für seinen Betreuten führt (vgl. § 57 ZPO), ist in der Regel bei einem verloren gegangenen Prozess jedoch nicht der Betreuer der Zahlungspflichtige, sondern der Betreute; dieser ist auch derjenige, in dessen Namen der Anwalt beauftragt ist und ist diesem somit zur Honorierung im Rahmen des Anwaltsvertrages verpflichtet. Bei fehlerhafter Prozessführung des Betreuers kommt seitens des Betreuten nur ein Schadensersatzanspruch gem. §§ 1833, 1908i in Betracht.[31]

4.4.11 Dolmetscherkosten

241 Dies sind Aufwendungen, die entstehen, wenn der Betreute die deutsche Sprache nicht beherrscht. Dies gilt seit 1.7.2005 nicht mehr für pauschal abrechnende Berufs-/Vereinsbetreuer. Für die Entschädigung von Dolmetschern kommt als angemessen eine Summe in Höhe der Sachverständigenentschädigung nach § 9 Abs. 3 JVEG in Höhe von 55,– €/Std. in Betracht. Zweckmäßiger ist es in jedem Fall, wenn ein Betreuer bestellt wird, der (auch) die Sprache der betreuten Person beherrscht. Weitere Hilfestellung kann z.B. durch das mit dem Institut für transkulturelle Betreuung zusammenarbeitende Ethno-medizinische Zentrum erfolgen. Adresse: Königstr. 6, 30175 Hannover, Tel.: 05 11-16 84 10 20, Fax: 05 11-45 72 15.

242 Soweit der Betreuer selbst als Gebärdendolmetscher tätig ist, steht ihm, wenn er ein pauschal abrechnender Berufs- oder Vereinsbetreuer ist, für die Dolmetschertätigkeit kein zusätzlicher Aufwendungsersatz neben der Pauschalvergütung zu, wenn der Betreuer gerade wegen seiner Fremdsprachenkenntnisse ausgewählt wurde.

243 Überzeugend ist diese Begründung unseres Erachtens nicht. Auch Anwälte werden häufig gerade wegen der vorhandenen Rechtskenntnisse eingesetzt, trotzdem wird nicht in Frage gestellt, dass sie für typische Anwaltstätigkeiten gem. § 1835 Abs. 3 BGB ein Honorar nach dem RVG verlangen können. In Bezug auf Gebärdendolmetscher ist in mehreren Vorschriften geregelt, dass die in Zusammenhang mit der Beantragung von Sozialleistung entstehenden Kosten der Inanspruchnahme durch den zuständigen Leistungsträger zu tragen sind. So heißt es in § 17 Abs. 2 SGB I: „Hörbehinderte Menschen haben das Recht, bei der Ausführung von Sozialleistungen, insbesondere auch bei ärztlichen Untersuchungen und Behandlungen, Gebärdensprache zu verwenden. Die für die Sozialleistung zuständigen Leistungsträger sind verpflichtet, die durch die Verwendung der Gebärdensprache und anderer Kommunikationshilfen entstehenden Kosten zu tragen (…)" und § 19 Abs. 1 SGB X lautet: „Die Amtssprache ist deutsch. Hörbehinderte Menschen haben das Recht, zur Verständigung in der Amtssprache Gebärdensprache zu verwenden; Aufwendungen für Dolmetscher sind von der Behörde oder dem für die Sozialleistung zuständigen Leistungsträger zu tragen." In Anbetracht der zur Anwaltsvergütung ergangenen Rechtsprechung wäre es folgerichtig gewesen, auf die Nachrangigkeit des § 1835 Abs. 3 hinzuweisen; auch Anwälte müssen zunächst versuchen, ihr Honorar nach den Regeln der Prozesskostenhilfe zu erhalten (siehe unten Rn. 298). Es ist aber nicht einsichtig, die Dolmetschertätigkeit so weitreichend als Teil der Betreueraufgabe anzusehen. Dies führt nämlich im Ergebnis dazu, dass sie entgegen der o.g. gesetzlichen Vorgaben aus der Justizkasse bzw. im Falle der pauschalen Betreuervergütung überhaupt nicht mehr bezahlt wird.

---

30   Palandt/*Thomas* § 670 Rn. 2
31   Vgl. *Deinert/Lütgens/Meier*, Die Haftung des Betreuers, 2. Auflage, Köln 2007

4.4.12 Personalkosten von Hilfskräften

Im Allgemeinen wird man davon ausgehen können, dass Betreuertätigkeiten vom **244** Betreuer in eigener Person wahrgenommen werden müssen. Dies ergibt sich aus dem Eignungskriterium (§ 1897 Abs. 1 2. Hs.[32]). Die Besprechung wichtiger Angelegenheiten mit dem Betreuten (§ 1901 Abs. 3) sowie die Einwilligung in Eingriffe nach §§ 1904 bis 1906 werden beispielsweise zu den nicht delegierbaren Aufgaben zählen. Allenfalls für untergeordnete Hilfstätigkeiten (Post holen, Schreibarbeiten, Belege sortieren, Aktenführung) können Hilfskräfte herangezogen werden; liegt eine Verhinderung des Betreuers vor, ist anderenfalls ein Vertretungsbetreuer (§ 1899 Abs. 4) zu bestellen.

Vor 1999 ging die Rechtsprechung überwiegend davon aus, dass Personalkosten von **245** Hilfskräften im Rahmen der Vergütung geltend zu machen sind. Angesichts der Höhe der Betreuervergütung wird man jedoch zu dem Ergebnis kommen müssen, dass diese Verfahrensweise nunmehr unpraktikabel ist:

- zum einen wird hierdurch dem Gericht nicht transparent, welche Dienste der Betreuer selbst und welche seine Hilfskraft erledigt hat; diese Kenntnis sollte für das Gericht aber wünschenswert sein;

- zum anderen findet in solchem Falle eine Vermischung verschiedener Qualifikationen statt, die aufgrund der starren Stundensatzhöhen in § 1 BVormVG (seit 1.7.2005 §§ 3,4 VBVG) nicht mehr korrekt berücksichtigt werden kann.

Zu Recht wies das *LG Memmingen*[33] darauf hin, dass ein vom Betreuer beauftragter Drit- **246** ter keinen Vergütungsanspruch hat. Die Instruktion einer Vertretungsperson ist jedoch vergütungsfähiger Zeitaufwand[34], ebenso die Einweisung eines künftigen ehrenamtlichen Betreuers durch bisherigen Vereinsbetreuer.[35] Dies gilt ebenfalls nicht, wenn der Berufs-/ Vereinsbetreuer pauschale Betreuervergütung abrechnet.

247

> **HINWEIS**
>
> *Es wird daher empfohlen, die Tätigkeiten, mit denen der Betreuer eine Hilfskraft beauftragt hat, entsprechend den tatsächlich angefallenen Personalkosten der Hilfskraft (bei Angestellten inkl. Arbeitgeberanteil zur Sozialversicherung) als Aufwendungsersatz in Rechnung zu stellen, statt diese Kosten in der Vergütungsabrechnung mit der eigenen Arbeitsleistung zu vermischen.[36] Dies gilt ab 1.7.2005 nicht mehr bei pauschaler Betreuervergütung nach § 5 VBVG (vgl. Kapitel 7, Rn. 979 ff.).*

Das *BayObLG* hat sich mit Beschluss vom 7.2.2001[37] gegen diesen Standpunkt gestellt – **248** es hat gem. § 28 FGG eine Vorlage an den *BGH* wegen Abweichung von *OLG Bremen* vorgenommen.[38]

Der BGH hat für (nicht pauschal) abzurechnende Betreuertätigkeiten entschieden, dass **249** solche Personalkosten für Hilfskräfte im Ausnahmefall nach § 1835 Abs. 1 abzurechnende Aufwendungen darstellen.[39] Es wurde aber sehr restriktiv darauf abgestellt, dass dies nur

---

32 Vgl. auch *Zimmermann* FamRZ 1998, 521/525, *Jürgens* BtPrax, 1994, 10; *Wagenitz/Engers* FamRZ 1998, 1273/1274

33 FamRZ 1999, 459; zuvor bereits LG Frankenthal, BtPrax 1996, 231; LG Frankfurt/Oder, BtPrax 1997, 78; LG Kiel, 3 T 209/01 vom 14.9.2001

34 BayObLG BtPrax 2000, 214 = FamRZ 2000, Heft 20, S. IX = FamRZ 2001, 374

35 LG Marburg, 3 T 310/98 vom 17.2.1999, RdLH 1999, 82

36 OLG Bremen FamRZ 2000, 555 = Rpfleger 2000, 215 = RdLH 2000, 38 = BtPrax 2000, 88, LG Mönchengladbach NJWE-FER 1998, 54; zustimmend *Damrau/Zimmermann* § 1835 Rn. 15; *Meier* a.a.O., S. 351

37 BayObLGZ 2001, Nr. 7 = FGPrax 2001, 203 = FamRZ 2001, 653 = BtPrax 2001, 125

38 Ebenso LG Hildesheim Nieders. Rpfleger 1997, 261; s.a. Anm. *Bienwald* FamRZ 2001, 654; *Bleutge* JurBüro 1998, 340/345

39 BGH FamRZ 2006, 111 = NJW-RR 2006, 145 = BtMan 2006,50 = Rpfleger 2006, 70 = FGPrax 2006, 69 (auf der Buch-CD)

für Betreuungspersonen gelten kann, die wie Rechtsanwälte über eine arbeitsteilige Büroorganisation verfügten.

250   Seit 1.7.2005 können bei der pauschalen Vergütung des Berufs- und Vereinsbetreuers keine Personalkosten für Hilfskräfte mehr geltend gemacht werden. Allerdings bleibt es dem pauschal vergüteten Betreuer unbelassen, die Tätigkeiten aus seinem Arbeitsbereich, die im Sinne der obigen Ausführungen keine persönliche Pflicht betreffen, durch Hilfskräften wahrzunehmen. Der Betreuer behält die Verantwortung für diese Tätigkeiten, muss die Hilfskraft aus seiner Betreuervergütung refinanzieren und kann deren Arbeitskosten nur im Rahmen von Betriebsausgaben steuerlich absetzen.

251   Daher bleiben die Ausführungen zur Abrechnung von Hilfstätigkeiten als Aufwendungsersatz nur im Bereich der nach konkretem Zeitaufwand abrechnenden Vertretungspersonen von Bedeutung, also insbesondere bei Vormundschaften und Pflegschaften.

4.4.13   Beratung, Einführung und Fortbildung des Betreuers

252   Kosten dieser Art können sein die Teilnahme an Kursen, Vorträgen und Seminaren zum Betreuungsrecht und zu weiteren Rechtsgebieten (oder zu medizinischen Fragen), die für die Betreuertätigkeit wichtig sind. Ursprünglich sollten diese Kosten nach dem Regierungsentwurf zum Betreuungsgesetz (hier § 1835) zu den abrechenbaren Aufwendungen zählen.[40] In die abschließende Fassung (des § 1835 Abs. 2) wurde diese Art von Aufwendungen nicht übernommen. Es muss somit grundsätzlich davon ausgegangen werden, dass Kosten hierfür nicht zum abrechenbaren Aufwand zählen.

253   Betreuungsvereine erhalten für die Durchführung dieser Aufgaben, die zu den sog. Querschnittsaufgaben, die in § 1908f erwähnt sind, meist Landeszuschüsse. Sollte eine für den ehrenamtlichen Betreuer kostenfreie Ausbildung nicht möglich, jedoch für eine bestimmte Betreuung erforderlich sein, wäre es eine für ihn unzumutbare Belastung, diese Kosten nicht als Aufwendung anzuerkennen.[41]

254   Auch bei einer konkreten Beratung im Einzelfall, die einer bestimmten Betreuung eindeutig zuzuordnen ist und für die für den Betreuer kostenlosen Beratungsangebote von Betreuungsverein, Betreuungsbehörde (§ 4 BtBG) und Vormundschaftsgericht (§ 1837 Abs. 2) nicht ausreichend sind (z.B. durch Mieterverband, Schuldnerberatungsstelle, Anwalt usw.), sind die Gebühren hierfür als abrechenbarer Aufwand anzusehen.[42]

4.4.14   Anschaffung von Fachliteratur

255   Fachliteratur wird grundsätzlich zum allgemeinen Verwaltungsaufwand zählen, der einzelnen Betreuungen nicht zugeordnet werden kann und daher zumindest für Betreuungsvereine, Betreuungsbehörden und das Jugendamt nicht geltend zu machenden Aufwand darstellt. Bei freiberuflichen Betreuern werden die Kosten der Fachliteratur nur im Rahmen der Einkommensteuer abrechenbare Betriebsausgaben sein.

256   Für ehrenamtliche Betreuer ist zunächst auf kostenlose Informationsmaterialien (z.B. des Bundes und der Länder sowie aus dem Internet) hinzuweisen. Ist jedoch ein Fachbuch nur für eine bestimmte Betreuung nötig (z.B., weil der ehrenamtliche Betreuer nur diese eine führt oder der Berufsbetreuer das Buch für einen ganz bestimmten Betreuungsfall benötigt), so gibt es keinen Grund, dieses Buch nicht als Aufwendung zu betrachten und zu ersetzen.[43]

---

40   BT-Drs. 11/4528, S. 110 und BT-Drs. 11/6949, S. 8, 69 f,
41   *Bach*, Kostenregelungen Rn. C 7; vgl. zur Parallele bei der Betreuervergütung für ein Literaturstudium BayObLG FamRZ 1996, 1169 = BtPrax 1996, 104 = BayObLGZ 1996, 12
42   *Jürgens* § 1835 Rn. 6; *Damrau/Zimmermann* § 1835 Rn. 21
43   So im Ergebnis auch Meyer/Höver/*Bach* ZSEG § 11 Rn. 1.7

4.4.15 Umsatzsteuer (Mehrwertsteuer)

Dem Betreuer, der umsatzsteuerpflichtig ist (und nicht nach §§ 4,5,7 VBVG pauschal abrechnet), steht auch Ersatz für die Umsatzsteuer zu, die er auf Aufwendungen zu zahlen hat.[44]

257

Bis sich diese Erkenntnis durchsetzte, mussten auch nach der Neuregelung des Vergütungsrechtes am 1.1.1999 zahlreiche Gerichte damit befasst werden; der Gesetzgeber hatte im 1. BtÄndG die ausdrückliche Erstattung nur in § 1 Abs. 1 BVormVG, somit für die Betreuervergütung aus der Staatskasse geregelt und damit für einen weiteren Zankapfel gesorgt. Diese Auffassung hat sich inzwischen in der Rechtsprechung weitestgehend durchgesetzt.[45]

258

Das *OLG Frankfurt/Main* hatte die Frage wegen Abweichung von *OLG Dresden* gem. § 28 FGG dem *BGH* vorgelegt.[46] Diese Vorlage wurde wegen Aufgabe der entgegenstehenden Rechtsprechung des *OLG Dresden* vom *BGH* zurückgegeben.[47]

259

Die Umsatzsteuerpflicht folgt aus den §§ 1 Abs.1 Nr. 1 Satz 1, 3, 9, Satz 1, 10 Abs.1 Satz 1 und 2 Umsatzsteuergesetz (UStG). Danach unterliegen der Umsatzsteuerpflicht auch die „sonstigen Leistungen", die ein Unternehmer gegen Entgelt im Rahmen seines Unternehmens ausführt. Da der Berufsbetreuer eine berufliche Tätigkeit selbstständig ausübt, ist er Unternehmer im Sinne des § 2 Abs. 1 Satz 1 UStG. Der Umsatz wird bei sonstigen Leistungen des Unternehmens nach dem Entgelt bemessen, § 10 Abs.1 Satz 1 UStG. Entgelt im Sinne dieser Vorschrift ist alles, was der Leistungsempfänger (hier: der Betreute) aufwendet, um die (Betreuungs-)Leistung zu erhalten (§ 10 Abs 1 Satz 2 UStG).

260

Der Aufwendungsersatz fällt daher unter den Entgeltbegriff und wird von der Umsatzsteuer erfasst. Dementsprechend ist auch im Rahmen der Entschädigung des Sachverständigen nach § 12 Abs. 1 Nr. 4 JVEG anerkannt, dass von der Umsatzsteuerpflicht auch die Kosten des Sachverständigen erfasst werden.[48] Dieses Ergebnis folgt, wie das *KG Berlin* unter Bezugnahme auf umsatzsteuerrechtliche Rechtsprechung und Literatur bereits überzeugend ausgeführt hat, daraus, dass zum Begriff des der Besteuerung unterliegenden Entgelts auch die Auslagen gehören, die der Unternehmer für Rechnung seines Auftraggebers im eigenen Namen aufgewendet hat (z.B. die anteiligen PKW-Kosten, die in einem Betrag pro gefahrenen km umgerechnet zu erstatten sind).[49] Insbesondere handelt es sich nicht um der Besteuerung nach § 10 Abs. 1. Satz 4 UStG nicht unterliegende durchlaufende Posten, weil dieser Begriff voraussetzt, dass durch Handeln des Unternehmers im fremden Namen unmittelbare Rechtsbeziehungen zwischen dem Zahlungsempfänger und dem Zahlungsverpflichteten begründet werden, woran es hier fehlt.

261

Die Gewährung von Auslagenersatz ist auch in Höhe der anteilig anfallenden Mehrwertsteuer nicht durch § 3 Abs. 1 Satz 3 VBVG ausgeschlossen. Nach dieser Vorschrift wird eine auf die Vergütung des Berufsbetreuers entfallende Umsatzsteuer zusätzlich ersetzt. Der daraus gezogene Umkehrschluss, eine auf die Auslagen entfallende Erstattungspflicht solle ausgeschlossen werden, ist jedoch nicht tragfähig. Denn der Erstattungsanspruch auch hinsichtlich des Steueranteils ergibt sich bereits aus dem Begriff des Aufwendungsersatzes (§ 1835 Abs. 1, § 670), der die anfallende Steuerpflicht einschließt.[50] Von dieser

262

---

44 LG Augsburg, Beschluss vom 8.11.1994, 6 T 472/94; LG München I JurBüro 1993, 38; *Knittel* § 1835 Anm. 3; HK BUR/*Bauer* §§ 1835–1836a Rn. 30; *Seitz* BtPrax 92/85
45 OLG Hamm BtPrax 2000, 37 = Rpfleger 2000, 215 ; OLG Frankfurt/Main FGPrax 2000, 204 = BtPrax 2000, 263; OLG Düsseldorf FamRZ 2001, 447 und OLG Zweibrücken BtPrax 2001, 87; OLG Brandenburg BtPrax 2001, 87 (unter Aufgabe entgegenstehender Auffassung in FamRZ 2000, 1441); OLG Dresden BtPrax 2000, 217 (unter Aufgabe entgegenstehender Auffassung in BtPrax 2000, 35; LG Darmstadt FamRZ 2000, 1046; LG Dortmund BtInfo 2/99, 57; AG Betzdorf FamRZ 2001, 1480
46 BtPrax 2000, 131 = Rpfleger 2000, 331
47 Pressemitteilung des BGH, FamRZ 2000, Heft 13, S. II
48 LG Arnsberg, wie oben, unter Hinweis auf *Hartmann*, Kostengesetze, 26. Aufl., § 8 ZSEG Rn. 6
49 KG Rpfleger 1983, 150
50 Vgl. KG, a.a O.

Rechtslage geht auch die Begründung zum Regierungsentwurf des 1. BtÄndG ausdrücklich aus. Dort ist ausgeführt, der Anspruch auf Auslagenersatz erstrecke sich auch auf die darauf nach den Vorschriften des UStG anfallende Mehrwertsteuer. Ein sachliches Regelungsbedürfnis bestehe deshalb nur für die auf die Vergütung anfallende Mehrwertsteuer.

▶ *Zu Details der Abrechnung von Umsatzsteuern siehe Kapitel 12, Rn. 1876 ff.*

263 Eine auf die aus der Staatskasse gezahlte Vergütung entfallende Umsatzsteuer wird, soweit sie nicht nach § 19 Abs. 1 des Umsatzsteuergesetzes unerhoben bleibt, zusätzlich ersetzt (§ 3 Abs. 1 Satz 3 VBVG). Diese Zahlungen sind Bestandteil der Vergütung, kein Aufwendungsersatz.[51] Bei der pauschalen Betreuervergütung ist nach § 4 Abs. 2 VBVG seit 1.7.2005 die Umsatzsteuer im Inklusivstundensatz enthalten und muss nicht separat ausgewiesen werden.

4.5 Nicht abrechenbare Aufwendungen

264 Keine Aufwendungen im Sinne von § 1835 sind:

- Die eigene Arbeitskraft und Tätigkeit, die der ehrenamtliche Betreuer zur Führung der Betreuung verwendet, wegen des Prinzips der Unentgeltlichkeit[52]
- Anteilige Kosten für eine eigene Büroorganisation. Auch dies grenzt ehrenamtliche von Berufsbetreuern ab
- Im Namen des gesetzlich Vertretenen getätigte Rechtsgeschäfte

265 Sobald der Betreuer als gesetzlicher Vertreter z.B. im Namen des Betreuten einkauft, ist die Forderung des Geschäftspartners (z.B. auf Zahlung des Kaufpreises) eine direkte Verpflichtung des Betreuten gegenüber dem Dritten aus § 278. Streckt der Betreuer den Betrag aus eigenem Vermögen vor, wie es in der Praxis oft vorkommt, so kann er diese Beträge unmittelbar dem Vermögen oder den laufenden Einkünften des Betreuten im Rahmen der Erstattung für eine ungerechtfertige Bereicherung (§ 812) entnehmen, ohne dass hier eine Mittellosigkeitsprüfung stattfindet, da es hier nicht um Aufwendungsersatz geht, sondern um die Erfüllung einer Verbindlichkeit des Betreuten.[53]

266 - Auslagen, die nicht der Betreuungsführung dienten, sondern der Privatsphäre der Betreuungsperson zuzurechnen sind, z.B. Geschenk des Betreuers für den Betreuten; allerdings soll hier kein kleinlicher Maßstab angelegt werden[54]
- Kosten der Rechtsverfolgung des Betreuers, eine Betreuung, die ihm entzogen wurde, zu behalten[55]
- Schäden, die der Betreuer bei Ausübung der Betreuertätigkeit erleidet
- Kosten im Rahmen von Tätigkeiten nach dem Ende der Betreuungstätigkeit[56]

267 Weitere Tätigkeiten, insbesondere die Bestattung des bisherigen Betreuten, sind keine Aufgabe des Betreuers mehr. Ausnahmsweise können dringend zu erledigende Aufgaben nach dem Tod der betreuten Person gem. § 1698b Abs. 1 i.V.m. §§ 1893 und 1908i Abs. 1 noch zu den Betreuerpflichten gehören.

▶ *Einzelheiten zu den Tätigkeiten nach dem Tod des Betreuten finden Sie im Kapitel 6, Rn. 824 ff.*

---

51 So bereits für die alte Rechtslage *Knittel* § 1835 Anm. 3
52 *Knittel* § 1835 Anm. 3
53 Vgl. *Karmasin* BtPrax 1998, 123
54 *Knittel* § 1835 Anm. A 1.1 a.
55 AG Völklingen FamRZ 1996, 229; *Knittel* § 1835 Anm. 3
56 Außer für Schlussbericht, Schlussrechnungslegung und Rückgabe des Betreuerausweises (LG Leipzig FamRZ 1996, 1361) sowie im Rahmen der Notgeschäftsführung

4.6 Die Aufwendungen nach § 1835 Abs. 2 (Haftpflichtversicherung)

Nach § 1835 Abs. 2 zählen zu den erstattungsfähigen Aufwendungen eines Betreuers auch die Kosten einer angemessenen Versicherung. Bemerkenswert ist an dieser Vorschrift allerdings zunächst, welche Aufwendungen in Abweichung zum Regierungsentwurf aus dem Jahre 1989 nicht aufgeführt und damit nicht erstattungsfähig sind: Kosten einer generellen Versicherung gegen Eigenschäden, die der Betreuer bei der Führung der Betreuung erleiden kann; § 1835 Abs. 2 ist demnach nicht als eine Erweiterung der Aufwendungen des § 1835 Abs. 1, sondern als eine einschränkende Vorschrift aufzufassen. **268**

Im Rahmen des § 1835 Abs. 2 werden Versicherungen gegen Schäden erstattet, die **269**

- dem Betreuten durch das Verhalten des Betreuers entstehen oder

- dem Betreuer dadurch entstehen können, dass er einem Dritten zum Schadensersatz verpflichtet ist, weil er diesem bei der Führung der Betreuungsangelegenheit einen Schaden zugefügt hat.

Nicht erstattungsfähig sind die Kosten einer Versicherung gegen die Risiken eines dem Betreuer durch den Betroffenen zugefügten Schadens.[57] Bei Personenschäden ist der Betreuer im Regelfall durch die gesetzliche Unfallversicherung abgesichert. **270**

Haftungsrisiken für den Betreuer ergeben sich im Wesentlichen aus schuldhaften Pflichtverletzungen bei der Amtsführung des Betreuers (§ 1833).[58] **271**

Gegenüber dem Betreuten kommt hier vor allem Fehlverhalten bei der Vermögensverwaltung in Betracht, z.B. **272**

- Geldanlagen mit zu geringem Zinssatz oder in unvorteilhaften Anlageformen (Sparbuch mit 3-monatiger Kündigungsfrist statt Schatzbriefen etc.),

- Fristversäumnis bei der Beantragung von Renten- oder anderen Sozialleistungen, fehlerhafte Prozessführung oder

- Unterlassen, die notwendigen Freistellungsaufträge für die Besteuerung von Zinsen zu stellen.[59]

Maßstab für das Verschulden des Betreuers ist § 276, so dass Betreuer für Vorsatz und jede Art von Fahrlässigkeit (grobe, einfache, leichte) einstehen müssen. **273**

Gegenüber dritten Personen außerhalb des Betreuungsverhältnisses können sich Haftungsrisiken insbesondere aus dem Deliktsrecht und hier aus der Verletzung von Aufsichtspflichten (§ 832) ergeben. Dies kommt aber nur in Betracht, wenn dem Betreuer die gesamte Personensorge oder speziell die Beaufsichtigung des Betroffenen als Aufgabenkreis übertragen wurde.[60] Auch durch die Tatsache, dass die Betroffenen volljährig und grundsätzlich nicht in ihrer Handlungsfähigkeit eingeschränkt sind, ist die Möglichkeit einer **Aufsichtspflichtverletzung** eingeschränkt. In der Literatur wird bisweilen die Haftung des Betreuers eines Volljährigen wegen Aufsichtspflichtverletzung insgesamt verneint[61]; der Vormund eines Minderjährigen und der Pfleger mit dem Wirkungskreis Personensorge sind aber auf jeden Fall aufsichtspflichtig (§ 1631 Abs. 1. i.V.m. §§ 1800, 1915). **274**

---

57 Vgl. *Bach* BtPrax 93, 183; LG Bückeburg NJW-RR 2002, 506
58 Vgl. dazu *Deinert/Lütgens/Meier,* Die Haftung des Betreuers, 2. Aufl. Köln 2007
59 Vgl. im Einzelnen mit weiteren Beispielen: *Deinert/Schreibauer* BtPrax 1993, 186; HK BUR/*Bauer/Deinert* § 1833 Rn. 14 ff. sowie div. Gerichtsentscheidungen zur Betreuerhaftung im Internet unter www.betreuerhaftung.de
60 LG Bielefeld BtPrax 1999, 111, auch im Internet unter www.betreuerhaftung.de
61 HK BUR/*Bauer* § 832; *Bauer/Knieper* BtPrax 1998, 123

275   Versicherungskosten werden als Aufwendungen erstattet, wenn sie „angemessen" sind. Dies bedeutet zunächst, dass eine Versicherung nicht nötig ist, wenn bereits anderer Versicherungsschutz besteht. Zu nennen ist hier die gesetzliche Unfallversicherung für Betreuer[62]; darüber hinausgehender **Unfallversicherungsschutz** wird als nicht angemessen betrachtet.

276   Wenn der Versicherungsabschluss im Rahmen der Haftpflichtversicherung notwendig ist, muss der Betreuer unnötig hohe Versicherungskosten vermeiden. Zur Absicherung der Grundrisiken haben deshalb alle Bundesländer (bis auf Vermögensschäden im Saarland) Sammelversicherungen abgeschlossen, in denen ehrenamtliche Betreuer, Vormünder und Pfleger automatisch versichert sind.[63] Ehrenamtliche Betreuer, die mit Vereinen kooperieren, können auch über diese versichert werden.

277   Soweit der Versicherungsschutz durch die Sammelversicherung nicht ausreicht (problematisch ist hier vor allem die begrenzte Versicherungssumme von maximal 100.000 €), ist der Betreuer berechtigt, wenn es Art und Umstände der übernommenen Aufgabe erfordern, eine zusätzliche Versicherung abzuschließen. Im Rahmen des § 1837 Abs. 2 kann ihm das Vormundschaftsgericht auch eine entsprechende Auflage erteilen.

278   In § 1835 Abs. 2 werden die Kosten einer Haftpflichtversicherung des Kraftfahrzeughalters ausdrücklich aus dem Kreis der erstattungsfähigen Versicherungen herausgenommen. Umstritten ist, ob dazu auch die anteiligen Kosten einer Vollkaskoversicherung für ein Fahrzeug gehören, das auch zur Führung der Betreuung eingesetzt wird.[64] Da die Vollkaskoversicherung Eigenschäden abdeckt und diese nach der Entscheidung des Gesetzgebers nicht von § 1835 Abs. 2 erfasst sein sollen, wird eine Erstattung wohl nicht in Betracht kommen.

279   Für **Berufsbetreuer**, die entgeltlich tätig sind, sind die **Versicherungskosten** nicht erstattungsfähig, sie werden auf die Vergütung nach § 1836 Abs. 2 verwiesen. Wird jedoch im Einzelfall eine Ermessensvergütung (§ 1836 Abs. 3 n.F.) gezahlt, bleibt daneben der Anspruch auf Ersatz der Versicherungskosten bestehen. Auch für Vereinsbetreuer, Behördenbetreuer, die Betreuungsbehörde, das Jugendamt oder den Verein als Betreuer, Vormund und Pfleger gilt § 1835 Abs. 2 wegen ausdrücklicher Ausschlüsse nicht (§§ 1835 Abs. 5 BGB, 7, 8 VBVG).

280   Im Ergebnis bedeutet das, dass die Erstattung von **Haftpflichtversicherungsbeiträgen** eine absolute Ausnahme darstellt. Die Lücken bei einigen Bundesländern in Art und Höhe des Versicherungsschutzes sollten besser durch eine Verbesserung der landesrechtlichen Absicherung ehrenamtlicher Betreuertätigkeit geschlossen werden. Für Berufsbetreuer dürfte es zum allgemeinen Standard gehören, sich gegen Haftungsrisiken auf eigene Kosten abzusichern, diese können vom Berufsbetreuer steuerlich als Betriebsausgaben abgesetzt werden.

4.7   Die Aufwendungen nach § 1835 Abs. 3 (Berufliche Dienste)

4.7.1   Allgemeines für Betreuer, Vormund und BGB-Pfleger

281   § 1835 Abs. 3 gewährt dem ehrenamtlichen Betreuer, Vormund und Pfleger in Ausnahme zu der Regelung des § 1836 Abs. 1 Satz 1 Ansprüche aufgrund des berufseinschlägigen Einsatzes seiner Arbeitskraft.[65] Das BVerfG hatte in seinem Urteil vom 1.7.1980 nach altem Vormundschaftsrecht (damals § 1835 Abs. 2) die Vorschrift so ausgelegt, dass bei

---

62   § 2 Abs. 1 Ziff. 10 SGB VII; vgl. *Deinert* BtPrax 1996, 42
63   Vgl. *Deinert/Schreibauer* BtPrax 1993, 185/190
64   Dafür *Seitz* BtPrax 92, 85; dagegen MünchKomm/*Schwab* § 1835 Rn. 14; *Damrau/Zimmermann* § 1835 Rn. 7, HK BUR/*Bauer* §§ 1835–1836a Rn. 37
65   MünchKomm/*Schwab* § 1835 Rn. 17

Berufsvormündern eine Erstattung ihres Zeitaufwands und ihrer Bürounkosten nach dieser Bestimmung erfolgen konnte.[66] Da nach § 1836 Abs. 2 seit 1.1.1992 Berufsbetreuer einen Ausgleich für aufgewendete Arbeit und Zeit als Vergütung (auch aus der Staatskasse) erhalten können, kommt eine Anwendung des § 1835 Abs. 3 für diese Personengruppe nicht mehr in der alten Form in Betracht. Es kam also wieder zu der ursprünglichen, einschränkenden Auslegung des § 1835 Abs. 3.

Danach gilt **für Ehrenamtliche** Folgendes: Als Ausnahme vom Grundsatz der Unentgeltlichkeit können sie dann vom Betreuten Aufwendungsersatz verlangen, wenn sie eine für ihren Beruf spezifische Angelegenheit für den Betreuten wahrnehmen, für die der Betreute sonst eine entsprechende Fachkraft hätte hinziehen müssen.[67]   **282**

Die Vorschrift wird auch bei **beruflich tätigen Betreuern**, Vormündern und Pflegern angewendet, wenn es sich um so spezielle Tätigkeiten handelt, für die auch ein qualifizierter Berufsbetreuer oder -vormund einen Dritten mit einer ganz spezifischen Qualifikation (wie Anwalt oder Steuerberater) herangezogen hätte. Sinn der Vorschrift ist es, dem Betreuten nicht dadurch einen Vorteil zu verschaffen, dass er zufällig einen für bestimmte Tätigkeitsbereiche beruflich kompetenten Betreuer hat.[68]

Die Abrechnung als Aufwendung i.S.d. § 1835 Abs. 3 BGB nach den Honorarordnungen anderer Berufsgruppen (z.B. für Steuerberater oder Wirtschaftsprüfer) kommt aber nur dann in Betracht, wenn der Betreuer tatsächlich der betreffenden Berufsgruppe angehört und den Beruf zumindest in der Vergangenheit bereits ausgeübt hat.[69]   **283**

Die herrschende Auffassung will den § 1835 Abs. 3 eng gefasst sehen; die „normale" Betreuertätigkeit soll nicht hierunter fallen, sondern nach § 1836 Abs. 2 (ausnahmsweise bei Ehrenamtlichen) bzw. nach dem VBVG (bei beruflich Tätigen) vergütet werden.[70] Ein anwaltlicher Betreuer kann gem. § 1835 Abs. 3 Gebühren nach RVG abrechnen, wenn er anwaltsspezifische Dienste leistet, für die ein sonstiger Betreuer einen Anwalt hinzugezogen hätte.[71] Erstattungsfähig ist für Rechtsanwälte die Prozessvertretung des Betreuten, auch wenn kein Anwaltszwang bestand[72], es sei denn, dem Betreuten wurde Prozesskostenhilfe bewilligt oder hätte bewilligt werden können.[73] Für einen Rechtsanwalt als Berufsbetreuer ist die Prozessvertretung jedenfalls dann nach § 1835 Abs. 3 abrechnungsfähig, wenn Anwaltszwang bestand.[74]   **284**

Bei der Prüfung, ob einem anwaltlichen Betreuer eine Vergütung nach § 1 Abs. 2 Satz 2 RVG i.V.m. § 1835 Abs. 3 BGB zusteht, sind **strenge Maßstäbe** anzuwenden, wobei insbes. zu beachten ist, dass jede Betreuung ihrer Natur nach Rechtshandlungen erforderlich macht, die auch von Personen ohne juristische Kenntnisse und Ausbildung übernommen werden. Nichtjuristen müssen daher grundsätzlich in der Lage sein, entsprechende Aufga-   **285**

---

66   BVerfGE 54, 251
67   LG Berlin Rpfleger 1974, 435; LG München I Rpfleger 1975, 396; Knittel § 1835 Rn. 25; Bach BtPrax 93, 183; MünchKomm/*Wagenitz* § 1835 Rn. 34; Palandt/*Diederichsen* § 1835 Rn. 13; *Jurgeleit/Maier* § 1835 BGB Rn. 50; *Jürgens*, Betreuungsrecht, 3. Aufl. § 1835 Rn. 15; RGRK/*Dickescheid* § 1835 Rn. 9
68   Rechtsprechung: BayObLG, NJW-RR 1986, 497 = FamRZ 1996, 611; BayObLG, NJW-RR 1989, 136 = FamRZ 1989, 214; BayObLG FamRZ 1993, 224 (225) = NJW 1993, 671; LG Berlin, Rpfleger 1974, 435; LG Göttingen Rpfleger 1990, 460; LG München, Rpfleger 1975, 396; LG München I Rpfleger 1997, 396/397; OLG Oldenburg FamRZ 1996, 1346; OLG Karlsruhe FGPrax 2001, 72; ähnlich BayObLG BtPrax 2002, 270 = Rpfleger 2002, 361 und OLG Düsseldorf BtPrax 2002, 271 = JurBüro 2002, 602; Palandt/*Diederichsen* § 1835 Rn. 13; *Bienwald* § 1835 Rn. 11; MünchKomm/*Schwab* § 1835 Rn. 17; *Bienwald* Rn. 11; *Seitz* BtPrax 92, 82/86
69   OLG München, Beschluss vom 22.2.2008, Az.: 33 Wx 034/08
70   LG Berlin Rpfleger 1974, 4235; LG München Rpfleger 1975, 396; MünchKomm/*Schwab* § 1835 Rn. 19; HK BUR/*Bauer*, §§ 1835–1836a Rn. 47; *Damrau/Zimmermann* § 1835 Rn. 14; *Bienwald* § 1835 Rn. 20; Palandt/*Diederichsen* § 1835 Rn. 2; *Wesche* Pfleger 1990, 441/444; *Deinert* Rpfleger 1992, 92; a.A.: *Frommann* NDV 93, 9 = BtPrax 1993, 41; *Winterstein* BtPrax 1993, 44
71   OLG Karlsruhe FGPrax 2001, 72
72   BtKomm/*Dodegge* F Rn. 42; OLG Frankfurt/Main FamRZ 2002, 59; BayObLG FamRZ 2002, 573
73   OLG Frankfurt/Main Rpfleger 2001, 491 = FamRZ 2002, 59, unter Hinweis auf OLG Bremen FamRZ 1986, 189; ebenso BayObLG FamRZ 2002, 573
74   OLG Jena FamRZ 2002, 988

ben, die keine besonderen rechtlichen Schwierigkeiten aufweisen, ohne Einschaltung eines Rechtsanwaltes zu bewältigen.[75]

286 Ein Rechtsanwalt darf dann jedoch die **Art der Geltendmachung** seiner Aufwendungen frei wählen: Bei der Entscheidung des Rechtsanwalts, ob er seine Aufwendungen für die Tätigkeit als Berufsbetreuer nach § 1835 Abs. 3 BGB in Verbindung mit Vorschriften des RVG geltend macht oder ob er eine Vergütung nach § 1836 BGB in Verbindung mit dem VBVG verlangt, handelt es sich weder um ein Wahlrecht im Sinne des § 262 BGB noch um eine Leistungsbestimmung im Sinne des § 315 BGB. Die Annahme einer Wahlschuld scheitert schon daran, dass § 263 BGB dem „Schuldner" das Wahlrecht einräumt, während es hier um ein Wahlrecht des Gläubigers geht.[76]

287 Der Berufsbetreuer hat nur Anspruch auf Vergütung und Aufwendungsersatz nur für Tätigkeiten im Bereich der ihm übertragenen Aufgabenkreise. Dabei kommt es darauf an, ob er die Tätigkeit zur pflichtgemäßen Erfüllung seiner Aufgaben für erforderlich halten durfte.[77]

4.7.1.1 Situation seit Inkrafttreten des 2. BtÄndG

288 Auch nach dem Inkrafttreten des 2. BtÄndG bleibt bei Betreuern, deren Vergütungsanspruch nach § 4 VBVG pauschaliert wird, daneben ein Anspruch nach § 1835 Abs. 3 bestehen (§ 4 Abs. 2 Satz 2 VBVG). Anders als nach früherem Recht führt nach dem 2. BtÄndG das Beanspruchen von Aufwendungsersatz nach § 1835 Abs. 3 nicht mehr zu einer Verringerung der Ansprüche auf Betreuervergütung. Daher ist seit dem Inkrafttreten des 2. BtÄndG am 1.7.2005 die Diskussion um ein Wahlrecht obsolet, da jeder Berufsbetreuer, der Aufwendungsersatz nach § 1835 Abs. 3 beanspruchen kann, dies auch tun wird, da er anderenfalls finanziell erheblich schlechter dasteht.

289 Es können nach § 1835 Abs. 3 zudem nur die Leistungen ersetzt werden, auf die der Betroffene auch ohne Anordnung einer Betreuung Anspruch gehabt hätte; **zusätzliche Sozialleistungen** können nicht auf dem Wege des Aufwendungsersatzes geltend gemacht werden (z.B. Pflegeleistungen, Soziotherapie usw.). [78]

290 Werden berufliche Dienste erbracht, ist im Übrigen zunächst zu prüfen, ob nicht ohnehin andere Kostenträger hierfür zuständig sind.[79] Hiervon abweichend vertritt das *BayObLG*, dass (zumindest nachrangig gegenüber anderen Kostenträgern) auch bei beruflichen Diensten die Staatskasse einzutreten hat.[80]

291 Eine Frage ist es, ob angesichts der pauschalen Betreuervergütung der § 1835 Abs. 3 künftig wieder umfassender interpretiert werden sollte. Hierunter könnte z.B. die Verwaltung von Mietwohnungen oder so großer Vermögensmassen fallen, für die jeder andere Betreuer (auch Berufsbetreuer) einen professionellen Hausverwalter oder Anlageberater beauftragt hätte (siehe hierzu auch die Darstellung im Kapitel 7, Rn. 1172 ff.). Bislang ist aus der Rechtsprechung aber nichts Entsprechendes erkennbar.

292 Vereinsbetreuer und Behördenbetreuer können nach §§ 7,8 VBVG keine Ansprüche nach § 1835 Abs. 3 geltend machen. Das gleiche gilt auch für den Vormundschaftsverein und das Jugendamt (§§ 1791a ff.) sowie den Betreuungsverein und die Betreuungsbehörde als Betreuer nach § 1900. Für diese Institutionen gilt, dass juristische Personen keinen Beruf haben können und daher die Bestimmung des § 1835 Abs. 3 auch ohne ausdrücklichen Ausschluss keine Anwendung findet.

---

75 LG Mainz NJW-RR 2006, 1444 = BtPrax 2007, 255 (Ls)
76 OLG Hamm, Beschluss vom 25.01.2007, Az. 15 W 311/06; BtPrax 2007, 255 (Ls)
77 OLG Schleswig FGPrax 2007, 231 = BtPrax 2007, 268 (Ls) = FamRZ 2000, 187
78 BGH BtPrax 2007, 126 = FamRZ 2007, 381 = Rpfleger 2007, 197 (auch auf der Buch-CD); *Jurgeleit/Maier* § 1835 Rz. 50; HK-BUR/*Bauer/Deinert* § 1835 Rn. 57
79 Krankenkasse, Pflegeversicherung, Sozialhilfeträger usw.; vgl. *Karmasin* BtPrax 1998, 133; *Knittel* § 1835 Rz.1 a
80 Z.B. bei Psychotherapien; vgl. BayObLG FamRZ 1998, 1050; a.A.: OLG Zweibrücken Rpfleger 2000, 549

4.7.1.2 Tätigkeiten, die sonst fremde Hilfe benötigen

Zum Beruf des Betreuers gehören Tätigkeiten, für die jeder andere fremde Hilfe in Anspruch nehmen würde. So kann z.B. die Prozessführung durch anwaltliche Berufsbetreuer über § 1835 Abs. 3 als berufliche Dienste erstattet werden. Die Höhe des Aufwendungsersatzes richtet sich dann nach den für den jeweiligen Beruf geltenden Entgelten. Dies ist für die anwaltliche Tätigkeit das RVG, für Steuerberater die Steuerberatergebührenordnung (StBGebV)[81], beim Arzt die GOÄ, beim Psychotherapeuten das PsychThG (§ 9 i.V.m. der Gebührenordnung für Psychologische Therapeuten vom 8.6.2000,[82]) und bei anderen Berufen die dort geltenden Gebühren- oder Tarifordnungen oder die üblichen Entschädigungssätze.[83]

293

Ärztliche oder psychotherapeutische Dienste[84] können jedoch nach Auffassungen aus der Rechtsprechung ebenso wenig über § 1835 Abs. 3 abgerechnet werden wie handwerkliche oder hauswirtschaftliche Dienste, da diese nicht Inhalt der Betreuertätigkeit (§§ 1901 Abs.1, 1902) sind[85]. Das gleiche soll auch für Dolmetscherdienste gelten, wenn der Betreuer gerade wegen seiner Fremdsprachenkenntnisse ausgewählt wurde[86] (siehe insoweit auch oben, Rn. 241 ff.).

294

Aufwendungsersatz für eine **Strafverteidigung** kann der Berufsbetreuer (Rechtsanwalt) grundsätzlich nur verlangen, wenn sich der Aufgabenkreis ausdrücklich hierauf erstreckt. Der Aufgabenkreis „Vertretung gegenüber Behörden" und anderen Institutionen reicht nicht aus.[87] Bestellt das Gericht einen Anwalt zum vorläufigen Betreuer zur Vertretung im **Zwangsversteigerungsverfahren**, so steht ihm Aufwendungsersatz nach § 1835 Abs. 3 zu, weil ansonsten anwaltliche Hilfe in Anspruch genommen worden wäre. Dies gilt aber nicht für die Abfassung der Beschwerde gem. § 30b Abs. 3 ZVG.[88] Aufwendungsersatz nach § 1835 Abs. 3 wurde im konkreten Fall für eine Vertretung in einem Mietkündigungsverfahren bei unstrittig nicht gezahlter Miete verweigert.[89]

295

Bei außergerichtlichen Tätigkeiten, z.B. Mahnungen, Einzug von Geldforderungen, Abschluss von Mietverträgen, ist darauf abzustellen, ob für die entsprechende Tätigkeit die Inanspruchnahme z.B. eines Anwaltes üblich gewesen wäre.[90] Eine Hausverwaltung fällt nach einer älteren Entscheidung nicht darunter.[91]

296

Ebenfalls erstattungsfähig ist die Gestaltung eines Vertragswerkes, für das üblicherweise anwaltliche Hilfe erforderlich ist; nicht dagegen die Vertretung beim Abschluss eines Mietvertrages, bei Mahnung von Schuldnern oder bei gewöhnlichem Schriftverkehr.[92] Der Abschluss eines **Grabpflegevertrags** ist keine anwaltsspezifische Tätigkeit i.S.v. § 1835 Abs. 3.[93]

297

---

81 OLG Frankfurt NJW 1966, 554; LG Braunschweig FamRZ 1968, 471; KG AnwBl 1977, 315; OLG Zweibrücken AnwBl 1983, 470; BayObLG FamRZ 1977, 558/559; BayObLG FamRZ 1986, 611 = NJW-RR 1986, 497; BayObLG FamRZ 1989, 214 = NJW-RR 1989, 136; BayObLG BtPrax 1998, 146; BayObLG BtPrax 2003, 273; BayObLGZ 2001, 368, 370; OLG Köln NJW-RR 2003, 712; OLG Frankfurt/Main Rpfleger 2001, 491; OLG Oldenburg FamRZ 1996, 1346
82 BGBl. I S. 818; vgl. BayObLG FamRZ 1998, 1050
83 BayObLG BtPrax 2003, 273; Palandt/*Diederichsen*, § 1835 Rn. 13; OLG München, Beschluss vom 22.2.2008, Az. 33 Wx 034/08
84 OLG Zweibrücken Rpfleger 2000, 549; ebenso für allgemeine therapeutische Maßnahmen LG Koblenz BtInfo 2002, 21 = FamRZ 2002, 845
85 *Knittel* § 1835 Rn. 25
86 OLG Braunschweig Nieders. Rpfleger 2001, 261; *Knittel* § 1835 Rn. 25
87 OLG Schleswig FGPrax 2007, 231 = BtPrax 2007, 268 (Ls) = FamRZ 2008, 187
88 LG Leipzig FamRZ 2001, 864
89 LG Mainz NJW-RR 2006, 1444 = BtPrax 2007, 255 (Ls)
90 LG Berlin Rpfleger 1974, 435; LG München I Rpfleger 1975, 396; *Knittel* § 1835 Rn. 28
91 KG DJZ 1933, 914; *Knittel* § 1835 Rn. 25
92 Palandt/*Diederichsen* § 1835 Rn. 14
93 LG Karlsruhe FamRZ 2004, 403

4.7.1.3 Vorrangigkeit von Prozesskostenhilfe

298 Grundsätzlich ist ein anwaltlicher Betreuer bei einer Prozessführung für den Betreuten gehalten, einen Prozesskostenhilfeantrag (§§ 114 ff. ZPO) zu stellen.

299 Hat der Betroffene in einem gerichtlichen Verfahren Anspruch auf die Bewilligung von Prozesskostenhilfe, ist sie ihm auch für die Verfahrensführung durch seinen Anwaltsbetreuer unter dessen Beiordnung als Prozessbevollmächtigter zu gewähren (§ 121 Abs. 2 ZPO als Anwalt).[94] Diese Beiordnung soll vorrangig gegenüber einer „normalen" anwaltlichen Betreuung im Rahmen der Betreuertätigkeit sein. Denn in diesem Falle erlangt die Staatskasse, die die PKH-Entgelte verauslagt, gem. § 59 RVG einen Erstattungsanspruch gegen den unterlegenen Prozessgegner.[95] Der anwaltliche Betreuer hat in diesem Fall lediglich Anspruch auf Gebühren entsprechend § 49 RVG (ehemals § 123 BRAGO).[96]

300 Aus der Verpflichtung eines Rechtsanwaltes als Betreuer oder Pfleger, im Interesse des Betroffenen die Aufwendungen für seine Tätigkeit möglichst gering zu halten und deshalb vorrangig Prozesskostenhilfe in Anspruch zu nehmen, kann jedoch nicht geschlossen werden, dass ein Aufwendungsersatzanspruch gemäß § 1835 Abs. 3 BGB zwingend ausgeschlossen ist, sobald die Bewilligung von Prozesskostenhilfe durch ein Gericht abgelehnt wurde oder aus anderen Gründen nicht in Betracht kam.[97]

301 Das folgt bereits aus den völlig unterschiedlichen Zielrichtungen, die der Bewilligung von Prozesskostenhilfe einerseits und der Tätigkeit eines Pflegers oder Betreuers andererseits beizumessen sind. Maßstab für die Bewilligung von PKH ist gemäß § 114 ZPO die hinreichende Erfolgsaussicht der beabsichtigten Rechtsverfolgung.

302 Der Betreuer hingegen hat in seinem Aufgabenkreis das Recht und die Pflicht, für die Person und das Vermögen des Betroffenen zu sorgen und fungiert insoweit als dessen gesetzlicher Vertreter. Ebenso wie der Vormund hat er sein Amt prinzipiell selbstständig zu führen.[98] Zwar ist er der Aufsicht des VormG unterstellt und benötigt für einzelne Verrichtungen dessen Genehmigung. Im Übrigen handelt er jedoch selbstständig und entscheidet in eigener Verantwortung.

303 Dabei kann die Erhebung einer Klage oder eine sonstige Rechtsverfolgung auch dann im **Interesse des Betreuten** liegen, wenn zum Zeitpunkt ihrer Einreichung bei Gericht von einer hinreichenden Erfolgsaussicht nicht auszugehen ist. Das über den Aufwendungsersatz entscheidende Gericht hat sich daher bei der Ausübung seines Beurteilungsermessens mit der Frage auseinander zu setzen, ob der Betreuer die gerichtliche Rechtsverfolgung zur Wahrung der Interessen des Betreuten für erforderlich halten durfte.[99]

304 Dieser vorgenannten Auffassung vermag der *BGH* nicht ohne weiteres beizutreten; nach dem BGH-Beschluss vom vom 20.12.2006 kann ihr keinesfalls im Grundsatz darin gefolgt werden, dass die Frage, ob der Anwaltsbetreuer Aufwendungsersatz aus der Staatskasse für eine von ihm wahrgenommene Tätigkeit in einem gerichtlichen Verfahren beanspruchen kann, bei einem mittellosen Betreuten ohne Rücksicht auf die Voraussetzungen für die Bewilligung von Prozesskostenhilfe zu beurteilen sei.

---

94 BGH, Beschluss XII ZB 118/03 vom 20.12.2006, BtPrax 2007, 126 (auf Buch-CD); LG Berlin 85 T 120/92 vom 26.8.1992; SozG Berlin S 27 J 114/91 vom 16.12.1992, zitiert bei *Meier*, Handbuch Betreuungsrecht, S. 375
95 *Knittel* § 1835 Rn. 27
96 OLG Frankfurt FamRZ 2002, 59, 60; BayObLG BtPrax 2004, 70, 71; Knittel § 1835 Rn. 27; Staudinger/*Bienwald* a.a.O. Rn. 12; Soergel/*Zimmermann* § 1835 Rn. 30; Bienwald/*Sonnenfeld/Hoffmann*, § 1835 Rn. 12; HK-BUR/ *Bauer/Deinert* § 1835 BGB Rn. 51; Dodegge/*Roth*, Betreuungsrecht F Rn. 46; jurisPK/*Klein/Pammler*, RGB 3. Aufl. § 1835 Rn. 68; *Zimmermann* FamRZ 2002, 1373/1374)
97 BayObLG BtPrax 2003, 273, 274; OLG Frankfurt/Main Rpfleger 2001, 491 = FamRZ 2002, 59
98 OLG Frankfurt/Main, a.a.O., 491, 492, unter Hinweis auf OLG Stuttgart FamRZ 1981, 99; BayObLG DAVorm 1985, 582
99 BayObLG, BtPrax 2003, 273, 274; OLG Frankfurt/Main FGPrax 2001, 195 = NJW-RR 2001, 1516 = Rpfleger 2001, 491 = FamRZ 2002, 59 = NJW 2002, 381

Vielmehr wird im Falle der Versagung von Prozesskostenhilfe ein nach anwaltlichem Gebührenrecht zu liquidierender Aufwendungsersatz des Anwaltsbetreuers **allenfalls dann in Betracht kommen**, wenn mit einer für den Betreuten ungünstigen Entscheidung im Prozesskostenhilfeprüfungsverfahren nicht gerechnet werden konnte, etwa in solchen Fällen, in denen die **Ablehnung der begehrten Prozesskostenhilfe** auf einer offensichtlich **nicht tragfähigen Begründung** beruht. [100]

305

Welche Gebühren der Rechtsanwalt nach RVG im Einzelnen verlangen kann, war ebenfalls streitig. Fest stand, dass er bei Vertretung eines vermögenden Betreuten für anwaltsspezifische Tätigkeiten die vollen RVG-Sätze abrechnen kann.

306

Bei Vertretung mittelloser Betreuter sollte er nach dem Vorlagebeschluss des *BayObLG* an den *BGH*[101] und des *OLG Schleswig*[102] in Abweichung von *OLG Köln*[103] ebenfalls die **vollen RVG-Gebühren** gegen die Staatskasse geltend machen können. Auf die geringeren Sätze entsprechend §§ 49, 50 RVG brauche sich der Anwalt nach den Gründsätzen der Entscheidung des *BVerfG*[104] mangels Rechtsgrundlage nicht verweisen zu lassen. Das gelte nach dem Vorlagebeschluss des *BayObLG* jedenfalls für solche anwaltspezifischen Tätigkeiten, für die der Anwalt ihrer Art nach Prozesskostenhilfe überhaupt nicht erlangen kann (z.B. für die Vertretung des Betreuten in einem gegen diesen angestrengten Zwangsversteigerungsverfahren).

307

Der *BGH* entschied zu dieser Frage: **die Zahlung der vollen Wahlanwaltsvergütung** kommt bei Versagung der beantragten Prozesskostenhilfe für die Vertretung des Betreuten in einem gerichtlichen Verfahren **nicht in Betracht**. Das Betreuungsverhältnis kann es generell nicht rechtfertigen, dem Anwaltsbetreuer in Sachen seines unbemittelten Betreuten aus der Staatskasse eine höhere Vergütung zu zahlen als in Sachen eines anderen mittellosen Mandanten.[105] Dies würde auch in anderer Hinsicht zu einer unverständlichen Ungleichbehandlung führen, weil derjenige Rechtsanwalt, für dessen Prozessführung keine Prozesskostenhilfe bewilligt worden ist, besser gestellt wäre als derjenige Rechtsanwalt, dem sie bewilligt wurde und der wegen § 122 Abs. 1 Nr. 3 ZPO keine weitergehenden Gebührenansprüche mehr gegen seinen mittellosen Mandanten stellen kann.[106]

308

4.7.2 Aufwendungsersatz nach § 1835 Abs. 3 bei Verfahrenspflegschaften

Die Tätigkeit von Rechtsanwälten als Verfahrenspfleger sollte ab 1.1.1999 grundsätzlich nicht mehr nach § 1835 Abs. 3 abgegolten werden, da dies in § 67 Abs. 3 FGG (i.d.F. vom 1.1.1999 bis 30.6.2005) ausdrücklich ausgeschlossen wurde.[107] In dem ab 1.7.2005 geltenden § 67a FGG wird der Aufwendungsersatz nach § 1835 Abs. 3 BGB unerwähnt gelassen.

309

Für diese Tätigkeiten, die stets aus der Staatskasse gem. § 67a FGG vergütet wird, gelten die in § 3 Abs. 1 VBVG genannten Stundensätze (vgl. Kapitel 6, Rn. 511). Nach der Rechtsprechung des *BVerfG* schloss bereits die Formulierung in § 67 Abs. 3 Satz 2 FGG in der

310

---

100 BGH, Beschluss XII ZB 118/03 vom 20.12.2006, BtPrax 2007, 126 (auf der Buch-CD)
101 Vgl. BtPrax 2003, 273 = FGPrax 2003, 179 = FPR 2004, 33; ebenso OVG Bremen Rpfleger 1986, 12, 13
102 FamRZ 2003, 1586 = BtPrax 2003, 273
103 NJW-RR 2003, 712, ebenso OLG Frankfurt/Main Rpfleger 2001, 491; LG Zweibrücken FamRZ 2003, 477 = Rpfleger 2002, 444; LG Göttingen Rpfleger 1990, 460
104 FamRZ 2000, 345, 347; 1280, 1282; 1284, 1285
105 Erman/*Holzhauer*, 11. Auflage; § 1835 Rn. 16
106 LG Zweibrücken FamRZ 2002, 444; *Knittel* § 1835 Rn. 28; im Ergebnis wohl auch *Damrau* in Anm. zu OVG Bremen, Rpfleger 1986, 13: stets nur Abrechnung nach § 49 RVG; a.A.: OVG Bremen Rpfleger 1986, 12, 13; *Riedel/Sußbauer/Chemnitz*, BRAGO, a.a.O.
107 Vgl. bezüglich der Nichtannahme von Verfassungsbeschwerden bzw. Unzulässigkeit von Vorlagebeschlüssen im Hinblick auf die Anwendung des § 1 BVormVG bei anwaltlichen Verfahrenspflegern: BVerfG 1 BvR 23/00, 1 BvR 111/00, 1 BvL 1/99 und 2/99 vom 7.6.2000, FamRZ 2000, 1280, 1284 = BtPrax 2000, 254 (mit Anmerkung *Bienwald* FamRZ 2000, 1283) sowie BayObLG, BtPrax 2000, 215 = FamRZ 2000, 1301

Fassung bis 30.6.2005 eine Entschädigung eines anwaltlichen Verfahrenspflegers nach § 1835 Abs. 3 BGB i.V.m. dem RVG nicht immer aus:[108]

> Ein Rechtsanwalt kann als Verfahrenspfleger gemäß § 1835 III abrechnen, wenn er im Rahmen der Verfahrenspflegschaft anwaltsspezifische Dienste bzw. „rechtsanwaltstypische Tätigkeiten" leistet. Das sind nach BVerfG (a.a.O.) solche Tätigkeiten, bei „denen ein Laie in gleicher Lage vernünftigerweise einen Rechtsanwalt hinzuziehen würde.

311 Ein Anwalt als Verfahrenspfleger kann Ansprüche nach § 1835 Abs. 3 nur dann nach RVG abrechnen, wenn die Tätigkeit besondere rechtliche Fähigkeiten fordert und eine originär anwaltliche Dienstleistung darstellt (verneint für **Grundstückskauf** und Bestellung eines Nießbrauches).[109]

312 Eine rechtsanwaltstypische Tätigkeit liegt nach Ansicht des *LG Berlin* stets bei der Überprüfung des **Vergütungsantrags** eines Betreuers vor.[110] Ein anwaltlicher Verfahrenspfleger zur Überprüfung der Betreuervergütung kann nach anderer Auffassung nur ausnahmsweise nach § 1835 Abs. 3 abrechnen, und zwar nur dann, wenn eine vertiefte Befassung mit Rechtsfragen über das Standardwissen eines Betreuers der 3. Vergütungsstufe des § 4 Abs. 1 VBVG hinausgeht.[111]

313 Auch im **Unterbringungsverfahren** nach § 70 FGG ist im Einzelfall zu prüfen, ob anwaltsspezifische Dienste zu leisten waren.[112] Wird ein Rechtsanwalt als Verfahrenspfleger sowohl im vorläufigen als auch im endgültigen Unterbringungsverfahren tätig und kann er Aufwendungsersatz für berufliche Dienste im Rahmen des RVG verlangen, steht im für beide Verfahren jeweils eine Verfahrensgebühr zu.[113]

314 Unter bestimmten Bedingungen kann es für den anwaltlichen Verfahrenspfleger von Vorteil sein, für anwaltstypische Tätigkeiten eine Vergütung **nach § 3 VBVG** anstelle eines Aufwendungsersatzes nach § 1835 Abs. 3 geltend zu machen. Das kann z.B. der Fall sein bei Gerichtsverfahren mit geringem Streitwert und hohem Zeitaufwand. In solchem Falle soll ein Wahlrecht des Verfahrenspflegers bezüglich der Art des Anspruches gegeben sein.[114]

4.8 Anspruchsgegner/Zahlungspflichtiger und Erlöschen des Anspruchs

315 Grundsätzlich richtet sich der Anspruch auf Ersatz der Aufwendungen gegen den Betreuten selbst. Ist er verstorben, haben die Erben des Betreuten für die Aufwendungen des Betreuers aufzukommen. Wenn der Betreute mittellos ist (zum Begriff vgl. Kapitel 8, Rn. 1200 ff.), hat der ehrenamtliche Betreuer Anspruch auf Ersatz seiner Aufwendungen aus der Staatskasse (§ 1835 Abs. 4). Grund für diese Regelung ist, dass die zum Wohl des Betreuten erforderlichen Maßnahmen unabhängig davon getätigt werden müssen, ob das Einkommen oder Vermögen des Betreuten zum Ersatz der Aufwendungen des Betreuers ausreicht (zum Verfahren siehe unten Kapitel 8, Rn. 1244 ff.).

316 Es ist keine Festsetzung des Aufwendungsersatzes bei vermögenden Betreuten durch das Gericht zulässig, wenn der Betreuer die Vermögenssorge innehat.[115] Stattdessen hat der

---

108 BVerfG FamRZ 2000, 1280, 1282
109 BayObLG FGPrax 2005, 21
110 LG Berlin, BtPrax 2001, 129 = FamRZ 2001, 1029
111 BayObLG FamRZ 2003, 1046 = NJW-RR 2003, 1372; ähnlich LG München I BtPrax 2001, 175 = FamRZ 2001, 1397
112 OLG Zweibrücken BtPrax 2002, 41 = FamRZ 2002, 906 = Rpfleger 2002, 313; BayObLG Rpfleger 2002, 313
113 OLG München BtPrax 2006, 79 = Rpfleger 2006, 186 = FamRZ 2006, 577
114 BayObLG BtPrax 1999, 29 = FamRZ 1999, 462; BayObLG AnwBl 1994, 42; *Seitz* BtPrax 1992, 82/86; *Jürgens*, Das neue Betreuungsrecht Rn. 271; *Knittel* § 1835 Rn. 19; *MünchKomm/Schwab* § 1836 Rn. 33; *Meier*, Handbuch Betreuungsrecht, S. 341; a.A.: *Damrau/Zimmermann* § 1835 Rn. 43
115 BayObLG BtPrax 2001, 77

Betreuer den Aufwendungsersatz **direkt dem Vermögen** bzw. den Einkünften des Betreuten zu entnehmen. Bei der Entnahme stehen auch die Bestimmungen der §§ 181, 1795 und 1805 nicht entgegen, da es sich um die Erfüllung einer kraft Gesetzes bestehenden Verbindlichkeit handelt.[116]

317

> **HINWEIS**
>
> *Dies gilt bei Aufwendungen für berufliche Dienste (§ 1835 Abs. 3) nach dem 30.6.2005 auch für Berufsbetreuer. Demgegenüber ist ansonsten bei der Pauschalvergütung für Berufs- und Vereinsbetreuer ab 1.7.2005 der Aufwendungsersatz im Rahmen des § 4 Abs. 2 Satz 2 VBVG in der pauschalen Betreuervergütung enthalten (vgl. Kapitel 7). Hier ist eine separate Entnahme eines Teils nicht möglich, vielmehr muss der Gesamtbetrag gerichtlich geltend gemacht werden (vgl. Kapitel 9, Rn. 1471, 1494).*

Nach dem **Tod des Betreuten** ist eine Festsetzung des Aufwendungsersatzes durch das VormG auch in den Fällen statthaft, in denen der Betreuer zuvor über einen Aufgabenkreis verfügte, der ihm die Entnahme gestattet hätte, diese aber vor dem Tod des Betreuten unterblieb.[117] Gleiches wird in den Fällen zu gelten haben, in denen zwischenzeitlich die Betreuung aufgehoben wurde, der Aufgabenkreis des Betreuers in Bezug auf die Vermögenssorge eingeschränkt wurde oder ein anderer Betreuer bestellt wurde.

318

Über den Aufwendungsersatzanspruch des Verfahrenspflegers hat unabhängig von den wirtschaftlichen Verhältnissen des Betroffenen in jedem Fall das Gericht zu entscheiden, da nach § 67a FGG dieser stets aus der Staatskasse zu entschädigen ist.

319

Reicht das zur Bestreitung der laufenden Ausgaben auf dem **Girokonto** bereitgehaltene Geld (§§ 1806, 1908i Abs. 1) zur Entnahme von Aufwendungen nicht aus, muss der Betreuer beim VormG gegebenenfalls eine **Freigabeentscheidung** beantragen, um den Anspruch mit Mitteln des angelegten Vermögens zu befriedigen, §§ 1812 ff., 1908i Abs. 1 Satz 1. Dies gilt nicht für den befreiten Vormund oder Betreuer (§§ 1852, 1855, 1857, 1857a, 1908i i.V.m. 1857a). Das Verbot der Verwendung von Mündelgeldern für den Vormund (§§ 1805, 1908i Abs. 1) steht dem nach allgemeiner Auffassung nicht entgegen. Da es sich bei der Aufwendungserstattung und der Vorschussleistung um die Erfüllung einer Verbindlichkeit des Betreuten handelt, verstößt der Betreuer/Gegenbetreuer mit der Entnahme auch nicht gegen §§ 1795, 181, 1908i Abs.1.[118]

320

Das Vormundschaftsgericht hat die Pflicht, gegen eine **Entnahme unzulässiger Aufwendungen** mit geeigneten und dem Verhältnismäßigkeitsgrundsatz entsprechenden Ge- und Verboten der §§ 1837 Abs. 2, 1908i Abs. 1 Satz 1 einzuschreiten. Gegebenenfalls ist die Rückführung zu Unrecht entnommener Geldbeträge in das Vermögen des Betreuten unter Androhung von Zwangsgeld nach § 1837 Abs. 3 aufzugeben. Bei Wiederholungsgefahr muss an eine Entlassung des Betreuers/Gegenbetreuers nach § 1908b Abs. 1 gedacht werden.

321

Für die Geltendmachung einer **Rückzahlungsforderung** des Betreuten oder die Erhebung einer Rückzahlungsklage gegen den Betreuer muss das Gericht dem Betreuten nötigenfalls einen Ergänzungsbetreuer wegen rechtl. Verhinderung (§ 1899 Abs. 4) bestellen oder – nach Entlassung des pflichtwidrig handelnden Betreuers – den neu zu bestellenden Betreuer damit beauftragen.

322

---

116 KG JFG 45, 546; Staudinger/*Engler* Rn. 31; *Knittel* § 1835 Anm. 13
117 OLG Hamm Rpfleger 2003, 364 = FamRZ 2004, 1065; BayObLG FamRz 2005, 393
118 Soergel/*Damrau* § 1835 Rn. 5; Erman/*Holzhauer* § 1835 Rn. 4; *Bienwald* § 1835 Rn. 37; Palandt/*Diederichsen* § 1835 Rn. 18

323 Hingegen ist die Festsetzung von Aufwendungsersatz bei vermögenden Betreuten nach dessen Tod durch das VormG zulässig. Das gilt auch für Ansprüche nach § 1835 Abs. 3.[119]

324 Ansprüche auf Erstattung von Aufwendungen **erlöschen**, wenn sie nicht innerhalb von 15 Monaten nach ihrer Entstehung geltend gemacht werden (§ 1835 Abs. 1 Satz 3).[120] Diese 15-Monats-Frist, die vom Gericht im Einzelfall entsprechend § 1835 Abs. 1a abweichend bestimmt werden kann, bezieht sich stets auf einzelne, mit Aufwendungen verbundene Tätigkeiten, z.B. eine bestimmte Fahrt, das Schreiben eines bestimmten Briefs, ein Telefonat usw.

325 Die Geltendmachung gegenüber dem Vormundschaftsgericht gilt dabei auch als Geltendmachung gegenüber dem Betreuten. Letzteres ist insbesondere dann wichtig, wenn unklar ist, ob die Aufwendungen vom Betreuten oder aus der Staatskasse zu zahlen sind. Hier sollte der Betreuer zunächst den Antrag auf Zahlung aus der Staatskasse stellen.

326 Auslagenersatz ist im Übrigen mit 4 % Jahreszins zu verzinsen ab Entstehung der Aufwendung.[121] Dies bezieht sich allerdings nicht auf Vergütungsansprüche (und demnach auch nicht auf die Vergütungspauschale neuen Rechts und die darin pauschal enthaltenen Aufwendungsersatzansprüche; vgl. Kapitel 10, Rn. 1679 ff.).

4.9 Verhältnis zur Aufwandspauschale (§ 1835a)

327 Der (ehrenamtliche) Betreuer, Vormund und Pfleger, der für die Tätigkeit keine Vergütung (§§ 1836 ff.) beantragt, kann wahlweise die konkreten Aufwendungen oder die Aufwendungspauschale (§ 1835a) von 323,– € jährlich beanspruchen. Wenn der Betreuer sich für die Aufwandspauschale entscheidet, sind für denselben Zeitraum gewährter Aufwendungsersatz oder Vorschusszahlungen anzurechnen.

▶ *Zur Aufwandspauschale siehe Kapitel 5, Rn. 335 ff., 382*

4.10 Vorschuss auf zu tätigende Aufwendungen

328 Der Betreuer kann sich seine Aufwendungen nicht nur im Nachhinein ersetzen lassen. Nach § 1835 Abs. 1 Satz 1 kann er auch Vorschuss verlangen. Aus dem Wortlaut ergibt sich eindeutig, dass der Betreuer einen Anspruch auf Vorschusszahlungen hat, wenn er sie verlangt. Ob Vorschuss zu gewähren ist, hängt also vom Willen des Betreuers ab und ist keine Ermessensentscheidung des Betreuten oder des Vormundschaftsgerichts. In der Regel wird das Verlangen nach **Vorschuss** nur bei höheren Aufwendungen vorkommen, z.B. bei größeren **Reisekosten**.

329 In der Praxis spielen Vorschüsse auf Aufwendungen keine große Rolle. Seit 1.7.2005 können nur noch Vertretungspersonen Vorschüsse beantragen, die ehrenamtlich tätig sind oder nach konkretem Zeitaufwand abrechnen. Vereine und Behörden sowie Verfahrenspfleger können keinen Vorschuss beantragen.

---

119 OLG Hamm FamRZ 2004, 1065 = Rpfleger 2003, 364; BayObLG FamRZ 2005, 393
120 Vgl. auch OLG Hamm Rpfleger 1999, 180
121 BayObLG BtPrax 2001, 39

4.11 Auslagenersatz bei besonderen Vertretern im Verwaltungsverfahren

Ist ein besonderer Vertreter im Verwaltungsverfahren bestellt (§ 16 VwVfG, § 15 SGB X, § 81 AO; vgl. oben Rn. 43), so hat dieser gegen die Behörde, auf deren Veranlassung er bestellt wurde, einen Anspruch auf Erstattung der baren Auslagen sowie auf angemessene Vergütung. **330**

▶ *Zur Vergütung des Vertreters im Verwaltungsverfahren vgl. Kapitel 6, Rn. 910 ff.*

Der Begriff der baren Auslagen ist enger gefasst als der des Aufwendungsersatzes.[122] Er umfasst die oben unter Rn. 212 ff. genannten Posten. **331**

Die Festsetzung erfolgt auf Antrag des Berechtigten durch Bescheid der Behörde im Rahmen eines Verwaltungsaktes, der binnen eines Monats nach Zustellung durch Widerspruch angefochten werden kann. Ein Widerspruchsbescheid, der diesem nicht stattgibt, kann ebenfalls innerhalb eines Monats vor dem zuständigen Gericht (Verwaltungsgericht, Sozialgericht, Finanzgericht) angefochten werden. **332**

Es gelten hierfür die allgemeinen **Verfahrensregelungen,** die sich in folgenden Gesetzen finden: **333**

- Angelegenheiten des Sozialrechts: im SGB X und SGG;

- Steuerrechtliche Angelegenheiten: AO, FGO;

- Sonstige verwaltungsrechtliche Angelegenheiten: VwVfG (des Bundes bzw. des jeweiligen Bundeslandes) und VwGO.

4.12 Beispiel: Nachweis der Aufwendungen gem. § 1835

Datum	Beschreibung	Summe in Euro
4.1.2008	Besuch beim Betreuten, Besprechung zur Verwendung der Bekleidungsbeihilfe; Fahrtweg 28 km x 0,30 €	8,40
8.1.2008	Brief an Versorgungsamt; Porto 0,55 € + 5 Fotokopien à 0,15 €	1,30
11.1.2008	Telefonat mit Sozialamt; 20 Gebühreneinheiten à 0,052 €	1,04
31.3.2008	Zwischensumme netto	10,74
Zuzüglich	19 % Umsatzsteuer	2,04
Summe:		**12,78**

334

Anmerkung: Anlage zum Antrag vom 31.3.2008; bei einem umsatzsteuerpflichtigen Betreuer

▶ *Vgl. auch den Musterantrag für Aufwendungsersatz auf der Buch CD.*

---

122 *Jürgens* § 1835 Rn. 22; *Bach*, Kostenreglungen Rn. L 2.3

HINWEIS

Bezüge zum Aufwendungsersatz finden Sie auch in den folgenden Kapiteln dieses Buches:

▶ *Aufwendungsersatz im Rahmen der pauschalen Betreuervergütung Kapitel 7, Rn. 979 ff.*

▶ *Mittellosigkeitszeitpunkt und Aufwendungsersatz Kapitel 8, Rn. 1235 ff.*

▶ *Geltendmachung des Aufwendungsersatzes im vereinfachten Verwaltungsverfahren, Kapitel 9, Rn. 1479 ff.*

▶ *Geltendmachung des Aufwendungsersatzes im gerichtlichen Beschlussverfahren, Kapitel 9, Rn. 1486 ff.*

5 Die Aufwandspauschale nach § 1835a

5.1 Gesetzgebungsgeschichte

Durch das Betreuungsgesetz, das am 1.1.1992 in Kraft trat, wurde der § 1836a neu in das **335** Gesetz aufgenommen. Er bestimmte, dass der (ehrenamtliche) Betreuer, Vormund oder Pfleger zur **Abgeltung geringfügiger Aufwendungen** eine pauschale Aufwandsentschädigung verlangen konnte. Sie entsprach jährlich dem 15fachen des Stundenhöchstsatzes der Zeugenentschädigung und betrug anfangs 300,– DM im Jahr. Zum 1.7.1994 erhöhte sich die Aufwendungspauschale sich auf 375,– DM. Das 1. BtÄndG änderte die Bestimmung ab 1.1.1999: Zum einen fand sich die Pauschale nunmehr in § 1835a (statt bisher in § 1836a). Dies entspricht der Systematik der Betreuerentschädigungsbestimmungen, denn es handelt sich ja um eine Sonderform des Aufwendungsersatzes (§ 1835), nicht der Vergütung (§§ 1836 ff.) Zum anderen änderte sich die Höhe der Aufwandspauschale auf das 24fache des Stundenhöchstsatzes der Zeugenentschädigung, also auf jährlich 600,– DM.

Zum Weiteren wurden geändert: **336**

- die Regelungen, dass durch die pauschale Aufwandsentschädigung nur die geringfügigen Aufwendungen abgedeckt werden und
- die Frage des Erlöschens der Ansprüche (siehe dazu weiter unten Rn. 374 ff., 1660 ff.).

Nach dem Gesetz vom 27.4.2001[1] erhöht sich im Rahmen der **Euroumstellung** der Stun- **337** denhöchstsatz für Zeugen (§ 2 ZSEG) ab 1.1.2002 auf 13,– €. Aufgrund dessen betrug die Aufwandspauschale vom 1.1.2002 bis 30.6.2004 somit 312,– €. Mit dem Inkrafttreten des Kostenrechtsmodernisierungsgesetzes am 1.7.2004 wurde in § 22 des neuen JVEG der Höchstsatz für die Zeugenentschädigung auf 17,– €/Std. erhöht. Zugleich wurde der Multiplikator in § 1835a auf den 19fachen Betrag gesenkt. Netto bedeutet dies dennoch eine Erhöhung der Aufwandspauschale auf 323,– € (Erhöhung um 3,5 %). Dies gilt bis heute unverändert.

5.2 Die Motive des Gesetzgebers

Die Führung einer Vormundschaft oder Pflegschaft (und seit 1.1.1992 auch die einer **338** Betreuung eines Volljährigen) ist im BGB grundsätzlich als unentgeltliche ehrenamtliche Aufgabe, zu der jeder Staatsbürger verpflichtet ist (§§ 1785 ff., 1898), geregelt.

Als Motiv für die Änderung der Vergütungs- und Aufwendungsersatzregelungen durch **339** das Betreuungsrecht führte die Bundesregierung seinerzeit auch die Verbesserung der Rechtsstellung der Betreuer an. Deren Ansprüche waren so auszugestalten, dass sie den Geboten der Verfassung entsprachen und Ungerechtigkeiten vermieden wurden. Die notwendigen Änderungen sollten nicht auf das Recht der Betreuung Volljähriger beschränkt bleiben, sondern auch für die Vormundschaften und Pflegschaften Minderjähriger gelten.[2] Zugleich sollten aber auch die angesichts der Zahl der Betroffenen offensichtlichen Finanzierungsprobleme nicht außer Acht gelassen werden.[3]

▶ *Zur Auffassung der Finanzministerien zur Einkommensteuerpflicht der Aufwands-*
   pauschale siehe Kapitel 12, Rn. 1781 ff.

---

1   BGBl. I S. 751
2   BT-Drs. 11/4528, S. 86
3   *Bienwald*, Vorbem. vor § 1835 Rn. 6

5.3 Abgeltungsbereich

340 Vor dem 1.1.1999 wurden durch die Pauschale lediglich geringfügige Aufwendungen abgegolten, wie z.B. Kosten für Ortsgespräche oder Standardbriefe. Größere Aufwendungen, wie z.B. Fahrtkosten über mehr als ca. 15 km konnte der Betreuer daneben gesondert geltend machen.

341 Seit dem 1.1.1999 deckt die Aufwendungspauschale den gesamten Anspruch des Betreuers auf Aufwendungsersatz ab. Er muss sich also entscheiden, ob er die Pauschale in Anspruch nehmen oder seine tatsächlichen Aufwendungen geltend machen möchte. Bei den tatsächlichen Aufwendungen wären dann auch geringfügige Beträge nachzuweisen (vgl. auch oben Rn. 212 ff.).

5.4 Anspruchsberechtigte

342 § 1835a gilt unmittelbar für die Ansprüche von Vormündern Minderjähriger. Über § 1915 gilt er auch für BGB-Pflegschaften sowie über § 1908 Abs. 1 für die Betreuungen Volljähriger.

343 Aufgrund des ausdrücklichen Ausschlusses in § 67a Abs. 1 FGG ist er für **Verfahrenspflegschaften** (vgl. oben Rn. 42) nicht anzuwenden. Ebenfalls gilt er nicht für besondere Vertreter im **Verwaltungsverfahren** (vgl. oben Rn. 43).

344 Demgegenüber soll der (ehrenamtliche) **Gegenvormund/Gegenbetreuer** (§ 1792) trotz Nichterwähnung in § 1835a Anspruch auf die Pauschale haben.[4] Diese Auffassung wird von uns geteilt.

345 Nach den Motiven des Gesetzgebers sollte von der Aufwendungspauschale des § 1835a der „echte" Einzelbetreuer, also derjenige, der sein Amt ehrenamtlich ausübt, profitieren. Ihm sollte die Mühe erspart werden, Belege über geringfügige Aufwendungen zu sammeln und diese evtl. über einen längeren Zeitraum aufzubewahren.

346 Voraussetzung für einen Anspruch auf die Aufwendungspauschale ist, dass der Betreuer keinen Vergütungsanspruch hat.

347 Vertretungspersonen, denen nach dem VBVG (**Berufsvormünder und -betreuer**) oder § 1836 Abs. 2 (**Ermessensvergütung** für ehrenamtliche Vormünder oder Betreuer) eine Vergütung beanspruchen können, erhalten die Aufwendungspauschale nicht.

348 Auch der persönlich bestellte **Vereinsbetreuer** und der persönlich bestellte **Behördenbetreuer** (§ 1897 Abs. 2) haben diesen Anspruch nicht, da die spezifischen Anspruchsregelungen dieser Personen in den §§ 7 und 8 VBVG ebenfalls nicht auf den § 1835a verweisen.

349 Der Verweis in § 1835a auf § 1836 Abs. 3 hat zur Folge, dass für **Amtsvormundschaften, Amtspflegschaften, Behördenbetreuungen** nach § 1900 Abs. 4 sowie für Vereinsvormundschaften und Pflegschaften nach § 1791a sowie für **Vereinsbetreuungen** nach § 1900 Abs. 1 diese Bestimmungen ebenfalls nicht gelten.

350 **Pflegeeltern** minderjähriger Pflegekinder (§ 33 SGB VIII), denen gem. § 1630 Abs. 3 BGB Angelegenheiten der elterlichen Sorge übertragen wurden, sollen dagegen Ansprüche nach § 1835a zustehen. Einer Pflegerbestellung (nach § 1909) bedürfe es nicht. Die Entschädigung ist in diesem Falle vom Familiengericht festzusetzen.[5]

---

4 *Damrau/Zimmermann* § 1835a Rn. 17
5 OLG Stuttgart Rpfleger 2006, 187

5.4.1 Mehrere Betreuer für einen Betreuten

Werden für einen Betreuten mehrere Personen zum Betreuer bestellt (gleichgültig, ob sie den gleichen Aufgabenkreis haben oder für unterschiedliche Aufgabenkreise bestellt werden), so steht jeder dieser Personen die Aufwandspauschale zu.[6] Nach anderer Auffassung gilt das nur dann, wenn die Mitbetreuer nicht ausschließlich mit den gleichen Aufgabenkreisen bestellt sind.[7]   **351**

Einige Gerichte vertreten die Auffassung, dass die Aufwandspauschale nur einmal zu gewähren ist, wenn **beide Elternteile** zu Betreuern bestellt wurden.[8] Diese Auffassung wird von den Autoren nicht geteilt.[9]   **352**

Ist ein ehrenamtlicher Betreuer lediglich für den **Vertretungsfall** bestellt (§ 1899 Abs. 4), wird man jedoch davon ausgehen können, dass der Anspruch auf pauschalen Aufwendungsersatz nur für den Zeitraum besteht, in dem der eigentliche Betreuer verhindert und der Vertretungsbetreuer tätig war, sodass die Pauschale insgesamt nur einmal zu zahlen ist.[10] Dies entspricht auch der Neuregelung für berufliche Betreuer bei der Aufteilung der pauschalen Betreuervergütung, wenn ein weiterer Berufsbetreuer bei tatsächlicher Verhinderung des Betreuers bestellt wird (§ 6 Satz 2 VBVG).   **353**

Nicht gesetzlich geregelt ist auch die Frage der Auslagenerstattung in dem Fall, in dem neben dem ehrenamtlichen (Haupt-) Betreuer ein beruflicher Betreuer als Verhinderungsbetreuer bestellt worden ist. Für die Berechnung der Vergütung und des Aufwendungsersatzes in einem solchen Fall findet sich lediglich in § 6 Satz 2 VBVG eine gesetzliche Bestimmung.   **354**

Danach sind die Vergütung und der Aufwendungsersatz für **Hauptbetreuer** und den **Verhinderungsbetreuer** jeweils nach § 4 i.V.m. § 5 VBVG zu bewilligen und nach Tagen zu teilen. § 6 Satz 2 VBVG regelt damit aber nur den Fall der Bestellung zweier beruflicher Betreuer. Aus der vorgenannten Regelung ist insofern lediglich das Prinzip herauszulesen, dass bei tatsächlicher Verhinderung des (Haupt-) Betreuers eine zeitanteilige Berechnung der Entschädigung beider Betreuer gewünscht ist, da im Fall der Verhinderung eines Betreuers aus tatsächlichen Gründen zur gleichen Zeit immer nur entweder der Hauptbetreuer oder der Verhinderungsbetreuer tätig ist, der Betreuungsaufwand insgesamt nicht steigt.   **355**

Damit muss auch für die hier vorliegenden Fallkonstellation im Ergebnis grundsätzlich eine Kürzung der Vergütungs- und Auslagenersatzansprüche der ehrenamtlichen (Haupt-) Betreuerin (hier konkret nur geltend gemacht die Auslagenpauschale gemäß § 1835a BGB) für den Zeitraum, in welchem die Verhinderungsbetreuerin tätig gewesen ist, angenommen werden. Der ehemaligen ehrenamtlichen (Haupt-) Betreuerin ist deshalb ihre eigene Aufwandspauschale zeitanteilig für die Tage zu kürzen, in denen nicht sie als Betreuerin, sondern die Verhinderungsbetreuerin tätig geworden ist.[11]   **356**

---

6   LG Berlin, Beschluss vom 7.7.1995, 87 T 178/95; BayObLG BtPrax 2002, 36 = Rpfleger 2002, 312 und FamRZ 2003, 479; OLG Frankfurt/Main FGPrax 2002, 115 = OLG-Report Frankfurt 2002, 139 = RdLH 2002, 123; BayObLG BtPrax 2003, 184; LG Hannover JurBüro 2003, 102; OLG Düsseldorf RdLH 2003, 36; OLG Jena, Beschluss 9 W 527/04 vom 14.10.2004; OLG Hamm Beschluss 15 W 4645/04 vom 17.2.2005, RdLH 2005, 83; a.A.: LG Gera, Beschluss 5 T 19/00 vom 3.2.2000; LG Münster BtPrax 2001, 220

7   OLG Zweibrücken FamRZ 2002, 1061 = Rpfleger 2002, 312 = NJW-RR 2002, 651; AG Betzdorf FamRZ 2004, 486

8   LG Gera 5 T 19/00 vom 3.2.2000; LG Kempten Rpfleger 2001, 348 = FPR 2002, 99; LG Münster BtPrax 2001, 220

9   Ebenso LG Berlin RdLH 4/1995, S. 28; LG Mönchengladbach BtPrax 2002, 269 = FamRZ 2003, 559; OLG Thüringen FamRZ 2005, 478

10 LG Münster MDR 1996, 1262; LG Kempten Rpfleger 2001, 348; OLG Köln BtPrax 2004, 77; LG Frankenthal BtPrax 2001, 88; LG Nürnberg- Fürth, Beschluss vom 28.12.2006, Az.: 13 T 19/06, 13, T 2 0 / 0 6 , 13 T 21/06, 13 T 22/06, 13 T 96O5/06

11 LG Nürnberg-Fürth, Beschluss vom 3.9.2007, Az.: 13 T 3666/07

5.4.2 Mehrere betreute Personen

357 Führt der Betreuer mehrere Betreuungen, so steht ihm die Aufwandspauschale für jede der betreuten Personen zu.[12] Erhält der Betreuer für eine der Betreuungen eine Vergütung nach § 1836 Abs. 2 oder dem VBVG, so entfällt für diese Betreuung der Anspruch auf die Aufwandspauschale, nicht jedoch für die anderen unentgeltlich geführten Betreuungen.

358 Nach Auffassung der Finanzministerien ist der ehrenamtliche Betreuer, der mehr als zwei Betreuungen führt, einkommensteuerpflichtig (vgl. dazu Kapitel 12, Rn. 1802 ff.).

5.4.3 Nahe Familienangehörige als Betreuer

359 Nach § 1897 Abs. 5 sind nahe **Familienangehörige** vorrangig als Betreuer zu berücksichtigen, sofern die betroffene Person keinen anderweitigen Vorschlag macht. Tatsächlich wird ein großer Teil der Betreuungen von Familienangehörigen (ca. 60 %), insbesondere von Ehegatten, Eltern oder Kindern des Betreuten geführt. Der *BGH* hat durch Beschluss vom 2.10.1996 entschieden, dass auch diesen Familienangehörigen die Aufwandspauschale zustet.[13]

360 Die Neufassung des § 1835a regelt seit 1.1.1999 ausdrücklich, dass Unterhaltsansprüche gegen Betreuer bei der Aufwandspauschale nicht zu berücksichtigen sind, sodass auch Familienangehörige die Pauschale in Anspruch nehmen können. Inkonsequenterweise ist dieser Ausschluss von **Unterhaltsansprüchen** nicht beim allgemeinen Aufwendungsersatz (§ 1835) mit aufgenommen worden.

361 Der Ausschluss von Unterhaltsansprüchen bei der Prüfung der Inanspruchnahme der Staatskasse für die Aufwandspauschale betrifft zwar nur die Person des Betreuers, nicht weitere Personen, z.B. den Ehegatten des Betreuers. Dennoch hat zur Finanzierung der Aufwandspauschale keine Geltendmachung von Unterhaltsansprüchen gegen den Ehegatten des Betreuers stattzufinden, wenn dieser der Elternteil des Betreuten ist.[14]

362 Der Anspruch auf die Pauschale ist nicht dadurch ausgeschlossen, dass der Vormund als Pflegeperson auch Pflegegeld nach § 39 SGB VIII erhält.[15] Gleiches dürfte gelten, wenn der Betreuer als Pflegekraft des pflegebedürftigen Betreuten Pflegegeld nach § 37 SGB XI oder § 64 SGB XII erhält.

5.5 Anspruchsgegner/Zahlungspflichtiger

363 Die Aufwandspauschale ist – genau wie der Aufwendungsersatz nach Einzelabrechnung (§ 1835) bzw. die Vergütung (§ 1836) – vom Betreuten zu zahlen. Ist dieser mittellos im Sinne des § 1836d, ist eine Zahlung der Aufwandspauschale aus der Staatskasse (also aus dem Justizhaushalt des jeweiligen Bundeslandes) vorgesehen.

364 Es besteht auch dann Anspruch auf die Aufwandspauschale aus der Staatskasse, wenn der Betreuer keinen Zugang zu Vermögen des Betreuten hat, das von einem **Testamentsvollstrecker** im Rahmen eines **Behindertentestamentes** zu anderen Zwecken verwaltet wird.[16]

▶ *Zur Mittellosigkeit vgl. unten Kapitel 8, Rn. 1237.*

▶ *Zur Geltendmachung vgl. unten Kapitel 9, Rn. 1471, 1485 ff.*

---

12 HK BUR/*Bauer*, §§ 1835–1836a Rn. 11
13 BGH, NJW 1997, 58 = FamRZ 1996, 1545 = BtPrax 1997, 29
14 OLG Düsseldorf BtPrax 2002, 267 = FamRZ 2002, 1590 = FGPrax 2002, 226 unter Aufhebung von LG Kleve, 4 T 410/01 vom 4.10.2001
15 BayObLG FamRZ 10/2002, S. II = FamRZ 2002, 1222 = FPR 2003, 31
16 LG Itzehoe, Beschluss 4 T 311/06 vom 1.8.2006, RdLH 2006, 180

5.6   Zeiträume/Zeitpunkte

Die Aufwandspauschale ist **jährlich** zu zahlen, erstmals ein Jahr nach Bestellung des Betreuers (§ 1835a Abs. 2). Es gilt also nicht das Kalenderjahr und auch nicht das Rechnungsjahr (§ 1840). [17]   **365**

Mit Beginn der Betreuung ist in diesem Falle die **Wirksamkeit des Beschlusses** über die Betreuerbestellung gemeint. Diese tritt nach § 69a Abs. 3 FGG mit der Bekanntmachung an den Betreuer in Kraft. Das Gericht kann jedoch nach § 69a Abs. 3 Satz 2 FGG die sofortige Wirksamkeit anordnen (siehe auch bei der einstweiligen Anordnung § 69f. Abs. 4 FGG). In einem derartigen Fall wird die Betreuerbestellung auch mit der Bekanntgabe an den Betreuten, den Verfahrenspfleger oder mit Übergabe der Vorgänge an die Geschäftsstelle des Vormundschaftsgerichtes rechtswirksam.   **366**

Der maßgebliche Anfangszeitpunkt ist somit nicht das Datum der Verpflichtungserklärung des Betreuers nach § 69b Abs. 1 FGG oder das Datum, welches in der **Betreuerurkunde** gem. § 69b Abs. 2 FGG vermerkt ist.   **367**

Während der laufenden Betreuung entsteht somit 365 Tage nach der Rechtswirksamkeit der Betreuerbestellung erstmals der Anspruch auf die Aufwandspauschale. Der erste Tag wird hierbei nicht mitgerechnet (§ 187 Abs. 1 BGB). Ist die Betreuerbestellung beispielsweise am 1.4.2007 rechtswirksam geworden, ist erstmals am 1.4.2008 der Anspruch auf die Pauschale gegeben.   **368**

Der Endzeitpunkt, also der Zeitpunkt, bis zu welchem eine Aufwandspauschale zuerkannt werden kann, ist das Ende der jeweiligen Betreuung, durch Aufhebung der Betreuung oder Tod des Betreuten bzw. der Zeitpunkt der Entlassung des Betreuers aus seinem Amt. Ggf. ist der Zeitraum, in dem der Betreuer noch die **Notgeschäfte** für die Erben wahrgenommen hat (§§ 1908 Abs. 1 Abs. 1 Abs. 1 i.V.m. 1893 und 1698 b), hinzuzurechnen.   **369**

▸   *Zur gleichen Fallgestaltung bei beruflich geführten Betreuungen vgl. die Ausführungen in Kapitel 10, Rn. 1691 ff.*

Es kann also vorkommen, dass der Betreuer kein volles Jahr im Amt ist, insbesondere bei Ergänzungspflegschaften. Dieser Fall ist im Gesetz selbst nicht geregelt. Wird das Betreueramt vor Ablauf des jeweiligen Jahres beendet, so ist eine entsprechend gekürzte Aufwandsentschädigung zu zahlen.[18]   **370**

Fraglich kann dabei sein, „wann" der Anspruch auf die Aufwandspauschale entsteht, wenn die Betreuung vorzeitig geendet hat. Dies ist ein Fall, den das Gesetz nicht regelt. Denkbar wären folgende Lösungen: **371**

a)   Anspruch besteht mit Betreuungsende (Rechtswirksamkeit der Betreuerentlassung; hier käme es auf das Zustelldatum i. S. v. § 69a Abs. 3 FGG an);   **372**

b)   Anspruch besteht, wenn abschließende Betreuerpflichten erledigt sind (Rechenschafts- und Herausgabepflichten §§ 1890, 1893);

c)   Anspruch besteht, wenn sich das nächste wiederkehrende Datum der seinerzeitigen Betreuerbestellung ergibt.

Von Seiten der Verfasser wird der Variante a) der Vorzug gegeben. Der Betreuer, dessen Betreuertätigkeit endet, sollte im eigenen Interesse baldmöglichst den abschließenden Antrag auf Ersatz der Aufwendungen bei Gericht einreichen. Dies kann auch unabhängig von den restlichen Betreuerpflichten nach §§ 1890 ff. erfolgen.   **373**

---

17   BT-Drs. 11/4528, 112 ff.
18   *Damrau/Zimmermann* § 1836a Rn. 6; *Knittel* § 1836a Anm. 4; *Pohl* BtPrax 1992, 59

5.7 Erlöschen des Anspruches

374 Die Aufwendungspauschale muss **innerhalb von drei Monaten** nach Ablauf des Jahres, in dem sie entstanden ist, geltend gemacht werden. Andernfalls erlischt der Anspruch.

375 Die Geltendmachung beim Vormundschaftsgericht gilt dabei auch als Geltendmachung gegenüber dem Betreuten, § 1835a Abs. 3 (vgl. dazu auch unten Kapitel 10, Rn. 1669 ff.). Die früheren diversen Auffassungen zu dieser Frage[19] wurden durch die Neufassung des § 1835a ab 1.1.1999 hinfällig. Maßgebliches Ereignis zur Beurteilung, ob ein Antrag fristgerecht gestellt ist, ist der **Antragseingang bei Gericht** (Eingangsstempel des Amtsgerichtes).

376 Die Formulierung ist insoweit missverständlich, als in § 1835a zweimal der Begriff „Jahr" vorkommt. Wenn hier zunächst in Abs. 2 die Rede davon ist, dass der Anspruch erstmals nach Ablauf eines Jahres entsteht, dann ist damit das wiederkehrende Datum der Betreuerbestellung gemeint (vgl. hierzu weiter oben); mit dem „Jahr" in Abs. 4 ist das **Kalenderjahr** gemeint[20], d.h., die Aufwandspauschale ist spätestens bis zum 31.3. des Folgejahres geltend zu machen. Dies ist auch die h.M. in der Rechtsprechung. [21]

377 Eine gegenteilige Auffassung vertritt *Palandt*[22]: „Soll eine Überflutung der Gerichte mit Abrechnungen wirklich vermieden werden, muss der Ausdruck ‚Jahr' in Abs. 4 im selben Sinn verstanden werden wie in Abs. 2." Diese Auffassung hätte zur Folge, dass jeweils drei Monate nach dem wiederkehrenden Datum der Betreuerbestellung der Anspruch erlösche.

378 Diese Auffassung teilt der Gesetzgeber in seinen Motiven nicht, sie ist u.E. nach auch nicht korrekt, denn eine tatsächliche massive Arbeitsbelastung der Gerichte um den 31.3. ist bisher nirgendwo feststellbar gewesen und auch nicht beklagt worden.

379 Die Versäumung der Antragsfrist des § 1835a Abs. 4 kann im Übrigen nach der h.M. nicht mit Krankheit entschuldigt werden.[23] Eine **Wiedereinsetzung in den vorigen Stand** ist ausgeschlossen. Das VormG ist nicht verpflichtet, einen ehrenamtlichen Betreuer über die Möglichkeit der Beantragung der Aufwandspauschale zu belehren.[24] Es soll auch keine Treuwidrigkeit des Vormundschaftsgerichtes darstellen, wenn es den ehrenamtlichen Betreuer nicht auf die rechtzeitige Beantragung der Aufwandspauschale aufmerksam macht.[25]

380 Allerdings kann die **Versäumung der Antragsfrist** des § 1835a Abs. 4 nach dem Grundsatz von Treu und Glauben unschädlich sein, wenn der ehrenamtliche Betreuer von der rechtzeitigen Geltendmachung durch einen Hinweis des VormG über die Verwendung eines zu verwendenden Hausvordruckes und dessen verspäteter Übersendung abgehalten wurde.[26]

381 Ist eine Betreuung schon länger eingerichtet (hier Gebrechlichkeitspflegschaft vor 1992) und wird für ein Kalenderjahr eine Aufwandspauschale beantragt, so ist fiktiv von einer Betreuerbestellung zum 31.12. des Vorjahres auszugehen. Im Folgejahr entsteht der Anspruch des Betreuers und erlischt am 31.3. des nächsten Jahres.[27]

---

19 Vgl. zur Kontroverse *Deinert* Rpfleger 1996, 392/395
20 Vgl. BR-Drs. 960/96, S. 24
21 LG Koblenz BtPrax 2002, 88; LG Hannover 15 T 1151/01 und 66 T 2048/01; OLG Celle FamRZ 2002, 1591; OLG Frankfurt/Main BtPrax 2004, 243 = Rpfleger 2005, 85
22 60. Aufl. Rn. 6 zu § 1835a
23 LG Koblenz FamRZ 2000, Heft 21, S. II = JurBüro 2001, 43 = BtPrax 2001, 88 = FamRZ 2001, 934; BayObLG FamRZ 2001, 189; erneut LG Koblenz FamRZ 2003, 1970
24 LG Meiningen, Beschluss vom 11.12.2006, 3 T 315/06, BtMan 2007, 202 (Ls)
25 LG Koblenz FamRZ 2006, 970
26 OLG Frankfurt/Main FGPrax 2001, 205 = NJWE-FER 2001, 314 = BtPrax 2001, 257
27 LG Koblenz FamRZ 2002, 1291

5.8 Verhältnis der Aufwandspauschale zum Aufwendungsersatz nach § 1835

Nach den Motiven des Gesetzgebers hatte die Aufwandspauschale bis zum 31.12.1998 den Zweck, **geringfügige Aufwendungen** des Betreuers abzugelten, damit diesem die Mühe erspart bleibt, Belege oder andere Nachweise auch für Kleinbeträge sammeln zu müssen. Als geringfügige Aufwendungen wurden nach Auffassung des Gesetzgebers beispielsweise Portokosten für Standardbriefe oder Telefongebühren für Nahbereichsgespräche angesehen. Einzelaufwendungen von damals 5,– DM (ca. 2,50 €) galten dabei nicht mehr als geringfügig.[28]   **382**

Dies bedeutete in der Konsequenz, dass der Betreuer neben der Aufwandspauschale auch zusätzlich weitere Aufwendungen geltend machen konnte, sofern diese im Einzelnen die **Geringfügigkeitsgrenze** überstiegen.[29]   **383**

Durch die Neufassung des § 1835a wird seit 1.1.1999 mit der (erhöhten) Aufwandspauschale der **gesamte Aufwendungsersatzanspruch** abgegolten.[30] Mit den Intentionen des Gesetzgebers wäre es nicht zu vereinbaren, dass ein Betreuer, der während des Jahres bereits Aufwendungsersatz erhalten hat, die Aufwandspauschale überhaupt nicht mehr beanspruchen kann; die konkret getätigten Aufwendungen können im Einzelfall die Pauschale von z.Zt. 323,– € übersteigen. Ist dies der Fall, wird der Betreuer geneigt sein, keine Aufwandspauschale, sondern Aufwendungsersatz gegen konkreten Nachweis zu verlangen. In diesem Fall sind dann auch Kleinbeträge nachzuweisen, ggf. durch einen Eigenbeleg (Übersicht über Fahrten, Telefonate usw.).   **384**

Liegen die während des Jahres entnommenen (oder vom Gericht bewilligten) Aufwendungsersatzzahlungen unter dem Pauschalbetrag, kann der Betreuer dennoch die Pauschale beantragen. Bereits dem Vermögen des Betreuten entnommene Beträge für Aufwendungen sind dann selbstverständlich von der Pauschale abzuziehen, soweit sie in denselben Zeitraum fallen.   **385**

5.9 Vorschusszahlungen

Vorschüsse auf Aufwendungen nach § 1835 Abs. 1 sind in voller Höhe auf die Aufwandspauschale anzurechnen.   **386**

Die Gesetzgebungsmotive sehen einen Vorschuss auf die Aufwandspauschale nicht vor.[31] Dennoch wird in der Literatur eine solche **Vorschusszahlung** teilweise als möglich angesehen.[32]   **387**

Begründet wird diese Auffassung damit, dass es angesichts der niedrigen Höhe der Aufwandspauschale sowie des Mangels an ehrenamtlichen Betreuern dringend erforderlich ist, auch insoweit die Attraktivität des Betreueramtes zu stärken. Im Übrigen sei es inkonsequent, bei den konkreten Aufwendungen des § 1835 eine Vorschusszahlung zuzulassen, nicht jedoch bei der Aufwandspauschale.   **388**

---

28 BT-Drs. 11/4528, S. 112
29 *Knittel* § 1836a Anm. 2; *Bienwald* § 1836a Rn. 15; *Damrau/Zimmermann* § 1836a Rn. 5
30 Vgl. LG Koblenz FamRZ 2001, 1324
31 BT-Drs. 11/4528, 112
32 *Bienwald* Vorbem. vor § 1835 Rn. 29; MünchKomm/*Schwab* § 1836a Rn. 8; *Bach* BtPrax 1994, 5/9; *Meyer/Höver/Bach* ZSEG § 14 Rn. 9.2

5.10 Verhältnis der Aufwandspauschale zur Vergütung nach § 1836 Abs. 2 (Ermessensvergütung)

389 Die Bewilligung einer Vergütung steht nach dem ausdrücklichen Wortlaut des § 1835a der Gewährung einer Aufwandspauschale entgegen. Wird einem Betreuer, der ansonsten ehrenamtlich tätig ist, eine Ermessensvergütung nach § 1836 Abs. 2 gewährt (dies erfolgt ja im Nachhinein, sodass der Betreuer u.U. zuvor die Aufwandspauschale entnommen hat), so ist hierbei zu ermitteln, für welchen Zeitraum die Aufwandspauschale bestimmt war und für welchen Zeitraum die Ermessensvergütung bewilligt wurde. Soweit sich diese Zeiträume überschneiden, ist die Aufwandspauschale insoweit vom Betreuer zurückzuzahlen, als er nicht konkrete Aufwendungen, die den gleichen Zeitraum betreffen, nachweisen kann.[33]

390 Des Weiteren ist auch der Fall denkbar, dass dem Betreuer zwar eine Vergütung bewilligt wird, dass diese jedoch, bezogen auf den Zeitraum der Aufwandspauschale, den Betrag von 323,– € nicht erreicht. In diesem Falle wäre § 1835a dahingehend auszulegen, dass der Unterschiedsbetrag zu den 323,– € als **anteilige Aufwandspauschale** gewährt wird.[34]

391 Nach abweichender Auffassung besteht ein Anspruch auf die anteilige Aufwandspauschale nicht.[35]

392 Der zuerst genannten Auffassung wird von den Verfassern der Vorzug gegeben, da aufgrund des Gleichbehandlungsgebotes solche Betreuer, die einen Vergütungsanspruch haben, nicht schlechter gestellt werden dürfen als Betreuer ohne Vergütungsanspruch, denn letztere haben stets einen Anspruch auf den gesamten Pauschalbetrag nach § 1835a.[36]

393 In diesem Zusammenhang soll auch noch auf den **Aufwendungsersatz für berufliche Dienste** nach § 1835 Abs. 3 (vgl. Kapitel 4, Rn. 281 ff.) eingegangen werden, der nach seiner Systematik eher eine Vergütung darstellt. Er wird nämlich für den **Zeitaufwand** gezahlt, den ein Betreuer für spezifische, im Rahmen seines Berufes liegende, Dienste erbracht hat. Nach Auffassung in der Literatur schließt ein solcher Aufwendungsersatz (z.B. die Führung eines Prozesses durch einen Rechtsanwalt als Betreuer) die Gewährung der Aufwandspauschale nicht aus.[37] Allerdings dürfte diese Konstellation (ehrenamtlicher Betreuer, der berufliche Dienste einsetzt) kaum vorkommen.

> ▶ *Zur Besonderheit der sich überlappenden Berufsbetreuer-Pauschalvergütungen und der Aufwandspauschale beim Betreuerwechsel von beruflicher zu ehrenamtlicher Betreuung nach § 5 Abs. 5 VBVG vgl. Kapitel 7, Rn. 1031 ff.*

---

33 *Damrau/Zimmermann* § 1836a Rn. 3 und 4
34 *Wesche* Rpfleger 1990, 441/445; *Deinert* Rpfleger 1992, 92/93; *Sonnenfeld* Rpfleger 1993, 97, *Bach* BtPrax 1993, 182/184, *Damrau/Zimmermann* § 1836a Rn. 5
35 *Knittel* § 1836a Anm. 1; *Bienwald* § 1836a Rn. 11; *Soergel* Erg.band zur 12. Aufl., § 1836a Anm. 3; *Jürgens* u.a., Das neue Betreuungsrecht, Rn. 271
36 *Giesler* FuR 1994, 260/262
37 *Bach* JurBüro 1992, 720/722; *Bühler* BWNotZ 1993, 108/109

5.11 Beispiel für einen Antrag auf Zahlung der Aufwandspauschale gem. § 1835a

394

Name und Adresse des Vormundes/
Pflegers/Betreuers

An das
Amtsgericht
– Vormundschaftsgericht–   Datum

Vormundschaft/Pflegschaft/Betreuung für: ...
Dortige Gesch.-Nr. ...

Sehr geehrte Damen und Herren,

hiermit bitte ich, mir für die Betreuungstätigkeit für o.g. Betreuten eine pauschale Aufwandsentschädigung gemäß § 1835a BGB zu zahlen.

Der Antrag bezieht sich auf ein Jahr, und zwar den Zeitraum vom ... bis ...

Für den o.g. Zeitraum habe ich keine Aufwandsentschädigung und keine Vorschüsse nach Einzelabrechnung erhalten.

Vergütungen gemäß § 1836 BGB habe ich ebenfalls nicht erhalten.

Der Mündel/Pflegling/Betreute ist mittellos im Sinne der §§ 1836c, 1836d BGB.

Die Aufwandspauschale ist daher aus der Staatskasse zu zahlen.

Die persönlichen und wirtschaftlichen Verhältnisse sind in der Anlage dargestellt/ergeben sich aus der Vermögensabrechnung/dem Vermögensverzeichnis vom ...

Ich bitte um Überweisung auf Konto ... bei ... , Bankleitzahl ...

Mit freundlichen Grüßen

_____
(Unterschrift)

Anmerkung: Bei diesem Beispiel handelt es sich nicht um einen Festsetzungsantrag gem. § 56g Abs. 1 Satz 1 FGG, sondern um einen Antrag auf Zahlbarmachung (vgl. zum Unterschied in Kapitel 9, Rn. 1471 ff. und Rn. 1485 ff.).

HINWEIS

Bezüge zur Aufwandspauschale finden Sie auch in den folgenden Kapiteln dieses Buches:

- ▶ *Wechsel von Berufsbetreuung zu ehrenamtlicher Betreuung, Kapitel 7, Rn. 1031 ff.*

- ▶ *Mittellosigkeit und Aufwandspauschale, Kapitel 8, Rn. 1237*

- ▶ *Zahlbarmachung der Aufwandspauschale im vereinfachten Verwaltungsverfahren, Kapitel 9, Rn. 1471 ff.*

- ▶ *Geltendmachung der Aufwandspauschale im gerichtlichen Beschlussverfahren, Kapitel 9, Rn. 1485 ff.*

- ▶ *Fristregelungen bei der Aufwandspauschale, Kapitel 10, Rn. 1669 ff.*

- ▶ *Aufwandspauschale und Steuerpflicht, Kapitel 12, Rn. 1782 ff.*

6 Vergütung

6.1 Begriffsbestimmung

Im Gegensatz zum Aufwendungsersatz, durch den Vermögensopfer des Vormundes, Pflegers oder Betreuers vermieden bzw. ausgeglichen werden, ist die Vergütung ein finanzieller Ausgleich für die Arbeitsleistung des Betroffenen und für die von ihm für die gesetzliche Vertretungstätigkeit aufgewendete Zeit.[1]

395

6.2 Grundsatz der Unentgeltlichkeit

Seit alters her ist das Amt des Vormunds bzw. Pflegers ein Ehrenamt. Das römische Recht erwähnt schon im Zwölftafelgesetz die Sorge für psychisch Kranke (cura furiosi) und die Sorge für Verschwender (cura prodigi), wobei der psychisch Kranke ohne einen formalen Akt der Fürsorge dem nächsten männlichen Verwandten unterstellt wurde.[2] Die germanischen Stammesrechte kannten ein umfassendes Schutzverhältnis für Person und Vermögen eines „Wahnsinnigen", die „Munt".[3]

396

Auch das Bürgerliche Gesetzbuch installierte das Amt des Vormunds oder Pflegers als unentgeltlich geführtes Ehrenamt. § 1836 Abs. 1 Satz 1, der nach § 1915 auch für Pfleger und nach § 1908i auch für Betreuer gilt. Diese Vorschrift ist auch durch die Einführung des Betreuungsrechts am 1.1.1992 und durch die beiden Betreuungsrechtsänderungsgesetze 1999 und 2005 nicht geändert worden.

397

Nach § 1836 Abs. 1 Satz 2 a.F. konnte das Vormundschaftsgericht dem Vormund dann eine angemessene Vergütung bewilligen, wenn das **Vermögen des Mündels** sowie der **Umfang und die Bedeutung der vormundschaftlichen Geschäfte** dies rechtfertigten. *Lantzerath/Schimke* vertraten die Auffassung, dass, wenn entsprechendes Vermögen des Betreuten vorhanden war, auch der ehrenamtliche Betreuer in der Regel einen Anspruch auf finanziellen Ausgleich für seine im öffentlichen Interesse geleistete Arbeit hatte; denn fürsorgende Tätigkeit für hilfebedürftige Menschen konnte nicht unbedeutend sein[4].

398

Auch nach der Neufassung des § 1836 Abs. 1 durch das 1. BtÄndG werden Vormundschaften, Pflegschaften und Betreuungen grundsätzlich unentgeltlich geführt. Anders als bisher stellte diese Vorschrift der ehrenamtlich geführten Vormundschaft, Pflegschaft oder Betreuung jedoch die Berufsbetreuung gegenüber und trägt damit der gewachsenen Bedeutung der beruflich geführten Betreuung Rechnung. Die Bestimmung ist durch das 2. BtÄndG aus dem BGB herausgenommen worden und jetzt in § 3 Abs. 1 VBVG zu finden.

399

Im Regierungsentwurf zum 1. BtÄndG[5] vom 11.3.1997 hieß es dazu: „Absatz 1 normiert in seinem Satz 1 wie der bisherige § 1836 Abs. 1 Satz 1 den Grundsatz der ehrenamtlichen Führung von Vormundschaften. Dieser grundsätzlichen Ehrenamtlichkeit der Vormundschaft wird in Satz 2 die Entgeltlichkeit der **Berufsvormundschaft** gegenübergestellt. Die Gegenüberstellung verdeutlicht die praktische Relevanz der Berufsvormundschaft und – durch die Bezugnahme in § 1908i Abs. 1 – auch und gerade der Berufsbetreuung, ohne damit den wünschenswerten Vorrang ehrenamtlichen Engagements in Zweifel zu ziehen." Satz 2 des § 1836 Abs. 1 lautet deshalb: „Sie wird ausnahmsweise entgeltlich geführt,

400

---

1   *Lantzerath/Schimke*, S. 49
2   *Jürgens* u.a., Das neue Betreuungsrecht, 3. Auf., Rn. 3
3   *Jürgens* u.a., a.a.O., Rn. 4
4   *Lantzerath/Schimke*, S. 48
5   BT-Drs. 13/7158

wenn das Gericht bei der Bestellung des Vormunds feststellt, dass der Vormund die Vormundschaft berufsmäßig führt."

401 Nur unter bestimmten Voraussetzungen haben auch ehrenamtliche Betreuungspersonen wie bisher neben dem Anspruch auf Ersatz ihrer Aufwendungen auch einen Anspruch auf einen „Lohn" für die von ihnen für die Betreuung aufgewendete Zeit.

402 Diese Voraussetzungen fanden sich vom 1.1.1999 bis 30.6.2005 in § 1836 Abs. 3 und seither wieder in Absatz 2: „Das Gericht kann jedoch auch einer ehrenamtlich tätigen Betreuungsperson gleichwohl eine angemessene Vergütung bewilligen, soweit der Umfang oder die Schwierigkeit der vormundschaftlichen Geschäfte dies rechtfertigen; dies gilt nicht, wenn der Mündel mittellos ist."

6.3 Vergütung ehrenamtlicher Betreuungspersonen

6.3.1 Wer ist ehrenamtlicher Betreuer?

403 Ehrenamtliche Betreuungspersonen sind diejenigen, die Vormundschaften, Pflegschaften und Betreuungen in ihrer Freizeit und nicht im Rahmen ihrer Berufsausübung führen. Die Abgrenzung zwischen ehrenamtlicher und berufsmäßiger Tätigkeit war vor dem 1.1.1999 nicht klar definiert.

404 Das 1. BtÄndG klärte, dass von einer Berufstätigkeit in der Regel dann auszugehen ist, wenn der Betreffende

- **mehr als 10 Betreuungen**, Vormundschaften oder Pflegschaften übernommen hat

  oder

- die für die Führung der Vormundschaften, Pflegschaften und Betreuungen erforderliche Zeit voraussichtlich **zwanzig Wochenstunden** nicht unterschreitet (§ 1836 Abs. 1 Satz 4 BGB, seit 1.7.2005 § 1 Abs.1 Satz 2 VBVG).

405 Diese Regelung ist allerdings nicht starr, schon der Begriff „in der Regel" zeigt, dass es auch Ausnahmen geben muss (siehe dazu Näheres unter Berufsbetreuung unter Rn. 462).

406 Zum 1.7.2005 ist insoweit eine Änderung erfolgt, als die 2. Voraussetzung, also das Erfordernis von 20 Wochenstunden nur noch für Vormundschaften (und über § 1915 auch für BGB-Pflegschaften) gilt, über § 4 Abs. 3 Satz 2 VBVG gilt für die Führung von Betreuungen Volljähriger nur noch die erste Kategorie, die der Fallzahl.

407 Ehrenamtlicher Betreuer ist damit derjenige, der die im Rahmen des Betreuungsverhältnisses anfallenden Aufgaben in seiner Freizeit erledigt und der das Betreuungsverhältnis nicht übernommen hat, um damit (auch nicht teilweise) seinen Lebensunterhalt zu verdienen.

6.3.2 Voraussetzung für Vergütung einer ehrenamtlichen Betreuung

408 Vor dem 1.1.1999 konnte das Vormundschaftsgericht dem Vormund, Pfleger oder Betreuer eine angemessene Vergütung bewilligen, wenn

- vorhandenes Vermögen der betreuten Person und

- Umfang und Bedeutung der zu erledigenden Geschäfte

die Bewilligung rechtfertigten.

409 Seit dem 1.1.1999 ist die Höhe des Vermögens des Betreuten – abgesehen von der Bedeutung für die Frage, ob Mittellosigkeit anzunehmen ist und deswegen ein Anspruch auf Vergütung ausscheidet – kein eigenes Kriterium mehr für die Frage, ob der Betreuer

Vergütung erhalten kann und wie hoch sie ist. Maßgebend sind allein der übergroße zeitliche Aufwand und die Schwierigkeiten.

6.3.2.1 Umfang und Schwierigkeit der vormundschaftlichen Geschäfte

Im Regierungsentwurf zum 1. BtÄndG vom 11.3.1997[6] heißt es in der Begründung zu § 1836 Abs. 3 (jetzt Abs. 2): **410**

> [...] abweichend von der geltenden Gesetzesfassung ist eine Vergütung nur geschuldet, ‚soweit' Umfang oder Schwierigkeiten der vormundschaftlichen Geschäfte eine Vergütung rechtfertigen. Damit wird verdeutlicht, dass beide Kriterien nicht nur das ‚Ob' einer Vergütung bestimmen, sondern auch für deren Bemessung maßgebend sind, während das Vermögen des Mündels kein eigenes Bemessungskriterium mehr darstellt: ihm kommt nur noch negative Bedeutung zu. Ebenso wie im geltenden § 1836 Abs. 1 Satz 2 entfällt jeder Vergütungsanspruch des nicht berufsmäßig tätigen Vormundes, wenn der Mündel mittellos ist. Begründen kann das Vermögen des Mündels den Vergütungsanspruch des Vormundes dagegen nur noch indirekt, wenn es nämlich Umfang und Schwierigkeit der vormundschaftlichen Geschäfte beeinflusst.

▶ *Zu Einzelheiten vgl. unten Rn. 486 ff.*

6.3.2.2 Keine Ermessensvergütung bei Mittellosen

Wenn also die betreute Person mittellos ist (siehe dazu unten Kapitel 8, Rn. 1200 ff.), ist ein Vergütungsanspruch ausgeschlossen, auch wenn Umfang und Schwierigkeit der Tätigkeiten der Betreuungsperson das normale Maß übersteigen. Oder umgekehrt: Nur wenn der Betroffene nicht mittellos ist, kann überhaupt ein Vergütungsanspruch entstehen. **411**

6.3.3 Vergütungsrelevantes Vermögen

Ob vorhandenes Vermögen **vergütungsrelevant** ist, ist in jedem Einzelfall zu prüfen. Bei großem Vermögen ist dies in der Regel unproblematisch. In der alltäglichen Praxis überwiegt aber der Betreute, der außer einem bescheidenen Sparguthaben kein Vermögen besitzt. Ihm hiervon die Bezahlung einer Vergütung für eine Betreuungsperson zuzumuten, erfordert eine sorgfältige Prüfung. „Da die Einkommensgrenzen der Mittellosigkeit relativ niedrig sind, fallen hierunter nicht nur die vermögenden, sondern auch diejenigen Betroffenen, die über ein durchschnittliches bis leicht überdurchschnittliches Einkommen oder Vermögen verfügen. Relativiert wird dies allerdings dadurch, dass Mittellosigkeit bereits vorliegt, wenn der Betroffene die Vergütung aus seinem Einkommen nur zum Teil nicht aufbringen kann (§ 1836d). Eine Vergütung nach § 1836 Abs. 2 kann daher nur festgesetzt werden, wenn sie vollständig vom Betreuten aus seinem Einkommen und Vermögen bestritten werden kann."[7] **412**

In der Rechtsprechung umstritten ist die Frage, auf welchen **Zeitpunkt** es bei der Feststellung der Mittellosigkeit ankommt. Teilweise wird vertreten, dass es auf die Vermögensverhältnisse am Ende desjenigen Abrechnungszeitraums ankommt, für den der Betreute Vergütung begehrt.[8] Dagegen muss nach der überwiegenden Auffassung in der Rechtsprechung auf den Zeitpunkt der gerichtlichen Entscheidung abgestellt werden, im Falle eines Beschwerdeverfahrens auf den Zeitpunkt der Beschwerdeentscheidung[9], sodass eine zwischenzeitlich eingetretene Vermögensminderung auch dann zu Mittellosigkeit führen kann, wenn ursprünglich noch ausreichend Vermögen vorhanden war. Ist die Mittellosigkeit gerichtlich festgestellt worden, wird sie durch einen später eingetretenen Vermögenserwerb nicht nachträglich wieder beseitigt[10] (zu weiteren Einzelheiten siehe unten Kapitel 8, Rn. 1207 ff.). **413**

---

6 BT-Drs. 13/7158, S. 26
7 *Jürgens* u.a., Das neue Betreuungsrecht, Rn. 278
8 LG Berlin BtPrax 1997, 204
9 BayObLG BtPrax 1996, 29 und 1998, 79; OLG Frankfurt FGPrax 2001, 116; *Bach*, Kostenregelungen für Betreuungspersonen, Rn. G 3.
10 LG Frankenthal BtPrax 1998, 117 f; *Bach,* a.a.O.

414 Da ein Anspruch ausschließlich gegenüber dem Betreuten und nicht gegenüber der Staatskasse in Betracht kommt,[11] ist die in Bezug auf die Vergütungspauschale für Berufsbetreuer ergangene neuere Rechtsprechung, nach der bei der Bestimmung der Stundenanzahl auf den Zeitpunkt der abgerechneten Tätigkeit abzustellen ist und der Tag der gerichtlichen Entscheidung lediglich für die Frage, wer die Vergütung zahlt (der Betreute selbst oder die Staatskasse) von Belang ist (siehe dazu unten, Kapitel 8, Rn. 1213 ff.), insoweit bedeutungslos.

415 Allein die Tatsache, dass der Mündel, Pflegebefohlene bzw. Betreute „vermögend" im Sinne des Betreuungsrechts ist bzw. dass die Voraussetzungen der Mittellosigkeit im Sinne des Sozialhilferechts nicht vorliegen, begründet also für sich alleine genommen noch keinen Vergütungsanspruch. Ein angemessener Anhaltspunkt wäre u.E. die Bestimmung der Kostenordnung, ab wann ein Betreuer zu den Gerichtskosten der Betreuung beizutragen hat (§ 92 KostO). Hier ist ein **Sparvermögen** von 25.000,– € zuzüglich des selbstbewohnten Hausgrundstücks (§ 90 Abs. 2 Nr. 8 SGB XII) geschont.

6.3.4 Umfang und Schwierigkeit der vormundschaftlichen Geschäfte

416 Nur wenn Umfang oder Schwierigkeit der vormundschaftlichen Geschäfte dies rechtfertigen, kann der ehrenamtlichen Betreuungsperson eine Vergütung bewilligt werden. Dies dürfte nur dann der Fall sein, wenn entweder der Umfang oder die Schwierigkeit über das normale Maß einer ehrenamtlichen Betreuung hinausgehen.

6.3.4.1 Umfang

417 Der Umfang einer Vormundschaft, Pflegschaft oder Betreuung bestimmt sich in der für sie aufgewendeten Zeit.[12] In Werbebroschüren für die Gewinnung ehrenamtlicher Betreuer werden durchschnittlich ein bis zwei Wochenstunden je Betreuung veranschlagt.[13] Nur wenn die für die Vormundschaft, Pflegschaft oder Betreuung aufgewendete Zeit dieses Maß regelmäßig oder für einen längeren Zeitraum nicht nur geringfügig überschreitet, kann das Vormundschaftsgericht dem Betreuer eine Vergütung bewilligen. Bezüglich des Zeitaufwandes, der ggf. eine Ermessensvergütung rechtfertigt, kann man seit dem 1.7.2005 hilfsweise auf die Pauschalvergütung für Berufsbetreuer abstellen (vgl. Kapitel 7, Rn. 967 ff.). Wenn der pauschal vergütete Zeitaufwand im Rahmen der ehrenamtlichen Betreuung regelmäßig um 100 % oder mehr überschritten wird, könnte dies u.E. ein geeigneter Anknüpfungspunkt sein (siehe aber zur neueren Rechtsprechung unter Rn. 434).

418 Ein überdurchschnittlicher Zeitaufwand *kann* (nicht muss) erforderlich sein, wenn ein größeres Vermögen zu verwalten ist. Er kann aber auch in der Person des Betreuten begründet sein, z.B. bei schwierigen sozialen Verhältnissen oder labilem Gesundheitszustand. In diesen Fällen kann im Rahmen der Krisenintervention ein das normale Maß übersteigendes Engagement des Betreuers notwendig sein.

419 Dabei kann der Umfang natürlich nur insoweit berücksichtigt werden, als der Betreuer tatsächliche Betreuungsarbeit geleistet hat. Darüber hinausgehendes – soziales oder gesellschaftliches – Engagement (z.B. Teilnahme an Familienfeiern) kann grundsätzlich nicht berücksichtigt werden (zu den abrechenbaren Tätigkeiten vgl. unten Rn. 772 ff.).

6.3.4.2 Schwierigkeit

420 Eine Vergütung kann auch dann bewilligt werden, wenn die Schwierigkeit der vom Betreuer zu verrichtenden Tätigkeiten dies rechtfertigt. Voraussetzung ist auch hier, dass die Schwierigkeiten über das normale Maß hinausgehen.

---

11 Palandt/*Diederichsen*, § 1836 BGB Rn. 11
12 Regierungsentwurf zum BtÄndG, a.a.O., S. 38
13 Vgl. Akademie für öffentliches Gesundheitswesen: „Betreuer trauen sich"

Dies dürfte dann der Fall sein, wenn im Rahmen der Vormundschaft, Pflegschaft oder Betreuung Tätigkeiten anfallen, die nicht zum **Alltag** eines ehrenamtlichen Betreuers gehören und ein besonders hohes Maß an Verantwortung mit sich bringen. Dazu können die Einwilligung in risikoreiche medizinische Maßnahmen, die Veranlassung einer Unterbringung oder unterbringungsähnlichen Maßnahme oder die Verwaltung eines größeren Vermögens gehören. **421**

Besondere, über das normale Maß hinausgehende Schwierigkeiten können auch in der Person des Betroffenen liegen, z.B. wenn der Umgang mit ihm besonders kompliziert und belastend ist (bei aggressivem Verhalten oder Tätlichkeiten gegenüber dem Betreuer). In solchen Fällen wird aber zusätzlich daran gedacht werden müssen, ob nicht eine Ablösung des ehrenamtlichen Betreuers durch einen beruflichen Betreuer infrage kommt, weil in dem geschilderten Fall die Zumutbarkeit für ein öffentliches Ehrenamt überschritten sein dürfte. **422**

6.3.5 Höhe der Vergütung

Für die Höhe der Vergütung des ehrenamtlichen Betreuers gibt es auch weiterhin keine festen Regelsätze. Im Regierungsentwurf zum 1. BtÄndG vom 11.3.1997 heißt es dazu:[14] **423**

> Auch der ehrenamtliche Vormund bekommt künftig eine höhere Vergütung nicht schon dann, wenn sein Mündel vermögend ist, sondern nur, wenn Umfang und Schwierigkeit seiner Tätigkeit seine Vergütung aus dem Vermögen des Mündels rechtfertigen. Einer besonderen fachlichen Qualifikation des ehrenamtlichen Vormundes wird dabei – anders als bei berufsmäßig tätigen Vormündern – keine für Vergütungsgrund und -hohe entscheidende Bedeutung beigemessen. Auch das 2. BtÄndG ändert die Kriterien für die Ermessensvergütung der ehrenamtlichen Betreuungsperson nicht.

Die Höhe der Vergütung bemisst sich also weder an dem Vermögen des Betroffenen noch an der Qualifikation der ehrenamtlichen Betreuungsperson, sondern lediglich am Umfang und der Schwierigkeit der vormundschaftlichen Geschäfte. **424**

Die Rechtsprechung hat in großer Einmütigkeit festgestellt, dass die Vergütungsgrundsätze für **Konkursverwalter oder Testamentsvollstrecker** keine Anwendung finden.[15] Anhand des Vermögens des Betroffenen ermittelte Prozent- oder Höchstsätze kommen nicht infrage, weil das Vermögen kein Kriterium für die Höhe der Vergütung mehr ist. **425**

In jedem einzelnen Verfahren ist individuell unter Berücksichtigung der relevanten Kriterien (nämlich Schwierigkeit und Umfang) nach Billigkeitserwägungen und nach pflichtgemäßem Ermessen zu entscheiden.[16] **426**

Dies setzt voraus, dass das Vormundschaftsgericht über die Betreuungssituation und die Arbeit des Betreuers, Vormundes oder Pflegers bestens informiert ist, was ja eigentlich wegen § 1837 (§§ 1908i, 1915) selbstverständlich sein sollte. **427**

Das Vormundschaftsgericht muss den Umfang des persönlichen **Engagements**[17], den Zeitaufwand der Betreuungsperson, seine Bereitschaft, durch sein Handeln die Lebensqualität des Betroffenen zu verbessern, Hilfen zu organisieren, Verantwortung zu tragen und natürlich auch geleistete Vermögensverwaltung berücksichtigen. Nachteilig wirken sich nachlässige Geschäftsführung[18], Überschreitung der Befugnisse des Betreuers[19] oder nachweisbar nutzlose Tätigkeiten aus[20]. Ebenfalls vergütungsausschließend oder -mindernd wirkt es sich aus, wenn der Betreuer Vermögensdelikte (z.B. eine Untreue gem. **428**

---

14 BT-Drs. 13/7158, S. 26
15 U.a. BayObLG Rpfleger 1987, 67
16 RGZ 149, 172, 177; BayObLG Rpfleger 87, 67; HKBUR/*Bauer/Deinert* § 1836 Rn. 42
17 OLG Hamburg OLGE 14, 264; OLG Hamm OLGZ 1971, 307; OLG Köln Rpfleger 1975, 92; *Knittel*, § 1836 Rn. 10
18 KG JW 1937, 2831; *Bobenhausen* Rpfleger 1985, 426/428
19 BayObLG FamRZ 1994, 779
20 BayObLG NJW 1988, 1919; *Knittel* § 1836 Rn. 11 m.w.N.

§ 266 StGB oder eine Unterschlagung gem. § 246 StGB) zum Nachteil des Betreuten begangen hat.[21]

429 Da das Kriterium für die Höhe der Vergütung zum einen der – über das normale Maß hinausgehende – Umfang, also die aufgewendete Zeit, ist, wird der ehrenamtliche Betreuer diesen Zeitaufwand in seinem Vergütungsantrag darlegen müssen. Dies sollte jedoch nicht dazu führen, dass ehrenamtlichen Betreuungspersonen detaillierte Vergütungsabrechnungen abverlangt werden.

430 Weiteres Kriterium für die Höhe der Vergütung ist die Schwierigkeit der vormundschaftlichen Geschäfte, die durch das Maß an Verantwortung und die Kooperationsbereitschaft des Betroffenen und seiner Umwelt bestimmt werden.

431 Ein Stundensatzsystem wie bei Berufsbetreuern gibt es bei der Vergütung ehrenamtlicher Betreuer nicht. Umfang und Schwierigkeit sind lediglich Kriterien für die Höhe der Vergütung, nicht aber feste Rechengrößen. Es ist in jedem Einzelfall zu entscheiden, welche Vergütung angemessen ist.

432 Nach früherer Rechtsprechung war es nicht sachgerecht, einem ehrenamtlichen Betreuer denselben Stundensatz zu gewähren wie einem Berufsbetreuer.[22] Die Vergütung soll auch in ihrer Höhe eine materielle Entschädigung für „aufgeopferte" Zeit des Betreuers sein. Sie ist keine Gegenleistung und auch keine – willkürlich zu gewährende – Belohnung.

433 Zum Teil wurde die Berufsbetreuervergütung schließlich doch als Anhaltspunkt für den Ermessensvergütungsanspruch eines ehrenamtlichen Betreuers angesehen. Dem Ausnahmecharakter des § 1836 Abs. 2 widerspreche es, dem ehrenamtlichen Betreuer eine höhere Vergütung zu bewilligen, als einem berufsmäßigen Betreuer hätte bewilligt werden dürfen.[23]

434 Seit Inkrafttreten des Gesetzes über die Vergütung von Vormündern und Betreuern (VBVG) soll die Vergütung des Berufsbetreuers allerdings nicht mehr als Kontroll- und Höchstwert der angemessenen Vergütung eines ehrenamtlichen Betreuers angesehen werden. Letztere kann danach die entsprechende Vergütung eines Berufsbetreuers auch übersteigen.[24]

435 Berufliche oder gewerbliche Tätigkeiten des ehrenamtlichen Betreuers müssen bei der Höhe der Vergütung nur berücksichtigt werden, soweit hierfür kein Aufwendungsersatz gem. § 1835 Abs. 3 geltend gemacht worden ist (vgl. dazu Kapitel 4, Rn. 281 ff.). Eine etwaige Steuerpflicht des Betreuers ist hierbei mit zu berücksichtigen.[25] Auch ein ehrenamtlicher Betreuer ist, wenn er Vergütungen erhält, diesbezüglich einkommensteuerpflichtig (vgl. Kapitel 12, Rn. 1812 ff.). Die Vergütung eines ehrenamtlichen Betreuers, der in seinem Hauptberuf als Freiberufler oder Gewerbetreibender umsatzsteuerpflichtig ist, soll nur dann bez. der Vergütung umsatzsteuerfrei sein, wenn sich die Zahlung lediglich als Auslagenersatz darstellt[26] (vgl. Rn. 1815).

6.3.6 Keine Pauschalvergütung

436 Pauschalierte Vergütungen gibt es für ehrenamtliche Betreuer (sowie für Behördenbetreuer) nicht. § 5 VBVG regelt die pauschale Betreuervergütung lediglich für berufliche

---

21 *Knittel* § 1836 Rn. 11; vgl. auch *Deinert/Lütgens/Meier,* Die Haftung des Betreuers, S. 47 ff.
22 So auch BayObLG BtPrax 1998, 148
23 OLG Hamm ZEV 2002, 466 = FGPrax 2002, 229 = Rpfleger 2002, 518 = FamRZ 2003, 116; BayObLG BayObLGZ 2004, 177 = FamRZ 2004, 1138 = BtPrax 2004, 151 = Rpfleger 2004, 488; *Knittel* § 1836 Rn. 13
24 OLG Karlsruhe, Beschluss vom 1.3.2007, 11 Wx 74/06, BtPrax 2007, 184 = FamRZ 2007, 1270 = NJW-RR 2007, 1084
25 OLG Hamm Rpfleger 73, 24, BayObLGZ 88, 275; in Bezug auf eine etwaige Umsatzsteuerpflicht BayObLG FamRZ 1998, 1052
26 FG Rheinland-Pfalz DstRE 2002, 241

Betreuer (und über § 7 VBVG für Vereinsbetreuer; zum pauschalierten Aufwendungsersatz siehe Kapitel 5, Rn. 335 ff.).

6.3.7 Abschlagszahlungen bei Ermessensvergütung?

Nach § 3 Abs. 4 VBVG können (Berufs-)Vormünder Abschlagszahlungen verlangen. Vor dem Inkrafttreten des 2. BtÄndG war nicht klar, ob es sich bei der Vorgängerbestimmung (§ 1836 Abs. 2 Satz 4) um eine Regelung handelte, die nur Berufsvormünder betrifft, oder ob der Satz 4 des § 1836 Abs. 2 a.F. allgemeine Vergütungsregeln waren, die auch für ehrenamtliche Vormünder/Betreuer gelten. **437**

Wir haben in den Vorauflagen vertreten, dass hier eine Gleichbehandlung von ehrenamtlichen und Berufsbetreuern angezeigt ist, da dies insbesondere bei der Erlöschensregelung andernfalls zu unhaltbaren Nachteilen für „vermögende" Betreute führen würde, die dann über einen längeren Zeitraum hinweg nicht sicher beurteilen könnten, ob noch Vergütungsansprüche gegen sie geltend gemacht werden (sofern man nicht ein vorheriges Verwirken des Rechts, eine Vergütung zu beanspruchen, annehmen will, würden die Vergütungsansprüche nach § 197 Abs. 1 Nr. 2 erst nach 30 Jahren verjähren). **438**

Es war im Übrigen nicht einzusehen, warum nicht auch ehrenamtliche Betreuer, gerade bei hohen Vergütungsansprüchen, einen Anspruch auf Abschlagszahlungen haben sollten. Dies führt zudem zu einer gleichmäßigeren Verteilung der finanziellen Belastung für den Betreuten und zur Entlastung der Gerichte, weil der Betreuer dann längere Abrechnungszeiträume wählen kann. **439**

Angesichts der gesetzlichen Neuregelungen durch das 2. BtÄndG ist diese Ansicht zu revidieren. Zum einen ist gesetzessystematisch der Anspruch von ehrenamtlich und beruflich tätigen Personen seither getrennt; für erstere ist § 1836 maßgeblich, für die anderen das Vormünder- und Betreuervergütungsgesetz (VBVG). Zum weiteren ist die Möglichkeit der Gewährung von Abschlagszahlungen seit dem 1.7.2005 auf die Formen der gesetzlichen Vertretung beschränkt, bei denen eine Vergütung nach Zeitaufwand bewilligt werden kann. Das sind beruflich geführte Vormundschaften für Minderjährige, BGB-Pflegschaften (über § 1915) sowie (über § 6 Satz 1 i.V.m. § 7 Abs. 2 VBVG) Berufs- und Vereinsbetreuungen für die Einwilligung in eine Sterilisation (§ 1899 Abs. 2) und bei rechtlicher Verhinderung des Betreuers (§ 1899 Abs. 4). Somit wird das Gewähren einer Abschlagszahlung jedenfalls im Bereich Volljähriger zu einer Ausnahme. **440**

Sofern dem Vormund, Pfleger oder Betreuer, der eine Abschlagszahlung beantragt hat, stattdessen eine Vergütung nach § 3 VBVG (ggf. i.V.m. § 7 Abs. 2 VBVG) bewilligt wird, so steht ihm gegen diese Entscheidung keine Beschwerdebefugnis zu.[27] Wurde eine Abschlagszahlung beantragt und ausgezahlt, erlischt der Vergütungsanspruch des Vormundes, Pflegers oder Betreuers in dieser Höhe auch dann nicht, wenn der eigentliche Vergütungsantrag die Ausschlussfrist überschreitet; liegt die Abschlagszahlung über der endgültigen Vergütung, ist der Unterschiedsbetrag zurückzuzahlen.[28] **441**

6.3.8 Anspruchsgegner und Geltendmachung

Der Anspruch auf Ermessensvergütung nach § 1836 Abs. 2 richtet sich gegen den Mündel/Betreuten selbst. Ein Vergütungsanspruch gegen die Staatskasse bei Mittellosigkeit des Vertretenen ist ausgeschlossen (§ 1836 Abs. 2). Ist der Betreute verstorben, richtet sich der Vergütungsanspruch gegen den bzw. die Erben. **442**

Der Vormund/Betreuer kann die Vergütung vom Vormundschaftsgericht festsetzen lassen (§ 56g FGG). Auch der Betreute kann den Festsetzungsantrag stellen oder das Gericht **443**

---

27 LG Leipzig FamRZ 2000, 851
28 BayObLG FamRZ 2003, 1221 = BtPrax 2003, 174 = Rpfleger 2003, 577 = FGPrax 2003, 173

kann eine Festsetzung von Amts wegen vornehmen (was in der Praxis wohl eher selten vorkommen wird). Eine weitere Beschwerde gegen einen solchen Vergütungsbeschluss ist – wie auch im Falle der Vergütung eines Berufsbetreuers – nur dann zulässig, wenn sie durch das Landgericht ausdrücklich zugelassen wurde, auch hier gibt es keine außerordentliche Beschwerdemöglichkeit.[29] Aus dem Festsetzungsbeschluss kann die Zwangsvollstreckung betrieben werden – was in der Praxis wohl hoffentlich auch sehr selten vorkommen wird.

▸ *Zu Geltendmachung und Verfahren vgl. auch Kapitel 9.3 bis 9.7, Rn. 1485 ff.*

444 Möglich ist natürlich auch, dass die Betreuungsperson und der Betroffene sich über Höhe und Zahlung der Vergütung einigen. Eine Festsetzung durch das Gericht wird so zwar nicht überflüssig, ist aber ein Indiz für die Gerichtsentscheidung zur Ermessensvergütung.[30] Derartiges kommt natürlich nur infrage, wenn die Geschäftsfähigkeit des Betroffenen außer Zweifel steht. In Betreuungsverfahren wird dies daher keine praktische Bedeutung haben, sehr wohl aber z.B. bei Nachlasspflegschaften, bei denen der Pfleger seine Vergütung durchaus mit den Erben „aushandeln" kann.

445 **Hinweis:** Die Ausführungen im Kapitel 6.3 gelten auch für ehrenamtliche Vormünder sowie für **Behördenbetreuer** (§ 1897 Abs. 2 i.V.m. § 8 VBVG), da dort auf die Regelungen des § 1836 Abs. 2 verwiesen wird (siehe dazu auch unten Rn. 865 ff.).

6.4 Vergütung von Berufsbetreuern

6.4.1 Entwicklung der Betreuung bzw. Vormundschaft als Beruf

446 Seit Inkrafttreten des BGB am 1.1.1900 ist jeder Deutsche verpflichtet, das Amt des Vormunds zu übernehmen (§ 1785). Dieses Amt ist seit jeher ein staatliches Ehrenamt, das grundsätzlich unentgeltlich geführt wird (vgl. dazu auch oben Rn. 396 ff.). Das Vormundschaftsgericht konnte jedoch auch vor Inkrafttreten des Betreuungsgesetzes einem Vormund eine angemessene Vergütung bewilligen, wenn das Vermögen des Mündels sowie der Umfang und die Bedeutung der vormundschaftlichen Geschäfte dies rechtfertigten (§ 1836 Abs. 1 Satz 1 BGB a.F., der durch das Betreuungsgesetz 1992 und die Betreuungsrechtsänderungsgesetze nicht geändert wurde).

447 Diese gesetzlichen Grundsätze der Finanzierung der Vormünder wurden im Jahre 1980 durch ein Urteil des *BVerfG* entscheidend beeinflusst und im Blick auf Berufsvormünder erweitert[31] (siehe auch oben Rn. 50 ff.). Anlass der Entscheidung waren Anträge einer Anwaltskanzlei auf Erstattung von Kanzleiunkosten und Entschädigung für Zeitaufwand, die bei der Vormundschaft für ein mittelloses Mündel entstanden waren. Diese Kanzlei war (wie viele andere im süddeutschen Raum auch) spezialisiert auf die Führung von Vormundschaften und Pflegschaften.[32]

448 Das *BVerfG* hat in seiner Entscheidung die damals bestehende Rechtslage grundsätzlich bestätigt. Es hat allerdings erhebliche **Bedenken** für die Fälle geäußert, in denen Vormundschaften berufsmäßig geführt wurden. Für diese Berufsvormünder legte das *BVerfG* § 1835 Abs. 2 (in der Fassung vor 1992, seit 1.1.1992 § 1835 Abs. 3) in verfassungskonformer Weise mit dem Ergebnis aus, „dass die zu erstattenden Aufwendungen neben den Barauslagen auch die Vermögenswerte umfassen, die der Vormund in Gestalt anteiliger Büronkosten und seines Zeitaufwandes zugunsten des Mündels aufopfert".[33] Als Maßstab für die Bewertung von Zeitaufwand und anteiligen Bürokosten zog das BVerfG das

---

29 BayObLG BtPrax 2004, 243
30 BayObLG FamRZ 2002, 130
31 BVerfGE 54, 251
32 *Lantzerath/Schimke*, S. 12
33 BVerfG NJW 80, 2181

Gesetz über die Entschädigung von Zeugen und Sachverständigen (ZSEG) heran. Über den Einzelfall hinaus hatte das BVerfG damit eine Pflicht des Staates anerkannt, im Rahmen von Berufstätigkeit geführte Vormundschaften angemessen zu entschädigen.

6.4.2 Betreuungen im Rahmen der Berufsausübung – Berufsbild des Betreuers

6.4.2.1 Allgemeines

Mit der Einführung einer Vergütungsregelung für Berufsbetreuer am 1.1.1992 (§ 1836 Abs. 2 a.F.) verfolgte der Gesetzgeber das Ziel, der Entscheidung des Bundesverfassungsgerichts Rechnung zu tragen[34], ohne den Grundsatz der Unentgeltlichkeit und Ehrenamtlichkeit abzuschaffen.[35]   **449**

Das Betreuungsgesetz konkretisierte den Begriff „im Rahmen seiner Berufsausübung" jedoch bewusst nicht. Es sei nicht möglich, ausschließlich auf die Zahl der Vormundschaften, Pflegschaften und Betreuungen abzustellen, da die mit ihnen verbundene Arbeitsbelastung im Einzelfall höchst unterschiedlich sein kann. Auch der bloße Zeitaufwand sei kein praktikabler Maßstab.[36]   **450**

Das *BVerfG* ging von mindestens zwei Vormundschaften für einen Berufsvormund aus[37]; im Übrigen war die Rechtsprechung vor Inkrafttreten des 1. BtÄndG nicht ganz einheitlich.[38]   **451**

Das *LG Kiel* sah die Voraussetzungen der Berufsbetreuung als erfüllt an, wenn jemand nebenberuflich mindestens fünf, hauptberuflich mindestens 10 Betreuungen führte.[39] Z.T. stellten Gerichte eher die Qualifikation des Betreuers in den Vordergrund und werteten die Gesamtzahl der Betreuungen allenfalls als Indiz.[40] Ein Abgrenzungskriterium stellte § 1786 Abs. 1 Nr. 8 dar, wonach eine staatsbürgerliche Pflicht zur Übernahme von nicht mehr als zwei Vormundschaften besteht.[41]   **452**

Dass auch lediglich bei der Übernahme von zwei Betreuungen bereits eine Berufsbetreuer-Eigenschaft gegeben sein kann, stellte das *Amtsgericht Dannenberg/Elbe* fest. Der Betreuer wendete in diesem Falle monatlich rund 30 Stunden für die Betreuung der beiden schwierigen Fälle auf und hatte mit seiner Tätigkeit bereits die betreute Familie vor einer Heimunterbringung bewahrt und den Staat von erheblichen Kostenlasten befreit.[42] Mit gleicher Argumentation billigte auch das *AG Hannover* einer Rechtsanwältin den Berufsbetreuerstatus i.S.d. § 1836 Abs. 2 (in der Fassung bis 31.12.1998) zu, obwohl auch diese nur zwei Betreuungen führte.[43]   **453**

---

34   BT-Drs. 11/4528, S. 87
35   BT-Drs. 11/4528, S. 88
36   BT-Drs. 11/4528, S. 111
37   BVerfGE 54, 251 unter Bezug auf die staatsbürgerliche Übernahmepflicht in § 1786
38   *Jürgens*, Betreuungsrecht, Rn. 6 zu § 1836; *Bach*, BtPrax 1994, 5, *Sonnenfeld*, Rpfleger 1993, 97; Münch-Komm/*Schwab*, Rn. 25
39   LG Kiel Schleswig-Holsteinische Anzeigen 1994, 24
40   Literatur: *Deinert*, Entschädigung für Vormund, Pfleger und Betreuer, Rpfleger 1992, 92 (93) m.w.N.; Rechtsprechung: LG Düsseldorf Rpfleger 1982, 147; BayObLG Rpfleger 1988, 529; LG Freiburg Rpfleger 1990, 116 (mehr als 5 Vormundschaften, bejahend); LG Bochum FamRZ 1990, 561; LG Saarbrücken JurBüro 1992, 807; LG München Rpfleger 1993, 110 (111)
41   LG Köln FamRZ 1992, 221
42   AG Dannenberg/Elbe JurBüro 1993, 732 = DAVorm 1993, 1229
43   AG Hannover AnwBl 94, 146

6.4.2.2 Beschluss des BVerfG vom 13.1.1999

454 Das *BVerfG* setzte sich in einem Beschluss vom 13.1.1999[44] mit der Frage auseinander, ob eine Betreuerin auch für eine nebenberufliche Betreuungstätigkeit eine Vergütung verlangen kann. Die Beschwerdeführerin war als Justizangestellte vollzeitbeschäftigt. Als genehmigte **Nebentätigkeit**[45] führte sie in dem fraglichen Zeitraum zwischen 10 und 13 Betreuungen. Amtsgericht und Landgericht lehnten eine Vergütung jeweils ab. Zur Begründung wurde u.a. angeführt, dass die Betreuerin ja anderweitig vollzeitbeschäftigt gewesen sei und die Betreuungen daher nur in ihrer Freizeit und nicht berufsmäßig geführt habe.

455 Das OLG hatte die z.T. gegen diese Beschlüsse eingelegten weiteren Beschwerden jeweils als unzulässig verworfen. Das *BVerfG* sah durch diese Entscheidungen das Grundrecht der Beschwerdeführerin aus Art. 12 GG als verletzt an. Art. 12 Abs. 1 GG gebiete es, dass der Staat, wenn er für die Aufgaben, deren Wahrnehmung im öffentlichen Interesse liegen würden, Staatsbürger in Anspruch nimmt, den derart Belasteten angemessen entschädigt. Weiterhin würde Art. 12 Abs. 1 GG auch das Recht schützen, mehrere Berufe zu wählen und nebeneinander auszuüben. Die **Freiheit, einen Beruf auszuüben**, sei aber untrennbar mit der Freiheit verbunden, auch eine angemessene Vergütung zu fordeRn. Da keine vernünftigen Erwägungen des Gemeinwohls ersichtlich seien, die es rechtfertigen könnten, der Beschwerdeführerin aufgrund ihrer Vollzeitbeschäftigung als Justizangestellte eine Vergütung für die Führung von Betreuungen zu versagen, sei eine solche Versagung einer Vergütung verfassungswidrig.

456 Außerdem hätten die angegriffenen Entscheidungen die Beschwerdeführerin in ihrem Grundrecht aus Art. 3 Abs. 1 GG verletzt. Diese Vorschrift gebiete es, alle Menschen vor dem Gesetz gleich zu behandeln. Weder durch den Gesetzgeber noch durch die Gerichte (im Wege der Auslegung gesetzlicher Vorschriften) dürften mehrere Personen **ohne sachlichen Grund verschieden** behandelt werden. Die angegriffenen Entscheidungen würden aber selbstständig Erwerbstätige, die Betreuungen führen, und abhängig Erwerbstätige, die nebenberuflich Betreuungen führen, ungleich behandeln. Ein Selbstständiger, etwa ein Rechtsanwalt, könne nämlich den Umfang seiner beruflichen Tätigkeit selbst bestimmen und würde auch dann, wenn seine Arbeitswoche infolge der Betreuungen mehr als die Normalarbeitszeit umfasst, im Rahmen seiner Berufsausübung (und damit vergütungsfähig) handeln. Demgegenüber könnte eine abhängig Beschäftigte keine entgeltliche Tätigkeit als Betreuerin ausführen, auch wenn die nach Dienstschluss eingesetzte Arbeitszeit und -kraft erheblich sei. Für eine solche Ungleichbehandlung Selbstständiger und abhängig Beschäftigter sei ein sachlicher Grund aber nicht ersichtlich.

457 In der Tat war die Anzahl der von Berufsbetreuern geführten Betreuungsverhältnisse sehr unterschiedlich. Anfang 1996 führten freiberuflich tätige Betreuer in Schleswig-Holstein zwischen zwei und 50 Betreuungen, in Mecklenburg-Vorpommern zwischen fünf und 50 Betreuungen.[46]

458 Es gab und gibt auch nach Inkrafttreten des 2. BtÄndG weiterhin kein gesetzlich festgelegtes **Leitbild eines Berufsbetreuers.** Neben der traditionellen Berufsgruppe der Rechtsanwälte, die bereits heute vielfach Betreuungen führen, hat der Gesetzgeber auch andere Berufsgruppen, insbesondere soziale Fachkräfte, als Berufsbetreuer vorgesehen.[47] Kompetenzprofile und Anforderungen an Berufsbetreuer werden vor allem im sozialen Bereich zunehmend diskutiert[48] (vgl. auch unten Rn. 480 ff.).

---

44 1 BvR 1909/95, NJW 1999, 1621 = FamRZ 1999, 568 = BtPrax 1999, 70 mit Anm. *Lütgens* in BdB-Verbandszeitung Nr. 15, S. 29 und Anm. *Küsgens*, BtPrax 2000, 242

45 Nach § 1784 BGB i.V.m. dem Beamtengesetz des Bundeslandes und § 11 BAT; vgl. HK BUR/*Deinert*, § 1784 BGB

46 *Gregersen*, BtPrax 1997, 177.

47 *Jürgens* u.a., Betreuungsrecht, Rn. 279

48 Vgl. *Oberloskamp* u.a., Ausbildungsprofil hauptamtlicher Betreuer und Anforderungsprofil für den Sachverständigen im künftigen Betreuungsrecht, Köln 1990

6.4.3 Die Definition des Berufsbetreuers nach § 1 Abs. 1 VBVG (bis 30.6.2005: 1836 Abs. 1 BGB)

6.4.3.1 Neuregelungen seit 1999

Weder der Referentenentwurf zum 1. BtÄndG noch der Regierungsentwurf vom 11.3.1997[49] sahen eine genauere Definition des Begriffs „im Rahmen seiner Berufsausübung" vor. Erst in der Beschlussempfehlung und dem Bericht des Rechtsausschusses des Deutschen Bundestages vom 1.4.1998[50] wird vorgeschlagen, Berufsbetreuung anhand der Anzahl der geführten Betreuungen bzw. der für die Betreuung aufgewendeten Zeit zu definieren. Der Vorschlag fand Eingang in § 1836 Abs. 1 Satz 4 und ist durch das 2. BtÄndG unverändert in § 1 Abs. 1 VBVG übernommen worden.

459

6.4.3.2 Mindestfallzahlen

Danach ist im Regelfall derjenige als Berufsvormund anzusehen, der mehr als 10 (also mindestens 11) Vormundschaften führt oder bei dem die für die Führung von Vormundschaften erforderliche Zeit voraussichtlich 20 Wochenstunden nicht unterschreitet (der also mindestens halbtags als Vormund tätig ist). Das Wort „oder" am Ende der Alternative a) macht deutlich, dass eines der beiden Kriterien, also entweder die Anzahl der Vormundschaften oder der Zeitfaktor ausreicht. Die Regelung der Fallzahlen gilt auch für Betreuungen Volljähriger und gilt auch über den 30.6.2005 hinaus.

460

6.4.3.3 Mindestzeitaufwand

Ebenso hat derjenige einen Anspruch darauf, als Berufsvormund behandelt (und vergütet) zu werden, der diese Kriterien in absehbarer Zeit erfüllen wird (§ 1836 Abs. 1 Satz 3). Neueinsteigern soll also nicht zugemutet werden, zunächst unentgeltlich Vormundschaften zu führen, bis sie die erforderlichen Stunden oder die nötige Anzahl von Vormundschaften vorweisen können.[51] Dieser Teil der Voraussetzungen galt für die Betreuung Volljähriger nur in der Zeit vom 1.1.1999 bis 30.6.2005 und gilt seit 1.7.2005 nur noch für Vormundschaften Minderjähriger sowie über § 1915 für (BGB-) Pflegschaften.

461

6.4.3.4 Regel-Ausnahmeverhältnis

Die Formulierung „in der Regel" im Gesetzestext macht deutlich, dass mindestens 11 Betreuungen/Vormundschaften/Pflegschaften oder 20 Wochenstunden (bei Vormundschaften/Pflegschaften) keine Ausschlusskriterien sind. Mit anderen Worten: Unter Umständen hat auch derjenige, der weniger als 11 Betreuungen führt und dessen in diese Tätigkeiten investierte Arbeitszeit weniger als 20 Wochenstunden beträgt, einen Anspruch darauf, als Berufsbetreuer/-vormund behandelt zu werden (siehe dazu auch die oben unter Rn. 454 zitierte Entscheidung des *BVerfG*).

462

Das Recht, auch **mehrere Berufe** nebeneinander auszuüben und dafür eine Vergütung zu verlangen, folgt aus der Verfassung und kann nicht ohne weiteres durch eine Änderung einfacher Gesetze außer Kraft gesetzt werden. Die Entscheidung des *BVerfG* erging zwar zum Recht vor dem 1.1.1999, muss in ihren Grundsätzen deshalb aber auch bei der Interpretation der Neuregelungen beachtet werden.

463

Das *AG Northeim*[52] bejahte einen Anspruch auf Einstufung als Berufsbetreuer und damit auch auf Vergütung jedenfalls dann, wenn nebenberuflich zwar nur vier Betreuungen mit einem Zeitaufwand von 7,7 Stunden geführt werden, wenn bei der Führung der Betreu-

464

---

49 BT-Drs. 13/7158
50 BT-Drs. 13/10331
51 *Zimmermann*, Ratgeber Betreuungsrecht, S. 50; *Bienwald*, Vorbem. vor §§ 65 ff. FGG Rn. 142
52 AG Northeim BtPrax 1999, 79

ungen aber berufsbezogene Kenntnisse, die auch anderweitig entgeltlich eingesetzt werden, eingebracht werden (im konkreten Fall war die Betreuerin hauptberuflich als Sozialarbeiterin in einer Dreiviertelstelle tätig). Andererseits ist ein **Dipl.-Verwaltungswirt,** der drei Betreuungen führt, nicht alleine hierdurch als Berufsbetreuer anzusehen.[53]

465 U.U. kann auch weiterhin jemand mit nur **einer einzigen Betreuung** Berufsbetreuer sein.[54] Dies dürfte allerdings nur in wenigen Fällen in Betracht kommen, insbesondere dann, wenn besondere Belastungen oder Schwierigkeiten mit den wenigen geführten Betreuungen verbunden sind.[55] Nicht als Berufsbetreuer zu behandeln ist z.B. ein Rechtsanwalt, der nur eine Betreuung führt und dafür wöchentlich eineinhalb Stunden aufwendet.[56] Die Berufsbetreuereigenschaft erfordert also i.d.R. die Voraussetzungen des § 1836 Abs. 1 (ab 1.7.2005 § 3 Abs. 1 VBVG), Ausnahmen sollen bei nur geringfügiger Unterschreitung oder wenn der Betreuer gerade wegen seines Berufs ausgewählt wurde gelten.[57]

466 Erfüllt der Betreuer, der ehrenamtlich bestellt ist, erst im Laufe des Betreuungsverfahrens die Voraussetzungen der Bestellung zum Berufsbetreuer, steht ihm ein **Vergütungsanspruch als Berufsbetreuer erst ab dem Zeitpunkt** zu, zu dem das Vormundschaftsgericht feststellt, dass die Betreuung berufsmäßig geführt wird.

467 Diese Feststellung kann **nicht rückwirkend** auf den Tag der Betreuerbestellung getroffen werden. Ob sie rückwirkend zu dem Tag getroffen werden kann, an dem der entsprechende Antrag des Betreuers bei Gericht eingegangen ist, hat das *BayObLG* offen gelassen.[58] Ist die Feststellung, dass der Betreuer die Betreuung berufsmäßig führt, bei seiner Bestellung allerdings versehentlich unterblieben, kann das Gericht diese nachholen. Diese Feststellung wirkt rückwirkend ab Betreuerbestellung.[59]

468 Kommt allerdings das Vormundschaftsgericht zu dem Ergebnis, eine Berufsbetreuung liegt vor, ist die Entgeltlichkeit zwingend. Dann muss dem Berufsbetreuer auch eine Vergütung bewilligt werden.[60] Im Vergütungsverfahren findet eine Prüfung dieser Frage nicht mehr statt. Weder der Bezirksrevisor[61] noch die Betreuungsbehörde[62] haben ein Beschwerderecht gegen die Feststellung der Berufsbetreuereigenschaft. Die Feststellung der beruflichen Betreuungsführung kann auch formlos, in einem auf die Bestellung folgenden **Aktenvermerk** getroffen werden.[63]

469 Ein Berufsbetreuer führt im Übrigen grundsätzlich alle Betreuungen beruflich[64], allerdings ist nicht ausgeschlossen, dass ein Betreuer neben der Führung von Betreuungen im Rahmen seiner Berufsausübung einzelne **Betreuungen auch ehrenamtlich** übernimmt, insbesondere für Familienangehörige.[65]

---

53 LG Darmstadt FamRZ 2000, 1450
54 BayObLG FamRZ 1999, 462
55 Wie schon zum vor dem 1.1.1999 geltenden Recht: AG Dannenberg/Elbe JurBüro 1993, 732 = DAVorm 1993, 1229, AG Hannover AnwBl 94, 146
56 LG München I, BtPrax 1997, 244
57 LG Darmstadt FamRZ 2000, 1450
58 BayObLG BayObLGZ 2001 Nr.6 = FamRZ Heft 9/2001, S. II = FGPrax 2001, 79 = BtPrax 2001, 124 = FamRZ 2001, 867 = Rpfleger 2001, 300
59 BGH FamRZ 2006, 111 = NJW-RR 2006, 145 = BtMan 2006,50; zuvor bereits LG Koblenz JurBüro 2000, 430 (für Nachlasspflegschaft); OLG Frankfurt/Main FamRZ 2003, 1414 = BtPrax 2003, 181 = NJW-RR 2001, 794; BayObLG BtPrax 2000, 34; OLG Hamm FamRZ 2004, 1324
60 *Jürgens* u.a., Das neue Betreuungsrecht, Rn. 273 a
61 OLG Schleswig, MDR 1999, 681 = BtPrax 1999, 155 = FGPrax 1999, 110 = FamRZ 2000, 1444; ebenso OLG Hamm BtPrax 2000, 265 = FGPrax 2001, 18 = FamRZ 2001, 1482; BayObLG FamRZ 2001, 1484 = BtPrax 2001, 204 = Rpfleger 2001, 418; OLG Frankfurt/Main BtPrax 2004, 160 = FamRZ 2004, 1324
62 LG Nürnberg-Fürth BtPrax 1999, 157; LG Arnsberg FamRZ 2000, 1313; OLG Hamm FamRZ 2002, 194 m Anm. *Bienwald*
63 OLG Brandenburg FamRZ 2004, 1403
64 BayObLG BtPrax 2000, 34 = Rpfleger 2000, 65 = FamRZ 2000, 1450
65 LG München I FamRZ 1999, 1235 = BtPrax 1999, 248; ähnlich LG Chemnitz FamRZ 2000, Heft 20, S. II = FamRZ 2001, 313

6.4.3.5 Keine Probephase

Nicht geklärt ist in diesem Zusammenhang die Diskrepanz zur staatsbürgerlichen Über-   **470**
nahmepflicht von maximal zwei Vormundschaften (§ 1786).[66] Eine unentgeltliche Tätigkeit als ehrenamtlicher Betreuer im Rahmen einer **„Erprobungsphase"** für einen
angehenden Berufsbetreuer widerspricht § 1 Abs. 1 VBVG. Ein dergestalt fehlerhafter
Bestellungsbeschluss kann im Beschwerdeverfahren rückwirkend ab Betreuerbestellung
abgeändert werden, wenn der Betreuer von Anbeginn deutlich gemacht hat, nur als
Berufsbetreuer bestellt werden zu wollen.[67]

Andererseits soll **keine rückwirkende Feststellung** der Berufsmäßigkeit der Betreuung   **471**
erfolgen; auch dann nicht, wenn ein früherer Antrag wegen der Befürchtung unterlassen
wurde, von der Betreuungsbehörde nicht mehr vorgeschlagen zu werden, wenn keine
„Probezeit" abgeleistet wurde.[68]

6.4.3.6 Zurückgehende Fallzahlen oder Schwierigkeit

Ein Berufsbetreuer verliert die den Vergütungsanspruch begründende Eigenschaft nicht   **472**
dadurch, dass die **Anzahl der Betreuungen** und die damit verbundene Tätigkeit soweit
zurückgehen, dass sie für sich betrachtet die Anerkennung als Berufsbetreuer nicht mehr
rechtfertigen könnten.[69] Erreicht ein vor dem Jahre 1999 bereits tätiger Berufsbetreuer
dauerhaft nicht die Betreuungszahl von 11, kann der Vergütungsanspruch für die bestehenden Betreuungen nicht nachträglich durch Feststellung der **Nicht-Berufsmäßigkeit**
entzogen werden.[70] Auch ist eine rückwirkende Aufhebung der Berufsbetreuereigenschaft nicht möglich.[71]

Ist für die Führung einer Betreuung aufgrund geringerer Schwierigkeit kein Berufsbetreuer   **473**
mehr nötig, ist eine Entlassung des bestellten beruflich tätigen Betreuers nach § 1908b
Abs. 1 Satz 2 dann nicht erforderlich, wenn er die bisher beruflich geführte Betreuung **als
ehrenamtlicher Betreuer weiterführt.**[72] In diesem Fall ist die Übergangsregelung des §
5 Abs. 5 VBVG anzuwenden.[73]

6.4.3.7 Bestandsschutz für Betreuer mit Berufstätigkeit vor 1999

Den beruflichen Betreuern, für die die Führung von Betreuungen nur ein Nebenverdienst   **474**
ist, ist Bestandsschutz zu gewähren, auch im Hinblick auf das **Eigentumsgrundrecht.**[74]
Es war keine Grundlage im 1. BtÄndG erkennbar, diesen für die Betreuungen, die sie vor
dem 1.1.1999 führten, den Vergütungsanspruch zu entziehen. Eine Negativfeststellung
bisheriger Berufsbetreuer sah das 1. BtÄndG nicht vor. Sie sollten auch nicht gezwungen
werden, ihre Betreuertätigkeit auf eine Halbtagstätigkeit zu erweitern. Sofern diese Personen im öffentlichen Dienst tätig sind und eine Nebentätigkeitsgenehmigung benötigen,
hätte sich auch sonst eine Diskrepanz zwischen der Erwartung an bestimmte Zahlen in
§ 1836 und den entgegenstehenden beamtenrechtlichen oder tariflichen Beschränkungen der Betreuertätigkeit ergeben.[75]

---

66   Vgl. LG Köln FamRZ 1992, 221
67   LG Hamburg 301 T 218/01 vom 13.7.2001, BtPrax 2002, 133 (LS)
68   LG Berlin 87 T 682/01 vom 11.2.2002
69   BayObLG BayObLGZ 1997, 243 = FamRZ 1998, 187
70   OLG Frankfurt/Main BtPrax 2004, 244 = FGPrax 2004, 287 = FamRZ 2005, 239
71   BayObLG BtPrax 2000, 34 = Rpfleger 2000, 65 = FamRZ 2000, 1450
72   LG Chemnitz FamRZ 2000, Heft 20, S. II = FamRZ 2001, 313
73   OLG Hamm FamRZ 2008, 92
74   Art. 14 GG, vgl. BVerfG NJW 1999, 1621 = FamRZ 1999, 568 = BtPrax 1999, 70 mit Anmerkung *Lütgens* in
     BdB-Verbandszeitung Nr. 15, S. 29 und Anm. *Küsgens* in BtPrax 2000, 242
75   Vgl. hierzu HK BUR/*Deinert* § 1784 BGB; ähnlich für allgemein zurückgehende Fallzahlen BayObLG FamRZ
     1998, 187 = BayObLGZ 1997, 243

475 Das 1. BtÄndG enthält keine Übergangsregelung dahingehend, dass das Gericht die Berufsbetreuereigenschaft nochmals feststellen muss.[76] Bei **„Altfällen"**, also Betreuungen aus der Zeit vor dem 1.1.1999, kann jedoch der Betreuer eine klarstellende Feststellung der Berufsbetreuereigenschaft beantragen; hierbei ist nicht allein auf die Fallzahlen und den Zeitaufwand abzustellen, sondern auch auf die Frage, ob der Betreuer gerade wegen seiner beruflichen Qualifikationen herangezogen wurde.[77]

476 Einige Gerichte vertraten die Auffassung, dass bei „Altfällen" eine nachträgliche Feststellung der Berufsbetreuereigenschaft durch das Vormundschaftsgericht vorzunehmen ist[78], diese Auffassung hat sich aber auch richtigerweise nicht durchgesetzt.

477 Für den Vergütungsanspruch eines **Vereinsbetreuers** (§ 1897 Abs. 2) gilt die obige Begrenzung aufgrund des in § 7 Abs. 1 VBVG vorgenommenen ausdrücklichen Ausschlusses von § 1 Abs. 1 VBVG ohnehin nicht, es reicht hier die Bezeichnung, dass der Betreuer als „Vereinsbetreuer gem. § 1897 Abs. 2" bestellt wird, um den Vergütungsanspruch nach § 7 VBVG zu begründen.[79] Dies ist auch konsequent, da die als Angestellter eines Betreuungsvereins zum Betreuer bestellte Person stets auf die Personalkostenfinanzierung durch Betreuervergütungen angewiesen ist.

▶ *Zu Besonderheiten für Vereinsbetreuer siehe unten Rn. 842 ff.*

478 Wie schon bisher, gilt auch weiter Folgendes: Für die Frage, ob jemand Betreuungen nur im Rahmen seiner Berufsausübung führen kann, kommt es neben der Anzahl auch auf den Schwierigkeitsgrad der übernommenen Betreuungsverhältnisse an. Jedenfalls werden Betreuungen nicht nur dann im Rahmen der Berufsausübung geführt, wenn die Berufstätigkeit der Betreuungsperson allein in der Übernahme von Betreuungsverhältnissen bestand, sondern bereits dann, wenn sie als Teil ihrer beruflichen Tätigkeit anzusehen ist. Andererseits reicht aber auch nicht aus, dass der Betreuer seine beruflichen Kenntnisse für die Betreuung einsetzt, er muss vielmehr wegen des Umfangs der Betreuungsverhältnisse daran gehindert sein, diese wie ein Einzelbetreuer neben seiner anderweitigen Berufsausübung zu führen.[80]

479 Neu ist, dass seit 1.1.1999 das Gericht die Feststellung, ob die Betreuung berufsmäßig geführt wird, mit der Bestellung des Betreuers zu treffen hat, § 1836 Abs. 1 i.V.m. § 1 Abs. 1 VBVG. Stellt das Gericht nicht fest, dass die Betreuung berufsmäßig geführt wird, hat der (dann ehrenamtliche) Betreuer nur dann einen Anspruch auf eine Vergütung, wenn Umfang und Schwierigkeit der vormundschaftlichen Geschäfte dies rechtfertigen und der Betreute nicht mittellos ist, § 1836 Abs. 2 (siehe oben Rn. 408 ff.). Ist die Feststellung, dass der Betreuer die Betreuung berufsmäßig führt, bei seiner Bestellung allerdings versehentlich unterblieben, kann das Gericht diese nachholen, wobei als Rechtsmittel die unbefristete Beschwerde gegeben ist.[81]

---

76 OLG Zweibrücken FamRZ 2000, 556 = Rpfleger 2000, 215 = FGPrax 2000, 62 = BtPrax 2000, 223 sowie OLG Hamm FamRZ 2001, 1398 = OLG-Rp. 2001, 180 und BGH FamRZ 2000, 1569 = BtPrax 2002, 30
77 OLG Frankfurt/Main FamRZ 2001, 790 = NJW-RR 2001, 794 = FGPrax 2001, 76 = Rpfleger 2001, 300 = MDR 2001, 756; ähnlich LG München I NJWE-FER 1999, 272 = FamRZ 2000, 981; OLG Karlsruhe FamRZ 1998, 1535; AG Northeim BtPrax 1999, 79; BayObLG 3 Z BR 83/98 vom 12.8.98 und 3 ZBR 235/98 vom 9.10.1998
78 LG Dresden FamRZ 2000, 181 m. Anm. *Rienwald*
79 *Knittel Einf.*, S. 16; LG Koblenz FamRZ 2001, 303; ähnlich OLG Zweibrücken BtPrax 2001, 87 = FGPrax 2001, 21
80 *Jürgens* u.a., Das neue Betreuungsrecht, 3. Aufl., Rn. 279
81 LG Koblenz JurBüro 2000, 430; ebenso *Zimmermann* FamRZ 1999, 430/432; *Karmasin* FamRZ 1999, 348/349

6.4.4   Die allgemeine Eignung des Berufsbetreuers

6.4.4.1   Allgemeines

Bei der erstmaligen Bestellung eines entgeltlich tätigen Betreuers soll das Vormundschafts-   **480**
gericht gem. § 1897 Abs. 7 die Betreuungsbehörde anhören. Die Anhörung soll zur allgemeinen Eignung des möglichen Betreuers und zu der Frage erfolgen, ob in absehbarer
Zeit mit der o.g. Betreuungszahl (Rn. 460) gerechnet werden kann.

Im Recht bis einschließlich 1998 hatte die Betreuungsbehörde nur im Einzelfall geeignete   **481**
Personen als Betreuer gegenüber dem Gericht vorzuschlagen (§ 8 BtBG). Diese Pflicht
besteht auch weiterhin, seit 1.7.2005 auch erweitert auf die Benennungspflicht von Verfahrenspflegern.

Solange keine verbindlich festgelegten Voraussetzungen für die Eignung von Berufsbe-   **482**
treuern bestehen, ist die Betreuungsbehörde hier in einer problematischen Lage. Durch
das 2. BtÄndG wurde § 1897 Abs. 7 insoweit erweitert, als die Betreuungsbehörde die
Vorlage eines Führungszeugnisses und einer Auskunft aus dem Schuldnerverzeichnis verlangen soll. Dies dürfte nur im geringen Maße geeignet sein, die Qualität der Betreuungstätigkeit zu sichern und zu steigern.

Viele Betreuungsbehörden haben, oft auch überregional, versucht, allgemein nachvoll-   **483**
ziehbare Kriterien zu erarbeiten.[82]

6.4.4.2   Beispiel für einen Kriterienkatalog

Schon früh hat die *Hamburger Landesarbeitsgemeinschaft Betreuungsgesetz* einen Orien-   **484**
tierungsrahmen für die Beurteilung der Eignung freiberuflich tätiger Berufsbetreuer verof
fentlicht[83], der im Folgenden abgedruckt wird:

1. Vorbemerkung:

Die Vormundschaftsgerichte und die Landesbetreuungsstelle haben bei Bestellung bzw. bei Empfehlungen von Betreuern dafür Sorge zu tragen, dass geeignete Personen vorgeschlagen werden.
Bei Vertretern anerkannter freier Berufe, die – wie Rechtsanwälte und Steuerberater – Betreuungen im Rahmen ihrer Berufsausübung führen, kann die Beurteilung der Eignung im Einzelfall als
relativ unproblematisch betrachtet werden. Auch bei Vereinsbetreuern wird davon ausgegangen,
dass die Betreuungsvereine die entsprechende Fachlichkeit sicherstellen. Ein Beurteilungsbedarf
besteht jedoch bei Personen, die sich als freiberuflich tätige Berufsbetreuer selbstständig machen
bzw. im Begriff sind, sich eine derartige Existenz aufzubauen. Der hier vorgelegte Orientierungs-
rahmen soll für diesen Personenkreis zur Beurteilung der Eignung dienen. Die Landesarbeitsgemeinschaft ist der Auffassung, dass der Landesbetreuungsstelle eine Lenkungsfunktion zukommt,
um insbesondere die Qualität der Tätigkeit von freiberuflich tätigen Berufsbetreuern zu
sicheRn. Die hier aufgeführten, empfohlenen Qualitätsmerkmale sind die ersten Schritte, um allgemein anerkannte Eignungskriterien für Berufsbetreuer zu entwickeln.

2. Stellenwert der professionellen Betreuung

Ziel des Betreuungsgesetzes (BtG) ist u.a. die Förderung der organisierten Einzelbetreuung. Ehrenamtliche sowie professionelle Betreuer werden als organisierte Einzelbetreuer bezeichnet, sofern
sie innerhalb eines organisierten Rahmens tätig sind, der ihre Beratung und Fortbildung gewährleistet. Stehen keine geeigneten Angehörigen, Personen des sozialen Umfeldes oder ehrenamtliche Betreuer zur Verfügung, so muss auf hauptamtliche Mitarbeiter eines Betreuungsvereines
oder freiberuflich tätige Berufsbetreuer zurückgegriffen werden. Aufgrund des Mangels an ehrenamtlichen Betreuern werden auch in denjenigen Fällen Berufsbetreuer hestellt, in denen eine
Berufsbetreuung aufgrund der Anforderungen an die Betreuung nicht erforderlich wäre. Wegen
des großen Bedarfs an Betreuern – auch an Berufsbetreuern – ist es wünschenswert, dass künftig
neben den Rechtsanwälten sich auch Angehörige anderer Berufsgruppen, insbesondere Sozialarbeiter, verstärkt dieser Aufgabe widmen.[84]

---

82   Vgl. auch *Walther* BtPrax 1998, 125/126 sowie zur Vertiefung *Adler* (Hrsg.), Qualitätssicherung in der Betreu-
     ung, Köln 2003
83   LAG Betreuungsgesetz Hamburg, Beschluss vom 23.03.1995
84   BT-Drs. 11/4528, Seite 111

3. Finanzielle Rahmenbedingungen

Die Höhe der Vergütung der Betreuungsleistung ist in der Praxis oftmals nicht einmal kostende-ckend, sodass eine ausschließlich auf Betreuung abgestellte Tätigkeit derzeit nicht unbedingt als existenzsichernd zu betrachten ist. Die Vergütungshöhe ist von Schwierigkeit, Ausmaß und Anfor-derung abhängig. Sie wird in denjenigen Fällen unterhalb der Kostendeckung eines besonders qualifizierten Betreuers liegen, in denen vom Vormundschaftsgericht die Schwierigkeit und der Aufwand als gering eingeschätzt und daher im unteren Bereich vergütet wird. Berufsbetreuer, die Betreuungen von geringerer Schwierigkeit führen, wird empfohlen, diese Betreuungen als Neben-tätigkeit zu führen, da eine Existenzsicherung ansonsten nur bei hohen, einer persönlichen Betreuung widersprechenden, Fallzahlen gewährleistet wäre.

4. Auszüge aus dem Betreuungsgesetz, als Hinweis auf qualitative Erwartungen

Betreuter Personenkreis gemäß § 1896, Abs.1 BGB: Für volljährige Menschen, die aufgrund einer psychischen Krankheit oder einer körperlichen, geistigen oder seelischen Behinderung ihre Ange-legenheiten ganz oder teilweise nicht besorgen können, kann auf Antrag oder von Amts wegen ein Betreuer bestellt werden. Zur Person des Betreuers gemäß § 1897, Abs. 1 BGB: "Zum Betreuer bestellt das Vormundschaftsgericht eine natürliche Person, die geeignet ist, in dem gerichtlich bestimmten Aufgabenkreis die Angelegenheiten des Betreuten zu besorgen und ihn hierbei im erforderlichen Umfang persönlich zu betreuen." [85]

5. Berufliche Voraussetzungen für professionelle Einzel- und Vereinsbetreuer

Eine abgeschlossene Berufsausbildung ist eine Voraussetzung für Berufsbetreuer. In erster Linie kommen Angehörige folgender Berufsgruppen infrage:

a) Sozialarbeiter, Sozialpädagogen (FH),

b) Verwaltungsangestellte, Verwaltungsbeamte,

c) Rechtsanwälte,

d) Betriebswirte, Bankkaufleute,

e) Diplom-Pädagogen,

f) Diplom-Psychologen,

g) Erzieher,

h) Altenpfleger.

Die Berufsgruppe der Sozialarbeiter/Sozialpädagogen verfügt insbesondere über zusätzliche Kenntnisse und Fähigkeiten auf Gebieten, die gerade im Betreuungsverfahren zur praktischen Anwendung gelangen. Berufsbetreuer, die sich um Betreuungen bewerben, müssen neben der Darstellung der beruflichen Qualifikation auch zur Angabe folgender Information bereit und in der Lage sein:

a) schriftliche Bewerbung um die Berücksichtigung als Betreuer,

b) berufliche Nachweise,

c) Lebenslauf,

d) Führungszeugnis oder Selbstauskunft,

e) Bestätigung, in gesicherten wirtschaftlichen Verhältnissen zu leben (keine Überschuldung).

6. Organisatorische Voraussetzungen

Diese sollen sicherstellen, dass nicht nur die Arbeit mit dem Betreuten, sondern auch die erforder-liche Zusammenarbeit mit Behörden, insbesondere der Landesbetreuungsstelle und den Vor-mundschaftsgerichten gewährleistet ist. Dazu sollen vorhanden sein:

a) die Fähigkeit zu geregeltem Schriftverkehr als Mindeststandard,

b) ein Büro oder eine büroähnliche Organisation (Kopierer/Telefax/Anrufbeantworter, empfeh-lenswert: PC),

c) kaufmännische Grundkenntnisse (Buchführung) oder eine entsprechende Büroorganisation, die z.B.eine nachvollziehbare und überprüfbare Abrechnung ermöglicht (was auch durch Hilfs-kräfte geschehen kann),

---

85   An dieser Stelle ist der Text des § 1897 BGB eingefügt; vom Abdruck wird abgesehen

d) Erreichbarkeit (auch verkehrstechnisch) für den Betreuten und die mit dem Betreuer zusammenarbeitenden Stellen,

e) geregelte Vertretung des Betreuers (zumindest durch Absprache mit anderen Betreuern oder Bevollmächtigung einer anderen Person oder durch den Zusammenschluss von Berufsbetreuern zu Betreuungsgemeinschaften),

f) die erforderliche Mobilität,

g) Dokumentation der Betreuungsarbeit.

7. Kenntnisse und Fähigkeiten eines Berufsbetreuers

Fachliche Schwerpunkte:

a) Kenntnisse aus der psychologischen und psychiatrischen Krankheitslehre und Sozialmedizin (Verstehen von Sachverständigengutachten),

b) Grundwissen über psychotherapeutische Verfahren,

c) Kenntnisse einer methodisch ansetzenden Beratung und einer Hilfe bei psychosozialen Problemen (Erstellen von psychosozialen Diagnosen) sowie über die Nutzung vorhandener Hilfestrukturen,

d) Kenntnisse über das Betreuungsgesetz und die am Verfahren beteiligten Dienste,

e) Kenntnisse im Sozialrecht und Kenntnisse im Zusammenhang mit der Interessenwahrnehmung gegenüber der öffentlichen Verwaltung,

f) Kenntnisse über Hilfen zur Entschuldung.

Persönliche Merkmale eines Betreuers:

a) Verlässlichkeit,

b) Kooperationsfähigkeit,

c) Einfühlungsvermögen (auf die Wünsche und das Weltbild des Anderen eingehen können),

d) Kenntnisse über die eigenen Fähigkeiten, Grenzen und Kompetenzen,

e) Durchsetzungsvermögen,

f) die Bereitschaft, Standpunkte auch gegen den Willen des Betreuten zu ergreifen, wenn die Wünsche des betreuten Menschen gegen dessen Wohl gerichtet sind,

g) es aushalten, sich für eine Zeitlang „unbeliebt" zu machen,

h) die Fähigkeit und die Bereitschaft zur Auseinandersetzung mit eigenen und fremden Aggressionen,

i) die Fähigkeit und die Bereitschaft, Respekt, Würde und Mitgefühl für Anderslebende zu vermitteln,

j) die Bereitschaft, sich fortzubilden.

8. Regularien für Einzelbetreuer

Die dargestellten Regularien kommen nur für freiberuflich tätige Berufsbetreuer in Betracht. Für die Vereinsbetreuer sind innerbetriebliche Kontrollmechanismen und Organisationsstrukturen notwendig. Neben Eignungskriterien gilt es, verbindliche Rückkopplungsmechanismen für die aufsichtsführenden Organe im Bezug auf Betreuungsleistungen zu entwickeln.

a) Es wird von einem zukünftigen Berufsbetreuer die Bereitschaft erwartet, eine „Probezeit" zu akzeptieren. Auch in der Landesbetreuungsstelle und bei den Betreuungsvereinen verfügen die dort beschäftigten Mitarbeiter über unterschiedliche Vorerfahrungen und sind einer Probe- bzw. Einarbeitungszeit unterworfen.

b) In dieser „Probezeit" sollte zwischen dem Betreuer und der bezirklichen Betreuungsstelle oder dem Verein Folgendes festgelegt werden:

c) Begonnen wird mit zwei bis drei Betreuungen.

d) In dieser „Probezeit" sollte keine weitere Bestellung ohne Zustimmung der bezirklichen Betreuungsstelle bzw. dem Betreuungsverein erfolgen.

e) In der „Probezeit" findet regelmäßiger Kontakt zum zuständigen Berater der Bezirksstelle/Verein zwecks Fallbesprechung, Besprechung notwendiger Anträge statt sowie Kontakte des Beraters mit der betreuten Person.

f) Nachweisliche Teilnahme an Fortbildungen und regelmäßige Teilnahme am ‚Erfahrungsaustausch', z.B. „Betreuerstammtisch".

g) Die Dauer der „Probezeit" ist vom Einzelfall abhängig. In der Regel sollte der Betreuer nach sechs Monaten einen ausführlichen Betreuungsbericht erstellen.

h) Sind sich Rechtspfleger, Berater und Betreuer über den bisherigen Verlauf und das weitere Vorgehen einig, können weitere Betreuungen übernommen und gemäß § 1836 Abs. 2 BGB in Rechnung gestellt werden.

i) Bei aussichtsloser Erwerbsperspektive oder anderen Bedenken gegenüber der Betreuertätigkeit können die zur Erprobung geführten Betreuungen wieder abgegeben werden.

j) Die Landesarbeitsgemeinschaft behält sich vor, bei Bedarf ein „Schlichtungsorgan" zu schaffen.

k) Einzelheiten, die der Durchsetzung der Regularien dienen, sind von der Landesbetreuungsstelle und den bezirklichen Arbeitsgemeinschaften zu erarbeiten.

6.5 Stundensätze für Betreuer – § 4 VBVG

485 Wie schon nach der bisherigen Regelung des § 1 BVormVG (die nur noch für bis zum 30.6.2005 erbrachte Tätigkeiten Bedeutung hat) stehen dem Betreuer für seine Tätigkeit feste Stundensätze zu, § 4 Abs. 1 VBVG. Die Höhe dieses Stundensatzes hängt von der Ausbildung des Betreuers ab.

486 Neu ist, dass es sich um so genannte **Inklusivstundensätze** handelt. Das heißt, dass eine eventuell abzuführende Umsatzsteuer sowie der Aufwendungsersatz bereits in diesem Stundensatz enthalten sind und nicht mehr zusätzlich geltend gemacht werden können (§ 4 Abs. 2 VBVG).

487 Während diese Stundensätze nach der alten Rechtslage nur eingeschränkte Geltung hatten, sofern der Betreute die Vergütung selbst zahlen konnte, gelten sie nach der Neuregelung nun in allen Fällen, gleichgültig, ob die Vergütung vom Betreuten selbst zu zahlen ist oder ob der Betreute als mittellos anzusehen ist und die Vergütung deshalb aus der Staatskasse zu zahlen ist.

6.5.1 Allgemeines zur Vergütung nach Stundensätzen

488 Ziel der Einführung der festen Stundensätze durch das 1. BtÄndG war es u.a., die Regelungen über die Vergütung von Betreuern zu präzisieren, leichter handhabbar zu machen und zu vereinheitlichen.[86] Insbesondere bei Vergütungen aus der Staatskasse infolge Mittellosigkeit des Betreuten sollten feste Beträge für eine einheitliche Vergütung sorgen.

489 Das Gesetz sieht eine dreifache Vergütungsstufung mit in festen Euro-Beträgen ausgedrückten Stundensätzen vor: Auf der unteren Stufe steht der Betreuer, der über keine durch eine abgeschlossene Ausbildung erworbenen Fachkenntnisse verfügt. Ihm folgt der Betreuer, dessen Fachkenntnisse durch eine Lehre oder eine vergleichbare abgeschlossene Ausbildung erworben wurden. Auf der oberen Stufe findet sich der Betreuer, der seine Fachkenntnisse einer (auch Fach-)Hochschulausbildung verdankt.[87] Dieses ursprünglich in § 1 BVormVG festgelegte System wurde vom Grundsatz her in den ab dem 1.7.2005 geltenden § 4 VBVG übernommen.

490 Der Stundensatz ist lediglich eine Berechnungsgrundlage und bedeutet nicht etwa, dass jeweils volle (auch angebrochene) Arbeitsstunden vergütet werden. Für bis zum 30.6.2005 erbrachte Tätigkeiten muss die aufgewendete Zeit deshalb möglichst genau angegeben werden. Während zum Teil eine minutengenaue Abrechnung gefordert wird[88], wird von anderen Gerichten auch eine Abrechnung im 5-Minuten-Takt oder auch

---

86 BT-Drs. 13/7158, S. 1 und 13
87 Vgl. auch BT-Drs. 13/7158, S. 13

im 6-Minuten-Takt[89] akzeptiert.

Da für ab dem 1.7.2005 erbrachte Tätigkeiten eine pauschale Stundenzahl vergütet wird, entfällt dann die bis dahin notwendige Dokumentation des Zeitaufwands. **491**

Diese Stundensätze sind für die Rechtsanwendung **verbindlich**, dürfen also bei der Festsetzung der Vergütung weder unterschritten noch überschritten werden.[90] Lediglich für bis zum 30.6.2005 erbrachte Tätigkeiten ist eine Ausnahme zulässig, falls die Betreuung besondere Schwierigkeiten aufweist und die Vergütung von dem Betreuten selbst und nicht aus der Staatskasse gezahlt wird (siehe dazu unten Rn. 643 ff.). **492**

Maßgebend für die **Vergütungshöhe** ist zunächst, ob der Betreuer über **Fachkenntnisse** verfügt, die für die Führung der konkreten Betreuung nutzbar sind. Wenn ja, ist zu unterscheiden, ob der Erwerb der Fachkenntnisse auf einer abgeschlossenen Lehre oder einer vergleichbaren Ausbildung oder auf einem abgeschlossenen Hochschulstudium – sei es Fachhochschul-, sei es Universitätsstudium – beruht. **493**

Die Verfügbarkeit solcher Fachkenntnisse und die verschiedene Art ihres Erwerbs bilden zusammengenommen ein dreistufiges Vergütungsraster, das den unterschiedlichen Vergütungswert der Tätigkeit von Berufsbetreuern grob typisierend erfasst, sich auf aus dem Erwerbsleben bekannte Bewertungsmaßstäbe stützen kann, von den Gerichten leicht zu handhaben ist und eine einheitliche Vergütungspraxis sicherstellt.[91] **494**

Die **Art der Ausbildung** ist also für die **Höhe der Vergütung maßgebend**. Aus der Art der Ausbildung ist, so offenbar die Vorstellung des Gesetzgebers, auf die Qualifikation und damit auf die Geeignetheit (§ 1897 Abs. 1) des Betreuers zu schließen. Da das Gericht nur einen für den Einzelfall geeigneten Betreuer bestellen darf, sollte es zumindest in der Begründung des Beschlusses über die Betreuerbestellung etwas über die Qualifikation des Betreuers sagen. **495**

Soweit der tatsächlich benötigte Zeitaufwand bezahlt wird, spricht für ausbildungsabhängige unterschiedliche Stundensätze auch, dass ein gut ausgebildeter Betreuer seine Aufgaben im Regelfall besser und effektiver erfüllen kann[92] und deshalb für viele Tätigkeiten weniger Zeit benötigt als ein Betreuer ohne für die konkret zu erledigende Arbeit nutzbare Fachkenntnisse. Ein Jurist wird z.B. für die Erstellung eines Widerspruchs gegen eine als unrechtmäßig angesehene Entscheidung einer Behörde weniger Zeit benötigen als ein Betreuer, der lediglich über eine technische Ausbildung oder über gar keine Ausbildung verfügt. Im Idealfall wird dann das „Endprodukt" – der Widerspruch – immer gleich viel kosten. Der gut ausgebildete Betreuer benötigt weniger Zeit, bekommt dafür aber mehr Geld pro Stunde; der Betreuer ohne Ausbildung benötigt zwar mehr Zeit, erhält aber aufgrund seines niedrigeren Stundensatzes im Endergebnis eine vergleichbare Vergütung für die Erledigung der Tätigkeit. Wenn ein Betreuer aufgrund fehlender einschlägiger Ausbildung mehr Zeit benötigt als sein Kollege, geht das also im Endeffekt nicht zu Lasten der Staatskasse oder des Betreuten. **496**

Im Falle der Zahlung von Fallpauschalen, also ab dem 1.7.2005, erscheint es deshalb als zweifelhaft, ob das Stundensatzsystem in seiner jetzigen Ausprägung dauerhaft beibehalten werden kann. Der Betreuer ohne einschlägige Ausbildung wird sich möglicherweise „doppelt bestraft" fühlen. Obwohl ihm nämlich – rechnerisch – nur die gleiche Zeit für die **497**

---

88   LG Mönchengladbach FamRZ 2004, 486: werden Rundungen vorgenommen, darf nach Ansicht des LG eine Kürzung der Vergütung um 25 % vorgenommen werden.
89   LG Lübeck 7 T 98/04 vom 20.4.2004; siehe auch LG Erfurt 7 T 42/05 vom 8.4.2005; danach jedenfalls keine Kürzung der Vergütung, wenn zuvor eine Abrechnung im 5-Minuten-Takt akzeptiert wurde und der Betreuer keine Information darüber erhalten hat, dass dies nun nicht mehr akzeptiert werden soll.
90   Vgl. BT-Drs. 13/7158, S. 26
91   So der Regierungsentwurf BT-Drs. 13/7158, S. 27
92   *Knittel* § 1836 Rn. 4

Erledigung seiner Aufgaben zugestanden wird wie seinem gut ausgebildeten Kollegen, muss er sich mit einem erheblich niedrigeren Stundensatz zufrieden geben.

498 Nach der Umstellung des Vergütungssystems auf **Fallpauschalen** lassen sich die unterschiedlich hohen Stundensätze deshalb nur noch rechtfertigen, wenn man unterstellt, dass die Angehörigen der unterschiedlichen Vergütungsstufen vom Schwierigkeitsgrad und vom erforderlichen Zeitaufwand her unterschiedliche Fälle übertragen bekommen. Ob tatsächlich eine so feine Ausdifferenzierung möglich ist, die bei der Vergabe der Fälle sowohl die unterschiedlichen Ausbildungen als auch die für jeden Betreuer notwendige Mischung aus leichten und schweren Fällen ausreichend berücksichtigt, wird sich zeigen. Eventuell wird man über eine teilweise Angleichung der Stundensätze nachdenken müssen.

6.5.2 Besondere Ausbildungen als Voraussetzung für die Betreuertätigkeit?

499 Im Gesetz werden **keine genaueren Kriterien** für die Bewertung einzelner Ausbildungen bei der Bestimmung der Eignung eines Betreuers genannt. Es gibt keine für die berufliche Führung von Betreuungen verbindlich vorgeschriebene (Zusatz-)Ausbildung und es werden auch keine Kenntnisse oder Eigenschaften genannt, über die ein Berufsbetreuer verfügen sollte. Zum 1.7.2005 wurde lediglich in § 1897 Abs. 7 die Vorgabe aufgenommen, dass die Behörde einen Betreuer vor der Bestellung auffordern soll, ein Führungszeugnis und eine Auskunft aus dem Schuldnerverzeichnis vorzulegen.

500 In der rechtspolitischen Diskussion und der Literatur werden in letzter Zeit verstärkt verbindliche **Auswahlkriterien** gefordert, wobei aber unterschiedlich hohe Anforderungen gestellt werden. Zum Teil wird davon ausgegangen, dass eine spezielle (Zusatz-)Ausbildung nicht zweckmäßig sei, weil die in den verschiedenen Betreuungen zu erledigenden Aufgaben so unterschiedlich seien, dass dem Gericht der Zugriff auf Angehörige unterschiedlichster Berufsgruppen für den Einsatz als Betreuer offen stehen müsse. Zur Sicherung eines gewissen Qualitätsstandards sollten aber in einer Art Eingangsprüfung die für die Führung von Betreuungen notwendigen Grundkenntnisse vor der erstmaligen Bestellung in einem Test gegenüber der Behörde nachgewiesen werden.[93]

501 Im Gegensatz dazu wurden von den Berufsverbänden Berufsbilder mit vergleichsweise sehr hohen Anforderungen entwickelt. In dem vom *Bundesverband der Berufsbetreuer/ -innen* entwickelten Berufsbild werden die folgenden Anforderungen an einen Berufsbetreuer genannt[94]:

- Kenntnisse aus dem sozialarbeiterischen bzw. sozialpädagogischen Bereich sowie in den Methoden sozialer Arbeit

- Einschlägige Rechtskenntnisse, insbesondere im Vormundschafts- und Betreuungsrecht

- Medizinische, psychiatrische und psychologische Grundkenntnisse sowie die Fähigkeit zu adäquater Gesprächsführung

- Kaufmännische Grundkenntnisse, auch für die Regulierung von Schulden des Betreuten

- Soziologische Kenntnisse sowie die Fähigkeit, eine Betreuung zu planen und die eigene Arbeit nachvollziehbar zu dokumentieren

---

93 So z.B. *Renner*, Qualitätssicherung durch Zugangsregelungen, BtPrax 2004,179 ff.
94 BdB-Verbandszeitung Heft 42, Dezember 2002, S. 12 ff.; dieses Berufsbild wurde von der Mitgliederversammlung des BdB2003 in Leipzig angenommen, siehe dazu die BdB-Verbandszeitung 45, Juni 2003, S. 12 f., kritisch dazu *Tänzer* im BtMan 2/2005, VfB – Seite 6 ff.

Neben diesen fachlich-methodischen Kompetenzen werden auch personale Kompeten- **502**
zen, wie Menschenkenntnis, Lebens- oder Berufserfahrung, Selbstbewusstsein und Durchsetzungsvermögen, eine hohe Frustrationstoleranz, Einfühlungsvermögen, eine hohe
moralische Integrität sowie soziale Kompetenzen als Voraussetzung genannt.

Im Interesse einer **Qualitätssicherung** in der beruflichen Betreuungsarbeit sollen Berufs- **503**
betreuer u.a. regelmäßig an Fortbildungsveranstaltungen teilnehmen, ihre Arbeit gewissenhaft dokumentieren, ihr Handeln in Fallbesprechungen und Supervision reflektieren
und regelmäßigen fachlichen Austausch mit Kollegen suchen und für eine adäquate Ausstattung ihres Betreuerbüros sorgen.

Für eine Erstbestellung als Berufsbetreuer sollen nur noch solche Personen infrage kom- **504**
men, die über ein **(Fach-)Hochschulstudium** oder zumindest eine duale oder Fachschulausbildung verfügen und erfolgreich eine spezielle Weiterbildung zum Betreuer auf
Hochschulniveau durchlaufen haben.

Zur Sicherstellung der Einhaltung dieser Kriterien sollen eine Zertifizierungsstelle und ein **505**
Berufsregister aufgebaut werden.

Diese Vorstellungen sind vom Gesetzgeber zunächst nicht übernommen worden. Vor dem **506**
Hintergrund einer ansteigenden **Konkurrenzsituation** (aufgrund der schlechten **Arbeits-**
marktlage gibt es bei in etwa stagnierenden Fallzahlen immer mehr Interessenten für die
berufliche Führung von Betreuungen) werden aber auf Dauer wohl nur Betreuer wirtschaftlich überleben können bzw. für eine Erstbestellung überhaupt in Betracht gezogen werden,
die zumindest einen Teil der oben genannten Anforderungen erfüllen. Unabhängig davon,
welches Anforderungsniveau man grundsätzlich für wünschenswert hält, wird man auch
beobachten müssen, wie sich die Reform und die Gewerbesteuerentscheidung des *BFH*
(dazu Kapitel 12 Rn. 1879 ff.) auf die Einkommenssituation auswirken werden und welche
Anforderungen vor diesem Hintergrund für den einzelnen Betreuer finanzierbar sind.

6.5.3   Regelung für Berufsvormünder

Für die selbstständige Tätigkeit als Berufsvormund für Minderjährige gilt von der Berufs- **507**
qualifikation grundsätzlich das gleiche wie beim genannten Berufsbetreuer. Allerdings
werden die beruflichen Gebiete, aus denen sich Berufsvormünder rekrutieren, eher als bei
Berufsbetreuern aus der sozialpädagogischen Berufsgruppe kommen.

Für die Anerkennung als Berufsvormund Minderjähriger gelten die gleichen Regeln, wie
sie bei Berufsbetreuern bis 30.6.2005 galten (vgl. oben Rn. 460 ff.), d.h. es kommt auf die
Mindestfallzahl an, wobei zu den Fällen neben Vormundschaften auch Pflegschaften und
Betreuungen zählen können. Außerdem gilt die grundsätzliche Mindeststundenzahl von
20 pro Woche im Minderjährigenbereich anders als bei Betreuungen Volljähriger weiter,
hat aber wohl in der Praxis keine große Bedeutung.

Da der beruflich tätige Vormund nicht nach der Vergütungspauschale, sondern entspre- **508**
chend § 3 VBVG nach konkretem Zeitaufwand bezahlt wird, ist auch nicht der für Berufsbetreuer geltende Stundenansatz maßgeblich, sondern einer der in § 3 Abs. 1 genannten
Beträge.

Die Kriterien für die Einstufung sind die gleichen wie für Berufsbetreuer (vgl. unten **509**
Rn. 517 ff.) und entsprechen der Regelung im bisherigen § 1 Abs. 1 BVormVG, der ja
eigentlich auch für Berufsvormünder bestimmt war, sein Anwendungsbereich aber im
Wesentlichen bei Berufsbetreuern lag.

Nachstehend sind die drei Vergütungsstundensätze aufgelistet. Es handelt sich wie im bis- **510**
herigen Vergütungsrecht um Nettobeträge. Falls der Berufsvormund nicht als Kleinunternehmer (§ 19 Abs. 1 UStG) von der Umsatzsteuerpflicht befreit ist, kann er auf die Vergütungsstundensätze die persönliche Umsatzsteuer aufschlagen (§ 3 Abs. 1 Satz 3 VBVG).

511

Vergütungsstundensätze bei Vormündern			
Vergütungs-stufen	**Stundensätze netto**	**Zuzügl. 19 % MWSt**	**Bruttobetrag für selbstständig tätige Berufsvormünder**
Stufe 1	19,50 €	3,71 €	**23,21 €**
Stufe 2	25,00 €	4,75 €	**29,75 €**
Stufe 3	33,50 €	6,37 €	**39,87 €**

512 Neben der Vergütung hat der beruflich tätige Vormund Anspruch auf Aufwendungsersatz nach § 1835 (vgl. oben Kapitel 4, Rn. 212 ff.) Keinen Ersatz erhält er für Haftpflichtversicherungsbeiträge nach § 1835 Absatz 2.

▸ *Zu speziellen Formen der gesetzlichen Vertretung siehe auch unten Rn. 840 ff.*

6.5.4 Einstufung von Berufsbetreuern in die Vergütungsgruppen des § 4 Abs. 1 VBVG (vormals § 1 Abs. 1 BVormVG)

513 Die seit dem 1.7.2005 geltende Regelung lautet:

§ 4 VBVG Stundensatz und Aufwendungsersatz des Betreuers

(1) Die dem Betreuer nach § 1 Abs. 2 zu bewilligende Vergütung beträgt für jede nach § 5 anzusetzende Stunde 27,– Euro.

Verfügt der Betreuer über besondere Kenntnisse, die für die Führung der Betreuung nutzbar sind, so erhöht sich der Stundensatz

1. auf 33,50 Euro, wenn diese Kenntnisse durch eine abgeschlossene Lehre oder eine vergleichbare abgeschlossene Ausbildung erworben sind;

2. auf 44,– Euro, wenn diese Kenntnisse durch eine abgeschlossene Ausbildung an einer Hochschule oder durch eine vergleichbare abgeschlossene Ausbildung erworben sind.

(2) Die Stundensätze nach Absatz 1 gelten auch Ansprüche auf Ersatz anlässlich der Betreuung entstandener Aufwendungen sowie anfallende Umsatzsteuer ab. Die gesonderte Geltendmachung von Aufwendungen im Sinne des § 1835 Abs. 3 des Bürgerlichen Gesetzbuchs bleibt unberührt.

(3) § 3 Abs. 2 gilt entsprechend. § 1 Abs. 1 Satz 2 Nr. 2 findet keine Anwendung.

514 Für bis zum 30.6.2005 geleistete Tätigkeiten galt die in § 1 Abs. 1 BVormVG enthaltene Regelung:

Die nach § 1836a des Bürgerlichen Gesetzbuchs aus der Staatskasse zu gewährende Vergütung beträgt für jede Stunde der für die Führung der Vormundschaft aufgewendeten und erforderlichen Zeit 18,– Euro. Verfügt der Vormund über besondere Kenntnisse, die für die Führung der Vormundschaft nutzbar sind, so erhöht sich diese Vergütung

1. auf 23,– Euro, wenn diese Kenntnisse durch eine abgeschlossene Lehre oder eine vergleichbare abgeschlossene Ausbildung erworben sind;

2. auf 31,– Euro, wenn diese Kenntnisse durch eine abgeschlossene Ausbildung an einer Hochschule oder durch eine vergleichbare abgeschlossene Ausbildung erworben sind.

Eine auf die Vergütung entfallende Umsatzsteuer wird, soweit sie nicht nach § 19 Abs. 1 des Umsatzsteuergesetzes unerhoben bleibt, zusätzlich ersetzt.

515 Die Neuregelung gewährt dem Betreuer also höhere Stundensätze, dafür sind in diesen Stundensätzen aber im Gegensatz zur bisherigen Regelung bereits pauschal die Aufwendungen sowie eine eventuell zu zahlende Umsatzsteuer mit enthalten, so Abs. 2 des neuen § 4 VBVG.

Im Übrigen ist das frühere Stundensatzsystem ohne Veränderungen übernommen worden, die Einordnung in die verschiedenen Vergütungsstufen erfolgt nach den gleichen Kriterien wie bisher. **516**

6.5.4.1 Grundsätze der Einordnung in die Vergütungsstufen

Fachkenntnisse bzw. **besondere Kenntnisse** (zwischen diesen Begriffen besteht kein **517** sachlicher Unterschied) sind Kenntnisse, die – bezogen auf ein bestimmtes Fachgebiet – über ein Grundwissen deutlich hinausgehen, wobei das Grundwissen je nach Bildungsstand bzw. Ausbildung mehr oder weniger umfangreich sein kann.[95]

Für die Führung einer Betreuung **nutzbar** sind Fachkenntnisse, die ihrer Art nach betreu- **518** ungsrelevant sind und den Betreuer befähigen, seine Aufgaben zum Wohle des Betreuten besser zu erfüllen. Notwendig ist insoweit nicht, dass die Kenntnisse das gesamte Anforderungsprofil der Betreuung abdecken. Vielmehr reichen Kenntnisse zur Bewältigung eines bestimmten Aufgabenkreises aus.[96]

Verbreitet wird dabei angenommen, dass die Ausbildung in ihrem **Kernbereich** auf die **519** **Vermittlung der nutzbaren Fachkenntnisse** ausgerichtet sein muss[97], dies sei z.B. bei den Studiengängen Rechtswissenschaften/Rechtspflege, Medizin, Psychologie, Sozialarbeit, Sozialpädagogik, Soziologie oder Betriebswirtschaft[98] und auch bei anderen auf zwischenmenschliche Kommunikation zielenden Disziplinen der Fall.[99] Danach entspricht es nicht dem Sinn und Zweck der mit § 4 Abs. 1 Satz 2 VBVG getroffenen Vergütungsregelung, einen erhöhten Stundensatz schon deshalb zu gewähren, weil die Ausbildung wegen der Komplexität der betreffenden Fachrichtung daneben auch die Vermittlung betreuungsrelevanter Kenntnisse zum Inhalt hatte, die betreuungsrelevanten Kenntnisse also lediglich ein geringfügiges „Nebenprodukt" der Ausbildung waren.[100] Nach anderer Ansicht soll es ausreichen, wenn besondere Kenntnisse vorliegen, welche durch eine Ausbildung erworben wurden.[101]

Angesichts des Wesens der Betreuung als rechtlicher Betreuung (§§ 1901 Abs. 1, 1902, **520** § 53 ZPO, § 34 AO) kommt **rechtlichen Kenntnissen eine grundlegende Bedeutung** zu, insbesondere Kenntnissen im Gesundheits-, Zivil-, Sozialleistungs- und Versorgungs-, Verwaltungs- und Steuerrecht einschließlich des jeweiligen Verfahrensrechts.

Betreuungsrelevant sind im Allgemeinen ferner **Kenntnisse in den Bereichen Medizin,** **521** **Psychologie, Sozialarbeit und Sozialpädagogik, Soziologie und Wirtschaft**. Die Aufgabe, die übertragenen Angelegenheiten rechtlich zu besorgen, schließt nämlich gem. § 1897 Abs. 1 auch die Anforderung mit ein, den betroffenen Menschen persönlich zu betreuen und es ihm zu ermöglichen, sein Leben im Rahmen seiner Fähigkeiten nach seinen eigenen Wünschen und Vorstellungen zu gestalten (§ 1901 Abs. 2). Hierzu sind ein möglichst enger persönlicher Kontakt, das Bemühen um ein persönliches Vertrauensverhältnis, die Einbeziehung des Betreuten in anstehende Entscheidungen, die Erörterung, inwieweit Vorstellungen und Wünsche des Betreuten seinem Wohl zuwiderlaufen, sowie die Verdeutlichung des Zwecks und der Erforderlichkeit notwendiger, in die Lebensverhältnisse des Betreuten eingreifender Maßnahmen erforderlich.

Psychologische und pädagogische Kenntnisse (und ganz allgemein alle Kenntnisse, die die **522** zwischenmenschliche Kommunikationsfähigkeit fördern und im Verhältnis zum Betreuten soziale Kompetenz verleihen) können dabei helfen, durch die Erkrankung oder Behinde-

---

95 BayObLG BtPrax 2000, 81 = FGPrax 2000, 22 = FamRZ 2000, 844 = Rpfleger 2000, 215; OLG Köln FamRZ 2000, 1303
96 BayObLG a.a.O.; OLG Schleswig FamRZ 2000, 1532; 2000, 846
97 OLG Thüringen FamRZ 2000, 846; BayObLG FamRZ 2000, 844
98 BayObLG FamRZ 2000, 844; OLG Köln FamRZ 2000, 1303
99 OLG Köln FamRZ 2000, 1303
100 Vgl. BayObLG FamRZ 2000, 844
101 LG Braunschweig , Beschluss vom 14.1.2008, Az.: 1038/07

rung des Betreuten bestehende Kontaktschwierigkeiten zu beheben.[102]

523 Eine etwas eigenwillige Definition, die aber zum Teil zu brauchbaren Ergebnissen führt, verwendet das *LG Hamburg*. Nach Ansicht des Landgerichts lässt sich den beispielhaft in dem Regierungsentwurf zum Betreuungsgesetz[103] genannten Studiengängen Sozialpädagogik, Pädagogik, Medizin, Psychologie, Rechtswissenschaft und -pflege, Betriebswirtschaft, Verwaltungs-/Finanzwirtschaft entnehmen, dass Fachdisziplinen zu berücksichtigen sind, die sich, anders als Naturwissenschaften und musisch geprägte Studiengänge, mit den Lebensbedingungen des Menschen und ihrer Gestaltung befassen.[104]

524 Neben Ausbildungsgängen, die grundsätzlich für alle Betreuungen nutzbare Kenntnisse vermitteln, gibt es auch Ausbildungsgänge, deren Kenntnisse nur in Bezug auf bestimmte Aufgabenkreise nutzbar sind.[105]

6.5.4.2 Vermutung der Nutzbarkeit der Fachkenntnisse

525 Es muss **nicht für jede einzelne Verrichtung**, für die der Betreuer Vergütung erhält, die Nutzbarkeit der Kenntnisse, die der Betreuer durch seine Ausbildung erhalten hat, geprüft werden. Nach der amtlichen Begründung bedeutet Nutzbarkeit auch nicht, dass die Fachkenntnisse zur sachgerechten Führung der Betreuung tatsächlich erforderlich sind; vielmehr soll es ausreichen, dass sie geeignet sind, die Geschäftsführung des Vormunds oder Betreuers im konkreten Fall zu erleichtern.[106]

526 Das bedeutet, dass keine so genannte **Binnendifferenzierung** mehr stattfinden darf. Sind generell nutzbare Fachkenntnisse vorhanden, ist immer der erhöhte Stundensatz zu zahlen; sind Fachkenntnisse vorhanden, die lediglich für bestimmte Aufgabenkreise nutzbar sind, ist dieser erhöhte Stundensatz immer zu zahlen, sofern die entsprechenden Aufgabenkreise übertragen wurden.[107]

527 Eine Ausnahme gibt es nur für den Fall, dass das Vormundschaftsgericht gleich **bei der Bestellung** des Betreuers bestimmt, dass ein niedriger Stundensatz zu zahlen ist.[108] Diese Möglichkeit ergibt sich aus § 4 Abs. 2 i.V.m. § 3 Abs. 2 Satz 2 VBVG. Das Gericht erhält also die Möglichkeit, einem gut ausgebildeten Betreuer eine Betreuung zu übertragen, die für seinen Ausbildungsstand eigentlich „zu leicht" ist, ohne dass dies zu Lasten der Staatskasse oder des Betreuten geht.

528 Für Betreuer konnte dies ursprünglich interessant sein, wenn sie nicht ausreichend ausgelastet waren und keine ihrer Ausbildung entsprechend schwierige Betreuung zu vergeben war. Ob dieses System in Anbetracht der Pauschalierung noch zu **gerechten Ergebnissen** führen kann, ist unseres Erachtens allerdings zweifelhaft. Die Pauschalierung kann ja nur dann funktionieren, wenn jeder Betreuer eine Mischung aus leichten und schwierigen Fällen erhält. Die notwendige Mischung aus leichten und schweren Fällen kann aber nicht mehr eintreten, wenn die leichten und deshalb mit weniger Aufwand verbundenen Fälle dann nur zu einem niedrigeren Stundensatz vergeben werden.

529 Wählt das Vormundschaftsgericht bei Betreuungsanordnung einen Berufsbetreuer mit **Hochschulabschluss** aus, dessen besondere Kenntnisse generell nutzbar sind, wirkt sich also – vorbehaltlich einer anderen Bestimmung gemäß § 4 Abs. 3 i.V.m. § 3 Abs. 2 Satz 1 VBVG – bereits die Bestellung vergütungssteigernd aus. Im Hinblick auf die dort enthaltene Vermutung ist im anschließenden Vergütungsverfahren nicht mehr zu prüfen, ob die

---

102 BayObLG FamRZ 2001, 306
103 BT-Drs. 11/4528, S. 111
104 LG Hamburg BtPrax 2000, 221
105 OLG Dresden FamRZ 2000, 551
106 OLG Dresden FamRZ 2000, 552; OLG Köln FamRZ 2000, 1303
107 OLG Zweibrücken FamRZ 2000, 551; LG Kassel BtPrax 2002, 132 (LS) = FamRZ 2002, 988 mit Anm. *Bienwald*, 988
108 OLG Zweibrücken FamRZ 2000, 551 = OLGR 2000, 238 = FGPrax 2000, 64 sowie FGPrax 2001, 21 = BtPrax 2001, 87; siehe hierzu auch unten unter „Verfahren"

durch Hochschulabschluss erworbenen besonderen Fähigkeiten im Rahmen der konkret zu bewältigenden Betreuungstätigkeit tatsächlich nutzbar waren bzw. sein werden. Nach dem 2. BtÄndG ist die Qualifikation des Betreuers nämlich im Interesse einer problemlosen Handhabung nach der Art seiner Ausbildung typisiert.

Zudem soll aufgrund einer standardisierten Vergütungsfestsetzung die Notwendigkeit entfallen, die Schwierigkeiten der einzelnen Betreuung konkret nachzuweisen. Das VormG hat von vornherein einzelfallbezogen einen geeigneten Betreuer zu bestellen. **530**

Im Rahmen dieser **Eignungsprüfung** ist festzulegen, ob für die Führung der Betreuung Fachkenntnisse notwendig, wünschenswert oder entbehrlich sind, wobei das Risiko von Fehlentscheidungen – überhöhte Vergütung für einen überqualifizierten Betreuer – die Staatskasse trägt. **531**

Mit der erfolgten Auswahl ist der Vergütungssatz vorgegeben. Der bestellte Betreuer kann sich grundsätzlich darauf verlassen, eine der von ihm eingebrachten Qualifikation entsprechende Vergütung zu erhalten. **532**

Dementsprechend wird gemäß § 4 Abs. 3 i.V.m. § 3 Abs. 2 Satz 1 VBVG vermutet, dass Fachkenntnisse, die für die Führung von Betreuungen generell nutzbar sind, sich vergütungssteigernd auswirken, wenn das VormG einen Berufsbetreuer mit solchen Kenntnissen bestellt hat.[109] **533**

Im Regelfall wird über die **Einstufung** erst im Verfahren der Vergütungsfestsetzung entschieden, das Vormundschaftsgericht kann allerdings eine Zwischen- oder Vorabentscheidung über die Einstufung treffen, die mit der einfachen Beschwerde angegriffen werden kann.[110] **534**

Im Verfahren der weiteren Beschwerde findet nur noch eine eingeschränkte Überprüfung der vorangegangenen Entscheidungen statt. Ob ein Berufsbetreuer die Voraussetzungen einer der höheren Vergütungsstufen erfüllt, obliegt der Beurteilung des Tatrichters. Das Rechtsbeschwerdegericht kann dessen Würdigung nur auf Rechtsfehler überprüfen (§ 27 Abs. 1 Satz 1 FGG), d.h. darauf, ob der Tatrichter einen der unbestimmten Rechtsbegriffe verkannt hat, von ungenügenden oder verfahrenswidrig zustande gekommenen Feststellungen ausgegangen ist, wesentliche Umstände außer Betracht gelassen, der Bewertung maßgeblicher Umstände unrichtige Maßstäbe zugrunde gelegt, gegen die Denkgesetze verstoßen oder Erfahrungssätze nicht beachtet hat.[111] **535**

6.5.4.3 Lehre (Berufsausbildung)

Eine Lehre erfordert gem. § 1 Abs. 2 BBiG einen **geordneten Ausbildungsgang**, in dem eine breit angelegte Grundbildung und die für die Ausübung einer qualifizierten beruflichen Tätigkeit notwendigen fachlichen Fertigkeiten und Kenntnisse vermittelt werden. Zur abgeschlossenen Berufsausbildung wird diese Ausbildung durch das Absolvieren einer Abschlussprüfung (§ 34 BBiG), die vor einem von der jeweils zuständigen Stelle (vgl. §§ 73 ff. BBiG) errichteten Prüfungsausschuss abgelegt werden muss.[112] Allerdings muss die Berufsausbildung nicht zwingend im BBiG geregelt sein, in Frage kommen auch Berufsausbildungen, die in Spezialgesetzen geregelt sind, wie die Ausbildung zum Krankenpfleger, die im Krankenpflegegesetz geregelt ist oder die zum Altenpfleger, deren Regelung sich im Altenpflegegesetz findet. Das gleiche gilt für Ausbildungen als Beamtenanwärter nach den entsprechenden Ausbildungs- und Prüfungsordnungen des Bundes bzw. der Länder. **536**

---

109 OLG Schleswig BtPrax 2003, 182 und 224 = FamRZ 2003, 1324 = FGPrax 2003, 176
110 LG Neubrandenburg FamRZ 2000, 1305; OLG Zweibrücken FamRZ 2000, 551; LG Koblenz FamRZ 2001,712; aA: LG Mühlhausen 1 T 51/02 vom 24.5.2002
111 BayObLG FamRZ 2000, 844; OLG Köln FamRZ 2000, 1303
112 OLG Zweibrücken Rpfleger 2000, 64; Schmidt BtPrax 2000, 63

537 Nicht zu berücksichtigen ist es daher, wenn die Erlaubnis zur Führung einer Berufsbezeichnung aufgrund einer Ausbildung, sondern (noch in der ehemaligen DDR) lediglich aufgrund hervorragender Leistungen im Betrieb verliehen wurde.[113]

6.5.4.4   Einer abgeschlossenen Lehre vergleichbar

538 Durch eine einer abgeschlossenen Lehre vergleichbare abgeschlossene Ausbildung erworben sind die Fachkenntnisse grundsätzlich dann, wenn sie im Rahmen der Ausbildung vermittelt wurden und die Ausbildung in ihrer Wertigkeit einer abgeschlossenen Lehre entspricht sowie einen formalen Abschluss aufweist. Einer abgeschlossenen Lehre gleichwertig ist eine Ausbildung in der Regel, wenn sie **staatlich reglementiert** oder **zumindest staatlich anerkannt** ist, der durch sie vermittelte Wissensstand nach Art und Umfang dem durch eine Lehre vermittelten entspricht und ihr Erfolg durch eine vor einer **staatlichen** oder **staatlich anerkannten Stelle abgelegten Prüfung** belegt ist.[114]

539 Eine staatlich reglementierte oder anerkannte Ausbildung oder eine Fachprüfung vor einer staatlichen oder staatlich anerkannten Stelle ist allerdings nicht ausnahmslos nötig. Für die Beurteilung, ob es sich um eine einer abgeschlossenen Lehre vergleichbare Ausbildung handelt, können die im Berufsbildungsgesetz und in der Handwerksordnung getroffenen Regelungen über die Berufsausbildung herangezogen werden.[115]

540 Eine anerkannte gleichwertige Ausbildung i.S.v. § 4 Abs. 1 Nr. 1 VBVG/§ 1 Abs. 1 Nr. 1 BVormVG kann auch vorliegen, wenn der Staat in einem förmlichen Verfahren eine **Tätigkeit als Ausbildung anerkennt.** Eine solche Anerkennung liegt z.B. vor, wenn die nach Landesrecht zuständige Behörde Personen nach § 76 Abs. 3 BBiG die fachliche Eignung zur Tätigkeit als Ausbilder in einem anerkannten Ausbildungsberuf zuerkennt. Erkennt die Behörde mit Bescheid nach § 76 Abs. 3 BBiG an, dass der Antragsteller die als Ausbilder erforderliche fachliche Eignung besitzt, so ersetzt sie durch ihre Entscheidung die an sich erforderliche fehlende Ausbildung und Prüfung.[116] Als ausreichend wird im Übrigen auch die Zulassung zum **Heilpraktiker** angesehen (Einzelheiten vgl. unten Rn. 565).[117]

541 Ebenfalls beachtlich ist es, wenn Bundesversicherungsanstalt für Angestellte (die Vorgängerin der heutigen DRV) eine außerhalb einer Fachhochschule vermittelte Ausbildung als einer Fachhochschulausbildung vergleichbar ansieht.[118]

6.5.4.5   Hochschulausbildung

542 Eine Hochschulausbildung ist mit dem ersten Staatsexamen abgeschlossen; damit sind die Voraussetzungen des § 4 Abs. 1 Nr. 2 VBVG (vormals § 1 Abs. 1 Nr. 2 BVormVG) erfüllt. Eine eventuell folgende Referendarzeit ist nicht mehr Bestandteil der Hochschulausbildung, sondern Vorbereitungszeit für die Einstellung in den öffentlichen Dienst und deshalb nicht mehr Voraussetzung für die Festsetzung des Stundensatzes in Höhe von 33,50 e nach § 3 Abs. 1 VBVG bzw, 44,– € nach § 4 Abs. 1 VBVG.[119]

543 Durch die zurzeit stattfindende Umstellung der Studienstrukturen auf **Bachelor- und Masterabschlüsse** kann es eventuell zu Irritationen bei der Einordnung dieser Abschlüsse in das Vergütungssystem geben. Der Masterabschluss ersetzt lediglich den bisherigen Magister- oder Diplomabschluss. Ein mit dem Masterabschluss beendetes Studium ist

---

113 So für einen Wirtschaftskaufmann LG Zwickau 9 T 80/00 vom 10.2.2000
114 BayObLG FamRZ 2000, 554; ähnlich OLG Zweibrücken FamRZ 2000, 1303
115 OLG Zweibrücken FamRZ 2000, 1303
116 BayObLG FamRZ 2000, 554
117 LG Hamburg FamRZ 2001, 1168
118 OLG Jena Beschluss vom 22.10.2001 mit Az. 6 W 357/01
119 OLG Düsseldorf BtPrax 2000, 224 = FamRZ 2000, 1308 = NJW-RR 2001, 583; siehe aber auch die unten Rn. 581 f. aufgeführten Entscheidungen zur Einstufung von Lehrern, in denen auch gerade darauf abgestellt wird, dass durch das Referendariat eine intensive pädagogische Schulung erfolgte.

daher genau wie im Falle eines bisher üblichen Abschlusses als abgeschlossene Hochschulausbildung zu bewerten.

Gerichtsentscheidungen, die sich mit der Einordnung von Bachelorabschlüssen befassen, sind uns zurzeit nicht bekannt. Es handelt sich dabei um bewusst kurz gehaltene Studiengänge, die deshalb manchen auf den ersten Blick eher an eine herkömmliche Berufsausbildung bzw. Fachschulausbildung erinnern; andererseits liegt das Niveau jedenfalls höher als bei einem herkömmlichen Grundstudium.

544

Unseres Erachtens werden Bachelorabschlüsse grundsätzlich als vollwertige (Fach-)Hochschulabschlüsse anzusehen sein. Die ungewöhnlich kurze Ausbildungsdauer ändert nichts daran, dass es sich immer um mindestens eine abgeschlossene Fachhochschulausbildung handelt. Im Übrigen liegt die Ausbildungsdauer für Beamtenanwärter des gehobenen Dienstes an den Fachhochschulen für Verwaltung bzw. Rechtspflege seit vielen Jahren bei drei Jahren.

545

▸ *Weitere Informationen zum Bachelor- und Masterstudiengang finden sich unter Rn. 625 ff.*

6.5.4.6 Einer Hochschulausbildung vergleichbar

Einer abgeschlossenen Hochschulausbildung vergleichbar im Sinne von § 4 Abs. 1 Nr. 2 VBVG/§ 1 Abs. 1 Satz 2 Nr. 2 BVormVG ist eine Ausbildung, wenn sie in ihrer **Wertigkeit einer Hochschulausbildung** entspricht und einen formalen Abschluss aufweist[120], also, wenn sie staatlich reglementiert oder zumindest staatlich anerkannt ist und der durch sie vermittelte Wissensstand nach Art und Umfang dem durch ein Hochschulstudium vermittelten entspricht.[121]

546

Das ist dann der Fall, wenn die Ausbildung in einer Einrichtung erfolgt, die einer überwiegend **wissenschaftlichen Lehrstoffvermittlung** dient, über einen entsprechenden wissenschaftlichen Lehrkörper verfügt und die Erlangung graduierter Abschlüsse zum Ziel hat, und zwar von Abschlüssen, bei denen der Erfolg durch eine vor einer staatlichen oder staatlich anerkannten Stelle abgelegten Prüfung belegt ist.[122]

547

Für die Beurteilung ist auch die durch die **Abschlussprüfung** erworbene Qualifikation von erheblicher Bedeutung. Eröffnet sie den Absolventen den Zugang zu beruflichen Tätigkeiten, deren Ausübung üblicherweise Hochschulabsolventen vorbehalten ist, etwa den Zugang zu dementsprechenden Besoldungs- bzw. Vergütungsgruppen des öffentlichen Dienstes, wird eine Vergleichbarkeit in aller Regel zu bejahen sein. Wenn schon die für die Ausgestaltung des Berufszugangs maßgeblichen Stellen, insbesondere der Gesetzgeber oder die Tarifvertragsparteien, eine Ausbildung als einer Hochschulausbildung gleichwertig ansehen, besteht in aller Regel kein Grund, diese Frage im Rahmen des Vergütungsverfahrens anders zu beurteilen.[123]

548

Alleine aus der Bezeichnung einer Schule als „Fachschule" kann nicht darauf geschlossen werden, dass die Ausbildung nicht mit einer Fachhochschulausbildung vergleichbar ist, es kommt auf eine inhaltliche Bewertung der Ausbildung an.[124]

549

Da eine Hochschulausbildung auf einem bestimmten Wissensgebiet ein breites und vertieftes Basiswissen verschafft, das eine über das Lehrwissen hinausgehende berufliche Qualifikation darstellt und aus dem heraus berufspraktisch verschiedenste Fachrichtungen aufgefächert betrieben werden können, sind Aus- oder Fortbildungen, die sich nur mit

550

---

120 BayObLG BtPrax 2000, 32 mit Anmerkung *Schmidt* BtPrax 2000, 63
121 OLG Schleswig FamRZ 2000, 1309; OLG Köln FamRZ 2000, 1303; OLG Hamm 15 W 342/00 vom 22.1.2001; LG Saarbrücken FamRZ 2001, 713
122 OLG Köln FamRZ 2000, 1303; BayObLG BtPrax 2001, 36; OLG Hamm 15 W 342/00 vom 22.1.2001; LG Saarbrücken FamRZ 2001, 713; a.A. bez. staatlicher Reglementierung: LG Lübeck 7 T 233/00 vom 19. 6. 2000
123 BayObLG BtPrax 2001, 36
124 OLG Hamm BtPrax 2001, 219 (LS) = FamRZ 2001, 1398

einer Fachrichtung (z.B. Kinder- und Familientherapie) befassen, nicht mit einer Hochschulausbildung vergleichbar.[125]

6.5.5 Einzelfallentscheidungen

551 Inzwischen gibt es eine Fülle von – sich zum Teil widersprechenden – Gerichtsentscheidungen. Auch ein Fachmann kann kaum für jeden Ausbildungsgang vorhersehen, ob er als vergütungssteigernd berücksichtigt werden wird oder nicht. In der Literatur wird deshalb – unseres Erachtens berechtigt – kritisiert, dass die gesetzliche Regelung schlecht handhabbar und deshalb nicht geeignet ist, Rechtsfrieden herbeizuführen. Gerichtsentscheidungen aus dem Bereich des Vergütungsrechts würden deshalb weiterhin im Vergleich zum übrigen Betreuungsrecht in krassem Missverhältnis stehen.[126] In letzter Zeit ist insoweit allerdings eine gewisse Beruhigung eingetreten, vermutlich, weil die Einordnung der meisten Ausbildungsgänge inzwischen gerichtlich entschieden wurde.

552 Hinsichtlich etlicher Ausbildungsgänge ergibt sich schon aus den oben genannten allgemeinen Ausführungen ohne Zweifel, dass diese als vergütungssteigernd zu berücksichtigen sind (so z.B. für die Hochschulausbildungen zum Juristen, zum Mediziner, Psychologen, Soziologen oder zum Sozialpädagogen/Sozialarbeiter). Daher waren diese Ausbildungsgänge bisher – soweit ersichtlich – auch nicht Gegenstand von Gerichtsverfahren.[127] Die nachfolgende Darstellung betrifft deshalb lediglich solche Ausbildungen, deren Einordnung problematisch war und deshalb gerichtlich geklärt wurde.

6.5.5.1 Lehre, die nutzbare Fachkenntnisse vermittelt

Als vergütungsteigernde Lehre (Berufsausbildung) wurden angesehen:

553 Die Ausbildung zum **Kfz-Mechaniker in Verbindung mit einer anschließenden Meisterprüfung**, weil die Bereiche Rechts- und Sozialwesen, Rechnungswesen und Wirtschaftslehre Gegenstand der Meisterausbildung sind und diese Teile der Ausbildung für die Führung von Betreuungen nutzbare Kenntnisse vermitteln[128]. ebenfalls die Ausbildung zum **Landwirtschaftsmeister**,[129] zum **Schreinermeister**,[130] zum **Tischlermeister,** wenn nur die theoretische und nicht auch der praktische Teil der Ausbildung bestanden wurde[131] sowie überhaupt die **Ausbildung zum Handwerksmeister**, weil dabei in erheblichem Umfang rechtliche, kaufmännische und pädagogische Kenntnisse erlangt werden.

554 Die **Ausbildung zum Meister** dient nämlich auch dazu, den Absolventen in die Lage zu versetzen, einen eigenen (Ausbildungs-)Betrieb zu führen. Aus diesem Grunde werden im Rahmen dieser Ausbildung insbesondere buchhalterische und vermögensrechtliche Kenntnisse, Kenntnisse im Klage-, Mahn- und Zwangsvollstreckungsverfahren sowie in sozial- und privatversicherungsrechtlichen Fragen vermittelt. Schließlich werden mit dem Ziel, den Absolventen in die Lage zu versetzen, Fachwissen zu vermitteln und im Ausbildungswesen tätig zu sein, auch entsprechende pädagogische Kenntnisse vermittelt, die auch im Umgang mit Betreuten als hilfreich anzusehen sind.[132]

125 OLG Braunschweig BtPrax 2000, 130; LG Saarbrücken FamRZ 2001, 713
126 So z.B. *Küsgens*, Die Vergütungsvorschriften des Betreuungsrechts aus dem Blickwinkel des Bundesverfassungsgerichts, BtPrax 2000, 242, 244 f.
127 Erwähnt werden sie vom BayObLG BtPrax 2000, 81 = FGPrax 2000, 22 = FamRZ 2000, 844 – Rpfleger 2000, 215 = NJW RR 2000, 1314
128 LG Koblenz FamRZ 2001, 303
129 LG Braunschweig , Beschluss vom 14.1.2008 mit Az. 1038/07
130 LG Nürnberg-Fürth 13 T 7564/04 vom 21.2.2005
131 LG Duisburg 12 T 100/03 vom 16.6.2003
132 OLG Köln FamRZ 2000,1303; anders für einen Ausbilder-Eignungs-Lehrgang OLG Jena NJ 2004,230

Deshalb führt auch die **im Rahmen des Studiums der Landwirtschaft erworbene Befähigung, in diesem Bereich als Ausbilder tätig zu sein,** zu einem Stundensatz i.H.v. 33,50 €, wenn im Verlauf der Ausbildung auch berufs- und arbeitspädagogische Kenntnisse erworben wurden und eine Prüfung der Ausbildereignung bestanden wurde.[133] Nicht berücksichtigt werden soll die Ausbildereignung allerdings nach einer Entscheidung des OLG Jena.[134]   **555**

Die Ausbildung zur **Krankenschwester** (bzw. zum **Krankenpfleger**), soweit die Gesundheitssorge übertragen wurde[135], weil ihre Ausbildung sie z.B. in die Lage versetzt, schneller und sicherer als jemand ohne ihre Kenntnisse zu beurteilen, wann ein Betreuter ärztlicher Hilfe bedarf und die Ausbildung im Übrigen auch bei Fragen der Einwilligung in medizinische Behandlungen hilfreich ist. Dem steht es auch nicht entgegen, wenn die Betreute in einem Pflegeheim lebt, wo sie bis zu einem gewissen Grad auch medizinisch betreut wird; dies gilt auch für die Ausbildung zur **Kinderkrankenschwester.**[136]   **556**

Die Ausbildung zur **Altenpflegerin**[137], die aber keine generell für die Führung von Betreuungen, sondern alleine für die Gesundheitssorge nutzbaren Kenntnisse vermittelt, ist deshalb nur dann zu berücksichtigen, wenn auch die Gesundheitssorge übertragen wurde (zweifelhaft, ein Teil der Altenpflegeausbildung ist auch die Förderung der Fähigkeit zur für einen Laien oft schwierigen Kommunikation mit alten und dementen Menschen, sodass sich diese Ausbildung entsprechend den oben genannten Grundsätzen zur Berücksichtigung der so genannten kommunikativen Fähigkeiten zumindest immer dann, wenn es sich um die Betreuung solcher Menschen handelt, vergütungssteigernd auswirken müsste).[138]   **557**

U.E. wären **Altenpfleger** auch gerade für die Tätigkeit als Verfahrenspfleger besonders geeignet, wenn das Verfahren altenheimspezifische Fragestellungen wie z.B. die Genehmigung eines Bettgitters zum Gegenstand hat.   **558**

Die Ausbildung zur **Arzthelferin** aufgrund der vermittelten Kenntnisse im Bereich Medizin und der erlernten Fähigkeiten, Lebensläufe von Betreuten zu organisieren sowie mit ihnen und nach außen zu kommunizieren[139] und zum **Krankenpflegehelfer.**[140]   **559**

Die Ausbildung zur **Industriekauffrau**[141], zur Einzelhandelskauffrau[142], als Bankkaufmann[143], zur Speditionskauffrau[144], zur Diplom-Kauffrau[145] oder zur Wirtschaftskauffrau[146]; dies gilt entsprechend der Regelvermutung des § 4 Abs. 3 i.V.m. § 3 Abs. 2 VBVG/1 Abs. 2 BVormVG auch dann, wenn die Betroffene mittellos ist und die Betreuerin deswegen für die Regelung der finanziellen Angelegenheiten im Grunde überqualifiziert ist[147] (vgl. auch oben Rn. 527); die Ausbildung an einer **staatlich anerkannten Fachschule für Betriebswirtschaft** mit dem Abschluss zur **staatlich geprüften Betriebs-**   **560**

---

133 OLG Braunschweig 2 W 93/01 vom 29.8.2001, anders als das OLG Schleswig FamRZ 2000, 1309 = BtPrax 2000,172 sieht das OLG Braunschweig die in dem Studium erworbenen Kenntnisse im Übrigen nicht als nutzbar an, siehe dazu unten zur Hochschulausbildung Rn. 575 ff.
134 OLG Jena NJ 2004, 230
135 OLG Dresden FamRZ 2000, 552 sowie FamRZ 2000, 1306; LG Landau FamRZ 2001, 790 (LS)
136 OLG Dresden FamRZ 2000, 551
137 OLG Dresden BtPrax 2000, 260 = FamRZ 2000, 1306; LG Osnabrück FamRZ 2000, 1308 = NiedersRpfleger 2000, 170
138 so im Ergebnis auch *Schmidt*, BtPrax 2000, 63 f., danach „allgemein nutzbar für die Betreuung von alten Menschen"
139 OLG Schleswig FamRZ 2000, 846 = Rpfleger 2000, 330, nach OLG Dresden FamRZ 2000, 551, danach aber nur, soweit auch die Gesundheitssorge übertragen wurde
140 OLG Hamm RPfleger 2002, 313
141 LG Koblenz FamRZ 2000, 181 = JurBüro 1999, 653
142 LG Saarbrücken BtPrax 2000, 272
143 LG Koblenz JurBüro 2000, 430
144 OLG Dresden 15 W 0674/01 vom 21.5.2001
145 OLG Hamm BtPrax 2003,184 = FamRZ 2003,1971 = FGPrax 2003,126 = Rpfleger 2003, 365
146 OLG Dresden FamRZ 2000, 551 mit Anmerkung *Schmidt* BtPrax 2000, 63
147 OLG Dresden, a.a.O.

wirtin[148]; nicht zu berücksichtigen ist es aber, wenn die Erlaubnis zur Führung der Berufsbezeichnung als Wirtschaftskaufmann nicht aufgrund einer Ausbildung, sondern (noch in der ehemaligen DDR) lediglich aufgrund hervorragender Leistungen im Betrieb verliehen wurde.[149]

561 Weiterhin zu berücksichtigen sind ein bei einem Kreisvorstand des FDGB als Verwaltung der Sozialversicherung erworbener Berufsabschluss als **Finanzkauffrau**[150], zur Rechtsanwalts- und Notargehilfin[151], die Ausbildung zur Kaufmannsgehilfin im Hotel- und Gaststättengewerbe[152], die Ausbildung zur Erzieherin[153]; zur staatlich geprüften Kinderpflegerin[154]; zum Ökonom des Gastwesens (ein Ausbildungsgang der ehemaligen DDR)[155], als Fachökonom mit anschließender 10-jähriger Heimleitertätigkeit[156]; der **Fachschulabschluss als staatlich anerkannter Hygieneinspektor.**[157]

6.5.5.2 Einer Lehre vergleichbare Ausbildungen

Als einer Lehre vergleichbare Ausbildungen wurden als vergütungssteigernd anerkannt:

562 Die Ausbildung zum **Beamten des mittleren nichttechnischen Dienstes der Deutschen Bundesbahn**; sie vermittelt in ihrem Kernbereich Kenntnisse, die den Betreuer in die Lage versetzen, seine Aufgaben im Bereich der Vermögenssorge und im Umgang mit Behörden besser erfüllen und die Rechnungslegung effektiver erledigen zu können.[158]

563 Die Ausbildung zur **staatlich anerkannten hauswirtschaftlichen Betriebsleiterin** an einer Fachakademie, weil im Grundlagenbereich der Ausbildung Kenntnisse in den Bereichen Betriebspsychologie, Berufs- und Arbeitspädagogik, Betriebswirtschaftslehre sowie Arbeits- und Sozialrecht erlangt wurden.[159]

564 Die Ausbildung zum **Ingenieurpädagogen**, weil Kenntnisse in Pädagogik und Psychologie vermittelt wurden[160] sowie die Zuerkennung fachlicher **Eignung zur Tätigkeit als Ausbilder in einem anerkannten Ausbildungsberuf gem. § 76 Abs. 3 BBiG.**[161]

565 Die Zulassung zum **Heilpraktiker**; zwar ist für die Zulassung nicht zwingend vorgeschrieben, dass ein bestimmter Ausbildungsgang durchlaufen sein muss und die vor der Zulassung zu absolvierende Prüfung dient nach dem „Gesetz über die berufsmäßige Ausübung der Heilkunde ohne Bestallung" (**Heilpraktikergesetz**) in erster Linie der Gefahrenabwehr (es sollen keine Personen diesen Beruf ausüben, die aufgrund fehlender Kenntnisse eine Gefahr für ihre Patienten darstellen) und nicht der Dokumentation der fachlichen Kompetenz des Prüflings. Zumindest in Hamburg ist aber durch die die Prüfung betreffenden Verwaltungsvorschriften gewährleistet, dass nur derjenige eine Zulassung zur Ausübung des Berufs des Heilpraktikers erhält, der über einen breiten und deutlich über dem bloßen Allgemeinwissen liegenden Wissensstand aufweisen kann. Die Prüfung stellt im Ergebnis auch eine Abschlussprüfung i.S.d. § 34 BBiG dar, die vor einem zuständigen Prü-

---

148 OLG Schleswig BtPrax 2000, 172 = Rpfleger 2000, 330 = FamRZ 2000, 1309
149 LG Zwickau 9 T 80/00 vom 10.2.2000, siehe auch oben zur Vermutung der Nutzbarkeit von Fachkenntnissen, Rn. 525 ff.
150 OLG Dresden FamRZ 2000, 555
151 OLG Hamm BtPrax 2002,125 = Rpfleger 2002, 313
152 OLG Saarbrücken BtPrax 2003, 184 = Rpfleger 2003, 365
153 OLG Braunschweig BtPrax 2000, 130 mit Anmerkung *Lütgens* BtPrax 2000, 107; OLG Dresden BtPrax 2000, 39 = FamRZ 2000, 316 = BtInfo 1/2000, 20; LG Dresden FamRZ 2000, 181
154 LG Gera 5 T 328/99 vom 29.2.2000
155 OLG Dresden 15 W 225/00 vom 28.3.2000
156 LG Leipzig FamRZ 2000, 1306
157 LG Neubrandenburg BtPrax 2000, 221 = FamRZ 2000, 1305
158 BayObLG FamRZ 2001, 304 = BtPrax 2001, 85
159 BayObLG BtPrax 2002, 216 = FamRZ 2002, 1657
160 OLG Frankfurt BtPrax 2002, 169 = OLG Report Frankfurt 2002, 204; OLG Jena NJ 2002, 375; LG Hagen 3 T 311/01 vom 15.11.2001
161 BayObLG JurBüro 2000, 92 = FamRZ 2000, 554 = BtPrax 2000, 33 = BayObLGZ 1999, 291 = NJWE-FER 2000, 35 = EzFamR aktuell 1999, 399; in dem konkreten Fall hatte der Betreuer die Berechtigung erworben, Bankkaufleute auszubilden; für die Befähigung, Arzthelferinnen auszubilden OLG Schleswig FamRZ 2000, 846

fungsausschuss (§ 36 BBiG), nämlich den von der Behörde für Arbeit, Gesundheit und Soziales als zuständiger Stelle i.S.d. § 73 BBiG zur Überprüfung bestellten Amtsärzten und Naturheilkundlern, abgelegt wird.[162]

Ein **in der Türkei abgeschlossenes Studium der Rechtswissenschaft**, wenn anschließend in zwei Semestern Inlandsstudium der **Magister Legum** erreicht wurde.[163]

566

6.5.5.3 Nicht berücksichtigungsfähige Berufsausbildungen

Nicht als vergütungssteigernd zu berücksichtigen wurden die folgenden Ausbildungen eingestuft:

Die Ausbildung zum **Polsterer**[164]; zum Mechaniker[165]; zum Industriemechaniker[166]; zum staatlich geprüften **Techniker**[167]; zum **Maschinen- und Anlagenmonteur**[168], zum **Elektroinstallateur**,[169] zum **Schaufenstergestalter**,[170] zur **Industrieschneiderin**, entgegen den oben genannten Grundsätzen auch dann nicht, wenn eine Meisterausbildung absolviert wurde, weil es sich lediglich um eine fachspezifische, auf die Herstellung von Textilien ausgerichtete Ausbildung handelte[171]; die **Meisterausbildung in der Textilbranche**.[172]

567

Die Ausbildung zum **pharmazeutisch-kaufmännischen Angestellten**, weil diese in erster Linie auf den Betrieb einer Apotheke und die dabei anfallende Waren- und Wirtschaftskunde ausgerichtet ist und die dabei vermittelten Rechtskenntnisse nicht über die für jeden Beruf typischen berufsrechtlichen Kenntnisse hinausgehen; die vermittelten Kenntnisse aus dem kaufmännischen Bereich, die vor allem Abrechnung und Buchführung betreffen würden, seien nicht allgemein nutzbar und würden auch die für den Aufgabenkreis Vermögenssorge erforderlichen Kenntnisse und Fähigkeiten nur zu einem kleinen Teil abdecken.[173]

568

Die Ausbildung zur **Medizinisch-Technischen-Laborantin** an einer medizinischen Fachschule[174]; zum **Zahntechniker**[175]; zum Augenoptiker; soweit die an sich nutzbaren Fächer Wirtschafts- und Sozialkunde Gegenstand der Ausbildung waren, gehörten sie nicht zu deren Kernbereich.[176]

569

Die Ausbildung zur **Bauzeichnerin**[177]; zur Facharbeiterin für Datenverarbeitung[178]; zur Chemielaborantin.[179].

570

Die Ausbildung zur **Hauswirtschaftsgehilfin** (Ableistung einer vorgeschriebenen Lehrzeit und Besuch der Hauswirtschaftsberufsschule und Ablegung der hauswirtschaftlichen Lehrabschlussprüfung), weil die einzelnen Ausbildungsgebiete, wie Nahrungszubereitung, Haushaltspflege, Kleider- und Wäschepflege, Ausbessern und Nähen und Haushaltsab-

571

---

162 LG Hamburg FamRZ 2001, 1168
163 BayObLG FamRZ 2003, 1873 und FamRZ 2004, 403 = Rpfleger 2004, 488 = BtPrax 2005, 76
164 OLG Schleswig, FamRZ 2001, 304
165 LG Dresden BtPrax 2000, 133
166 BayObLG BtPrax 2001, 205
167 LG Chemnitz BtPrax 2002, 269; LG Braunschweig, Beschluss vom 20.12.2007 mit Az. 8 T 955/07
168 LG Magdeburg, Beschluss vom 28.6.2006 mit Az. 3 T 11/06
169 AG Sinzig FamRZ 2005, 1861
170 LG Essen, Beschluss vom 16.12.2002 mit Az. 7 T 546/02
171 OLG Dresden FamRZ 2001, 656
172 OLG Dresden FamRZ 2000, 551
173 BayObLG BtPrax 2001, 86 = FamRZ 2001, 713
174 LG Neuruppin, Beschluss vom 2.8.1999
175 LG Nürnberg-Fürth Rpfleger 2001, 215
176 BayObLG FamRZ 2000, 1305
177 LG Hamburg FamRZ 2002, 1064
178 OLG Dresden FamRZ 2001, 1323
179 BayObLG FamRZ 2000, 1306

rechnung lediglich allgemeine Kenntnisse der Haushaltsführung vermitteln und keinen Bezug zur Führung von Betreuungen aufweisen.[180]

572 Die Ausbildung zur **Fremdsprachensekretärin** (anders ausnahmsweise nur, wenn die Fremdsprachenkenntnisse für die Führung der konkreten Betreuung nutzbar sind),[181] zur Fremdsprachenkorrespondentin[182] und entgegen den unten nachfolgenden Ausführungen zur Bewertung von pädagogischen Ausbildungen die in der damaligen DDR erfolgte Ausbildung zum **Dipl.-Lehrer im Fach Staatsbürgerkunde**.[183]

6.5.5.4 Nicht einer Lehre vergleichbare Ausbildungen

Nicht mit einer Lehre vergleichbar sind:

573 Wegen des geringen zeitlichen Umfangs eine **einjährige Fortbildung zur Bürokauffrau**[184]; eine Ausbildung zur **Bauspar- und Finanzfachfrau beim Berufsbildungswerk der Bausparkassen**,[185] die Fortbildung zum Immobilienfachwirt jedenfalls dann, wenn sie nicht als Fortführung einer anderen Ausbildung angesehen werden kann, weil sie nicht den zeitlichen Umfang einer Lehre erreicht[186]; die Teilnahme an einem **halbjährigen Modellprojekt mit 260 Stunden zur Einführung in die EDV** sowie die **Teilnahme an verschiedenen Fortbildungsseminaren einer Stadtsparkasse ohne Abschlussprüfung** schon deshalb, weil der Erfolg nicht durch ein Zeugnis über das Bestehen einer staatlichen oder staatlich anerkannten Abschlussprüfung nachgewiesen wird[187]; eine **sozialtherapeutische Fortbildung** mit Schwerpunkt Sucht beim Gesamtverband Suchtkrankenhilfe im diakonischen Werk.[188]

574 Auch ein **nicht abgeschlossenes (Jura-) Studium** (der Betreuer hatte immerhin alle für die Anmeldung zum Staatsexamen erforderlichen Leistungsnachweise erbracht) kann nicht wenigstens als Ausbildung angesehen werden.[189] Überhaupt führt ein für die Führung von Betreuungen **nicht nutzbares Studium** nicht etwa dazu, dass es wenigstens als eine einer Lehre vergleichbare Ausbildung angesehen wird, sondern der Betreuer bekommt lediglich den niedrigsten Stundensatz zugesprochen.[190] Unseres Erachtens ist diese Praxis in etlichen Fällen zweifelhaft. Wenn das Studium nur deshalb nicht berücksichtigt wird, weil die für die Führung von Betreuungen nutzbaren Kenntnisse nicht zum Kernbereich der Ausbildung zählten, dürfte es häufig so liegen, dass der Absolvent trotzdem über mehr nutzbare Kenntnisse als ein Betreuer ohne jegliche Ausbildung verfügt.

6.5.5.5 Hochschulausbildungen, die nutzbare Fachkenntnisse vermitteln

Nutzbare Hochschulausbildungen sind:

575 Die Ausbildung zum **Diplom-Ökonom** (eine Ausbildungsgang der ehemaligen DDR), soweit auch die Vermögenssorge übertragen wurde, da auch Prüfungen in den Bereichen des Rechts, der Buchführung und der Betriebswirtschaft abgelegt wurden.[191] Soweit einige Gerichte annehmen, dass die im Rahmen eines Ökonomiestudiums gewonnenen

---

180 LG Koblenz FamRZ 2001, 1031 = BtPrax 2001, 220
181 LG Saarbrücken 5 T 638/01 vom 21.12.2001
182 LG Hamburg, Beschluss vom 17.10.2002 mit Az. 14 T 87/02
183 LG Dresden 2 T 0883/99 vom 23.9.1999
184 OLG Dresden FamRZ 2000, 551
185 OLG München BtPrax 2008,34
186 OLG Dresden 3 W 0926/04 vom 10.9.2004
187 BayObLG BtPrax 2000, 223 = FamRZ 2000, 1306
188 OLG Frankfurt/M. 20 W 427/04 vom 17.3.2005
189 BayObLG BtPrax 2000, 125 = FamRZ 2000, 1305 = NJW-RR 2000, 1314 = NJWE-FER 2000, 288; OLG Brandenburg RPfleger 2003, 365
190 So z.B. für einen Absolventen des Studiengangs Bioenergetik mit dem Schwerpunkt Medizingerätetechnik LG Hamburg FamRZ 2001, 1032, bestätigt durch OLG Hamburg 2 Wx 140/00 vom 14.3.2001
191 OLG Zweibrücken BtPrax 2000, 89 = FamRZ 2000, 551 = Rpfleger 2000, 215 = FGPrax 2000, 64

Kenntnisse für die konkrete Betreuung nicht nutzbar sind, wenn der Betreute nahezu kein Vermögen hat und sich die im Rahmen der dem Betreuer übertragenen Vermögensangelegenheiten anfallenden Aufgaben im Wesentlichen auf die Auflistung der Schulden und das Zusammenhalten des geringen Einkommens sowie den Versuch einer Schuldentilgung beschränken[192], überzeugt dies nicht, weil gerade im Falle eines niedrigen Einkommens eine erfolgreiche Schuldentilgung mehr wirtschaftliches Geschick verlangen kann, als die Verwaltung eines ausreichenden Vermögens. Außerdem lässt sich diese Sichtweise nicht mit der Vermutungsregel des § 4 Abs. 3 i.V.m. § 3 Abs. 2 VBVG vereinbaren. Anders liegt es aber, wenn einem Absolventen eines wirtschaftlich geprägten Studiengangs nicht auch die Vermögenssorge, sondern nur die Gesundheitssorge übertragen wurde.[193]

Die Ausbildung zur **Ökonomin in der Fachrichtung Hotel- und Gaststättenwesen**, allerdings ebenfalls nur dann, wenn auch die Vermögenssorge übertragen wurde und sofern ein Gleichstellungsbescheid vorliegt, nach dem die Ausbildung mit einer Fachhochschulausbildung im Fach Betriebswirtschaft gleichwertig ist.[194] Ein Studium der **Volkswirtschaftslehre** mit Schwerpunkt im Bereich der Betriebswirtschaftslehre.[195] **576**

Der **Studiengang Landbau (Dipl.-Ing.)**, wenn auch Fachprüfungen in den Fächern Volkswirtschaftslehre und landwirtschaftliche Betriebslehre sowie Prüfungsvorleistungen im Fach Allgemeine Betriebslehre und Leistungsnachweise in den Fächern Landwirtschaftliche Buchführung und Berufs- und Arbeitspädagogik erfolgten[196] sowie das Studium der Agrarwissenschaften.[197] **577**

Ein vollständig durchgeführtes **Betriebswirtschaftsstudium** ausnahmsweise auch ohne Abschlussprüfung, wenn alle Leistungsnachweise vorliegen und eine Berufstätigkeit als Wirtschaftsprüfer folgte.[198] **578**

Das **Studium der Milch- und Molkereiwirtschaft**, weil im Kernbereich des Studiums erhebliche wirtschaftliche Kenntnisse vermittelt werden[199]; aus dem gleichen Grund auch die Ausbildung zum **gehobenen Forstdienst** an einer Fachhochschule[200]; der Studiengang **Politikwissenschaft**[201]. **579**

Das **Theologiestudium**, weil soziale Kompetenz und Kommunikationsfähigkeit vermittelt werden.[202] **580**

Die Ausbildung zum **Lehrer;** Studium und das anschließende Referendariat seien im Zusammenhang zu bewerten und in ihrer Gesamtheit als eine einer Hochschulausbildung vergleichbare Ausbildung anzusehen, das Studium würde den Studenten mit Grundfragen und Problemen der Pädagogik und der Pädagogischen Psychologie vertraut machen, das Referendariat enthielte eine von den Lehrfächern unabhängige intensive pädagogische Schulung. Dies sei für die Führung von Betreuungen nutzbar, weil es die Kommuni- **581**

---

192 So LG Leipzig FamRZ 2000, 851
193 BGH BtPrax 2003, 264
194 LG Leipzig FamRZ 2001, 304
195 OLG Hamm FamRZ 2007, 1043
196 OLG Schleswig FamRZ 2000, 1309, anders aber OLG Braunschweig 2 W 93/01 vom 29.8.01 das lediglich von einer einer Lehre vergleichbaren Ausbildung ausgeht, wenn im Verlauf der Ausbildung auch berufs- und arbeitspädagogische Kenntnisse erworben wurden und eine Prüfung der Ausbildereignung bestanden wurde.
197 LG Essen, Beschluss vom 10.2.2004 mit dem Az. 7 T 651/03
198 LG Stuttgart Rpfleger 2001, 427
199 LG Fulda 5 T 34/02 vom 15.5.2002
200 OLG Saarbrücken BtPrax 2003, 227
201 LG Hamburg BtPrax 2000, 221 = FamRZ 2000, 1309; LG Frankfurt/Oder FamRZ 2003, 190; KG FamRZ 2006, 291
202 OLG Thüringen FamRZ 2002, 1431 mit kritischer Anmerkung *Bienwald*, FamRZ 2002,1433; LG Lübeck 7 T 233/00 vom 19.6.2000, ebenso OLG Schleswig FamRZ 2000, 1532 = BtPrax 2000, 262; Thür. OLG Jena FamRZ 2002, 1431 = NJ 2002, 267; OLG Köln FamRZ 2004, 1604; OLG Hamm FamRZ 2006, 1630; LG Münster FamRZ 2006, 578

kation mit psychisch kranken Menschen erleichtern und so dabei helfen könne, den Auftrag der persönlichen Betreuung aus § 1897 Abs. 1 zu erfüllen.[203]

582 Die Ausbildung für das **Lehramt für die Sekundarstufe I**, wenn erste und zweite Staatsprüfung bestanden wurden und das Fach Erziehungswissenschaften mit der Fächerkombination Psychologie, Soziologie, und Pädagogik Gegenstand des Studiums und der Prüfung war[204]; nach anderer und unseres Erachtens zutreffender Ansicht ist aber auch die Hochschulausbildung zur Lehrerin mit dem 1. Staatsexamen abgeschlossen; darauf, ob im Anschluss noch an Referendariat und 2. Examensprüfung teilgenommen wird, kommt es danach nicht an.[205] Das *OLG Dresden* hat seine anderslautende Rechtsprechung[206] inzwischen ausdrücklich aufgegeben.

583 Die Ausbildung zum **Dipl.-Pädagogen** mit Schwerpunktfächern Erwachsenenpädagogik, Erwachsenen-und Jugendpsychologie, Familienpädagogik und Alterspsychologie,[207] ein **Auslandsstudium der Pädagogik und Psychologie** kann vergütungssteigernd sein, wenn der Studiengang einer inländischen Ausbildung vergleichbar ist. Eine solche Vergleichbarkeit kann statt durch förmliche Anerkennung auch dann gegeben sein, wenn die Kultusverwaltung die Vergleichbarkeit auf andere Weise dokumentiert, z.B. durch Bescheinigung einer Lehr- oder Prüfungsbefähigung.[208]

584 Die Ausbildung zur **Zahnärztin/Dipl. Stomatologin**[209] sowie zur **Tierärztin**[210], sofern auch der Aufgabenkreis der Gesundheitssorge übertragen wurde. Ähnlich einer Krankenschwester oder einer Arzthelferin sei auch ein Veterinärmediziner in der Lage, schneller und sicherer zu beurteilen, wann ein Betreuter ärztliche Hilfe benötigt, als ein medizinischer Laie dies kann; auch kann ein Veterinärmediziner eher als ein Nichtmediziner medizinische Sachverständigengutachten verstehen.

585 Der Abschluss **als Magister Artium in Geschichte, Philosophie und Theologie**[211], ein Studium als **Diplom-Jurist/Baccalaureus des internationalen Rechts** an der pädagogischen Hochschule Moskau, wenn auch mehrere Semester eines deutschen Jurastudiums sowie eine abgeschlossene Ausbildung zum Bankkaufmann vorliegen.[212]

6.5.5.6 Einer Hochschulausbildung vergleichbare Ausbildungen

Einer Hochschulausbildung vergleichbar sind:

586 Die Ausbildung zum **Stabsoffizier mit dem Dienstgrad Oberstleutnant**[213] (anders aber für eine entsprechende in der ehemaligen DDR absolvierte Laufbahn, siehe dazu unten Rn. 606); wegen der vielen dabei vermittelten juristischen Kenntnisse das im Anschluss an die Ausbildung zum **Dipl.-Ing. für Elektrotechnik erfolgte Aufbaustudium zum Patentingenieur** in der früheren DDR.[214]

---

203 So für die Ausbildung für das **Lehramt an höheren Schulen** BayObLG FamRZ 2001, 306 mit kritischer Anmerkung *Bienwald* FamRZ 2001, 307; ähnlich OLG Zweibrücken BtPrax 2001, 43; OLG Hamm BtPrax 2002, 42; mit gleicher Begründung für den Hochschulabschluss als **Diplomlehrerin für Mathematik und Chemie** OLG Dresden FamRZ 2000,1310 = NJWE-FER 2000, 207; dort wird zusätzlich darauf abgestellt, dass pädagogische und psychologische Kenntnisse auch für den Umgang mit Behörden und mathematische Kenntnisse für die Vermögenssorge hilfreich seien
204 LG Koblenz FamRZ 2001, 712
205 LG Saarbrücken 5 T 239/02 vom 11.6.2002
206 BtPrax 2000, 39
207 Thür. OLG Jena, 6 W 495/01 vom 8.11.2001, NJ 2002, 101
208 BayObLG BtPrax 2004, 159
209 OLG Dresden 15 W 2374/99 vom 27.1.2000
210 OLG Frankfurt 20 W 368/01 vom 8.4.2002; Entscheidung der Vorinstanz mit Anmerkung *Bienwald* in FamRZ 2002, 988
211 AG Wuppertal 57 XVII 183/98 vom 16.9.1999
212 BayObLG FamRZ 2004, 1604
213 BayObLG BtPrax 2000, 32 = JurBüro 2000, 93 = BayObLGZ 1999, 60 = FamRZ 2000, 554 = Rpfleger 2000, 64 = NJWE-FER 2000, 58 = EzFamR aktuell 2000, 104 = BayObLG-Rp 2000, 35 mit Anmerkung *Schmidt* in BtPrax 2000, 63
214 Kammergericht Berlin BtPrax 2002, 167

Die mit einer Prüfung abgeschlossene Ausbildung zum **Pastor** am **Theologischen Seminar des Bundes Evangelisch-Freikirchlicher Gemeinden in Deutschland**. Die staatliche Anerkennung der Ausbildung lässt sich daraus ableiten, dass Studenten staatliche Fördermittel nach dem BAföG erhalten.[215]

587

Die Ausbildung als **Heilpädagoge**[216] oder zur **staatlich geprüften Sondererzieherin** (heilpädagogische Sonderausbildung, die der einer Heilpädagogin entspricht),[217] die Ausbildung zum **Verwaltungsfachwirt** nach bestandener zweiten Prüfung für Angestellte im Kommunalen Verwaltungsdienst, wenn danach noch an verschiedenen fachspezifischen Lehrgängen des Instituts für kommunale Verwaltung und der Fachhochschule Düsseldorf, Fachbereich Sozialwesen, teilgenommen wurde[218], da diese Ausbildung mit den Fächern Einführung in das Recht, Rechtsanwendung, Grundzüge des Bürgerlichen Rechts, Grundzüge des Sozialrechts, Verwaltungsorganisation, Grundbegriffe der Datenverarbeitung, volks- und betriebswirtschaftliche Grundbegriffe, Verhandlungs- und Diskussionstechnik – Umgang mit dem Bürger zu einem erheblichen Teil für die Führung von Betreuungen hilfreiches Wissen vermittelt. Ebenso die Ausbildung zum **Diplom-Verwaltungswirt**[219] und das erfolgreiche Studium an einer Verwaltungs- und Wirtschaftsakademie (VWA)[220].

588

Alleine aus der Bezeichnung einer Schule als „**Fachschule**" kann nicht darauf geschlossen werden, dass die Ausbildung nicht mit einer Fachhochschulausbildung vergleichbar ist, es kommt auf eine inhaltliche Bewertung der Ausbildung an[221], deshalb ist u.U. auch die **Ausbildung an der Anna-Zilken-Schule/Höhere Fachschule für Sozialarbeit** als einer Hochschulausbildung vergleichbar anzusehen.[222] Es kommt aber immer auf die Einzelheiten an, in mehreren Entscheidungen wird deshalb die Ausbildung an einer Fachschule für Sozialpädagogik in dem betreffenden Fall nicht als einer Hochschulausbildung vergleichbar angesehen.[223]

589

Ebenfalls als einer Fachhochschulausbildung vergleichbar anzusehen ist die Ausbildung zum **Ökonom** an einer **Fachschule für Binnenhandel**, sofern später ein Gleichstellungsbescheid erteilt wurde.[224]

590

Bei einem Betreuer, der ein Hochschulstudium der Fachrichtung Englisch in Deutschland begonnen und an einer kanadischen Universität mit dem „master of arts" abgeschlossen hat, können besondere, für die Führung einer Betreuung nutzbare Fachkenntnisse im Sinne von § 1 Abs. 1 Satz 2 Nr. 2 BVormVG vorliegen. Unerheblich für die vergütungssteigernde Wirkung dieser Kenntnisse ist, dass das Hochschulstudium in Deutschland zunächst auf das erste Staatsexamen (Lehramt) ausgerichtet war und das betreuungsrelevante Wissen in dieser Zeit erworben wurde.[225]

591

---

215 OLG Schleswig FamRZ 2000, 1532
216 OLG Zweibrücken FamRZ 2004, 1323 = Rpfleger 2004, 488; OLG Frankfurt Beschluss vom 19.7.2002 mit Az. 20 W 241/02; nicht aber die Ausbildung als staatlich anerkannter Heilpädagoge an der bayr. Fachakademie, BayObLG FamRZ 2004, 1065
217 OLG Frankfurt/Main BtMan 2007, 104
218 OLG Düsseldorf FamRZ 2000, 1309, ebenso LG Krefeld 6 T 1/00 vom 3.2.2000, LG Duisburg 22 T 247/99 vom 13.3.2000, LG Kiel BtPrax 2002, 174; für die Ausbildung zum Verwaltungsfachwirt an der Bayrischen Verwaltungsschule mit Abschluss der Fachprüfung II; OLG Hamm FamRZ 2002, 847 = BtPrax 2002, 132; BayObLG BayObLGZ 2000 Nr. 55 = FamRZ 2001, 187 = BtPrax 2001, 36 = NJW RR 2001, 582; BayObLG FamRZ 2003, 787; anders aber, wenn die Ausbildung an einer so genannten Fachakademie erfolgte, siehe dazu unten Rn. 603
219 LG Kiel BtPrax 2002, 174
220 BayObLG BayObLG-Report 2003, 139 = BayVBl 2003, 410 = FamRZ 2003, 787
221 OLG Hamm 15 W 342/00 vom 22.1.2001
222 Bejaht durch das OLG Hamm FamRZ 2001,1398 = OLG-Report Hamm 2001, 180 für einen Betreuer, dem im Anschluss an die Ausbildung und ein einjähriges Berufspraktikum die Anerkennung als Sozialarbeiter erteilt wurde
223 OLG Karlsruhe, Beschluss vom 27.11.2006 mit Az. 11 Wx 81/06; OLG Naumburg, Beschluss vom 19.3.2007 mit Az. 8 Wx 2/07
224 LG Neuruppin, Beschluss vom 4.11.2002 mit Az. 5 T 234/02
225 KG, Beschluss vom 6.3.2007, 1 W 295/06

592 Schließlich wurden die Voraussetzungen auch bejaht, wenn einem Berufsbetreuer nach Art. 1 § 1 RBerG die **Erlaubnis zur geschäftsmäßigen Besorgung fremder Rechtsangelegenheiten** auf dem Gebiet des Erbrechtes erteilt worden ist.[226]

6.5.5.7 Nicht nutzbare Hochschulausbildungen

Nicht verwertbare Hochschulausbildungen sind:

593 Der **Studiengang Diplom-Geografie** mit dem Schwerpunkt Territorialplanung bzw. Raumplanung, weil er vor allem lediglich darauf ausgerichtet ist, Kenntnisse zu Fragen der Raumforschung, der Raumordnungspolitik und der Raumplanung zu vermitteln[227]; ein Fachschulstudium als **Ingenieur in der Fachrichtung Vorfertigung** mit Inhalten wie Arbeitswissenschaften, Bauökonomie, Recht, Betriebswirtschaft, weil die nutzbaren Fachkenntnisse nicht Kernbereich der Ausbildung waren.[228]

594 Die Ausbildung zum **Diplom-Ingenieur der Fachrichtung Maschinenbau**[229]; ein (Fern-) Studium in der Fachrichtung Bauingenieurwesen mit Studieninhalten wie Bauökonomie (16 Stunden), Recht (32 Stunden) und Arbeitswissenschaften (8 Stunden), ebenfalls, weil die nutzbaren Fachkenntnisse nicht Kernbereich der Ausbildung waren[230] sowie zum **Diplom-Geograf,**[231] zum **Dipl.-Ing. für Schiffstechnik**[232], zum **Ingenieur für Landtechnik**[233] oder zum **Forstingenieur.**[234]

595 Ein **Architekturstudium**, weil die Ausbildung sich überwiegend auf technische Disziplinen bezieht und für die Führung einer Betreuung nutzbare Kenntnisse (z.B. allgemeines Recht) nur am Rande behandelt werden,[235] zum **Bauingenieur**[236] sowie ein Hochschulstudium der Fachrichtung **Landschafts- und Freiraumplanung**[237] , ein Studium zum **Grafikdesigner**[238], eine Fachhochschulausbildung am Fachbereich **Gestaltung**[239] und ein **Informatikstudium**[240].

596 Die Ausbildung zum **Bio-Ingenieur/Medizintechnik**, weil der Studiengang zwar ein Bindeglied zwischen Medizin und Technik darstellt, die medizinischen Anteile aber vorrangig auf die Konstruktion technischer Geräte ausgerichtet und deshalb für die Führung von Betreuungen nicht verwertbar sind[241]; zur **Historikerin**[242]; zur **Biologin**[243]; ein **Chemiestudium** an einer technischen Hochschule[244]; die Befähigung, als **Hochschullehrer für**

226 KG FamRZ 2005, 1862
227 BayObLG BtPrax 2000, 81 = FGPrax 2000, 22 = FamRZ 2000, 844 = Rpfleger 2000, 215
228 OLG Thüringen BtPrax 2000, 170 = Rpfleger 2000, 330 = FGPrax 2000, 110 = FamRZ 2000, 846; OLG Zweibrücken FamRZ 2002, 1353; LG Hamburg 314 T 187/02 vom 23.1.2003
229 BayObLG FamRZ 2001, 1166 = BtPrax 2001, 85
230 OLG Thüringen BtPrax 2000, 170 = Rpfleger 2000, 330 = FGPrax 2000, 110 = FamRZ 2000, 846
231 BayObLG BtPrax 2000, 81 = FGPrax 2000,22 = FamRZ 2000, 844 = Rpfleger 2000, 215
232 AG Zwickau, Beschluss vom 19.7.2006 mit Az. XVII 542/04
233 OLG Naumburg, Beschluss vom 19.3.2007 mit Az. 8 Wx 2/07
234 LG Zwickau, Beschluss vom 25.6.2007 mit Az. 9 T 550/06
235 OLG Hamburg 2 Wx 90/01 BtPrax 2002, 131 (LS)
236 OLG Jena BtPrax 2000, 170 =Rpfleger 2000, 330 =FGPrax 2000, 110 = FamRZ 2000, 846 = NJWE-FER 2000, 289 sowie OLG Zweibrücken FamRZ 2002, 1353; LG Hamburg, Beschluss 314 T 187/02 vom 23.1.03
237 OLG Frankfurt/M. 20 W 247/04 vom 17.3.2005
238 LG Essen, Beschluss vom 16.12.2002 mit Az. 7 T 546/02
239 LG Hamburg, Beschlüsse vom 23.8.2007 mit Az. 322 T 117/07 und 322 T 119/07
240 LG Essen FamRZ 2005, 134
241 OLG Hamburg 2 Wx 140/00 vom 14.3.2001; LG Hamburg FamRZ 2001, 1032
242 LG Bad Kreuznach 2 T 201/01 vom 27.11.2001
243 OLG Köln 16 Wx 252/01 vom 17.12.2001; LG Bonn BtPrax 2002, 272
244 OLG Frankfurt/M., FamRZ 2005, 1199 = BtPrax 2005, 198

Gerätetechnik tätig zu sein[245]; die in der DDR erfolgte Ausbildung zum **Dipl.-Staatswissenschaftler**[246] sowie das Studium der **Kriminalistik**[247] oder der **Kriminologie**.[248]

Ein **in der Türkei abgeschlossenes Studium der Rechtswissenschaft**, weil dabei keine für die Führung von Betreuungen nutzbaren und erforderlichen Kenntnisse im deutschen Recht erworben wurden[249], dies ist aber einer Lehre vergleichbar, wenn anschließend in zwei Semestern Inlandsstudium der Magister Legum erreicht wurde.[250]   **597**

6.5.5.8 Nicht einer Hochschulausbildung vergleichbare Ausbildungen

Nicht einer Hochschulausbildung vergleichbar sind:

Der **Fachschulabschluss als Hygieneinspektorin** (eine noch in der ehemaligen DDR erfolgte Ausbildung von vierjähriger Dauer), weil auch während der DDR-Zeit ein Fachschulstudium nicht einem Hochschulstudium gleichgestellt war[251] und entsprechend auch die Fachschulausbildung zur Heilerziehungspflegerin[252]; gleiches gilt deshalb auch für die Ausbildungen zum **Ingenieurpädagogen**[253] und zur Gesundheitsfürsorgerin an der medizinischen Fachschule Weimar (noch zur Zeit der ehemaligen DDR), selbst dann, wenn aufgrund eines Bescheides des Thüringer Kultusministeriums die Berufsbezeichnung „Staatlich anerkannte Sozialarbeiterin" geführt werden darf. [254]   **598**

Anders aber, wenn eine Fachschulausbildung in der ehemaligen DDR durch ein Fachhochschulstudium nach der Wiedervereinigung ergänzt worden ist[255]; alleine aus der Bezeichnung einer Schule als „**Fachschule**" kann nicht darauf geschlossen werden, dass die Ausbildung nicht mit einer Fachhochschulausbildung vergleichbar ist, es kommt auf eine inhaltliche Bewertung der Ausbildung an.[256]   **599**

Die Ausbildung an einer **staatlich anerkannten Fachschule für Betriebswirtschaft** mit dem Abschluss zur **staatlich geprüften Betriebswirtin**[257]; die Ausbildung an einer Akademie für **praktische Betriebswirtschaft**, weil die Ausrichtung auf die praktische Betriebswirtschaft sich grundsätzlich von einer akademischen Ausbildung unterscheidet.[258], eine **Banklehre in Verbindung mit einer zusätzlichen Ausbildung an einer Fachschule für Wirtschaft**[259] ebenso der Abschluss **Betriebswirt Sozialwesen** der Kolpingakademie[260],   **600**

Überhaupt im Regelfall die **Ausbildungen an einer Akademie**, weil es sich dabei üblicherweise lediglich um eine berufliche Fortbildung handelt, die berufsbegleitend durchgeführt wird und vom zeitlichen Umfang und der Tiefe her nicht das Niveau einer Hochschulausbildung erreicht; dies gilt für die Ausbildung zum **Rechtswirt**,[261] zum   **601**

---

245 OLG Dresden 15 W 1393/99 vom 16.9.1999
246 OLG Brandenburg FamRZ 2002, 349 und NJ 2002, 97; eine dagegen gerichtete Verfassungsbeschwerde wurde nicht zur Entscheidung angenommen: BVerfG 1 BvR 715/01; OLG Jena NJ 2003, 379; OLG Naumburg Beschluss vom 18.1.2006 mit Az. 8 Wx 17/05; siehe aber auch BayObLG FamRZ 2003, 1129
247 OLG Jena, Beschluss 9 W 247/04 vom 15.10.04, zitiert bei *Knittel*, BtG, § 4 VBVG Rn. 14
248 OLG Thüringen, Beschluss vom 15.10.2004 mit Az. 9 W 247/04
249 BayObLG BtPrax 2001, 205
250 BayObLG BtPrax 2004, 403
251 LG Neubrandenburg, BtPrax 2000, 221 = FamRZ 2000, 1305
252 LG Zwickau FamRZ 2004, 220
253 OLG Frankfurt BtPrax 2002, 169
254 Keine Vergleichbarkeit mit der heutigen Ausbildung zum Diplom-Sozialarbeiter (FH), LG Mühlhausen 1 T 183/01 vom 22.10.2001
255 OLG Köln FamRZ 2000, 1307
256 OLG Hamm 15 W 342/00 vom 22.1.2001
257 OLG Schleswig BtPrax 2000, 172 = Rpfleger 2000, 330 = SchlHA 2000, 160 = FamRZ 2000, 1309
258 LG Hildesheim 5 T 308/01 vom 11.7.2001
259 LG Darmstadt, Beschluss vom mit Az. 5 T 661/06
260 BayObLG, Beschluss 3 Z BR 251/04 vom 12.1.2005, zitiert bei *Knittel*, § 4 VBVG Rn. 24
261 OLG Schleswig FamRZ 2005, 1200

Bankfachwirt[262], zum **Immobilienfachwirt**[263] und zur **Sozialwirtin**.[264], anders der VWA-Studienabschluss, vgl. oben Rn. 588.

602 Die Ausbildung zum **Handwerksmeister**[265]; die Ausbildung zum **Organisationssekretär/Sozialreferenten** an einem Katholisch-Sozialen Institut[266] sowie die Weiterbildung eines Erziehers zum **Sozialsekretär**[267]; die Ausbildung zum staatlich anerkannten Altenpfleger in Verbindung mit einem einjährigen Weiterbildungslehrgang an einer Volkshochschule[268]; die Ausbildung zum staatlich geprüften Techniker in Verbindung mit einem sonderpädagogischen Zusatzlehrgang mit einem Umfang von 660 Stunden.[269]

603 Die **Ausbildung an einer Fachakademie** ist einer Hochschulausbildung nicht vergleichbar, da sie unterhalb der Fachhochschulebene liegt[270]; selbst die Ausbildung des Betreuers an einer **Fachschule zum Alten- und Krankenpfleger**, die bestandene **Unteroffiziersprüfung des Sanitätsdienstes**, die abgelegte Abschlussprüfung für den Ausbildungsberuf des **Verwaltungsangestellten**, der Leistungsnachweis über einen Lehrgang von 420 Unterrichtsstunden über Krankenpflege, Rechtskunde u.a. sowie die Teilnahme an einem Managementseminar zur Pflegedienstleitung müssen zusammengenommen nicht als mit einer abgeschlossenen Hochschulausbildung im Sinne von § 4 Abs. 1 Nr. 2 VBVG vergleichbar angesehen werden.[271]

604 Auch die Ausbildung zur **Erzieherin in Verbindung mit einer Zusatzausbildung zur Familientherapeutin und Kindertherapeutin** ist nicht mit einer Hochschulausbildung vergleichbar, da es sich lediglich um eine Ausbildung in einer Fachrichtung handelt und nicht das für eine Hochschulausbildung typische breite und vertiefte Basiswissen, aus dem heraus mehrere Fachrichtungen betrieben werden können, vermittelt wird („Maßnahme beruflicher Weiterbildung, die lediglich als Ausschnitt einer hochschulgleichen Qualifikation angesehen werden kann").[272]

605 Die Ausbildung zum **Polizeibeamten in Verbindung mit der Ausbildung zum DSB-Vereinsmanager A** ist schon aufgrund der geringen Stundenzahl der Ausbildung des Deutschen Sportbundes nicht mit einer Hochschulausbildung vergleichbar[273]; weiterhin auch nicht die Abschlussprüfung an einem schweizer **Priester- und Missionsseminar.**[274]

606 Eine Ausbildung zum **Dipl.-Militärwissenschaftler** mit dem Dienstgrad eines **Oberstleutnants** (der NVA) ist in ihrem Kernbereich nicht auf die Vermittlung betreuungsrechtlicher Kenntnisse gerichtet sein[275] (anders wird das aber für eine entsprechende in den alten Bundesländern absolvierte Laufbahn beurteilt, siehe dazu oben Rn. 586)

---

262 OLG Celle 10 W 9/03 vom 19.5.2003 ; LG Kleve 4 T 287/03 vom 26.9.2003
263 OLG Dresden Beschluss vom 10.9.2004 mit Az. 3 W 0936/04
264 LG München II 6 T 402/00 vom 17.3.2000
265 OLG Köln FamRZ 2000, 1303 = NJW-RR 2000, 1315
266 LG Göttingen 5 T 214/00 vom 28.5.2001
267 AG Sinzig FamRZ 2005, 394
268 LG Osnabrück FamRZ 2000, 1308
269 LG Chemnitz 11 T 4432/01 vom 26.7.2002
270 BayObLG FamRZ 2000, 1307
271 BayObLG FamRZ 2000, 1309 = Rpfleger 2000, 392
272 OLG Braunschweig FamRZ 2000, Heft 8, S. II = BtPrax 2000, 130 mit Anmerkung *Lütgens*
273 LG Saarbrücken FamRZ 2000, 713
274 OLG Frankfurt/Main Rpfleger 2003, 365
275 KG BtPrax 2006, 192 = NJ 2006, 567 = FamRZ 2006, 1630

6.5.5.9 Fortbildungen, Lebens- und Berufserfahrung

Fortbildungen, Lebens- und Berufserfahrung werden grundsätzlich **nicht als Quelle für den Erwerb nutzbarer Fachkenntnisse** anerkannt und deshalb auch nicht einer abgeschlossenen Ausbildung gleichgestellt.[276]

607

Sowohl ein **Lehrer für Pflegeberufe**[277] als auch der **Leiter eines Pflegedienstes**[278] können deshalb zwar aufgrund ihrer ursprünglichen Berufsausbildung den mittleren Stundensatz verlangen, werden aber aufgrund ihrer in der Fortbildung erworbenen Zusatzqualifikation nicht etwa einem Hochschulabsolventen gleichgestellt. Nicht vergütungssteigernd wirkt es sich deshalb auch aus, wenn eine Industriekauffrau regelmäßig an einzelnen Fortbildungen in der sozialen Arbeit teilnimmt[279] oder lediglich an einer **einjährigen Umschulung** zum Wirtschaftskaufmann teilgenommen wird. [280] Ebenso ist eine Fortbildung zum **Freizeitmanager** nicht zu berücksichtigen.[281]

608

Ein Diplom als **Supervisor** und ein Zertifikat in der Kunst- und Gestaltungstherapie lassen ebenfalls nicht auf Fachkenntnisse schließen, die für einen Betreuer eine Vergütung von stundenweise 44,– € statt 33,50 € rechtfertigen. [282]

609

Qualifizierungsmaßnahmen auf dem Gebiet des Betreuungsrechts können deshalb nur dann berücksichtigt werden, wenn sie die Voraussetzungen einer Nachqualifizierungsmaßnahme im Sinne des § 2 BVormVG (jetzt: § 11 VBVG) erfüllen[283], weil das Gesetz durch die Typisierung der Ausbildung eine einheitliche und problemlose Handhabung erreichen wollte, dies würde durch die Anerkennung von Berufserfahrung und Fortbildungen zunichte gemacht werden.[284]

610

▶ *Zu Einzelheiten der Nachqualifizierungsmaßnahmen vgl. unten, Rn. 676 ff.*

Nach Ansicht des *LG Leipzig*[285] sind die Anforderungen, die an eine einer abgeschlossenen Lehre vergleichbare abgeschlossene Ausbildung im Sinne des § 1 Nr. 1 Sächs. BVormVGAG (für die im Falle der Nachqualifizierung ein Nachweis von mindestens 250 Stunden Umschulungs- und Fortbildungsmaßnahmen gefordert werden) zu stellen sind, aber durch einen **Fachschulabschluss als Fachökonom** (DDR), einer mit (mindestens) 440-stündigem Aufwand, vorwiegend auf rechtlichem Gebiet, erreichten **Qualifikation als Leiter geriatrischer und psychiatrischer Heime** des Diakonischen Werkes und anschließender zehnjähriger Heimleitertätigkeit erfüllt.

611

Wenn die **Fortbildung als Fortsetzung einer bereits bestehenden Ausbildung** anzusehen ist und zusammengenommen Intensität und Dauer einer Lehre erreicht werden, kann die Fortbildung aber dazu führen, dass die Ausbildung insgesamt als nutzbare Kenntnisse vermittelnde einer abgeschlossnen Lehre vergleichbare Ausbildung anzusehen ist[286]; es soll auch nicht gänzlich ausgeschlossen sein, dass **mehrere Fortbildungen im Zusammenwirken** mit einer bereits erworbenen Qualifikation insgesamt als einer Hoch-

612

---

276 OLG Schleswig, FamRZ 2001, 304 = BtPrax 2001, 86; LG Neubrandenburg, BtPrax 2000, 221; OLG Braunschweig BtPrax 2000, 130; für Weiterbildungsveranstaltungen des Instituts für Weiterbildung in der sozialen Arbeit einer Fachhochschule LG Koblenz FamRZ 2000,181; für eine dreimonatige Ausbildung zum Krisenhelfer BayObLG BtPrax 2001, 205

277 Für die Fortbildung zur „Lehrerin für Pflegeberufe" an einem Institut der ÖTV OLG Hamm 15 W 413/00 vom 19.11.2002

278 OLG Zweibrücken BtPrax 2003, 184 = Rpfleger 2003, 365 = FamRZ 2003, 1047

279 LG Koblenz FamRZ 2000, 181 = Jur. Büro 1999, 653

280 OLG Dresden FamRZ 2000, 551

281 LG Magdeburg, Beschluss vom 28.6.2006 mit Az. 3 T 11/06

282 LG Duisburg, Beschluss vom 25.06.2007, Az. 12 T 92/07

283 OLG Thüringen FGPrax 2000, 110 = Rpfleger 2000, 330 = FamRZ 2000, 846

284 OLG Schleswig, FamRZ 2001, 304

285 FamRZ 2000, 1306

286 So für eine Qualifizierungsmaßnahme zur Erzieherin, die auf der damals nicht als vergütungssteigernd angesehenen Ausbildung zur Unterstufenlehrerin aufbaute OLG Dresden BtPrax 2001, 39

schulausbildung vergleichbar angesehen werden können[287], die Anforderungen dafür dürften aber sehr hoch liegen.

613 Außerhalb der Übergangsregelung des § 1 Abs. 3 BVormVG (der in einigen Bundesländern bis 31.12.2002 galt) können keine „ausnahmsweisen Härtefälle" anerkannt werden, sodass auch auf diesem Wege Fortbildungen und Berufserfahrungen nicht vergütungssteigernd berücksichtigt werden können.[288]

614 **Sprachkenntnisse** können zwar grundsätzlich nutzbar und von erheblichem Wert sein (z.B. türkische Sprachkenntnisse für die Betreuung einer Türkin). Sofern die Sprache aber die Muttersprache des Betreuers ist, ist sie nicht durch eine abgeschlossene Ausbildung i.S.d. § 4 Abs. 1 VBVG erworben worden und kann deshalb in Anbetracht der eindeutigen gesetzlichen Regelung nicht berücksichtigt werden.[289]

6.5.5.10   Besonderheiten für Ausbildungsgänge der ehemaligen DDR

615 Schwierigkeiten bereitet zum Teil die Bewertung von Ausbildungsgängen der ehemaligen DDR (zu einigen Einzelfallentscheidungen siehe auch oben Rn. 537, 561, 572, 575, 586, 596 ff., 611).

616 Die meisten Gerichte erkennen Ausbildungsgänge der ehemaligen DDR problemlos an, sofern sie **nutzbare Kenntnisse** zum Gegenstand hatten und ein so genannter Gleichstellungsbescheid vorliegt. Zur Begründung wird angeführt, dass es mit dem Sinn und Zweck des der Ausstellung des Gleichstellungsbescheides vorgeschalteten Anerkenntnis- und Zertifizierungsverfahrens nicht vereinbar ist, das Tatbestandsmerkmal der Vergleichbarkeit einer Ausbildung mit einer Hochschulausbildung bzw. einer Lehre unabhängig von der Entscheidung der den Bescheid erteilenden Behörde erneut zu prüfen.[290] So ist eine Absolventin des Ausbildungsganges „Ökonom in der Fachrichtung Hotel und Gaststättenwesen" schon aufgrund des Gleichstellungsbescheides ohne weitere Prüfung so zu behandeln wie jemand, der eine Fachhochschulausbildung im Fach Betriebswirtschaft erfolgreich abgeschlossen hat.

617 Soweit die Berücksichtigung vereinzelt bereits mit der Begründung abgelehnt wird, dass die vermittelten Kenntnisse aus rechtlichen und wirtschaftlichen Bereichen auf das **System der ehemaligen DDR** zugeschnitten waren und deshalb für die Führung von Betreuungen nicht (mehr) nutzbar seien[291], ist dies in Anbetracht der Vorgaben der Art. 3 und 12 Abs. 1 GG und des Art. 37 EinigungsV nicht überzeugend.

618 Zum einen kann nicht pauschal festgestellt werden, dass Ausbildungen, die in der ehemaligen DDR stattfanden, heute nicht mehr nutzbar seien, weil die Inhalte auf das damalige Rechts- und Wirtschaftssystem zugeschnitten waren. Neben systembedingten Besonderheiten gibt es nämlich in nahezu jedem Fachgebiet auch ein neutrales Grundwissen, das systemunabhängig genutzt werden kann. Aus diesem Grunde wurden in anderen Verfahren zum Beispiel die in der ehemaligen DDR erfolgte Ausbildung zum Diplom-Ökonomen problemlos als vergütungssteigernd anerkannt.[292]

619 Zum anderen darf bei der Bewertung von in der ehemaligen DDR erfolgten Ausbildungen kein zu strenger Maßstab angelegt werden. Die Art. 3 und 12 GG und Art. 37 EinigungsV gebieten es, im Interesse der Chancengleichheit die historische Situation und die Interes-

---

287 OLG Braunschweig BtPrax 2000, 139
288 OLG Schleswig, FamRZ 2001, 304
289 BayObLG BtPrax 2001, 207; OLG München BtPrax 2008,34
290 So z.B. LG Leipzig FamRZ 2001, 304
291 So z.B. OLG Brandenburg FamRZ 2002, 349, dort wird die vergütungssteigernde Berücksichtigung einer in der ehemaligen DDR erfolgten Ausbildung zum Dipl.-Staatswissenschaftler abgelehnt.
292 So z.B. OLG Zweibrücken BtPrax 2000, 89; für den bei einem Kreisvorstand des FDGB als Verwaltung der Sozialversicherung erworbenen Berufsabschluss als Finanzkauffrau OLG Dresden FamRZ 2000,555, wonach auf das typische Berufsbild eines Finanzkaufmanns abzustellen ist, nicht darauf, ob die Ausbildung auch dem heutigen Berufsbild entspricht.

senlage, die durch den Zusammenschluss beider deutscher Staaten entstanden sind, zu berücksichtigen. Der wirtschaftliche Zusammenbruch der DDR hat viele Menschen zu einem beruflichen Neubeginn genötigt. Unter dieser Voraussetzung muss den Bürgern der ehemaligen DDR mehr als nur eine formale Chancengleichheit durch Einpassung in ein anderes Bildungssystem gewährt werden. Dem deshalb anzulegenden großzügigen Maßstab und dem Gebot der Praktikabilität entspricht es daher, die Befähigung zur Einarbeitung in neue Berufe und ihre Anforderungen genügen zu lassen. Dafür muss letztlich die Niveaugleichheit einer Ausbildung mit westlichen Ausbildungen ausreichen.[293]

Wurde die Ausbildung in der ehemaligen DDR abgeschlossen, steht deshalb der Umstand, dass die Ausbildung je nach Fachrichtung in mehr oder weniger großem Umfang auf die **Besonderheiten des Wirtschafts- und Gesellschaftssystems** der ehemaligen DDR bezogen war, der Berücksichtigung der durch die Ausbildung erlangten Kenntnisse jedenfalls dann für sich allein nicht entgegen, wenn die Gleichwertigkeit des Ausbildungsabschlusses mit einem in den alten Bundesländern erworbenen Abschluss auf einem entsprechenden Fachgebiet – sei es durch Rechtsvorschrift oder einen Gleichstellungsbescheid der zuständigen Behörde – anerkannt worden ist. **620**

Die für die Feststellung der Gleichwertigkeit maßgebenden Grundsätze sind auch im Rahmen der Prüfung zu berücksichtigen, ob die in der ehemaligen DDR abgeschlossene Ausbildung des Betreuers die Voraussetzungen des § 4 Abs. 1 VBVG erfüllt. Andernfalls würde deren Zielsetzung gerade für den nicht unbedeutenden Kreis derjenigen Betroffenen, die sich der Tätigkeit des Berufsbetreuers zugewandt haben, außer Acht bleiben. **621**

Auch hier muss es demnach genügen, wenn die Ausbildung im Kernbereich die Vermittlung besonderer Kenntnisse in betreuungsrelevanten Fachgebieten umfasste, während deren inhaltliche Ausrichtung auf das System der DDR jedenfalls bei feststehender Gleichwertigkeit der Ausbildung nicht entgegensteht. Denn die Gleichwertigkeit des Ausbildungsabschlusses bedeutet, dass der Betreuer über ein formell und funktional gleiches **Ausbildungsniveau** verfügt, das ihm ein selbstständiges Einarbeiten in die neuen beruflichen Anforderungen ermöglicht. **622**

Selbst wenn daher die Ausbildung eine erhebliche inhaltliche Ausrichtung auf das System der DDR aufwies, wie es insbesondere für rechtliche und ökonomische Kenntnisse anzunehmen ist, ist doch davon auszugehen, dass er aufgrund der erworbenen formellen Kenntnisse (des juristischen bzw. ökonomischen „Handwerks") in der Lage ist, sich in die abweichende Rechts- und Wirtschaftsordnung einzuarbeiten und insoweit einem Laien ohne besondere Fachkenntnisse nicht gleichzusetzen ist.[294] **623**

Es ist verfassungsrechtlich aber nicht zu beanstanden, wenn bei **fehlender Niveaugleichheit** eines in der DDR erworbenen Bildungsabschlusses der entsprechende Diplomgrad nur dann zuerkannt wird, wenn bis zum Stichtag 31.12.1990 zusätzliche Qualifikationen erworben wurden oder eine mindestens 3jährige einschlägige Berufstätigkeit vorliegt.[295] **624**

6.5.5.11 Information zu den neuen Studienabschlüssen (Bachelor und Master)[296]

Mit der Reform des Hochschulrahmengesetzes (HRG), insbesondere durch den § 19 HRG, wird die Möglichkeit geschaffen, neben den in Deutschland bislang üblichen Studienabschlüssen Studiengänge anzubieten, die mit den international gebräuchlichen Abschlüssen Bachelor (BA) und Master (MA) abschließen (wobei das Gesetz in Würdigung der Tradition auch die historischen Bezeichnungen Bakkalaureus bzw. Magister zulässt). **625**

---

293 So für die gleichartige Rechts- und Interessenlage bzgl. der Anerkennung von Ausbildungen der ehemaligen DDR durch die Kultusministerkonferenz das BVerwG, 6 C 6.97, 6 C 7.97 und 6 C 10.97, Urteile vom 10.12.1997
294 Kammergericht Berlin BtPrax 2002, 167
295 OVG Berlin NJ 2005, 473
296 Informationen des DBSH; weiteres unter www.dbsh.de/html/hauptteil_infomaba.html

- **Bachelor – ein erster berufsqualifizierender Abschluss**

626 Mit der Schaffung neuer Studienabschlüsse verfolgt der Gesetzgeber auch das Ziel, Studienzeiten zu verkürzen und Studienabbrecherquoten zu senken. Eindeutiges Ziel des Bachelor ist insoweit, schneller und leichter zu einem ersten akademischen Abschluss zu kommen. Ein Bachelor-Abschluss vermittelt einen akademischen „Erst"-Abschluss und eine Berufsqualifikation zugleich.

627 Schon nach drei Jahren kann dieser akademische Grad erworben werden, solange ist die Mindeststudiendauer. Die Höchstdauer ist auf vier Jahre begrenzt. Der Bachelor kann sowohl an Universitäten wie an Fachhochschulen angeboten werden.

- **Master – in der Regel die Fortsetzung des Bachelor für Höherqualifizierte**

628 Als weiteren, auf einen ersten berufsqualifizierenden Abschluss (Bachelor oder auch FH-Diplom) aufsetzenden Hochschulgrad kann über ein weiteres Studium der Abschluss des Master verliehen werden. Durch die zusätzliche Studienzeit erfolgt eine inhaltliche Vertiefung, mit der die besondere, den bisherigen Abschlüssen an Universitäten entsprechende wissenschaftliche Qualifikation erworben wird. Insoweit steigen die Anforderungen, sodass sich das Angebot der Masterstudiengänge in erster Linie an die „besseren" Bachelor-Absolventen wendet. Solche Übergänge werden daher mit großer Sicherheit durch die Länder begrenzt werden (in der Diskussion bzw. teilweise schon vorgegeben sind ca. 20 bis 30 % der Absolventen).

629 Das Besondere des Master-Studiums ist, dass es sowohl an Universitäten wie an Fachhochschulen angeboten werden kann und der Abschluss gleichwertig ist: Trotz des Widerstands der Universitäten ist der Master unabhängig vom Ort des Erwerbs als Abschluss eines wissenschaftlichen Hochschulstudiums anzusehen. Als solches berechtigt auch der an einer FH erworbene Master unmittelbar zur Promotion. Eine Sonderregelung bezüglich der FH-Master besteht lediglich hinsichtlich des öffentlichen Dienstes. Soll der FH-Master zum höheren Dienst befähigen, so ist dieses im Akkreditierungsverfahren gesondert zu prüfen und zu genehmigen. (Der Uni-Master enthält dagegen diese Befähigung automatisch.)

630 Für derartige Studiengänge beträgt die Regelstudienzeit mindestens ein und höchstens zwei Jahre. Dabei ist jedoch zu beachten, dass die Gesamtregelstudienzeit bis zur Erreichung des Master höchstens fünf Jahre betragen darf. Rein rechtlich könnte also ein Master bereits während einer Gesamtstudiendauer von vier Jahren (drei Jahre BA und ein Jahr MA) erworben werden.

Studiengangbeschreibungen Bachelor und Master oft Arts Soziale Arbeit (Beispiel FH Hildesheim[297])

631 *Bachelor of Arts Soziale Arbeit*

Der Studiengang umfasst 180 Credits in 6 Semestern. In den Studiengang aufgenommen werden BewerberInnen mit der Hochschulzugangsberechtigung. Im Aufnahmeverfahren wird Wert gelegt auf vorherige Praxiserfahrungen sowie eine Diversität der Studierenden in Bezug auf Geschlecht, Alter, Vorerfahrungen und kulturelle Herkunft. Grundsätzlich soll das Studium auch als Teilzeitstudium absolviert werden können, wenn dies aufgrund von Berufstätigkeit oder Familientätigkeit erforderlich ist. Dies setzt aber eine flexible Zeitgestaltung durch die Studierenden voraus.

632 Im Studium ist Praxisqualifizierung durch Praxiszeiten innerhalb des Studiums impliziert; diese umfassen (ggf. einschließlich des Vorpraktikums) mindestens 20 Wochen; hierauf werden je nach Ausgestaltung auch Projekte angerechnet. Diese Praxisphasen bilden mit den dazu gehörenden Seminaren (Praxisbegleitung, Theorie-Praxisseminare, Projektseminare) Module, deren Gesamtumfang mindestens 900 Stunden Workload und damit 30 Credits nach dem ECTS-Verfahren beträgt. Der Bachelor tritt an die Stelle des FH-Diploms und zielt auf die professionelle Arbeit als Sozialarbeiterin/Sozialarbeiter/Sozialpädagogin/Sozialpädagoge. Eine Vertiefung innerhalb des Studiums ist exemplarisch und nicht spezialisierend auf einzelne Felder der sozialen Arbeit zu verstehen.

---

297 www.fh-hildesheim.de/FBE/FBS/download/BachelorMaster/BachelorMasterSozialeArbeit.htm

Damit die Absolventinnen und Absolventen entsprechend den Tarifverträgen sowie gesetzlichen Bestimmungen eigenverantwortlich arbeiten können, ist eine „staatliche Anerkennung" als Sozialarbeiterinnen, Sozialarbeiter, Sozialpädagoginnen und Sozialpädagogen erforderlich, die sie gemäß dem niedersächsischen Hochschulgesetz im Anschluss an die Hochschulausbildung aufgrund einer von der Hochschule gelenkten berufspraktischen Tätigkeit (Berufspraktikum) und einer Prüfung erwerben. Dieses Berufspraktikum dauert im Grundsatz 12 Monate; darauf angerechnet werden sollen Praxisphasen vor und während des Studiums, sodass mindestens 6 Monate Berufspraktikum notwendig sind.

633

Master of Arts Soziale Arbeit

634

Das Studium umfasst 120 Credits in 4 Semestern. Es ist eine Praxisphase mit entsprechender Begleitung und wissenschaftlicher Auswertung vorgesehen, dabei soll das Berufspraktikum bei entsprechender Auswertung (vertiefte Praxisevaluation, Verbindung der begleitenden Seminare mit Prüfungen) mit bis zu 30 Credits angerechnet werden können.

Im geeigneten Fall können daher Studierende, die Bachelor und Master und Berufspraktikum absolvieren, ihr Studium wie folgt gestalten:

635

- 6 Semester Bachelor einschließlich Praxisphase
- 4 Semester Master einschl. 6 Monate Berufspraktikum mit wissenschaftlicher Auswertung der Praxis.

Der Studiengang wird so organisiert, dass er parallel zu einer Berufstätigkeit (i.d.R. Teilzeit) als Teilzeitstudium organisierbar ist. Der Master ist konsekutiv zum Bachelor-Studiengang Soziale Arbeit und baut auf den dort erworbenen Kompetenzen auf. Der Zugang für AbsolventInnen entsprechender Studiengänge und jeweils nach Einzelfallprüfung auch verwandter Studiengänge wird ermöglicht. Dabei ist grundsätzlich ein qualifizierter Abschluss des vorherigen Studiums erforderlich, es können darüber hinaus besondere Leistungen in der wissenschaftlichen Evaluation der eigenen berufspraktischen Tätigkeiten berücksichtigt werden. Entsprechend den vom Akkreditierungsrat erarbeiteten Deskriptoren ist der Master "eher anwendungsorientiert", wobei hierzu auch als wesentlichen Bestandteil anwendungsbezogene Forschung zählt.

636

6.5.5.12 Bachelor-Studiengang „Betreuung und Vormundschaft"

Am 15. Dezember 2006 hat der erste dreijährige berufsbegleitende Hochschul-Studiengang (Bachelor) für Berufsbetreuer/innen und Vormünder in Berlin begonnen. Träger des Studiengangs ist die *Berliner Steinbeis-Hochschule, Akademie für öffentliche Verwaltung und Recht* (AOEV)[298]. Das Curriculum wurde gemeinsam mit dem Kommunalen Bildungswerk e.V. entwickelt und orientiert sich an den Regelungen zur mittlerweile ausgelaufenen Nachqualifizierung für Betreuer/innen.

637

In Zusammenarbeit mit Experten auf dem Gebiet der rechtlichen Betreuung und Vormundschaft wurde ein Curriculum mit aktuellen Inhalten entwickelt. Das Projekt-Kompetenz-Studium der Steinbeis-Hochschule schließt mit dem akademischen Grad „Bachelor of Arts" ab. Im Grundstudium werden betriebswirtschaftliche und rechtliche Fundamente gelegt. Das Hauptstudium widmet sich dem Betreuungsrecht und seinen Aufgabenkreisen, der Organisation und Finanzierung der Betreuertätigkeit, der Betreuungsplanung und verschiedenen Methoden der sozialen Arbeit.[299]

638

Ein wichtiger Bestandteil des 36-monatigen Bachelor-Studiengangs ist die Projektarbeit, bei der aktuelle wissenschaftliche Erkenntnisse praxisrelevant umgesetzt werden. Im Rahmen der Projektarbeit beschäftigen sich die Studierenden mit einer Fragestellung aus der eigenen Berufspraxis.

639

Ein zweiter Lehrgang, der parallel an den Standorten Berlin und Leipzig stattfindet, ist Ende 2007 gestartet. Dem Vernehmen nach planen weitere Fachhochschulen vergleichbare Studiengänge.

640

---

298 http://aoev.de/cms/index.php
299 Internetinfos unter: http://aoev.de/cms/index.php?id=27,0,0,1,0,0

6.6 Höhe des Stundensatzes im Falle der Zahlung der Vergütung aus dem Einkommen oder dem Vermögen des Betreuten

6.6.1 Entwicklung

641 Ursprünglich – in Bezug auf vor dem 1.1.1999 ausgeführte Tätigkeiten eines Betreuers – hatte die Rechtsprechung bei der Bestimmung des Stundensatzes auch auf die Höhe der in der Berufsgruppe des Betreuers üblicherweise gezahlten Entgelte abgestellt, zumal diese in der Regel ja ebenfalls auf die berufliche Qualifizierung des Betreuers abstellen. Für die Höhe dieser Vergütung stellte das Bayerische Oberste Landgericht in ständiger Rechtsprechung fest, dass die unterste Grenze für die Bemessung dieser Vergütung durch die Kostenstruktur der jeweiligen Betreuungsbüros gegeben sei. Neben dem Ersatz der Unkosten müsse durch die Vergütung ein angemessenes Honorar erwirtschaftet werden können.

642 So wurden Stundensätze von ca. 200,– DM/100,– € vom *BayObLG* als angemessen betrachtet[300]; ähnlich auch das *LG München I* für die Vergütung einer Diplom-Sozialpädagogin.[301] Das *OLG Schleswig* sah in einem ähnlichen Fall für einen Rechtsanwalt als Betreuer einen Stundensatz von 300,– DM/150,– € als angemessen an.[302] Für nichtanwaltliche Betreuer seien die üblicherweise in der jeweiligen Berufsgruppe gezahlten Gehälter als Maßstab heranzuziehen, so das *LG München I*, das für einen freiberuflichen Sozialpädagogen[303] 130,– DM/ca. 66,– € stündlich zuzüglich Mehrwertsteuer als angemessen betrachtet. Ähnlich das *BayObLG* für einen Diplom-Verwaltungswirt[304] sowie für eine Dipl.-Psychologin 110,– DM/ca. 56,– €.[305]

6.6.2 Stundensätze für zwischen dem 1.1.1999 und dem 30.6.2005 erbrachte Tätigkeiten

6.6.2.1 Grundsätze

643 Die vom 1.1.1999 bis zum 30.6.2005 geltende Regelung nimmt nicht eindeutig zu der Frage Stellung, in welcher Höhe die Vergütung aus dem Vermögen zu erfolgen hat.

644 Die betreffende Passage des § 1836 Abs. 2 lautete:

> Liegen die Voraussetzungen des Absatzes 1 Satz 2 vor, so hat das Vormundschaftsgericht dem Vormund oder Gegenvormund eine Vergütung zu bewilligen. Die Höhe der Vergütung bestimmt sich nach den für die Führung der Vormundschaft nutzbaren Fachkenntnissen des Vormunds sowie nach dem Umfang und der Schwierigkeit der vormundschaftlichen Geschäfte.

§ 1836a lautete:

> Ist der Mündel mittellos, so kann der Vormund die nach § 1836 Abs. 1 Satz 2, Abs. 2 zu bewilligende Vergütung nach Maßgabe des § 1 des Gesetzes über die Vergütung von Berufsvormündern aus der Staatskasse verlangen.

645 Überwiegend wurde zunächst angenommen, dass daraus zu folgern sei, dass die Stundensätze des § 1 BVormVG lediglich im Falle der Mittellosigkeit für die Vergütung aus der Staatskasse anzuwenden seien und die Vergütung aus dem Vermögen weiter nach schon

---

300 BayObLG, z.B. in Rpfleger 1988, 529; Rpfleger 1990, 459 = FamRZ 1990, 1359; Rpfleger 1992, 297 = JurBüro 1992, 412; JurBüro 1993, 49; FamRZ 1993, 224 = NJW 1993, 671; AnwBl 1993, 534; MDR 1993, 1209; BayObLG Rpfleger 1907, 67
301 LG München I, FamRZ 1995, 112
302 OLG Schleswig, MDR 1994, 1048 = DAVorm 94, 803
303 LG München I, FamRZ 1995, 112
304 BayObLG MDR 1993, 1209
305 BayObLG BtPrax 1999, 31

vor dem 1.1.1999 geltenden Grundsätzen zu bemessen sei und dass die Sätze des § 1 BVormVG die Vergütung allenfalls nach unten begrenzen würden.[306]

Die Nichtanwendbarkeit des § 1 BVormVG auf die Betreuung nicht mittelloser Menschen ergab sich unseres Erachtens bereits aus dem Gesetzeswortlaut. § 1836a ordnete die Anwendung der Stundensätze des § 1 BVormVG ausdrücklich lediglich für die Vergütung der Betreuung mittelloser Menschen an. Der Umkehrschluss ergab, dass § 1 BVormVG in anderen Fällen nicht anzuwenden ist. **646**

Weiterhin enthielt § 1836 das **Merkmal der Schwierigkeit** der Betreuung als Vergütungskriterium, dieses Kriterium ist in § 1 BVormVG aber nicht enthalten, sodass eine Anwendung des § 1 BVormVG den Vorgaben des § 1836 widersprechen würde. Außerdem nehmen Schwierigkeiten einer Betreuung und das Haftungsrisiko des Betreuers bei vorhandenem Vermögen bzw. bei einem über der Grenze der Mittellosigkeit liegenden Einkommen des Betreuten deutlich zu[307], sodass auch von daher eine unterschiedlich hohe Vergütung gerechtfertigt war. **647**

Im Übrigen ist es auch in anderen Rechtsgebieten durchaus üblich, für vergleichbare Leistungen **unterschiedlich hohe Vergütungen** vorzusehen, sofern dies aus Gründen der Finanzierbarkeit geboten erscheint, vergleiche nur die unterschiedlichen Honorarsätze für Ärzte im Falle der Behandlung von Mitgliedern der gesetzlichen Krankenkasse und im Falle der Behandlung von Privatpatienten. Bei den zum 1.1.1999 in Kraft getretenen neuen Vergütungsregelungen handelt es sich in erster Linie um Bestandteile eines Spargesetzes, das den Staatshaushalt entlasten sollte. Eine Notwendigkeit für die Anwendung der Stundensätze des § 1 BVormVG auch auf die Vergütung der Betreuung nicht mitteloser Menschen ergibt sich daher – da die Vergütung in diesen Fällen nicht aus der Staatskasse gezahlt wird – auch nicht aus dem Gesetzeszweck. **648**

Etliche Betreuer hatten in ihrer Kalkulation zunächst auch dementsprechend die (vermeintlich) höheren Stundensätze für die Vergütung aus dem Vermögen fest als wenigstens teilweisen Ausgleich für die durch die niedrigen Stundensätze des § 1 BVormVG für die Vergütung aus der Staatskasse eingeplant. **649**

Nach Auffassung anderer Gerichte sollten die Stundensätze des § 1 BVormVG auch für die Vergütung aus dem Vermögen verbindlich sein.[308] Zur Begründung wurde vor allem angeführt, dass im Gesetzgebungsverfahren ursprünglich eine Angleichung der Vergütung für die Gruppen der mittellosen und der vermögenden Betreuten vorgesehen war. **650**

---

306 So z.B. OLG Hamm BtPrax 1999, 197 = FamRZ 1999, 1230; aufgegeben durch Beschluss 15 W 425/99 vom 6.11.2000 unter Bezug auf BGH-Beschluss vom 31.8.2000, s. u.; BayObLG FamRZ 2000, 318 = JurBüro 2000, 263 = BtPrax 2000, 85 = Rpfleger 2000, 215 = FGPrax 2000, 26 = BayObLGZ 1999, Nr. 80, Vorlagebeschluss an den BGH; OLG Düsseldorf BtPrax 2000, 219 und FGPrax 2000, 197; OLG Oldenburg FamRZ 2000, 1310; LG Dortmund FamRZ 1999, 1606; LG Krefeld JurBüro 2000, 266; LG Duisburg FamRZ 2000, 317 = JurBüro 2000, 267; LG Regensburg, Beschluss – 7 T 415/99 vom 18.1.1999; LG Bielefeld, Beschluss – 25 T 441/99 vom 6.8.1999; LG Augsburg JurBüro 2000, 265 = Rpfleger 2000, 215 = FamRZ 2000, 982; LG Oldenburg JurBüro 2000, 267 = Rpfleger 2000, 216 = BtPrax 2001, 88; LG Hildesheim 5 T 305/00 vom 9.5.2000; AG Starnberg FamRZ 2000, 185 sowie Rpfleger 2001, 421; LG Koblenz FamRZ 2000, 1310; LG Gera FamRZ 2000, 848; LG Berlin FamRZ 2000, 1452; Palandt/Diederichsen:, 60. Aufl. § 1836 Rn. 21 ff.; Bestelmeyer, Die Berufsbetreuer-, Verfahrenspfleger- und Nachlasspflegervergütung nach neuem Recht, FamRZ 1999, 1633 ff.; Zimmermann, Probleme des neuen Betreuervergütungsrechts, FamRZ 1999, 630, 634; Scholz/Glade: Betreuungsrecht, S. 173; Bienwald, Vorbem. vor §§ 65 ff. FGG Rn. 164 ff.; HK BUR/Knieper/Mahr § 1 BVormVG Rn. 13; HK BUR/Bauer § 1836 BGB Rn. 78

307 Vgl. HK BUR/Bauer § 1836 BGB Rn. 78 mit weiteren Nachweisen

308 OLG Zweibrücken BtPrax 1999, 241 = FamRZ 2000, 180 = Rpfleger 2000, 66 = FGPrax 2000, 19 = NJW-RR 2000, 223; OLG Frankfurt/Main, Beschluss vom 13.12.1999 – 20 W 359/99; jedoch abgewandelt in lediglich Orientierungshilfe: OLG Frankfurt FGPrax 2000, 147 = Rpfleger 2000, 498 = BtPrax 2001, 86; LG Frankenthal BtPrax 1999, 202 = FamRZ 1999, 1604 = Rpfleger 1999, 394 = NJW-RR 1999, 1526; LG Mönchengladbach, Beschluss 5 T 206/96 vom 21.5.1999; LG Bad Kreuznach FamRZ 2000, 982 = BtPrax 2001, 87; vor allem unter Berufung auf einen Aufsatz von Karmasin, FamRZ 1999, 348

651 Auf einen entsprechenden Vorlagebeschluss des *BayObLG*[309] hin entschied schließlich der *BGH*[310], dass für die Höhe der Vergütung eines Berufsbetreuers die Stundensätze des § 1 BVormVG nur dann verbindlich sind, wenn der Betreute mittellos ist und die Vergütung deshalb ohne Rückgriffsmöglichkeit aus der Staatskasse zu zahlen ist. Für die Höhe der Vergütung des Betreuers eines Vermögenden sind sie jedoch eine wesentliche **Orientierungshilfe**. Sie stellen Mindestsätze dar, die nicht unterschritten werden dürfen, sind im Regelfall angemessen und dürfen nur überschritten werden, wenn dies die Schwierigkeit der Betreuungsgeschäfte ausnahmsweise gebietet.

652 Zur Begründung führte der *BGH* dort im Wesentlichen die bereits genannten ursprünglichen Pläne des Gesetzgebers an. Auch sei die frühere Berechnung der aus dem Vermögen zu bewilligenden Stundensätze aufgrund der Kosten, die eine durchschnittliche Betreuerpraxis verursacht, nicht überzeugend, weil bereits das BVerfG festgestellt habe, dass die **Stundensätze des § 1 BVormVG kostendeckend** seien, sodass für eine andere Berechnung kein Bedürfnis bestehe. Es seien keine Anhaltspunkte dafür ersichtlich, dass die wirtschaftliche Existenz von Berufsbetreuern mit den Vergütungsansprüchen gegenüber der Staatskasse nicht mehr gewährleistet sei.

653 Zum einen stellten diese Sätze **Mindestbeträge** dar, die nicht unterschritten werden dürfen. Zum anderen verdeutlichen sie, was der Gesetzgeber im Regelfall als angemessenes Entgelt für die von dem Betreuer erbrachte Leistung ansieht. Für eine Bemessung der Stundensätze nach einer von dem Betreuer vorgelegten Kalkulation seiner Sach- und Personalkosten sei jedenfalls nach dem neuen Recht kein Raum mehr. Das neue Recht lege fest, mit welchem Stundensatz ein Berufsbetreuer in der Regel auszukommen habe. Nach dieser Vorgabe müsse der Aufwand an Sach- und Personalkosten eingerichtet werden.

6.6.2.2 Einzelheiten

654 Aus der Begründung des Beschlusses ergibt sich, dass der bloße Umfang der Geschäfte ausschließlich durch erhöhten Zeitaufwand abgegolten wird und deshalb für sich genommen nur die Anzahl der Stundensätze, nicht aber ihre Höhe beeinflussen kann. Die Höhe des Vermögens ist deshalb für sich allein genommen kein ausreichendes Kriterium für die Überschreitung des Stundensatzes. Verfügt der Betreute über ein größeres Vermögen, führt dies zunächst zu einem erhöhten Zeitaufwand.

655 Der *BGH* erkennt darüber hinaus an, dass die Verwaltung umfangreicherer Vermögenswerte „die **Schwierigkeit der Betreuungsgeschäfte** erhöht". Auch das Auftreten besonderer psychischer Probleme beim Betreuten (in dem vom *BGH* entschiedenen Fall unter anderem Suizidgefahr) rechtfertigt dies allein gleichfalls keine erhöhte Vergütung, weil solche Probleme bei der Erforderlichkeit einer Betreuung sehr häufig vorliegen und deshalb im Bereich des „Normalen" liegen.

656 Der Fall könnte aber anders zu beurteilen sein, wenn sich die psychischen Probleme unmittelbar auf die Führung der Betreuung auswirken, sich z.B. in erheblich aggressivem Verhalten dem Betreuer gegenüber oder aktiver Behinderung seiner Tätigkeit äußern und die Betreuung dadurch wesentlich erschwert wird. Eine Betreuung könnte auch dann als besonders schwierig zu beurteilen sein, wenn sie durch das Verhalten des persönlichen Umfeldes des Betreuten, namentlich seiner Verwandten, erheblich behindert oder gar sabotiert wird. Letztlich kommt es auf eine Gesamtbetrachtung sämtlicher Faktoren an.

---

309 FamRZ 2000, 318 = JurBüro 2000, 263 = BtPrax 2000, 85 = Rpfleger 2000, 215 = FGPrax 2000, 26 = BayObLG 1999, Nr. 80
310 Beschluss vom 31.8.2000, XII ZB 217/99, FamRZ 2000, 1569 = NJW 2000, 3709 = FGPrax 2000, 233 = MDR 2001, 91 m. Anm. *Engers* = JurBüro 2001, 39 = BtPrax 2001, 30 = Rpfleger 2001, 27 = FamRZ 2001, 479 m. Anm. *Glade* = Betreuung aktuell 4/2000, S. 25 = BtInfo 4/2000, S. 24 = BtG Rundbrief 4/2000, S. 31 = ZEV 2001, 33 m. Anm. *Zimmermann* ZEV 2001, 15

Auf Grundlage der BGH-Entscheidung wird ein höherer Stundensatz z.B. dann als **657** gerechtfertigt angesehen, wenn ein Vermögen in Höhe von 3,5 Millionen DM zu verwalten war, dieses zum Teil in verschiedenen Depots und Konten angelegt war und zum anderen Teil es aus einem Wohnhaus bestand, wegen dem es immer wieder zu Schwierigkeiten mit den Mietern gekommen war. Weiterhin ist es zu berücksichtigen, wenn der Betreute schwierig im Umgang und häufiger verschwunden war, sodass Suchaktionen durchgeführt werden mussten, und die vertragliche Regelung mit einer langjährigen Pflegeperson umzugestalten war.[311]

Der Höhe des Vermögens des Betreuten alleine kommt auch nach Ansicht des *OLG Bran-* **658** *denburg*[312] keine Bedeutung mehr zu, ein hohes Vermögen kann aber ein Anzeichen für eine schwierige Vermögensverwaltung sein.[313]

Besondere Schwierigkeiten können auch dann vorliegen, wenn der Betreuer im Abrech- **659** nungszeitraum gegen die Entscheidung einer Behörde vorgehen muss.[314]

Eine Überschreitung ist zwar bei besonderen Schwierigkeiten möglich, ein Stundensatz **660** von 120,– DM (ca. 60,– €) kann aber auch bei außergewöhnlichen Schwierigkeiten nicht als zu gering angesehen werden.[315]

Allein die Notwendigkeit, sich in eine bestimmte gesetzliche Vorschrift einzuarbeiten, **661** rechtfertigt aber das Überschreiten der Stundensätze des § 1 BVormVG noch nicht.[316]

War die Betreuertätigkeit überwiegend auf einfache verwaltungsmäßige Tätigkeiten und **662** Organisationsmaßnahmen bezogen, so ist die Bewilligung der an den Sätzen des § 1 BVormVG orientierten Vergütung ebenfalls nicht zu beanstanden.[317]

Die Stundensätze des § 1 BVormVG dürfen aber überschritten werden, wenn die Anfor- **663** derungen der Betreuung, etwa wegen des vom Betreuer geforderten, durch den Zeitaufwand nicht abgegoltenen Engagements oder wegen anderer gemessen an der Qualifikation des Betreuers **besonderer Schwierigkeiten** im Abrechnungszeitraum über den Regelfall deutlich hinausgegangen sind und die Betreuervergütung nach § 1 BVormVG zu der von ihm erbrachten Leistung in einem klaren Missverhältnis stünde[318], also wohl auch dann, wenn die Betreuung Fachkenntnisse erfordert, die erst in einer höheren Vergütungsgruppe als der des bestellten Betreuers vorausgesetzt werden können, z.B. juristische, medizinische oder betriebswirtschaftliche Fähigkeiten, die üblicherweise durch ein Hochschulstudium erworben werden.

Auch die Vergütung eines Rechtsanwaltes als Berufsbetreuer ist an den Sätzen des § 1 **664** Abs. 1 BVormVG auszurichten[319], auch sonst ist es für die Betreuervergütung ohne Belang, welche Honorare sonst für die Tätigkeit, z.B. die private Verwaltung eines hohen Vermögens, zu zahlen sind.[320] Andererseits ist einem Anwalt ein erhöhter Stundensatz zu gewähren, wenn er gerade aufgrund seines Berufes eingesetzt wurde und die schwierigen Betreueraufgaben aufgrund seiner Ausbildung effektiver bewältigen konnte.[321]

---

311 OLG Frankfurt 20 W 106/2000 vom 28.2.2000, Rpfleger 2001, 130 = FamRZ 2001, 711 = FGPrax 2001, 73-Stunden-Satz i.H.v. 80,– DM
312 Rpfleger 2001, 130 = FamRZ 2001, 711 = FGPrax 2001, 73
313 OLG Düsseldorf FamRZ 2000,1533 = BtPrax 2000,215 = Rpfleger 2000,499 = NJWE-FER 2001,74
314 BayObLG BtPrax 2001, 252 = FamRZ 2002, 350
315 OLG Karlsruhe FGPrax 2001, 72 = NJW 2001, 1220; aus dieser Entscheidung kann aber nicht ohne weiteres gefolgert werden, dass dieser Stundensatz nach Ansicht des OLG auch als angemessen anzusehen ist, die 120,– DM waren bereits durch das Landgericht bewilligt worden. Da nur durch den Betreuer weitere Beschwerde eingelegt worden war, durfte das OLG aufgrund des so genannten Verschlechterungsverbots keinen niedrigeren Stundensatz festsetzen und musste dementsprechend nur darüber entscheiden, ob 120,– DM zu wenig sind.
316 BayObLG, BtPrax 2001, 75 = FamRZ 2001, 378 = Rpfleger 2001, 121 = NJW-RR 2001, 798
317 OLG Hamm FamRZ 2001, 656
318 BayObLG Rpfleger 2001, 127 = JurBüro 2001, 286 = NJW 2001, 1221 = FamRZ 2001, 794 = BtPrax 2001, 218; vgl. auch *Dodegge* NJW 2004, 2641
319 OLG Schleswig BtPrax 2001, 219
320 BayObLG BtPrax 2002, 271 = FamRZ 2002, 1591
321 LG Köln BtPrax 2003, 231

665   Diese Grundsätze sind auch bei der Vergütung für die Tätigkeit eines **Vereinsbetreuers** zu beachten.[322]

666   Die Anwendung auf die Vergütung für die Tätigkeit eines **Nachlasspflegers** wird unterschiedlich gehandhabt. Zum Teil wird angenommen, dass im Falle von Nachlasspflegschaften regelmäßig komplizierte Sach- und Rechtslagen vorliegen und deshalb eine Verdoppelung der Stundensätze des § 1 BVormVG in Betracht kommt.[323] Nach Ansicht des *OLG Dresden*[324] gelten die Stundensätze des § 1 BVormVG in Fällen einfacher Abwicklung, sonst seien für einen Nachlasspfleger mit Hochschulabschluss 27,90 € bei einfachen, 34,20 € bei mittelschweren und 41,40 € bei schwierigen Nachlässen angemessen. Das *LG München I*[325] will die Stundensätze des § 1 BVormVG bei beruflichen Nachlasspflegern im Falle eines vorhandenen Aktivnachlasses nicht anwenden, für anwaltliche Verfahrenspfleger hält es Stundensätze von 100,– bis 150,– € brutto für angemessen. (vgl. dazu auch unten Rn. 897 ff.).

667   Die Rechtsprechung des *BGH* ist überwiegend als verbindlich angesehen worden. Oberlandesgerichte dürfen gem. § 28 Abs. 2 FGG ohnehin nicht ohne Vorlagebeschluss von der Rechtsprechung des BGH abweichen. Siehe i.Ü. z.B. eine Entscheidung des *LG Berlin*[326]; das LG sieht die neuen Vergütungsregelungen ausdrücklich als verfehlt an und geht davon aus, dass Rechtsanwälte aufgrund fehlender Kostendeckung nicht mehr als Betreuer tätig werden können und dass auch viele andere qualifizierte Berufsbetreuer die Tätigkeit aufgeben werden, sieht sich aber gezwungen, die Wertungen des Gesetzgebers und des BGH zu akzeptieren; ähnlich auch das BayObLG.[327] Bewusst gegen die Rechtsprechung des BGH und mit sehr ausführlicher Begründung hat das *AG Starnberg*[328] entschieden (Stundensatz i.H.v. 180,– DM/ca. 90 € für einen anwaltlichen Berufsbetreuer).

668   Das *BVerfG* hatte bereits vor der Entscheidung des *BGH* festgestellt, dass von der Verfassung her ein breiter Spielraum gegeben ist, das Grundgesetz würde weder eine gleich hohe[329] noch eine unterschiedlich hohe Vergütung[330] für die Betreuung von vermögenden und mittellosen Menschen gebieten.

669   Die Zustimmung des Betreuten selbst oder seiner Erben zur Zahlung eines erhöhten Stundensatzes ist für das Vormundschaftsgericht nicht bindend.[331]

6.6.3   Ab dem 1.7.2005 erbrachte Tätigkeiten

670   Ab dem 1.7.2005 gelten bei Berufs- und Vereinsbetreuern die Stundensätze des § 4 Abs. 1 VBVG ausnahmslos auch für den Fall der Zahlung der Vergütung durch den Betreuten selbst. Allerdings steht dem Betreuer in diesen Fällen ein gegenüber der Vergütung aus der Staatskasse erhöhter zu vergütender Zeitaufwand zu (§ 5 Abs. 1, 2 VBVG).

▶   *Zu den Einzelheiten und zur Frage der Berechtigung dieses Unterschieds siehe unten Kapitel 7, Rn. 966 ff.*

671   Die Ausführungen des Kapitels 6.6.2 sind auch künftig für eine Erhöhung des Stundensatzes im Rahmen des § 3 Abs. 3 VBVG bei den Tätigkeiten von Bedeutung, die weiterhin nach konkretem Zeitaufwand abgerechnet werden, z.B. Vormundschaften Minderjähriger und BGB-Pflegschaften (vgl. dazu im Einzelnen oben Rn. 507 ff. sowie unten Rn. 897 ff.

---

322 OLG Hamm BtPrax 2003, 84 = Rpfleger 2003, 365
323 LG Stuttgart Rpfleger 2001, 427; LG Münster Rpfleger 2003, 369
324 FamRZ 2002, 1364
325 Rpfleger 2003, 249
326 BtPrax 2001, 214 f.
327 BtPrax 2001, 206
328 Rpfleger 2001, 421 ff.
329 FamRZ 2000, 345 = BtPrax 2000, 77
330 BtPrax 2000, 120 = FamRZ 2000, 729 = NJW-RR 2000, 1241
331 BayObLG BtPrax 2002, 129 = Rpfleger 2002, 313; LG Hannover FamRZ 2002, 1063

6.7   Übergangsregelung des § 1 Abs. 3 BVormVG

Wohl auch, um verfassungsrechtlichen Bedenken am 1. BtÄndG vorzubeugen, wurde durch den Rechtsausschuss des Bundestages eine Übergangsregelung vorgeschlagen, die über einen begrenzten Zeitraum die Zahlung einer Vergütung von 31,– €/Stunde ermöglichte.[332] Dieser Vorschlag fand sich im Abs. 3 des § 1 BVormVG wieder.   **672**

Danach konnte das Vormundschaftsgericht einem Berufsbetreuer oder -vormund bis zum 30.6.2001 eine Vergütung von bis zu 31,– €/Stunde bewilligen. Voraussetzung war aber, dass dieser Betreuer oder Vormund mindestens seit zwei Jahren vor Inkrafttreten des 1. BtÄndG Vormundschaften oder Betreuungen berufsmäßig führt, also mindestens seit 1.1.1997. In Satz 3 wurden die Landesregierungen ermächtigt, die Regelung bis zum 31.12.2002 zu verlängern. In einigen Bundesländern wurde die Frist seinerzeit entsprechend verlängert.   **673**

Der **Zweck dieser Regelung** war es, bislang selbstständig als Betreuer tätigen Personen die Möglichkeit zu eröffnen, sich während der Übergangszeit fortzubilden, um die Voraussetzungen der Einstufung in eine höhere Vergütungsstufe des § 1 Abs. 1 BVormVG zu erreichen, und/oder ihnen die Chance zu geben, den Kostenrahmen ihrer Tätigkeit den neuen Vergütungssätzen anzupassen.[333]   **674**

Da alle Ansprüche aus der Zeit, in der diese Regelung anwendbar war, zwischenzeitlich gem. § 1836 Abs. 2 (i.d.F. bis 30.6.2005) erloschen sind, hat diese Regelung keine praktische Bedeutung mehr. Einzelheiten zur Anwendung können in der dritten Auflage dieses Werkes[334] nachgelesen werden.   **675**

6.8   Umschulung und Fortbildung gem. § 11 VBVG

6.8.1   Allgemeines

Die inhaltsgleiche Bestimmung zu § 11 VBVG war § 2 des Berufsvormündervergütungsgesetzes, der im Gegensatz zu den meisten anderen Vorschriften des 1. BtÄndG bereits am 1.7.1998 in Kraft getreten war.   **676**

Berufsvormünder und -betreuer, die die für die Vormundschaft oder Betreuung nutzbaren Fachkenntnisse nicht durch eine geeignete Berufsausbildung oder ein Studium erworben haben, haben hiernach die Möglichkeit erhalten, entsprechende Qualifikationen durch **Umschulung und Fortbildung** zu erwerben. Voraussetzung sind allerdings entsprechende landesrechtliche Regelungen, zu deren Erlass die Länder zwar nicht verpflichtet, die aber insbesondere in den neuen Bundesländern dringend erforderlich sind.   **677**

Die erworbenen Qualifikationen sind durch eine Prüfung vor einer staatlichen oder staatlich anerkannten Stelle nachzuweisen.   **678**

§ 11 VBVG sieht dabei zwei Qualifikationsstufen vor, und zwar: **679**

1. (Abs. 1) Derjenige, der bisher keine Ausbildung vorweisen kann, durch die betreuungsrelevante Kenntnisse vermittelt werden, kann einen einer Lehre vergleichbaren Abschluss erwerben. **Voraussetzung** für die Zulassung zur Prüfung ist, dass er
   * mindestens drei Jahre als Berufsbetreuer tätig ist (gemeint sind drei Jahre vor der Anmeldung zur Prüfung);

---

332   BT-Drs. 13/10331, S. 28
333   OLG Braunschweig BtPrax 2000, 130
334   Dort, S. 129 ff.

- an einer Umschulung oder Fortbildung teilgenommen hat, die betreuungsspezifische Fachkenntnisse vermittelt, wie sie in Art und Umfang auch in einer Lehre vermittelt werden.

680 2. (Abs. 2) Derjenige, der Fachkenntnisse vorweisen kann, die durch eine Lehre oder vergleichbare Ausbildung oder Prüfung vor einer staatlichen oder staatlich anerkannten Stelle erworben wurden, kann einen einem Studium vergleichbaren Abschluss erwerben. Voraussetzung für die Zulassung zur Prüfung ist, dass er

- mindestens fünf Jahre als Berufsbetreuer tätig ist (gemeint sind fünf Jahre vor der Anmeldung zur Prüfung);

- an einer Umschulung oder Fortbildung teilgenommen hat, die betreuungsspezifische Fachkenntnisse vermittelt, wie sie in Art und Umfang in einem Studium vermittelt werden.

681 Gemäß Abs. 3 kann zudem landesrechtlich bestimmt werden, dass in einem anderen Bundesland abgelegte Prüfungen im Sinne des § 11 VBVG anerkannt werden.

682 Da es sich um eine reine **Kann-Bestimmung** handelt, konnte zunächst der Eindruck entstehen, dass es im Belieben der jeweiligen Landesregierung steht, darüber zu entscheiden, ob eine Nachqualifizierungsmöglichkeit geschaffen wird oder ob zumindest in anderen Bundesländern erlangte Abschlüsse anerkannt werden.

683 Tatsächlich hatten nach 1999 zunächst vor allem die neuen Bundesländer entsprechende Regelungen erlassen, während in den alten Bundesländern verbreitet beabsichtigt war, keine entsprechenden Regelungen zu schaffen, weil angeblich kein ausreichender Bedarf bestand. Dies hätte zu der Konsequenz geführt, dass auch erfahrene, langjährig tätige Betreuer, die sich oft in der ersten Phase nach Inkrafttreten des Betreuungsgesetzes 1992 auf eigene Kosten fortgebildet und so neben ihrer Berufserfahrung ein erhebliches nutzbares Fachwissen erworben haben, dauerhaft nur einen Stundensatz der unteren Vergütungsstufe hätten erhalten können, sofern sie über keinen berücksichtigungsfähigen Hochschulabschluss verfügen, da Fortbildungen – wie oben Rn. 607 ff. dargestellt – nicht als vergütungssteigernd anerkannt wurden.

684 Neben Bedenken bzgl. der Zweckmäßigkeit eines solchen Vorgehens bestanden auch moralische Bedenken. Immerhin hatten die betroffenen Betreuer (gerade auch aus den neuen Bundesländern) die von der Politik häufig geforderte Eigeninitiative gezeigt und versucht, sich – oft, um der Arbeitslosigkeit zu entgehen – eine eigene wirtschaftliche Existenz durch eine sinnvolle Tätigkeit aufzubauen. Es wäre kaum einsehbar gewesen, wenn diese Betreuer dauerhaft von der Vergütung her erheblich schlechter gestellt worden wären als Betreuer, die zwar über eine anerkannte Hochschulausbildung, aber über keine Berufserfahrung verfügen und die Tätigkeit eventuell lediglich als „Lückenfüller" für die Zeit zwischen Studium und erster „richtiger Anstellung" ansehen.[335]

6.8.2 Die Entscheidung des BVerfG vom 6.7.2000

685 In seiner Entscheidung vom 6.7.2000 hat das *BVerfG*[336] festgestellt, dass das aus dem Rechtsstaatsprinzip abgeleitete Gebot des Vertrauensschutzes eine Übergangsregelung gebietet, die für die bisher im Beruf Tätigen Härten abmildert. Die insoweit bestehenden Regelungen seien nur sinnvoll, wenn sie den Betreuern tatsächlich auf Dauer die Voraussetzungen für eine höhere Vergütungsstufe eröffnen. Deshalb habe der Bundesgesetzgeber den Ländern verbindlich vorgegeben, dass der **Vertrauensschutz** der bisher tätigen Berufsbetreuer den Interessen der Länder an qualifizierter, aber besonders niedrig zu ver-

---

335 Vgl. zum Thema auch BdB-Info, BtPrax 2001, 201 und *Reinders* BtPrax 2001, 202
336 1 BvR 1125/99, BtPrax 2000, 212 = FamRZ 2000, 1277 = JurBüro 2000, 591= NJWE-FER 2000, 284; Der Volltext der Entscheidung findet sich auf der beiliegenden CD-ROM

gütender Betreuung vorgeht. Er habe es deshalb den Ländern nicht überlassen, wie sie die Vergütungen im Anschluss an die Nachqualifikation festlegen wollen, sondern dies bundesweit einheitlich geregelt. Angesichts dieser Vorgaben bestehe für eine Bedürfnisprüfung der Länder, ob sie den bisher Tätigen einen qualifizierten Abschluss ermöglichen, nach der bundesgesetzlichen Konzeption kein Raum. **Finanzielle Interessen** der Länder würden nicht genügen, um das durch die bundesgesetzliche Regelung begründete Vertrauen der mehrjährig ohne formale berufliche Qualifikation tätigen Berufsbetreuer zu enttäuschen.

Danach sei es den Ländern daher nicht überlassen, durch Untätigkeit bisher tätige Berufsbetreuer, die keinen Hochschulabschluss aufweisen, vom Markt zu verdrängen oder ihre gleich guten Leistungen zu günstigeren Tarifen in Anspruch zu nehmen, was einer Teilsperrung ihrer beruflichen Tätigkeit nahekommen würde. Eine solche Ausgrenzung wäre **sachwidrig**, nachdem die vom Bundesgesetzgeber geschaffene Übergangsregelung zunächst das Vertrauen darauf geweckt hat, dass mit einem nachträglichen formalen Nachweis der beruflichen Erfahrung die erheblichen wirtschaftlichen Nachteile der Neuregelung zumindest teilweise ausgeglichen werden können. Danach ist Erwägungen durch eine verfassungskonforme Auslegung des § 1 Abs. 1 BVormVG (seit 1.7.2005 §§ 3 und 4 VBVG) bei der Festsetzung der Vergütung im Einzelfall von den Fachgerichten Rechnung zu tragen, wenn ein Berufsbetreuer in einem Bundesland tätig ist, das weder eine eigene Nachqualifikation noch eine Anerkennung anderer Nachqualifikationen vorsieht, und er die erforderlichen Prüfungsnachweise aus einem anderen Bundesland nachweist, gebietet es das aus dem Rechtsstaatsprinzip abgeleitete **Vertrauensschutzprinzip**, diese Ausbildung als „vergleichbare abgeschlossene Ausbildung" i.S.d. § 1 Abs. 1 BVormVG (bzw. §§ 3 oder 4 VBVG) zu bewerten. **686**

In der Konsequenz bedeutete dies, dass Betreuer aus Bundesländern, die keine eigene Nachqualifizierungsregelung erlassen haben, Nachschulungen und Prüfungen in einem anderen Bundesland absolvieren können und die Vormundschaftsgerichte diese Nachqualifizierungen – auch, wenn sie vom Umfang her nicht einer Lehre oder einer Hochschulausbildung vergleichbar sind, jedoch dem anderen Landesrecht entsprechend – als vergütungssteigernd berücksichtigen müssen. Tatsächlich haben nur 2 Bundesländer es unterlassen, sowohl eigene Nachqualifizierungen als auch Anerkennungsregelungen zu verabschieden, und zwar Bremen und das Saarland. Dem Vernehmen nach gab es jedoch in der Praxis auch dort keine Schwierigkeiten, innerhalb der Vergütungsverfahren auswärtige Nachqualifizierungsprüfungen anzuerkennen. **687**

Wohl der obigen Entscheidung des Bundesverfassungsgerichts und dem beharrlichen Drängen der Berufsverbände und zahlreicher Einzelpersonen ist es zu verdanken, dass fast alle Bundesländer entweder eigene Ausbildungs- und Prüfungsordnungen erlassen oder zumindest verbindlich festgelegt haben, dass Nachqualifizierungsmaßnahmen anderer Bundesländer anerkannt werden. **688**

6.8.3 Die Umsetzung des § 2 BVormVG bis zum Inkrafttreten des 2. BtÄndG in den Bundesländern

In den Länderabstimmungen zu der Umsetzung des § 2 einigten die Landesjustizminister sich schon Ende 1998 auf wesentliche Eckpunkte möglicher Regelungen. Dies war insbesondere: **689**

- Die gemeinsame Auslegung, dass die bundesrechtlichen Ermächtigungsnormen vorrangig bezweckten, bestehende bewährte Strukturen der Mitarbeit von beruflichen Betreuern zu stützen. Es solle verhindert werden, dass erfahrene Betreuer allein deshalb aus dem Beruf ausscheiden, weil sie nach den nach dem 1.1.1999 geänderten Vergütungsmaßstäben künftig mit einem derart verringerten Einkommen, gemes- **690** sen an den bisherigen Vergütungskriterien, rechnen müssen, sodass ihre weitere Tätigkeit infrage gestellt sein könnte.

691 • Der Gesetzeszweck lege es nahe, eine etwaige landesrechtliche Regelung zu befristen. Es solle grundsätzlich nicht darum gehen, auf Dauer Parallelstrukturen einer Betreuerausbildung bzw. -fortbildung einzuführen, die in Konkurrenz zu herkömmlichen Ausbildungsgängen, insbesondere an Hoch- und Fachhochschulen, treten.

692 • Eine befristete und begrenzte Regelung sollte auch von der Notwendigkeit entheben, in diesem Zusammenhang eine Berufsbilddiskussion zu führen, die in den Berufsverbänden der Berufsbetreuer unabhängig hiervon geführt würde. Es solle bei den Nachqualifikationen nicht darum gehen, langfristig ein bestimmtes Anforderungsprofil für Betreuer festzulegen. Es gehe vielmehr darum, eine durch das Inkrafttreten des BtÄndG geschaffene Sondersituation im Interesse der Aufrechterhaltung effektiver Betreuungsarbeit zu bewältigen.

693 • Im Hinblick auf den inhaltlich und zeitlich begrenzten Zweck einer Regelung sollte die angestrebte Nachqualifikation so unaufwendig wie möglich ausgestaltet werden. Folgende Überlegungen standen dabei im Zentrum: Soweit ein Land nicht auf vorhandene Strukturen zurückgreifen könnte, sollten vor allem keine neuen staatlichen Institutionen, etwa ein Prüfungsamt, geschaffen werden. Vielmehr sollten Träger gefunden werden, die ggf. die Prüfung im Rahmen vorhandener Kapazitäten objektiv wahrnehmen könnten. Hierfür böten sich in erster Linie die Fachhochschulen an.

694 • Was den zeitlichen Umfang der Nachqualifikation angeht, sollte ein notwendiges Augenmaß gewahrt werden. Auch wenn die Weiterbildung die Teilnehmer Hochschulabsolventen gleichstelle, sollte die Weiterbildung in angemessener Zeit neben der Berufstätigkeit bewältigt werden können. Als Größenordnung für eine Nachqualifikation wurde eine Stundenzahl von ca. 400 Stunden in den Raum gestellt.

695 • Einig war man sich darüber, dass das Zertifikat über die Nachqualifizierung kein Feigenblatt darstellen dürfe. Vielmehr sollten die Teilnehmer mit dem Anspruch, eine hochschuladäquate Zusatzqualifikation zu erwerben, sich einer anspruchsvollen Prüfung stellen müssen.

6.8.4   Stand der Regelungen der einzelnen Bundesländer[337]

696 **In Baden-Württemberg** war durch das „Gesetz zur Änderung des Gesetzes zur Ausführung des Betreuungsgesetzes und zur Anpassung des Landesrechtes" vom 13.12.2001 eine eigene Nachqualifizierung geschaffen worden. Baden Württemberg verzichtete auf eine Prüfungsordnung und übertrug es den Fachhochschulen, als sog. „zertifizierte Kontaktstudiengänge" die Nachqualifizierung durchzuführen. Die Verantwortung für die Prüfung lag dabei bei den Fachhochschulen. Träger der Qualifizierungsmaßnahme sind die Fachhochschulen, federführend die EFH Freiburg. Letzter Prüfungstermin war der 31.3.2003.

697 In **Bayern** wurde durch Gesetz vom 28.6.2000 als Art. 6 des Gesetzes zur Ausführung des Gesetzes zur Reform des Rechts der Vormundschaft und Pflegschaft für Volljährige eine Nachqualifizierungsmöglichkeit geschaffen worden. Als Zeitumfang zur Teilnahme an einer Prüfung für die 3. Vergütungsstufe wurden 350 Stunden genannt, die ausschließlich an den genannten Hochschulen in Bayern abzuleisten waren und die auch zugleich die Prüfung abnahmen. In einer Verordnung über die Nachqualifizierung von Berufsbetreuern vom 18.7.2000 wurden die Inhalte der Umschulung und der Fortbildung sowie Regelungen zur Prüfung bestimmt. Die letzte Prüfungsmöglichkeit bestand am 30.6.2004.

---

337 Gesetzestexte und Verordnungen finden sich z.B. auf der beiliegenden CD-ROM

Berlin hat mit Gesetz vom 5.10.1999 eine Nachqualifizierung ermöglicht. Die Prüfungen **698**
wurden von der Fachhochschule für Verwaltung und Rechtspflege in Berlin abgenommen.
Grundsätzlich konnten auch Absolventen von anderen Bildungsmaßnahmen die Prüfung
absolvieren. Es wurde eine Verordnung über Prüfungen nach dem Gesetz zur Ausführung
des BVormVG vom 8.12.1999 erlassen. Der Zeitumfang für absolvierte Fortbildungen bei
der Zulassung zur Prüfung für die 2. Vergütungsstufe betrug 200, für die 3. Vergütungsstufe 400 Stunden, wobei ausdrücklich auch Fortbildungen von Betreuungsvereinen (vgl.
§ 1908f) angerechnet wurden. Die Regelung war befristet, der Antrag auf Zulassung zur
Prüfung musste bis zum 30.6.2004 gestellt worden sein. In Berlin wurde inzwischen der
Bachelor-Studiengang „Betreuung und Vormundschaft" staatlich anerkannt (siehe unter
Rn. 637 ff.).

Brandenburg hat am 25.6.1999 ein Ausführungsgesetz zum BVormVG verabschiedet. **699**
Zuständig für die Prüfungen war die überörtliche Betreuungsbehörde. Die Prüfungsver-
ordnung vom 23.12.1999 sieht einen zeitlichen Umfang von 250 bzw. 500 Stunden zur
Prüfungsanmeldung vor. Fortbildungen der Betreuungsvereine werden ausdrücklich bei
der Berechnung der Stundenzahl nicht mitgerechnet. Die Regelung war befristet, der
Antrag auf Zulassung zur Prüfung musste bis zum 30.6.2003 gestellt worden sein.

Bremen sieht weder eine eigene Nachqualifizierung noch eine Anerkennungsregelung **700**
für andere Maßnahmen vor.

In **Hamburg**, dem Bundesland, in dem als erstes entsprechende Nachqualifizierungs- und **701**
Kontaktstudiengänge angeboten wurden[338], wurde im Dezember 2001 nach erheblichen
Kontroversen eine Entscheidung getroffen, eine eigene Nachqualifizierungsregelung zu
treffen. Für die Prüfungen, die in dem Kontaktstudiengang an der staatlichen Fachhochschule vorher abgenommen wurden, gab es Schwierigkeiten bei der Anerkennung. Die
letzte Prüfungsmöglichkeit war Ende 2005 gegeben, allerdings nur für Absolventen der
Nachqualifizierungsmaßnahme der FH Hamburg.

Hessen sprach sich gegen eine eigene Nachqualifizierungsmaßnahme aus, erkennt aber **702**
durch Gesetz vom 31.10.2001 die Nachqualifizierung in anderen Ländern an. Die Geltungsdauer dieses Anerkennungsgesetzes war aber bis zum 31.12.2006 beschränkt,
daher war eine Verlängerung des Gesetzes erforderlich. Diese ist inzwischen bis zum
31.12.2011 erfolgt; hier wird also spätestens bis Ende 2011 eine erneute Verlängerung
nötig.

In **Mecklenburg-Vorpommern** wurden durch Gesetz vom 31.7.2000 Nachqualifizie- **703**
rungsmöglichkeiten geschaffen, die sowohl die Anerkennung anderer Prüfungen außerhalb des Landes als auch im Rahmen einer Landesverordnung durchgeführte Nachqualifikation vorsahen. Letzte Prüfungsanmeldungen bestanden am 30.6.2002.

Niedersachsen sieht die Anerkennung externer Prüfungen vor. Sie ist durch Gesetz vom **704**
22.2.2001 geregelt worden.

Nordrhein-Westfalen sieht in Berücksichtigung der Entscheidung des *BVerfG* vom **705**
6.7.2000 im Rahmen des Gesetzes vom 17.12.2002 die Anerkennung auswärtiger Prüfungen vor. Allerdings muss in NRW der Betreuer zusätzlich **vor dem 30.5.1998** Vormundschaften berufsmäßig geführt haben. Vermutlich ist das Gesetz so zu verstehen,
dass auch berufliche Betreuungen, die zu diesem Zeitpunkt geführt wurden, anerkannt
werden.

Rheinland-Pfalz hat durch Änderung des Landesgesetzes zur Ausführung des BGB vom **706**
6.2.2000 durch Einführung eines § 24a die Anerkennung auswärtiger Prüfungen vorgenommen.

---

338 Vgl. *Fesel* Bt-Prax 1999, 66

707   Das **Saarland** sieht keinen Bedarf für eine eigene landesrechtliche Regelung. Anerkennungsvorschriften für auswärtige Prüfungen werden ebenfalls nicht erlassen.

708   **Sachsen** hat am 23.6.1999 ein Ausführungsgesetz zum BVormVG verabschiedet sowie am 2.9.1999 eine Verordnung über Prüfungen nach dem BVormVG. Prüfungsbehörde war die überörtliche Betreuungsbehörde. Vorgesehen waren 250 bzw. 500 Stunden Fortbildung. Eine Anmeldung zur Prüfung war nur bis zum 30.6.2004 zulässig, bei Wiederholungsprüfungen bis spätestens 30.6.2005.[339]

709   **Sachsen-Anhalt** hat am 25.1.2000 ein Ausführungsgesetz verabschiedet. Es sah sowohl Prüfungen im Lande im Rahmen der Berufsvormünderprüfungsverordnung vom 13.12.2000 vor als auch die Anerkennung auswärtiger Prüfungsleistungen. Prüfungsbehörde ist die überörtliche Betreuungsbehörde. Auch hier beträgt die Dauer der nachgewiesenen Fortbildung 250 bzw. 500 Stunden. Letzter Anmeldetermin für Prüfungen war der 30.6.2003.

710   **Schleswig-Holstein** hat die Anerkennung auswärtiger Prüfungen durch Gesetz vom 17.7.2001 vorgenommen.

711   **Thüringen** hat am 7.7.1999 ein Ausführungsgesetz erlassen. Zuständig für die Durchführung von Prüfungen war die überörtliche Betreuungsbehörde. Die Prüfungen sollten aber auch anderen staatlichen und nicht-staatlichen Stellen übertragen werden können. Die Prüfungsverordnung vom 22.3.2001 sieht eine Fortbildungsdauer von 250 bzw. 500 Zeitstunden vor. Der späteste Zeitpunkt für die Anmeldung zur Prüfung war der 30.6.2005.

▶   *Die landesrechtlichen Bestimmungen finden sich auf der beiliegenden CD-ROM.*

6.8.5   Bedeutung des § 11 VBVG nach Inkrafttreten des 2. BtÄndG

712   Das BVormVG wurde formal durch das 2. BtÄndG nicht aufgehoben, sondern lediglich mit neuer Überschrift (und z.T. anderen Inhalten) neu gefasst. Die bestehenden landesrechtlichen Bestimmungen, soweit sie die Anerkennung von Prüfungen nach § 2 BVormVG regeln, sind daher auch ohne redaktionelle Änderungen weiterhin wirksam, zumal § 11 VBVG nur aus formalen Gründen eine andere Gesetzesstelle gefunden hat, inhaltlich aber keine Abweichungen gegenüber § 2 BVormVG bestehen.

713   In der Praxis spielt § 11 VBVG derzeit keine aktive Rolle. In keinem Bundesland besteht zum Zeitpunkt der Drucklegung dieses Buches eine weitere Nachschulungs- und Prüfungsmöglichkeit.

714   Dass § 2 BVormVG sich als § 11 VBVG im aktuellen Recht wiederfindet, hat überwiegend mit dem Fortgelten der Prüfungsentscheidungen aus den Jahren 1999 bis 2005 zu tun. Außerdem sollte eine rechtliche Grundlage für den Abschluss der letzten noch bestehenden und jetzt auslaufenden Nachqualifizierungen geschaffen werden. Durch die Übernahme der Regelung des § 2 BVormVG in das VBVG sollen die Länder aber nicht verpflichtet werden, die Nachqualifizierung von Betreuern dauerhaft zu ermöglichen.[340] Andererseits ist § 11 VBVG nun einmal ohne Beschränkung der Geltungsdauer in das Gesetz aufgenommen worden und es dürfte im Interesse einer möglichst qualifizierten Betreuungsarbeit liegen, Betreuer auch durch die Aussicht auf einen damit verbundenen erhöhten Stundensatz zu einer fachspezifischen Aus- bzw. Fortbildung anzuregen.

715   Da die überwiegende Mehrzahl der Betreuer, für die eine Nachqualifizierung infrage kommt, bereits von den bisher vorhandenen Möglichkeiten Gebrauch gemacht hat, ist es allerdings zweifelhaft, ob die Aufrechterhaltung des aufwendigen Prüfungsverfahrens für nur eine sehr geringe Anzahl von Prüflingen für die einzelnen Länder finanziell zumutbar ist. Eine Lösungsmöglichkeit wäre eine dahingehende Absprache der Länder, dass Prüfun-

---

339   Vgl. auch *Bienwald* BtPrax 2000, 155
340   *Knittel*, Textsammlung Betreuungsrecht, 4. Aufl., Einführung, S. 20

gen nur noch zentral in einem Bundesland durchgeführt werden (was dann über die Prüfungsgebühren finanziert werden könnte), die anderen Länder diese Prüfungen aber anerkennen.

Im Übrigen wäre es für die betreffenden Betreuer eine Überlegung wert, ob sie nicht von den inzwischen vorhandenen Möglichkeiten eines berufsbegleitenden Studiums – z.B. an der Fernuniversität Hagen oder an einer Verwaltungs- und Wirtschaftsakademie – Gebrauch machen wollen. Ein solches Studium hätte zwar den Nachteil, dass kein speziell auf die Betreuungsarbeit zugeschnittenes Fachwissen vermittelt wird, andererseits könnte der dort erworbene Abschluss auch in anderen Tätigkeitsfeldern sinnvoll eingesetzt werden, falls die Betreuungsarbeit einmal aufgegeben werden sollte. Darüber hinaus scheinen sich langsam spezielle Bachelor-Studiengänge für Betreuer und Vormünder zu entwickeln (siehe zum ersten Studiengang in Berlin unter Rn. 637 ff.). **716**

6.9 Erstattung der Umsatzsteuer (Mehrwertsteuer)

Für Vergütungszeiträume ab dem 1.1.1999 regelte § 1 Abs. 1 Satz 3 BVormVG, dass die Umsatzsteuer zusätzlich zu erstatten ist. § 1 BVormVG galt jedoch nur für Zahlungen aus der Staatskasse, daher entstand zunächst ein Streit, ob auch bei Vergütungen aus dem Vermögen des Betreuten die Umsatzsteuer zusätzlich zu bewilligen war (vgl. dazu die Vorauflagen). **717**

Ab 1.7.2005 bestimmt § 3 Abs. 1 Satz 3 VBVG für Berufsvormünder (und über § 6 VBVG bzw. § 1915 BGB) auch für andere Vertretungsformen, die nach konkretem Zeitaufwand abrechnen, die Hinzurechnung der Umsatzsteuer auf den jeweiligen Stundensatz. Dies gilt sowohl für Zahlungen aus dem Vermögen als auch aus der Staatskasse. Bei der Pauschalvergütung für Berufsbetreuer (vgl. Kapitel 7, Rn. 973 ff.) ist die Umsatzsteuer bereits im Inklusivstundensatz enthalten und muss daher nicht separat ausgewiesen werden. **718**

▶ *Zu weiteren Einzelheiten des Steuerrechts vgl. Kapitel 12, Rn. 1839 ff.*

6.10 Abschlagszahlungen für Berufsvormünder

Nach § 3 Abs. 4 VBVG kann der Berufsvormund **Abschlagszahlungen** auf seine Vergütung verlangen. Dies gilt sowohl, wenn sich der Anspruch gegen den Mündel, als auch, wenn er sich wegen Mittellosigkeit gegen die Staatskasse richtet. Diese Regelung gilt auch für BGB-Pfleger (§ 1915) sowie in den Betreuungsformen, die nach § 6 VBVG nach tatsächlichem Zeitaufwand abrechnen (Sterilisationsbetreuer sowie Verhinderungsbetreuer bei rechtlicher Verhinderung, vgl. Kapitel 6, Rn. 913 ff.). Für sonstige berufliche Betreuungen Volljähriger – also im Falle der pauschalierten Zahlung der Betreuervergütung – besteht die Möglichkeit von Abschlagszahlungen seit dem 1.7.2005 nicht mehr. **719**

Die Formulierung in § 3 Abs. 4 VBVG macht deutlich, dass der Vormund einen Anspruch auf Abschlagszahlungen hat, die Bewilligung solcher Beträge also nicht im Ermessen des Vormundschaftsgerichts liegt. **720**

> **HINWEIS**
>
> *Insbesondere dort, wo schlechte Erfahrungen mit längeren Bearbeitungszeiten bestehen, sollten die Vormünder (und BGB-Pfleger) diese Möglichkeit nutzen.*

721 Zur Ausgestaltung von Abschlagszahlungen enthält das Gesetz keine Aussage. Wir halten es für eine praxisgerechte Regelung, quartalsweise Zahlungen, ggf. im Abschlagswege, vorzunehmen.

722 Problematisch sind allerdings Fälle, in denen zunächst – zum Zeitpunkt der Entscheidung über den Antrag auf Bewilligung einer Abschlagszahlung zutreffend – von einem ausreichenden Vermögen des Mündels ausgegangen worden ist, zum Zeitpunkt der Endabrechnung dann aber Mittellosigkeit eingetreten ist. Über die Frage der Mittellosigkeit des Mündels ist nämlich endgültig erst zum Zeitpunkt der Entscheidung über den Vergütungsantrag zu entscheiden, wobei auf die Vermögensverhältnisse zum Zeitpunkt der Entscheidung und für den gesamten Vergütungszeitraum einheitlich zu entscheiden ist, die Bewilligung einer Abschlagszahlung bewirkt keine Zäsur.[341]

723 Sollte die Abschlagszahlung höher liegen als die entgültige Vergütung, könnte durch die Abschlagszahlung eine Überzahlung eingetreten sein, der Vormund wäre dann zur Rückzahlung des zuviel erhaltenen Betrags verpflichtet.

724 Sofern dem Vormund, der eine Abschlagszahlung beantragt, stattdessen eine Vergütung bewilligt wird, so steht ihm gegen diese Entscheidung keine Beschwerdebefugnis zu.[342]

725 Bisherige Rechtsprechung zu Abschlagszahlungen:

- Mittellosigkeit ist für gesamten Abrechnungszeitraum einheitlich zu beurteilen, auch wenn Entnahme des Abschlags wegen damals noch vorhandenem Vermögen bewilligt worden war.[343]

- Keine Begrenzung der Betreuervergütung auf jährliche Anträge, vierteljährliche Beantragung der Betreuervergütung und monatliche Abschlagszahlungen sind zulässig.[344]

- Hat ein Betreuer eine Abschlagszahlung beantragt und erhalten, erlischt sein Vergütungsanspruch in dieser Höhe auch dann nicht, wenn der eigentliche Vergütungsantrag die Ausschlussfrist überschreitet; liegt die Abschlagszahlung über der endgültigen Vergütung, ist der Unterschiedsbetrag zurückzuzahlen.[345]

6.11 Individuelle Vergütungspauschalen

6.11.1 Pauschalierte Vergütung gem. § 1836b Nr. 1

726 In der Zeit zwischen dem Inkrafttreten des 1. BtÄndG am 1.1.1999 und dem Inkrafttreten des 2. BtÄndG am 1.7.2005 bot der nun aufgehobene § 1836b die Möglichkeit, im Einzelfall den Berufsbetreuervergütungsanspruch zu pauschalieren.

727 Voraussetzungen waren, dass

- die für die vormundschaftlichen Geschäfte erforderliche Zeit vorhersehbar

und

- ihre Ausschöpfung durch den Vormund oder Betreuer gewährleistet ist.

728 Diese Voraussetzungen dürften nur dann erfüllt gewesen sein, wenn der Zeitaufwand für eine Betreuung einigermaßen stabil ist. Dies dürfte in den seltensten Fällen am Anfang

---

341 OLG Frankfurt FGPrax 2001, 116
342 LG Leipzig FamRZ 2000, 051
343 OLG Frankfurt/Main, FamRZ 2001, Heft 10, S. II = FGPrax 2001, 118
344 LG Konstanz, Beschluss 1 T 278/01 N vom 18.9.2001; ähnlich zuvor OLG Celle BtPrax 1992, 109 m. Anm. *Seitz* in BtPrax 1995, 204, vgl. auch LG Bochum Rpfleger 1994, 494
345 BayObLG FamRZ 2003, 1221 = BtPrax 2003, 174 = Rpfleger 2003, 577 = FGPrax 2003, 173

eines Betreuungsverfahrens der Fall sein.[346] Häufig ist es ja auch so, dass ein Betreuungsverfahren am Anfang viel Aufwand erfordert, der sich dann im Laufe der Zeit auf ein vorhersehbares Maß reduziert, z.B. dann, wenn der Betreute im Rahmen der Krisenintervention am Anfang der Betreuung in ein Heim aufgenommen und seine Wohnung aufgelöst werden muss.

Die Rechtsprechung bis zum 30.6.2005 war bei der Bewilligung derartiger Pauschalen wegen des Prognoserisikos äußerst zurückhaltend.[347] Daher war es auch folgerichtig, diese Individualprognose zum 30.6.2005 durch das 2. BtÄndG wieder abzuschaffen. Mit dem Außerkrafttreten des § 1836b muss in den Fällen, in denen sie aktuell angeordnet waren, neu entschieden werden. Hierbei gibt es bei Vormundschaften Minderjähriger wieder ausschließlich die Abrechnung nach Zeitaufwand nach § 3 VBVG, bei den beruflichen Betreuungen (mit Ausnahme der in § 6 VBVG genannten) nur die allgemeine Vergütungspauschale nach § 5 VBVG (vgl. Kapitel 7, Rn. 946 ff.).   **729**

Umso unverständlicher ist in diesem Zusammenhang die für Verfahrenspfleger in § 67a Abs. 3 FGG zum 1.7.2005 eingeführte Möglichkeit, statt einer Vergütung für konkreten Zeitaufwand wieder **die gleiche Individualpauschale** einzuführen, die für Vormünder und Betreuer zeitgleich abgeschafft wurde. U.E. ist die Individualpauschale im Bereich von Verfahrenspflegschaften im Regelfall genauso untunlich wie bei Vormundschaften und Betreuungen (zur Verfahrenspflegervergütung vgl. unten Rn. 877 ff.).   **730**

6.12   Abrechnungsfähige Tätigkeiten

6.12.1   Vorbemerkung

Ab 1.7.2005 werden selbstständige Berufsbetreuer sowie Vereinsbetreuer nach einem pauschalierten Vergütungsmodell bezahlt (vgl. Kapitel 7, Rn. 946 ff.). Die tatsächlichen Tätigkeiten dieser Betreuer werden ab dem 1.7.2005 nicht mehr Gegenstand der Rechtsprechung dieser Betreuer sein.   **731**

In diesem Kapitel wird die bisherige Rechtsprechung dargestellt. Sie hat weitere Bedeutung für die o.g. Betreuer, soweit es um die Abwicklung der Vergütungsansprüche bis einschließlich 30.6.2005 geht, einschließlich verbleibender Rechtsmittelverfahren.   **732**

Die nachfolgende Rechtsprechung spielt jedoch auch künftig eine gewisse Rolle. Die Beurteilung von Ermessensvergütungsansprüchen ehrenamtlicher Betreuer (§ 1836 Abs. 2) und Behördenbetreuer (§ 8 VBVG) wird zumindest teilweise vom zeitlichen und sachlichen Umfang der Betreuertätigkeit abhängen.   **733**

Im Übrigen kann die Rechtsprechung zu den im Falle einer „spitzen Abrechnung" vergütungsfähigen Tätigkeiten in Zusammenhang mit Auseinandersetzungen über die Pflichten eines Betreuers von Bedeutung sein. In letzter Zeit nehmen Streitigkeiten mit anderen Institutionen wie z.B. Pflegeheimen darüber, wer denn nun bestimmte Tätigkeiten auszuführen habe, zu. So verlangen Heime zunehmend, dass Betreuer einen Bewohner zum Arzt fahren oder begleiten und andere Stellen verweigern die Ihnen obliegenden Hilfeleistungen unter Berufung darauf, dass ja nun der Betreuer zuständig sei (ein Beispiel: der Sozialdienst eines Krankenhauses verweigert die Mitarbeit bei der Suche nach einer für den Patienten geeigneten Pflegeeinrichtung).   **734**

Auf der anderen Seite haben Betreuer aufgrund der Pauschalierung ein Interesse daran, sich gegen eine Inanspruchnahme für außerhalb ihres Aufgabenbereiches liegende Tätigkeiten zu wehren. Es gibt einige allgemeine Aussagen zu dieser Fragestellung, z.B. lässt   **735**

---

346 OLG Zweibrücken Rpfleger 2000, 67; ähnlich LG Dresden FamRZ 2000, 1530 m. Anm. *Bienwald*; OLG Jena, FGPrax 2001, 158 = FamRZ 2001, 1243
347 LG Berlin, 87 T 217/00 und 247/00 vom 29.5.2000; LG Münster BtPrax 2000, 42

sich unter Hinweis auf § 1901 Abs. 1 BGB schnell belegen, dass der Betreuer eine rechtliche Vertretung und keine tatsächlichen Hilfeleistungen zu erbringen hat. Ebenso ist es inzwischen anerkannt, dass andere Stellen nicht etwa weniger Tätigkeiten zu erbringen haben oder ihre Arbeit sogar ganz Einstellen dürfen, wenn ein Betreuer bestellt wurde.[348] Im Falle von solchen Auseinandersetzungen kann es aber hilfreich sein, wenn man sich zusätzlich auf Gerichtsentscheidungen berufen kann, in denen die Grenzen der Betreueraufgaben in Bezug auf einzelne Tätigkeiten genauer benannt worden sind.

736 Ebenso können solche Gerichtsentscheidungen für die Klärung der Frage der **Haftung** eines Betreuers beim Unterlassen von Tätigkeiten (§ 1833) hilfreich sein.[349]

737 Auch die Vergütungsansprüche beruflich tätiger **Vormünder und Pfleger** hängen weiterhin von den konkreten Tätigkeiten ab. Die nachfolgenden Rechtsprechungsbeispiele stammen überwiegend aus der beruflichen Betreuertätigkeit. Jedoch sind auch Vormünder Minderjähriger verpflichtet, zum Wohl der Vertretenen tätig zu sein; wobei der Aufgabeninhalt des Vormundes grundsätzlich dem Betreueraufgabenkreis „alle Angelegenheiten" entspricht. Auch hier kann es eine Rolle spielen, ob eine bestimmte Tätigkeit rechtliche Vertretung eines beruflichen Vormundes darstellt (§ 3 VBVG).

738 Die im BGB genannten Pflegschaften (§§ 1909 ff., 1960) werden ebenfalls, soweit beruflich geführt, auch nach dem 1.7.2005 nach konkretem Zeitaufwand bezahlt. Meist wird es bei BGB-Pflegschaften um Angelegenheiten der Vermögenssorge gehen (bei Pflegschaften für Abwesende, Vermögensmassen oder Nachlasspflegschaften), bisweilen ist im Bereich von Ergänzungs- oder Leibesfruchtpflegschaften auch die Personensorge betroffen (vgl. zu den Pflegschaftsformen oben Rn. 33 ff.).

739 **Verfahrenspfleger** (§§ 50, 67, 70b FGG) wiederum haben keinen Aufgabenkreis im eigentlichen Sinne, sondern haben die individuellen Interessen des Vertretenen im jeweiligen Gerichtsverfahren festzustellen und zu artikulieren. Auch hier ist im Rahmen des Vergütungsanspruches, der sich ebenfalls nach konkretem Zeitaufwand richtet, zu ermitteln, welche Tätigkeiten hierzu im Einzelfall erforderlich sind.

6.12.2 Allgemeines

740 Sowohl ehrenamtlich als auch berufsmäßig tätige Betreuer können eine Vergütung nur für Betreuertätigkeiten (und nicht für sonstige Dienstleistungen) bekommen. Anhaltspunkte, welche Tätigkeiten das im Einzelnen sind, ergaben und ergeben sich nicht aus den Vergütungsvorschriften, sondern aus den §§ 1897, 1902 und 1901 (sowie bei Vormundschaften aus § 1800 ff. bei Pflegschaften aus § 1915).

741 Nach § 1897 bestellt das Vormundschaftsgericht eine natürliche Person, die geeignet ist, in dem gerichtlich bestimmten Aufgabenkreis die Angelegenheiten des Betreuten rechtlich zu besorgen und ihn hierbei im erforderlichen Umfang persönlich zu betreuen. Sie vertritt den Betreuten gerichtlich und außergerichtlich § 1902. Dabei hat der Betreuer nach § 1901, wenn irgend möglich, die Wünsche des Betreuten zu berücksichtigen, ihm ein Leben nach seinen Vorstellungen zu ermöglichen und dazu beizutragen, dass Möglichkeiten genutzt werden, die Krankheit oder Behinderung des Betreuten zu beseitigen, zu bessern, ihre Verschlimmerung zu verhindern oder ihre Folgen zu mildern. Ausdrücklich sagt der durch das 1. BtÄndG am 1.1.1999 eingefügte Abs. 1 in § 1901: „Die Betreuung umfasst alle Tätigkeiten, die erforderlich sind, um die Angelegenheiten des Betreuten [...] rechtlich zu besorgen."

742 Vertretung des Betreuten heißt, in seinem Namen gegenüber Dritten, also nach außen hin tätig zu werden, z.B. durch Abgabe von Willenserklärungen. Zur gerichtlichen und außer-

---

348 Deutscher Verein für öffentliche und private Fürsorge, Abgrenzung von rechtlicher Betreuung und Sozialleistungen, S. 15
349 Vgl. dazu *Deinert/Lütgens/Meier*, Die Haftung des Betreuers, 2. Auflage, Köln 2007

gerichtlichen Vertretung gehört auch, dass der Betreuer Maßnahmen, die er eingeleitet oder veranlasst hat, überwacht, um entscheiden zu können, ob und ggf. wie lange eine Maßnahme andauern muss oder ob sie rückgängig zu machen ist.

Wenn der Betreuer nach außen hin tätig wird, beispielsweise einen Vertrag schließt oder eine Kündigung ausspricht, ist dies nur das **Ergebnis eines Entscheidungsprozesses**. Zu vergüten sind aber nicht nur die nach außen hin sichtbaren Endprodukte, beispielsweise die Abgabe einer Willenserklärung, sondern auch die Tätigkeiten, die der Betreuer ausführen musste, um zu einer Entscheidung zu kommen, z.B. Ermittlungstätigkeiten. Auch wenn der Betreute sich entscheidet, etwas nicht zu tun, z.B. den Betreuten nicht in ein Krankenhaus einweisen zu lassen, ist er für den Betreuten tätig geworden. Diese Tätigkeit wird jedoch nach außen hin nicht sichtbar.[350]   **743**

Die Stärkung der persönlichen Betreuung im Gegensatz zu anonymer Verwaltung war ein wesentliches Anliegen des Betreuungsrechts.[351] Unter persönlicher Betreuung ist daher in erster Linie der persönliche Kontakt zum Betreuten zu verstehen. Sie findet in der Pflicht des Betreuers, wichtige Angelegenheiten mit dem Betreuten zu besprechen und, soweit zumutbar, nach seinen Wünschen zu handeln, ihren gesetzlichen Ausdruck (§ 1901 Abs. 3).[352] Die persönliche Betreuung ist dabei kein eigenständiger Aufgabenkreis, sondern beschreibt die Art, wie der Betreuer seine Aufgaben zu erledigen hat.[353] Zur persönlichen Betreuung gehören Gespräche oder Telefonate mit dem Betreuten, Kontakte mit Bezugspersonen des Betreuten, um Informationen über seine Wünsche und Bedürfnisse zu erhalten. Daran hat sich auch mit dem durch das Betreuungsrechtsänderungsgesetz eingeführten Begriff „rechtliche Betreuung" nichts geändert.[354] Persönliche Betreuung darf freilich nicht mit tatsächlicher Personensorge verwechselt werden.[355]   **744**

Nicht nur aus den Vorschriften über die Betreuung selbst, sondern auch aus den Regelungen über die Vormundschaft für Minderjährige, die über die Verweisung des § 1908i teilweise auch für die Betreuung gelten, ergeben sich Pflichten des Betreuers. Dies sind u.a. das Erstellen und Einreichen von Berichten, eines Vermögensverzeichnisses, von Abrechnungen oder Vermögensübersichten, Anträge auf Erteilung vormundschaftsgerichtlicher Genehmigungen.   **745**

Zum abrechenbaren Zeitaufwand gehört jeweils auch der Zeitbedarf zur An- und Abreise zum Ort der jeweiligen Handlung.[356] Der Zeitaufwand muss für Betreuertätigkeiten innerhalb des übertragenen Aufgabenkreises getätigt worden sein; Tätigkeiten, die der Betreuer außerhalb dessen tätigt, sind nicht abrechenbar.[357]   **746**

Zu Recht wies das *LG Memmingen*[358] darauf hin, dass ein vom Betreuer beauftragter Dritter keinen Vergütungsanspruch hat.[359] Die Instruktion einer Vertretungsperson ist jedoch vergütungsfähiger Zeitaufwand[360] (siehe dazu auch oben Kapitel 4, Rn. 246 ff.).   **747**

Tätigkeiten vor der Betreuerbestellung (vgl. § 69a Abs. 3 FGG) sind nicht abrechnungsfähig.[361] Gleiches muss auch bei der Erweiterung des Aufgabenkreises für Tätigkeiten in diesem Zeitraum gelten, da auch eine Erweiterung nicht mit rückwirkender Kraft möglich ist (siehe zur Teilnahme an der Gerichtsverhandlung unten Rn. 767 ff.).   **748**

---

350 *Gregersen*, BdB-Verbandszeitschrift 4/1998, S. 9
351 BT-Drs. 11/4528, S. 68 ff.
352 *Jurgens* u.a., Das neue Betreuungsrecht, Rn. 159
353 *Jürgens*, BtPrax 1998, 130
354 BT-Drs. 13/7158, S. 33
355 *Harm*, BtPrax 1996, 213
356 BezG Meiningen FamRZ 1994, 523 = BtE 1992/93, 41
357 LG Augsburg BtPrax 1996, 76 = BtE 1994/95, 83 (Ls); LG Kempten BtE 1994/95, 83
358 FamRZ 1999, 459
359 Zuvor bereits LG Frankenthal BtPrax 1996, 231; LG Frankfurt/Oder BtPrax 1997, 78
360 BayObLG BtPrax 2000, 214 = FamRZ 2000, Heft 20, S. IX = FamRZ 2001, 374
361 OLG Schleswig NJW-RR 1999, 660

HINWEIS

Bei eilbedürftigen Angelegenheiten sollte der Betreuer das Gericht darauf hinweisen, dass ggf. eine eigene Entscheidung des Gerichtes nach § 1846 notwendig wird und ggf. auf eine Eilentscheidung im Wege der einstweiligen Anordnung hinwirken.

749 Die Einweisung eines künftigen ehrenamtlichen Betreuers durch den bisherigen Vereinsbetreuer in die Tätigkeit ist (für den Letzteren) vergütungsfähiger Zeitaufwand.[362]

6.12.3 Umfang der aufgewendeten Zeit

750 Für die Zeit bis 30.6.2005 und bei bestimmten Vertretungsformen (vgl. Rn. 733) wird der Umfang der Vertretungstätigkeit durch die Zeit ausgedrückt, die der Vormund, Pfleger oder Betreuer auf die Führung der Vormundschaft, Pflegschaft oder Betreuung verwandt hat.[363] Der Gesetzgeber hat in vielen Bereichen (außer bei der Berufs- und Vereinsbetreuung ab 1.7.2005) an einem Stundensatzsystem festgehalten. Angesichts der Vielgestaltigkeit konkret geführter Vormundschaften oder Betreuungen, so noch der Regierungsentwurf zum 1. BtÄndG[364], gäbe es für eine Abrechnung nach Falltypen oder Tätigkeitskatalogen keine hinreichend tragfähigen Ansatzpunkte.

751 Das bedeutet, dass bestimmte Vertretungspersonen auch in Zukunft ihren Zeitaufwand im Vergütungsantrag dokumentieren müssen. Es ist also weiterhin Streit um die Frage zu befürchten, in welchem Umfang Tätigkeiten abgerechnet werden können, mit anderen Worten, wie lange eine Handlung dauern darf. Die Kontrolle der in Ansatz gebrachten Zeit und der Umgang mit einer eventuellen Kürzung ist auch weiter problematisch.

752 Zu Recht hat das *LG Oldenburg* darauf hingewiesen, dass dabei grundsätzlich den Angaben des Betreuers zu folgen ist.[365] Es liegt in seinem Ermessen, wie er seine Pflicht erfüllt.[366] Zudem liegt es auch nicht immer im Einflussbereich des Betreuers, wie lange eine Handlung dauert. Dies hängt, z.B. bei Gesprächen, auch ganz entscheidend vom Verhalten des Gegenübers ab und bei bestimmten Situationen auch vom Verhalten Dritter, z.B. von Sozialhilfesachbearbeitern, die mitunter keine vorherige Terminvereinbarung mit dem Betreuer akzeptieren, wodurch diesem Wartezeiten in der jeweiligen Behörde entstehen, die unabweisbar waren.

753 Bei Vormündern Minderjähriger können alle Tätigkeiten der Personen- und Vermögenssorge abgerechnet werden. Lebt der Mündel im Haushalt des Vormunds, gehören dazu auch die Tätigkeiten der tatsächlichen Personensorge.

754 Welche Anzahl von Stunden im Einzelnen aufgewendet werden müssen und demnach als Vergütung abrechenbar ist, ist in erster Linie Entscheidung desjenigen, der die Tätigkeit ausführt. Nur dieser, nicht der Rechtspfleger und auch nicht der Bezirksrevisor des Landgerichtes, kennt die betreute Person und kann die Notwendigkeit des Zeitaufwandes kompetent entscheiden.[367] Die abrechenbare Zeit muss freilich zur pflichtgemäßen Aufgabenwahrnehmung benötigt worden sein.[368] Das *LG Kiel* sieht „objektiv unangemessene" Bemühungen nicht als vergütungsfähig an.[369]

---

362 LG Marburg 3 T 310/98 vom 17.2.1999, RdLH 1999, 82
363 BT-Drs. 13/7158, S. 13
364 BT-Drs. 13/7158, S. 13
365 FamRZ 1997, 947 = JurBüro 1997, 543
366 Knittel § 1836 BGB, Rn. 38
367 BayObLG FamRZ 1996, 1169; LG Augsburg Rpfleger 1994, 242; LG Bonn BtPrax 1997, 122
368 BayObLG, a.a.O.
369 LG Kiel JurBüro 94, 414 = FamRZ 1994, 777 = BtE 1992/93, 46; LG Paderborn JMBL NW 1992, 229 = FamRZ 1993, 237 = BtE 1992/93, 46 [Ls]

Der Berufsbetreuer schuldet freilich **professionelles Handeln** und hat die heute gebräuchlichen Kommunikationsmittel effizient und so kostengünstig wie möglich einzusetzen.[370]

755

Für die Vergütung bei beruflich tätigen Vormündern und Pflegern (und bis 30.6.05 bei beruflichen Betreuern) gilt, dass die „erforderliche" Zeit (§ 3 Abs. 1 VBVG) abrechenbar ist. Dies ermöglicht dem Gericht eine nachträgliche objektive Prüfungsmöglichkeit. Es muss, auch angesichts der an mehreren Stellen des BGB eingeführten Begriffes der „rechtlichen" Betreuung, die von einer tatsächlichen, nicht abrechenbaren Betreuungstätigkeit, abgegrenzt werden soll, damit gerechnet werden, dass Gerichte zunehmend Tätigkeiten von Betreuern, die keine unmittelbare Rechtsvertretung beinhalten, als nicht erforderlich bezeichnen werden. Hier muss auf die Pflichtenbindung des Betreuers, die Wunscherfüllungspflicht und die Pflicht, wichtige Angelegenheiten mit dem Betreuten zu besprechen (§ 1901), hingewiesen werden. Keine minutiöse Überprüfung von detaillierten Vergütungsanträgen, nur eine Missbrauchskontrolle sieht das *OLG Zweibrücken* vor.[371]

756

Macht der Vormund, Pfleger oder Betreuer eine spezifizierte Zeitangabe, sind einer abweichenden Beurteilung durch das Vormundschaftsgericht enge Grenzen gesetzt. Der Vertreter ist eigenverantwortlich tätig (§§ 1800, 1901 Abs. 1), er unterliegt keinen Weisungen des VormG, auch nicht mittelbar über die Vergütungsabrechnung. Die Kontrolle beschränkt sich im Wesentlichen auf denkgesetzliche Unmöglichkeiten, missbräuchliche, deutlich überzogene oder sachlich völlig ungerechtfertigte Forderungen, hat er z.B. Tätigkeiten außerhalb der ihm übertragenen Aufgabenkreise vorgenommen, so sind Abstriche bzgl. der Vergütung zulässig.

757

Jeder Vormund, Pfleger oder Betreuer besitzt grundsätzlich einen nicht weiter überprüfbaren Ermessensspielraum bezüglich der Verwendung seiner Zeit. Es ist deshalb nicht Aufgabe des Gerichts, einen schlüssig dargestellten und im Aufgabenbereich des Betreuers liegenden Zeitaufwand zu kürzen, wenn nicht erkennbar die Gesichtspunkte einer wirtschaftlichen Führung des Amtes verletzt worden sind. Hinsichtlich der Anzahl der zu bewilligenden Stunden darf lediglich eine Plausibilitätsprüfung durch das Vormundschaftsgericht erfolgen.

758

Danach sind offensichtlich zeitlich übertriebene Ansätze nicht vergütungsfähig. Entscheidend ist die Sicht des Vormundes, Pflegers oder Betreuers, insbesondere steht es dem Vormundschaftsgericht nicht an, einem Vormund, Pfleger oder Betreuer vorzuschreiben, dass gewisse Tätigkeiten schneller zu erledigen wären, soweit diese nicht offensichtlich überzogen oder sachlich völlig ungerechtfertigt sind oder in ihnen ein missbräuchliches Verhalten zu Tage tritt.[372] Abzulehnen ist eine in letzter Zeit verstärkt zu beobachtende Tendenz bei Gerichten, Tätigkeiten im Minutenrhythmus abzurechnen.[373] Hierzu gehören Beispiele, wie die, dass die „Bearbeitung eines Posteingangs grundsätzlich nicht mehr als 5 Minuten erfordert".[374]

759

Eine Schätzung des Zeitaufwands analog zu § 287 ZPO ist grundsätzlich zulässig, wenn detaillierte Angaben fehlen, ansonsten ist für ein Schätzungsermessen kein Raum.[375] Insbesondere sind – sofern detaillierte Angaben vorliegen – selbstgestrickte Erfahrungssätze

760

---

370 LG Koblenz FamRZ 19/2001, II = JurBüro 2001, 602; erneut LG Koblenz FamRZ 2004, 220 = Rpfleger 2004, 488
371 BtPrax 2000, 220 = FGPrax 2000, 198 = FamRZ 2000, 1533
372 Vgl. LG Kassel 3 T 783/98 u. 784/98; LG Ellwangen Beschluss vom 7.5.1999, 1 T 75/99; AG Mülheim a.d. Ruhr Beschluss vom 13. Juni 2000, 5 XVII 352/98; LG Dessau Beschluss vom 26.6.2000, 9 T 298/00; LG Lübeck Beschluss vom 30.10.2000, 7 T 606/00; Zimmermann FamRZ 1998, 521, 527 ff.; LG Berlin 87 T 30/95 und 87 T 423/94, zitiert bei *Meier*, Handbuch Betreuungsrecht, S. 389.
373 LG Mönchengladbach Rpfleger 2003, 364 = FamRZ 2004, 486
374 LG Koblenz FamRZ 2004, 566
375 OLG Zweibrücken BtPrax 1997, 116 = FuR 1997, 125

wie „für eine normale Betreuung dürfen im Jahr nur 60 Stunden anfallen" oder die nachträgliche (rückwirkende) Festsetzung einer Pauschale willkürlich und unzulässig.[376]

761   Aus einer Entscheidung muss eindeutig hervorgehen, welche Positionen im Einzelnen nicht anerkannt werden. Zwar muss offensichtlich überhöhten und daher unglaubhaften Zeitangaben eines Berufsbetreuers nicht ungeprüft gefolgt werden, dem Beschluss muss dann aber zu entnehmen sein, aus welchem Grund der jeweils konkret nach Tätigkeit und Datum bezeichnete Zeitaufwand als nicht vergütungsfähig angesehen wird.

6.12.4   Pflichten gegenüber dem Gericht

762   Bei der Vergütung wird man zunächst einmal alle Tätigkeiten als erforderlich ansehen, die sich aus einer Verpflichtung gegenüber dem Vormundschaftsgericht ergeben. Dies ist z.B. die Erstellung eines Vermögensverzeichnisses,[377] sofern der Aufgabenkreis die Vermögenssorge enthält (§ 1802), was selbstverständlich auch alle hierfür notwendigen Vorbereitungshandlungen beinhaltet, z.B. Sichtung der vorgefundenen Schriftstücke zwecks Ermittlung von Forderungen und Verbindlichkeiten;[378] Schriftverkehr mit Geldinstituten, Vermietern, sonstigen Gläubigern, der SCHUFA und etwaige in diesem Zusammenhang nötige Telefonate; danach auch der Zeitaufwand für den Jahresbericht[379] und die Rechnungslegung (§ 1840 Abs. 2), d.h. auch die Abholung von Kontoauszügen[380], deren geordnete Zusammenstellung und der Übertrag in das vom Gericht als erforderlich angesehene Rechnungsformular (bzw. bei befreiten Betreuern die regelmäßige erneute Einreichung einer Vermögensübersicht; § 1854 Abs. 2).

763   Es wurde die Auffassung vertreten, dass der Zeitaufwand für das Aufstellen des Jahresberichtes bei Vordruckverwendung maximal 5 Minuten ist. Dabei handele es sich um einfachste Tätigkeiten.[381] Dieser Auffassung kann nicht beigepflichtet werden.

764   Hinzu kommen der Zeitaufwand für die Verpflichtung und das Einführungsgespräch (§ 69b FGG), das Abholen des Betreuerausweises[382], die Berichterstattung gegenüber dem Gericht (§§ 1839, 1840 Abs. 1) und für Genehmigungsanträge, die sich aus zahlreichen Bestimmungen ergeben (§§ 1807 ff., 1821, 1822, 1904 bis 1907 usw.).

765   Vereinzelt soll durch Gerichte die Zeit bemängelt worden sein, die der Berufsbetreuer zur Anlage der Betreuungsakte benötigte. Hier muss man konstatieren, dass eine ordentliche Betreuungsführung, die den gesetzlichen Anforderungen, nämlich der Rechenschaftspflicht gegenüber dem Gericht und dem Betreuten (auch im Hinblick auf die §§ 1833 sowie 1890) eine solche Aktenführung erfordert.[383] Nicht abrechenbar ist die Führung eines Tagebuches mit den Erlebnissen des Betreuers.[384]

766   **Bürotätigkeiten**[385] gehören jedenfalls dann zu den vergütungsfähigen Tätigkeiten, wenn diese zur Führung der Betreuung notwendig sind.[386] Dagegen sind die Tätigkeiten

---

376 LG Berlin 87 T 217/00 u. 247/00 vom 29.5.2000; siehe auch LG Dessau FamRZ 2000, 1530 und Zimmermann FamRZ 1998, 521, 527 ff. Vgl. zur Schätzung des Zeitaufwandes auch BayObLG FamRZ 1996, 1171; OLG Schleswig NJWE-FER 1998, 36 und LG Stuttgart FamRZ 1998, 496

377 BayObLG JurBüro 1999, 265 = FamRZ 1999, 462

378 Zeitaufwand für das Sichten und Ordnen des Inhaltes zweier großer Plastikeinkaufstüten mit unterschiedlichsten Dokumenten kann mit zwei Stunden angesetzt werden: LG Koblenz FamRZ 2005, 132

379 LG Stuttgart Beschluss vom 29.11.1999 – 19 T 460/99

380 Diese sollen möglichst per Post zugeschickt werden; AG Betzdorf FamRZ 2000, 981

381 AG Westerburg FamRZ 2005, 305 m. Anm. *Bienwald*

382 LG Leipzig FamRZ 1999, 1607; a.A. unseres Erachtens zu Unrecht: LG Dessau FamRZ 2000, 1530

383 So auch LG Hamburg BtPrax 1997, 207; LG Frankenthal JurBüro 1998, 39; LG Göttingen FamRZ 1994, 125; AG Kleve Beschluss 18 XVII 129/01 vom 4.4.2002 LG Frankfurt/Oder FamRZ 2003, 190; *Damrau/Zimmermann* § 1836a Rn. 16

384 LG Saarbrücken BtPrax 1997, 124

385 BayObLG, BtPrax 1997, 112 und Rpfleger 1998, 575

386 *Jürgens* u.a., Das neue Betreuungsrecht, Rn. 274

eines Dritten, an den der Betreuer die Aufgaben unzulässig delegiert, nicht vergütungsfähig.[387] Auch die Zeit für die Fahrt zum Kopiercenter und zur Anfertigung der Kopien zählt zum vergütungsfähigen Zeitraum, weil die Anschaffung eines eigenen Kopiergerätes nicht verlangt werden kann.[388]

Auch die Teilnahme an anderen gerichtlichen Terminen (z.B. bei **Strafverhandlungen** gegen die betreute Person), wenn der Betreuer hierzu ausdrücklich als gesetzlicher Vertreter geladen wurde, ist vergütungsfähig.[389] Die Teilnahme an der Hauptverhandlung in einem anwaltlich im Strafverfahren nicht vertretenen Betreuten ist bei Vorliegen besonderer Umstände vergütungsfähig.[390] Nicht als vergütungsfähig angesehen wurde dagegen die Begleitung einer als Zeugin zu vernehmenden Betreuten durch den Betreuer, obwohl die betreute Person Angst vor der Begegnung mit dem Täter hatte und der Aufgabenkreis des Betreuers die Vertretung im Strafverfahren beinhaltete.[391] **767**

Jedenfalls ist es nicht Aufgabe eines Betreuers, den Betreuten zum Verhandlungstermin zu fahren oder die Teilnahme eines Betreuten an dem Termin sicherzustellen. Alleine die Betreuerbestellung führt jedenfalls regelmäßig nicht dazu, dass der Betreuer in dem Prozess irgendeine Funktion hat (anders nur, wenn dies ausdrücklich als Aufgabenkreis benannt wurde).[392] Für eine Ladung „als Betreuer des Angeklagten" gibt es deshalb keine Grundlage. Will das Gericht den Betreuer als Zeuge vernehmen (etwa über die Erkrankung des Betreuten oder über dessen Lebensumstände – dies kann für die Beurteilung der Schuldfähigkeit und die Strafzumessung von Bedeutung sein), sollte deshalb eine Ladung als Zeuge erfolgen. Ist die Ladung unklar formuliert, sollte der Betreuer auf Klarstellung drängen. Da die Zeugenaussage nicht Gegenstand der Betreuertätigkeit ist, kann sie auch nicht durch die Vergütungspauschale mit abgegolten sein, es hat eine Entschädigung nach dem JVEG zu erfolgen. **768**

Gem. § 5 Abs. 2 Ziff. 1 JVEG steht dem Zeugen ein Fahrtkostenersatz i.H.v. 0,25 € je gefahrenem Kilometer zu. Wenn man es genau nimmt, wird der Betreuer daneben aber keinen Anspruch auf Entschädigung für einen Verdienstausfall gem. § 22 JVEG haben. Wegen der Pauschalierung hat der Betreuer durch die Zeugenaussage ja nicht weniger verdient – er muss die versäumten Tätigkeiten lediglich in seiner Freizeit nachholen. Er wird sich deshalb u.U. mit der geringen Entschädigung für Zeitversäumnis des § 20 JVEG (i.H.v. 3,– € je Stunde) zufrieden geben müssen. **769**

6.12.5 Persönliche Kontakte zum Betreuten

Bei allen Aufgabenkreisen ist stets festzustellen, dass § 1901 zu beachten ist, dass also mit der betreuten Person Kontakt gehalten werden muss. Hierbei stellt sich die Frage, ob diese Kontakte nur dann abrechenbar sind, wenn eine konkrete Rechtshandlung in Aussicht oder bereits erfolgt ist oder ob diese Kontakte auch ohne einen eigentlichen juristischen Grund abrechenbar sind. **770**

Hier wird man zunächst eine Kontaktaufnahme schon deswegen als erforderlich ansehen müssen, damit der Betreuer die betreute Person kennen lernt und um deren Wünsche in Erfahrung zu bringen; ein Vertrauensverhältnis aufzubauen, um dies später überhaupt **771**

---

387 LG Frankenthal, BtPrax 1996, 231; LG Frankfurt/Oder BtPrax 1997, 78, LG Memmingen FamRZ 1999, 459. Zur Einsichtnahme in Betreuungsakten als Vergütungstatbestand: LG Dessau FamRZ 2000, 1530 (m. zutreffender Anm. von *Bienwald*, FamRZ 2000, 1531) = BtPrax 2001, 88
388 LG Braunschweig, 8 T 1184/00 vom 6.4.2001
389 LG Memmingen Rpfleger 1998, 71 = FamRZ 1998, 508 = BtPrax 1998, 116; LG Koblenz FamRZ 1999, 464 = BtPrax 1999, 38
390 OLG Zweibrücken FamRZ 10/2001, Abs. 2 = BtPrax 2001, 128
391 LG Frankenthal BtPrax 1998, 151, kritisch hierzu *Jürgens* BtPrax 1998, 143. Ähnlich BayObLG FamRZ 1999, 740 = BtPrax 1999, 73
392 OLG Schleswig, Beschluss vom 15.3. 2007 – 2 W 20/07, FGPrax 2007, 231 = BtPrax 2007, 268 (Ls) = FamRZ 2008, 187

erst in Rechtshandlungen umsetzen zu können[393]; dieses Vertrauensverhältnis muss auch später durch regelmäßige Besuche aufrecht erhalten bleiben.[394]

772 So wurde die Teilnahme an einer Weihnachtsfeier mit diesem Argument (ausnahmsweise) als abrechnungsfähige Zeit angesehen.[395] Bei Besuchskontakten, für die ein bestimmter Anlass nicht vorliegt, ist im Sinne des seit dem 1. BtÄndG eingeführten Erforderlichkeitsgrundsatz nicht jede Kontaktaufnahme abrechenbar; grundsätzlich muss jedoch der Betreuer selbst die Einschätzung der nötigen Zeit treffen. Das *LG Passau* vertritt die Auffassung, dass ein Besuch pro Monat nicht zu viel sei[396], in einem anderen Fall wurde ein Besuch pro Woche als angemessen erachtet.[397] In weiteren Gerichtsentscheidungen und in Kommentierungen werden 1 bis 2 Besuche pro Monat als angemessen angesehen.[398]

773 Wird ein Betreuer entlassen, zählt ein Abschiedsbesuch beim Betreuten nicht mehr zu seinen Aufgaben.[399]

774 Der Betreuer muss sich des Weiteren (gem. §§ 1897 Abs. 6 Satz 2 und 1908d) in gewissen Abständen davon vergewissern, ob die Betreuung aufgehoben, erweitert oder eingeschränkt werden muss oder ein Betreuerwechsel stattfinden kann. Besprechungen mit dem Betreuten können dabei auch im Rahmen von Kurzausflügen erfolgen.[400]

775 Kurbegleitung, Teilnahme an Gruppenfreizeiten oder ständige Anwesenheit am Krankenbett sowie therapeutische Gespräche wurden als nicht notwendig angesehen.[401] Keine Betreuervergütung wird gewährt für allgemeine therapeutische Maßnahmen des Betreuers.[402]

776 Unangemeldete **Hausbesuche** bei der betreuten Person, die dann nicht angetroffen wurde, sollen nicht als abrechenbarer Zeitaufwand gelten, weil sie nutzlos seien.[403] Dieser Auffassung kann so pauschal nicht zugestimmt werden. Wenn sich der Betreute dem Betreuer entziehen will, würde die vorherige Anmeldung des Hausbesuchs dazu führen, dass der Betreute nicht zu erreichen sein wird. Die einzige Möglichkeit, ihn zu kontaktieren, wäre gerade ein unangemeldeter Hausbesuch. Liegt eine solche Fallgestaltung vor, muss auch ein fehlgeschlagener Hausbesuch zum abrechenbaren Zeitaufwand gehören.[404]

777 Der Besuch bei einem 4-monatigen **Säugling** ist beim Verfahrenspfleger (§ 50 FGG) keine vergütungsfähige Tätigkeit,[405] auch sonst gehört die Wahrnehmung von Angelegenheiten der **elterlichen Sorge** (z.B. die Teilnahme an Hilfeplangesprächen oder Erziehungskonferenzen sowie Umgangsregelungen mit dem anderen Elternteil) nicht zu den Betreueraufgaben.[406]

---

393 Vgl. auch *Zimmermann*, FamRZ 1998, 521/522
394 A.A. *Weigert*, BtPrax 1998, 98
395 LG Koblenz Rpfleger 1997, 528 = FamRZ 1998, 183 = BtPrax 1997, 242; *Jürgens* u.a., Das neue Betreuungsrecht, Rn. 274. Vgl. aber auch BayObLG FamRZ 1999, 463
396 LG Passau JurBüro 1993, 733
397 LG Traunstein, a.a.O.
398 *Knittel* § 1836 Rn. 39; so auch LG Mainz BtPrax 1997, 245 = JurBüro 1998, 39 = FamRZ 1998, 245; LG Frankenthal Rpfleger 1986, 477; LG Dortmund Rpfleger 1983, 439; LG Leipzig FamRZ 2000, 147; BayObLG NJWE-FER 2001, 122; LG Berlin 87 T 595/97, zitiert bei *Meier*, Handbuch Betreuungsrecht, S. 395; *Zimmermann*, Betreuungsrecht 1999, S. 62
399 AG Betzdorf FamRZ 2001,1242
400 BayObLG FGPrax 2000, 65 = FamRZ 2000, 1048 = BtPrax 2000, 124
401 Vgl. z.B. LG Münster Rpfleger 1996, 288; LG Augsburg JB 1993, 87; LG Limburg BtPrax 1997, 119; LG Saarbrücken BtPrax 1997, 124; LG Duisburg BtPrax 1998, 40 [Ls]; OLG Zweibrücken Rpfleger 2000, 549; AG Koblenz FamRZ 2005, 656; Zimmermann FamRZ 1998, 521/522; *Knittel* § 1835 Rn. 1 a
402 LG Koblenz BtInfo 2002, 21 = FamRZ 2002, 845
403 *Zimmermann*, FamRZ 1998, 521/522
404 So auch *Zimmermann*, Betreuungsrecht 1999, S. 64
405 OLG Brandenburg Kind-Prax 2004, 239
406 LG Rostock FamRZ 2003, 1691 = NJW-RR 2003, 1370; LG Koblenz FamRZ 2003, 1777; BayObLG BtPrax 2004, 239; BayObLG FamRZ 2005, 236

6.12.6 Definition Telefongespräch

Bei der Abrechnung des Zeitaufwandes für Telefongespräche gibt es in der Praxis Schwierigkeiten. Offensichtlich werden hierfür bei einigen Gerichten nur die Minuten anerkannt, die das Gespräch selbst gedauert hat (über Einzelverbindungsnachweis zu belegen). Teils werden sogar hiervon noch Abstriche gemacht, z.B., wenn es in einem Beschluss des *AG Berlin-Wedding* heißt: „Wartezeiten am Telefon können dem Betreuten nicht angelastet werden."

778

Solch kleinlicher und u.E. willkürlicher Handhabung kann nicht zugestimmt werden. Zu dem Zeitaufwand eines Telefonates gehört u.E.: die gedankliche Vorüberlegung des beabsichtigten Gesprächsinhaltes, das Heraussuchen der Telefonnummer, der Wählvorgang mit etwaigen Wiederholungen bei Nichterreichen, das Gespräch selbst einschließlich Warteschleifen, die Aktennotiz nach erfolgtem Telefonat, das Weglegen der Unterlagen.

779

Für die **Abwehr unerwünschter Telefonate** des Betreuten durch den Betreuer können laut Rechtsprechung pro Anruf maximal drei Minuten Zeitaufwand abgerechnet werden, im Ausnahmefall seien max. 20 Minuten tolerierbar.[407]

780

6.12.7 Tätigkeiten im Rahmen der Vermögenssorge

Verhandlungen (auch mündliche) mit Geldinstituten[408], Gläubigern, Handwerkern, Behörden, Gerichten, Vermieter oder Mietern des Betreuten bezüglich etwaiger finanzieller Ansprüche sind abrechnungsfähige Betreuertätigkeiten.[409]

781

Im Bereich der Vermögenssorge müssen auch Zeiten, die für die Beantragung von Renten[410] und anderen Sozialleistungen und für die Überprüfung der Richtigkeit der Leistungen benötigt werden, abrechenbar sein. Dies betrifft z.B. auch Rückfragen bei Spezialdiensten, z.B. Sozialhilfeberatung, Schuldnerberatungsstellen u.Ä. Solche Schritte dienen der Durchsetzung berechtigter Interessen des Betreuten. Gerade im Sozialhilfebereich sind sie häufig erforderlich, weil oft durch die Sozialämter deren Beratungspflichten nach § 17 SGB I nicht erfüllt werden.

782

Hier, wie auch bei Arbeitsagenturen, sind z.T. keine Terminabsprachen mit den Sachbearbeitern möglich, sodass Wartezeiten entstehen. Da solche Wartezeiten unabwendbar sind, wird er sie als vergütungsfähige Zeit abrechnen können. Es muss die Situation analog zum Zeugen gesehen werden, der auch für die Wartezeit vor dem Gerichtssaal entschädigt wird, da diese Zeiten für den Betreuer ebenfalls nicht abwendbar sind. Grundsätzlich gilt: Besuche bei Behörden, Banken etc. sind zuvor telefonisch anzukündigen, sonst erfolgt keine Vergütung für Fehltermine; Wartezeiten sind jedoch zu vergüten; unnötiger Aufwand ist selbstverständlich zu vermeiden.[411]

783

Bei der Abgrenzung des Aufgabenkreises gibt es einige Unklarheiten, so wird bisweilen vertreten, die Geltendmachung von Unterhaltsansprüchen sei im Aufgabenkreis Vermögenssorge nicht enthalten.[412] Diese Entscheidung wurde dem *BGH* derzeit im Rahmen eines Revisonsverfahrens vorgelegt.[413] Leider wurde das Verfahren nicht weiterbetrieben. Unklar erscheint der Aufgabenkreis Vermögenssorge ebenso für Sozialhilfeansprüche.[414]

784

---

407 LG Nürnberg-Fürth 13 T 3341/01 vom 27.3.2002
408 LG Leipzig FamRZ 2000, 980
409 *Zimmermann*, FamRZ 1998, 521/524.
410 LG Berlin FamRZ 2002, 345 = FPR 2002, 20
411 LG Dessau BtInfo 1/2001, 28
412 OLG Zweibrücken FamRZ 2000, 1324 = NJW-RR 2001, 151 mit Anm. *Hellmann* in RdLH 2001, 90
413 Az: XII ZR 210/00
414 LG Köln FamRZ 1998, 919 mit Anm. *Bienwald* in FamRZ 1998, 1567; OLG Köln FamRZ 1993, 850; zumindest zweifelnd: OVG NRW FamRZ 2001, 312 = ZfS 2001, 113

785 Möglicherweise ist die Geldanlage bei größeren Vermögenswerten auch in Fonds vorzunehmen.[415] In diesem Falle müssten auch die dazugehörigen Ermittlungen (Mündelsicherheit des Fonds, Gewinnentwicklung usw.) abrechenbare Betreuertätigkeit sein. Tätigkeiten zur Vorbereitung eines Immobilienerwerbs zwecks Geldanlage sind nur vergütungsfähig, wenn der Betreuer zuvor die Genehmigungsfähigkeit mit dem Gericht geklärt hat.[416]

786 Grundsätzlich soll es ausreichend sein, wenn **Bankgeschäfte** einmal pro Monat erledigt werden[417], was zumindest bei komplexen Vermögensverhältnissen nicht ausreichend sein dürfte; desgleichen sollten Kontoauszüge grundsätzlich per Post verschickt werden, nicht abzuholen sein.[418] Das Überprüfen und Einsortieren von Kontoauszügen ist vergütungsfähig, ebenso sollen für das Ausschreiben eines Überweisungsauftrags 10 Minuten angemessen sein.[419]

787 Bankgeschäfte sind unter Einsatz moderner Kommunikationsmittel zu erledigen. Nimmt die Bank Aufträge nur vom Betreuer persönlich entgegen, ist ein Bankwechsel zu erwägen.[420] Nach Auffassung eines Gerichtes hat der Berufsbetreuer auch zu prüfen, ob er den Betreuten zu Botengängen (Banküberweisungen, Kontoauszüge) zwecks Verringerung der Betreuervergütung einsetzen kann.[421]

788 Bankgeschäfte für das Kind des Betreuten gehören zur elterlichen Sorge und sind nicht Bestandteil der Betreuertätigkeit für den Elternteil.[422]

789 Das Aufsuchen des Versicherungsältesten zur Hilfestellung des Betreuers bei einem Rentenantrag soll grundsätzlich nicht vergütungsfähig sein, da eine Rentenantragstellung vom Betreuer eigenständig erwartet werden könne.[423]

6.12.8 Heilbehandlung und andere persönliche Einwilligungen

790 Im Bereich der Angelegenheiten der Heilbehandlung und weiterer Fragen der Personensorge zählt nicht nur der Zeitaufwand für die Unterschrift unter Behandlungsverträge und Einwilligungserklärungen zur Betreuertätigkeit, sondern auch das persönliche Aufklärungsgespräch mit dem Arzt über Folgen, Tragweite und Nebenwirkungen der medizinischen Behandlung[424]; dies ergibt sich aus dem in der Strafrechtsprechung entwickelten Grundsatz, dass eine Einwilligung nur dann rechtswirksam ist, wenn die vollständige Information zuvor erfolgt ist. Eine schriftliche Aufklärung wird hierbei nicht ausreichend sein, da der Betreuer dann nicht die Möglichkeit hat, Zweifelsfragen durch direkte Rücksprache zu klären.

791 Auch ein Arztgespräch und eine Rücksprache mit dem Betreuten nach erfolgter Behandlung gehört zur Betreueraufgabe, da er ggf. Schadensersatz – und/oder Schmerzensgeldansprüche geltend zu machen hat, falls Behandlungsfehler vorlagen.[425] Eine Begleitung zum Arzt zählt allenfalls dann ausnahmsweise zu den Betreueraufgaben, wenn anderenfalls die Behandlung nicht sichergestellt wäre[426], der Betreuer ist insoweit aber grundsätz-

---

415 SchlHOLG Rpfleger 2000, 23 = BtPrax 2000, 87
416 OLG Frankfurt/Main FamRZ 2003, 1971 = Rpfleger 2004, 488
417 LG Leipzig FamRZ 2000, 980; a.A.: LG Hamburg (bis zu einmal pro Woche bei unregelmäßigen Geldeingängen) Beschluss 314 T 31/02 vom 3.9.02; ähnlich AG Koblenz FamRZ 2003, 1872
418 AG Betzdorf FamRZ 2000, 981
419 LG Berlin 87 T 555/97 vom 21.9.1998, zitiert bei *Meier*, Handbuch Betreuungsrecht, S. 400
420 AG Westerburg FamRZ 2004, 1995; LG Koblenz JurBüro 2001, 602
421 AG Betzdorf FamRZ 2001, 712
422 AG Koblenz FamRZ 2005, 478
423 LG Koblenz FamRZ 2005, 177
424 *Zimmermann*, FamRZ 1998, 521/523; LG Koblenz FamRZ 1996, 1348
425 Zur Thematik: LG Traunstein Beschluss vom 4.8.1994 – 4 T 2618/94, abgedruckt bei *Knittel* § 1836 Anhang B 15; LG Koblenz FamRZ 1996, 1348; LG Leipzig FamRZ 2000, 147
426 BayObLG FamRZ 1999, 463

lich nicht dafür zuständig, den Transport zum Arzt selbst auszuführen.[427] Keine Betreuervergütung erfolgt für Therapiegespräche, die der Betreuer selbst leistet,[428] folglich zählt auch die Linderung von Angstzuständen als therapeutische Tätigkeit nicht zu den Betreueraufgaben.[429] Die Fahrt mit dem Betreuten zum Optiker kann in Ausnahmefällen vergütungsfähig sein.[430] Ebenso gehören Gespräche mit dem Pflegepersonal des Krankenhauses, dem Krankenhaussozialdienst oder dem Sozialpsychiatrischen Dienst zum abrechnungsfähigen Zeitaufwand im Rahmen der Gesundheitsfürsorge.[431]

Begleitung zu Arztbesuchen und Optikern, bei denen keine wesentlichen Entscheidungen zu erwarten sind, sind demgegenüber nicht vergütungsfähig, wenn das Heim im Rahmen des Vertrags nach § 75 Abs. 2 SGB XI verpflichtet ist, Begleitpersonal zu stellen und der Betreute dies nicht beanstandet.[432]   **792**

6.12.9 Unterbringungsmaßnahmen und Aufenthaltsbestimmung

Bei Unterbringungsmaßnahmen (§§ 1906, 1631b) wird nicht nur die Zeit für die erforderlichen Anträge, sondern auch die Begleitung bis zum Unterbringungsort als vergütungsfähig angesehen. Regelmäßige Kontakte zum Betreuten und zum Personal der Einrichtung während der Unterbringung sind auch deshalb abrechnungsfähiger Zeitaufwand, weil der Betreuer die Unterbringung auch vor Ablauf einer gerichtlich genehmigten Unterbringungsmaßnahme beenden muss, sobald die Unterbringungsvoraussetzungen entfallen sind (§ 1906 Abs. 3).   **793**

Überschreitet der Betreuer seine Befugnisse durch eine nicht genehmigte unterbringungsähnliche Maßnahme, verliert er hierfür den Vergütungsanspruch (nach Umständen des Falles für die gesamte Betreuertätigkeit).[433] Wichtig ist auch hier, den jeweiligen Aufgabenkreis zu beachten. So hat ein Betreuer, der nur den Aufgabenkreis Gesundheitssorge hat, kein Aufenthaltsbestimmungsrecht und somit auch kein Recht, eine Unterbringung zu veranlassen.[434]   **794**

Völlig verfehlt ist eine Entscheidung des *LG Potsdam*.[435] Hiernach soll eine Begleitung zur Besichtigung eines möglichen Heimplatzes nicht vergütungsfähig sein, da es nicht auf die Zustimmung des Betreuten ankäme. Demgegenüber ist nach der Auffassung anderer Gerichte eine zwangsweise Verbringung des Betreuten in ein offenes Heim nicht zulässig.[436] Auch die Beschaffung eines Personalausweises falle nicht ohne weiteres in den Aufgabenkreis Aufenthaltsbestimmung, so das *BayObLG*.[437]   **795**

6.12.10 Pflege, Haushaltshilfen und Rehabilitation

Bei der Krankenpflege und bei Alltagshilfen im Haushalt soll nicht der Betreuer derjenige sein, der diese Leistungen selbst erbringt. Seine Aufgabe ist es als gesetzlicher Vertreter, derartige Hilfen zu organisieren, soziale Dienste und Sozialstationen zu beauftragen und zu beaufsichtigen und deren Finanzierung durch Anträge bei Pflegeversicherung und Sozi-   **796**

---

427 Siehe dazu und zur Abgrenzung der Aufgaben eines Pflegeheims von den Betreueraufgaben *Walther*, Rechtliche Betreuung – Soziale Betreuung: Aufgaben des Betreuers versus Aufgaben der Einrichtungen, BtMan 2007, 144 ff.
428 OLG Zweibrücken Rpfleger 2000, 549
429 AG Koblenz FamRZ 2005,656
430 LG Aachen BtPrax 1999, 38
431 LG Dortmund 9 T 312/01 vom 23.7.2001
432 BayObLG FamRZ 2003, 477
433 BayObLG BayObLGZ 1991, 272 = FamRZ 1992, 106 sowie FamRZ 1994, 779 = Rpfleger 1995, 331 = BtE 1994/ 95, 63 (Ls); erneut BayObLG BtPrax 2005, 34 = FamRZ 2005, 550 = NJW-RR 2005, 156
434 OLG Hamm FamRZ 2001, 861 m. Anm. *Beck* in BtPrax 2001, 195
435 BtPrax 1998, 242 m. Anm. *Jürgens*, BtPrax 1998, 212 und *Meier*, Handbuch Betreuungsrecht, S. 399
436 LG Oldenburg FamRZ 1997, 899, ebenso BayObLG BtPrax 95, 182
437 Rpfleger 1998, 515

alamt zu sichern.[438] Gespräche mit der Heimleitung sowie mit Pflegekräften, die den Betreuten versorgen, sind als abrechenbarer Zeitaufwand anzusehen, da dies der Interessenvertretung des Betreuten dient.[439]

797 Die Durchführung der ambulanten Krankenpflege durch den Betreuer selbst stellt keinen vergütungsfähigen Tatbestand dar,[440] überhaupt zählen pflegerische und versorgende Tätigkeiten nicht zu den Aufgaben des Betreuers.[441] Rein tatsächliche Hilfeleistungen begründen im Allgemeinen keinen Erstattungsanspruch. Zu berücksichtigen ist jedoch auch die subjektive Beurteilung der Notwendigkeit durch den Betreuer.[442] Die Begleitung der Betreuten zur Beerdigung – hier ihres Bruders – soll mangels Zusammenhang mit der Rechtsbesorgung grundsätzlich keinen vergütungsfähigen Zeitaufwand darstellen,[443] gleiches gilt für die Pflege des Grabes der verstorbenen Großmutter einer Betreuten.[444]

798 Tätigkeiten, die nur hin und wieder anfallen, können abrechenbare Zeiten darstellen, z.B. das Begleiten des Betreuten zum Augenoptiker, wenn der Aufwand für die Organisation der Tätigkeit durch Dritte unzweckmäßig oder aufwendiger als das Besorgen durch den Betreuer wäre.[445]

799 Nach dem SGB IX – Rehabilitation und Teilhabe behinderter Menschen – vom 19. Juni 2001[446] sollen Vormünder, Pfleger und Betreuer, die die Personensorge von Menschen mit Behinderungen (§ 2 Abs. 1 SGB IX) wahrnehmen, im Rahmen ihres Erziehungs- oder Betreuungsauftrags die behinderten Menschen einer gemeinsamen Servicestelle oder einer sonstigen Beratungsstelle für Rehabilitation oder einem Arzt zur Beratung über die geeigneten Leistungen zur Teilhabe vorstellen (§ 60 SGB IX). Die Werkstätten für behinderte Menschen unterrichten die Personen, die behinderte Menschen gesetzlich vertreten, einmal im Jahr in einer Eltern- und Betreuerversammlung in angemessener Weise über die Angelegenheiten der Werkstatt, auf die sich die Mitwirkung erstreckt, und hören sie dazu an. In den Werkstätten kann im Einvernehmen mit dem Träger der Werkstatt ein Eltern- und Betreuerbeirat errichtet werden, der die Werkstatt und den Werkstattrat bei ihrer Arbeit berät und durch Vorschläge und Stellungnahmen unterstützt (§ 139 Abs. 4 SGB IX).

6.12.11 Wohnungsangelegenheiten

800 Zum Aufgabenkreis „Wohnungsangelegenheiten" zählt nicht nur die Kündigung eines Mietverhältnisses, sondern hierzu gehören auch Kontakte zum Vermieter bezüglich des Mietverhaltens des Betreuten und die ggf. außergerichtliche Klärung von Mietstreitigkeiten. Handwerkliche Arbeiten wie die Durchführung einer Zaunreparatur gehören grundsätzlich nicht zu den Aufgaben des Betreuers.[447] Die Entrümpelung einer Wohnung kann Aufgabenkreis des Betreuers sein.[448]

801 Die Räumung der Wohnung beinhaltet nicht nur eine tatsächliche, sondern auch eine juristische Komponente (Verkauf von Mobiliar, Verschenken von Mobiliar an soziale Dienste; Verzicht auf Eigentum des Betreuten durch Übergabe an den Sperrmüll). Sie bedeutet, für die Gegenstände, die der Betreute nicht in sein neues Zuhause mitnehmen kann, Aufgabe bzw. Veräußerung des Eigentums. Man wird dem Betreuer daher zubilli-

---

438 BR-Drs. 960/96, S. 15; LG Saarbrücken BtPrax 1997, 124 = EzFamR 1997, 173; LG Kempten BtE 1994/95, 83; *Harm*, Rpfleger 1998, 89/92
439 LG Göttingen FamRZ 1994, 125; LG Dortmund 9 T 312/01 vom 23.7.2001, LG Koblenz FamRZ 1996, 1348
440 LG Limburg BtPrax 1997, 119. Zur Abgrenzung rein tatsächlicher Hilfstätigkeiten von rechtlicher Betreuung: LG Dessau FamRZ 2000, 1530 (m. Anm. *Bienwald*, FamRZ 2000, 1531) = BtPrax 2001, 88
441 LG Koblenz BtPrax 1998, 195 = FamRZ 1998, 495
442 LG Mainz JurBüro 1999, 603
443 LG Stuttgart Beschluss vom 5.6.2001, 2 T 278/01
444 AG Betzdorf FamRZ 2003, 326
445 LG Aachen BtPrax 1999, 37; ähnlich auch BayObLG FamRZ 1998, S. IX [Ls]; BayObLG FamRZ 1999, 1300
446 BGBl. I., S. 1046
447 OLG Zweibrücken BtPrax 1997, 116
448 BayObLG NJW 2002, 381 = NJW-RR 2001, 1513 = FamRZ 2002, 348

gen müssen, bei der Räumung teilweise mit Hand anzulegen, z.B. wichtige Papiere des Betreuten selbst zu transportieren und wertvolle Gegenstände während der Haushaltsauflösung im Auge zu behalten.[449] Die Kosten, die hierfür entstehen, sind ihm zu erstatten.[450]

Die Kosten, die für die **Entrümpelung der Wohnung** bzw. Beseitigung des Sperrmülls entstehen, beruhen jedoch auf Vertretungshandeln für den Betreuten (§ 1902). Der Betreuer beauftragt im Namen des Betreuten einen Dritten mit der Entrümpelung bzw. der Beseitigung des Sperrmülls. Die Kosten hierfür sind vom Betreuten gem. § 278 zu tragen. Sofern der Betreute sozialhilfebedürftig ist, ist jedoch auf das Urteil des *BVerwG* vom 30.4.1992[451] hinzuweisen. Danach sind Aufwendungen für die Abschlussrenovierung einer Wohnung bei Auszug grundsätzlich vom Träger der Sozialhilfe zu übernehmen, sofern eine mietvertragliche Verpflichtung zur Durchführung dieser Renovierungskosten besteht und der Hilfesuchende nicht selbst in der Lage ist, die Wohnung in besenreinem Zustand zu verlassen bzw. nicht auf Hilfen Dritter, die diese unentgeltlich leisten, zurückgreifen kann.

802

Die Kosten, die der Nachlasspfleger (§ 1960) für die Wohnungsräumung eines Verstorbenen aufwenden musste, wurden als aus der Staatskasse erstattungsfähiger Aufwand angesehen, sofern der Nachlass zur Deckung der Kosten nicht ausreicht.[452] Hiervon abgezogen werden müssen Entgelte, die durch Verkauf von Wohnungseinrichtungsgegenständen oder Abstandszahlungen von Nachmietern erzielt wurden.

803

Dass keine Erstattung von Zeitaufwand zum Einkauf eines Mustermietvertrags erfolgt[453] erscheint kleinlich. Die eigenhändige Formulierung solch üblicherweise komplexer Verträge dürfte zeitaufwendiger sein, als das Besorgen eines Musters.

804

6.12.12 Einkaufen für den Betreuten

Bei Einkäufen für den Betreuten stellt sich die Frage, ob diese Tätigkeit als Rechtsvertretung abrechenbar ist oder zur allgemeinen Lebensführung zählt.[454] Diese Frage ist differenziert zu betrachten[455]:

805

Ist die betroffene Person geschäftsunfähig (§ 104) oder besteht ein Einwilligungsvorbehalt (§ 1903), ist die Begleitung durch den Betreuer nötig, weil sonst kein wirksamer Kaufvertrag zustande kommt. Gleiches gilt für Vormünder und Pfleger Minderjähriger, da in diesen Fällen stets Geschäftsunfähigkeit oder beschränkte Geschäftsfähigkeit (§§ 108 bis 111) vorliegt.

806

Bei geschäftsfähigen Betreuten kann ebenfalls im Einzelfall die Begleitung durch den Betreuer nötig werden, wenn z.B. die Gefahr besteht, dass die Kleiderbeihilfe nicht zweckentsprechend verwendet, sondern z.B. vertrunken wird.[456] Das Gleiche gilt, wenn es um größere Anschaffungen geht (z.B. Kauf eines Fernsehers), der nicht mehr zu Alltagsgeschäften zählt und dem Betreuer die gesamte Vermögenssorge übertragen wurde, da dadurch bereits dokumentiert ist, dass der Betroffene dazu nicht in der Lage ist.[457]

807

---

449 *Damrau/Zimmermann* § 1836a Rn. 19
450 Vgl. auch OLG Zweibrücken BtPrax 2000, 86
451 5C 26.88 – BVerwGE 90, 160
452 LG Bochum, Beschluss vom 28. 6. 1989 – 7 T 368, 369, 370/89; Meyer/Höver/*Bach* § 11 Rn. 7.4
453 AG Betzdorf FamRZ 2000, 1047
454 Gegen eine Abrechnung: LG Augsburg BtPrax 1996, 76 = BtE 1994/95, 83; BayObLG FamRZ 1999, 463; LG Koblenz FamRZ 2003, 220; LG Koblenz FamRZ 2005, 239
455 Mit *Zimmermann*, FamRZ 1998, 521/522
456 OLG Schleswig FamRZ 1998, 1259
457 AG Rinteln BtInfo 2/1997, 50; LG Bückeburg BtInfo 2/1997, 49

808 Es kann jedoch nicht Aufgabe des Betreuers sein, Waren des täglichen Bedarfs (Lebensmittel) für den Betreuten einzukaufen.[458] Auch die Begleitung bei **Friseurbesuch** und Lampenkauf ist deshalb nicht vergütungsfähig,[459] gleiches gilt für das Besorgen von Passfotos und einer Grabumrandung.[460] Hiermit, wie für andere **Pflegeleistungen** muss ein Pflegedienst oder eine andere ambulante Hilfe beauftragt werden, deren Leistung dann vom Betreuten oder einem Sozialleistungsträger zu zahlen ist. Bei Einkäufen, die nicht die Grundversorgung betreffen, sollte möglichst auf Hilfskräfte, ggf. auch soziale Dienste zurückgegriffen werden, deren Kosten als Aufwendungsersatz (siehe dort) abrechenbar sind. Eine undifferenzierte Ablehnung des Einsatzes von Zivildienstleistungen (Ablehnung einer Vergütungspflicht ohne Prüfung einer Abrechnung als Aufwendungsersatz) enthält eine Entscheidung des *LG Koblenz*.[461]

6.12.13 Literaturstudium; Supervision, Fallbesprechung

809 Auch ein auf einen bestimmten Fall bezogenes **Literaturstudium** (z.B. juristisch, steuerrechtlich, medizinisch) kann abrechenbare Betreuerzeit sein, wenn der Betreuer die Aufgabe nicht anders erfüllen kann.[462]

810 Die Teilnahme an einer **Hilfeplankonferenz** kann vergütungsfähig sein, wenn darin konkrete Maßnahmen für den Betreuten besprochen wurden, anders aber, wenn es sich um eine Hilfeplankonferenz oder andere Jugendamtsmaßnahmen für Kinder des Betreuten handelt.[463]

811 **Fallgespräche** mit Betreuerkollegen zu schwierigen Sachfragen sind im angemessenen Umfang vergütungsfähig.[464] Regelmäßig nicht vergütungsfähig ist die Teilnahme an **Supervision**.[465]

812 Soweit es nicht um den Betreuten, sondern dessen Kind geht, gilt für den Betreuer: keine Wahrnehmung von Angelegenheiten der elterlichen Sorge durch den Betreuer, auch keine Teilnahme an Hilfeplangesprächen, Erziehungskonferenzen oder Umgangsregelungen mit dem anderen Elternteil.[466]

6.12.14 Geltendmachung der Vergütung

813 Ist der Zeitaufwand, der für die Geltendmachung der Ansprüche auf Vergütung und Aufwendungsersatz entfällt, abrechenbare Zeit? Nach h.M. nicht, da es sich um die Verfolgung von Ansprüchen des Betreuers, nicht um Betreuertätigkeit handelt.[467]

814 In der Literatur wird diese Frage differenziert gesehen; hier wird teilweise eine Abrechenbarkeit dieser Tätigkeiten bejaht[468], sofern die Tätigkeit der von Gerichten bisweilen verlangten minutiösen Darlegung der Betreuertätigkeit[469] nicht ohnehin als Berichterstat-

458 BayObLG FamRZ 1999, 463 = JurBüro 1999, 263 = BtPrax 1998, 237; LG Koblenz FamRZ 2003, 220; FamRZ 2005, 239
459 LG Koblent FamRZ 2003, 708
460 AG Sinzig FamRZ 2004, 1065
461 BtPrax 1998, 38
462 BayObLG FamRZ 1996, 1169 = BtPrax 1996, 104 = BayObLGZ 1996, 12
463 LG Koblenz FamRZ 2003, 1777; LG Rostock FamRZ 2003, 1691
464 LG Wuppertal FamRZ 2002, 1657, als Ausnahme: OLG Stuttgart vom 6.11.2000 8 WF 91/99, DJ 2002, 411
465 OLG Brandenburg FamRZ 2003, 256 m. Anm. *Bienwald*; OLG Frankfurt/Main BtPrax 2004, 117 = FamRZ 2004, 1751
466 LG Rostock FamRZ 2003, 1691 = NJW-RR 2003, 1370; LG Koblenz FamRZ 2003, 1777; BayObLG BtPrax 2004, 239; BayObLG FamRZ 2005, 236
467 LG Paderborn JMBl. NW 1992, 229/231 = FamRZ 1993, 237 = BtE 1992/93, 46 [Ls]; LG Berlin FamRZ 1992, 223; LG Saarbrücken BtPrax 1997, 124; LG Koblenz FamRZ 1995, 119; OLG Hamm Rpfleger 1999, 391; OLG Schleswig FamRZ 1999, 462 = FGPrax 1998, 223 = NJWE-FER 1999, 11; BayObLG FamRZ 4/2001, Abs. 2 = BtPrax 2001, 76; LG Kleve Rpfleger 2000, 216; OLG Brandenburg FGPrax 2004, 73 = FamRZ 2001, 1709; *Bienwald* § 1836 Rn. 12, *Dodegge* NJW 1997, 2435
468 *Zimmermann*, FamRZ 1998, 521/524; *Knittel* § 1836 Rn. 36; *Seitz*, BtPrax 1992, 85
469 LG Kleve JurBüro 1995, 157 = BtE 1994/95, 83

tung gem. § 1839, also als Betreuerpflicht gegenüber dem Gericht verstanden werden kann.[470] Die Erstellung der Erklärung über die persönlichen und wirtschaftlichen Verhältnisse des Betreuten (§ 56g Abs. 2 FGG) ist z.T. vergütungsfähig. [471] Nachweise zur **Mittellosigkeit** des Betreuten einschließlich Benennung Unterhaltspflichtiger sollen keine abrechnungsfähigen Zeitaufwände sein.[472]

Gegen eine ins Kleinliche gehende Anforderung an die Detailliertheit der Vergütungsabrechnung: *OLG Schleswig*[473]; *LG Oldenburg*[474]; *OLG Zweibrücken*.[475]   **815**

Zimmermann geht darüber hinaus davon aus, dass die Zeit, die der Betreuer zur erfolgreichen Durchsetzung seines Vergütungsanspruches benötigt (zur Abwehr unberechtigter Streichungen durch Bezirksrevisor, erfolgreich eingelegte Rechtsmittel) vergütungsfähig ist.[476]   **816**

6.12.15 Tätigkeiten vor der Betreuerbestellung und nach dem Ende der Betreuung

Tätigkeiten des Betreuers vor dem Beginn der Betreuung sind nicht vergütungsfähig; auch dann nicht, wenn der Vormundschaftsrichter zuvor Anordnungen erteilt hat.[477] Das Gleiche gilt für Zeitaufwand des in Aussicht genommenen Betreuers zum Kennenlernen des Betreuten.[478]   **817**

Ist die Teilnahme von (potenziellen) Berufsbetreuern an der gerichtlichen **Anhörung** der unter Betreuung zu stellenden Person, die gem. § 68 FGG vorzunehmen ist, zu vergüten? Ein solches Verfahren scheint eine weit verbreitete Praxis zu sein, obwohl in den Kommentaren zum BtG die Teilnahme sonstiger Personen aus Datenschutzgründen zurückhaltend beurteilt wird. Lediglich im *Heidelberger Kommentar* findet sich ein kleiner Hinweis, dass es im Einzelfall angemessen sein kann, einer solchen Person die Anwesenheit zu gestatten, um den Betroffenen in Anwesenheit des Richters mit dem möglichen Betreuer bekannt zu machen.[479]   **818**

Entweder wird der Anwesende zum Betreuer bestellt oder auch nicht (zum einen, weil es gar nicht zur Anordnung einer Betreuung kommt oder zum anderen, weil eine andere Person zum Betreuer bestellt wird).   **819**

Wird der Anwesende zum Betreuer bestellt, tauchen in der Regel keine praktischen Probleme auf: Nach § 69a Abs. 3 Satz 1 FGG wird die Betreuerbestellung mit der Bekanntgabe an den Betreuer wirksam. Da die Teilnahme an der Verhandlung des Gerichtes für den Betreuer eine einheitliche Handlung darstellt, ist sie auch im Rahmen der üblichen Betreuervergütung mit abrechenbar. In dieser Richtung entschied auch das *LG Hamburg*.[480] Die überwiegende Anzahl der Gerichte will jedoch in diesem Fall keine Betreuerentschädigung zubilligen.[481]   **820**

---

470 Zu Recht kritisch: *Damrau/Zimmermann* § 1836a Rn. 21
471 LG Leipzig FamRZ 2/2001, II
472 LG Düsseldorf Rpfleger 2004, 488; OLG Düsseldorf I-25 Wx 129/03 vom 25.3.2004
473 FamRZ 1998, 185 = BtPrax 1998, 40 (Ls)
474 JurBüro 1997, 543
475 BtPrax 2000, 220 = FGPrax 2000, 190 = FamRZ 2000, 1533
476 *Damrau/Zimmermann* § 1836a Rn. 22; a.A.: BayObLG FamRZ 1999, 1233 und 1606; OLG Schleswig BtPrax 1998, 238; LG Saarbrücken BtPrax 1997, 124; vgl. auch *Bienwald* BtPrax 2000, 11
477 OLG Stuttgart FamRZ 2005, 655 = MDR 2005, 219
478 AG Koblenz FamRZ 2001, 792
479 HK BUR/*Bauer* § 68 FGG Rn. 181
480 LG Hamburg, BtPrax 1996, 76 = BtE 1994/95, 63 [Ls]; a.A. LG Duisburg Rpfleger 1996, 288 [Ls]; BayObLG FamRZ 2001, 575 = JurBüro 2001, 267 = BtPrax 2001, 123; *Zimmermann* FamRZ 1998, 521/522 ohne weitere Begründung
481 BayObLG FamRZ 2001, 575 = JurBüro 2001, 267 = BtPrax 2001, 123 = NJW-RR 2001, 1160 = NJWE-FER 2001, 314, OLG Karlsruhe BtPrax 2002, 124; LG Koblenz FamRZ 2004, 1752 = Rpfleger 2004, 488

821 Für die Teilnahme an vormundschaftsgerichtlichen Anhörungen steht u.E. den als Betreuern in Aussicht genommenen Personen dann für ihren Zeitaufwand Zeugenentschädigung nach dem JVEG zu[482], wobei neben Barauslagen, also insbesondere Fahrtkosten auch Zeitaufwand als Verdienstausfall zu erstatten ist (§ 5 JVEG). Hierbei ist die Verdienstausfallentschädigung auf maximal 17,– €/Stunde beschränkt; eine Steigerungsmöglichkeit gibt es hier nicht. Die letzte angefangene Stunde ist aufzurunden.

822 Keinen Vergütungsanspruch soll der zu entlassende Betreuer für einen „**Abschiedsbesuch**" haben.[483]

823 Betreuertätigkeit nach dem Ende der vorläufigen Betreuung, die stets befristet ist, soll ebenfalls nicht vergütungsfähig sein.[484] Nach anderer, hier als richtig angesehener Auffassung besteht ein Vergütungsanspruch auch für Tätigkeiten **nach Beendigung einer vorläufigen Betreuung** aus Gründen des Vertrauensschutzes, wenn das Gericht die Bestellung zum endgültigen Betreuer zeitnah zugesagt hatte.[485]

6.12.16 Tätigkeiten nach dem Tod der betreuten Person

6.12.16.1 Allgemeines

824 Die Betreuung endet nach allgemeiner Ansicht mit dem Tod des Betreuten, ohne dass es eines Aufhebungsbeschlusses bedarf.[486] Bis zur Kenntnis vom Tod des Betreuten ist der Betreuer grundsätzlich berechtigt, weiter tätig zu sein (§§ 1698a Abs. 1 i.V.m. 1893, 1908i). Der Betreuer hat das Vormundschaftsgericht und die ihm bekannten Erben (zwecks Sicherung des Nachlasses) vom Todesfall zu benachrichtigen.

▶ *Zur Bedeutung des Todes des Betreuten bei der Pauschalvergütung (§ 5 VBVG) vgl. unter Kapitel 10, Rn. 1689 ff.*

825 Abrechenbare Tätigkeiten nach dem bekannt gewordenen Tod des Betreuten sind grundsätzlich nur der Schlussbericht und die Schlussrechnung an das Vormundschaftsgericht[487], die Rückgabe des Betreuerausweises[488] sowie die im Rahmen der Rechenschaftspflicht gegenüber dem Erben zu erteilenden Auskünfte einschließlich der Aushändigung des verwalteten Vermögens. Hierzu hat der Betreuer ggf. das Nachlassgericht zu kontaktieren, um von diesem Gewissheit über die Person des Erben zu erhalten, gegenüber dem die abschließenden Verpflichtungen bestehen.

826 Außerdem sind abrechenbar die im Rahmen der **Notgeschäftsführung** (§§ 1698b Abs. 1 i.V.m. 1893 und 1908i) durchgeführten unaufschiebbaren Maßnahmen.[489] Zur Notgeschäftsführung zählen Handlungen (innerhalb des bisherigen Aufgabenkreises des Betreuers), die vom Erben noch nicht vollzogen werden können (z.B. mangels Kenntnis vom Todesfall oder weil z.B. ein Erbschein noch nicht erteilt wurde) und bei deren Unterlassen eine Vermögensgefährdung zu erwarten wäre.[490] Bei diesen Geschäften kann es

---

482 Vom BayObLG ausdrücklich offengelassen: FamRZ 2001, 575 = JurBüro 2001, 267 = BtPrax 2001, 123
483 AG Betzdorf FamRZ 2001, 1242
484 OLG Köln FamRB 2002, 176; OLG Schleswig MDR 1998, 972 = FamRZ 1998, 1536; OLG Braunschweig Beschluss 2 W 141/03 vom 12.12.03
485 LG Hamburg 322 T 158/00 vom 16.8.2000
486 BayObLG FamRZ 1965, 101; *Paßmann*, BtPrax 1994, 202; Ausnahme: Betreuung für hirntote Schwangere: AG Hersbrück FamRZ 1992, 1471 = MDR 1992, 1154 = DAVorm 1992, 1370 = BtE 1992/93, 54
487 OLG Schleswig BtPrax 2000, 172 und 224 = FGPrax 2000, 113 = FamRZ 2000, 1048, LG Leipzig FamRZ 1996, 1361; *Zimmermann* FamRZ 1998, 521/522
488 BayObLG FamRZ 1995, 1370
489 LG Koblenz BtPrax 1995, 184/185 = FamRZ 1995, 1376 = JurBüro 1995, 601 = Rpfleger 1996, 158 = BtE 1994/ 95, 63 [Ls]; BayObLG FamRZ 1999, 465 = BtPrax 1998, 234
490 BayObLG FamRZ 1996, 372 = BtPrax 1996, 69 = FGPrax 1996, 25 = MDR 1996, 286 = BayObLGZ 1995, 395 = BtE 1994/95, 145

sich nur um solche handeln, die der Betreuer ohne den Todesfall auch hätte vornehmen müssen.[491]

Beispiele: 827

- Einlegung von Rechtsmitteln oder Stellen von Anträgen bei Angelegenheiten, deren Verfristung droht,

- Verwaltung eines Mietshauses einschl. der Entgegennahme von Zahlungen,[492]

- Veranlassung dringender Reparaturen,[493]

- Beseitigung von Gefahrenquellen und Unterbringung von Haustieren des Verstorbenen.

Zur Notgeschäftsführung zählt im Allgemeinen nicht die Durchführung der Bestattung des Betreuten (Einzelheiten dazu im Folgenden, Rn. 830 ff.) da die Durchführung nicht Sache der Erben, sondern der Totenfürsorgeberechtigten ist.[494] Das Besorgen der Sterbeurkunde hingegen soll dazu gehören.[495] 828

Ist der Erbe unbekannt, so ist es Aufgabe des Nachlassgerichtes, einen Nachlasspfleger einzusetzen (§ 1960). Dies sollte durch den bisherigen Betreuer ggf. beim Nachlassgericht (des letzten Wohnortes des Verstorbenen) angeregt werden. Sind Tätigkeiten des Betreuers, die nicht aus der Staatskasse zu zahlen sind, noch offen, so ist der bisherige Betreuer Nachlassgläubiger und als solcher berechtigt, gem. § 1961 die Bestellung eines Nachlasspflegers zu beantragen. 829

6.12.16.2 Bestattung des verstorbenen Betreuten

Die nächsten Familienangehörigen des Verstorbenen (in der Regel der Ehegatte, die Kinder, die Eltern und die Geschwister) haben, auch wenn sie nicht zur Erbschaft berufen sind oder die Erbschaft ausgeschlagen haben, für die Bestattung zu sorgen (Erweiterung zu § 1968, der nur die Kostentragungspflicht umfasst). 830

Für die Bestattung ist der bisherige Betreuer grundsätzlich nicht zuständig[496], es sei denn, ihm steht in seiner Person als nächstem Angehörigen (Ehegatte, Kind, Eltern) das (Gewohnheits-) Recht der Totenfürsorge zu. In einem solchen Falle soll der bisherige Betreuer gegenüber anderen gleichrangigen Angehörigen ein vorrangiges Totenfürsorgerecht haben.[497] 831

Allenfalls dann, wenn der Verstorbene den Betreuer zu Lebzeiten selbst mit seiner Bestattung beauftragt hat, sollte dieser sie durchführen lassen. Der (nicht geschäftsunfähige) Betreute kann einen solchen Wunsch zur Durchführung der Bestattung rechtswirksam äußern, wobei die Formvorschriften für Testamente nicht eingehalten werden müssen.[498] Der Betreuer ist nicht verpflichtet, eine solche Bevollmächtigung durch den Betreuten anzunehmen.[499] 832

Der frühere Betreuer ist nach dem Tod des Betreuten in diesem Falle als Bevollmächtigter tätig, hat also keinen Anspruch auf Aufwendungsersatz und Vergütung gem. §§ 1835, 1836 für diese Tätigkeiten, allenfalls einen Anspruch gegen die Erben aus dem Auftragsrecht, §§ 669 ff. Abs. 1 i.V.m. § 1968. 833

---

491 *Bienwald* § 1908i Rn. 177 e; BGH FamRZ 1967, 462
492 DGII FamRZ 1967, 462
493 BGH FamRZ 1967, 462
494 RGZ 154, 269; BGH FamRZ 1978, 15, BGH FamRZ 1992, 657 = NJW-RR 1992, 834
495 LG Leipzig FamRZ 1996, 1361; AG Mülheim/Ruhr FamRZ 2001, 1168
496 LG Bochum Rpfleger 1985, 147; LG Koblenz BtPrax 95, 184 = JurBüro 95, 601= FamRZ 1995, 1376; LG Frankenthal JurBüro 95, 602 = Rpfleger 1995, 504; LG Frankfurt/Main, Beschluss vom 31.7.1995 – 2-28 T 56/95, nicht veröff.; MünchKomm/*Schwab*, Rn. 10 zu § 1835 BGB; HK BUR/*Deinert*, § 1698b BGB, Rn. 26 ff.; *Stockert*, Bestattung durch den Betreuer, BtPrax 1996, 203
497 LG Bonn FamRZ 1993, 1121
498 *Stockert*, a.a.O.; vgl. zum Vorrang des Willens des Verstorbenen *Widmann*, FamRZ 1992, 759.
499 *Stockert*, a.a.O., m.w.N.

834 Im **Bundesland Sachsen** gibt es hierzu jedoch eine Sonderregelung: § 10 des Sächsischen Bestattungsgesetzes i.V.m. Ziff. 1.1 der Verwaltungsvorschrift zum SächsBestG bestimmt, dass auch der bisherige Betreuer als „sonstiger Sorgeberechtigter" verpflichtet ist, die Bestattung durchzuführen (jedoch nachrangig gegenüber den o.g. Familienangehörigen). Inzwischen ist durch ein Urteil des *VG Leipzig* allerdings festgestellt worden, dass diese Verwaltungsvorschriften nicht vom Bestattunggesetz gedeckt sind und eine Bestattungspflicht des Betreuers auch in Sachsen nicht gegeben ist.[500]

835 Gerichte haben entschieden, dass dem Betreuer für die Durchführung der Bestattung seines früheren Betreuten keine Betreuungsvergütung und kein Aufwendungsersatz zusteht, da andere Personen oder Behörden hierfür zuständig sind und diese Tätigkeit nicht mehr in die Kompetenz des Betreuers fällt.[501]

6.12.17 Weitere Einzelbeispiele aus der Rechtsprechung

836 Tätigkeiten des Betreuers für den **ausländischen Betreuten in dessen Heimatland** sind vergütungsfähiger Aufwand. Nach einer Übersiedlung ist alsbald die nach dortigem Recht erforderliche Schutzmaßnahme einzuleiten.[502]

837 Sollen **Fahrtzeiten** geltend gemacht werden, ist nachzuweisen, warum es nötig war, den Gesprächspartner aufzusuchen, statt ihn in das eigene Büro zu bitten.[503]

838 Zeitaufwand für die **Kommunikation per SMS** mit der Betreuten ist maximal in Höhe von 30 SMS pro Monat (à 3 Minuten) abrechenbar, auch wenn die Betreute wesentlich mehr SMS-Nachrichten an den Betreuer sendet.[504]

839 Unterstützung bei der **Beschaffung eines Passes** kann zu den Aufgaben des Betreuers eines ausländischen Betreuten im Rahmen des Aufgabenkreises „Vertretung gegenüber Behörden" zählen. Persönliche Begleitung des Betreuten durch den Betreuer bei Vorsprachen bei Behörden, wie dem Konsulat und dem Ausländeramt kann bei entsprechender (hier geistiger) Behinderung sachgerecht und zu vergüten sein.[505]

6.13   Besonderheiten bei bestimmten Betreuungsformen

6.13.1   Vereine als Betreuer, Vormünder und Pfleger

840 Berufstätigkeiten als Vereins- oder Behördenbetreuer gelten in der arbeitsrechtlichen Rechtsprechung zum Bundesangestelltentarifvertrag (BAT), der bei den Betreuungsbehörden (bis 30.9.2005) und den meisten Betreuungsvereinen direkt oder über arbeitsvertragliche Verweisung Anwendung findet, als **schwierige Tätigkeiten** nach Vergütungsgruppe IV b (VKA) Fallgruppe 16 der Eingruppierungsbestimmung im Sozial- und Erziehungsdienst. Dies bedeutet in der Regel eine Eingruppierung in die Vergütungsgruppe IV b (ohne vorherige Bewährungszeit in BAT V b sowie nach vier Jahren Berufstätigkeit eine 6 %ige Zulage). Vergleichbares gilt für den BAT-KF und die Arbeitsvertragsrichtlinien des Caritasverbandes.[506]

> ▶ *Zu den Jahrespersonalkosten eines Vereinsbetreuers vgl. Kapitel 7, Rn. 1008 ff.*

500 VG Leipzig FamRZ 2007, 1686; vgl. auch HK BUR/*Deinert*, § 1698b Rn. 98 ff.
501 So LG Bochum Rpfleger 1985, 147; LG Koblenz BtPrax 95, 184 = JurBüro 95, 601 = FamRZ 1995, 1376; LG Frankenthal JurBüro 95, 602 = Rpfleger 1995, 504; LG Frankfurt/Main, Beschluss vom 31.7.1995 – 2-28 T 56/95, nicht veröffentlicht, MünchKomm/*Schwab* Rn. 10 zu § 1835 BGB, a.A.: *Bienwald* Rn. 1771 zu § 1908i BGB, *Damrau/Zimmermann* Rn. 3 zu § 1893 BGB, ohne weitere Begründung
502 BayObLG FGPrax 2002, 30 = FamRZ 2002, 638 = FPR 2002, 275
503 OLG Brandenburg FamRZ 2002, 1359 = FGPrax 2002, 113 = Rpfleger 2002, 441 = JurBüro 2002, 320
504 LG Lübeck 7 T 214/04 vom 13.8.2004
505 BayObLG Rpfleger 2003, 246/247
506 U.a.: BAG BtPrax 1997, 32 (m. Anm. *Walther* in BtPrax 1997, 14) = MDR 1996, 1043 (Ls) = ZTR 1996, 513 = NZA-RR 1997, 68 und 72 = RdLH 1996, 122 m. Anm. *Hellmann*

Abgelehnt wird vom *BAG* in ständiger Rspr. eine Anerkennung als „besonders schwierige Tätigkeit" i.S.d. o.g. Fallgruppe, die eine Einstufung in Vergütungsgruppe IV a/III rechtfertigen würde. Zum seit 1.10.2005 im kommunalen Bereich geltenden TVöD gibt es noch keine betreuungsspezifische Rechtsprechung; es fehlt auch bisher eine neue Entgeltordnung. **841**

6.13.1.1 Pauschalvergütung für Vereinsbetreuer

Für die Entschädigung der Vereinsbetreuer (§ 1897 Abs. 2) ist in § 7 VBVG geregelt, dass der Vereinsbetreuer selbst keine Ansprüche geltend machen kann; diese werden vom Betreuungsverein als Anstellungsträger geltend gemacht. Es gelten grundsätzlich die gleichen Bestimmungen wie für selbstständige Berufsbetreuer mit Ausnahme des § 1 Abs. 2 Satz 2 VBVG. Das heißt, die Mindestfallzahlen sind keine Voraussetzung, es reicht die Benennung in der Betreuerbestellung, dass der Betreuer als **Mitarbeiter des Betreuungsvereines** gem. § 1897 Abs. 2 bestellt wird. **842**

Für Vereinsbetreuer ist also somit seit 1.7.2005 grundsätzlich die pauschale Betreuervergütung nach §§ 4, 5 VBVG zu bewilligen (vgl. dazu Kapitel 7, Rn. 946 ff.). Aufgrund der Tatsache, dass nahezu alle Betreuungsvereine (auch aufgrund der landesrechtlichen Anerkennungsbestimmungen zu § 1908f) als gemeinnützig im Sinne der §§ 51 ff. AO anerkannt sind, haben diese nur den verminderten Umsatzsteuersatz von derzeit 7 % in Rechnung zu stellen und an das Finanzamt abzuführen (§ 12 Abs. 2 Nr. 8 UStG). **843**

Da der Stundenansatz des § 4 VBVG (also 27,– €, 33,50 € oder 44,– €) nach Absatz 2 dieser Bestimmung ein Inklusivstundensatz ist (siehe Kapitel 7, Rn. 973 ff.), der neben den Aufwendungen auch die Umsatzsteuer enthält, ist der Betreuungsverein auf der Einnahmenseite ab 1.7.2005 besser gestellt als der voll umsatzsteuerpflichtige selbstständige Berufsbetreuer. **844**

▶ *Zu den genauen Beträgen siehe die Tabellen in Kapitel 7, Rn. 983 ff.*

Hintergrund dieser Besserstellung ist auch die Entscheidung des *BVerfG* vom 7.11.2001.[507] Es hatte mehrere Entscheidungen von Landgerichten aufgehoben, die in den Jahren 1993 und 1994 Betreuungsvereinen lediglich 25,– bis 45,– DM je Stunde gewährten. Diese Entscheidung hatte zwar keine direkten Auswirkungen auf die Vereinsbetreuervergütung ab 1.1.1999; das Gericht erkannte aber die wichtige Rolle der Betreuungsvereine und die Notwendigkeit der Refinanzierung der Personalkosten von Vereinsbetreuern an. **845**

Daher sah das *OLG Karlsruhe* in der unterschiedlichen steuerrechtlichen Behandlung auch keinen Verfassungsverstoß: „Gegen die pauschalierte Regelung der Vergütung in § 4 VBVG bestehen keine verfassungsrechtlichen Bedenken. Für verfassungsrechtlich unbedenklich hält der Senat auch die durch die pauschalierte Vergütung des § 4 VBVG entstehende Ungleichbehandlung vergleichbarer Sachverhalte (Abführung von 19 % beim selbstständigten Berufsbetreuer ggü. nur 7 % beim gemeinnützigen Betreuungsverein). Eine Verletzung des Art. 3 Abs. 1 GG folgt daraus nämlich nur, wenn keine sachlichen Gründe von solchem Gewicht bestehen, dass sie die Ungleichbehandlung rechtfertigen könnten."[508] **846**

▶ *Zur Frage, ob für Vereinsbetreuungen überhaupt Umsatzsteuern abzuführen sind, vgl. unter Kapitel 12, Rn. 1925 ff.*

---

507 BVerfG FamRZ 2002, 85 = BtPrax 2002, 35 = RdLh 2002, 34; den Volltext der Entscheidung finden Sie auch auf der beiliegenden CD-ROM
508 OLG Karlsruhe FamRZ 2007, 2008= BtPrax 2007, 255 (Ls)

847 Im Übrigen gilt: Vereinsbetreuer kann nur sein, wer in einem Arbeitsverhältnis zum Betreuungsverein steht.[509] Dennoch ergibt sich eine konstitutive Wirkung der Betreuerbestellung als „Vereinsbetreuer", auch wenn ein Honorarvertragsverhältnis mit dem Verein besteht. Es soll keine Verwischung der Grenzen zwischen ehrenamtlicher und beruflicher Betreuung erfolgen.[510]

848 Auch die Bestellung von 11 namentlich genannten Personen als Mitarbeiter als Betreuungsvereins bedeutet keine Bestellung des Betreuungsvereines nach § 1900 Abs. 1 BGB, sondern die Bestellung von Vereinsbetreuern nach § 1897 Abs. 2 BGB.[511]

849 Ein Vergütungsanspruch soll dem Betreuungsverein für einen als Vereinsbetreuer bestellten Mitarbeiter auch dann zustehen, wenn der Betreuungsverein selbst nicht nach § 1908f BGB anerkannt ist.[512]

850 Auch wenn das Arbeitsverhältnis zwischen einem Vereinsbetreuer und dem Betreuungsverein bereits gelöst ist, die Entlassung des Vereinsbetreuers sich aber verzögert, besteht lediglich ein Vergütungsanspruch des Betreuungsvereins, dem nun als Berufsbetreuer bestellten (ehemaligen) Mitarbeiter steht solange kein eigener Vergütungsanspruch zu.[513]

851 Rechnet ein Betreuungsverein Entschädigungsansprüche für den Vereinsbetreuer ab, ist die Gerichtsentscheidung an den Verein, nicht an den Vereinsbetreuer persönlich zuzustellen. Werden gegenüber dem Antrag Kürzungen vorgenommen, ist nur der Verein, nicht der Vereinsbetreuer beschwert und somit zur Einlegung von Rechtsmitteln berechtigt.[514]

6.13.1.2 Vergütung für Zeitaufwand beim Vereinsbetreuer

852 Nur in den Fällen, in denen der Vereinsbetreuer ausschließlich für die Einwilligung in eine Sterilisation (§ 1899 Abs. 2 BGB) oder zur Vertretung eines rechtlich verhinderten Betreuers (§ 1899 Abs. 4) bestellt ist, kann der Verein für ihn nach § 7 Abs. 2 VBVG die Vergütung (und separat Aufwendungsersatz nach § 1835 Abs. 1) nach konkretem Zeit- (und Sach-) Aufwand geltend machen. Hierbei gelten die Stundenansätze für Berufsvormünder nach § 3 Abs. 1 VBVG (19,50 €, 25,– €, 33,50 €; jeweils zuzüglich 7 % Umsatzsteuer, vgl. dazu unter Rn. 913, 919 ff.).

853 Allgemeine Verwaltungskosten können in diesem Fall nicht als Vergütung oder Aufwendungsersatz abgerechnet werden. Das gleiche gilt für Aufwendungsersatz für berufliche Dienste (§ 1835 Abs. 3), da § 7 Abs. 2 VBVG dies ausschließt. Der Ausschluss allgemeiner Verwaltungskosten betrifft solche Kosten, die einem bestimmten Betreuungsfall nicht zuzuordnen sind; z.B. Geschäftsführung, Putzkräfte, Miete, Strom, Heizung, Beschaffung und Instandhaltung von Büroeinrichtungen und -geräten[515].

6.13.1.3 Vereinsverfahrenspfleger

854 Eine lange Zeit strittige Frage war die, ob Mitarbeiter des Betreuungsvereins zum Verfahrenspfleger bestellt werden können und ob sie (oder der Verein) für diese Tätigkeit eine Vergütung beanspruchen können. Nachdem das *BVerfG* in einem Beschluss vom 11.11.1999[516] die Möglichkeit grundsätzlich eingeräumt hatte, entschieden Gerichte vor dem 30.6.2005 unterschiedlich. Nach Auffassung des *OLG Brandenburg* war die frühere Vergütungsregelung für Vereinsbetreuer (§ 1908e BGB) auf die gesetzlich nicht geregelte

---

509 OLG Hamm FGPrax 2000, 192 = FamRZ 2001, 253 = NJW-RR 2001, 651, ähnlich auch LG Potsdam (Arbeitnehmerüberlassungsvertrag) 5 T 493/00 und LG München FamRZ 2000, 321
510 LG Koblenz FamRZ 2001, 303, ähnlich OLG Zweibrücken BtPrax 2001, 87 = FGPrax 2001, 21
511 OLG Brandenburg FamRZ 2006, 63
512 KG Berlin FamRZ 2006, 1481 = Rpfleger 2006, 398= BtPrax 2007, 256 (Ls)
513 LG Koblenz FamRZ 2006, 64
514 LG Koblenz FamRZ 2005, 1778
515 OLG Düsseldorf BtPrax 1997, 166 = FamRZ 1997, 767 = Rpfleger 1997, 434; *Damrau/Zimmermann* § 1908e Rn. 13; HK BUR/*Bauer* § 1908e Rn. 20
516 BVerfG FamRZ 2000, 414 mit Anm. *Bienwald* = NJWE-FER 2000, 150

Vereinsverfahrenspflegschaft anwendbar; der Betreuungsverein war danach abrechnungsberechtigt.[517] Die Gegenauffassung vertrat u.a. das *LG Münster*.[518]

Diese Kontroverse ist seit dem 1.7.2005 hinfällig geworden, da § 67a FGG in Absatz 4 (Sätze 1 und 2) für diese Situation eine eigenständige Regelung trifft. Hiernach hat der Betreuungsverein für den Vereinsverfahrenspfleger einen Vergütungsanspruch, wie ansonsten ein beruflicher Verfahrenspfleger, d.h. es wird der tatsächliche Zeitaufwand entsprechend der Stundensätze des § 3 Abs. 1 VBVG abgerechnet (also 19,50 €, 25,– € bzw. 33,50 €, jeweils zuzüglich 7 % MwSt.).   **855**

Die z.T. verschachtelten Verweise in § 67a Abs. 4 FGG bedeuten insgesamt: Es findet keine Prüfung der Mindestfallzahl statt, beim Ersatz der Aufwendungen gibt es keine Vorschusszahlungen, keinen Ersatz für allgemeine Verwaltungskosten sowie für berufliche Dienste.   **856**

Merkwürdigerweise ist beim **Vereinsverfahrenspfleger** (anders als beim Vereinsbetreuer) die Anwendung des § 1835 Abs. 2 (Ersatz für Haftpflichtversicherungen) nicht ausgeschlossen. Das dürfte allerdings nur ein Redaktionsversehen sein, das den Gesetzesmachern im letzten Moment des Gesetzesverfahrens unterlaufen ist, da eine separate Anwendung dieser Bestimmung keinerlei Sinn ergäbe.   **857**

Des Weiteren erwähnt § 67a Abs. 1 FGG in Satz 2, dass auch ein Verein (oder eine Behörde) zum Verfahrenspfleger bestellt werden kann (offenbar in Analogie zu § 1900). Hier gibt es weder Vergütung noch Aufwendungsersatz. Daher ist eine solche Aufgabe für Betreuungsvereine angesichts fehlender Refinanzierung völlig ohne Interesse.   **858**

6.13.1.4 Verein als Vormund, (BGB-) Pfleger oder Betreuer

Ist der Verein selbst (gem. § 1900 Abs. 1 oder 1791b) zum Betreuer, Vormund oder Pfleger bestellt, hat er in keinem Fall einen Vergütungsanspruch. Im Recht der Vormundschaft und Pflegschaft Minderjähriger ist dies, da hier keine dem Vereinsbetreuer vergleichbare Konstruktion existiert, weiter die einzige Betätigungsform von Vereinen. Der Vergütungsausschluss ergibt sich aus § 1836 Abs. 3.[519]   **859**

Dies ist weiterhin unverständlich, da nur in besonders schwierigen Fällen eine Bestellung des Vereins infrage kommt. Der Verein hat lediglich Anspruch auf Aufwendungsersatz nach § 1835 Abs. 1, und dies auch nur, sofern keine Mittellosigkeit vorliegt (§ 1835 Abs. 5). Ersatz für Versicherungskosten nach § 1835 Abs. 2 und berufliche Dienste (§ 1835 Abs. 3) ist ebenfalls ausgeschlossen.   **860**

Dass Vereine, die Vormundschaften und Pflegschaften führen (§ 54 SGB VIII), seit jeher keinen Vergütungsanspruch hatten, ist jedoch darauf zurückzuführen, dass ihnen in der Regel kommunale Zuschüsse für die Mitwirkung in der Jugendhilfe gewährt wurden, die regelmäßig auch die Vereinsverpflichtung zur Führung von Vormundschaften und Pflegschaften (in geringem Umfang) enthielten. Dies ist im Bereich der gesetzlichen Betreuer so nicht mehr der Fall. Wenn überhaupt, erhalten Betreuungsvereine heutzutage allenfalls kommunale (und Landes-)Zuschüsse für die Tätigkeit im Bereich der sog. Querschnittsaufgaben (gem. § 1908f).   **861**

Nach einer Literaturmeinung von *Schindler*[520], der sich das *OLG Köln* angeschlossen hat[521], ist allerdings aus verfassungsrechtlichen und rechtspolitischen Gründen eine Gleichstellung der Vormundschaft mit der Betreuung geboten. Danach soll jedenfalls einem Verein für die Tätigkeit eines **Vereinsvormunds** entsprechend den Regelungen für   **862**

---

517 OLG Brandenburg Rpfleger 2003, 126 = FGPrax 2003, 26 = FamRZ 2003, 882
518 LG Münster Rpfleger 2004, 163
519 So auch LG Traunstein JurBüro 93, 732
520 FamRZ 2001, 1349 ff.
521 OLG Köln FamRZ 2001, 1400 m. Anm. *Zimmermann* in FamRZ 2001, 1401

Vereinsbetreuer ein Vergütungsanspruch (möglichst pauschaliert und im Regelfall aus der Staatskasse zu zahlen) zustehen. Dem widersprach das *BayObLG*, das die Frage dem *BGH* gem. § 28 FGG vorgelegt hat.[522]

863 Der *Bundesgerichtshof* hat die Frage inzwischen zugunsten des Vereinsvormundes entschieden. der Leitsatz lautet: „Wird der Mitarbeiter eines Vereines in dieser Eigenschaft zum Pfleger (Ergänzungspfleger nach § 1909 BGB) bestellt, so steht dem Verein für die Tätigkeit seines Mitarbeiters ein **Vergütungsanspruch** in analoger Anwendung des § 67a Abs. 4 FGG zu". [523]

864 Wichtig ist hier zu wissen, dass dieser vom BGH bejahte Vergütungsanspruch (wie der eines Vereinsverfahrenspflegers; vgl. oben unter Rn. 854) erfordert, dass nicht der Verein selbst als Vormund /Pfleger bestellt wird. Es ist die Bestellung einer Einzelperson erforderlich sowie der ausdrückliche Zusatz „als Mitarbeiter des Vereins ....". Der Verein selbst benötigt eine **Anerkennung** nach § 54 SGB VIII, die auf Antrag durch das Landesjugendamt erteilt wird und inhaltlich den Anerkennungsbestimmungen für Betreuungsvereine (§ 1908f BGB) entspricht,

6.13.2 Behörden als Betreuer, Vormünder und Pfleger

6.13.2.1 Behördenbetreuer gem. § 1897 Abs. 2

865 Im Bereich der Betreuungen Volljähriger ist analog zum Vereinsbetreuer die Bestellung von Behördenmitarbeitern zum Betreuer möglich (§ 1897 Abs. 2). Hier ist durch § 8 VBVG bestimmt, dass der Mitarbeiter selbst (wie beim Verein) keine eigenen Ansprüche geltend machen kann. Die Behörde kann bei nicht mittellosen Betreuten Aufwendungsersatz nach § 1835 Abs. 1 (mit Ausnahme der allgemeinen Verwaltungskosten) geltend machen. Eine Vergütung ist ebenfalls nur bei nicht mittellosen Betreuten möglich. Durch den Verweis auf § 1836 Abs. 2, der an sich den Vergütungsanspruch eines ehrenamtlichen Betreuers betrifft, und nicht auf §§ 4, 5 VBVG (Vergütungsanspruch des Berufsbetreuers), ergibt sich, dass die Regelungen, die oben, Rn. 408 ff. genannt wurden, gelten. Daher ist nur ausnahmsweise eine Vergütung zu bewilligen. Rechtsprechung ist hierzu nicht ersichtlich.

6.13.2.2 Behördenverfahrenspfleger (§ 67a Abs. 4 FGG)

866 § 67a Abs. 4 Satz 3 FGG sieht seit dem 1.7.2005 neben der o.g. Konstruktion des Vereinsverfahrenspflegers auch den Behördenverfahrenspfleger vor (sowie in § 67a Abs. 1 Satz 2 FGG auch die Bestellung der Behörde selbst).

867 Die Bestimmungen im Rahmen der Vergütungsregelung für Verfahrenspfleger stellen u.E. aus mehreren Gründen Fremdkörper dar. Zum einen ist durch die genannte Regelung sowohl ein Aufwendungsersatz als auch ein Vergütungsanspruch gänzlich ausgeschlossen. Die Regelung ist sogar noch restriktiver als die Entschädigungsregelung bei der Bestellung von Behörden nach § 1900 Abs. 4, da anders als dort noch nicht einmal Aufwendungsersatz bei Vermögenden möglich ist.

868 Darüber hinaus sehen wir die Bestellung von Mitarbeitern der Betreuungsbehörde als Verfahrenspfleger generell sehr skeptisch. So wird in der Literatur z.T. die Auffassung vertreten, dass wegen der unterschiedlichen Aufgaben der Betreuungsbehörde bei Sachverhaltsermittlungen für das Vormundschaftsgericht (§ 8 BtBG) und der subjektiv für Betreuteninteressen bestellten Verfahrenspflegschaft ein Interessengegensatz bestehen könne.[524]

---

522 BayObLG FamRZ 2003, 1588 – BtPrax 2003, 275 (BGH Vorlage) sowie LG Koblenz Rpfleger 2003, 365

523 BGH, Beschluss XII ZB 148/03 vom 14.3.2007; FamRZ 2007, 900 = MDR 2007, 888 = NJW-RR 2007. 937 = Rpfleger 2007, 393 = FGPrax 2007, 219 = BtPrax 2007, 256 (Ls)

524 Beispiele bei HK BUR /Walther, § 9 BtBG Rn. 13 ff.; kritisch in der Rechtsprechung LG Stuttgart, BWNotZ 1996, 14 = BtE 1994/95, 176 f.; LG Braunschweig FamRZ 2005, 304 = BtMan 2005, 52 (Ls)

Auch die Praxis einzelner Gerichte, die Betreuungsbehörde (oder Mitarbeiter der Behörde) in Vergütungsfestsetzungsverfahren gem. § 56g FGG als Verfahrenspflegerin zu bestellen, ist u.E. rechtswidrig und daher abzulehnen.[525] Der Betreuungsbehörde wurden aus besonderen Gründen seitens des Gesetzgebers keine Aufsichts- und Kontrollbefugnisse übertragen. Hauptaufgabe ist vielmehr die Beratung und Unterstützung der Betreuer nach § 4 BtBG. Der Beratungsanspruch gegenüber der Behörde erstreckt sich dabei ausdrücklich auch auf Berufs- und Vereinsbetreuer. Ein derartiger Beratungsanspruch lässt sich nicht wertfrei durch die Betreuungsbehörde bei gleichzeitigen Kontrollbefugnissen als Verfahrenspfleger bewerkstelligen. **869**

Auch der an manchen Orten erfolgte Hinweis, die Behörde eigne sich gerade deshalb, die Abrechnungen der Berufsbetreuer zu kontrollieren, da sie ohnehin eng mit diesen zusammenarbeite und den Sachverhalt gut einschätze könne, zeigt das Dilemma. Es ist nicht verständlich, weshalb sich einzelne Betreuungsbehörden für originäre Aufgaben der Gerichte instrumentalisieren lassen und z.B. die Mitteilungen nach § 10 VBVG zu Kontrollzwecken heranziehen möchten, um Abrechnungen von Berufsbetreuern zu kontrollieren.[526] **870**

6.13.2.3 Bestellung der Betreuungsbehörde bzw. des Jugendamtes

Bei der Bestellung der Betreuungsbehörde (§ 1900 Abs. 4) als Betreuer und des Jugendamtes als Vormund oder Pfleger gilt, dass in keinem Falle ein Vergütungsanspruch besteht (Ausschluss in § 1836 Abs. 3, bei Betreuungen i.V.m. § 1908i Abs. 1 Satz 1, bei Pflegschaften i.V.m. § 1915). Aufwendungsersatz gem. § 1835 Abs. 1 (jedoch kein Vorschuss, keine Verwaltungs- oder Versicherungskosten und beruflichen Dienste) kann bei nicht mittellosen Betreuten geltend gemacht werden. **871**

Für die Bezahlung des (angestellten) Behördenbetreuers auf tariflicher Basis gilt die gleiche BAG-Rechtsprechung wie beim Vereinsbetreuer (vgl. oben Rn. 840 f.). Beamtete Behördenbetreuer sind meist im gehobenen Dienst in Besoldungsgruppe A 10 oder A 11 eingruppiert. **872**

6.13.3 Verfahrenspfleger (§§ 50, 67, 70b FGG)

6.13.3.1 Allgemeines

Die Vergütung und der Aufwendungsersatz bei Verfahrenspflegern (§§ 50, 67, 70b FGG) werden seit 1.1.1999 stets aus der Staatskasse gezahlt (§ 67a FGG). Ungeachtet der wirtschaftlichen Verhältnisse des Betroffenen sind stets die Stundensätze des § 3 Abs. 1 VBVG maßgebend, d.h., dass je nachdem, ob und welche für die Verfahrenspflegertätigkeit nutzbare Ausbildungen vorhanden sind sind, ein Stundensatz von 19,50 €, 25,– € bzw. 33,50 €, jeweils zuzüglich MwSt. zu zahlen ist. Eine Stundensatzerhöhung ist nicht möglich, da nicht auf § 3 Abs. 3 VBVG verwiesen wird. **873**

Allerdings setzen die Neufassung des § 67 Abs. 1 und des § 67a Abs. 1 FGG für das Vorhandensein eines Vergütungsanspruches voraus, dass bei der Bestellung des Verfahrenspflegers ausdrücklich die Tätigkeit als **„berufliche"** bezeichnet wurde. Anderenfalls gilt seit 1.7.2005 auch bei Verfahrenspflegschaften der aus dem Betreuungsrecht bekannte Vorrang ehrenamtlicher Tätigkeit (§§ 1836 Abs. 1 Satz 1, 1897 Abs. 6, vgl. Rn. 446 ff.). **874**

Nach unserer Einschätzung ist diese Vorrangstellung gerade bei Verfahrenspflegschaften, die zur effektiven Aufgabenwahrnehmung **Kenntnisse des FGG-Verfahrens** erfordern, **875**

---

525 So auch HK BUR/*Walther*, § 9 BtBG Rn. 18
526 Zum zweifelhaften Nutzen der Mitteilungspflichten insgesamt vgl. HK BUR/*Klie/Walther*, § 1908k BGB, Rn. 35 ff.; zur Beteiligung der Behörde im Vergütungsfestsetzungsverfahren im Rahmen der Sachverhaltsermittlung vgl. *Bienwald*, BtPrax 1997, 226

äußerst praxisfremd. Es empfiehlt sich ein Zurückgreifen auf die aus dem Betreuungsrecht entwickelte Rechtsprechung[527] (dazu oben 450 ff.).

876 Als Aufwendungsersatz erhält der Verfahrenspfleger die in § 1835 Abs. 1 (Barauslagen) und Abs. 2 (Haftpflichtversicherungsbeiträge) genannten Posten. Die Erstattung von Haftpflichtversicherung (sofern solche für die Tätigkeit als Verfahrenspfleger überhaupt angeboten werden) erscheint bei dieser Tätigkeit wenig sachgerecht. Die Ausschlussfrist von 15 Monaten (§ 2 VBVG) gilt auch für Erstattungsansprüche von Verfahrenspflegern.[528]

6.13.3.2 Individualpauschale beim Verfahrenspfleger

877 Nach § 67a Abs. 3 FGG kann beim Verfahrenspfleger statt der im Vorkapitel genannten Vergütung (und des Aufwendungsersatzes) für konkreten Zeitaufwand stattdessen eine Individualpauschale (entsprechend § 1836b Nr. 1 BGB a.F.) gezahlt werden (vgl. dazu oben Rn. 726 ff.). Wir halten diese Möglichkeit für unpraktikabel. Sofern ein Gericht allerdings diese Individualpauschale anordnen möchte, ist dies im Vorneherein festzulegen, weil der Verfahrenspfleger wissen muss, ob er seinen Zeitaufwand dokumentieren muss oder nicht.[529] Eine nachträgliche Pauschalierung ist daher allenfalls mit Zustimmung des Verfahrenspflegers zulässig.[530]

878 Sollte eine Pauschalierung angewendet werden, wären ebenfalls die Stundensätze für Berufsvormünder, allerdings zuzüglich einer Aufwandspauschale von je 3,– € je pauschal vergüteter Stunde, anzusetzen.

6.13.3.3 Rechtsanwälte als Verfahrenspfleger

879 Die Tätigkeit von Rechtsanwälten als Verfahrenspfleger durfte schon nach der durch das 1. BtÄndG erfolgten Neuformulierung des § 1 BRAGO nicht mehr als anwaltliche Tätigkeit nach den Gebührensätzen der BRAGO berechnet werden. Die Regelung sei verfassungsrechtlich unbedenklich.[531] Dies gelte auch in Unterbringungsverfahren nach den PsychKGen.[532] Dies bedeutete in der Konsequenz, dass diese Tätigkeit für Rechtsanwälte angesichts der für diesen Beruf geltenden üblichen Kostenstruktur völlig uninteressant sein würde.

880 Sowohl die vom 1.1.1999 bis 30.6.2005 geltende Entschädigungsregelung (§ 67 Abs. 3 FGG a.F.) als auch die Neufassung des § 67a FGG enthalten keinen Verweis auf § 1835 Abs. 3 BGB und damit die Möglichkeit, einzelne Tätigkeiten, insbes. von anwaltlichen Verfahrenspflegern, nach dieser Bestimmung abzurechnen. Während § 67 Abs. 3 FGG a.F. die Anwendung des § 1835 Abs. 3 ausdrücklich ausschloss, ist die Bestimmung in der Neuregelung ab 1.7.2005 (§ 67a Abs. 1 FGG) einfach unerwähnt geblieben.

881 Allerdings wurde zum Recht ab 1999 entschieden, dass der Rechtsanwalt als Verfahrenspfleger gem. § 1835 Abs. 3 dann Gebühren nach RVG abrechnen kann, wenn er anwaltsspezifische Dienste leistet. Die Rechtsprechung seit dem 1.7.2005 hat – wie in der Vorlauflage vermutet – daran festgehalten[533] (vgl. auch Rn. 288 ff.).

---

527 LG Koblenz JurBüro 2000, 430; ebenso *Zimmermann*, FamRZ 1999, 430/432; *Karmasin*, FamRZ 1999, 348/349
528 OLG Koblenz FamRZ 2002, 1355 und FamRZ 2003, 168; BayObLG FGPrax 2003, 177
529 LG Mönchengladbach Rpfleger 2003, 365 (Ls)
530 Fröschle/*Fröschle* § 67a FGG Rn. 6
531 Beschlüsse BVerfG FamRZ 2000, 1280, 1284 = BtPrax 2000, 254 = NJWE-FER 2000, 280/282 mit Anmerkung *Bienwald*, FamRZ 2000, 1283 sowie BayObLG, BtPrax 2000, 215 = RuP 2000, 201 = Rpfleger 2000, 453 = FamRZ 2000, 1301 = NJWE-FER 2000, 286 = BayObLGZ 2000 Nr. 33
532 OLG Köln FGPrax 2000, 17 = NJW-RR 2001, 74
533 OLG Düsseldorf FamRZ 2008, 76

6.13.3.4 Rechtsprechung zur Anwendung des § 1835 Abs. 3 bzw. des RVG bei Verfahrenspflegern

Im bisherigen Recht hat sich die Rechtsprechung wie folgt zu diesen Ansprüchen geäußert:

- Ein anwaltlicher Verfahrenspfleger erhält nur Vergütung nach dem VBVG; auch im Verfahren nach PsychKG erfolgt keine Anwendung des RVG.[534] **882**

- Ein Rechtsanwalt kann als Verfahrenspfleger gem. § 1835 Abs. 3 Gebühren nach RVG abrechnen, wenn er anwaltsspezifische Dienste leistet.[535] Dies ist bei der Überprüfung des Vergütungsantrags eines Betreuers der Fall.[536] **883**

- Ein anwaltlicher Verfahrenspfleger zur Überprüfung der Betreuervergütung kann nur ausnahmsweise nach § 1835 Abs. 3 auf der Grundlage des RVG abrechnen, wenn vertiefte Befassung mit Rechtsfragen über das Standardwissen eines Betreuers der 3. Vergütungsstufe hinausgeht.[537] **884**

- Die Feststellung, dass ein Verfahrenspfleger „als Rechtsanwalt" bestellt sei, kann vom Bezirksrevisor angefochten werden. In Betreuungssachen ohne tatsächliche oder rechtliche Schwierigkeiten muss ein Anwalt als Verfahrenspfleger nicht in seiner Funktion als Anwalt tätig werden.[538] **885**

- Zur Abrechnung des Aufwendungsersatzanspruches eines anwaltlichen Verfahrenspflegers in einem Betreuungsverfahren nach RVG.[539] **886**

- Die Ausschlussfrist von 15 Monaten gilt auch, wenn Ersatz von Aufwendungen für berufliche Dienste nach RVG beantragt werden kann.[540] **887**

- Ein zum Verfahrenspfleger bestellter Anwalt kann nach RVG abrechnen, wenn ihm bei der Bestellung vom Richter Tatsachen mitgeteilt werden, die im konkreten Fall die Hinzuziehung eines Anwaltes konkret begründen. Unerheblich ist, ob im Laufe des Verfahrens tatsächlich eine anwaltsspezifische Tätigkeit stattgefunden hat.[541] **888**

- Ein Anwalt als Verfahrenspfleger kann Ansprüche nach § 1835 Abs. 3 FGG nur dann nach RVG abrechnen, wenn die Tätigkeit besondere rechtliche Fähigkeiten fordert und eine originär anwaltliche Dienstleistung darstellt[542] (verneint für Grundstückskauf und Bestellung eines Nießbrauches). **889**

- Aufwendungsersatz für einen Rechtsanwalt als Verfahrenspfleger im Unterbringungsverfahren nach § 1835 Abs. 3 BGB i.V.m. dem RVG.[543] **890**

- Wird ein Rechtsanwalt als **Verfahrenspfleger** sowohl im vorläufigen als auch im endgültigen Unterbringungsverfahren tätig und kann er Aufwendungsersatz für berufliche Dienste im Rahmen des RVG verlangen, steht ihm für beide Verfahren jeweils eine Verfahrensgebühr zu.[544] **891**

- Hat der Verfahrenspfleger vom Gericht einen **ausdrücklichen Auftrag** hinsichtlich der Ausübung seiner Tätigkeit erhalten (hier: Hausbesuche beim Kind), kommt es nicht darauf an, ob die Tätigkeit über seinen eigentlich nach dem Gesetz vorgesehe- **892**

---

534 OLG Köln FGPrax 2000, 17 = NJW-RR 2001, 74, a.A.: LG Koblenz JurBüro 2001, 472
535 OLG Köln FamRZ 2001, 1643
536 LG Berlin BtPrax 2001, 129 = FamRZ 2001, 1029; a.A.: LG München I BtPrax 2001, 175 = FamRZ 2001, 1397
537 BayObLG FamRZ 2003, 1046 = JurBüro 2003, 374 = NJW-RR 2003, 1372
538 OLG Köln NJW 42/2001, VIII = FamRZ 2001, 1643
539 BayObLG FGPrax 2002, 68 = BtPrax 2002, 121; OLG Düsseldorf FamRZ 2003, 706 = NJW-RR 2003, 427
540 BayObLG FamRZ 2003, 1413; OLG Schleswig FGPrax 2003, 127; OLG Frankfurt/Main FPR 2004, 35 = FamRZ 2004, 736
541 BayObLG FGPrax 2002, 68 = BtPrax 2002, 121 = Rpfleger 2002, 441, OLG Stuttgart NJW-RR 2004, 424
542 BayObLG FGPrax 2005, 21
543 LG Aachen FamRZ 2003, 706 m. Anm. *Bienwald*
544 OLG München BtPrax 2006, 79 = Rpfleger 2006, 186 = FamRZ 2006, 577

nen Aufgabenbereich hinausgeht. Denn der Verfahrenspfleger darf darauf vertrauen, dass der aufgrund des gerichtlichen Auftrags entstandene **Zeitaufwand** auch vergütet wird.[545]

893 • Vom Zeitpunkt der Bekanntgabe des ihn von seinen Aufgaben als Verfahrenspfleger entbindenden Beschlusses darf der Verfahrenspfleger nicht mehr tätig werden. Nimmt er entgegen dem **Aufhebungsbeschluss** weitere Handlungen vor, handelt es sich um einen nicht vergütungsfähigen Zeitaufwand.[546]

6.13.3.5 Verfahrenspflegervergütung als Teil der Gerichtskosten

894 Die Entschädigung des Verfahrenspflegers erfolgt seit 1.1.1999 ausschließlich aus der Staatskasse. Durch die ebenfalls bereits zum 1.1.1999 erfolgte Neufassung des § 137 KostO können dem Betroffenen allerdings die Kosten der Verfahrenspflegertätigkeit als Teil der Gerichtskosten in Rechnung gestellt werden (§ 93a KostO), wobei der Einkommens- und Vermögenseinsatz des Betreuten sich nach § 1836c richtet (vgl. unten Kapitel 8, Rn. 1244, 1323 ff.). Der Rückgriff auf den Betroffenen ist hier kürzer als bei der sonstigen Betreuervergütung, nämlich vier Jahre gem. § 17 KostO.

895 Die Regelungen gelten auch für den Verfahrenspfleger nach dem Gesetz über das gerichtliche Verfahren bei Freiheitsentziehungen (§ 5 Abs. 2 Satz 2 i.V.m. § 3 FrEG) sowie für den Verfahrenspfleger in kindschaftsrechtlichen Verfahren (§ 50 FGG).[547]

896 Wird die Verfahrenspflegerbestellung allerdings rückwirkend aufgehoben, kann dessen Vergütung den Beteiligten nicht als Teil der Verfahrensauslagen in Rechnung gestellt werden.[548]

6.13.4 Nachlasspfleger[549] (§§ 1960, 1961)

6.13.4.1 Allgemeines

897 Bei Nachlasspflegern (vg. oben Rn. 36) tritt das Nachlassgericht an die Stelle des Vormundschaftsgerichtes (§ 1962). Der Nachlasspfleger ist für den Nachlass bestellt, nicht für den Verstorbenen, er ist Vertreter der unbekannten Erben. Da eine Nachlasspflegerbestellung grundsätzlich nur erfolgt, wenn fürsorgebedürftiger Nachlass vorhanden ist, erfolgt eine Entschädigung meist aus dem Nachlass.

898 Für die Frage, wer die Vergütung und den Aufwendungsersatz zu zahlen hat, kommt es also auf die Höhe des Nachlasses an, und zwar auf den Aktivnachlass.[550]

899 Wird kein Erbe ausfindig gemacht, erbt gem. § 1936 der Staat (Landesfiskus). Dieser haftet nur mit dem Wert des Nachlasses. Diese Situation tritt auch ein, wenn alle ermittelten Erben die Erbschaft ausschlagen (§ 1944), z.B. wegen inzwischen festgestellter Überschuldung des Nachlasses.

▶ *Zum Nachlasspfleger im Vergütungsverfahren des bisherigen Betreuers siehe unten Rn. 1573 ff.*

---

545 OLG Brandenburg FamRZ 2008, 73 (m. Anm. *Bienwald*)
546 OLG Brandenburg FamRZ 2008, 78
547 Zur Begrenzung des Aufgabenbereiches eines Verfahrenspflegers nach § 50 FGG: KG FamRZ 2000, 1300 = NJW-RR 2001, 73; OLG Köln NJW-RR 2001, 74 sowie OLG Schleswig FamRZ 2000, 1048 = KindPrax 2001, 31 = OLG-R 2000, 177 und OLG Braunschweig Rpfleger 2001, 130 = ZfJ 2001, 163; OLG Frankfurt/Main FamRZ 1999, 1200, 1205 sowie OLG Brandenburg MDR 2001, 570
548 OLG Frankfurt/Main FamRZ 2002, 765
549 Zu Einzelheiten der Nachlasspflegschaft im Allgemeinen vgl. *Jochum/Pohl*, Handbuch der Nachlasspflegschaft, 3. Auflage, Köln 2006
550 BayObLG FamRZ 2000, 1447

6.13.4.2 Vergütung aus der Staatskasse

Kommt es durch höhere Nachlassverbindlichkeiten zu einer Nachlassinsolvenz, ist der Teil der Nachlasspflegerforderung, der im Insolvenzverfahren nicht gedeckt ist, aus der Staatskasse zu gewähren. Dies gilt auch generell bei Mittellosigkeit, wobei aber hier nicht die Mittellosigkeit etwaiger ermittelter Erben, sondern des Nachlasses maßgeblich ist (siehe hierzu im Detail unten Kapitel 8, Rn. 1390 ff.). **900**

Das *BayObLG* billigt dem Nachlasspfleger, anders als dem Betreuer[551], keinen Erbenfreibetrag (§ 1836 e Abs. 1 i.V.m. § 102 SGB XII) zu.[552] Es begründet dies zum einen damit, dass ein Nachlasspfleger grundsätzlich nur dann bestellt wird, wenn fürsorgebedürftiger Nachlass in genügender Höhe vorhanden ist und der Nachlasspfleger (anders als der Betreuer) einen nach § 324 InsO vorrangigen Vergütungsanspruch besitze. **901**

6.13.4.3 Vergütung beim bemittelten Nachlass

Die Rechtsprechung zur Höhe der Nachlasspflegervergütung aus der Zeit vor Inkrafttreten des 1. BtÄndG, die oft Prozentsätze des verwalteten Nachlassvermögens zubilligte[553], konnte aufgrund der Neuregelungen bereits seit 1.1.1999 keine Anwendung mehr finden. Es war vielmehr der gleiche Maßstab wie bei den Einzel- oder Berufsbetreuern anzuwenden.[554] **902**

Allerdings zeigten sich Nachlassgerichte bei der Bemessung der Nachlasspflegervergütung (aus dem Vermögen) in den letzten Jahren durchweg großzügiger als Vormundschaftsgerichte. So entschied die Rechtsprechung bis zum 30.6.2005: **903**

- Die Stundensätze des § 1 Abs. 1 BVormVG haben bei Nachlasspflegschaften auch einen Orientierungscharakter, gelten aber nur bei einfacher Abwicklung als angemessen; ansonsten gelten bei einem Berufsnachlasspfleger mit Studienabschluss im Beitrittsgebiet 27,90 € (statt 18,– €) bei einfachen, 34,20 € (statt 23,– €) bei mittelschweren und 41,40 € (statt 31,– €) bei schwierigen Nachlässen als angemessen.[555] **904**

- Bei Nachlasspflegschaften liegen regelmäßig komplizierte Sach- und Rechtslagen vor, die insbesondere beim Vorhandensein von mehreren Erben häufig stark streitbefangen sind. Daher kommt regelmäßig eine Verdopplung des Stundensatzes nach § 1 BVormVG in Betracht.[556] **905**

- Keine Anwendung der Stundensätze des § 1 Abs. 1 BVormVG bei beruflichen Nachlasspflegern bei vorhandenem Aktivnachlass; stattdessen bei anwaltlichem Nachlasspfleger Stundensatz von brutto 100,– bis 150,– €.[557] **906**

Warum Gerichte die Auffassung vertreten, die Nachlasspflegertätigkeit sei gerenell schwieriger als die eines Betreuers (insbesondere, wenn dieser die Vermögensverwaltung inne hat), ist für uns nicht nachvollziehbar; sie beruht offenbar auf einer Verkennung der Aufgabenvielfalt der Betreuer durch die Nachlassgerichte. Dennoch hat diese Auffassung einen Niederschlag in der ab 1.7.2005 geltenden Gesetzeslage gefunden. **907**

§ 1915 erklärt für Pflegschaften ausdrücklich, dass § 3 Abs. 1 und 3 VBVG bei nicht Mittellosen nicht angewendet wird. Stattdessen wird als Richtlinie auf die für die Führung der Pflegschaftsgeschäfte nutzbaren Fachkenntnisse und die Schwierigkeit der Geschäfte ver- **908**

---

551 BayObLG FamRZ 2001, 866
552 BayObLG ZEV 2000, 410 = NJW 2000, 1392; *Zimmermann* ZEV 1999, 329/330, a.A.: KG Rpfleger 1995, 356/357
553 Zuletzt noch OLG Düsseldorf, Beschluss vom 15.12.1997 – 3 Wx 494/97, OLG-Report Düsseldorf 6/98, 117
554 Vgl. dazu ausführlich Zimmermann, ZEV 1999, 329. Zur Berechnung einer Nachlasspflegervergütung, wenn die Tätigkeit sowohl vor als auch nach dem 1.1.1999 erfolgt ist: BayObLG NJW-RR 2000, 1392
555 OLG Dresden ZEV 2002, 465 = FamRZ 2002, 1364 = NJ 2002, 486; ähnlich LG Hannover NJW-RR 2002, 653
556 LG Stuttgart Rpfleger 2001, 427; LG Münster Rpfleger 2003, 369
557 LG München I Rpfleger 2003

wiesen. Dies erinnert uns an die Rechtslage nach § 1836 Abs. 2 in der Fassung vor Inkrafttreten des 1. BtÄndG, der seinerzeit bei Vermögenden Stundensätze von 100,– € und mehr rechtfertigte.

909 Zwar gilt diese Ausnahmeregel generell bei **BGB-Pflegschaften**, einen nennenswerten Anwendungsbereich dürfte sie aber in der Praxis nur bei Nachlasspflegschaften haben.[558] Das *OLG München* billigte den doppelten VBVG-Satz nach § 3 Abs. 1 VBVG, also 67 € zu.[559]

6.13.5 Besondere Vertreter im Verwaltungsverfahren

910 Bei einer Bestellung als besonderer Vertreter im **Verwaltungsverfahren** (dazu Kapitel 1, Rn. 43 f.) hat die Vertretungsperson einen Anspruch auf angemessene Vergütung und Ersatz der baren Aufwendungen. Der Anspruch richtet sich gegen die Behörde, auf deren Ersuchen der Vertreter bestellt wurde, nicht gegen das bestellende Gericht. Den Grundsatz der Unentgeltlichkeit gibt es hier nicht. Bei der Höhe der Vergütung wird man auf die Grundsätze der Ermessensvergütung (§ 1836 Abs. 2) zurückgreifen; bei beruflich tätigen Personen auf die Grundsätze der Berufsbetreuervergütung.

911 Die Frage ist ab dem 1.7.2005, ob für die Entschädigung eines besonderen Vertreters im Verwaltungsverfahren die Vergütung des Berufsvormundes (nach § 3 VBVG mit den dortigen Stundensätzen und einer Abrechnung einzelner Tätigkeiten) oder eines Berufsbetreuers (mit der Pauschalvergütung nach §§ 4,5 VBVG) maßgeblich ist. Hier ist eine Tendenz auch weiterhin nicht erkennbar.

912 Die Bestellung eines besonderen Vertreters im Verwaltungsverfahren liegt nicht bereits dann vor, wenn eine Betreuungsanordnung ursprünglich auf die Anregung einer anderen Behörde zurückging und der Aufgabenkreis des Betreuers die Vertretung vor Behörden beinhaltet. Es muss statt einer Betreuung eine Bestellung eines besonderen Vertreters im Verwaltungsverfahren erfolgt sein.

6.14 Sterilisationsbetreuer

913 Der (berufliche) Betreuer, der ausschließlich für die Entscheidung über eine Sterilisation des Betreuten (§§ 1899 Abs. 2, 1905) bestellt ist, erhält nach § 6 Satz 1 VBVG keine Pauschalvergütung, sondern eine Vergütung für den konkreten Zeitaufwand. Es gelten die Stundensätze für Vormünder aus § 3 VBVG (19,50 €, 25,– €, 33,50 €) zuzüglich Mehrwertsteuer und Aufwendungsersatz nach § 1835 (für Vereinsbetreuer ohne allgemeine Verwaltungskosten, Haftpflichtversicherungsbeiträge und Aufwendungen für berufliche Dienste).

914 Der Sterilisationsbetreuer trägt wegen der weit reichenden Folgen des Eingriffs eine besondere Verantwortung.[560] Er hat nach Durchführung des gerichtlichen Genehmigungsverfahrens (§ 69d FGG) eigenständig zu prüfen, ob die Sterilisation tatsächlich durchgeführt werden soll[561]. Angesichts der Problematik der Sterilisationsregelung dürften Fallgespräche mit Betreuerkollegen im angemessenen Umfang vergütungsfähig sein.[562] Zum Umfang des Aufgabenkreises Sterilisation zählen alle im Zusammenhang mit der Sterilisation stehenden Aufgaben, z.B. Informationsgespräche mit dem Betreuten, den

---

558 Beispiele für andere Vergleichsberechnungen siehe bei *Zimmermann*, Anwaltsvergütung außerhalb des RVG, Rn. 228
559 OLG München Rpfleger 2006, 405
560 Bt-Drs. 11/4528, S. 111; vgl. dazu HK BUR/*Bauer* § 1905, Rn. 25
561 HK BUR/*Bauer* § 1905 Rz. 55
562 LG Wuppertal FamRZ 2002, 1657, als Ausnahme: OLG Stuttgart vom 6.11.2000, 8 WF 91/99, Die Justiz 2002, 411

Ärzten und anderen nahestehenden Personen sowie ggf. der Abschluss eines Behandlungsvertrags zur Durchführung der Sterilisation sowie die Einholung der vormundschaftsgerichtlichen Genehmigung und Erteilung der Einwilligung bzw. deren Verweigerung.[563]

Die Nichtanwendbarkeit der Pauschalvergütung auf Sterilisationsbetreuungen ist auch **915** sachgerecht.[564] Es ist auch nicht erforderlich, dass neben dem Sterilisationsbetreuer ein anderer Betreuer bestellt ist.[565] Zahlenmäßig dürfte diese Vertretungstätigkeit keine große Rolle spielen. 2006 wurden insgesamt 81 Verfahren nach § 1905 geführt.[566] In wie vielen dieser Fälle ein Berufs- oder Vereinsbetreuer bestellt war, ist statistisch nicht erfasst.

6.15 Verhinderungsbetreuer

6.15.1 Allgemeines

Beim Verhinderungsbetreuer (§ 1899 Abs. 4) wird ab 1.7.2005 unterschieden: Handelt es **916** sich um eine Bestellung wegen **rechtlicher Verhinderung** des Betreuers, so erhält der Verhinderungsbetreuer wie der oben genannte Sterilisationsbetreuer keine Pauschalvergütung, sondern Vergütung für konkreten Zeitaufwand sowie Aufwendungsersatz. Es dürfte sich in der Praxis dabei überwiegend um Bestellungen im Rahmen von Insichgeschäften zwischen dem (eigentlichen) Betreuer bzw. seiner Familie und den Betreuten (§§ 181, 1795) handeln sowie um die Geltendmachung von Schadensersatz-, Schmerzensgeld- oder Herausgabeansprüchen zwischen Betreuer und Betreuten[567] bzw. um den Fall der (vorübergehenden) Geschäftsunfähigkeit des Betreuers, z.B. infolge schweren Unfalls.

Ist der Verhinderungsbetreuer stattdessen für den Fall der **tatsächlichen Verhinderung** **917** des Betreuers bestellt (z.B. Urlaubsbedingte Abwesenheit, längere Krankheit vgl. dazu auch unten Rn. 1187 ff.), so erhält nur einer der beiden Betreuer die Pauschalvergütung (§ 6 Satz 2 VBVG). D.h., dass die pauschale Vergütung des verhinderten Betreuers für die Tage seiner Verhinderung nicht gewährt wird, für diese Tage erhält stattdessen der Verhinderungsbetreuer die pauschale Vergütung.

Ist bei einem **Vereinsbetreuer** ein anderer Vereinsbetreuer als Vertreter bestellt und sind **918** beide in der gleichen Vergütungsstufe des § 4 Abs. 1 VBVG, ist es u.E. aus Gründen der Verwaltungsvereinfachung vertretbar, dass keine getrennten Vergütungsabrechnungen erfolgen. Denn in diesen Fällen hat nicht der einzelne Vereinsbetreuer den Vergütungsanspruch, sondern nach § 7 VBVG der Verein. Dies sollte allerdings mit dem Gericht abgesprochen werden. Zur tageweisen Berechnung der Pauschale vgl. die Tabellen in Kapitel 10, Rn. 1722 ff.

6.15.2 Rechtliche Verhinderung

Bei rechtlicher Verhinderung des Betreuers (vgl. oben Kapitel 1, Rn. 15) wird der Verhinderungsbetreuer wie der o.g. Sterilisationsbetreuer behandelt, d.h., er enthält Aufwendungsersatz und Vergütung nach konkretem (Zeit-) Aufwand wie ein Berufsvormund, § 6 Satz 1 VBVG. Dem verhinderten Betreuer wird die Vergütungspauschale (dazu Kapitel 7, Rn. 988 ff.) **nicht gekürzt.**

Ein Verhinderungsbetreuer kann bestellt werden, wenn der Betreuer in eigener Person ein **920** Rechtsgeschäft mit dem Betreuten nicht abschließen kann (§ 181 BGB) oder wenn der

563 vgl. *Damrau/Zimmermann*, § 1899 BGB Rn. 14
564 *Fröschle*, Betreuungsrecht 2005, Rn. 413
565 *Damrau/Zimmermann*, § 1899 BGB Rn. 13
566 BMJ: Sondererhebung Verfahren nach dem Betreuungsgesetz; vgl. HK BUR, zu § 1905 BGB
567 Vgl. dazu *Deinert/Lütgens/Meier*, Die Haftung des Betreuers, 2. Auflage, Köln 2007

Betreuer wegen eines Rechtsgeschäftes zwischen dem Betreuten und dem Ehegatten, Lebenspartner oder Verwandten des Betreuers (in gerader Linie) verhindert ist. [568]

921 Außerdem bestehen weitere Vertretungshindernisse, die in § 1795 Abs. 1 Nr. 2 und 3 genannt sind. Rechtlich verhindert dürfte der Betreuer auch sein, wenn der Betreute ihn wegen Pflichtverletzungen (§ 1833 i.V.m. § 1908i Abs. 1) belangen will oder im umgekehrten Fall der Betreuer gegen den Betreuten Erb- oder Pflichtteilsansprüche[569] oder Schadensersatzansprüche nach § 823 oder § 812 geltend machen will. Außerdem kann das Gericht dem Betreuer gem. §§ 1796, 1908i Abs. 1 die Vertretungsmacht für einzelne Angelegenheiten entziehen[570], insbesondere, weil ein Interessenkonflikt droht.[571]

922 Die Bestellung des Verhinderungsbetreuers, der in diesem Falle auch als Ergänzungsbetreuer bezeichnet wird (um die Nähe zur Ergänzungspflegschaft des § 1909 zu betonen), wird sich in der Regel auf einen kleinen, näher bezeichneten Aufgabenkreis, z.B. den Abschluss eines bestimmten Rechtsgeschäftes oder die Führung eines bestimmten Prozesses beziehen. Die Aufgaben des Ergänzungsbetreuers, und damit der Umfang der vergütungsfähigen Tätigkeiten, reichen nur so weit, wie die Verhinderung des eigentlichen Betreuers gegeben ist[572] (zur Problematik bei unklar formulierten Aufgabenkreisen bei Ergänzungsbetreuern vgl. die Anmerkung *Bienwalds*[573]).

923 Der eigentliche Betreuer kann jedoch auch in allen Aufgabenkreisen rechtlich verhindert sein. Wichtigster Fall dürfte vorübergehende **Geschäftsunfähigkeit** des Betreuers, z.B. nach schwerer Operation (Durchgangssyndrom), sein. Zwar wäre nach § 1908b Abs. 1 auch eine Entlassung möglich,[574] jedoch kann der Wunsch des Betreuten, es beim bisherigen Betreuer zu belassen und die Aussicht auf baldige Wiederherstellung der Geschäftsfähigkeit es angezeigt sein lassen, den bisherigen Betreuer im Amt zu belassen.

924 Die Ergänzungsbetreuung endet nicht kraft Gesetzes mit der Erledigung des Rechtsgeschäftes, an der der eigentliche Betreuer verhindert war bzw. mit dessen Wiederherstellung der Geschäftsfähigkeit. Die Ergänzungsbetreuung ist daher gem. § 1908d Abs. 1 ausdrücklich aufzuheben (zum Verfahren siehe § 69i Abs. 3 FGG[575]).

925 Fraglich ist, ob bei Vereins- und Behördenbetreuern eine Arbeitsunfähigkeit i.S. der gesetzlichen Krankenversicherung „nur" eine tatsächliche, sondern auch eine rechtliche Verhinderung darstellt. Diese Frage war bisher unerheblich, müsste aber nunmehr wegen der unterschiedlichen Vergütungsfolgen durch die Rechtsprechung geklärt werden. Dies ist bis zur Drucklegung dieser Neuauflage offenkundig nicht geschehen; hieraus ziehen wir den Schluss, dass diese Frage in der Praxis keine größere Relevanz aufweist.

926 Eine weitere Zweifelsfrage in diesem Zusammenhang ist beim Vereinsbetreuer dessen Ausscheiden als Mitarbeiter des Vereins infolge Beendigung des Arbeitsverhältnisses in der Zeit, in der eine Betreuerentlassung noch nicht stattgefunden hat. Unserer Auffassung nach folgt die Pflicht zur Betreuertätigkeit beim Vereinsbetreuer (sowie beim Behördenbetreuer) aus den arbeitsvertraglichen Pflichten. Sind diese nicht mehr gegeben, liegt daher rechtliche Verhinderung vor. Diese Frage ist in der Rechtsprechung weiterhin nicht geklärt.

---

568 BayObLG BtPrax 1998, 32 = NJW-RR 1998, 869; BayObLG FamRZ 2002, 61
569 Vgl. BayObLG BtPrax 2001, 252; BayObLG BtPrax 2004, 32 = FamRZ 2004, 906 = FGPrax 2003, 268; OLG Zweibrücken FGPrax 1999, 182 = Rpfleger 1999, 534; OLG Nürnberg NJW-FER 2001, 316
570 Vgl. HK BUR/*Bauer* §§ 1795, 1796 sowie § 1899 Rz. 76
571 BayObLG FamRZ 1999, 1303
572 *Knittel*, § 1899 BGB Rn. 24
573 Zu BayObLG in FamRZ 2004, 1750
574 Vgl. HK BUR/*Bauer* § 1908b BGB Rn. 14
575 Vgl. *Knittel*, § 1899 BGB Rn. 28

6.15.3 Tatsächliche Verhinderung

6.15.3.1 Allgemeines

Tatsächliche Verhinderung (vgl. oben Kapitel 1, Rn. 16) ist insbesondere die Nichterreichbarkeit des Betreuer. In diesem Fall soll der Verhinderungsbetreuer die Pauschalvergütung (dazu Kapitel 7, Rn. 946 ff, 988 ff.) erhalten, während der gleiche Zeitraum beim verhinderten Betreuer nicht vergütet wird. Dazu soll die Pauschalvergütung tageweise i.S.d. § 5 Abs. 4 VBVG gequotelt werden. **927**

Wichtigste Anwendung der Verhinderungsbetreuung bei tatsächlicher Verhinderung dürfte die urlaubsbedingte Nichterreichbarkeit des Betreuers sein.[576] Jedoch auch Krankheit des Betreuers kann tatsächliche Verhinderung sein.[577] Die Kontroverse in der Literatur, ob eine Vertretungsbetreuung aus tatsächlichen Gründen überhaupt zulässig ist,[578] hat sich durch die ausdrückliche Erwähnung in Satz 2 erledigt. Einige Gerichte meinen, eine solche Verhinderungsbetreuung sei nur für einen konkret bevorstehenden Verhinderungsfall zulässig.[579] **928**

Dies ist allerdings nicht praktikabel; zulässig ist auch, für alle künftigen (tatsächlichen) Verhinderungsfälle einen Ersatzbetreuer zu bestellen.[580] Die tatsächliche Verhinderung wird i.d.R. einen längeren Zeitraum (mehrere Wochen oder Monate) ausmachen, kann aber auch einzelne Tage betreffen, wenn bereits ein Verhinderungsbetreuer für den Fall späterer Verhinderung bestellt ist und sich durch ein konkretes und dringendes Handlungserfordernis herausstellt, dass der eigentliche Betreuer unerreichbar ist. **929**

In dringlichen Angelegenheiten, wie der Veranlassung einer freiheitsentziehenden Unterbringung oder der Einwilligung in eine eilige Heilbehandlungsmaßnahme können sogar Teile von Tagen zu einem Tätigwerden des Verhinderungsbetreuers zwingen (z.B. wenn der Betreuer nach üblichem Büroschluss telefonisch nicht erreichbar ist). Da aber § 6 Satz 2, 2. Halbsatz VBVG § 187 Abs. 1 BGB ausdrücklich für anwendbar erklärt, ist im Falle einer eintägigen Vertretungstätigkeit die Aufteilung der Vergütungsansprüche nicht durchzuführen. Denn der (einzige) Tag, an welchem der Betreuer hier verhindert ist, wird ausdrücklich nicht mitgezählt. Erst wenn auch am folgenden Tag weiterhin der Betreuer nicht erreichbar ist, kommt eine Anwendung in Frage. **930**

6.15.3.2 Verhinderungszeitraum

Entgegen dem Wortlaut in § 6 Satz 2 VBVG ist nicht die Vergütung zwischen dem verhinderten Betreuer und dem Verhinderungsbetreuer zu teilen, sondern der Stundenansatz des § 5 Abs. 1 bzw. Abs. 2 VBVG.[581] Anderenfalls wäre der Verweis auf die **Rundungsregelung** (§ 5 Abs. 4 Satz 3 VBVG) sinnlos. Darüber hinaus können die beiden Betreuer **unterschiedliche Vergütungsstundensätze** (§ 4 Abs. 1 VBVG) haben, was eine Aufteilung einer Summe unmöglich macht. **931**

Nicht eindeutig ist, **welcher Zeitraum** beim Verhinderungsbetreuer bei der tatsächlichen Verhinderung zu zahlen und entsprechend der Formulierung des Satzes 2 „zu teilen" beim verhinderten Betreuer abzuziehen ist. Denkbar wäre ein Abstellen auf den Zeitraum der Verhinderung, wobei der **erste Tag** der Verhinderung, also z.B. die Abreise an den Urlaubsort, nach § 187 Abs. 1 BGB nicht mitzahlt, also noch beim verhinderten Betreuer zu bewilligen ist. Der **letzte Tag** der Verhinderung, z.B. beim Vereinsbetreuer der letzte **932**

---

576 LG Stuttgart BtPrax 1999, 200; LG Frankfurt/Oder FamRZ 1999, 1221; vgl. auch HK BUR/*Bauer* § 1899 Rn. 78 ff.
577 LG Cottbus BtPrax 2001, 172
578 Dagegen MünchKomm/*Schwab*, § 1899 Rn. 33; LG Hamburg FamRZ 1999, 797
579 LG Frankfurt/Oder FamRZ 1999, 1221
580 So auch OLG Frankfurt/Main Rpfleger 2002, 3591; *Damrau/Zimmermann* § 1899 Rn. 2; HK BUR/*Bauer* § 1899 Rn. 80; a.A. BtKomm/*Dodegge* Rn. B 78
581 so auch *Fröschle* a.a.O. Rn. 421

bewilligte Urlaubstag zählt nach § 188 Abs. 1 BGB beim Verhinderungsbetreuer mit. Ist dieser Tag ein Samstag, Sonntag oder gesetzlicher Feiertag, tritt an dessen Stelle der nächste Werktag.

933 Denkbar wäre zwar, nur die Tage als Verhinderungszeitraum anzusehen, an denen der Betreuer aufgrund konkreten **Handlungserfordernisses** stellvertretendes Tätigwerden des Verhinderungsbetreuers erforderlich ist. Es ist u.E. aber richtig, ausschließlich auf die Verhinderung des Betreuers abzustellen, da eine Abgrenzung objektiver Vertretungsnotwendigkeit kaum feststellbar sein dürfte und darüber hinaus ein Abstellen auf den Status des Betreuers als verhindert bzw. nicht verhindert dem neuen System der pauschalen Betreuervergütung eher entspricht.

934 Soweit der Verhinderungsbetreuer nicht bereits zu einem früheren Zeitpunkt für den Fall künftiger tatsächlicher Verhinderung bestellt ist, sondern erst nach Eintritt der tatsächlichen Verhinderung neu bestellt wird, ist für den Beginn des Vergütungsanspruches die **Rechtswirksamkeit dieser neuen Bestellung** gem. § 69a Abs. 3 FGG maßgeblich. Daraus folgt, dass der Vergütungsanspruch des verhinderten Betreuers für den Zeitraum bis zur Rechtswirksamkeit der Verhinderungsbetreuers nicht gekürzt wird.

▶ *Zur tageweisen Berechnung vgl. Tabelle im Kapitel 10, Rn. 1722 ff.*

6.15.3.3 Stundenansätze

935 Die Stundenansätze des verhinderten Betreuers und des Verhinderungsbetreuers sind **nach Tagen** zu teilen und auf Zehntelstunden (6 Minuten) aufzurunden (vgl. dazu insbesondere die Tabellen unter Rn. 1722 ff.) U.E. ist bei der Tagesberechnung entsprechend der genannten Tabellen immer diejenige mit **30 Tagen** entsprechend **§ 191 BGB** anzuwenden, da die Vertretungszeit innerhalb des u.g. Abrechnungszeitraums auch mehrere getrennte Zeiträume umfassen kann[582]. Dagegen spricht allerdings, dass beim verhinderten Betreuer nach h.M. auf die konkrete Tageszahl des jeweiligen Monats abzustellen ist.[583]

936 Die Vergütungsanträge des Verhinderungsbetreuers und des verhinderten Betreuers sind bei Gericht **getrennt** zu werten.Dies kann bedeuten, dass die Frage der **Mittellosigkeit** nach § 1836d bei den beiden Anträgen unterschiedlich zu beantworten ist, wobei die Wahrscheinlichkeit dafür spricht, dass der Vergütungsantrag des Verhinderungsbetreuers bei geringfügig über der Vermögensfreigrenze (§ 1836c Nr. 2 BGB i.V.m. § 90 Abs. 2 Nr. 2 SGB XII; „kleines Barvermögen von derzeit 2.600 Euro") liegenden Betreuten eher aus dem Vermögen des Betreuten finanzierbar ist als der Antrag des verhinderten Betreuers. Dies bedeutet, dass die Stundenansätze ggf. bei einem der Betreuer nach den höheren Werten des § 5 Abs. 1 VBVG (Selbstzahler), die des anderen Betreuers nach den niedrigeren Werten des § 5 Abs. 2 VBVG (Staatskasse) errechnet werden müssten.

937 Das Ganze setzt natürlich eine Übereinstimmung in der Beurteilung durch den verhinderten Betreuer und den Verhinderungsbetreuer bei ihren Vergütungsanträgen voraus.

6.15.4 Sonderfälle bei tatsächlicher Verhinderung

An Sonderfällen sind hier folgende Konstellationen denkbar:

* **Verhinderter Betreuer ist ehrenamtlich, Verhinderungsbetreuer ist Berufsbetreuer oder Vereinsbetreuer**

938 Ob in diesem Fall § 6 Satz 2 VBVG anwendbar ist, ist unklar. Eigentlich regelt das VBVG nur die Ansprüche beruflicher Betreuungspersonen. Wir halten es dennoch für sachgerecht, in diesem Fall den beruflichen Verhinderungsbetreuer nur tageweise entsprechend

---

582 *Deinert*, BtPrax 2005 spezial, S. 16
583 *Fröschle* a.a.O. Rn. 425

§ 5 VBVG pauschal zu vergüten, weil es insgesamt zu einem sachgerechten Ergebnis führt. Die Alternative (Berufsbetreuer wird durchgehend pauschal vergütet) würde nur dazu führen, die gerichtliche Akzeptanz einer als sinnvoll angesehenen Vertretungsvariante, vor allem bei ehrenamtlichen Betreuern, die an Betreuungsvereine angebunden sind, zu schmälern.

Wir sind allerdings auch der Meinung, dass dem verhinderten ehrenamtlichen Betreuer die Aufwandspauschale nach § 1835a (vgl. Kapitel 5, Rn. 356 ff.) nicht um die Tage der Verhinderung zu kürzen sind, da es sich bei dieser Zahlung um eine vereinfachte Form des Aufwendungsersatzes, nicht der Vergütung handelt. **939**

Die bisher einzige bekannt gewordene Gerichtsentscheidung sieht dies anders. Das *LG Nürnberg-Fürth*[584] führte hierzu aus: Nicht gesetzlich geregelt sei die Frage der Auslagenerstattung in dem vorliegenden Fall, in dem neben dem ehrenamtlichen (Haupt-) Betreuer ein beruflicher Betreuer als Verhinderungsbetreuer bestellt worden ist. Für die Berechnung der Vergütung und des Aufwendungsersatzes in einem solchen Fall finde sich lediglich in § 6 Satz 2 VBVG eine gesetzliche Bestimmung. Danach seien die Vergütung und der Aufwendungsersatz für den Hauptbetreuer und den Verhinderungsbetreuer jeweils nach § 4 i.V.m. § 5 VBVG zu bewilligen und nach Tagen zu teilen. § 6 Satz 2 VBVG regele damit aber nur den Fall der Bestellung zweier beruflicher Betreuer. **940**

Aus der vorbenannten Regelung sei insofern lediglich das Prinzip herauszulesen, dass bei tatsächlicher Verhinderung des (Haupt-)Betreuers eine zeitanteilige Berechnung der Entschädigung beider Betreuer gewünscht sei, da im Fall der Verhinderung eines Betreuers aus tatsächlichen Gründen zur gleichen Zeit immer nur entweder der Hauptbetreuer oder der Verhinderungsbetreuer tätig ist, der Betreuungsaufwand insgesamt nicht steigt. **941**

Damit müsse auch für die hier vorliegenden Fallkonstellation im Ergebnis grundsätzlich eine Kürzung der Vergütungs- und Auslagenersatzansprüche der ehrenamtlichen (Haupt-) Betreuerin (hier konkret nur geltend gemacht die Auslagenpauschale gemäß § 1835a BGB) für den Zeitraum, in welchem die Verhinderungsbetreuerin tätig gewesen ist, angenommen werden. Der ehemaligen ehrenamtlichen (Haupt-)Betreuerin ist deshalb ihre eigene Aufwandspauschale zeitanteilig für die Tage zu kurzen, in denen nicht sie als Betreuerin, sondern die Verhinderungsbetreuerin tätig geworden ist. **942**

- **Verhinderter Betreuer ist Berufs- oder Vereinsbetreuer; Verhinderungsbetreuer ist ehrenamtlich**

Hier sind wir der Auffassung, dass § 6 Satz 2 VBVG keine Anwendung findet, soweit der ehrenamtliche Verhinderungsbetreuer nur Aufwendungsersatz (nach § 1835) oder die Aufwandspauschale nach § 1835a erhält. Das heißt auch, dass die Pauschalvergütung nicht für die Dauer der Verhinderung gekürzt wird. Fraglich ist, ob die Aufwandspauschale des ehrenamtlichen Vertretungsbetreuers nach § 1835a nur für die Dauer der Vertretungstätigkeit oder durchgehend zu zahlen ist (zur kontroversen Diskussion vgl. in Kapitel 5, Rn. 353 ff.). **943**

Lediglich bei einer Ermessensvergütung für den ehrenamtlichen Betreuer (§ 1836 Abs. 2) wäre ggf. daran zu denken, § 6 Abs. 2 VBVG anzuwenden. Dies dürfte den absoluten Ausnahmefall darstellen. **944**

- **Verhinderter Betreuer ist Berufs- oder Vereinsbetreuer; Verhinderungsbetreuer ist der Betreuungsverein oder die Betreuungsbehörde nach § 1900**

Auch hier ist § 6 Satz 2 VBVG unseres Erachtens nicht anwendbar. Da der Verein und die Behörde nach § 1836 Abs. 3 (i.V.m. § 1908i Abs.1) keinerlei Vergütungsanspruch haben, kann hier nichts tageweise aufgeteilt werden. Der verhinderte Berufs- oder Vereinsbetreuer erhält also auch hier die ungekürzte Pauschalvergütung. **945**

---

584 LG Nürnberg-Fürth, Beschluss vom 3.9.2007, 13 T 3666/07

7 Pauschalvergütung für Berufsbetreuer

7.1 Allgemeines

946
Die zum 1.7.2005 eingeführte „überindividuelle" Pauschalierung der Entschädigungsansprüche bei beruflich geführten Betreuungen durch selbstständige Berufsbetreuer und Vereinsbetreuer beruht auf Vorschlägen der im Juni 2001 von der Justizministerkonferenz eingesetzten Bund-Länder-Arbeitsgruppe Betreuungsrecht. Nach den Gesetzesmotiven soll die Vielzahl der von einem beruflichen Betreuer geführten Betreuungen über einen größeren Zeitaufwand im Sinne einer Mischkalkulation den entstandenen Zeit- und Sachaufwand angemessen ersetzen, zugleich zeitaufwendige Abrechnungen vermeiden und Arbeitsressourcen sowohl beim Betreuer als auch dem Rechtspfleger des VormG freisetzen. Im Abschlussbericht vom Juni 2003 wurde das Abgehen von der zuvor praktizierten Abrechnung einzelner Tätigkeiten folgendermaßen begründet[1]:

947
„Das gegenwärtig geltende Abrechnungssystem vergütet aufgewendete Zeit mit einem bestimmten Stundensatz (§§ 1836, 1836a, § 1 BVormVG).[2] Die Berufsbetreuerinnen und -betreuer haben deshalb zeitaufwendige Übersichten zu erstellen, die Art und Umfang der Tätigkeit möglichst minutiös dokumentieren. Die Prüfung dieser Vergütungsabrechnungen beansprucht wegen des Umfangs der Stundennachweise und der Vielzahl der Abrechnungen einen großen Teil der Gesamtbearbeitungszeit der Vormundschaftsgerichte in Betreuungssachen.[3] Den Betreuten kommt dieser Arbeitsaufwand nicht zugute. Der Vorwurf, die Betreuer und die Justiz müssten sich mehr mit Vergütungsabrechnungen als mit den Betroffenen beschäftigen, erscheint tendenziell berechtigt zu sein. Zudem ist die Kontrolle der Abrechnungen inhaltlich kaum sinnvoll:

948
Im Rahmen der Überprüfung der Vergütungsabrechnung muss das Vormundschaftsgericht die Grenzen beachten, die § 1837 Abs. 2 Satz 1 i.V.m. 1908i Abs. 1 Satz 1 für die Aufsicht über die Betreuerinnen und Betreuer setzt. Danach unterliegt ein Betreuer nur einer Kontrolle im Hinblick auf die Rechtmäßigkeit seines Handelns. Hingegen kann das Vormundschaftsgericht in bloßen Zweckmäßigkeitsfragen kein bestimmtes Handeln vorschreiben oder untersagen. Das Vormundschaftsgericht darf deshalb eine vom Betreuer geltend gemachte Vergütung nicht allein deshalb kürzen, weil es die Tätigkeit als solche für unangebracht hält. Anders stellt sich dies nur bei offensichtlich unzweckmäßigen Verfahrensweisen dar. Solange sich im Übrigen eine Tätigkeit im Rahmen des Aufgabenkreises der Betreuerinnen oder des Betreuers und damit einer rechtlichen Betreuung im Sinne von § 1901 Abs. 1 hält, hat sich die Prüfung der Vergütungsanträge im Wesentlichen auf eine Plausibilitäts- und Missbrauchskontrolle zu beschränken.[4]"

949
Und weiter heißt es: „Dadurch belohnt das Abrechnungssystem tendenziell den weniger gewandten, schlechter organisierten oder nicht hinreichend an den Erfordernissen einer rechtlichen Betreuung orientierten Betreuer, der im Zweifel einen größeren Zeitaufwand abrechnen kann. Das Abrechnungssystem kann diesen Missbrauch nicht verhindern. Die Rechtspfleger prüfen die Vergütungsabrechnung in der einzelnen Betreuungsakte. Eine Gesamtschau fehlt. Hat ein Betreuer den gleichen Zeitraum in einem anderen Verfahren

---

1   Abschlussbericht, S. 118 ff.; Volltext siehe Betrifft: Betreuung Nr. 6 (Hrsg.: VGT)
2   Für vermögende Betreute stellen die Stundensätze des § 1 BVormVG Regelsätze dar, die nur ausnahmsweise überschritten werden dürfen: BGH BtPrax 2001, 30
3   Vgl. die Umfragen in der „Untersuchung des Anstiegs der Ausgaben für Betreuungen" des Bayerischen Obersten Rechnungshofs, S. 23: „bis zur Hälfte ihrer Arbeitszeit", sowie in der „Rechtstatsächlichen Untersuchung zur Qualität von Betreuungen, zur Aufgabenverteilung im Bereich der Betreuung und zum Verfahrensaufwand" des Instituts für Sozialforschung und Gesellschaftspolitik, ISG-Gutachten vom 31. Januar 2003 (ISG-GA), Kapitel B., Unterpunkt 9.1 a.E.: „zwischen 70 und 90 %"
4   BayObLG BtPrax 1996, 104; OLG Zweibrücken BtPrax 2000, 220; *Knittel*, § 1836 Rn. 18

ebenfalls abgerechnet, fällt dies nicht auf. Eine Qualitätssicherung bzw. Qualitätssteigerung ist nicht über das Abrechnungssystem zu erreichen, sondern nur durch eine konsequente Betreuungsplanung[5] (vgl. zu Einzelheiten Rn. 143 ff.).

Fazit: Das bestehende Vergütungssystem kann seine Zielsetzung nicht erreichen, trägt zur Qualität der Betreuung nicht bei, benachteiligt im Gegenteil gut ausgebildete und effektiv arbeitende Berufsbetreuerinnen und -betreuer und verursacht einen erheblichen Zeit- und Personalaufwand, der den Betreuten nicht zugute kommt." **950**

Der **Anspruch auf Entschädigung** des Berufs- und Vereinsbetreuers nach § 5 Abs. 1 und 2 VBVG i.V.m. den Stundensätzen des § 4 VBVG ist **unabhängig von den Aufgabenkreisen des Betreuers und dem tatsächlich aufgewendeten Betreuungszeiten** sowie dem damit verbundenen Sachaufwand. Hierbei ähnelt er der Aufwandspauschale ehrenamtlicher Betreuer nach § 1835a (vgl. Kapitel 5, Rn. 335 ff.). **951**

Kernaussage der Vergütungsreform: Grundsätzlich werden alle von Berufs- und Vereinsbetreuern geführten Betreuungen pauschal abgerechnet, der Streit um abrechnungsfähige Tatbestände und angemessene Zeitansätze für einzelne Tätigkeiten entfällt. Stattdessen knüpft die Neuregelung an ein mehrstufiges **allgemeines Pauschalierungsmodell** an, das im Abschlussbericht der Bund-Länder-Arbeitsgruppe empfohlen wurde und das letztlich auf Vorschlägen der vom Bundesministerium der Justiz in Auftrag gegebenen Rechtstatsachenforschung zum Betreuungsrecht fußt.[6] **952**

7.1.1 Prämissen des Pauschalierungsmodells

Das Pauschalierungsmodell geht von drei Prämissen aus: **953**

1. Ein **außerhalb einer Einrichtung** lebender Betreuter verursacht dem Betreuer mehr Arbeitsaufwand als ein Betreuter, der in einer solchen lebt.[7]

2. Der Arbeitsaufwand ist zu **Beginn der Betreuung** am höchsten; er sinkt im Laufe des 1. Betreuungsjahres und bleibt in den Folgejahren auf einem relativ niedrigen Niveau.

3. Für einen **vermögenden Betreuten** ist der Arbeitsaufwand höher als für einen mittellosen.[8]

Die ersten beiden Prämissen ergeben sich dem Grunde nach aus der vom Bundesjustizministerium in Auftrag gegebenen Rechtstatsachenforschung zur Praxis des Betreuungsrechts.[9] Im Rahmen dieser Untersuchung wurden die von Berufsbetreuern in der Vergangenheit tatsächlich geltend gemachten Zeitansätze festgestellt und die Betreuten verschiedenen Kriterien zugeordnet. Das Kriterium Vermögend bzw. Mittellos spielte bei dieser Untersuchung allerdings keine Rolle. **954**

Während die ursprüngliche Gesetzesbegründung (zu dem beabsichtigten § 1908l) keinen Unterschied machte, geht der Bundestagsrechtsausschuss davon aus, dass der für vermögende Betreute nun in § 5 Abs. 1 VBVG festgelegte Zeitrahmen dem **arithmetischen Mittel** der Zeitansätze aus der genannten Rechtstatsachenforschung entspricht. Der für mittellose Betreute festgelegte Zeitansatz (§ 5 Absatz 2 VBVG) ist demgegenüber niedriger, entspricht dem **Medianwert**, der entsteht, wenn nur 50 % der gezählten Fälle ausgewertet werden, wobei die „Ausrutscher" nach oben und unten hin unbewertet bleiben. Durch diese Verfahrensweise ist das Gesamtergebnis tendenziell niedriger als bei der Verwendung des arithmetischen Mittels[10]. **955**

---

5 Abschlussbericht, Kapitel 10 III. Artikel III. § 7 und Kapitel 10 III. 6. Zu § 7 Satz 2
6 *Sellin/Engels,* Qualität, Aufgabenverteilung und Verfahrensaufwand bei rechtl. Betreuung, Köln 2003
7 Kritisch dazu: *Becker/Brucker* in Betrifft:Betreuung 5, S. 195 ff.
8 Kritisch dazu Zimmermann FamRZ 2005, 950/951
9 *Weinbörner,* Zur Vergabe einer rechtstatsächlichen Untersuchung zum Betreuungsrecht; BtPrax 2002, 22
10 Vgl. zur Problematik *Fröschle*, Betreuungsrecht 2005, Rn. 260

956   Das arithmetische Mittel aus der ISG-Untersuchung betrug laut einer Berechnung des VGT[11]:

Dauer der Betreuung	Lebenssituation des Betreuten (Stunden pro Monat)	
	im Heim	zu Hause
1.-3. Monat	5,57	8,05
4.-6. Monat	4,94	6,96
7.-12. Monat	3,80	5,41
nach 12. Monat	2,78	4,27

957   Die von der Bund-Länder-Arbeitsgruppe vorgeschlagenen und in der Gesetzesfassung für mittellose Betreute (§ 5 Abs. 2 VBVG) weitgehend verankerten Medianwerte unterschieden sich vom arithmetischen Mittel wie folgt (laut Berechnung des VGT)[12]:

Zeitraum	Betroffener lebt in Einrichtung			Betroffener lebt zu Hause		
	Stunden pro Monat		Unter-schied in %	Stunden pro Monat		Unter-schied in %
	Mittel-wert	Median		Mittel-wert	Median	
1. bis 3. Monat	5,57	4,5	80,79	8,05	7,0	86,96
4. bis 6. Monat	4,94	3,5	70,85	6,96	5,5	79,02
7. bis 12. Monat	3,79	3,0	79,16	5,41	5,0	92,42
Nach 12. Monat	2,78	2,0	71,94	4,27	3,5	81,97

958   Es sind nach der endgültigen Gesetzesfassung **unterschiedliche Zeitansätze** für vermögende und mittellose Betreute in Rechnung zu stellen. Die Zeitansätze bei mittellosen Betreuten sind identisch mit den bereits im Abschlussbericht der Bund-Länder-Arbeitsgruppe Betreuungsrecht berechneten Tabellenwerten.[13] Die Zeitansätze der vermögenden Betreuten wurden im Rechtsausschuss des Bundestags entwickelt[14], nachdem der Diskussionsvorschlag, es bei den vermögenden Betreuten bei einer Abrechnung nach konkretem Zeitaufwand zu belassen, keine Mehrheit gefunden hatte.

7.1.2   Rechtspolitische Kritik

959   In der Gesetzesbegründung des Bundesrates zur ursprünglich beabsichtigten Fassung des für die Pauschalvergütung vorgesehenen § 1908l wurde mit dem Hinweis auf drei Untersuchungen der **Landesrechnungshöfe**[15] *Bayern* und *Schleswig-Holstein* sowie der niedersächsischen „Empirischen Studie über die Kostenentwicklung in Betreuungssachen" verklausuliert vermerkt, dass von Berufsbetreuern Tätigkeiten abgerechnet wurden, die

---

11   Betrifft: Betreuung Nr. 7, S. 43
12   Betrifft: Betreuung Nr. 7, S. 46
13   Entnommen aus *Sellin/Engels*, a.a.O., Kapitel B. Unterpunkt 9.3
14   Bt-Drs. 15/4874, S. 36 ff.
15   Berichte der Rechnungshöfe der Länder

nicht unter die Legaldefinition der Betreuertätigkeit nach § 1901 Abs. 1 fielen.[16] Indes wurden diese Behauptungen nur punktuell durch die genannten Untersuchungen bestätigt; daher muss festgestellt werden, dass die niedrigeren Zeitansätze für mittellose Betreute hauptsächlich fiskalischen Interessen der Staatskasse geschuldet sind.[17] Es dürfte zweifelhaft bleiben, bei mittellosen Betreuten insgesamt andere Stundenansätze als bei Vermögenden zu rechtfertigen. Soweit allerdings einige Autoren davon ausgehen, dass die Stundenansätze bei vermögenden Betreuten zu hoch sind[18], können wir diese Einschätzung nicht teilen. Unseres Erachtens liegen die Stundenansätze für mittellose Betreute demgegenüber zu niedrig, weil wir die von der Bund-Länder-Arbeitsgruppe verwendete statistische Methode nicht gutheißen können.

Zwar ist es richtig, dass **bestimmte Tätigkeiten** nur bei vermögenden Betreuten anfallen können, z.B. die Anlage von Geldern nach §§ 1806 ff. oder die Verwaltung von Grundvermögen. Jedoch fallen Tätigkeiten wie das Vermögensverzeichnis (§ 1802) und die Rechnungslegung (§§ 1840 ff.) prinzipiell auch bei Betreuten an, die im Sinne der §§ 1836c und 1836d mittellos sind, da auch diese über Hausrat und sonstiges Schonvermögen i.S.d. § 90 SGB XII verfügen dürften und in der Regel auch laufende Einnahmen (Sozialleistungsansprüche unterschiedlichster Art) und Ausgaben (Miete usw.) haben, die ggf. vom Betreuer zu verwalten sind.

960

Ob die typischerweise vermögenderen Betreuten vorbehaltenen Aufgaben wie **Wohnungsverwaltung** oder **Steuererklärungen** arbeitsaufwändiger als die Geltendmachung von **Sozialleistungsansprüchen** sind, darf bezweifelt werden.[19] Eher dürfte in der Praxis das Gegenteil zutreffen. Insbesondere ist bei sehr vermögenden Betreuten auch aus haftungsrechtlicher Sicht (§ 1833) ohnehin an die Beauftragung von speziell ausgebildeten Hilfskräften wie Steuerberatern, Hausverwaltern, Anlageberatern zu denken.[20]

961

▶ *Zur Problematik der Delegation auf Hilfskräfte vgl. unten Rn. 1172 ff.*

Durch die Pauschalierung auch bei vermögenden Betreuten kann die Situation entstehen, dass der Betreuer hier weniger Zeit an Betreuertätigkeit aufwendet (und aufwenden muss), als nach § 5 Abs. 1 VBVG abzurechnen ist. Im Rahmen der „**Mischkalkulation**" würde in diesem Fall ein vermögender Betreuer die Tätigkeit des Betreuers für andere Betreute mit bezahlen. Das *BVerfG* hatte am 1.7.1980 zur Situation mittelloser Mündel entschieden: „Diesen gegenüber sind begüterte Mündel, aus deren Vermögen dem Vormund eine angemessene Vergütung zugebilligt werden kann, schon deshalb besser gestellt, weil für sie ein qualifizierter und um ihr Wohl bemühter Vormund eher zu finden sein wird als für mittellose Mündel."[21] Die damalige Rechtslage unterschied sich insoweit, als damals Vergütungszahlungen nur bei vermögenden Mündeln und bei Mittellosen ausschließlich Aufwendungsersatz möglich war.

962

In mehreren obergerichtlichen Entscheidungen wurde jedoch in der neuen Pauschalvergütungsregelung keine Verfassungswidrigkeit gesehen; auch dann nicht, wenn innerhalb des entscheidungsrelevanten Zeitraums keine oder nur geringfügige Betreuertätigkeiten erbracht wurden.[22]

963

Da § 5 Abs.1 VBVG keine Senkung des zu vergütenden Zeitrahmens bei **Nichtausschöpfung** erlaubt, bleibt einem Betreuer, der die Mischkalkulation nicht als sachgerecht emp-

964

16 BR-Drs. 865/03 – Beschluss, S. 71 ff = Bt-Drs. 15/2494, S. 31 ff.
17 Zur weitergehenden Kritik vgl. VGT e.V. in Betrifft: Betreuung Nr. 5, S. 38 ff.
18 *Fröschle*, Betreuungsrecht 2005, Rn. 267; Zimmermann FamRZ 2005, 950/953
19 Insofern irrig: LG Duisburg BtPrax 2004, 156; siehe hier: *Jürgens*, BtR, 3. Auflage, § 5 VBVG, Rn. 3
20 Vgl. dazu *Fiala/Stenger*, Geldanlagen für Mündel und Betreute, 2. Aufl., Köln 2005
21 BVerfGE 54, 251; = FamRZ 80, 765 = NJW 80, 2179 = DAVorm 80, 636 = Rpfleger 80, 461
22 OLG München BtPrax 2007, 31 = FamRZ 2007, 675 = FGPrax 2007, 23 = MDR 2007, 341 = NJW-RR 2007, 227 = RdLH 2007, 22; OLG Schleswig BtPrax 2007, 133 = FamRZ 2007, 236 = BtMan 2007, 156; erneut OLG München BtPrax 2007, 129 = BtMan 2007, 150 = FamRZ 2007, 1188

findet, nur der Weg, durch Nichtbeantragung einzelner 3-Monatszeiträume auf Vergütungsansprüche zeitweilig zu verzichten. Dies ist u.E. keine adäquate Lösung der Problematik.

965 Das Pauschalierungssystem baut ja gerade auf dem Gedanken auf, dass es nicht den **im Einzelfall zu leistenden Stunden** entspricht, sondern derartige Verwerfungen sich im Laufe der Zeit (im Rahmen eines „angemessenen" Fall-Mixes) wieder ausgleichen. Dies kann natürlich aus der Sicht eines einzelnen zahlungspflichtigen Betreuten nicht funktionieren. Wir gehen davon aus, dass die Frage früher oder später Gegenstand der Befassung durch das BVerfG sein wird. Zum Zeitpunkt der Drucklegung des Buches ist allerdings von entsprechenden Verfassungsbeschwerden nichts bekannt.

▸ *Vgl. zu Details der rechtspolitischen Kritik auch im Kapitel 2 Rn. 118 ff.*

7.2 Stundenansätze bei vermögenden und mittellosen Betreuten

966 Die abrechnungsfähigen Stunden, je nachdem, ob der Betreute seinen **gewöhnlichen Aufenthalt** innerhalb oder außerhalb eines Heimes im Sinne des § 5 Abs. 3 VBVG hat, können aus den nachstehenden Tabellen entnommen werden.

7.2.1 Stundenansätze in der Übersicht

967 **a. Bei Betreuten, die im Rahmen der §§ 1836c, 1836d für den Betreuer selbst aufzukommen haben, entsprechend § 5 Abs. 1 VBVG**

Zeitraum seit Betreuungsbeginn	Betreuter lebt im Heim	Betreuter lebt außerhalb eines Heimes
1. bis 3. Monat	5,5 Stunden im Monat	8,5 Stunden im Monat
4. bis 6. Monat	4,5 Stunden im Monat	7 Stunden im Monat
7. bis 12. Monat	4 Stunden im Monat	6 Stunden im Monat
ab 2. Jahr	2,5 Stunden im Monat	4,5 Stunden im Monat

968 **b. Bei mittellosen Betreuten, für die die Staatskasse gem. § 1 Abs. 2 Satz 2 VBVG einzutreten hat, entsprechend § 5 Abs. 2 VBVG**

Zeitraum seit Betreuungsbeginn	Betreuter lebt im Heim	Betreuter lebt außerhalb eines Heimes
1. bis 3. Monat	4,5 Stunden im Monat	7 Stunden im Monat
4. bis 6. Monat	3,5 Stunden im Monat	5,5 Stunden im Monat
7. bis 12. Monat	3 Stunden im Monat	5 Stunden im Monat
ab 2. Jahr	2 Stunden im Monat	3,5 Stunden im Monat

7.2.2   Höhe der Vergütungsstundensätze

7.2.2.1   Allgemeines

Für mittelose und vermögende Betreute gelten ohne Ausnahme die gleichen Stunden-   **969**
sätze (§ 4 Abs. 1 VBVG).

Die Stundensätze sind wie bisher nach § 1 Abs.1 BVormVG aus der konkreten und   **970**
(gerichtlich anerkannten) Berufsqualifikation des Betreuers zu ermitteln. Die drei Vergütungsstufen betragen bei der Pauschalvergütung 27,– €, 33,50 € bzw. 44,– € (§ 4 Abs. 2
VBVG).

▶   *Zur die Einstufung in die drei Stufen und die dazu weiter geltende Rechtsprechung
vgl. Kapitel 6, Rn. 513 ff.*

7.2.2.2   Absenkung oder Erhöhung möglich?

Wie bei der Vergütung nach Zeitaufwand ist die Qualifikation des Betreuers eine solche,   **971**
bei der gem. § 3 Abs. 2 Satz 1 VBVG vermutet wird, dass sie auch für die konkrete Betreuung nötig ist (und daher den höheren Stundensatz rechtfertigt). Aber auch hier kann das
Gericht im Einzelfall bei der Bestellung gem. § 3 Abs. 2 Satz 2 VBVG erklären, dass im Einzelfall die Qualifikation nicht benötigt wird (und es demnach für diese Betreuung nur die
untere Vergütungsstufe von 27,– €/Std. gibt). Die Bestimmung, nachdem diese Absenkung möglich ist, gilt nach § 4 Abs. 3 VBVG ausdrücklich auch bei der Pauschalvergütung.

Die Möglichkeit, in Ausnahmefällen im Sinne des § 3 Abs. 3 VBVG von den drei Stunden-   **972**
sätzen des § 4 Abs. 1 VBVG nach oben hin abzuweichen (insbes. bei vermögenden
Betreuten), ist bei der Pauschalvergütung demgegenüber nicht möglich, da in § 4 Abs. 3
VBVG nicht auf § 3 Abs. 3 VBVG verwiesen wird. Die Rechtsprechung des *Bundesge-
richtshofes* vom 31.8.2000[23], die ausnahmsweise einen höheren Stundensatz als in § 1
Abs. 1 BVormVG akzeptierte, bleibt nur für die Formen der gesetzlichen Vertretung bestehen, die weiter nach Zeitaufwand abrechnen (vgl. hierzu Kapitel 6, Rn. 507 ff. sowie für
spezielle Vertretungsformen in Kapitel 6, Rn. 873 ff.).

7.2.2.3   Inklusivstundensatz

Anders als bei den Betreuungspersonen, die weiterhin nach konkretem Zeitaufwand   **973**
abrechnen (Vormünder, Pfleger, Betreuer nach § 1899 Abs. 2 und 4, vgl. Kapitel 6,
Rn. 913 ff., 919 ff.), sind die drei Stundensätze für die pauschale Betreuervergütung sog.
Inklusivstundensätze. Dies heißt, sie verstehen sich einschließlich der gesetzlichen Mehrwertsteuer von derzeit 7 % bei gemeinnützigen Betreuungsvereinen[24] bzw. seit 1.1.2007
19 % (zuvor 16 %) bei selbstständig tätigen Berufsbetreuern.[25]

Das *OLG Karlsruhe* hat sich mit der unterschiedlichen Nettovergütung befasst: „für verfas-   **974**
sungsrechtlich unbedenklich hält der Senat auch die durch die pauschalierte Vergütung
des § 4 VBVG entstehende Ungleichbehandlung vergleichbarer Sachverhalte (Abführung
von 19 % beim selbstständigen Berufsbetreuer gegenüber nur 7 % beim gemeinnützigen
Betreuungsverein). Eine Verletzung des Art. 3 Abs. 1 GG folgt daraus nämlich nur, wenn
keine sachlichen Gründe von solchem Gewicht bestehen, dass sie die Ungleichbehandlung rechtfertigen könnten".[26]

---

23   BGH FamRZ 2000,1569 = NJW 2000, 3709 = FGPrax 2000, 233 = MDR 2001, 91 m. Anm. *Engers* = JurBüro
      2001, 39 = BtPrax 2001, 30 = Rpfleger 2001, 27; den Volltext der Entscheidung finden Sie auch auf der beilie-
      genden CD-ROM
24   § 52 AO, § 12 Abs. 2 Nr. 8a UStG
25   § 4 Abs. 2 VBVG
26   OLG Karlsruhe, Beschluss vom 9.7.2007, 19 Wx 33/06

975 Dies bedeutet auch, dass von der Umsatzsteuer befreite Betreuer, die die Kleinunternehmerregelung des § 19 Abs. 1 UStG wählen können (Vorjahresumsatz unter 17.500,– €, aktueller Jahresumsatz unter 50.000,– €) und die dennoch den gleichen Stundensatz erhalten, unter dem Strich besser gestellt sind. Dies hat sich in der obergerichtlichen Rechtsprechung inzwischen durchgesetzt.[27] Allerdings haben sie im Gegensatz zu umsatzsteuerpflichtigen Betreuern den Gesamtbetrag (= Bruttobetrag) bei der Einkommensteuer zu versteuern (vgl. dazu Kapitel 12, Rn. 1846).

976 Die zum 1.1.2007 vorgenommene Mehrwertsteuererhöhung hat die steuerpflichtigen Berufsbetreuer durch eine deutlich niedrigere Nettovergütung – bei durch die gleiche Steuererhöhung ebenfalls hervorgerufenen steigenden Lebenshaltungskosten – getroffen. Anders ist dies bei praktisch allen anderen Berufsgruppen, da § 4 Abs. 2 VBVG eine einzigartige Regelung eines Inklusivstundensatzes beinhaltet.

977 Dennoch erklärte die Bundesregierung am 29.10.2007 in ihrer Antwort auf eine kleine Anfrage[28]: „Die Bundesregierung vertritt die Auffassung, dass den selbständigen Berufsbetreuern eine auskömmliche Vergütung zusteht. Die mit dem Zweiten Betreuungsrechtsänderungsgesetz neu eingeführten Pauschalstundensätze für Berufsbetreuer gelten auch den Aufwendungsersatz und die abzuführende Umsatzsteuer ab. Die Länder haben im Betreuungsrecht 2005 und 2006 durchschnittlich jährlich 70 Mio. Euro mehr ausgegeben, und zwar in erster Linie für die Betreuervergütung. Damit ist jedenfalls derzeit nicht davon auszugehen, dass sich die den Berufsbetreuern gezahlte Vergütung durch die Pauschalierung erheblich verringert hat. Die Bundesregierung wird sich ihre Auffassung zur Auskömmlichkeit der Vergütung auch unter Berücksichtigung der Umsatzsteuererhöhung, daher erst auf der Grundlage der aussagekräftigen und belastbaren Endergebnisse des Abschlussberichts zur Evaluation,[29] bilden."

978 Die Negierung der Auswirkungen verwundern insbesondere deshalb, weil der Unterschiedsbetrag von fast 1 € je Stunde (in der 3. Vergütungsstufe) ganz einfach errechnet werden kann (vgl. Tabellen Rn. 983 und 985).

7.2.2.4 Aufwendungsersatz enthalten

979 Ebenso beinhalten die Stundensätze des § 4 Abs. 1 VBVG den Ersatz von Aufwendungen im Sinne von § 1835 Abs. 1 (vgl. zu den Aufwendungen Kapitel 4, Rn. 202 ff.).[30] Die im Rahmen des Gesetzgebungsverfahrens diskutierten pauschalen Aufwendungsersatzansprüche bei Berufsbetreuern – im Bundesratsentwurf waren hier 3,– € je pauschal vergüteter Stunde in einem neuen § 1908n vorgesehen – finden sich im Gesetz selbst nicht mehr als separater Rechnungsposten.

980 Lediglich der Aufwendungsersatz für berufliche Dienste (§ 1835 Abs. 3) kann weiterhin separat berechnet werden (vgl. Kapitel 4, Rn. 281 ff.). So wurde durch Gerichte entschieden, dass weder für einen Postnachsendeantrag[31] noch für die Tätigkeit eines Gebärdendolmetschers[32] zusätzlich Aufwendungsersatz geltend zu machen ist.

981 Unseres Erachtens zu Recht wird zum Teil in der Literatur für ganz seltene Ausnahmefälle die Möglichkeit bejaht, zusätzliche Aufwendungen abzurechnen, die aus zwingenden Gründen entstanden sind und nach den normalen Umständen nicht erwartet werden

---

27 OLG München BtPrax 2006, 149 = FamRZ 2006, 1152 = FGPrax 2006, 165 = MDR 2006, 1415; OLG Stuttgart FamRZ 2007, 1271, LG Frankenthal (Pfalz) FamRZ 2006, 1482; LG Mönchengladbach, FamRZ 2006, 1729
28 Bt-Drs. 16/6877 vom 29.10.2007
29 Diese soll im Laufe des Jahres 2009 erfolgen (Anschreiben des BMJ an den Bundestagsrechtsausschuss anläßlich der Übersendung des Zwischenberichtes zur Evaluation des 2. BTÄndG durch das ISG Köln)
30 I.S.d. § 1835 Abs. 1 BGB
31 OLG Köln, Beschluss vom 21.8.2006 – 16 Wx 164/06; BtPrax 2007, 255 (Ls)
32 LG Düsseldorf, Beschluss vom 25.5.2007, 25 T 1187/06; BtMan 2007, 203 (Ls)

konnten. Als Beispiel werden Reisekosten genannt, die für die Reise in das Heimatland des Betreuten wegen einer im Inland nicht zu klärenden Statusfrage entstanden sind.[33]

Daher kann die durchaus beachtliche prozentuale Erhöhung gegenüber den Stufen des § 1 Abs. 1 BVormVG leicht täuschen.   **982**

7.2.2.5   Übersicht über Brutto- und Nettostundensätze

Brutto- und Nettostundensätze bei der bis 31.12.2006 geltenden Umsatzsteuer in Höhe von 16 %:

Vergütungsstufen (§ 4 Abs. 1 VBVG)	Stundensätze brutto	Abzügl. 16 % MwSt (bis 31.12.06)	Nettobetrag für Berufsbetreuer	Erhöhung ggü. § 1 BVormVG	
Stufe 1	**27,00 €**	3,72 €	23,28 €	29,33 %	**983**
Stufe 2	**33,50 €**	4,62 €	28,88 €	25,57 %	
Stufe 3	**44,00 €**	6,07 €	37,93 €	22,35 %	

Zieht man als Aufwendungsersatz fiktiv die **3,– € je Stunde ab, ist die Erhöhung der Stundensätze allenfalls moderat:**   **984**

Vergütungsstufen (§ 4 Abs. 1 VBVG)	Stundensätze brutto	Abzügl. 16 % MwSt.	Nettobetrag ohne 3,– € Aufwendungen	Erhöhung ggü. § 1 BVormVG
Stufe 1	**27,00 €**	3,72 €	20,28 €	12,67 %
Stufe 2	**33,50 €**	4,62 €	25,88 €	12,52 %
Stufe 3	**44,00 €**	6,07 €	34,93 €	12,68 %

Seit der Umsatzsteuererhöhung auf 19 % sieht die Tabelle unter Rn. 983 wie folgt aus: **985**

Vergütungsstufen (§ 4 Abs. 1 VBVG)	Stundensätze brutto	Abzügl. 19 % MwSt. (seit 1.1.2007)	Nettobetrag für Berufsbetreuer
Stufe 1	**27,00 €**	4,31 €	22,69 €
Stufe 2	**33,50 €**	5,35 €	28,15 €
Stufe 3	**44,00 €**	7,03 €	36,97 €

Beim gemeinnützigen Betreuungsverein ist bei vermindertem Umsatzsteuersatz von derzeit 7 % folgende Berechnung gegeben: **986**

Vergütungsstufen (§ 4 Abs. 1 VBVG)	Stundensätze brutto	Abzügl. 7 % MwSt.	Nettobetrag für Vereinsbetreuer	Erhöhung ggü. § 1 BVormVG
Stufe 1	27,00 €	1,77 €	25,23 €	40,17 %
Stufe 2	33,50 €	2,19 €	31,31 €	36,13 %
Stufe 3	44,00 €	2,88 €	41,12 €	32,65 %

---

33   *Knittel* § 4 VBVG Anm. 29

987 Zieht man auch beim Betreuungsverein als Aufwendungsersatz fiktiv die **3,– € je Stunde ab, ist die Erhöhung der Stundensätze wie folgt:**

Vergütungs-stufen (§ 4 Abs. 1 VBVG)	Stunden-sätze brutto	Abzügl. 7 % MwSt.	Nettobetrag ohne 3,– € Aufwendungen	Erhöhung ggü. § 1 BVormVG
Stufe 1	**27,00 €**	1,77 €	22,23 €	23,50 %
Stufe 2	**33,50 €**	2,19 €	28,31 €	23,09 %
Stufe 3	**44,00 €**	2,88 €	38,12 €	22,97 %

7.2.3 Jahresvergütungsübersicht zur pauschalen Betreuervergütung

7.2.3.1 Allgemeines

988 Die Pauschalierung der Vergütung hat für den Berufs- und Vereinsbetreuer den Vorteil, bereits bei Übernahme einer Betreuung (die Aufenthalts- und Vermögensverhältnisse des Betreuten als bekannt vorausgesetzt) kalkulieren zu können, welche Brutto- und Nettoeinkünfte zu erwarten sind. Hierbei sind entsprechend der Aufteilung der betreuten Personen in Heimbewohner und Nicht-Heimbewohner sowie in Vermögende und Mittellose insgesamt vier verschiedene Tabellen nachstehend abgedruckt.

989 Im Folgenden findet sich jeweils die Tabelle mit den Bruttobeträgen an oberster Stelle, es folgt die Tabelle mit den Nettobeträgen bei der bis 31.12.2006 geltenden Umsatzsteuer von 16%, gefolgt von einer Tabelle der seit 1.1.2007 geltenden Umsatzsteuer von 19 %, sowie am Ende die Tabelle der Nettobeträge bei gemeinnützigen Betreuungsvereinen bei 7 % Umsatzsteuer.

▸ *Zum Wechsel einer betreuten Person in eine andere Kategorie siehe unten Rn. 1073 ff.*

7.2.3.2 Pauschale Vergütungsstunden bei vermögenden Heimbewohnern (§ 5 Abs. 1 1. Alt. VBVG)

990 **Bruttobeträge inkl. MwSt.**

	Stunden pro Monat	Stunden im Zeitraum	Verg.stufe 1 brutto	Verg.stufe 2 brutto	Verg.stufe 3 brutto
1. Quartal	5,5	16,5	445,50 €	552,75 €	726,00 €
2. Quartal	4,5	13,5	364,50 €	452,25 €	594,00 €
3. und 4. Quartal	4,0	24,0	648,00 €	804,00 €	1.056,00 €
1. Jahr gesamt		54,0	**1.458,00 €**	**1.809,00 €**	**2.376,00 €**
ab 2. Jahr jährlich	2,5	30,0	**810,00 €**	**1.005,00 €**	**1.320,00 €**

Nettobeträge bei 16 % MwSt. (selbst. Berufsbetreuer bis 31.12.2006)   991

	Stunden pro Monat	Stunden im Zeitraum	Verg.stufe 1 netto	Verg.stufe 2 netto	Verg.stufe 3 netto
1. Quartal	5,5	16,5	384,05 €	476,51 €	625,86 €
2. Quartal	4,5	13,5	314,22 €	389,87 €	512,07 €
3. und 4. Quartal	4,0	24,0	558,62 €	693,10 €	910,34 €
1. Jahr gesamt		54,0	**1.256,90 €**	**1.559,48 €**	**2.048,28 €**
ab 2. Jahr jährlich	2,5	30,0	**698,28 €**	**866,38 €**	**1.137,93 €**

Nettobeträge bei 19 % MwSt. (selbst. Berufsbetreuer seit 1.1.2007)   992

	Stunden pro Monat	Stunden im Zeitraum	Verg.stufe 1 netto	Verg.stufe 2 netto	Verg.stufe 3 netto
1. Quartal	5,5	16,5	374,37 €	464,50 €	610,08 €
2. Quartal	4,5	13,5	306,30 €	380,04 €	499,16 €
3. und 4. Quartal	4,0	24,0	544,54 €	675,63 €	887,39 €
1. Jahr gesamt		54,0	**1.225,21 €**	**1.520,17 €**	**1.996,64 €**
ab 2. Jahr jährlich	2,5	30,0	**680,67 €**	**844,54 €**	**1.109,24 €**

Nettobeträge bei 7 % MwSt. (Vereinsbetreuer)   993

	Stunden pro Monat	Stunden im Zeitraum	Verg.stufe 1 netto	Verg.stufe 2 netto	Verg.stufe 3 netto
1. Quartal	5,5	16,5	416,36 €	516,59 €	678,50 €
2. Quartal	4,5	13,5	340,65 €	422,66 €	555,14 €
3. und 4. Quartal	4,0	24,0	605,61 €	751,40 €	986,92 €
1. Jahr gesamt		54,0	**1.362,62 €**	**1.690,65 €**	**2.220,56 €**
ab 2. Jahr jährlich	2,5	30,0	**757,01 €**	**939,25 €**	**1.233,64 €**

7.2.3.3 Pauschale Vergütungsstunden bei vermögenden Nicht-Heimbewohnern (§ 5 Abs. 1 2. Alt. VBVG)

994 **Bruttobeträge inkl. MwSt.**

	Stunden pro Monat	Stunden im Zeitraum	Verg.stufe 1 brutto	Verg.stufe 2 brutto	Verg.stufe 3 brutto
1. Quartal	8,5	25,5	688,50 €	854,25 €	1.122,00 €
2. Quartal	7,0	21,0	567,00 €	703,50 €	924,00 €
3. und 4. Quartal	6,0	36,0	972,00 €	1.206,00 €	1.584,00 €
1. Jahr gesamt		82,5	**2.227,50 €**	**2.763,75 €**	**3.630,00 €**
ab 2. Jahr jährlich	4,5	54,0	**1.458,00 €**	**1.809,00 €**	**2.376,00 €**

995 **Nettobeträge bei 16 % MwSt. (selbst. Berufsbetreuer bis 31.12.2006)**

	Stunden pro Monat	Stunden im Zeitraum	Verg.stufe 1 netto	Verg.stufe 2 netto	Verg.stufe 3 netto
1. Quartal	8,5	25,5	593,53 €	736,42 €	967,24 €
2. Quartal	7,0	21,0	488,79 €	606,47 €	796,55 €
3. und 4. Quartal	6,0	36,0	837,93 €	1.039,66 €	1.365,52 €
1. Jahr gesamt		82,5	**1.920,26 €**	**2.382,54 €**	**3.129,31 €**
ab 2. Jahr jährlich	4,5	54,0	**1.256,90 €**	**1.559,48 €**	**2.048,28 €**

996 **Nettobeträge bei 19 % MwSt. (selbst. Berufsbetreuer ab 1.1.2007)**

	Stunden pro Monat	Stunden im Zeitraum	Verg.stufe 1 netto	Verg.stufe 2 netto	Verg.stufe 3 netto
1. Quartal	8,5	25,5	578,57 €	717,86 €	942,86 €
2. Quartal	7,0	21,0	476,47 €	591,18 €	776,47 €
3. und 4. Quartal	6,0	36,0	816,81 €	1.013,45 €	1.331,09 €
1. Jahr gesamt		82,5	**1.871,85 €**	**2.322,48 €**	**3.050,42 €**
ab 2. Jahr jährlich	4,5	54,0	**1.225,21 €**	**1.520,17 €**	**1.996,64 €**

Nettobeträge bei 7 % MwSt. (Vereinsbetreuer) 997

	Stunden pro Monat	Stunden im Zeitraum	Verg.stufe 1 netto	Verg.stufe 2 netto	Verg.stufe 3 netto
1. Quartal	8,5	25,5	643,46 €	798,36 €	1.048,60 €
2. Quartal	7,0	21,0	529,91 €	657,48 €	863,55 €
3. und 4. Quartal	6,0	36,0	908,41 €	1.127,10 €	1.480,37 €
1. Jahr gesamt		82,5	**2.081,78 €**	**2.582,94 €**	**3.392,52 €**
ab 2. Jahr jährlich	4,5	54,0	**1.362,62 €**	**1.690,65 €**	**2.220,56 €**

7.2.3.4 Pauschale Vergütungsstunden bei mittellosen Heimbewohnern (§ 5 Abs. 2 1. Alt. VBVG)

Bruttobeträge inkl. MwSt. 998

	Stunden pro Monat	Stunden im Zeitraum	Verg.stufe 1 brutto	Verg.stufe 2 brutto	Verg.stufe 3 brutto
1. Quartal	4,5	13,5	364,50 €	452,25 €	594,00 €
2. Quartal	3,5	10,5	283,50 €	351,75 €	462,00 €
3. und 4. Quartal	3,0	18,0	486,00 €	603,00 €	792,00 €
1. Jahr gesamt		42,0	**1.134,00 €**	**1.407,00 €**	**1.848,00 €**
ab 2. Jahr jährlich	2,0	24,0	**648,00 €**	**804,00 €**	**1.056,00 €**

Nettobeträge bei 16 % MwSt. (selbst. Berufsbetreuer bis 31.12.2006) 999

	Stunden pro Monat	Stunden im Zeitraum	Verg.stufe 1 netto	Verg.stufe 2 netto	Verg.stufe 3 netto
1. Quartal	4,5	13,5	314,22 €	389,87 €	512,07 €
2. Quartal	3,5	10,5	244,40 €	303,23 €	398,28 €
3. und 4. Quartal	3,0	18,0	418,97 €	519,83 €	682,76 €
1. Jahr gesamt		42,0	**977,59 €**	**1.212,93 €**	**1.593,10 €**
ab 2. Jahr jährlich	2,0	24,0	**558,62 €**	**693,10 €**	**910,34 €**

1000 **Nettobeträge bei 19 % MwSt. (selbst. Berufsbetreuer ab 1.1.2007)**

	Stunden pro Monat	Stunden im Zeitraum	Verg.stufe 1 netto	Verg.stufe 2 netto	Verg.stufe 3 netto
1. Quartal	4,5	13,5	306,30 €	380,04 €	499,16 €
2. Quartal	3,5	10,5	238,24 €	295,59 €	388,24 €
3. und 4. Quartal	3,0	18,0	408,40 €	506,72 €	665,55 €
1. Jahr gesamt		42,0	**952,94 €**	**1.182,35 €**	**1.552,94 €**
ab 2. Jahr jährlich	2,0	24,0	**544,54 €**	**675,63 €**	**887,39 €**

1001 **Nettobeträge bei 7 % MwSt. (Vereinsbetreuer)**

	Stunden pro Monat	Stunden im Zeitraum	Verg.stufe 1 netto	Verg.stufe 2 netto	Verg.stufe 3 netto
1. Quartal	4,5	13,5	340,65 €	422,66 €	555,14 €
2. Quartal	3,5	10,5	264,95 €	328,74 €	431,78 €
3. und 4. Quartal	3,0	18,0	454,21 €	563,55 €	740,19 €
1. Jahr gesamt		42,0	**1.059,81 €**	**1.314,95 €**	**1.727,10 €**
ab 2. Jahr jährlich	2,0	24,0	**605,61 €**	**751,40 €**	**986,92 €**

7.2.3.5 Pauschale Vergütungsstunden bei mittellosen Nicht-Heimbewohnern (§ 5 Abs. 2 2. Alt. VBVG)

1002 **Bruttobeträge inkl. MwSt.**

	Stunden pro Monat	Stunden im Zeitraum	Verg.stufe 1 brutto	Verg.stufe 2 brutto	Verg.stufe 3 brutto
1. Quartal	7,0	21,0	567,00 €	703,50 €	924,00 €
2. Quartal	5,5	16,5	445,50 €	552,75 €	726,00 €
3. und 4. Quartal	5,0	30,0	810,00 €	1.005,00 €	1.320,00 €
1. Jahr gesamt		67,5	**1.822,50 €**	**2.261,25 €**	**2.970,00 €**
ab 2. Jahr jährlich	3,5	42,0	**1.134,00 €**	**1.407,00 €**	**1.848,00 €**

Nettobeträge bei 16 % MwSt. (selbst. Berufsbetreuer bis 31.12.06)   1003

	Stunden pro Monat	Stunden im Zeitraum	Verg.stufe 1 netto	Verg.stufe 2 netto	Verg.stufe 3 netto
1. Quartal	7,0	21,0	488,79 €	606,47 €	796,55 €
2. Quartal	5,5	16,5	384,05 €	476,51 €	625,86 €
3. und 4. Quartal	5,0	30,0	698,28 €	866,38 €	1.137,93 €
1. Jahr gesamt		67,5	**1.571,12 €**	**1.949,35 €**	**2.560,34 €**
ab 2. Jahr jährlich	3,5	42,0	**977,59 €**	**1.212,93 €**	**1.593,10 €**

Nettobeträge bei 19 % MwSt. (selbst. Berufsbetreuer ab 1.1.07)   1004

	Stunden pro Monat	Stunden im Zeitraum	Verg.stufe 1 netto	Verg.stufe 2 netto	Verg.stufe 3 netto
1. Quartal	7,0	21,0	476,47 €	591,18 €	776,47 €
2. Quartal	5,5	16,5	374,37 €	464,50 €	610,08 €
3. und 4. Quartal	5,0	30,0	680,67 €	844,54 €	1.109,24 €
1. Jahr gesamt		67,5	**1.531,51 €**	**1.900,21 €**	**2.495,80 €**
ab 2. Jahr jährlich	3,5	42,0	**952,94 €**	**1.182,35 €**	**1.552,94 €**

Nettobeträge bei 7 % MwSt. (Vereinsbetreuer)   1005

	Stunden pro Monat	Stunden im Zeitraum	Verg.stufe 1 netto	Verg.stufe 2 netto	Verg.stufe 3 netto
1. Quartal	7,0	21,0	529,91 €	657,48 €	863,55 €
2. Quartal	5,5	16,5	416,36 €	516,59 €	678,50 €
3. und 4. Quartal	5,0	30,0	757,01 €	939,25 €	1.233,64 €
1. Jahr gesamt		67,5	**1.703,27 €**	**2.113,32 €**	**2.775,70 €**
ab 2. Jahr jährlich	3,5	42,0	**1.059,81 €**	**1.314,95 €**	**1.727,10 €**

7.2.4 Jahresverdienste im Vergleich zu den Personalkosten

7.2.4.1 Allgemeines

Obwohl die genannten Pauschalvergütungen sich nicht an Jahreseinkünften eines Behör-   1006
den- oder Vereinsbetreuers orientieren, sondern wie oben (Rn. 956 ff.) beschrieben, an
den vom ISG ermittelten tatsächlich abgerechneten Tätigkeiten früherer Jahre, ist vor
allem für Betreuungsvereine der Vergleich mit den von ihnen aufzuwendenden Personalkosten nicht ohne Interesse. Dies zum einen, weil das *BVerfG* in seinem Urteil vom
7.11.2001[34], das sich freilich auf das bis zum 31.12.1998 geltende Vergütungsrecht
bezog, den Personalkosten des Vereins und der Möglichkeit der Refinanzierung einen großen Stellenwert einräumte. Zum anderen muss den für einen Betreuungsverein finanziell

Verantwortlichen einerseits daran gelegen sein, die Arbeitsplatzkosten des Vereinsbetreuers zu refinanzieren, gerade angesichts stark zurückgefahrener Landes- und Kommunalzuschüsse, andererseits dürfen die Vereinsbetreuer in Bezug auf die Fallzahlen nicht zu sehr überlastet werden, weil mit steigender Arbeitsbelastung stets auch das Haftungsrisiko für Pflichtverletzungen[35] steigt (vgl. im Übrigen zu den Sonderregelungen für Vereinsbetreuer in Kapitel 6, Rn. 840 ff.).

1007 Die unten stehenden Zahlen gelten im gleichen Maße auch für die Personalkosten angestellter Behördenbetreuer, allerdings ist ein Vergleich zu den Entschädigungssummen für die Betreuertätigkeit dort nicht möglich, da die Entschädigungsnorm (§ 8 VBVG) – anders als beim Vereinsbetreuer (§ 7 VBVG) – nicht auf die Berufsbetreuervergütung (§§ 4, 5 VBVG), sondern die Ermessensvergütung ehrenamtlicher Betreuer (§ 1836 Abs. 2) verweist (zu den Sonderregelungen für Behördenbetreuer unter Kapitel 6, Rn. 865 ff.).

7.2.4.2 Arbeitsplatzkosten eines Vereinsbetreuers

1008 Bei einem Vereinsbetreuer, der nach BAT IV B (VKA) bezahlt wird[36], fielen 2005 mindestens folgende Personalkosten an (zu Grunde gelegt wird als Durchschnittswert eine 35 Jahre alte Person in der 8. Altersstufe, verheiratet, 1 Kind, Tarifgebiet West):

Bruttogehalt 2005/Monat	3.146,73 €
Jahressumme	37.760,76 €
Urlaubsgeld 2005	255,65 €
Weihnachtsgeld (82,14%)	2.584,72 €
Einmalzahlungen Tarifabschluss	300,00 €
VL-AG-Anteil	156,00 €
AG-Anteil KV (Mittelwert)	2.924,43 €
AG-Anteil PV	347,66 €
AG-Anteil ALV	1.329,29 €
AG-Anteil RV	3.987,86 €
UV-Beitrag (geschätzt)	126,00 €
ZVK-Beitrag (4 %)	1.636,05 €
Summe	**51.408,42 €**

1009 Einem Betreuer, der mehr als vier Jahre in diesem Bereich arbeitet, steht darüber hinaus eine 6%ige Zulage zu dem o.g. Bruttogehalt zu. Diese ist in der Tabelle nicht enthalten. Sie beträgt über das Jahr gerechnet rund 3.000,– €. **Für die Kalenderjahre 2005 bis 2007 sind aufgrund der Überleitung in den TvöD jährlich 300 € als Einmalzahlung hinzu zu addieren.**

1010 Die KGSt rechnete in ihrer Berechnung der Kosten eines Arbeitsplatzes 2004 in den alten Bundesländern bei einer 38,5-Stundenwoche mit 1.578 Jahresarbeitsstunden.[37] Bei den Sachkosten eines Büroarbeitsplatzes gab die KGSt für 2004 eine Summe von 15.600 € an, außerdem an Verwaltungsgemeinkosten mindestens 20 % der Personalkosten.[38] Bei diesen Kosten handelt es sich aber überwiegend um solche Kosten, die auch bisher schon

---

34 BVerfG FamRZ 2002, 85 = BtPrax 2002, 35 = RdLh 2002, 34; den Volltext der Entscheidung finden Sie auch auf der beiliegenden CD-ROM

35 §§ 1833 i.V.m. 1908i Abs.1; vgl. dazu im Einzelnen: *Deinert/Lütgens/Meier*, Die Haftung des Betreuers, 2. Auflage, Köln 2007

36 BAG BtPrax 1997, 32 (m. Anm. *Walther*, BtPrax 1997, 14) = MDR 1996, 1043 (Ls) = ZTR 1996, 513 = NZA-RR 1997, 68 und 72 = RdLH 1996, 122 m. Anm. *Hellmann*

37 KGSt-Bericht 4/2004: Kosten eines Arbeitsplatzes, Köln 2004, S. 8

38 KGSt a.a.O., S. 12, 14 ff.

gemäß § 1908e als „allgemeine Verwaltungskosten" für Betreuungsvereine nicht abrechenbar waren, gleichwohl vom Verein anderweitig finanziert werden müssen (siehe dazu unter Kapitel 6, Rn. 853).

Stattdessen rechnete die Bund-Länder-Arbeitsgruppe in ihrem Gesetzesvorschlag mit pauschalen Barauslagen bei der Betreuertätigkeit von 3,– € je abrechnungsfähige Stunde.[39] Obwohl diese Zahl gerade in ländlichen Bereichen mit langen Wegstrecken zu niedrig liegen dürfte, wird sie im Folgenden als Vergleichsgröße verwendet.

1011

7.2.4.3 Jahresvergütungen bei pauschalierter Vergütung

Bei den nachfolgenden Musterberechnungen mit 30 bzw. 40 Betreuungen sind Annahmen bezüglich der Anteile der Betreuungsfälle zugrunde gelegt, die nach Erfahrungen vieler Betreuungsvereine realitätsnah sind. Es sind jeweils die Nettovergütungen bei einem Mehrwertsteuerabzug von 7 % angegeben.

1012

Musterberechnung 1

1013

Annahme: 30 Betreuungen; 6 (20 %) der Betreuungen im 1. Betreuungsjahr, 24 (80 %) in den Folgejahren; 15 (50 %) der Betreuungen im Heim, 15 (50 %) außerhalb eines Heimes; 6 Betreute (20%) vermögend, 24 (80%) Betreute mittellos

Jahresvergütungen netto	pro Person	Anzahl	Jahressumme	Jahres-stunden
Vermögende Nicht-Heim-bewohner 1. Jahr	3.392,52 €	1	3.392,52 €	83
Vermögende Nicht-Heim-bewohner Folgejahre	2.220,56 €	4	8.882,24 €	216
Mittellose Nicht-Heim-bewohner 1. Jahr	2.775,70 €	2	5.551,40 €	135
Mittellose Nicht-Heim-bewohner Folgejahre	1.727,10 €	8	13.816,80 €	336
Vermögende Heimbewohner 1. Jahr	2.220,56 €	1	2.220,56 €	54
Vermögende Heimbewohner Folgejahre	1.233,64 €	4	4.934,56 €	120
Mittellose Heimbewohner 1. Jahr	1.727,10 €	2	3.454,20 €	84
Mittellose Heimbewohner Folgejahre	986,92 €	8	7.895,36 €	192
Summe		**30**	**50.147,64 €**	**1.220**

---

39   Bt-Drs. 15/2494, S. 31 ff.

1014 In diesem Beispiel wären noch nicht einmal die Bruttopersonalkosten gedeckt, nicht zu erwähnen die Barauslagen, die bei 3,– € pro Stunde in diesem Fall 3.660,– € ausmachen. Außerdem gehen die Berechnungen von einer vergleichsweise hohen Fluktuation aus. Läge die Zahl der „Neufälle", für die die höheren Beträge des 1. Betreuungsjahres gezahlt werden, nicht bei 20, sondern nur bei 10 %, verringerte sich die Jahresvergütung um ca. 2.800,– €.

1015 **Musterberechnung 2**

Annahme: 40 Betreuungen; 8 (20 %) der Betreuungen im 1. Betreuungsjahr, 32 (80 %) in den Folgejahren; 20 (50 %) der Betreuungen im Heim, 20 (50 %) außerhalb eines Heimes; 10 Betreute (25%) vermögend, 30 (75%) Betreute mittellos

Jahresvergütungen netto	pro Person	Anzahl	Jahres-summe	Jahres-stun-den
Vermögende Nicht-Heim-bewohner 1. Jahr	3.392,52 €	1	3.392,52 €	83
Vermögende Nicht-Heim-bewohner Folgejahre	2.220,56 €	4	8.882,24 €	216
Mittellose Nicht-Heim-bewohner 1. Jahr	2.775,70 €	3	8.327,10 €	203
Mittellose Nicht-Heim-bewohner Folgejahre	1.727,10 €	12	20.725,20 €	504
Vermögende Heimbewohner 1. Jahr	2.220,56 €	1	2.220,56 €	54
Vermögende Heimbewohner Folgejahre	1.233,64 €	4	4.934,56 €	120
Mittellose Heimbewohner 1. Jahr	1.727,10 €	3	5.181,30 €	126
Mittellose Heimbewohner Folgejahre	986,92 €	12	11.843,04 €	288
Summe		**40**	**65.506,52 €**	**1.593**

1016 In diesem Falle wären die Bruttopersonalkosten einschließlich des Aufwendungsersatzes (3,– €/Stunde) von 4.779,– € gedeckt. Es wären mindestens 15 Überstunden zusätzlich zu vergüten. Es ist aber höchst zweifelhaft, ob ein Betreuer verantwortlicherweise eine solch große Anzahl Betreuter noch vertreten kann, insbesondere, da hier ein relativ hoher Anteil von Nicht-Heimbewohnern angenommen wurde. In diesem Fall würde die Jahresvergütung bei einer von 20 auf 10 % verringerten Fluktuation um rund 3.700,– € sinken.

1017 Ein Mittelwert bei 35 Betreuungen (und einem gleichwertigen „Fall-Mix") würde eine Nettovergütung von 57.827,08 € bei Aufwendungen von 4.219,50 € bedeuten und wäre ggf. unter Qualitätsgesichtspunkten gerade noch akzeptabel. Die Personalkosten wären hier annähernd gedeckt. Bei einer 10 %igen Fluktuation wäre die Jahressumme ca. 3.250,– € niedriger.

7.3 Ansprüche bei mehreren Betreuern

Sind mehrere Betreuer für den gleichen Betreuten bestellt (§ 1899) und sind diese Betreuer Berufsbetreuer (§ 1897 Abs. 6) oder Vereinsbetreuer (§ 1897 Abs. 2), bekommt jeder von diesen Betreuern die volle Pauschalvergütung.[40] Dies gilt auch für den beruflichen **Gegenbetreuer**[41] (§§ 1792 i.V.m. § 1908i Abs. 1), der in der Praxis aber nur selten bestellt ist. Wohl aus diesem Grunde wurde im Rahmen des 2. BtÄndG der § 1899 Abs.1 eingeschränkt. Seit dem 1.7.2005 dürfen mehrere Betreuer, die eine Vergütung erhalten, nur noch bestellt werden, wenn einer dieser Betreuer für die Sterilisation (§ 1899 Abs. 2), den Verhinderungsfall (§ 1899 Abs. 4) oder als Gegenbetreuer bestellt ist. Die geänderte Rechtslage seit 1.7.2005 erlaubt auch die Entlassung eines der Berufsbetreuer, wenn mehrere bestellt sind.[42]

1018

Weiterhin ist es möglich, dass neben

1019

- einem ehrenamtlichen Betreuer (§ 1836 Abs. 1 Satz 1 i.V.m. § 1908i Abs. 1),
- einem Behördenbetreuer (§ 1897 Abs. 2, 2. Alternative)
- dem Betreuungsverein (§ 1900 Abs. 1) oder
- der Betreuungsbehörde als Betreuer (§ 1900 Abs. 4)

ein bezahlter Betreuer, sprich ein selbstständiger Berufsbetreuer (§ 1897 Abs. 6) oder ein Vereinsbetreuer (§ 1897 Abs. 2 1. Alternative) bestellt wird.

Hierbei haben von den vorherig bestellten Betreuern der Verein und die Behörde nach § 1900 (i.V.m. § 1836 Abs. 3) ohnehin niemals einen Vergütungsanspruch. Ehrenamtlicher Betreuer oder die Behörde für den Behördenbetreuer können zwar bei einem vermögenden Betreuten eine **Ermessensvergütung** erhalten (§ 1836 Abs. 3 i.V.m. § 1908i Abs. 2 bzw. § 8 Abs. 1 VBVG); es ist aber u.E. im Rahmen des Ermessens des Gerichtes dieses auf Null reduziert, wenn bereits ein Betreuer mit Vergütungsanspruch nach §§ 4, 5 VBVG bestellt ist.

1020

Die vorgenannten Einschränkungen gelten nicht im Vormundschaftsrecht Minderjähriger (§ 1797) und über § 1915 auch nicht bei BGB-Pflegschaften.

1021

▶ *Siehe für den Sonderfall der Sterilisations- und Verhinderungsbetreuer unter Rn. 913, 919 ff.*

7.4 Neubeginn der Pauschalvergütung?

7.4.1 Betreuerwechsel bei beruflichen Betreuern

Unklar war beim Inkrafttreten der gesetzlichen Neuregelung, ob die Berechnung des Betreuungsbeginns (§ 69a Abs. 3 FGG) bei einem Betreuerwechsel (§ 1908c) neu beginnt. Zwar sind die **Gesetzesmotive**[43] eindeutig. Hier heißt es zum damals beabsichtigen § 1908m BGB-E: „Maßgebend für die Anwendung der Pauschalen ist daher die erstmalige Bestellung eines Betreuers. Dies soll auch dann gelten, wenn es sich hierbei um einen **ehrenamtlichen Betreuer** handelt und später ein Berufsbetreuer bestellt wird. Geschieht dies z.B. im 3. Jahr einer Betreuung, kann der Berufsbetreuer nur die Pauschale für den Zeitraum ab dem 2. Jahr beanspruchen."

1022

---

40 OLG Hamm BtPrax 2007, 90 = NJOZ 2006, 4739
41 OLG Köln FamRZ 2007, 937 = BtPrax 2007, 255 (Ls)
42 HK BUR/*Bauer*, § 1899 Rn. 31b; OLG Hamm Rpfleger 2007, 45; OLG München BtPrax 2006, 34 = FGPrax 2006, 434
43 BR-Drs. 865/03 – Beschluss, S. 79 = Bt-Drs. 15/2494, S. 34; siehe auch die statistischen Daten der Betreuerwechsel unter Rn. 166 f.

1023   Der Text des Gesetzes stützt u.E. diese Rechtauffassung nicht. In der Vorauflage dieses Buches (vormals unter Kap. 9.5.9) vertraten wir die Auffassung, dass der damals für die Pauschalvergütung vorgesehene § 1908l Abs. 1 BGB-E (der mit den Worten begann: „wird die Betreuung berufsmäßig geführt, ist der zu vergütende Zeitaufwand ...") nach dem Wortsinne darauf hindeutet, dass mit dem Begriff des „Beginns der Betreuung" der Beginn der beruflichen Betreuung gemeint ist. In § 5 Abs. 1 und 2 VBVG findet sich diese Passage nicht mehr. Stattdessen regelt das gesamte Vormünder- und Betreuervergütungsgesetz trotz des Fehlens der Bezeichnung „Berufs-" in der Gesetzesüberschrift ausschließlich die **Entschädigungsansprüche beruflich tätiger Betreuungspersonen**. Und ein ehrenamtlicher Betreuer könne schließlich keinen Vergütungszeitraum und keine Vergütungssumme eines Berufsbetreuers „verbrauchen".

1024   Unsere Interpretation ging dahin, bei einem Wechsel von einem ehrenamtlichen hin zu einem beruflichen Betreuer aus den o.g. Gründen, aber auch weil der Wechsel häufig mit Überforderung des bisherigen Betreuers (und daraus resultierender **Schlechtleistung** der Betreuerpflichten), die Pauschalvergütungsansprüche erst ab der erstmaligen Berufsbetreuerbestellung zu berechnen (vgl. auch Zahlenangaben unter Rn. 163 ff.). Bei einem Wechsel von einem Berufsbetreuer zu einem anderen Berufsbetreuer sollte dies grundsätzlich nicht gelten, aber auch hier sollten Ausnahmen möglich sein. In der Literatur wurde bisweilen noch eine weitergehende Auffassung vertreten, wonach bei einem Betreuerwechsel stets von der Anfangsvergütung auszugehen sei.[44]

1025   Die obergerichtliche Rechtsprechung zur Frage des Beginns der Vergütungsberechnung bei Betreuerwechseln ist dieser Interpretation (mit wenigen Ausnahmen) nicht gefolgt. Beginnend mit dem *OLG Schleswig*[45] haben sich in der Folgezeit nahezu alle Oberlandesgerichte[46] sowie zahlreiche Landgerichte[47] auf den Standpunkt gestellt, dass sich aus dem Grundsatz der Pauschalierung und der damit verbundenen Verwaltungsvereinfachung ergebe, dass bei einem Betreuerwechsel (auch vom ehrenamtlichen zum beruflichen Betreuer) immer auf das Datum der Erstbestellung abzustellen sei.

1026   Das gelte auch bei einer faktischen Nichtausübung der Betreuertätigkeit seitens des Vorbetreuers[48] und soll nach Ansicht des *OLG München* selbst dann gelten, wenn in Zusammenhang mit dem Betreuerwechsel für eine kurze Zeit überhaupt kein Betreuer bestellt war.[49] Werde nach dem Tod des Betreuers ein neuer Betreuer bestellt, könne dies jedenfalls dann nicht einer Erstbestellung mit entsprechend erhöhtem Stundenansatz gleichgestellt werden, wenn die zeitliche Lücke innerhalb der Betreuung drei Monate nicht überschreite.

1027   Soweit die bisherigen Betreuertätigkeiten bei der Betreuerzeit mitrechnen, gilt das auch für die jeweiligen Abrechnungszeiträume. Es muss in solchen Fällen also festgestellt wer-

---

44 *Bestelmeyer*, Rpfleger 2005, 583
45 OLG Schleswig OLGR 2006, 201 = BtPrax 2006, 74 = FamRZ 2006, 648 = FGPrax 2006, 120 = Rpfleger 2006, 321
46 OLG Frankfurt/Main BtPrax 2007, 136 = FamRZ 2007, 1272 = BtMan 2007, 156; OLG Hamm FamRZ 2006, 1066 = FGPrax 2006, 209 und erneut Beschluss vom 10.8.2006, 15 W 115/06; OLG Karlsruhe FamRZ 2006, 1483 = OLG Report 2006, 667 und erneut FamRZ 2007, 1272; OLG Köln FamRZ 2006, 1876 = BtMan 2006, 216 = OLG-Report 2006, 792; OLG Saarbrücken BtPrax 2007, 268 (Ls)
47 LG Bielefeld, Beschluss 25 T 295/05 vom 5.1.2006; LG Detmold, Beschluss 3 T 299/05 vom 16.1.2006; LG Duisburg, Beschluss 12 T 6/06 vom 6.3.2006 und 12 T 31/06 vom 30.3.06; LG Frankfurt/Main, Beschluss 2/28 T 140/05 vom 25.11.2005; LG Freiburg/Br. FamRZ 2006, 1876; LG Gießen FamRZ 2006, 359 (m. Anm. *Bienwald*) = BtPrax 2006, 76; LG Göttingen BtPrax 2006, 76; LG Kassel, Beschluss 3 T 68/06 vom 10.2.2006; LG Koblenz FamRZ 2007, 677; LG Lübeck, Beschluss 7 T 135/07 vom 23.7.2007; LG Mönchengladbach BtMan 2006, 46 = BtPrax 2006, 77; LG München, Beschluss 13 T 24244/05 vom 20.12.2005; LG Münster, Beschluss 5 T 1039/05 vom 28.12.2005 und 5 T 1091/05 vom 17.01.2006; LG Osnabrück BtPrax 2006, 77; LG Regensburg BtPrax 2006, 77 = BtG-Rundbrief 1/2006, 68, LG Saarbrücken, Beschluss 5 T 24/06 vom 5.1.2006; LG Trier, Beschluss 5 T 140/05 vom 12.12.2005; LG Verden/Aller, Beschluss 1 T 127/05 vom 3.1.2006; LG Wuppertal FamRZ 2006, 106
48 OLG Stuttgart FamRZ 2007, 1271 = FGPrax 2007, 131= BtMan 2007, 104 (Ls)
49 OLG München BtPrax 2006, 73 und 110 = FamRZ 2006, 647 = OLGR 2006, 381 = NJOZ 2006, 1382 = BdB-Aspekte 58/06, 26

den, wann die erstmalige Betreuerbestellung nach § 69a Abs. 3 FGG rechtswirksam geworden ist. Dies lässt sich i.d.R. durch eine kurze Rückfrage beim Vormundschaftsgericht klären.

Auch für die Bemessung der Vergütung des **Gegenbetreuers** ist von dem Grundsatz auszugehen, dass für die Beurteilung des Stundenansatzes des Gegenbetreuers die erstmalige Begründung des Betreuungsverhältnisses maßgebend ist.[50]

1028

Lediglich zwei Oberlandesgerichte haben in Entscheidungen die Frage des Betreuerwechsels anders beantwortet. Nach Auffassung des *OLG Zweibrücken* ist nach einem Betreuerwechsel von ehrenamtlicher zu beruflicher Betreuung jedenfalls dann von einem Neubeginn der Berechnung des Vergütungszeitraums nach § 5 VBVG auszugehen, wenn der bisherige Betreuer nicht nur wegen fehlender Eignung, sondern wegen **Pflichtwidrigkeiten** entlassen wurde und es zu den Aufgaben des neu bestellten Berufsbetreuers auch gehört, diese Pflichtwidrigkeiten aufzuklären und Regressansprüche gegen den früheren Betreuer geltend zu machen.[51]

1029

Das *OLG Braunschweig* hat sich in seinem Vorlagebeschluss an das *BVerfG* diese Auffassung ebenfalls zu Eigen gemacht.[52] Der Vorlagebeschluss wurde allerdings vom *BVerfG* nicht zur Entscheidung angenommen.[53] Auch einige Landgerichte folgten mit ähnlichen Begründungen der von hier vertretenen Rechtsauffassung.[54] Man wird allerdings inzwischen die Rechtsauffassung, dass der Betreuerwechsel die Vergütungsberechnung nicht betrifft, als herrschende Meinung anzusehen haben. Eine Vorlage an den *BGH* nach § 28 FGG wegen abweichender Auffassungen auf OLG-Ebene ist bisher nicht erfolgt.

1030

7.4.2 Betreuerwechsel vom beruflichen zum ehrenamtlichen Betreuer

Mit der Sonderregelung des § 5 Absatz 5 VBVG soll die Bereitschaft beruflich tätiger Betreuer, einfacher gewordene Betreuungen an ehrenamtliche Betreuer abzugeben (§ 1908b Abs. 1 Satz 2), fördern und finanziell unterstützen. Wird eine berufliche Betreuung an einen Ehrenamtler abgegeben oder übernimmt ein Ehrenamtler, der bisher gemeinsam mit einem Berufsbetreuer eine Betreuung geführt hat (sog. „**Tandembetreuung**") diese Betreuung als alleiniger Betreuer, wird die Berufsbetreuervergütung für den begonnenen Betreuungsmonat (gezählt vom Beginn der Betreuerbestellung) sowie den Folgemonat weiterhin vergütet. Unserer Einschätzung nach kommen für diese Verfahrensweise in der Praxis hauptsächlich bisherige Vereinsbetreuungen in Frage, wenn sich eine Abgabe an ein ehrenamtlich tätiges Vereinsmitglied empfiehlt.

1031

Hierdurch soll auch etwaiger „Mehraufwand" abgegolten werden. Offenbar ging der Rechtsausschuss davon aus, dass die „Abgabeformalitäten", also die Rechenschafts- und Herausgabepflichten (§§ 1890, 1892 i.V.m. § 1908i Abs. 1) bei einem Ehrenamtler aufwändiger als bei einem anderen Berufsbetreuer als Amtsnachfolger sind. Pate gestanden hat möglicherweise die Rechtsprechung, wonach die **Einweisung eines künftigen ehrenamtlichen Betreuers** durch einen bisherigen Vereinsbetreuer in die Tätigkeit vergütungsfähiger Zeitaufwand ist.[55]

1032

Fraglich ist, ob diese Regelung auch angewendet werden soll, wenn der bisherige Berufsbetreuer in eigener Person die Betreuung ehrenamtlich weiterführen will.[56] Die Begrün-

1033

---

50 OLG Köln FamRZ 2007, 937 = FGPrax 2007, 123 = BtMan 2007, 104 (Ls) = BtPrax 2007, 255 (Ls)
51 OLG Zweibrücken FamRZ 2006, 1060 = NJW-RR 2006, 873 = BtPrax 2006, 115 = FGPrax 2006, 167
52 OLG Braunschweig, Vorlagebeschluss an das BVerfG, BtPrax 2007, 32 = FamRZ 2007, 303 = BtMan 2007, 96 = RdLH 2007, 22
53 BVerfG, Beschluss 1 BvL 10/06 vom 6.2.2007; BtPrax 2007, 122 = FamRZ 2007, 622 = Rpfleger 2007, 317 = RdLH 2007, 22
54 LG Arnsberg FamRZ 2006, 1061; LG Braunschweig BtPrax 2006, 76 = FamRZ 2006, 1483; LG Heilbronn BtPrax 2006, 76; LG Kiel BtPrax 2006, 77 = FamRZ 2006, 223; LG Wiesbaden, Beschluss 4 T 642/05 vom 28.11.2005
55 LG Marburg, 3 T 310/98 vom 17.2.1999, RdLH 1999, 82
56 Befürwortend: OLG Hamm FamRZ 2008, 92

dung zum § 1908i Abs. 3 BGB-E nennt diesen Fall zwar ausdrücklich, gemeint war damit aber nur die tageweise Berechnung (jetzt § 5 Abs. 4 VBVG). Vereinzelt wurde diese Möglichkeit der Umwandlung von beruflicher in ehrenamtliche Betreuung von der bisherigen Rechtsprechung gestattet: Eine Entlassung des bestellten beruflich tätigen Betreuers nach § 1908b Abs. 1 Satz 2 ist dann nicht erforderlich, wenn er die bisher beruflich geführte Betreuung **als ehrenamtlicher Betreuer weiterführt.**[57]

1034 Sofern die Regelung des Absatzes 5 auch in dieser Fallkonstellation angewendet würde, hätte der Betreuer für teilweise übereinstimmende Zeiträume sowohl Anspruch auf die Vergütung nach § 5 VBVG als auch auf die Aufwandspauschale nach § 1835a Abs. 1 (vgl. Kapitel 5, Rn. 389 ff.), obwohl der Wortlaut des § 1835a Abs. 1 dem widerspricht. Das *OLG Hamm* geht in einem obiter dictum davon aus, dass für diese Zeiträume die Aufwandspauschale nicht zu bewilligen ist.

1035 Werden anstelle des bisherigen Berufsbetreuers zwei Betreuer bestellt, davon einer als Berufsbetreuer und der andere als ehrenamtlicher Betreuer (mit unterschiedlichen Aufgabenkreisen), soll dem bisherigen Berufsbetreuer keine Pauschalvergütung über das Betreuungsende hinaus entsprechend § 5 Abs. 5 VBVG gewährt werden.[58]

7.4.3 Vakanz in der Betreuungsanordnung

1036 Wie der Fall zu behandeln ist, dass eine Betreuung **aufgehoben** (§ 1908d BGB) und später wieder eingerichtet wird (weil sie entgegen der Erwartung doch noch oder wieder notwendig ist), ist im Gesetz ebenfalls nicht eindeutig geregelt. Nach der Begründung des Entwurfs[59] soll jeweils nach den Umständen des Einzelfalles bestimmt werden, ob in Bezug auf die Vergütung von einer erneuten Erstbetreuung oder um die Fortführung einer „alten" Betreuung auszugehen ist.

1037 Nach Literaturstimmen sollen **längere Unterbrechungen** zur Annahme einer neuen Betreuung, kürzere Unterbrechungen zur Annahme einer fortlaufenden Betreuung führen. In Zweifelsfällen soll zugunsten des Betreuers von einer erneuten Erstbetreuung ausgegangen werden.[60]

1038 Unseres Erachtens ist aber auch in solchen Fällen zu berücksichtigen, dass während der Unterbrechung im Regelfall notwendige Arbeiten nicht erledigt werden konnten und von dem neu bestellten Betreuer nun nachgeholt werden müssen. Wir sind der Meinung, dass dem neu bestellten Betreuer als Ausgleich für den abzuarbeitenden Rückstand eine Vergütung ab dem Beginn der Unterbrechung (und nicht erst ab dem Zeitpunkt der eigenen Bestellung) zugesprochen werden sollte. Denn, selbst wenn nur **wenige Monate** seit Aufhebung der früheren Betreuung vergangen sind, kann sich die persönliche und wirtschaftliche Lage des Betreuten völlig anders darstellen. Dies gilt insbesondere bei Suchtkranken, bei Personen in manischen Phasen der Psychose und sonstigen schubhaft verlaufenden Krankheiten.

1039 Nicht im Gesetzentwurf erwähnt, aber in der Praxis häufig vorkommend ist der Fall, dass zunächst ein vorläufiger Betreuer im Rahmen einer **einstweiligen Anordnung** (§ 69f FGG) bestellt wird und diese einstweilige Anordnung nach Zeitablauf (spätestens nach 6 Monaten bzw. nach erfolgter Verlängerung spätestens nach einem Jahr) endet, ohne dass das Gericht über die endgültige Betreuerbestellung entschieden hat. Sofern zu einem späteren Zeitpunkt erneut ein vorläufiger oder ein endgültiger Betreuer bestellt wird, liegt ein Fall der Vakanz vor. In dem betreuungslosen Zwischenzeitraum war der Betreute, obgleich meist unstrittig betreuungsbedürftig, ohne gesetzlichen Vertreter. Der bisherige Betreuer

57   LG Chemnitz FamRZ 2001, 313
58   AG Kassel BtPrax 2006, 115 = FamRZ 2006, 1484
59   Bt-Drucks. 15/2494 S. 31
60   *Zimmermann* in Festschrift für Bienwald, S. 345,349

war in diesem Zeitpunkt weder vertretungsberechtigt noch -verpflichtet. Ein etwaiges Betreuerhandeln in diesem Zeitraum wäre nach den Grundsätzen der Geschäftsführung ohne Auftrag zu behandeln.

Tritt infolge verzögerter Bearbeitung eine Vakanz zwischen dem Ende einer vorläufigen Betreuung und einer für notwendig erachteten Verlängerung ein, steht dem bisherigen Betreuer für diesen Zeitraum keine Entschädigung zu, auch dann nicht, wenn das VormG durch nachfolgenden Beschluss sowohl die Betreuungsbedürftigkeit in bisherigem Umfang als auch die als Betreuer tätig gewesene Person neu bestellt.[61]   **1040**

Was gilt nun für den Vergütungsanspruch eines Berufsbetreuers nachdem eine derartige Vakanz vorausgegangen war? Überwiegende Auffassung in der Rechtsprechung ist, dass in diesem Fall von einer neuen Anfangsvergütung auszugehen ist.[62] Allerdings gilt, dass eine zeitliche Lücke von sechs Monaten zwischen dem Ende einer vorläufigen Betreuung und der endgültigen Betreuerbestellung jedenfalls dann nicht zur Annahme einer Erstbetreuung ab dem Zeitpunkt der Bestellung des endgültigen Betreuers führt, wenn dieser in der Zwischenzeit tatsächlich für den Betroffenen tätig geworden ist und einen einheitlichen Vergütungsantrag für einen die Lücke überspannenden Gesamtzeitraum einreicht, der auch seitens des Vormundschaftsgerichtes (entgegen der o.g. Rechtslage) bewilligt wurde.[63]   **1041**

Beruht die Unterbrechung darauf, dass eine Betreuung in der Zwischenzeit nicht für erforderlich (oder jedenfalls nicht für dringend erforderlich) gehalten wurde, kann auch schon eine nur relativ kurze Unterbrechung von wenigen Wochen genügen, um vergütungstechnisch eine neue Betreuung anzunehmen.[64] Deutliche Anzeichen können hierfür die Bestellung eines anderen Betreuers[65] und/oder Veränderungen der angeordneten Aufgabenkreise sein.[66] Ist der Fristablauf nur aufgrund richterlichen Versehens oder einer verzögerten Bearbeitung der Angelegenheit durch das Gericht eingetreten, liegt u.U. nur bei längerer Unterbrechung eine neue Betreuung vor.[67] Geht eine **vorläufige Betreuung** allerdings nahtlos in die endgültige über, kommt es auf das Wirksamwerden der Bestellung des (ersten) vorläufigen Betreuers an.[68]   **1042**

Ansonsten gab es folgende Entscheidungen zu dieser Frage:

Endet eine vorläufig angeordnete Betreuung infolge Zeitablaufs und wird erst **neun Monate später** erneut eine Betreuung angeordnet, ist von einer (erneuten) Erstbetreuung auszugehen, die die Zubilligung der erhöhten Anfangsvergütung rechtfertigt. Dies gilt auch dann, wenn die mit der neu bestellten Betreuerin nicht personengleiche vorläufige Betreuerin ihr Amt nach Ablauf der zeitlichen Befristung der vorläufigen Betreuung faktisch weiterführt, ohne hierzu legitimiert zu sein.[69]   **1043**

Tritt zwischen dem Ablauf der vorläufigen Betreuung und der Anordnung der endgültigen Betreuung eine betreuungslose Zwischenzeit von mehr als sechs Monaten ein (hier: **sieben Monate und zwei Wochen**) beginnt die Betreuerbestellung neu – auch wenn der   **1044**

---

61 OLG Braunschweig FamRZ 2006, 290; OLG Hamm, 15 W 355/05 vom 16.3.2006, NJW-RR 2006, 1299; LG Koblenz FamRZ 2005, 1580, FamRZ 2005, 1928 und FamRZ 2005, 2017; LG Hildesheim FamRZ 2006, 291
62 So bereits der Gesetzesenwurf BT-Drucks 15/2494 S. 92
63 OLG München BtPrax 2006, 182 = FGPrax 2006, 213
64 OLG Karlsruhe Beschluss vom 14.3.2007 AZ: 11 Wx 137/06 (zwei Monate)
65 LG Koblenz BtPrax 2006,236.
66 OLG Karlsruhe BtPrax 2007, 183 = FamRZ 2007, 1272 = NJW-RR 2007, 1086= BtPrax 2007, 255 (Ls).
67 9 Monate reichten aus beim OLG Zweibrücken FGPrax 2006, 121 = BtPrax 2006, 115 = FamRZ 2006, 1302 = NJW-RR 2006, 725 = Rpfleger 2006, 401 = NJW-RR 2006, 725
68 *Knittel*, § 5 VBVG Rn. 10; BtKomm/*Dodegge* F Rn. 188
69 OLG Zweibrücken FGPrax 2006, 121 = BtPrax 2006, 115 = FamRZ 2006, 1302 = NJW-RR 2006, 725 = Rpfleger 2006, 401 = NJW-RR 2006, 725

vorläufige und endgültige Betreuer personengleich sind – mit der Folge der erhöhten Anfangsvergütung.[70]

1045 Nach einer betreuungslosen **Zwischenzeit von zwei Wochen** ist von einer Erstbetreuung auszugehen. Dies gilt auch dann, wenn die Wahrnehmung einer zunächst einstweilen angeordneten Betreuung seitens einer ehrenamtlich tätigen Tochter der betreuten Person und sodann bei (endgültiger) Anordnung Bestellung eines Berufsbetreuers erfolgt. Auf die Kenntnis des Berufsbetreuers von der Bestellung eines ehrenamtlichen (vorläufigen) Betreuers kommt es nicht an.[71]

1046 Endet eine vorläufige Betreuung durch Fristablauf und wird eine endgültige Betreuung erst später (*LG Koblenz* nach 9 Monaten;[72] *OLG Karlsruhe* nach 2 ½ Monaten[73]) eingerichtet, muss die Zeitberechnung jedenfalls dann neu beginnen, wenn ein anderer (nicht mit dem vorläufigen Betreuer identischer) Betreuer bestellt wird.

1047 Der Fall des **Todes des Betreuers** (sowie die Betreuerentlassung ohne gleichzeitige Bestellung eines anderen Betreuers) stellt demgegenüber keinen betreuungslosen Zustand dar, da die Betreuung als solche betreuerlos fortbesteht (vgl. § 1908c BGB). Daher entschied das *LG Lübeck*: verstirbt der Betreuer, werden nach knapp 7 Monaten 2 neue Betreuer bestellt und ist nicht ersichtlich, dass während der Vakanz „besonders viel Arbeit liegen geblieben" ist, verbleibt es bei dem Grundsatz, dass es bei der Vergütungsbemessung auf den Zeitpunkt der erstmaligen Betreuerbestellung ankommt.[74]

1048 Da die Betreuung also als solche andauert, führt eine solche Vakanz grundsätzlich nicht zu einem Neubeginn der Vergütungsberechnung.[75] Möglicherweise muss das anders gesehen werden, wenn die Vakanz **über einen längeren Zeitraum** hinweg andauert. Die Unterbrechung muss dazu u.E. so lang sein, dass ein neuer Betreuer typischerweise nicht mehr effektiv an die Arbeit seines Vorgängers anknüpfen kann. Ob das nach mehr als drei Monaten schon angenommen werden kann[76], erscheint zweifelhaft.[77] Ein kürzerer Zeitraum dürfte jedenfalls nicht genügen.

7.4.4 Pauschalierung bei Erweiterung oder Verkleinerung des Aufgabenkreises

1049 Es erfolgt keine Differenzierung der Pauschale nach der Anzahl oder der Art der übertragenen Aufgaben, die Vergütung ist immer gleich hoch. Eine Veränderung des übertragenen Aufgabenkreises ist deshalb für den Stundenansatz, also die Anzahl der Stunden, die in Rechnung gestellt werden können, an sich ohne Bedeutung. Entfallen Aufgaben des Betreuers, wird deshalb nicht etwa in Zukunft nur noch ein verringerter Stundenansatz zugestanden. Werden weitere Aufgaben übertragen, kann deshalb nicht etwa ein höherer Stundenansatz beansprucht werden.

1050 Vereinzelt wird unseres Erachtens zutreffend aber darauf hingewiesen, dass nach der Erweiterung des Aufgabenkreises – wie auch im Falle einer Erstbestellung – im Regelfall zunächst ein **erhöhter Handlungsbedarf** besteht und die Betreuung deshalb in diesen Fällen ebenfalls so bewertet werden muss, als ob der Betreuer insgesamt erstmals bestellt

---

70 LG Koblenz, Beschluss vom 13.12.2006, Az. 2 T 943/06, FamRZ 2007, 677
71 LG Koblenz, a.a.O.; Ebenfalls LG Koblenz FamRZ 2007, 767
72 LG Koblenz, FamRZ 2006, 1066
73 OLG Karlsruhe BtPrax 2007, 183 = FamRZ 2007, 1272 = NJW-RR 2007, 1086 = BtPrax 2007, 255 (Ls)
74 LG Lübeck, Beschluss vom 23.7.2007, 7 T 135/07, FamRZ 2007, 1917
75 *Fröschle*, Betreuungsrecht 2005, Rn. 325
76 So anscheinend OLG München BtPrax 2006, 73 und 110 = FamRZ 2006, 647 = OLGR 2006, 381 = NJOZ 2006, 1382 = BdB-Aspekte 58/06, 26; HK BUR/*Deinert/Lütgens* § 5 VBVG Rn. 88 schlagen kompromißhalber vor, den neuen Betreuer für den Zwischenzeitraum schon zu vergüten.
77 *Zimmermann* FamRZ 2006,1802,1803 hält die Dauer der Unterbrechung insgesamt für irrelevant

worden sei.[78] In der Rechtsprechung scheint diese Situation explizit nicht entschieden zu sein; es dürfte aber angesichts der klaren Aussagen der Oberlandesgerichte zum Betreuerwechsel (siehe oben Rn. 1022 ff.) wenig dafür sprechen, dass die Frage des Aufgabenkreises anders beurteilt würde.

7.4.5 Pauschalvergütung bei Änderung des Aufenthaltsstatus des Betreuten

Ändern sich Umstände, die sich auf die Betreuervergütung auswirken, vor Ablauf eines Betreuungsmonats, sind die Vergütungsbeträge nach Tagen aufzuteilen und das Ergebnis auf Zehntelstunden aufzurunden. Der Tag, an dem das Ereignis liegt, das die Änderung verursacht, wird in die erste der beiden Zeiträume eingerechnet. Ein solches Ereignis kann der Wechsel im Aufenthaltsstatus des Betreuten (Heimbewohner/Nicht-Heimbewohner) sein.

1051

▶ *Zur Abgrenzung der Aufenthaltsformen vgl. Kapitel 7, Rn. 1079 ff.*

Bei den unterschiedlichen Aufenthaltsformen sind verschiedene Stundenansätze nach § 5 Abs.1 und 2 VBVG in Rechnung zu stellen (vgl. Tabellen unter Kapitel 7, Rn. 1074 ff.). Diese tagesgenaue Abgrenzung zweier verschiedener Stundenansätze sieht in der Praxis wie folgt aus[79]:

1052

1053

> **BEISPIEL**
>
> *X wird mit Wirkung vom 3. August 2008 zum Betreuer des mittellosen, in der eigenen Wohnung lebenden Y bestellt. Y zieht am 1. Oktober 2008 endgültig in ein Pflegeheim um. X verfügt über akademische Kenntnisse und ist in der 3. Vergütungsstufe abgesiedelt.*
>
> *Das erste Abrechnungsquartal vom 4. August bis 3. November 2008 ist zweigeteilt. Hierbei ergeben sich zwei vollständige Monate, die nach den normalen Regeln abgerechnet werden können.*
>
> *Für die Zeit vom 4. August bis 3. September erhält X 7 Std. × 44,– € = 308,–€.*
>
> *Für die Zeit vom 4. Oktober bis 3. November erhält er 4,5 Std. × 44,– € = 198,– €.*
>
> *Für die Zeit vom 4. September bis 1. Oktober sind 28/30 × 7 Std. = 6,5333 Std, also rund 6,6 Std. anzusetzen. Für die Zeit vom 2. bis 3. Oktober sind 2/30 × 4,5 Std. = 0,3 Std. anzusetzen. Daher erhält X für den mittleren Monat: 6,9 Std. × 44,– € = 303,60 €.*

7.4.6 Pauschalvergütung bei geänderter Betreuerqualifikation

Die oben genannte tagegenaue Aufteilung bei einem Vergütungsantrag ist auch dann gegeben, wenn ein Berufsbetreuer in eine andere Vergütungsstufe nach § 4 Abs. 1 VBVG einzustufen ist.

1054

Dies wäre zum einen der Fall, wenn ein Betreuer während des Laufes einer Betreuung eine **Abschlussprüfung** in einem **Ausbildungsberuf**, der betreuungsrechtliche Fachkenntnisse vermittelt, besteht. Dies ist regelmäßig mit dem Bestehen der jeweiligen mündlichen Abschlussprüfung der Fall (§ 34 BBiG), die vor einem von der jeweils zuständigen Stelle (vgl. §§ 73 ff BBiG) errichteten Prüfungsausschuss abgelegt werden muss.[80]

1055

---

78 *Knittel* § 5 VBVG Anm. 10
79 *Fröschle*, a.a.O., Rn. 354
80 OLG Zweibrücken Rpfleger 2000, 64; BayObLG FamRZ 2000, 554; ähnlich OLG Zweibrücken FamRZ 2000, 1303; *Schmidt*, BtPrax 2000, 63

1056 Zum Weiteren kann der Betreuer ein **Studium** erfolgreich abschließen, das betreuungsrechtliche **Fachkenntnisse** vermittelt. Hier ist je nach Studiengang mit unterschiedlichen Verfahrensweisen zu rechnen. Im Zweifel ist die Aushändigung der Diplomurkunde (oder des anderen akademischen Abschlusszeugnisses) das maßgebliche Datum. Eine eventuell folgende Referendarzeit ist nicht mehr Bestandteil der Hochschulausbildung, sondern Vorbereitungszeit für die Einstellung in den öffentlichen Dienst und deshalb nicht mehr Voraussetzung für die Festsetzung des Stundensatzes.[81]

▶ *Zu Einzelheiten der geeigneten Berufs- und Studienabschlüsse vgl. Kapitel 6, Rn. 517 ff.*

1057 Letztlich kann auch das Bestehen einer Nachqualifizierungsprüfung nach § 11 VBVG in Verbindung mit jeweiligem Landesrecht zu einer geänderten Vergütungseinstufung führen. Zum Zeitpunkt der Drucklegung des Buches laufen allerdings aufgrund des Auslaufens entsprechender landesrechtlicher Bestimmungen keine nach Landesrecht anerkannten Nachqualifizierungsmaßnahmen. An einzelnen Orten laufende Bachelor-Studiengänge zum Betreuer stellen keine Nachqualifizierung dar, sondern soweit vom jeweiligen Bundesland anerkannt, Studienabschlüsse dar, die betreuungsrechtliche Fachkenntnisse vermitteln.

▶ *Zu Einzelheiten der Nachqualifizierung vgl. Kapitel 6, Rn. 689 ff.*

7.4.7   Pauschalvergütung bei Altfällen

1058 Die neue Pauschalvergütung gilt auch für „Altfälle", also zum 1.7.2005 beruflich geführte Betreuungen. Die Ansprüche für Tätigkeiten bis einschließlich 30.6.2005 waren nach altem Recht abzuwickeln, so die Übergangsvorschrift Art. 229, § 14 EGBGB. Die Abwicklungsfristen sind zum Zeitpunkt der Drucklegung verstrichen, sodass hierauf nicht näher eingegangen wird.

1059 Zur vergütungsrechtlichen Abwicklung von „Altfällen" nach dem 1.7.2005 gibt es zwei verschiedene Auffassungen: Nach der einen Auffassung[82] sollte bei derartigen Altfällen eine einmalige **„Rumpfberechnung"** stattfinden; im besagten Beispiel wäre dies der Zeitraum vom 1.7.2005 bis 20.8.2005, der zweckmäßigerweise gemeinsam mit dem folgenden vollständigen Betreuungsquartal (21.8. bis 20.11.2005) abgerechnet wird. Vorteil dieser Regelung ist, dass die verschiedenen Stundenansätze innerhalb des 1. Betreuungsjahres nur einmal tageweise umzurechnen sind.

1060 Nach anderer Auffassung[83] müssten alle Altfälle dauerhaft **kalenderquartalsweise** vom 1.7.2005[84] an beginnend abgerechnet werden. Hierbei ergäbe sich bei jeder Vergütungsabrechnung innerhalb des 1. Betreuungsjahres ein Auseinanderfallen von Betreuungsquartalen (i.S.d. § 5 Abs. 1 und 2 VBVG) und Abrechnungsquartalen (§ 9 VBVG).

1061 Das Problem des Auseinanderfallens von Betreuungs- und Abrechnungsmonaten war hier allerdings auch nur ein vorübergehendes, das spätestens am 1. Juli 2006 erledigt war, weil dann alle Altfälle mindestens im 2. Jahr laufen, sodass deswegen keine taggenauen Abgrenzungen mehr erforderlich sind. Gegen diese Verfahrensweise sprechen u.U. arbeitsökonomische Gesichtspunkte, da dies dauerhaft bei den Gerichten den gleichzeitigen Antragseingang vieler Vergütungsanträge bedeutet und demnach die zeitnahe Bearbeitung beeinträchtigt wäre. Dies wäre wiederum in solchen Fällen, in denen die Mittellosigkeit (vgl. dazu Kapitel 8, Rn. 1200 ff.) einzutreten droht, nachteilig für die Staatskasse.

---

81 OLG Düsseldorf BtPrax 2000, 224 = FamRZ 2000, 1308 = NJW-RR 2001, 583; LG Saarbrücken 5 T 239/02 v. 11.6.2002

82 *Deinert*, BtPrax 2005 spezial; *Deinert*, Rpfleger 2005, 304; LG Duisburg BtPrax 2006, 115; LG Köln BtPrax 2006, 77; LG Frankfurt/Main BtPrax 2006, 78; LG Dresden FamRZ 2006, 1229; LG Nürnberg-Fürth FamRZ 2007, 855

83 *Fröschle*, a.a.O., Rn. 343 ff.; OLG München BtPrax 2006, 184 = FamRZ 2006, 1789; LG München I FamRZ 2006, 1484

84 Dem Inkrafttreten des 2. BtÄndG

7.5 Aufenthaltsstatus des Betreuten

7.5.1 Allgemeines

Bei der pauschalierten Betreuervergütung liegt einer der Grundgedanken der Gesetzesmacher darin, dass das Leben des betreuten Menschen außerhalb einer geschützten Einrichtung im Durchschnitt eine größere Arbeitsbelastung für den Betreuer bedeutet als ein Leben innerhalb einer Einrichtung.

1062

Gänzlich praxisfremd dürfte dieser Gedanke nicht sein. Bei der rechtlichen Betreuung geht es zwar, so sagt es § 1901 Abs. 1 seit dem Inkrafttreten des 1. BtÄndG am 1.1.1999, um „Tätigkeiten, die erforderlich sind, um die Angelegenheiten des Betreuten [.] rechtlich zu besorgen." D.h., es handelt sich bei der Betreuung um eine Rechtsvertretung.

1063

Tatsächlich ergab aber die Rechtspraxis seit Beginn der bezahlten Betreuertätigkeit, dass sich rechtliche Vertretung und praktische Hilfen nie ganz klar trennen ließen und eine solche Trennung z.T. unpraktikabel, zeitaufwendiger und den betreuten Menschen kaum vermittelbar gewesen wäre. Bei der Begleitung zu Arztbesuchen, beim Einkaufen für den Betreuten, bei Alltagshilfen im Haushalt, beim Ausfüllen von Formularen oder dem Vorlesen oder Erklären von Medikamentenbeipackzetteln sind sowohl rechtliche Vertretungsaspekte als auch tatsächliche Hilfen betroffen.

1064

▶ *Zur Rechtsprechung im Hinblick auf abrechnungsfähige Tätigkeiten nach bisherigem Recht vgl. Kapitel 6, Rn. 790 ff.*

In Einrichtungen aller Art werden oft Alltagshilfen außerhalb der rechtlichen Betreuung angeboten, die tendenziell geeignet sind, den rechtlichen Betreuer bei seinen Pflichten bis zu einem bestimmten Grad zu entlasten. Allerdings war in den vergangenen Jahren oft eine gegenläufige Tendenz zu beobachten, nämlich diejenige, dass Einrichtungen einzelne Tätigkeiten nicht mehr selbst erbrachten, sondern z.B. Antragstellungen für Sozialleistungen usw. auf den gerichtlich bestellten Betreuer übertrugen, wobei wohl Aspekte der eigenen Arbeitsersparnis mit teilweiser Unsicherheit über den Aufgabenumfang des rechtlichen Betreuers zusammenkamen.

1065

Außerdem wird dabei ausgeblendet, dass Betreuer bei Heimbewohnern eben auch oft mit dem Phänomen schlechter Pflege und Betreuung konfrontiert und bei verantwortungsvoller Einstellung gehalten sind, gegen solche Einrichtungen vorzugehen, wobei die Möglichkeiten von der Einschaltung der Heimaufsicht und des MDK über die Verlegung in ein anderes Heim bis hin zu zivilrechtlichen Schadensersatzansprüchen und Strafanzeigen wegen Körperverletzung und unterlassener Hilfeleistung gehen.

1066

7.5.2 Rechtstatsachen

Die Rechtstatsachenforschung, die vom Bundesjustizministerium in Auftrag gegeben und vom Kölner Institut für Sozialforschung und Gesellschaftspolitik erstellt und 2003 veröffentlicht wurde[85], enthielt im Rahmen der Befragung von Vormundschaftsgerichten auch die Frage nach dem Aufenthalt der Betreuten in Einrichtungen und Zuhause. Hierbei ergaben sich die nachstehend grafisch dargestellten Ergebnisse:

1067

---

85 *Sellin/Engels*, Qualität, Aufgabenverteilung und Verfahrensaufwand bei rechtlicher Betreuung, Köln 2003

1068

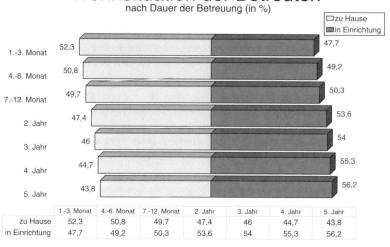

Wohnsituation der Betreuten
nach Dauer der Betreuung (in %)

	1.-3. Monat	4.-6. Monat	7.-12. Monat	2. Jahr	3. Jahr	4. Jahr	5. Jahr
zu Hause	52,3	50,8	49,7	47,4	46	44,7	43,8
in Einrichtung	47,7	49,2	50,3	53,6	54	55,3	56,2

ISG (Sellin/Engels: Qualität, Aufgabenverteilung und Verfahrensaufwand bei rechtl. Betreuung), Köln 2003, S. 83

1069 Die Tabelle zeigt, dass sich rund die Hälfte der Betreuten in eigener Wohnung (ggf. mit anderen Familienangehörigen) und in institutionellen Wohnformen aufhielt, wobei der Aufenthalt außerhalb der eigenen Wohnung mit der Dauer der Betreuung zunahm. Eine Rückfrage beim ISG ergab, dass unter Einrichtungen nicht spezielle Heimformen gemeint waren, vielmehr wurde auf ein Leben außerhalb des eigenen Zuhauses abgestellt.

1070 In dem Zwischenbericht des ISG zur Evaluation des 2. BtÄndG wurde neben der aktuellen Wohnsituation der Betreuten auch die Frage nach den Vermögensverhältnissen gestellt. Hierbei ergaben sich für Ende 2004 und Ende 2005 folgende Anteile: [86]

1071

Wohnverhältnis und finanzielle Lage der Betreuten

Berufsmäßig Betreute im Dez. 2004 und Dez. 2005

im Heim

insgesamt	47,1%	2004
	46,7%	2005
vermögend	9,3%	
	8,9%	
mittellos	37,8%	
	37,8%	

nicht im Heim

insgesamt	52,9%
	53,3%
vermögend	8,1%
	7,9%
mittellos	44,9%
	45,4%

ISG - Befragung von selbstständigen Berufsbetreuer/innen und Vereinsbetreuer/innen 2005 und 2006

---

86 Quelle: ISG-Zwischenbericht, Seite 62 (im Internet abrufbar unter: www.bmj.bund.de/files/-/2455/2.%20 Evaluationsbericht%20BR.pdf)

Hinsichtlich des Wohnverhältnisses und der finanziellen Lage gab es zwischen den Jahren 2004 und 2005 kaum Veränderungen. Sowohl im Jahr 2004 als auch im Jahr 2005 waren 83% der von selbstständigen Berufsbetreuer/innen und Vereinsbetreuer/innen Betreuten insgesamt mittellos und 17% vermögend. Etwas mehr als die Hälfte der berufsmäßig Betreuten (53%) lebten nicht in einem Heim und 47% wohnten im Heim. 9% der im Heim lebenden berufsmäßig Betreuten 2004 und 2005 waren vermögend und 38% der im Heim lebenden in beiden Jahren mittellos. Bei den nicht im Heim lebenden Betreuten waren in beiden Jahren 8% vermögend und 45% mittellos. Die vermögenden berufsmäßig Betreuten lebten etwas häufiger in einem Heim (9% gegenüber 8%). Bei den mittellosen berufsmäßig Betreuten gestaltete sich dieses Bild anders. Sowohl 2004 als auch 2005 lebten mehr mittellose berufsmäßig Betreute nicht in einem Heim (45% gegenüber 38%).[87]

1072

7.5.3 Unterschiedliche Stundenansätze

Die abrechnungsfähigen Stunden, je nachdem, ob der Betreute seinen gewöhnlichen Aufenthalt innerhalb oder außerhalb eines Heimes i.S.d. § 5 Abs. 3 VBVG hat, können den nachstehenden Tabellen entnommen werden.

1073

- **bei vermögenden Betreuten (Selbstzahler i.S.d. §§ 1836c, 1836d)**

1074

Zeitraum seit Betreu-ungsbeginn	Betreuter lebt im Heim	Betreuter lebt außerhalb eines Heimes
1. bis 3. Monat	5,5 Stunden im Monat	8,5 Stunden im Monat
4. bis 6. Monat	4,5 Stunden im Monat	7 Stunden im Monat
7. bis 12. Monat	4 Stunden im Monat	6 Stunden im Monat
ab 2. Jahr	2,5 Stunden im Monat	4,5 Stunden im Monat

- **bei mittellosen Betreuten (Zahlung durch die Staatskasse, § 1 Abs. 2 Satz 2 VBVG)**

1075

Zeitraum seit Betreu-ungsbeginn	Betreuter lebt im Heim	Betreuter lebt außerhalb eines Heimes
1. bis 3. Monat	4,5 Stunden im Monat	7 Stunden im Monat
4. bis 6. Monat	3,5 Stunden im Monat	5,5 Stunden im Monat
7. bis 12. Monat	3 Stunden im Monat	5 Stunden im Monat
ab 2. Jahr	2 Stunden im Monat	3,5 Stunden im Monat

Die Tabelle für die mittellosen Betreuten entspricht dabei dem Vorschlag der Bund-Länder-Arbeitsgruppe im erwähnten Abschlussbericht;[88] die Tabelle der vermögenden Betreuten wurde im Rechtsausschuss des Bundestags entwickelt,[89] nachdem der Diskussionsvorschlag, es bei den vermögenden Betreuten bei einer Abrechnung nach konkretem Zeitaufwand zu belassen, keine Mehrheit gefunden hatte.

1076

---

87 ISG-Zwischenbericht a.a.O. S. 63
88 Abschlussbericht a.a.O., S. 126; Bt-Drs. 15/2494, S. 32
89 Bt-Drs. 15/4874, S. 36 ff.

1077 Bei beiden Zahlungspflichtigen zeigen sich zwischen den beiden Aufenthaltsformen des Betreuten ganz erhebliche Unterschiede in der Höhe des Stundenansatzes. Diese liegen zu Beginn der Betreuung bei Nicht-Heimbewohnern rund 55 % über denen der Heimbewohner und steigen im 2. Betreuungsrecht auf bis zu 80 % an.

1078 Nicht völlig klar ist weiterhin, wie der Betreuer zu vergüten ist, dessen Betreuter sich **an einem unbekannten Ort** aufhält. Dauert dieser Zustand länger an, wird es Anlass sein, die Betreuung aufzuheben und ggf. Abwesenheitspflegschaft (§ 1911 BGB) anzuordnen, bei der keine Pauschalvergütung, sondern Vergütung nach Zeitaufwand zu leisten ist. Bis dahin wird man von einer **tatsächlichen Vermutung** dafür ausgehen können, dass der Betreute sich *nicht* in einem Heim aufhält, andernfalls er gefunden werden könnte, mit der Konsequenz, dass die Vergütungspauschale für einen Nichtheimbewohner zu zahlen ist.[90]

7.6 Begriff der Einrichtung oder des Heims

1079 Der Abschlussbericht erwähnte bei der Unterscheidung des Aufenthaltes des Betreuten durchgängig den Ausdruck „Einrichtung", ebenso die Begründung des Gesetzentwurfs. Im Gesetzestext selbst ist von Heim die Rede, wobei § 5 Abs. 3 Satz 1 VBVG eine Legaldefinition dieses Heimbegriffes enthält: „Heime im Sinne dieser Vorschrift sind Einrichtungen, die dem Zweck dienen, Volljährige aufzunehmen, ihnen Wohnraum zu überlassen sowie tatsächliche Betreuung und Verpflegung zur Verfügung zu stellen oder vorzuhalten, und die in ihrem Bestand von Wechsel und Zahl der Bewohner unabhängig sind und entgeltlich betrieben werden."

1080 Die Begriffe „Anstalt", „Heim" und „Einrichtung" sollen jedoch bezüglich rechtlicher Bedeutung und Qualität identisch sein, es sei von einem einheitlichen Begriff auszugehen.[91] Dies ist von der Vergütungsrechtsprechung der letzten 2 Jahre auch so gesehen worden.

7.6.1 Erweiterung der Personenkreise

1081 Von der Definition in § 1 Abs. 1 HeimG unterscheidet sich die obige Formulierung dadurch, dass im Heimgesetz von „älteren Menschen oder pflegebedürftigen oder behinderten Volljährigen" die Rede ist. Da § 5 Abs. 3 VBVG diese Einschränkung nicht hat, sind im Rahmen der neuen Betreuervergütung von der Heimdefinition auch Einrichtungen, die für andere Personengruppen errichtet wurden, erfasst[92], z.B. Heime für psychisch Kranke, Suchtkranke, Nichtsesshafte, Blinde. Es ist somit von einem eigenen **vergütungsrechtlichen Heimbegriff** auszugehen.[93]

1082 Nicht vom Heimbegriff des § 5 Abs. 3 VBVG erfasst sind allerdings Heime für Minderjährige (§ 34 SGB VIII), auch wenn ausnahmsweise ein volljährig gewordener unter Betreuung Stehender noch dort (im Rahmen des § 41 SGB VIII) verweilt.

7.6.2 Kurzzeitheime, Hospize, Tages- und Nachtpflege

1083 In § 1 Abs. 3 und 5 HeimG werden Kurzzeitheime, Hospize[94] sowie Einrichtungen der Tages- und Nachtpflege[95] von einigen Regelungen des Heimgesetzes ausgenommen, generell jedoch gilt das Heimgesetz. Auch im Vergütungsrecht kommen derartige Einrich-

---

90 *Fröschle* BtPrax 2006, 219/223
91 LPK BSHG/*Schoch*, § 97 Rn. 39
92 Bt-Drs. 15/2494, S. 32
93 So auch *Fröschle*, Betreuungsrecht 2005, Rn. 288, 289
94 § 39a SGB V
95 § 41 SGB XI

tungen als Heime infrage. Hier und bei den im Weiteren genannten Einrichtungen wird es im Einzelfall besonders auf die Frage des gewöhnlichen Aufenthaltes ankommen.

▶ *Einzelheiten zum gewöhnlichen Aufenthalt finden Sie unter Rn. 1123 ff.*

7.6.3 Krankenhäuser, Internate und Rehaeinrichtungen

In § 1 Abs. 6 HeimG sind Krankenhäuser[96] sowie Internate der Berufsbildungs- und Berufsförderungswerke generell von der Geltung ausgeschlossen. Von Einrichtungen zur Rehabilitation fallen nur die Teile unter die Regelungen des Heimgesetzes, die die Voraussetzungen des § 1 Abs.1 HeimG erfüllen. Teile von Nervenkliniken (z.B. in Landes- oder Bezirkskrankenhäusern), in denen Langzeitpatienten untergebracht sind, fallen unter § 1 Heimgesetz.[97]   **1084**

Auch hier gilt, dass diese Einrichtungen wegen des fehlenden Verweises in § 5 VBVG auf § 1 Abs. 6 HeimG unter den Heimbegriff des Vergütungsrechtes fallen können. Allerdings wird es meist am Merkmal des gewöhnlichen Aufenthaltes mangeln (s.u. Rn. 1123 ff., 1131 ff.).   **1085**

Die Einrichtung muss entgeltlich betrieben werden. Dies ist dann unproblematisch, wenn vertraglich ein Entgelt vereinbart wurde. Es dürfte jedoch auch genügen, dass der Bewohner kraft Gesetzes ein Entgelt schuldet, wie z.B. ein Strafgefangener der Justizvollzugsanstalt (vgl. § 50 StVollzG) oder wenn ein Dritter sich zur Zahlung des Entgelts verpflichtet.[98] Gewinnerzielungsabsicht wird dabei nicht vorausgesetzt.   **1086**

Nicht einmal kostendeckend muss das Entgelt zu sein. Ob es vom Betreuten erlangt werden kann, ist ebenfalls nicht wichtig, so lange nur **dem Grundsatz nach** ein Entgelt geschuldet wird. **Justizvollzugsanstalten** sind daher schon mit Blick auf § 50 StVollzG Heime[99] i.s.V. § 5 Abs. 3 VBVG. Dasselbe gilt für Einrichtungen des Straf- und Maßregelvollzugs, **also forensische Kliniken**[100], auch wenn der dort Untergebrachte den Pflegesatz nicht schuldet.[101]   **1087**

Fazit: Einrichtungen, die Heime i.S.d. § 1 Abs. 1 HeimG sind, sind somit auch Heime i.S.d. § 5 Abs. 3 VBVG. Das VBVG geht bei der Bestimmung der Einrichtungen jedoch über § 1 Abs. 1 HeimG hinaus. Auch andere Einrichtungen, die dem Bewohner/Patienten tatsächlich Pflege und Versorgung/Verpflegung zukommen lassen, sind Heime i.S.d. § 5 Abs. 3 VBVG. Dies sind auch Krankenhäuser oder Justizvollzugsanstalten. Fraglich kann im Einzelfall jedoch sein, ob in diesen Einrichtungen ein gewöhnlicher Aufenthalt gegeben ist.   **1088**

7.6.4 Abgrenzung von Heimen und anderen betreuten Wohnformen

Davon abgesehen, ist jedoch § 5 Abs. 3 VBVG an § 1 Abs. 1 HeimG orientiert, worauf auch die Gesetzesbegründung ausdrücklich hinweist.[102] Daher sind die zu § 1 HeimG entwickelten Grundsätze und die Rechtsprechung hierzu grundsätzlich anwendbar, wenn man die o.g. Besonderheiten berücksichtigt.   **1089**

Dies betrifft insbesondere den Streitfall der Abgrenzung des „betreuten Wohnens", der in § 1 Abs. 2 HeimG erwähnt wird. Diese Bestimmung, die in der Praxis des Heimgesetzes zu   **1090**

---

96 I.S.d. § 2 Nr. 1 des Krankenhausfinanzierungsgesetzes
97 OVG Niedersachsen 7 M 3591/95, Altenheim 10/1997, 46
98 *Fröschle* a.a.O. Rn. 294
99 OLG München BtPrax 2006, 183 = FamRZ 2006, 1562; OLG Hamm FGPrax 2007, 80 = FamRZ 2007, 501; erneut OLG München BtPrax 2007, 29 = FamRZ 2007, 853
100 Siehe Strafvollzugsgesetz; §§ 17ff, 50, 56ff, 71 und entsprechende Regelungen der Maßregelvollzugsbestimmungen der Bundesländer, z.B. §§ 2, 12, 16, 17, 30 MVollzG NW
101 OLG München FamRZ 2007, 83 = BtPrax 2006, 182 = FGPrax 2006, 213 = BtMan 2006, 217; OLG Köln NJOZ 2006, 4741; OLG Rostock FamRZ 2007, 1916 = FGPrax 2007, 230
102 Bt-Drs. 15/2494, S. 32

großen Abgrenzungsproblemen geführt hat, ist nach § 5 Abs. 3 Satz 2 VBVG ausdrücklich anwendbar. Sie hat den Wortlaut:

1091 (2) Die Tatsache, dass ein Vermieter von Wohnraum durch Verträge mit Dritten oder auf andere Weise sicherstellt, dass den Mietern Betreuung und Verpflegung angeboten werden, begründet allein nicht die Anwendung dieses Gesetzes. Dies gilt auch dann, wenn die Mieter vertraglich verpflichtet sind, allgemeine Betreuungsleistungen wie Notrufdienste oder Vermittlung von Dienst- und Pflegeleistungen von bestimmten Anbietern anzunehmen und das Entgelt hierfür im Verhältnis zur Miete von untergeordneter Bedeutung ist. Dieses Gesetz ist anzuwenden, wenn die Mieter vertraglich verpflichtet sind, Verpflegung und weitergehende Betreuungsleistungen von bestimmten Anbietern anzunehmen.

1092 Die Wohnform **„betreutes Wohnen"** kann nach der Rechtsprechung jedoch als Aufenthalt in einem Heim i.S. des § 5 Abs. 3 VBVG angesehen werden. Die Einrichtung, in der ein Betroffener lebt, biete über allgemeine Betreuungsdienste hinaus Hilfen im persönlichen Bereich, z.B. bei der Bewältigung von Krisen, der Strukturierung des Tagesablaufs und im lebenspraktischen Bereich an. Sie leiste Unterstützung der Wohngemeinschaft in organisatorischen Fragen.

1093 Die Einrichtung verfüge über **Gemeinschaftsräume**, sei also wie ein Heim eingerichtet. Der Betroffene sei verpflichtet, an Haus-Bewohnerversammlungen teilzunehmen und gemeinschaftliche Aufgaben (z.B. Putzen der Gemeinschaftseinrichtung) zu erfüllen, wobei die Betreuer der Einrichtung Anleitung gäben.

1094 Die tägliche Haushaltsführung zeige zwar eine gewisse Selbständigkeit der Bewohner insoweit, als sie einzeln oder in Kleingruppen am Wochenende in der Gemeinschaftsküche das warme Essen zubereiten und, nach Einzahlung eines festen Betrages in die Essensgeldkasse, selbst Lebensmittel einkaufen. Sie führten mithin einen eigenen, gemeinschaftlichen Haushalt. Von maßgeblicher Bedeutung sei aber, dass der Betroffene sich dieser **gemeinschaftlichen Haushaltsführung** nicht entziehen könne.

1095 Darüber hinaus bestehe eine Unterstützung und Kontrolle durch die Betreuer der Einrichtung. Die Einrichtung biete ferner, und diesem Umstand messe die Kammer besondere Bedeutung bei, verpflichtende Therapieangebote tagesstrukturierender Art an. Diese bestünden im Erscheinen zur und Durchführung von regelmäßiger Arbeit.[103]

1096 Betreutes Wohnen, um das es hier gehe, sei kein feststehender gesetzlicher Begriff. Damit werde allgemein eine bestimmte Wohnform für ältere, behinderte oder psychisch kranke Menschen verstanden, bei der im Interesse der Wahrung einer möglichst lang dauernden eigenständigen Lebensführung neben der bedarfsgerechten Wohnung die Sicherheit einer Grundversorgung gegeben sei und im Bedarfsfall weitere Dienste in Anspruch genommen werden können.

1097 Der Träger des Heims müsse neben der Unterkunft auch Betreuung und Verpflegung zur Verfügung stellen oder vorhalten. Der Begriff der Betreuung umfasse neben der Pflege alle Maßnahmen, mit denen der in seiner Leistungsfähigkeit eingeschränkten Person zur **Bewältigung des Alltags** allgemein unterstützend zur Seite gestanden und geholfen werde.[104] Die Betreuung müsse von einer gewissen Intensität sein, das heißt einer „heimmäßigen" Betreuung entsprechen.[105]

1098 Der Heimbegriff kann ebenfalls nach der Ansicht einiger Gerichte erfüllt sein, wenn ein Aufenthalt in einer **Pflegefamilie** vorliegt. Im entschiedenen Falle lebte die Betroffene im Haushalt einer aus Mutter und Tochter bestehenden Pflegefamilie, mit der sie nicht verwandt ist, und in der ihr ein Zimmer, ausgestattet mit eigenen Möbeln, jedoch ohne Küche und sanitären Anlagen überlassen ist. Neben ihr hatte die Berufsbetreuerin zwei weitere von ihr Betreute so in dieser Pflegefamilie untergebracht. Die Betreute erhielt nach

---

103 LG Kassel BtPrax 2006, 116
104 BTDrucks.14/5399 S. 18
105 LG Koblenz FamRZ 2006, 971; ähnlich AG Westerburg FamRZ 2007, 854

1193

> **HINWEIS**
>
> *Was oft übersehen wird, ist das Haftungsrisiko. Nach Auskunft unseres Versicherungs-partners tritt die Haftpflichtversicherung nur in Fällen ein, in denen ein Betreuer durch das Gericht eingesetzt wurde. Für Tätigkeiten, die als Unterbevollmächtigter für einen Kollegen ausgeführt werden, besteht kein Versicherungsschutz!*

Betreuer sollten mit dem Vormundschaftsgericht absprechen, welche der beiden Möglich-keiten man dort bevorzugt. **1194**

Dass im Falle eines – heute in der Bevölkerung durchaus üblichen – dreiwöchigen Urlaubs u.U. vierzig oder mehr Gerichtsbeschlüsse verfasst werden müssen, damit in jeder Betreu-ung eine ausreichende Vertretung stattfinden kann, ist ein Paradebeispiel dafür, dass die gesetzlichen Vorschriften in Teilen überaltert sind und sich kaum noch mit einer modernen beruflichen Führung von Betreuungen vereinbaren lassen. **1195**

7.8.5 Schwierigkeit: fehlende Refinanzierung

Schwierigkeiten wird die Fallgestaltung bereiten, dass eine mit der Führung der Betreuung in Zusammenhang stehende Tätigkeit von dem Betreuer nicht selbst erbracht werden kann, für die Beauftragung eines Dritten aber die notwendigen finanziellen Mittel fehlen. **1196**

Das **Problem** wird deutlich, wenn man das oben genannte Beispiel (Rn. 1178) hinsichtlich der Beauftragung eines Steuerberaters abwandelt: Der Betreute war Inhaber einer inzwi-schen verschuldeten Firma, es sind keine finanziellen Mittel für irgendwelche Ausgaben mehr vorhanden. In den letzten Jahren vor der Betreuerbestellung hatte der Betreute keine Steuererklärungen mehr abgegeben. Das Finanzamt fordert nun unter Berufung auf § 34 AO vom Betreuer – dem auch die Vermögenssorge übertragen wurde und der über keine besonderen steuerrechtlichen Kenntnisse verfügt – die Erstellung der Steuererklä-rungen. **1197**

Da für die Erstellung komplizierter **Steuererklärungen** für ein Unternehmen etliche Fach-kenntnisse erforderlich sind, wäre dies ein typischer Fall, in dem – auf Kosten des Betreu-ten und nicht etwa aus dem Betreuer zusammen mit der Vergütung gezahlten Aufwendungsersatz – ein Steuerberater zu beauftragen wäre, was aber an den fehlenden finanziellen Mitteln scheitert. Die Bestellung eines weiteren Betreuers mit entsprechenden Fachkenntnissen, der seine Tätigkeit u.U. gem. § 1835 Abs. 3 als berufliche Dienste gesondert als Aufwendungsersatz in Rechnung stellen kann, scheitert an der neuen Vor-gabe des § 1899 Abs. 1 (keine Bestellung mehrerer Berufsbetreuer, außer in Fällen der Verhinderung oder der Entscheidung über eine Sterilisation). **1198**

Für den Betreuer ergibt sich eine kaum lösbare Situation: Beauftragt er einen Steuerbera-ter und verschweigt diesem, dass für sein Honorar keine Mittel vorhanden sind, macht er sich wegen eines **Betrugs** strafbar. Unterlässt er die Abgabe der Steuererklärung einfach, riskiert er eine Haftung gem. § 69 AO. Erstellt er die Steuererklärungen doch selbst, besteht im Falle von Fehlern ebenfalls die Gefahr einer Haftung. Ihm bliebe vermutlich nur die Möglichkeit, unter Hinweis auf die ihm fehlenden Fachkenntnisse eine Einschränkung seines Aufgabenkreises zu beantragen ("Vermögenssorge mit Ausnahme von Steuerange-legenheiten" o.Ä.). Das Finanzamt müsste dann – sofern es auf die Abgabe einer Steuer-erklärung nicht verzichten will – gem. § 81 Abs. 1 Nr. 4 AO beim Vormundschaftsgericht die Bestellung eines „Vertreters von Amts wegen" beantragen, der für seine Tätigkeit dann gem. § 81 Abs. 3 AO eine Vergütung von der Finanzbehörde verlangen kann. **1199**

HINWEIS

Bezüge zur neuen Pauschalvergütung finden Sie auch in den folgenden Kapiteln dieses Buches:

▶ *Keine Pauschalvergütung für ehrenamtliche Betreuer, Kapitel 6, Rn. 436*

▶ *Stundensätze für Berufsbetreuer, Kapitel 6, Rn. 485 ff.*

▶ *Pauschalvergütung für Vereinsbetreuer, Kapitel 6, Rn. 842 ff.*

▶ *Pauschalvergütung bei tatsächlicher Verhinderung, Kapitel 6, Rn. 927 ff.*

▶ *Mittellosigkeitszeitpunkt und pauschale Betreuervergütung, Kapitel 8, Rn. 1213 ff.*

▶ *Unterhalt bei pauschaler Betreuervergütung, Kapitel 8, Rn. 1295 ff.*

▶ *Zusätzliche Angaben im Vergütungsantrag bei pauschaler Betreuervergütung, Kapitel 9, Rn. 1551 ff.*

▶ *Fristen bei der Pauschalvergütung, Kapitel 10, Rn. 1674 ff.*

▶ *Beginn des Abrechnungszeitraums bei der Pauschalvergütung, Kapitel 10, Rn. 1686 ff.*

▶ *Beginn der Ausschlussfrist bei der Pauschalvergütung, Kapitel 10, Rn. 1698 ff.*

▶ *Vorzeitiges Betreuungsende bei Pauschalvergütung, Kapitel 10, Rn. 1716 ff.*

▶ *Tabellarische Übersicht bei anteiligen Zeiträumen, Kaptiel 10, Rn. 1722 ff.*

8 Feststellung der Mittellosigkeit der betreuten Person

8.1 Allgemeines

Der Begriff der **Mittellosigkeit** (§§ 1835 Abs. 4, 1836 Abs. 2, § 5 VBVG) war im bis 31.12.1998 geltenden Recht nicht gesetzlich definiert. Bei der Frage, ob die betreute Person die Vergütung und den Aufwendungsersatz aus eigenem Einkommen oder Vermögen zu bezahlen hat oder ob die **Staatskasse** hierfür aufzukommen hat, wendeten bis dahin die meisten Gerichte Maßstäbe aus dem Bereich der **Prozesskostenhilfe** (§§ 114 ff. ZPO) an. In der Gerichtspraxis kam in dieser Zeit meist nur eine Inanspruchnahme von Vermögenswerten infrage (§ 115 ZPO in Verbindung mit dem damaligen § 88 BSHG, dem jetzigen § 90 SGB XII). Laufendes Einkommen der betreuten Personen wurde kaum herangezogen. Allerdings war die Anwendung innerhalb der Rechtsprechung umstritten.[1] **1200**

In der durch das 1. BtÄndG mit Wirkung vom 1.1.1999 erfolgten Neufassung (§ 1836c und 1836d) ist die Abgrenzung der Mittellosigkeit **gesetzlich definiert** worden. Hiernach hat die betreute Person, soweit ihr Einkommen die Freigrenzen der Sozialhilfe in besonderen Lebenslagen (seit 1.1.2005 § 85 SGB XII) übersteigt, dieses übersteigende Einkommen zur Finanzierung der Vergütung und des Aufwendungsersatzes einzusetzen. Barvermögen ist einzusetzen, sobald es oberhalb der Einkommens- und Vermögensfreibeträge (§ 1836c in Verbindung mit §§ 82, 85, 87, 90 SGB XII und der Verordnungen hierzu) liegt. **1201**

Die Feststellung der Mittellosigkeit im konkreten Fall ist wie im früheren Recht Pflicht des Vormundschaftsgerichts (§ 12 FGG).[2] Im Rahmen des **Ermessens** muss jedoch auch der Sinn und Zweck der Regelung berücksichtigt werden. Ein wichtiger Unterschied zum Sozialhilferecht: Während die Sozialhilfe grundsätzlich der Vermeidung von Armut dient und auch bei der Erbringung von Hilfen in besonderen Lebenslagen dem Hilfebezieher grundsätzlich eine Einschränkung seiner Lebensführung zugemutet werden kann, mag dies bei der Betreuung anders sein.[3] **1202**

Der Antragsteller hat bei der Ermittlung der Einkommens- und Vermögensverhältnisse **nach besten Kräften** mitzuwirken (§ 56g Abs. 2 Satz 1 FGG).[4] Hierzu sind grundsätzlich die Vorlage von Kontoauszügen sowie vollständige Angaben über Einkommen und Vermögen erforderlich.[5] Der Betreuer ist auch verpflichtet, beim Vergütungsantrag Angaben über Unterhaltsansprüche und -pflichtige des Betreuten zu machen.[6] **1203**

Problematisch ist diese Rechtsauffassung dann, wenn der Antragsteller den Aufgabenkreis Vermögenssorge bzw. die Unterhaltsgeltendmachung nicht innehat, was bei Betreuungen Volljähriger, aber auch bei Pflegschaften der Fall sein kann. Kann die Zahlungsfähigkeit des Betreuten nicht positiv festgestellt werden, ist zu seinen Gunsten von Mittellosigkeit auszugehen.[7] **1204**

---

1 Vgl. zur Kontroverse *Deinert*, JurBüro 1993, 513
2 Vgl. BayObLG BtPrax 1995, 227 = FamRZ 1996, 244 = BtE 1994/95, 59; LG Frankfurt/Main FamRZ 1993, 218 = JurBüro 1993, 11 = Rpfleger 1992, 433 = BtE 1992/93, 30
3 *Jürgens* u.a., Das neue Betreuungsrecht, Rn. 280 d
4 Bereits für altes Recht: LG Frankfurt/Main, JurBüro 1993, 111; LG Münster JurBüro 1993, 415 = MDR 1993, 450 = BtE 1992/93, 30; LG Kleve BtE 1992/93, 38
5 LG Kleve FamRZ 2000, 564
6 LG Kleve BtPrax 1999, 201
7 LG Osnabrück JurBüro 96, 437 = FamRZ 96, 1349; OLG Frankfurt FamRZ 96, 819; LG Duisburg BtPrax 2000, 42 = BtInfo 2/99, 56 = FamRZ 2000, 980; *Bach*, Kostenregelungen Rn. G 3

1205 Der Betreuer hat auch insbesondere keine Pflicht, **Rücklagen** zur späteren Betreuerfinanzierung zu bilden.[8] Allerdings soll keine Mittellosigkeit vorliegen, wenn der Betreuer den Betreuten „vorsätzlich" mittellos gemacht hat. Im entschiedenen Fall erfolgte keine **Entnahme** der durch das VormG zugebilligten Vergütung während des Rechtsmittelverfahrens, stattdessen die weitergehende Zahlung von Pflegeheimkosten aus dem Vermögen anstatt der Beantragung von Sozialhilfe/Grundsicherung.[9]

1206

> **HINWEIS**
>
> *Bei betreuten Menschen, deren Einkommen und/oder Vermögen nicht allzu hoch oberhalb der Freibeträge nach § 1836c liegt, empfiehlt es sich, beim Vergütungsantrag, der sich gegen den Betreuten richtet, rein vorsorglich und zur Fristwahrung auch hilfsweise den Beschluss gegen die Staatskasse zu beantragen; für den Fall, dass nach Antragstellung Mittellosigkeit eintritt. Hierbei ist zu berücksichtigen, dass bei den Fällen der pauschalen Betreuervergütung ab 1.7.2005 unterschiedliche Stundensätze (vgl. § 5 Abs 1 bzw. Absatz 2 VBVG) in Rechnung zu stellen sind.*

8.2   Zeitpunkt der Mittellosigkeit

8.2.1   Allgemeines zum Zeitpunkt

1207 Für die Frage, welcher Zeitpunkt für die Mittellosigkeit von Bedeutung ist, ist Folgendes zu unterscheiden:

1208 Bei der Vergütungsbewilligung ist für die Frage der **Ermittlung des Zahlungspflichtigen** der Zeitpunkt maßgeblich, zu dem das **Gericht in 1. Instanz** über die Frage der Vergütung entscheidet bzw. im Rechtsmittelverfahren die letzte Tatsacheninstanz, also das Landgericht.[10] Eine zwischenzeitlich eingetretene Vermögensminderung kann auch dann zu Mittellosigkeit führen, wenn ursprünglich (beim Vergütungsantrag) noch ausreichend Vermögen vorhanden war. Dies gilt auch, wenn ein Sozialhilfeträger seinen bestehenden **Rückgriffsanspruch** (§ 102 SGB XII) noch nicht durchgesetzt hat.[11]

1209 Ebenso beseitigt ein später eingetretener Vermögenserwerb (z.B. während eines weiteren Beschwerdeverfahrens beim OLG) die Mittellosigkeit nicht nachträglich, führt jedoch ggf. zum Regress der Staatskasse gem. § 1836e.

1210 Die entgegenstehende Auffassung, wonach es für die Beurteilung der Mittellosigkeit auf den **Zeitpunkt des Vergütungsantrags** ankommt[12], teilen wir nicht. Es können oftmals Wochen und Monate vergehen, bis das Gericht über den Antrag entscheidet. Der Betreuer hat hierauf minimalen Einfluss. In dieser Zeit kann sich die Einkommens- und Vermögenslage der betreuten Person erheblich geändert haben.

1211 Während des Zeitraums zwischen Antragstellung und Gerichtsentscheidung hat der Betreuer jedoch keine Möglichkeit, das etwaige Vermögen zum Zwecke der späteren Entnahme (nach gerichtlicher Entscheidung) zurückzuhalten; er muss es vielmehr zum Lebensunterhalt der betreuten Person einsetzen oder an den Sozialhilfeträger oder Träger

---

8   OLG Düsseldorf BtPrax 1999, S. 74 = FGPrax 1999, S. 54 = FamRZ 1999, 1169; ähnlich LG Kiel 3 T 49/00 vom 9. 2. 2000 und OLG Schleswig 2 W 43/00 vom 22. 3. 2000, FamRZ 3/2001, II

9   LG Kleve BtPrax 1999, 202

10   BayObLG BayObLGZ 1964, 71/73; BayObLGZ 1995, Nr. 72 = FamRZ 1996, 372; BtPrax 1996, 29 = FamRZ 1996, 437 [Ls]; KG Berlin FamRZ 1998, 188 = NJW-RR 1998, 436 = FGPrax 1997, 224; LG Frankenthal BtPrax 1997, 117, LG Duisburg JurBüro 1993, 190, LG Essen, Beschluss vom 10.12.1992 = 7 T 664/92

11   OLG Zweibrücken FGPrax 1999, 21 = BtPrax 1999, 32

12   LG Berlin BtPrax 1997, 204 = FamRZ 1997, 1500; LG Paderborn FamRZ 1995, 1377/1378; LG Arnsberg FamRZ 1998, *Damrau/Zimmermann* § 1836 Rn. 3

von ALG-II-Leistungen abführen.[13] Sollte demnach tatsächlich auf die Verhältnisse zum Zeitpunkt des Vergütungsantrags abgestellt werden, kann es sein, dass ein Gericht eine Vergütung aus einem Vermögen zuspricht, das gar nicht mehr vorhanden ist. Dies kann nicht im Sinne des Gesetzes sein; auch nicht – was die Möglichkeit einer Fehlentscheidung verringern würde – dem Betreuer aufzugeben, Änderungen des Vermögens der betreuten Person ständig dem Gericht mitzuteilen.

Grundlage der Mittellosigkeitsberechnung (jedenfalls des Vergütungsschuldners) ist bislang die konkret vorliegende Vergütungsabrechnung, die sich maximal auf die letzten 15 Monate der Betreuertätigkeit beziehen kann.[14] **1212**

▶ *Zur Festellung der Mittellosigkeit nach dem Tod des Betreuten siehe unten Rn. 1387 ff.*

8.2.2 Mittellosigkeitszeitpunkt und pauschale Betreuervergütung

Ob diese Verfahrensweise für die pauschale Betreuervergütung (§§ 4,5 VBVG) nach dem 1.7.2005 noch weiter gelten kann, ist weiterhin nicht völlig klar. Zuvor konnte der Betreuer im Rahmen der **Erlöschensfristen** den Abrechnungszeitraum frei wählen. Seit 1.7.2005 ist er aufgrund § 9 Satz 1 VBVG verpflichtet, in **Quartalsabständen** abzurechnen. Es ist also durchaus fraglich, ob er noch berechtigt ist, mehrere Quartalsrechnungen auflaufen zu lassen, um somit durch die Erhöhung der Rechnungssumme die Mittellosigkeit des Betreuten i.S.d. § 1836d herbeizuführen. Ersichtlich sieht die gerichtliche Vergütungspraxis seit 1.7.2005 hierin aber kein Problem. Es sind keine Entscheidungen bekannt, die einem Betreuer die gleichzeitige Beantragung von max. fünf Quartalszeiträumen verwehren. **1213**

Der Manipulationsanreiz, wenn man es so benennen will, ist nach neuem Recht ohnehin eher umgekehrt: Da der Betreuer bei Mittellosigkeit einen geringeren Stundenansatz erhält, wird ihm aus eigenem Interesse daran gelegen sein, seinen Vergütungsanspruch eher kurzfristig gegen den Betreuten durchzusetzen. Vermuteten Missbrauchsgefahren kann das Vormundschaftsgericht durch eine **Verkürzung der Ausschlussfrist** gemäß § 2 Satz 2 VBVG i.V.m. § 1835 Abs. 1a vorbeugen (vgl. dazu Kapitel 10, Rn. 1712 ff.). Dafür dürfte allerdings in der Praxis nur selten ein Anlass bestehen. **1214**

8.2.2.1 Abstellen auf den Fälligkeitstag?

Ein Abstellen auf den Fälligkeitstag würde allerdings nach wie vor dem Betreuer das Risiko aufbürden, dass sein Anspruch während der – von ihm nur in geringem Umfang beeinflussbaren – Verfahrensdauer des Vergütungsverfahrens undurchsetzbar wird.[15] Dies spricht unseres Erachtens dafür, die Mittellosigkeit **wie bisher** auf den Zeitpunkt der gerichtlichen Tatsachenentscheidung über den Vergütungsantrag abzustelllen.[16] **1215**

8.2.2.2 Tageweise Feststellung der Mittellosigkeit?

Nach neuerer Rechtsprechung, der bisher – soweit ersichtlich – auch alle bisher mit dieser Fragestellung befassten Oberlandesgerichte gefolgt sind, ist die Mittellosigkeit in zwei Schritten zu beurteilen: **1216**

Bezüglich der in Ansatz zu bringenden **Stundenzahlen** ist auf den Zeitraum der abgerechneten Tätigkeit abzustellen. Das kann – sofern sich die Vermögensverhältnisse im Tätigkeitszeitraum entsprechend verändert haben – zu einer **tageweisen Berechnung der Stundenzahl** führen. Erst in einem zweiten Schritt ist dann festzustellen, wer – die Staatskasse oder der Betreute selbst – die Vergütung zahlen muss. Dabei ist, wie auch vor **1217**

---

13 BVerwG BtPrax 1996, 101
14 OLG Schleswig BtPrax 2000, 128 = FGPrax 2000, 106 = FamRZ 2001, 252
15 *Deinert/Lütgens*, a.a.O., S. 166
16 So auch *Fröschle*, Betreuungsrecht 2005, Rn. 281

der Einführung der Pauschalvergütung, auf die Verhältnisse am Tag der gerichtlichen Entscheidung abzustellen[17].

1218 Unseres Erachtens ist das nicht überzeugend.[18] Eine tageweise Feststellung innerhalb des dreimonatigen Abrechnungszeitraums wäre nicht nur absolut **zeitaufwändig**, da sie ggf. für jeden einzelnen Tag des Quartals erstellt werden müsste. Sie wäre auch aufgrund der Strukturprinzipien des Sozialhilferechtes, auf das die §§ 1836c und 1836d Bezug nehmen, praktisch unmöglich. Denn entsprechend der **Zuflusstheorie**[19] im Sozialhilferecht gelten alle Zahlungen, die der Betroffene innerhalb eines Kalendermonats erhält, für diesen als Einkommen i.S. des § 82 SGB XII und, sobald die Beträge nicht verbraucht sind, ab dem 1. des folgenden Kalendermonats als Vermögen nach § 90 SGB XII. Logischerweise müssten Vermögensabflüsse, z.B. zur Schuldentilgung, innerhalb des Monats ihrer Zahlung noch nicht von dem der Vergütungsabrechnung zugrunde liegenden Vermögen abgezogen werden, sondern erst ab Beginn des folgenden Kalendermonates. Eine tageweise Betrachtung müsste sich auf das Verbrauchen von laufenden Einkünften durch den Betreuten beziehen, was praktisch unmöglich ist.

1219 Dem in der Vorauflage an dieser Stelle dargestellten Widerspruch,[20] wonach von einem zu einem früheren Zeitpunkt vermögenden Betreuten nach später eingetretener Mittellosigkeit keine Vergütung erlangt werden kann, begegnet die genannte Rechtsprechung mit einer anderen Lösung: Hiernach soll es zu einem **Auseinanderfallen** von (Pauschal-) **Vergütungshöhe** und **Zahlungspflichtigem** kommen. In einem solchen Falle soll (bei weiterhin einheitlichem Vergütungsschuldner) die Höhe des nach § 5 Abs. 1 oder Abs. 2 maßgeblichen Stundenansatzes tageweise anteilig ermittelt werden.

1220 Hierbei ist es denkbar, dass der Betreute zum Beginn des Abrechnungszeitraums noch vermögend ist, weil das verfügbare Vermögen die Freigrenze des § 1836c Nr. 1 BGB i.V.m. § 90 Abs. 2 SGB XII und § 1 der Verordung zu § 90 SGB XII übersteigt und der Betreute aufgrund Vermögensabflusses (z.B. für Heimkosten oder die Deckung der Betreuervergütung für einen früheren Abrechnungszeitraum) mittellos wird, weil die Schongrenze für das Vermögen unterschritten wird. Ebenfalls ist denkbar, dass ein bisher mittelloser Betreuter zu Vermögen kommt (z.B. durch Schenkung, Erbschaft, Nachzahlungen von Renten oder Verfügbarwerden bisher geschützten Vermögens, z.B. dadurch, dass ein Hausgrundstück nicht mehr selbst bewohnt wird). Auch kann dieser Zustand während des Abrechnungszeitraums mehrfach wechseln, vor allem, wenn eher geringe (zusätzliche) Vermögenswerte hinzukommen oder abfließen.

1221 Zwar gebietet § 5 Abs. 4 VBVG auf den ersten Blick ausnahmslos für alle Umstände, die sich auf die Vergütung auswirken, eine tageweise Berechnung der Vergütung. Diese Regelung wurde aber bereits formuliert, als noch lediglich eine Unterscheidung nach dem Wohnort des Betreuten (Einrichtung oder eigene Wohnung) und nach der Dauer der Betreuung vorgesehen war. Es spricht einiges dafür, dass eine Überarbeitung dieser Formulierung übersehen wurde, als nachträglich (im Rahmen der Beratungen des Rechtsausschusses) auch die unterschiedlich hohen Stundenansätze für mittellose und nicht mittellose Betreute in das Gesetz aufgenommen wurden. Hierfür spricht auch, dass in der Begründung des Rechtsausschusses einfach nur darauf hingewiesen wird, § 5 Abs. 4

---

17 So z.B. *Zimmermann*, Die Betreuer- und Verfahrenspflegervergütung ab dem 1.7.2005, FamRZ 2005, 950, 951; offenbar auch *Dodegge*, NJW 2005, 1896, 1898, *Jürgens*, BtR-Kommentar, 3. Aufl., § 5 VBVG, Rn. 7; OLG Brandenburg BtPrax 2007, 267= BtMan 2007, 205 (Ls) = FamRZ 2007, 2109; OLG Dresden Beschluss vom 19.2.2007 – 3 W 77/07; BtPrax 2007, 256 (Ls); OLG Hamburg FamRZ 2008, 91; LG Ellwangen, Beschluss 1 T 24/07 vom 6.3.2007; LG Frankenthal FamRZ 2007, 1358; LG Gießen BtMan 2007, 203 (Ls) = FamRZ 2007, 1689; LG Koblenz, NJW-RR 2006, 724; LG Meiningen, Beschluss vom 14.12.2006, 3 T 255/06, BtMan 2007, 202 (Ls). LG München I, FamRZ 2006, 970 = BtPrax 2006, 115

18 So auch *Fröschle* a.a.O. Rn. 275 ff.

19 z.B. BVerwG NDV-RD 1999, 91 = FEVS 51,51; BVerwG info also 2001, 220; vgl. LPK BSHG § 76 Rn. 5

20 Vgl. in der 4. Auflage Rn. 1053

VBVG entspreche dem früher dafür vorgesehenen § 1908 Abs. 1 Abs. 3-E[21]; dieser aber stellte nicht auf das Kriterium Mittellosigkeit ab.

8.2.2.3 Betrachtung nicht ungerecht

Schließlich erscheint eine **einheitliche Beurteilung** für den gesamten Abrechnungszeitraum weiterhin auch nicht als „ungerecht". Bedenken könnten insoweit nur dann bestehen, wenn die Betreuung mittelloser und nicht mittelloser Menschen regelmäßig auch einen unterschiedlich hohen Arbeitsaufwand erfordern würde. So liegt es aber nicht zwangsläufig.

1222

Einerseits bestehen für den Betreuer im Falle der Verwaltung hoher Vermögenswerte sicherlich auch ein erhöhter zeitlicher Aufwand sowie ein höheres **Haftungsrisiko**. Andererseits kann die Vermögenssorge im Falle eines verschuldeten Betreuten ebenfalls einen sehr hohen zeitlichen Aufwand verursachen, wenn z.B. Anträge auf Sozialleistungen gestellt und Einigungsversuche mit zahlreichen Gläubigern unternommen werden müssen, während die Vermögenssorge im Falle eines Betreuten mit einem üblichen Einkommen, das gerade für die Finanzierung der regelmäßigen Ausgaben sowie der Betreuervergütung ausreicht, keine besonderen zeitlichen Belastungen mit sich bringen dürfte.[22]

1223

Letztlich wird man die niedrigere Bezahlung aus der Staatskasse wohl vor allem nur damit begründen können, dass in Anbetracht des Zustands der öffentlichen Haushalte eine Einschränkung aus Gründen der Finanzierbarkeit geboten ist.[23] Ein Betreuer ist also nicht automatisch benachteiligt, weil er zunächst davon ausging, die Vergütung aus dem Vermögen des Betreuten zu erhalten, nun aber mit der etwas geringeren Vergütung aus der Staatskasse vorlieb nehmen muss.

1224

Da unabhängig von der Frage der Mittellosigkeit immer alle im Rahmen einer Betreuung erforderlichen Tätigkeiten ausgeführt werden müssen, bedeutet es umgekehrt auch für den Betreuten keinen Nachteil, wenn der Betreuer zunächst davon ausging, nur den geringeren Stundenansatz gegenüber der Staatskasse geltend machen zu können, dann aber im Laufe des Abrechnungszeitraums eine Veränderung eingetreten ist. Da der Betreuer nicht automatisch mehr leisten muss, wenn er den höheren Stundenansatz gegenüber dem Betreuten geltend machen kann, sind dem Betreuten auch keine Leistungen „entgangen", die der Betreuer erbracht hätte, wenn er nicht von Mittellosigkeit ausgegangen wäre.

1225

Nach unserer Einschätzung entspricht die unter Rn. 1216 ff. genannte Rechtsprechung auch nicht dem Willen des Gesetzgebers; das Nichterwähnen der Vermögensverhältnisse in § 5 Abs. 4 VBVG wird als Versehen des Gesetzgebers betrachtet.[24] Die oben geschilderte Berechnung wird danach als kontraproduktiv für den Wunsch nach einer einfachen Abrechnung der Pauschalvergütung betrachtet. Sie führt im Übrigen dazu, dass die Staatskasse (bei zwischenzeitlich eintretender Mittellosigkeit) z.T. die Stundenansätze eines Vermögenden und umgekehrt der vermögend gewordene Betreute (oder Erbe) z.T. die Stundenansätze eines Mittellosen zu zahlen hat.

1226

Für Berufsbetreuer schließlich bringt diese Verfahrensweise außer Mehrarbeit keinen Vorteil, da sich Mehr- oder Minderzahlungen über einen längeren Zeitraum wieder aufheben dürften. Für Verfahrenspfleger und Vertreter der Staatskasse ist hingegen mit Mehraufwand zu rechnen, da insbesondere der Zeitpunkt des Eintritts der veränderten Vermögensverhältnisse strittig sein kann.

1227

---

21 BT-Drs. 15/4874, S. 73
22 So auch *Zimmermann,* a.a.O.
23 Vgl. Bt-Drucks. 15/4874, S. 73
24 Ebenso *Jurgeleit/Maier*, § 5 VBVG Rn. 43

8.2.2.4 Stundenansatz für die Beurteilung der Mittellosigkeit

1228 Eine zweite sich seit 1.7.2005 zu stellende Frage ist, **welcher Stundenansatz** für die Beurteilung der Mittellosigkeit heranzuziehen ist. Hier droht ein Zirkelschluss zu entstehen: Der Stundenansatz und mit ihm die Vergütungshöhe hängt von der Mittellosigkeit ab. Ob Mittellosigkeit und somit Zahlungspflicht der Staatskasse gegeben ist, kann aber wiederum von der Vergütungshöhe abhängen:

1229

> **BEISPIEL[25]**
>
> *Der Betreute X – nicht im Heim – wird von Berufsbetreuer B (3. Vergütungsstufe) im 1. Betreuungsquartal betreut. Sein nach § 1836c einzusetzendes Vermögen beläuft sich auf 1.000,– €. Welche Vergütung steht Y am Ende des Quartals zu und gegen wen?*
>
> *Nimmt man zunächst an, X sei nicht mittellos, so wären* **3 x 8,5 x 44,– € = 1.122,– €** *zu zahlen. Da X das nicht kann, wäre er mittellos.*
>
> *Nimmt man dagegen seine Mittellosigkeit an, fielen nur* **3 x 7 x 44,– € = 924,– €** *an. Da er diese Summe aus seinem Vermögen zahlen könnte, wäre er wiederum nicht mittellos.*

1230 Hier gibt es u.E. nur einen sinnvollen Ausweg: Die Mittellosigkeit ist **nach den höheren Stundenansätzen** des § 5 Abs. 1 VBVG zu beurteilen, denn diese sind es, die dem Betreuer gegen den Betreuten zustehen. Im Beispielsfall kann der Betrag von 1.122,– € nicht entnommen werden. Es ist daher **Mittellosigkeit** anzunehmen und die Vergütung nach dem niedrigeren Stundenansatz des § 5 Abs. 2 VBVG in Höhe von 924,– € aus der Staatskasse zu zahlen (obwohl nach dem Wortlaut der Regelungen hier der Betreute wieder für diese Summe aufkommen könnte).

1231 Die Staatskasse kann dann jedoch wegen der ganzen Summe von 924,– € gegen den Betreuten den Staatskassenregress gemäß §§ 1908i Abs. 1 Satz 1, 1836e geltend machen (vgl. dazu unten Rn. 1428 ff.).

8.2.2.5 Berechnung nach Abrechnungsquartalen

1232 Ob Mittellosigkeit vorliegt, muss allerdings künftig wohl **für jeden Abrechnungszeitraum gesondert** beurteilt werden, denn anders als im alten Recht sind die Abrechnungszeiträume bei der Pauschalvergütung nicht mehr frei wählbar, sondern durch § 9 Satz 1 VBVG vorgegeben. Rechnet ein Betreuer mehrere Quartale gleichzeitig ab, kann der Betreute nach unserer Rechtsauffassung für einige davon mittellos sein und für andere nicht. Es ist somit unter Berücksichtigung des zum Zeitpunkt der Gerichtsentscheidung vorliegenden Vermögens die Zahlungspflicht (und somit auch der Stundenansatz für jedes Quartal) einzeln zu ermitteln. Hierbei ist mit dem 1. in der Abrechnung genannten Betreuungsquartal zu beginnen.

1233

> **BEISPIEL[26]**
>
> *Der Betreute X – nicht im Heim – wird vom Berufsbetreuer B (3. Vergütungsstufe) betreut. Er rechnet erst nach neun Monaten die ersten drei Betreuungsquartale ab, für die – bei unterstellter Nichtmittellosigkeit – 1.122,– €, 924,– € und 792,– € zu zahlen sind.*
>
> *Verfügt der Betreute nicht über ein nennenswertes monatliches Einkommen, aber noch über 1.500,– € einzusetzendes Vermögen, müsste er für das erste Quartal noch als nicht mittellos, für die weiteren dann als mittellos betrachtet werden, denn nach Abzug der zuerst fällig gewordenen Vergütung bleibt kein ausreichendes Vermögen mehr, um die Vergütung für die weiteren Quartale daraus zu zahlen.*

---

25 Nach *Fröschle*, a.a.O., Rn. 283

Umgekehrt ist er für die ersten beiden Quartale mittellos und für das dritte nicht, wenn er kein Vermögen, aber ein einzusetzendes Monatseinkommen von 800,– € hat, denn dann kann er die Vergütung für das 3. Quartal aus diesem Einkommen sofort zahlen, die Vergütungen für die ersten beiden Quartale dagegen nur in Raten.

Im Anschluss daran ist für jedes weitere in der Vergütungsabrechnung genannte Quartal die Rechnung zu wiederholen, natürlich unter Abzug der vom Betreuten im vorangegangenen Quartal berechneten Zahlungspflicht. **1234**

8.2.3 Mittellosigkeitszeitpunkt und Aufwendungsersatz

Mangels entgegenstehender anderer Regelungen wird der Anspruch auf Aufwendungsersatz in den Fällen, in denen er auch nach dem 1.7.2005 separat abrechenbar ist, jedoch in dem Moment fällig, in dem die Aufwendung getätigt wurde.[27] Im Zweifelsfall wird man auf die wirtschaftlichen Verhältnisse des Betreuten im Kalendermonat, in dem die Aufwendung erfolgte, abstellen müssen, da üblicherweise Einnahmen und Verpflichtungen in monatlichen Zeitabständen erfolgen. **1235**

Allerdings kann das nur dann gelten, wenn der Betreuer die Möglichkeit hatte, die Aufwendung ohne gerichtliche Entscheidung dem Einkommen bzw. Vermögen zu entnehmen. D.h., der Betreuer muss zum einen den Aufgabenkreis Vermögenssorge innehaben und es muss für ihn frei verfügbares Einkommen/Vermögen vorhanden sein. Sobald eine Gerichtsentscheidung vorausgehen muss (z.B., wenn ausschließlich versperrt angelegtes Mündelgeld nach § 1812 freigegeben werden muss oder wenn die Betreuung zwischenzeitlich beendet ist oder der Aufgabenkreis aufgehoben wurde), kann es logischerweise nur auf den Zeitpunkt der Gerichtsentscheidung ankommen (vgl. auch Rn. 1208). **1236**

8.2.4 Mittellosigkeitszeitpunkt und Aufwandspauschale

Konsequenterweise muss dies für die Aufwandspauschale nach § 1835a (vgl. Kapitel 5, Rn. 365 ff.) bedeuten, dass es auf den Zeitpunkt ihrer Fälligkeit, also den wiederkehrenden Zeitpunkt der Betreuerbestellung (§ 1835a Abs. 4) ankommt. Auch dies kann nur dann gelten, wenn der Betreuer die Aufwandspauschale rechtlich und tatsächlich entnehmen konnte (vgl. Rn. 1488), d.h. der Betreuer den Aufgabenkreis Vermögenssorge innehatte und der Betreute nicht mittellos war. **1237**

8.3 Beispiel für eine Berechnung

Der **Einkommensfreibetrag** beträgt zurzeit mtl. 694,– € (Stand 1.7.2007; zuzüglich Kosten der Unterkunft (Miet- und Betriebskosten). Dieser Freibetrag enthält keine speziellen Voraussetzungen mehr, sondern gilt generell für die Hilfe in besonderen Lebenslagen und somit über die Verweisung in § 1836c Nr. 1 für alle Betreuten. Auch vor dem 1.1.2005 bereits galt die Vorgängerregelung in § 81 Abs. 1 BSHG unabhängig davon, ob der Betreute die individuellen Voraussetzungen des § 85 SGB XII erfüllte.[28] **1238**

Ob zu den **Kosten der Unterkunft** neben der Miete und den Betriebskosten auch die Kosten der Heizung zählen, ist in der sozialhilferechtlichen Literatur umstritten.[29] Da man auch in der Neufassung des SGB im Bereich der Hilfe zum Lebensunterhalt separat von **1239**

---

26 Nach *Fröschle*, a.a.O., Rn. 286
27 LG Augsburg JurBüro 1993, 87; *Damrau/Zimmermann* § 1835 Rn. 24; *Knittel* § 1835 Rn. 28; *Bienwald* Vorbem. vor § 65 ff. FGG Rn. 210
28 Vgl. BR-Drs. 960/96, S. 30, BayObLG BtPrax 2000, 83; OLG Dresden BtPrax 2001, 208; LG Bautzen FamRZ 2000, 1535 = BtPrax 2000, 267 = JurBüro 2001, 42; a.A. LG Koblenz BtPrax 1999, 113 m. Anm. Jürgens BtPrax 1999, 99; Auffassung aufgegeben: LG Koblenz BtPrax 2000, 222

Unterkunftskosten (§ 29 Abs. 1 SGB XII) sowie von **Heizungskosten** (§ 29 Abs. 3 SGB XII) ausgeht, wird man davon ausgehen müssen, dass der Begriff der Unterkunft in § 85 Abs. 1 Nr. 2 SGB XII ebenfalls keine Heizkosten beinhaltet. Die Kosten des Haushaltsstroms zählen nach h.M. ebenfalls nicht dazu.

1240	Freibetrag für den Betreuten (§ 85 Abs. 1 Nr. 1 SGB XII):	694,00 €
	Familienzuschlag für den Ehegatten oder eingetragenen Lebenspartner (§ 85 Abs. 1 Nr. 3 SGB XII):	243,00 €
	Unterkunftskosten – hier als fiktives Beispiel –:	350,00 €
	Summe:	**1.287,00 €**

1241 Im vorliegenden Falle würde dies bedeuten, dass bei der Frage, ob der Betreute die Leistungen seines Betreuers selbst zu zahlen hat, nur die Beträge berücksichtigt werden, die die Grenze von 1.287,– € übersteigen.

1242 Der Familienzuschlag von derzeit 243,– € (Stand 1.7.2007) beträgt 70 % des Eckregelsatzes und wird für den (Ehe-)Partner und jede Person gewährt, die überwiegend unterhalten wird.

1243 Obwohl das Einkommen des Ehegatten bzw. des eingetragenen Lebenspartners des Betreuten mitrechnet, sind die Zahlungen für Betreuervergütung und Aufwendungsersatz nur aus dem Einkommen bzw. Vermögen des Betreuten selbst zu zahlen. Daher ist genau zu ermitteln, in welcher Höhe Einkommen und Vermögen vorhanden ist. Hierzu gibt § 82 SGB XII erste Hinweise. Zu Details der Einkommensberechnung siehe die VO zu § 82 SGB XII.[30]

8.4 Einkommensermittlung

1244 Zum Einkommen zählen grundsätzlich alle Einnahmen geldwerter Art.[31] Einkommen im Sinne des § 82 SGB XII sind nur tatsächliche Zuflüsse in Geld oder Geldeswert. Nicht alsbald realisierbare Ansprüche sind dagegen kein Einkommen.[32] Bestimmte Formen des Einkommens werden allerdings von vornherein nicht als solches betrachtet. Hierbei handelt es sich in der Regel um Einkommensarten, die als besonders sozialverträglich geschützt sind, da sie der Deckung besonderer Lebensrisiken und Belastungen dienen sollen. Sofern diese Einkommensformen sozialhilferechtlich nicht als Einkommen gelten, muss dies aufgrund der Verweisungen in § 1836c auf das Sozialhilferecht auch für die Einkommensermittlung im Bereich der Betreuervergütung und des Aufwendungsersatzes gelten.

1245 **Nicht als Einkommen** angesehen werden im Sozialhilferecht:

- Grundrente nach dem Bundesversorgungsgesetz und dem Bundesentschädigungsgesetz (Kriegsbeschädigten-/-hinterbliebenenversorgung und gleichgestellte Zahlungen), (§ 82 Abs. 1 SGB XII, § 80 Soldatenversorgungsgesetz, § 47 Zivildienstgesetz, § 63 Infektionsschutzgesetz für Impfschäden, §§ 1, 10a Opferentschädigungsgesetz, § 292 Lastenausgleichsgesetz);

- Grundrente der Stiftung „Hilfswerk für behinderte Kinder" (§ 21 Abs. 2 des Stiftungsgesetzes; sog. „Contergan-Renten");

- Leistungen der Bundesstiftung Mutter und Kind (§ 5 Abs. 2 des Stiftungsgesetzes) sowie gleichgestellter Landesstiftungen[33];

---

29 Für die Berücksichtigung LPK BSHG § 79 Rn. 4; *Oestreicher* § 79 Rn. 8; dagegen *Schellhorn* § 79 Rn. 26; *Gottschick* § 79 Rn. 7.3; OVG Lüneburg FFVS 36,108
30 Die Durchführungsverordnung zu § 82 SGB XII finden Sie auf der beiliegenden CD-ROM.
31 Siehe im Einzelnen die Verordnung zu § 82 SGB XII
32 BVerwGE 31, 100
33 LPK SGB XII, § 82 Rn. 55

- Kindererziehungsleistungsrenten nach dem Kindererziehungsleistungsgesetz (§ 299 SGB V)[34]

- Elterngeld nach dem Elterngeldgesetz und vegleichbarer Landesregelungen (anrechnungsfrei ist nur der Grundbetrag von mtl. 300,– Euro; darüber liegende Beträge sind als Einkommen anzurechnen), vgl. § 10 Abs. 1 BEEG;

- Unterstützungsleistungen für SED-Opfer (§ 9 Berufliches Rehabilitierungsgesetz)[35];

- Entschädigungsleistungen nach dem Kriegsgefangenenentschädigungsgesetz und dem Häftlingshilfegesetz, dem Heimkehrerstiftungsgesetz, dem HIV-Hilfegesetz, dem § 52 Abs. 2 Bundespolizeigesetz;

- Vermögenswirksame Leistungen des Arbeitgebers (nicht der Arbeitnehmeranteil);

- Motivationshilfen nach dem Europäischen Sozialfonds bis zu dort bestimmten Beträgen;

- Sozialhilfeleistungen selbst (inkl. Grundsicherung für Erwerbsgeminderte und für Arbeitssuchende);[36]

- Kindergeld ist vom Sonderfall der Vollwaisen abgesehen, Einkommen der Eltern, nicht des Kindes.[37] Das an den Elternteil eines volljährigen grundsicherungsberechtigten Kindes gezahlte Kindergeld ist grundsätzlich Einkommen des Elternteils und nicht des Kindes. Anderes gilt nur, wenn das Kindergeld an das Kind weitergeleitet wird, d.h. tatsächlich als Geld zufließt.[38]

Auch das **Pflegegeld** (und andere Leistungen) der gesetzlichen Pflegeversicherung gehört nicht zum Einkommen des Pflegebedürftigen, da § 13 Abs. 5 Satz 1 SGB IX ausdrücklich regelt, dass Leistungen dieser Versicherung bei Sozialleistungen, deren Gewährung von anderen Einkommen abhängig ist, unberücksichtigt bleibt.[39] Sofern man sich ungeachtet dessen dazu entscheidet, das Pflegegeld als Einkommen anzurechnen, sind die Krankheits- und Behinderungskosten als besondere Belastung gem. § 87 SGB XII zu berücksichtigen[40]. **1246**

Gemäß § 83 SGB XII werden weitere Einkünfte nicht anzurechnen sein, da sie als zweckbestimmte Leistungen nicht dem Lebensunterhalt zu dienen bestimmt sind, z.B.: **1247**

- Blindenführhundleistungen (§ 14 BVG)

- Blinden- und Gehörlosengeld (nach § 72 SGB XII oder vorrangigem Landesrecht)[41]

- humanitäre Soforthilfe für HIV-Infizierte[42]

- Krankenversicherungszuschuss für freiwillig versicherte Rentner (§ 106 SGB VI)

- Zuschüsse zu medizinischen Vorsorgemaßnahmen „Kuren" (§ 23 SGB V)

- Zuschüsse zu Rehabilitationsleistungen (z.B. nach §§ 40, 41 SGB V)[43]

- Überbrückungsbeihilfe für Strafentlassene (§ 75 StVollzG)

---

34 LPK SGB XII, § 82 Rn. 53
35 LPK SGB XII, § 82 Rn. 60
36 LPK BSHG § 76 Rn. 18; LPK SGB XII, § 82 Rn. 44
37 LG Passau RdLH 1999, 174
38 BSG, Urteil vom 8.2.2007, Az. B 9b SO 5/06 R
39 So auch LG Koblenz BtPrax 2000, 222 = FamRZ 2001, 308; a.A: BayObLG BtPrax 2000, 83 = BayObLGZ 1999, Nr. 76 m. Anm. *Jürgens*, BtPrax 2000, 71; OLG Zweibücken FamRZ 2001, 309 m. Anm. *Hellmann* in RdLH 2001, 91; LPK SGB XII, § 82 Rn. 54
40 BayObLG BtPrax 2001, 254 = FamRZ 2002, 419
41 BVerwGE 34, 164/166; LPK BSHG § 77 Rn. 24, 34 a
42 LPK BSHG § 77 Rn. 38
43 LPK BSHG § 77 Rn. 60

- Schmerzensgeld (§ 253 BGB)

- Schadensersatzleistungen, die lediglich eine frühere Vermögenslage wieder herstellen[44]

8.4.1 Bereinigung des Einkommens

1248 Das Einkommen des Betreuten ist um die in § 82 Abs. 2 SGB XII genannten Beträge zu bereinigen. Hierbei handelt es sich zunächst um die gesetzlichen Abgaben, Steuern und Versicherungen. Neben den gesetzlichen Sozialversicherungsbeiträgen oder ihnen gleichwertigen freiwilligen Zahlungen zur Renten-, Kranken-, Pflege- und Unfallversicherung können auch angemessene weitere Beträge zur Risikovorsorge gerechnet werden, z.B. Privathaftpflicht- und Hausratversicherungen[45] sowie, soweit landesrechtlich vorgesehen, eine Gebäudebrandversicherung.

1249 Altersvorsorgebeiträge (z.B. sog. Riester- oder Rürup-Renten) sowie Sterbeversicherungen (Lebensversicherungen auf den Todesfall) werden anerkannt[46], jedoch keine klassischen Kapitallebensversicherungen (auf den Erlebensfall). Eine Kfz-Haftpflichtversicherung ist anzurechnen, wenn der PKW zur Berufstätigkeit der betreuten Person notwendig ist.[47] Bei Erwerbseinkünften sind die mit der Erzielung des Einkommens notwendig verbundenen Ausgaben abzugsfähig (Werbungskosten – berufsbedingte Aufwendungen).

▶ Siehe hierzu im Einzelnen § 3 der Verordnung zu § 82 SGB XII; den Text finden Sie im Anhang und auf der beiliegenden CD-ROM.

8.4.2 Freibetrag wegen Berufstätigkeit

1250 Erzielt der Betreute Einkünfte aufgrund einer Berufstätigkeit, sind ihm hiervon pauschal weitere Freibeträge zu belassen (§ 82 Abs. 3 SGB XII).[48] Nach § 82 Abs. 3 SGB XII sind (Netto-)Einkünfte aus nichtselbstständiger und selbstständiger Tätigkeit (i.S.d. EStG, also z.B. Arbeitseinkünfte aus Berufstätigkeit) zu 30 % abzugsfähig.

1251 Dies unterscheidet das derzeitige Recht von der Rechtslage vor 2005 (§ 76 Abs. 2a BSHG), wonach Beträge in angemessener Höhe absetzungsfähig waren; hier war in der Praxis mit unterschiedlich hohen Sockelbeträgen und weiteren prozentualen Freibeträgen gerechnet worden.[49] Ein Sockelfreibetrag ist im neuen Recht nicht mehr enthalten. Allerdings kann in begründeten Fällen ein anderer als in Satz 1 festgelegter Betrag vom Einkommen abgesetzt werden.[50] Die abweichenden Einkommensanrechnungsregelungen bei Beziehern des Arbeitslosengeldes II (nach §§ 11, 30 SGB II) gelten nicht für die Einkommensberechnung im Rahmen der Betreuervergütung, auch wenn die konkret Betroffenen keine Sozialhilfe oder Grundsicherung nach SGB XII, sondern ALG II erhalten.

8.4.3 Unterhalt als Einkommen der betreuten Person

8.4.3.1 Allgemeines

1252 Unterhaltsansprüche zählen mit zum Einkommen des Betreuten, soweit es sich dabei um Zahlungen in Geld handelt – genau wie andere Einnahmen.[51] Zur Höhe etwaiger Unter-

---

44 LPK SGB XII, § 82 SGB XII, Rz. 8, BverwG FEVS 51,51
45 Vgl. *LPK BSHG* § 76 Rn. 28; LPK SGB XII, § 82 Rn. 74
46 *LPK BSHG* § 76 Rn. 28; LPK SGB XII, § 82 Rn. 77
47 *LPK BSHG* § 76 Rn. 27; LPK SGB XII, § 82 Rn. 73
48 Vgl. auch *Wagenitz/Engers*, FamRZ 1990, 1273, 1277
49 U.a. Empfehlungen des DV; NDV 1995, 1; vgl. dazu auch OVG Lüneburg NVwZ-RR 2000, 166
50 § 82 Abs. 3 Satz 3 SGB XII
51 *LPK BSHG* § 76 Rn. 72, LG Kleve BtPrax 1999, 201

haltsansprüche wird auf die ständige Rechtsprechung (sog. Düsseldorfer Tabelle) verwiesen.[52]

▸   *Zur Nichtberücksichtigung von Unterhaltsansprüchen bei der Aufwandspauschale nach § 1835a vgl. unter Kapitel 5, Rn. 360 f.*

Ein familienrechtlicher Unterhaltsanspruch wird bereits so behandelt, als stünden Unterhaltsleistungen dem Betroffenen tatsächlich zur Verfügung. Dies ist für die Betroffenen ungünstiger als im Sozialhilferecht. Hier werden nämlich nach ständiger Rechtsprechung Unterhaltsansprüche nur dann als Einkommen berücksichtigt, wenn sie entweder tatsächlich geleistet werden oder der Sozialhilfebezieher einfach hierauf zurückgreifen kann. Nicht alsbald realisierbare Unterhaltsansprüche sind dagegen kein Einkommen. Etwas abgemildert wird dies zwar durch § 1836d.   **1253**

Danach liegt Mittellosigkeit auch vor, wenn der Betreute die Aufwendungen oder die Vergütung aus seinem Einkommen oder Vermögen nur im Wege gerichtlicher Geltendmachung von Unterhaltsansprüchen aufbringen kann. Hierzu dürfte auch das Erfordernis der Auskunftsklage (§ 1605) zählen, die zur Klärung, ob der potenziell Unterhaltpflichtige leistungsfähig i.S.d. § 1603 ist, erforderlich sein kann. Dies bedeutet aber nur, dass der Betreuer zunächst bei der Weigerung von Unterhaltspflichtigen seine Vergütung aus der Staatskasse erhält, zugleich, dass die außergerichtliche Geltendmachung wohl verlangt werden kann und für den Fall, dass der Betreute hiervor zurückscheut, der Anspruch weiterhin als Einkommen gewertet wird.[53]   **1254**

Auch kann ein Betreuer verpflichtet sein, Unterhaltsansprüche auch gerichtlich geltend zu machen. Die Feststellung der Mittellosigkeit aufgrund dieses Tatbestandes entbindet den Betreuer nicht von der Notwendigkeit, die Unterhaltsklage zu führen. Allerdings ist hierbei der **Aufgabenkreis** des Betreuers zu klären.[54]   **1255**

▸   *Zum praktischen Vorgehen bei der Geltendmachung von Unterhalt siehe unten Rn. 1287 ff.*

8.4.3.2   Unterhaltsansprüche infolge Betreuertätigkeit?

Mehrere Gerichte[55] prüfen die Frage, ob eine Betreuervergütung nach § 1 Abs. 2 Satz 2 VBVG (früher § 1836a) aus der Staatskasse zu erbringen ist oder ob der Betreute selbst zahlungspflichtig ist. Von vielen vergleichbaren Fällen der Betreuervergütungspraxis unterscheiden sich die Beschlüsse dadurch, dass die Betreuten – von Sozialhilfezahlungen abgesehen – einkommens- und vermögenslos sind. Dennoch verneinten die Gerichte den Eintritt der Staatskasse für die Vergütungsforderungen der jeweiligen Betreuungsvereine für ihre Vereinsbetreuer.   **1256**

Beanstandet wird zwar zunächst, dass keine Angaben zu Unterhaltsansprüchen seitens der Antragsteller getätigt wurden, mithin die Frage des Bestehens etwaiger Unterhaltsansprüche versäumt wurde zu prüfen. Insoweit ist den Gerichten beizupflichten, denn nach § 1836c Nr. 1 gehören Unterhaltsansprüche mit zum Einkommen der betreuten Person.   **1257**

Was die Entscheidungen aber höchst bedenklich macht, sind die in der jeweiligen Begründung getätigten Aussagen, es sei unzweifelhaft so, dass die Betreuerkosten selbst (Aufwendungsersatz und Betreuervergütung) zum Unterhaltsbedarf der betreuten Person zählten. Da die betreuten Personen ihren eigentlichen Lebensbedarf anderweitig gesichert   **1258**

---

52   Im Internet z.B. unter www.famrz.de
53   *Jürgens* u.a., Das neue Betreuungsrecht, Rn. 282
54   Vgl. zum Aufgabenkreis Vermögenssorge OLG Zweibrücken FamRZ 2000, 1324 = NJW-RR 2001, 151 mit Anm. *Hellmann* in Rechtsdienst der Lebenshilfe 2001, 90;
55   OLG Nürnberg BtPrax 1999, 236, ebenso LG Kleve FamRZ 2000, 1534 sowie LG Duisburg 22 T 15/00 vom 15.2.2000 und LG Düsseldorf 19 T 493/00 vom 25.9.2000

hatten, waren die Betreuer der Ansicht, dass hier kein Platz für einen weiteren Unterhaltsbedarf gegeben sein könnte.

1259 Dem wurde von den genannten Gerichten ausdrücklich widersprochen, mit der logischen Folge, dass nach dieser Auffassung unabhängig von den sonstigen Einkünften des Betreuten dessen Unterhaltsbedarf stets zumindest in Höhe der (auf Monate umzurechnenden) Betreueraufwendungen bestehe. Nach dieser Auffassung wäre ein Unterhaltsanspruch des Betreuten gegen Verwandte in gerader Linie (§ 1601) bzw. gegen Ehegatten (§§ 1361, 1569 ff.) nicht die Ausnahme, sondern die Regel. Unterhaltsansprüche wären hiernach, anders als im Sozialhilferecht, auch gegen Verwandte 2. Grades (Enkel) zu prüfen.[56]

1260 Denn nach der anderen, von hier als richtig angesehenen Auffassung bestände ausnahmsweise nur dann ein Unterhaltsanspruch, wenn z.B. bei Ehegattenunterhalt die Sozialhilfezahlung hinter der in der Düsseldorfer Tabelle, Teil B genannten Summe von im Regelfall 3/7 des Ehegatteneinkommens zurückbliebe. Bei Verwandtenunterhalt bestände ebenfalls nach dieser Auffassung nur ausnahmsweise ein Unterhaltsanspruch über das 18. bzw. 21. Lebensjahr hinaus (§§ 1603 Abs. 2). Meist läge der Unterhaltsanspruch in solchen Fällen nicht höher als die Hilfe zum Lebensunterhalt nach dem SGB XII und sei dann ohnehin auf den Sozialhilfeträger gem. § 94 SGB XII übergegangen.

1261 Die aus der Betreuertätigkeit resultierende Vergütungsforderung ist nach Auffassung der genannten Gerichte[57] jedoch ein unterhaltsrechtlicher alters- oder krankheitsbedingter Mehrbedarf, vergleichbar sonstigen Krankheitskosten. So wird (in der Entscheidung des *LG Duisburg* und nahezu gleichlautenden des *LG Düsseldorf*) erwähnt, dass die Kosten der Unterbringung pflegebedürftiger Eltern in einem Pflegeheim ebenso von den Angehörigen zu tragen sei wie die Kosten der Unterbringung in einem psychiatrischen Krankenhaus.[58] Das Gericht erwähnt, dass Betreuertätigkeit zur Grundversorgung des Betroffenen im Sinne einer Ultima Ratio zähle, um die ordnungsgemäße Wahrnehmung zentraler rechtlicher Belange des Betroffenen in den Bereichen Aufenthaltsbestimmung, Gesundheitsfürsorge oder Vermögenssorge sicherzustellen. Dies sei nicht anders zu werten als der physische Pflegebedarf.

8.4.3.3   Kritik dieser Entscheidungen

1262 Das Vorerwähnte hört sich zunächst nachvollziehbar an. Denn ist nicht für die Betreuerbestellung zunächst die Feststellung einer Krankheit oder Behinderung Voraussetzung (§ 1896 Abs. 1)? Auf den zweiten Blick jedoch kommen Bedenken. Zunächst einmal wird ausgeblendet, dass es im Unterhaltsrecht auch darauf ankommt, dass man sich nicht mutwillig unterhaltsbedürftig macht.[59] Wie hängt dies mit der Betreuerbestellung zusammen?

1263 Die Betreuung ist von ihrem Grundgedanken eine Bevollmächtigung aufgrund staatlichen Hoheitsaktes. Die private Bevollmächtigung, die in § 1896 Abs. 2 ausdrücklich genannt wird, ist der Betreuung gegenüber vorrangig. Ist ein derartig Bevollmächtigter eingesetzt, so hätte er im Falle der entgeltlichen Geschäftsbesorgung (§ 675) einen (im konkreten Fall im Detail zu vereinbarenden) Vergütungsanspruch, auf jeden Fall aber einen Aufwendungsersatzanspruch (§ 670). Die Pflicht des Vollmachtgebers, diese Beträge an den Bevollmächtigten zu zahlen, ist eine private Verbindlichkeit; sie trifft in keinem Falle Familienangehörige oder den Ehegatten. Es handelt sich im Verhältnis zum Ehegatten auch nicht um ein Rechtsgeschäft im Rahmen der sog. „Schlüsselgewalt" (§ 1357).

---

56   LG Duisburg JurBüro 2001, 267
57   Sowie bereits früher schon des OLG Nürnberg BtPrax 1999, 230
58   LG Hagen FamRZ 1989, 1130; BGH FamRZ 1986, 48/49
59   Vgl. dazu auch *Foerste*, Alkoholismus und Unterhaltsrecht, FamRZ 1999, 1245

Wird aber eine Individualvorsorge versäumt – denn nur dann kommt es ja zur Betreuerbestellung, – erscheint es nicht nachvollziehbar, dass Familienangehörige für etwas aufkommen sollen, wofür sie im Falle einer Eigenvorsorge nicht einzutreten hätten. Ähnlich ist der Fall der Betreuungsanordnung auf Antrag des Betreuten zu sehen. **1264**

Eine Betreuung kann auf Antrag des Betroffenen oder von Amts wegen angeordnet werden, bei Körperbehinderten ausschließlich auf eigenen Antrag hin. Zwar dürften die meisten Betreuungen von Amts wegen angeordnet werden (statistisch wird dies leider nicht erfasst), aber an sich ist die Betreuung auf eigenen Antrag hin der vom Gesetzgeber beabsichtigte Normalfall. Hier muss man sich aber der **Konsequenzen des Unterhaltsrechtes** bewusst werden: Führt die Betreuerbestellung zu der Bestellung eines Berufsbetreuers, sind damit nach § 1836 Abs. 1 Satz 2 i.V.m. dem VBVG kraft Gesetzes Vergütungsforderungen verbunden. **1265**

Vertritt man überhaupt die Auffassung, Betreuertätigkeit sei ein Unterhaltstatbestand, so hieße das in der Konsequenz, der Betreute hat diesen Aufwand durch seinen Antrag auf Betreuerbestellung verursacht. Somit hat er den Unterhaltsbedarf **selbstverschuldet** erzeugt bzw. erhöht (denn die Vorsorge durch Vollmacht hätte diese Konsequenz nicht gehabt). Auch in diesem Falle ist nicht einsehbar, dass Verwandte und Ehegatten für eine Handlung und ihre Folgen einzustehen haben, die sogar dem eindeutigen Wunsch des Gesetzgebers (auf Individualvorsorge) widerspricht. **1266**

Eine weitere Frage ist es, ob der Vergleich Heimbewohner und Pflegebedürftige auf der einen Seite und Betreuungsbedürftige auf der anderen Seite nicht hinkt. **1267**

Der **Pflegeaufwand** bei Pflegebedürftigkeit ist unterhaltsrechtlich maßgeblicher Sonderbedarf (§ 1613).[60] Auch die stationäre Pflegebedürftigkeit eines Erwachsenen begründet eine Unterhaltsbedürftigkeit, soweit eigenes Einkommen oder Vermögen oder Leistungen der Pflegeversicherung nicht ausreichen. **1268**

Jedoch handelt es sich bei Krankheit und Behinderung um Leistungen sozialer Betreuung, die durch Pflegepersonal, Ärzte o.Ä. erbracht werden. **Keinesfalls** wird durch Pflegekräfte **Rechtsvertretung** geleistet. Im Übrigen ergeben sich bei Pflegebedürftigen seit Einführung der gesetzlichen Pflegeversicherung ohnehin in der Praxis kaum noch Unterhaltsheranziehungen für Pflegetätigkeiten, sondern für erhöhten Wohn- und Ernährungsaufwand im Heim. Denn für den Pflegeaufwand kommt die Pflegeversicherung auf. Es war gerade ein wichtiges sozialpolitisches Ziel, die als unzeitgemäß angesehene Belastung der Angehörigen hierfür weitgehend abzuschaffen. **1269**

Betreuertätigkeit soll aber gerade **keine soziale Betreuung** (mehr) sein. Sie soll sich auf die Wahrnehmung der Rechte der Betreuten beschränken. Die Kosten eines Verfahrenspflegers zählen nicht als Krankheitskosten, da sie nicht der Wiederherstellung der Gesundheit des Betroffenen, sondern dem Schutz seiner Rechte dienen.[61] Gleiches wird man von der Betreuertätigkeit sagen können. Es erscheint ausgesprochen unlogisch, auf der einen Seite die Dimension der Betreuertätigkeit auf das Rechtliche zu verengen, wie es der Gesetzgeber des 1. BtÄndG getan und mit der Vergütungspauschale im 2. BtÄndG bekräftigt hat, andererseits aber im Unterhaltsrecht die Betreuertätigkeit nun wieder als soziale Hilfe, vergleichbar der Kranken- und Altenpflege darzustellen, um eine Analogie zu erzeugen. **1270**

Des Weiteren stellt sich die Frage, ob es überhaupt in der **Absicht des Gesetzgebers** lag, Betreuertätigkeiten in unterhaltsrechtliche Tatbestände umzumünzen. Hinter den Beschlüssen der genannten Gerichte scheint die Auffassung zu stehen, dass der Gesetzgeber durch die ausdrückliche Erwähnung von Unterhaltsansprüchen in § 1836c der Rechtsprechungspraxis scheinbar den „Wink mit dem Zaunpfahl" geben wollte. Tatsächlich findet **1271**

---

60 Vgl. *LPK BSHG* § 91 Rn. 53; LG Hagen FamRZ 1989, 1330
61 LG Braunschweig BtPrax 1999, 34

sich in den Gesetzgebungsmaterialien zum 1. BtÄndG[62] nichts dergleichen. Im Gegenteil: Es wird erwähnt, dass die Aufnahme der Unterhaltsansprüche nur dazu diente, dass derartige Ansprüche nicht von vornherein als irrelevant abgetan werden sollten.

1272   Dies wäre dadurch passiert, dass durch die Übernahme des **sozialhilferechtlichen Einkommensbegriffes** (§ 82 SGB XII) in § 1836c nur tatsächliche Geldzuflüsse erfasst worden wären. Denn Unterhaltsansprüche, denen keine tatsächliche Zahlung gegenübersteht, gelten nicht als Einkommen im Sozialhilferecht. Sozialhilfe muss also in einem solchen Falle ungekürzt gezahlt werden, während die Unterhaltsansprüche kraft Gesetzes den Gläubiger wechseln und auf den Sozialhilfeträger übergehen (§ 94 SGB XII), der sie in eigenem Namen geltend macht.

1273   Diese Automatik hat der Gesetzgeber für Betreuer u. E. nicht gewollt; er wollte, dass zwar in einem solchen Falle der Betreute zunächst als mittellos zählt (§ 1836 d), dass aber nach vorherigem Eintritt der Staatskasse der Betreuer den Unterhalt dennoch hätte einklagen müssen; alternativ hätte die Staatskasse den Unterhaltsanspruch nach eigenem Ermessen auch pfänden können (§ 1836e). Dies konnte aber nur dann funktionieren, wenn Unterhaltsansprüche trotz fehlender tatsächlicher Zahlung dennoch als Einkommen des Betreuten zählen. Nur deshalb wurden die Unterhaltsansprüche ausdrücklich erwähnt.

1274   Was im Übrigen bei den Beschlüssen der genannten Landgerichte u.E. auch nicht genügend bedacht ist, ist, dass der Gesetzgeber bei der Beteiligung des Betreuten an den Kosten seiner Betreuung weitgehend auf (Sozial-)Hilfen in besonderen Lebenslagen (HibL), und nicht auf die Hilfe zum Lebensunterhalt, abgestellt hat.

1275   So ist bei der Grundsicherung im Alter und bei Erwerbsminderung (4. Kapitel des SGB XII) keine Unterhaltspflicht zwischen Verwandten gegeben, bei Hilfen zum Lebensunterhalt (3. Kapitel des SGB XII) sowie Hilfen zur Gesundheit (5. Kapitel des SGB XII) und der Eingliederungshilfe (6. Kapitel des SGB XII) sind bei volljährigen behinderten oder pflegebedürftigen Menschen nach § 94 Abs. 2 SGB XII nur ganz geringfügige Inanspruchnahmen vorgesehen.

1276   Wenn man sich diese Aufzählung vergegenwärtigt, wird man erkennen, dass die Betreuertätigkeit ebenfalls ähnliche **sozialpolitische Zielsetzungen** hat, sodass es wohl auch angemessen erscheinen kann, für die Finanzierung der Betreuertätigkeit einen Unterhaltstatbestand zu verneinen. Selbst wenn man sich dem nicht anschließt, wird man die Begründung des Gesetzgebers nicht außer Acht lassen dürfen. Daher wird an dieser Stelle die Rechtsauffassung aus Vorauflagen bekräftigt, wonach nach Ansicht der Verfasser Betreuertätigkeit selbst kein Unterhaltstatbestand ist.

1277   In der Einzelbegründung zum 1. BtÄndG zu den §§ 1836c, 1836d hieß es in der BT-Drs. 13/7158:

> Er bestimmt in § 1836c BGB-E das Maß der Inanspruchnahme in Anlehnung an die Regelungen der Sozialhilfe und sieht vor, dass der Mündel grundsätzlich in gleichem Umfang zum Ersatz der Aufwendungen des Vormundes und zur Zahlung von dessen Vergütung herangezogen wird, in dem die Gewährung von Hilfe in besonderen Lebenslagen in den Fällen des § 81 Abs. 1 des Bundessozialhilfegesetzes vom Einsatz eigener Mittel des Betroffenen abhängig gemacht wird.
>
> [...]
>
> Im Einzelnen verbleibt dem Betroffenen insoweit – ggf. zusammen mit seinem Ehegatten – zunächst der Grundbetrag nach § 79 Abs. 1 Nr. 1 des Bundessozialhilfegesetzes *(jetzt § 85 Abs. 1 Nr. 1 SGB XII)*, der sich gemäß dem ausdrücklich mit in Bezug genommenen § 81 Abs. 1 des Bundessozialhilfegesetzes um ca. 500,– DM auf derzeit 1.520,– DM erhöht. Diese besondere Einkommensgrenze gilt u.a. für körperlich, geistig oder seelisch wesentlich behinderte oder von Behinderung bedrohte Personen (§ 39 Abs. 1 und 2 Bundessozialhilfegesetz), wenn diesen Hilfe in einer Anstalt, einem Heim oder einer gleichartigen Einrichtung oder in einer Einrichtung zur teilstationären Betreuung gewährt wird (§ 81 Abs. 1 Nr. 1 Bundessozialhilfegesetz) oder wenn

---

62   BT-Drs. 13/7158

diese ambulant behandelt oder ihnen sonstige ärztliche oder ärztlich verordnete Maßnahmen zur Verhütung, Beseitigung oder Milderung der Behinderung (§ 40 Abs. 1 Nr. 1 Bundessozialhilfegesetz) gewährt werden (§ 81 Abs. 1 Nr. 2 Bundessozialhilfegesetz). Vormundschaft und Betreuung verfolgen den vergleichbare Ziele. Zu ihren Kosten sollen deshalb Betroffene – auch soweit die Voraussetzungen des § 81 Abs. 1 Bundessozialhilfegesetz nicht ohnehin vorliegen – im gleichen Ausmaß beitragen wie zu den Kosten der dort genannten Maßnahmen.

Der Gesetzesentwurf verglich somit Betreuungstätigkeit insbesondere mit der **Eingliederungshilfe für Behinderte** (§§ 53 ff. SGB XII). Als weitere Details, die als solche nicht gegen eine generelle Unterhaltspflicht sprechen, die jedoch zumindest bedacht werden sollten, seien noch zu nennen: **1278**

- Im Unterhaltsrecht gibt es grundsätzlich keine **Vermögensfreibeträge** für den Unterhaltsberechtigten (außer bei gesteigerter Unterhaltspflicht gegenüber minderjährigen Kindern, § 1602 Abs. 2), anders als in der Sozialhilfe und der daraus abgeleiteten Mittellosigkeitsregelung in § 1836c. Demgegenüber ist im Sozialhilferecht ein angemessenes selbstbewohntes Hausgrundstück Schonvermögen (§ 90 Abs. 2 Nr. 8 SGB XII). Hier besteht eine sozialhilferechtliche Bedürftigkeit, aber keine zivilrechtliche Unterhaltsbedürftigkeit.[63] Genauso wird man es bei den kleineren Barbeträgen nach § 1 VO zu § 90 SGB XII sehen müssen. **1279**

- Da bei der Betreuervergütung die Einkommensfreigrenzen nach § 85 SGB XII (derzeit 694,– € zuzügl. Unterkunftskosten) gelten, hätte bei einer konsequenten Heranziehung unterhaltspflichtiger Familienangehöriger u.U. der Unterhaltspflichtige weniger Geld für sich übrig als der Betreute. Denn wenn man die Selbstbehaltssätze der Düsseldorfer Tabelle[64] betrachtet, beginnen die Selbstbehalte (Eigenbedarf des Unterhaltspflichtigen) bei Ehegattenunterhalt (Stand 1.1.2008) bei 900,– € (bereits inklusive 360,– € Warmmiete) und bei Angehörigen, die für Eltern Unterhalt zahlen sollen (Düsseldorfer Tabelle Teil D) bei 1.400,– € (inkl. 450,– € Warmmiete). Hier entstünde gegenüber den eigenen Mitteln des Betreuten als Unterhaltsberechtigten ein enormes Missverhältnis. **1280**

- Es müsste ebenfalls berücksichtigt werden, dass Angehörige des Betreuten, die nicht als Betreuer bestellt sind, dennoch den Betreuten tatsächlich versorgen und pflegen. In solchen Fällen wird im Sozialhilferecht ein Übergang des Unterhaltsanspruches nach § 94 SGB XII wegen grober Unbilligkeit verneint.[65] **1281**

- Weigert sich der nach den genannten Gerichten als unterhaltspflichtig Betrachtete, diesen Zahlungspflichten nachzukommen, hätte ggf. der Betreuer diesen zu verklagen. Der Zeitaufwand für die Unterhaltsklage und folgende Zwangsvollstreckung (im Auftrag der Regress fordernden Staatskasse) wäre jedenfalls bei einem anwaltlichen Berufsbetreuer wiederum nach § 1835 Abs. 3 BGB i.V.m. dem RVG vergütungsfähige Betreuertätigkeit, die ihrerseits wieder einen Unterhaltstatbestand darstellen würde. Hierdurch wird erkennbar, dass diese eigenwillige Variante des Unterhaltsrechtes den Gesetzen der Logik widerspricht und mit einer an den Interessen des Betreuten orientierten Betreuertätigkeit nicht mehr das Geringste gemein hat. Davon, dass Betreueraufgabe auch nicht sein kann, die Beziehungen zwischen dem Betreuten und den vermeintlich unterhaltspflichtigen Angehörigen hierdurch zu beeinträchtigen, einmal abgesehen. **1282**

- Letztlich ist festzustellen, dass auch im Sozialhilferecht die Heranziehung von Unterhaltspflichtigen kaum geeignet ist, die Kosten der öffentlichen Haushalte zu entlasten. Nur zwischen 1,4 und 1,7 % der Sozialhilfeaufwendungen werden durch **1283**

---

63   Vgl. BSG FEVS 38, 164; LSG Hessen info also 1984, 32; LSG Lüneburg info also 1986, 198 LPK BSHG § 91 Rn. 60/61
64   Vgl. die aktuelle Düsseldorfer Tabelle, z.B. www.famrz.de
65   BVerwGE 29, 235/238; Empfehlungen des DV, NDV 1995, 1/2; *LPK BSHG* § 91 Rn. 42 m.w N.

Unterhaltseinnahmen wieder hereingeholt.[66] Nach Schätzungen verschlingt der Verwaltungsaufwand rund 1/4 dieser Einnahmen.[67]

1284 Ob es im Betreuungsrecht wirklich im Sinne des Gesetzgebers gelegen hätte, nun neben den betreuten Menschen auch noch ihr gesamtes **familiäres Umfeld** durch detaillierte Ermittlungen der Betreuer bezüglich ihrer wirtschaftlichen Verhältnisse zu verprellen, zu verunsichern, und dadurch die Tätigkeit zahlreicher Betreuer empfindlich zu stören, was sicher auch nicht im Interesse der Betreuten liegen kann, darf bezweifelt werden.

1285 Wenn hinter derartigen Gerichtsbeschlüssen die Hoffnung steht, man könne bei Familienangehörigen von Betreuten mithilfe der Keule „Unterhaltspflicht" deren Bereitschaft zur eigenen Übernahme von Betreuungen steigern und dadurch Berufsbetreuungen vermindern, so wäre dies kontraproduktiv. Schließlich hat der Gesetzgeber, als er bei der Einführung des Betreuungsrechtes die Sanktionen bei der Weigerung, das Betreueramt zu übernehmen, aus dem Vormundschaftsrecht mit Absicht nicht übernommen hat, dieses damit begründet, dass bei einer erzwungenen Amtsübernahme als Betreuer nicht damit gerechnet werden könne, dass der Betreuer seine Pflichten erfüllen werde (§ 1898 BGB).[68]

1286 Somit sind Gerichtsbeschlüsse zu begrüßen, die eine derartige unterhaltsrechtliche Konsequenz verneinen.[69] Das *OLG Düsseldorf* hat in einem Einzelfall zumindest bei der **Aufwandspauschale** nach § 1835a die Unterhaltspflicht des Ehegatten des Betreuers (und Elternteils des Betreuten) verneint.[70]

8.4.3.4 Praktisches Vorgehen bei der Unterhaltsgeltendmachung

1287 Unterstellt, der Betreuer hat einen entsprechenden Aufgabenkreis, müsste er zunächst die folgenden außergerichtlichen Schritte vornehmen:

1288 • Den potenziell Unterhaltspflichtigen (sowohl Verwandte in gerader Linie wie auch Ex-Ehegatten) ausfindig machen (ggf. Anfragen beim Einwohnermeldeamt), beim Standesamt einen Familienbuchauszug besorgen, beim Sozialamt oder der Arbeitsgemeinschaft für Arbeitsuchende nachfragen, ob von dort bereits Unterhaltspflichten geprüft wurden, wobei die Datenweitergabe bei den zuletzt genannten Behörden zweifelhaft sein kann (hier ist ggf. auf § 74 Nr. 1a und 2 SGB X hinzuweisen).

1289 • Den potenziell Unterhaltspflichtigen schriftlich zur Auskunft über dessen Einkommens- und Vermögensverhältnisse (§§ 1605, 1580) auffordern und zumindest in allgemeiner Form die Unterhaltsansprüche für den Betreuten einfordern. Der Betreuer sollte bei pauschalierter Vergütung (§§ 4, 5 VBVG) für die Zeit ab 1.7.2005 die Höhe seiner Vergütungszahlungen erkennen können; diese sollten dem Unterhaltspflichtigen als mögliche Unterhaltsforderung mitgeteilt werden.

Im Weiteren lassen sich verschiedene Varianten vorstellen:

1290 1. Der Unterhaltspflichtige erteilt Auskunft, ist infolge zu geringen Einkommens oder anderweitiger Verpflichtungen nicht leistungsfähig im Sinne des Unterhaltsrechtes.[71]

Dann ist die Sache zunächst einmal (i.d.R. für 12 Monate) erledigt und der Betreuer teilt dem Gericht anlässlich des Vergütungsantrages die Leistungsunfähigkeit der Unterhaltspflichtigen mit, unter Beifügung von Nachweisen.

---

66   LPK BSHG § 91 Rn. 2
67   LPK BSHG, a.a.O.
68   Vgl. BT-Drs. 11/4528, S. 120
69   LG Verden/Aller BtPrax 2000, 268 = Rpfleger 2000, 550 = NJW-RR 2001, 579 = NJWE-FER 2001, 180; LG Braunschweig BtPrax 1999, 34 (für Verfahrenspflegertätigkeit)
70   OLG Düsseldorf BtPrax 2002, 267 = FamRZ 2002, 1590 = FGPrax 2002, 226
71   Vgl. Düsseldorfer Tabelle z.B. unter www.famrz.de

2. Der Unterhaltpflichtige erteilt Auskunft, ist im unterhaltsrechtlichen Sinne leistungsfähig und tatsächlich bereit, zu zahlen. **1291**

Dann fordert der Betreuer vom Unterhaltspflichtigen die Zahlungen. Diese sind dann eigenes Einkommen des Betreuten und beim Vergütungsantrag mit zu benennen (§ 1836c Nr. 1, § 82 SGB XII).

3. Der Unterhaltspflichtige erteilt Auskunft, ist leistungsfähig, aber nicht bereit, zu zahlen. **1292**

Dann müsste er auf Unterhalt verklagt werden. Hier hat der Betreuer beim Vergütungsantrag zunächst Anspruch auf Zahlung aus der Staatskasse (§ 1836d), aber natürlich nur in Höhe der Stundenansätze eines Mittellosen (§ 5 Abs. 2 VBVG). Nach der Zahlung der Staatskasse kann entweder so verfahren werden, dass der Betreuer im Namen des Betreuten selbst den Unterhalt einklagt und nach Zahlungseingang die Beträge an die Staatskasse im Rahmen ihrer Regressansprüche (§ 1836e) abführt. Oder aber die Staatskasse benutzt den Regressbeschluss, um den **Unterhaltsanspruch zu pfänden** (nach der **Justizbeitreibungsordnung**) und betreibt als Pfändungsgläubiger (Rechtsnachfolger) selbst die Unterhaltsklage.[72] Letztere Variante ist auch dann gegeben, wenn der Betreuer infolge fehlenden Aufgabenkreises selbst nicht klagen darf.

4. Der Unterhaltspflichtige erteilt keine Auskunft, daher kann nicht verlässlich festgestellt werden, ob er leistungsfähig ist oder nicht. **1293**

Daher müsste eine verbundene Auskunfts- und Unterhaltsklage erfolgen (sog. Stufenklage). Auch hier gilt der Betreute zunächst als zahlungsunfähig und die Staatskasse tritt in Vorleistung (§ 1836d). Ansonsten gilt das unter c) Gesagte. **1294**

8.4.3.5 Unterhalt bei pauschaler Betreuervergütung

In Hinblick auf die Umstellung der Betreuervergütung auf Pauschalen (vgl. Kapitel 7, Rn. 946 ff.) muss noch Folgendes beachtet werden: **1295**

Gemäß § 1612 Abs. 1 ist Unterhalt grundsätzlich in monatlichen Zahlungen (als Geldrente) zu leisten. Eine Ausnahme gibt es gem. § 1613 Abs. 2 Nr. 1 im Falle eines unregelmäßigen außergewöhnlich hohen Bedarfs (dem so genannten Sonderbedarf), also im Falle von außergewöhnlich hohen Ausgaben, die nicht voraussehbar waren und deshalb bei der Bemessung der laufenden Unterhaltsrente nicht berücksichtigt werden konnten.[73] **1296**

Die Betreuungskosten konnten bei der bisherigen Rechtslage in der Anfangszeit einer Betreuung im Regelfall nicht eingeschätzt werden und werden deshalb als ein solcher Sonderbedarf angesehen, der auch nachträglich (innerhalb eines Jahres nach Entstehung) noch geltend gemacht werden kann.[74] **1297**

Anders liegt es aber im Falle einer pauschalen Vergütung ab dem 1.7.2005. In diesem Fall lässt sich die monatliche Belastung nämlich genau vorhersehen und ist deshalb in Höhe der Stundenansätze enes Vermögenden (§ 5 Abs. 1 VBVG) – ggf. neben dem Bedarfssatz der Düsseldorfer Tabelle – im Verfahren zur Festlegung der monatlichen Unterhaltszahlungen geltend zu machen. Das *AG Westerstede*[75] führt dazu unter anderem aus: **1298**

(...) Der Kläger kann sich nicht darauf berufen, dass das VormG seinen Betreuer erst nach Erlass des Unterhaltsurteils (...) aufgefordert hat zu prüfen, ob über die ausgeurteilten 929 DM hinaus wegen der gezahlten Betreuervergütung ein weiterer Unterhaltsanspruch geltend zu machen ist. Eine solche Aufforderung darf jedenfalls ein Berufsbetreuer nicht abwarten. Solche elementaren **1299**

---

72 BayObLG NJW-RR 2002, 943 = Rpfleger 2002, 313 = FPR 2002, 69; ähnlich LG Kleve FamRZ 2002, 1290 sowie OLG Schleswig FGPrax 2005, 159
73 OLG Nürnberg BtPrax 1999,236; Palandt/*Diederichsen* § 1613 Rn. 15 ff.
74 LG Kleve FamRZ 2000,1534; OLG Nürnberg BtPrax 1999, 236
75 AG Westerstede FamRZ 2003, 552 m. Anm. *Bienwald* FamRZ 2003, 886

Fragen, wie die Klärung von Unterhaltsansprüchen, muss er in eigener Verantwortung (ggf. nach Einholung anwaltlichen Rates) entscheiden. Das zählt zu seinen originären Aufgaben. (...) Dass der (betreute) Kläger vom VormG als mittellos angesehen oder so eingestuft wurde (...) entbindet den Betreuer nicht von seiner Pflicht, alle unterhaltsrechtlichen Ansprüche des Betreuten – notfalls auch gerichtlich – geltend zu machen.

1300   Unterhaltsrechtlich ist diese Entscheidung problematisch. Solche Pauschalen sollen vor allem das Abrechnungsverfahren in Betreuungssachen vereinfachen und damit zu Einsparungen beitragen. Dabei kann es im Einzelfall vorkommen, dass der einzelne Betreute mehr Betreuungsstunden bezahlen muss, als ihm zugute gekommen sind. Es ist fraglich, ob solche Pauschalen im Rahmen der individuell zu bemessenden Unterhaltspflicht maßgeblich sein können.[76]

1301   Der Bezirksrevisor bei dem *LG Oldenburg* hat in einem Rundschreiben an alle Direktoren der Amtsgerichte des Bezirks auf die Entscheidung des *AG Westerstede* hingewiesen und darum gebeten, alle (Berufs-)Betreuer auf die Rechtslage hinzuweisen. Diese Belehrungen sollten seiner Ansicht nach aktenkundig gemacht werden, damit der Betreuer bei Nichtbeachtung in Regress genommen werden könne.[77]

1302   Gegen die Entscheidung des AG war zunächst Berufung eingelegt worden. Die Berufung wurde zurückgenommen, nach dem das OLG den Antrag des Klägers auf Prozesskostenhilfe wegen mangelnder Erfolgsaussichten zurückgewiesen hatte, das OLG teilt demnach die Rechtauffassung des Amtsgerichts.

1303   Trotz möglicher Bedenken gegen diese Auffassung sollten Betreuer, um einer eventuellen Haftung zu entgehen, Unterhaltsansprüche des Betreuten wegen der Betreuertätigkeit in Zukunft nicht mehr als nachträglich geltend zu machendem Sonderbedarf, sondern als einen von Anfang an geltend zu machenden Unterhaltsanspruch ansehen.

1304

> **HINWEIS**
>
> *Wegen der Schwierigkeit des Unterhaltsrechtes und der hier ständig wechselnden Rechtsprechungs- und Gesetzeslage ist die Konsultation eines Fachanwaltes für Familienrecht (ggf. im Rahmen der Beratungs- und Prozesskostenhilfe) dringend angeraten.*

8.4.4   Unterhaltsverpflichtungen des Betreuten

1305   Auch der Betreute kann unterhaltspflichtig sein, zum einem seinem Ehegatten gegenüber (§§ 1360 ff., 1569 ff.), zum anderen Verwandten in gerader Linie, insbesondere seinen Kindern (§§ 1601 ff.).

1306   Die Unterhaltspflicht gegenüber dem Ehegatten findet in § 85 SGB XII insoweit Berücksichtigung, als ein Ehegattenzuschlag zum Freibetrag des Betreuten hinzugerechnet wird. Dieser Freibetrag (derzeit mtl. 243,– €; Stand 1.7.2007) liegt jedoch erheblich unterhalb des Betrags, der im Unterhaltsrecht zugebilligt wird. Zu prüfen wäre deshalb, ob dem Ehegatten nicht mindestens der Mindestunterhaltsbetrag nach der Düsseldorfer Tabelle (Abschnitt B, von zurzeit 560,– €; Stand 1.1.2008) zugebilligt werden müsste, damit sich dieser nicht unverhältnismäßig einschränken muss.

1307   Auch nach Scheidung oder bei Getrenntleben wird man den tatsächlich zu zahlenden, vom Familiengericht oder durch notarielle Urkunde (bei Kindern auch durch **Jugendamtsurkunde,** § 59 SGB VIII) festgelegten Unterhaltsbetrag vom Einkommen des Betreuten absetzen müssen. Auch im Sozialhilferecht sind solche gesetzlichen und vollstreckbaren Unterhaltsverpflichtungen zu berücksichtigen.[78] Außerdem erscheint es unbillig, bei der

---

76   *Bienwald*, Anmerkung zum o.g. Beschluss des AG Westerstede, FamRZ 2003, 880
77   Schreiben vom 4.11.2002 mit Geschäftsnummer 560 ER
78   BVerwG Urteil vom 15.12.1977 – V C 35.77

Betreuervergütung Unterhaltsansprüche des Betreuten dem Einkommen hinzuzurechnen, Unterhaltsverpflichtungen jedoch nicht abzuziehen.

8.4.5 Zahlungsverpflichtungen des Betreuten

Die Berücksichtigung von sonstigen **Zahlungspflichten**, insbesondere Tilgung zivilrechtlicher Verbindlichkeiten, ist im Sozialhilferecht grundsätzlich nicht vorgesehen, da es von ihrem gesetzlichen Verständnis her nicht Aufgabe der Sozialhilfe ist, dritte Personen, die selbst nicht bedürftig sind, zu unterstützen. Eine Ausnahme bildet nur die Tilgung von Mietschulden nach § 34 SGB XII, da der Erhalt der Wohnung als schützenswertes Ziel anerkannt ist, auch wenn durch die Übernahme dieser Zahlungspflichten direkt ein Dritter (der Vermieter) profitiert und nur indirekt der Hilfeempfänger. **1308**

Da das Betreuungsrecht (und auch das Vormundschaftsrecht Minderjähriger) ebenfalls grundsätzlich keine Tätigkeit im Interesse dritter Personen darstellt[79], könnte man daran denken, dies ohne weiteres auch bei der Vergütung der Betreuungspersonen zu übernehmen. **1309**

Wird dieser Gedanke jedoch weiterverfolgt, wird der Widerspruch zu den Aufgaben des Betreuers deutlich. Gerade wenn diesem die Vermögenssorge als Aufgabenkreis übertragen wurde, ist die **Entschuldung** der betreuten Person eine vorrangige Aufgabe. Bleibt daher eine vom Betreuer veranlasste Schuldentilgung im Rahmen eines ordentlichen Tilgungsplans bei der Betreuervergütung gänzlich unberücksichtigt, könnte der Betreuer seine Aufgabe u.U. nicht mehr ordnungsgemäß erledigen, weil die nach Abzug der vom Gericht festzusetzenden Zahlungsraten (§ 1836e; § 56g Abs. 1 Satz 2 FGG) zusammen mit den Schuldtilgungsraten den Lebensunterhalt des Betreuten nicht mehr sicherstellen können. **1310**

Wir schlagen daher vor, eine Gegenrechnung unter Zuhilfenahme der **Pfändungstabelle** (§ 850c ZPO) vorzunehmen. Bei der Schuldentilgung durch Betreuer darf man in der Regel davon ausgehen, dass es sich um titulierte (oder jedenfalls unstrittige) Forderungen gegenüber dem Betreuten handelt, die also bei Nichtzahlung auch im Wege der Zwangsvollstreckung geltend gemacht werden könnten[80]. **1311**

U.E. wäre eine sachgerechte Lösung, die Tilgungsraten, soweit mit den Gläubigern vereinbart und tatsächlich geleistet (und natürlich innerhalb der gem. § 850c ZPO pfändbaren Beträge liegend), zumindest teilweise zu berücksichtigen. Die Möglichkeit hierzu bietet die gem. § 1836c vorgesehene Anwendung des § 87 SGB XII, der eine nur teilweise Heranziehung der oberhalb der Einkommensgrenzen liegenden Beträge ermöglicht.[81] **1312**

Der Betreute sollte nach Abzug der Mietkosten, etwaiger Unterhaltsverpflichtungen, der Schuldentilgung und der Ratenzahlungen gem. § 1836e mindestens den nach § 850c ZPO unpfändbaren Betrag behalten. Dies entspricht auch den in der Vergangenheit durch einige Gerichte geäußerten Berechnungsvorschlägen.[82] In der Literatur wird es auch für sachgerecht betrachtet, zusätzlich zur Pfändungsfreigrenze einen Zusatzbetrag von ca. 50,– €/Monat zuzubilligen.[83] **1313**

Hier der Hinweis auf die ursprünglichen Gesetzespläne: Nach dem Referentenentwurf zum 1. BtÄndG (Stand 7. Februar 1996) war beabsichtigt, als Maßstab für die Mittellosigkeit bei den Einkünften nicht auf das Sozialhilferecht, sondern auf die Bestimmungen über die **Prozesskostenhilfe** (§§ 114 ff. ZPO) zurückzugreifen. Hiernach wären Schul- **1314**

79   BGH BtPrax 1995, 103 = FamRZ 1995, 282 = Der Betrieb 1995, 319 = RdLH 2/95, 20
80   So auch LG Braunschweig, Beschluss 8 T 720/01 vom 21.6.2001; a.A.: LG Koblenz FamRZ 2005, 306
81   So auch LPK BSHG § 84 Rn. 7
82   LG Kiel JurBüro 94, 415; OLG Hamm BtPrax 94, 216 = BtE 1994/95, 75; LG Frankfurt/Main FamRZ 1996, 1360
      = BtE 1994/95, 76; LG Paderborn FamRZ 1995, 1377 = BtE 1994/95, 75; LG Braunschweig 8 T 720/01 vom
      21.6.2001
83   Knittel § 1835 Rn. 26 a; Weiß, Rpfleger 1994, 51/54

dentilgungen als besondere Belastung im Sinne von § 115 Abs. 1 Satz 2 ZPO anerkennungsfähig gewesen, jedenfalls dann, wenn sie vor Stellung des PKH-Antrags bereits vereinbart waren.[84]

1315 Da in § 1836d nur darauf abgestellt wird, dass der Betreute die Zahlungen nicht aufbringen kann, nicht jedoch, weshalb, gilt er auch dann als mittellos, wenn zwar einsatzfähiges Einkommen oder Vermögen vorhanden ist, es jedoch aufgrund von **Zwangsvollstreckungsmaßnahmen** nicht mehr für die Betreuerentschädigung entnommen werden kann.[85]

8.4.6 Umfang der Inanspruchnahme des Einkommens

1316 Bei der Inanspruchnahme ist zu berücksichtigen, dass der Einsatz des Einkommens nur „nach Maßgabe des § 87 SGB XII" erfolgt (§ 1836c Nr. 1). Nach dieser Vorschrift ist der die Einkommensgrenze übersteigende Anteil des Einkommens für die Aufbringung der Mittel eines sozialhilferechtlich relevanten Bedarfs „in angemessenem Umfang zuzumuten". Das bedeutet, dass nicht das gesamte über der Einkommensgrenze liegende Einkommen herangezogen wird, sondern nur ein – nach **Ermessensentscheidung** des Sozialhilfeträgers festzusetzender – Anteil, der im Einzelfall allerdings auch bis zum vollen Betrag gehen kann.

1317 Dies gilt auch bei der Beurteilung der Mittellosigkeit nach § 1836c. Auch hier muss daher eine **Ermessensentscheidung** getroffen werden, in welchem Umfange dem Betreuten der Einsatz seines über der Einkommensgrenze liegenden Einkommens zuzumuten ist.

1318 Hiermit kann der bisher schon vertretenen Auffassung[86], dem Betreuten könne nicht zugemutet werden, mit der Betreuung zugleich eine Einschränkung seiner Lebensverhältnisse hinzunehmen, Rechnung getragen werden durch die **Ermessensausübung** in Anwendung des § 87 SGB XII. Es muss im Rahmen des Ermessens auch der Sinn und Zweck der Regelung berücksichtigt werden und ein wichtiger Unterschied zum Sozialhilferecht ist: Während die Sozialhilfe grundsätzlich der Vermeidung von Armut dient und auch bei der Erbringung von Hilfen in besonderen Lebenslagen dem Hilfebezieher grundsätzlich eine Einschränkung seiner Lebensführung zugemutet werden kann, mag dies bei der Betreuung anders sein.[87]

1319 Insbesondere gilt für **Blinde und Schwerstpflegebedürftige** außerhalb einer vollstationären Einrichtung (Pflegestufe 3), dass dort mindestens 60 % des die Einkommensgrenze übersteigenden Einkommens anrechnungsfrei bleiben müssen (§ 87 Abs. 1 Satz 3 i.V.m. §§ 64 Abs. 3 und 72 SGB XII).

1320 In zwei veröffentlichten Entscheidungen des *LG Koblenz* hat sich dieses mit der Angemessenheit der Heranziehung laufender Einkünfte oberhalb der Freigrenze befasst:

1321 • Die Staatskasse kann wegen Betreuungskosten bei der betreuten Person Rückgriff nehmen, soweit diese ihr Einkommen und Vermögen gem. § 1836c BGB einzusetzen hat. Bei einem verbleibenden freien Betrag aus dem monatlichen Einkommen von 639,92 € sei die Anordnung einer monatlichen Zahlung von 500,– € nicht unangemessen.[88]

1322 • Bei einem Einkommen von 1.458,– €, Unterkunftskosten von 500,– € und einem Grundfreibetrag von 690,– € (seit 1.7.2007 694 €), einem in diesem Rahmen verbleibenden freien Betrag von 268,13 € sei die Anordnung einer monatlichen Zahlung von 150,– € nicht unangemessen.[89]

---

84 *Baumbach/Lauterbach* ZPO 48. Aufl., § 115 Anm. 3 C m.w.N.
85 *Soergel/Zimmermann* § 1036d Rn. 3; *Bienwald* Vorbem. vor §§ 65 ff. FGG Rn. 207; BT-Drs. 13/7158, S. 31
86 OLG Schleswig BtPrax 1994, 139; LG Oldenburg BtPrax 1994, 215; LG Koblenz BtPrax 1998, 82
87 *Jürgens* u.a., Das neue Betreuungsrecht, 4. Aufl., Rn. 280 d
88 LG Koblenz FamRZ 2007, 236
89 LG Koblenz FamRZ 2007, 1769

8.5 Inanspruchnahme des Vermögens

Die Inanspruchnahme des Vermögens des Betreuten für Vergütung und Aufwendungsersatz erfolgt nach der 1999 durch das 1. BtÄndG erfolgten Neuregelung in § 1836c Nr. 2 im gleichen Maße, wie bereits im früheren Recht aufgrund gefestigter Literatur und Rechtsprechung.[90]

1323

Nach längerer Unklarheit in der Rechtsprechung darf inzwischen als gesichert gelten, dass im Rahmen des § 1836c Nr. 2 BGB der Vermögensfreibetrag von derzeit 2.600,– € für die Grundsicherung bei Alter und Erwerbsminderung (der auch für die anderen früher als Hilfen in besonderen Lebenslagen bezeichneten Sozialhilfeleistungen nach dem 5. bis 9. Kapitel des SGB XII gilt) anzuwenden ist. Der niedrigere Freibetrag für die Hilfe zum Lebensunterhalt von derzeit 1.600,– € gilt bei der Betreuervergütung nicht.[91]

1324

Darüber hinaus kann ein Vermögenseinsatz nach § 90 Abs. 3 SGB XII insoweit nicht verlangt werden, als dies für den Betroffenen oder seine unterhaltsberechtigten Angehörigen eine **Härte** bedeuten würde. Eine Härte liegt insbesondere vor, wenn eine **angemessene Lebensführung** oder die Aufrechterhaltung einer angemessenen **Alterssicherung** für den Betroffenen wesentlich erschwert würde.

1325

8.5.1 Definition des verwertbaren Vermögens

Zum Vermögen im Sinne des SGB XII gehört grundsätzlich das **gesamte verwertbare Vermögen** (§ 90 Abs. 1 SGB XII). Darunter sind alle Gegenstände zu verstehen, die nach der Verkehrsanschauung nicht zur Bestreitung des gegenwärtigen Bedarfs vorgesehen sind. Hierzu zählen alle Vermögensgegenstände und vermögenswerte Rechte, die einen **wirtschaftlichen Wert** darstellen. Insbesondere sind dies Geld, Wertpapiere, Kapitallebensversicherungen, Immobilien, Nutzungsrechte, Forderungen, aber auch Schmuck, Gemälde und Antiquitäten. Schuldbelastungen sind grundsätzlich nicht in Abzug zu bringen; es gilt also nicht der Überschuss der Aktiva über die Passiva.[92]

1326

Die Berücksichtigung von Vermögensgegenständen setzt allerdings voraus, dass diese verwertbar sind. Hieran fehlt es insbesondere, wenn der Verwertung ein rechtliches oder tatsächliches **Hindernis** entgegensteht oder sie nicht in **angemessener Zeit** durchgeführt werden kann oder wirtschaftlich unvertretbar wäre.[93] Eine schwierige Verwertung von Grundeigentum liegt nicht schon deshalb vor, weil nach Auskunft eines Maklers ein Verkauf unter Wert erfolgen müsste; ein **halbes Jahr** soll eine angemessene Frist für eine Verwertung sein; in der Zwischenzeit könne der Betreuer seinen Anspruch durch eine Hypothek absichern.[94]

1327

Nicht als vermögend gilt jemand, dessen Vermögen derzeit nicht verwertbar ist, weil eine **Erbauseinandersetzung** noch nicht abgeschlossen und eine Darlehensaufnahme nicht möglich ist.[95]

1328

---

90 Vgl. z.B. *Jürgens*, Betreuungsrecht, § 1835 Rn. 16 m. w. N.
91 BGH FamRZ 2002, 157 = MDR 2002, 277 = FGPrax 2002, 23 = FuR 2002, 43 = RdLh 2002, 34 = BtPrax 2002, 75 = BtInfo 2002, 18 = Rpfleger 2002, 262 = JurBüro 2002, 267
92 OLG Hamm BtPrax 1999, 197 = Rpfleger 1999, 391; BayObLG NJWE-FER 1999, 35 = JurBüro 1999, 261; *Damrau/Zimmermann* § 1836c Rn. 15
93 BayObLG BayObLGZ 2001, 38; BayObLG 3 Z BR 251/01 vom 11.9.2001; BayObLG FamRZ 1999, 1234; LG Koblenz FamRZ 1995, 1444; LG Münster FamRZ 1999, 1362; BayObLG NJW-RR 2003, 1306; BayObLG NJW-RR 2001, 1515 = BtPrax 2002, 40; OLG Oldenburg FamRZ 2001, 309, ähnlich LG Koblenz BtPrax 2002, 222; LPK SGB XII, § 90 Rn. 10
94 LG Schweinfurt 42 T 221/01 vom 15.10.2001, ähnlich LG Koblenz FamRZ 2001, 1645
95 OLG Oldenburg Rpfleger 2000, 456 = NJWE-FER 2001, 233 = FamRZ 2000, 1534 = FamRZ 2001, 309, ähnlich OLG Schleswig FamRZ 2003, 1130; OLG Frankfurt FGPrax 2003, 33 LG Münster FamRZ 1999, 1362

8.5.2 Kleines Barvermögen

8.5.2.1 Allgemeines

1329 Rechtsgrundlage für die Heranziehung des Betreutenvermögens für die Vergütung des Betreuers ist § 1836c Nr. 2. Dort heißt es lapidar, dass der Betreute sein Vermögen im Sinne des § 90 SGB XII einzusetzen habe.

1330 Was die Barschaften des Betreuten betrifft, die er behalten darf, sagt das noch nichts. Auch der § 90 SGB XII selbst ist wenig hilfreich. Wichtig ist hier vor allem das Wort „verfügbare" im ersten Satz. Manche Vermögenswerte, insbesondere langfristig angelegte (und nicht vorzeitig kündbare) dürften darunter fallen.[96] Auch die Frage des **Bestattungs-** und **Grabpflegevertrags** gehört hierhin. Schließlich sind die Vermögenswerte für andere Zwecke angelegt, in Form eines Werkvertrags.[97] Hier stellt sich allenfalls die Frage, ob vom Betreuer verlangt werden kann, den jeweiligen Vertrag zu kündigen, um auf diese Weise die dafür angelegten Gelder wieder verfügbar zu machen.[98]

8.5.2.2 Vermögenseinsatz beim kleinen Barvermögen

1331 Kleinere Barbeträge oder sonstige Geldwerte gehören nach § 90 Abs. 2 Nr. 9 SGB XII ebenfalls schon geschonten Vermögen; dabei ist eine besondere Notlage des Hilfesuchenden zu berücksichtigen. Die Höhe der kleineren Barbeträge und sonstigen Geldwerte wird in der Verordnung zu § 90 Abs. 2 Nr. 9 SGB XII näher bestimmt.

1332 Eine ausdrückliche Regelung, welcher **Schonvermögensbetrag** Betreuten zu gewähren ist, wird weder im Betreuungsrecht noch im Sozialhilferecht getroffen. Für Betreute ist in diesem Zusammenhang der Schonbetrag zur Hilfe in besonderen Lebenslagen von Bedeutung; er beträgt für Alleinstehende laut § 1 der VO zu § 90 Abs. 2 Nr. 9 SGB XII 2.600,– € und für Ehegatten und Lebenspartner, die nicht getrennt leben 3.214,– €. Für den Ehegatten oder Lebenspartner ist der Freibetrag somit um 614,– € gegenüber einem Alleinstehenden erhöht.

1333 Bei Eheleuten oder Lebenspartnern tritt an die Stelle des genannten Betrages von 614,– € ein Betrag von 1.534,– €, wenn beide Eheleute oder beide Lebenspartner die Voraussetzungen des § 72 Abs. 5 des SGB XII erfüllen (Blindheit) oder so schwer behindert sind, dass sie als Beschädigte die Pflegezulage nach den Stufen III bis VI nach § 35 Abs.1 Satz 2 BVG erhielten.

1334 Diese Freibeträge können bei **besonderer Notlage** des Betreuten angemessen erhöht werden, § 2 VO zu § 90 Abs. 2 Nr. 9 SGB XII.

▸ *Den Wortlaut der Verordnung zu § 90 Abs. 2 Nr. 9 SGB XII finden Sie im Anhang sowie auf der beiliegenden CD-ROM.*

8.5.3 Freibetrag bei Behindertenwerkstätten?

1335 Bei behinderten Menschen, die in **Werkstätten für behinderte Menschen** arbeiten, betrug der Freibetrag bis 31.12.2004 25.311,– €, § 88 Abs. 2 Nr. 8, Abs. 3 BSHG. In der Rechtsprechung wurde dies auch für die Vergütung und den Aufwendungsersatz für Betreuer angewendet.[99] Seit 1.1.2005 trifft § 92 SGB XII eine eigenständige Regelung, die u.a. für die Beschäftigung in einer Werkstatt für behinderte Menschen eine Vermö-

---

96 OLG Oldenburg FamRZ 2000, 1534
97 OLG Frankfurt/Main 20 W 23/2000 vom 15.2.2001
98 *Widmann*, FamRZ 1992, 759, *Spranger*, ZfStV/SGD 1998, 98
99 Vgl. LG Schweinfurt, RdLH 2000, 87 = FamRZ 2000, 1532, LG Dresden FamRZ 2001, 712, LG Chemnitz FamRZ 2001, 1026, OLG Dresden Beschluss 15 W 677/00 vom 17.5.2000; OLG Celle FamRZ 2003, 1047 = FGPrax 2003, 130; LG Münster BtPrax 2003, 233; BayObLG FamRZ 2003, 966 = BtPrax 2003, 180 = NJW-RR 2002, 1520

gensheranziehung insgesamt ausschließt. Da in der Neufassung des § 1836c auf diesen Paragraphen nicht verwiesen wird, ist ab 1.1.2005 die entsprechende Rechtsprechung hinfällig. Betreuten, die Eingliederungshilfe in einer Werkstatt für behinderte Menschen beziehen, steht ein erweitertes Schonvermögen wie früher nach § 88 Abs. 3 Satz 3 BSHG seit 1.1.2005 **nicht mehr** zu. Das erweiterte Schonvermögen ist aber auf **Regressansprüche** der Staatskasse für Betreuerentschädigungen aus der Zeit vor dem 1.1.2005 weiterhin anzuwenden. [100]

8.5.4 Freibetrag bei Bezug von Arbeitslosengeld II?

Bezieher von **Arbeitslosengeld II** erhalten einen Vermögensfreibetrag von 150,– € pro Lebensjahr, mindestens 3.100,– €, höchstens 9.750,– € eingeräumt (§ 12 SGB II). Für Ehegatten bzw. Lebenspartner und Kinder gilt der gleiche Freibetrag, außerdem werden weitere Freibeträge von 250,– € je Lebensjahr, max. 16.250,– € noch einmal für Altersvorsorgesparbeträge eingeräumt. Ein zusätzlicher Anschaffungsfreibetrag wird in Höhe von 750,– € je Person eingeräumt. **1336**

Da § 1836c nicht auf die Bestimmungen des SGB II verweist, gelten bei der Betreuervergütung auch für diese Personen nicht diese, sondern die oben genannten sozialhilferechtlichen Freibeträge. **1337**

8.5.5 Freibetrag bei Kriegsopfern, Hinterbliebenen und Gleichgestellten?

Bis zur 3. Auflage dieses Werkes war entsprechend der Literaturmeinung die Auffassung vertreten worden, Kriegsopfern und Kriegshinterbliebenen sollte gem. § 25f Abs. 2 BVG der dort genannte **erhöhte Freibetrag** eingeräumt werden (seit 1.7.2007 bei voll Erwerbsgeminderten 5.195,– € mit weiteren Erhöhungsmöglichkeiten).[101] Dies entsprach auch verbreiteter Rechtsprechung aus der Zeit vor Inkrafttreten des 1. BtÄndG.[102] Begünstigte dieser Bestimmung sind insbesondere Kriegsbeschädigte, Kriegshinterbliebene, Wehr-, Zivildienst- und Impfgeschädigte sowie Opfer von Gewalttaten. Die hier vertretene Auffassung, dass die Nichtberücksichtigung der Bedürfnisse dieses Personenkreises eine **Gesetzeslücke** darstelle, die durch angemessene Auslegung zu schließen sei, hat sich in der Rechtsprechung nicht durchgesetzt.[103] **1338**

Die oben genannten Personenkreise haben gegenüber dem jeweiligen Sozialleistungsträger erheblich höhere Vermögensfreibeträge, als § 90 Abs. 2 Nr. 9 SGB XII sie gewährleistet. Da auch das Gesetz vom 27.12.2003 im Rahmen der Änderung des § 1836c keine Berücksichtigung dieser Personenkreises vorgenommen hat, ist davon auszugehen, dass es offenbar dem Willen des Gesetzgebers entspricht, bei der Heranziehung zur Betreuervergütung andere Maßstäbe als allgemein im Sozialrecht anzuwenden und sich auf den einheitlichen Freibetrag, der sich aus § 90 Abs. 2 Nr. 9 SGB XII und der dazu gehörigen Verordnung ergibt, zu beschränken. **1339**

Da bei der Heranziehung zur Betreuervergütung nunmehr auf „Schonvermögen" zugegriffen werden muss, sind Betroffene, die einen (bezahlten) Betreuer haben, schlechter **1340**

---

100 OLG München BtPrax 2006, 79, ebenso OLG Hamm FamRZ 2006, 1876 = Rpfleger 2006, 466 = RdLH 2006, 78 sowie OLG Brandenburg FamRZ 2007, 85
101 *Deinert*, FamRZ 1999, 1187 und BtPrax 2001; 130; *Deinert/Lütgens*, a.a.O., Ziff. 8.5.7.; *Damrau/Zimmermann* § 1836c Rn. 18
102 LG Duisburg Rpfleger 1993, 196 = JurBüro 1993, 285; LG Osnabrück Nds. Rpfleger 1994, 188 = BtE 1994/95, 78
103 OLG Köln 16 Wx 215/98 vom 29.1.1999; OLG Frankfurt am Main FGPrax 2004, 72 = FamRZ 2004, 836 = BtPrax 2004, 117; OLG Zweibrücken BtPrax 2000, 264 = FGPrax 2000, 231 = MDR 2001 277 = NJW-RR 2001, 578; BayObLG FamRZ 2002, 701 = BtPrax 2002, 123 = BtPrax 2002, 270 = FGPrax 2002, 73; BayObLG BtPrax 2005, 108; OLG Hamm FamRZ 2004, 1324, OLG *Köln* FamRZ 2007, 1043 sowie LG Regensburg, Beschluss 7 T 483/ 01 vom 22.11.2001 und BtKomm/*Dodegge* F 190

gestellt als solche ohne einen Betreuer. Diese erhöhte Inanspruchnahme ist nach hiesiger Auffassung als **Sonderopfer**, die für die Tatsache, dass man einen gesetzlichen Vertreter hat, erbracht werden muss, unseres Erachtens nach weiterhin nicht akzeptabel.

8.5.6 Vermögensgegenstände, die zum Barvermögen hinzuzurechnen sind

Genannt sind im Folgenden auch Rechtsprechungsbeispiele aus dem entsprechend anwendbaren Sozialhilferecht:

1341
- **Bausparguthaben** ist einzusetzendes Vermögen, dies gilt auch, wenn bei einer Kündigung staatliche Zulagen zurück zu zahlen sind.[104]

- **Kapitallebensversicherungen** sind zu kündigen, auch wenn der Rückkaufswert gering ist.[105] Ein Betreuter mit Lebensversicherungsverträgen mit einem Rückkaufswert von zusammen ca. 8.500 Euro ist jedenfalls nicht als mittellos anzusehen.[106]

- Forderungen aus **Prämiensparverträgen** sind grundsätzlich als Vermögen anzurechnen[107], ebenso die Rückkaufswerte von **Kapitallebensversicherungen**.[108]

- **Keine Mittellosigkeit** liegt vor, wenn eine zu eigenen Wohnzwecken nicht mehr benötige und vermietete Eigentumswohnung mit einem Verkehrswert von mind. 100.000,– € lastenfrei vorhanden ist. Ein Zeitraum von einem halben Jahr zur Vermögensverwertung ist dem Betreuer zumutbar.[109]

- Ein **Gesellschaftsanteil** gehört zum Vermögen des Betreuten i.S.d. § 1836c Nr. 2, auch wenn zunächst eine Auflösung der Gesellschaft erfolgen muss.[110]

- Eine bei einem Gewinnspiel gewonnene **Luxuskreuzfahrt** bildet einen verwertbaren Vermögenswert, dessen Verwertung grundsätzlich auch keine besondere Härte bedeutet.[111]

- Eine in einem **Sparkassenbrief** verbriefte Forderung ist als Vermögen zu berücksichtigen, auch wenn diese erst in 5 Jahren fällig wird, weil der Sparbrief als Sicherheit für ein Darlehen akzeptiert werden würde.[112]

- Auch ein Anspruch auf **Schenkungsrückforderung** wegen Verarmung (§ 528) kann Vermögen i.S.d. § 1836c Nr. 2 sein.[113]

8.5.7 Vermögensgegenstände, die zum Barvermögen nicht hinzuzurechnen sind

1342
- Nach der Rechtsprechung soll **angespartes Schmerzensgeld** (§ 253 Abs. 2BGB) beim Schonvermögensbetrag nicht mitgerechnet werden[114], das gleiche gilt für **angespartes Erziehungsgeld**.[115]

---

104 OVG Münster NVwZ-RR 2000, 685 = FEVS Bd. 51, 551; LG Koblenz FamRZ 2005, 306
105 BVerwG FamRZ 1998, 547
106 LG Koblenz FamRZ 2006, 292
107 OVG Lüneburg NVwZ-RR 2000, 166
108 BVerwG NDV-RD 1998, 53
109 LG Schweinfurt FamRZ 2002, 1146
110 OLG Frankfurt/Main BtPrax 2001, 167
111 VerwG Düsseldorf info also 2000, 84
112 LG Frankenthal BtPrax 2001, 204 = FamRZ 2001, 1043, ähnlich LG Koblenz FamRZ 2000, 981, LG Arnsberg FamRZ 1998, 1119
113 OLG Hamm FamRZ 2003, 187
114 LG Essen Beschluss 7 T 206+210-212/95 vom 21.6.1995; OLG Köln FamRZ 1988, 95; OLG Hamm AnwBl 1981, 72; LG Köln BtPrax 1998, 196; BVerwG FamRZ 1995, 1348; OLG Thüringen FamRZ 2005, 1199 = FG Prax 2005, 125; OLG Hamm, Beschluss 15 W 328/06 vom 6.11.2006
115 BVerwG NJW 1998, 397

- Ebenso erfolgte kein Einsatz einer **Unterhaltsabfindung**, die für den laufenden Lebensbedarf benötigt wird, zur Deckung der Betreuervergütung, wegen Anwendung der Härtefallregelung (§ 90 Abs. 3 SGB XII).[116]

- Ebenfalls kein Einsatz von **Entschädigungen nach dem StRehaG** für eine zu Unrecht verhängte Freiheitsentziehung für die Betreuervergütung[117] oder von angesparten Leistungen der Stiftung „Hilfswerk für das behinderte Kind" für die Betreuervergütung.[118]

- Anderseits wurde entschieden, dass **laufende Versorgungsbezüge nach dem OEG**, die nicht verbraucht, sondern dem Vermögen zugeführt werden, grundsätzlich für die Betreuervergütung zur Verfügung stehen.[119]

- Allerdings gilt auch: Der **Rechtsirrtum** eines Betreuungsvereins zur Beurteilung der Frage, ob der Einsatz des dem Betroffenen zugeflossenen Schmerzensgeldes eine unbillige Härte i.S.d. § 90 Abs. 3 SGB XII bedeutet, kann nicht als unverschuldet i.S.d. § 22 Abs. 2 S. 1 FGG bewertet werden, wenn der Verein aus diesem Grund die rechtzeitige Anfechtung der Ablehnung einer gegen die Staatskasse gerichteten Vergütungsfestsetzung versäumt hat. Dies gilt auch dann, wenn der Irrtum durch die Stellungnahme des Bezirksrevisors im Festsetzungsverfahren mitverursacht worden ist.[120]

8.5.8 Bestattungsvorverträge/Grabpflegeverträge

Häufig stellt sich die Frage, ob Geldbeträge, die zum Zwecke der späteren Bestattung angelegt wurden (in der Regel auf einem gesperrten Sparbuch für diese Zwecke oder durch einen Bestattungsvorvertrag), zum Vermögen des Betreuten zählen, also für die Betreuervergütung einzusetzen sind. **1343**

U.E. ist dies nicht der Fall, denn Geld, welches für andere Zwecke (z.B. Bestattung, Grabpflege) verbindlich festgelegt ist, ist nicht verfügbar i.S.d. § 90 SGB XII. Nur verfügbares Vermögen wird vom § 90 SGB XII erfasst. Mangels einer Kündigungs- oder Rücktrittsmöglichkeit, die bei Bestattungsverträgen im Regelfall aufgrund ausdrücklichen Ausschlusses nicht gegeben ist, hat der Betroffene keine Möglichkeit, über dieses Geld nach Vertragsschluss noch zu verfügen. Nach *Schellhorn*[121] gelten Guthaben auf Sperrkonten nicht als verfügbares Vermögen. **1344**

Für einen **Bestattungsvertrag** angelegtes Geld ist u.E. verbindlich festgelegt und somit beim Vermögensfreibetrag nicht mit anzurechnen.[122] **1345**

Auch ist es potenziellen Sozialhilfeempfängern, also Personen, die voraussichtlich in absehbarer Zeit auf Sozialhilfe angewiesen sind, erlaubt, unbegrenzt über ihr **Vermögen zu verfügen**.[123] Auf den Umfang der Sozialhilfe wirken sich solche Geschäfte nur aus, wenn sie in der Absicht getätigt wurden, die Voraussetzungen für die Gewährung oder Erhöhung der Sozialhilfe herbeizuführen. **1346**

Dies kann bei einem Bestattungsvertrag, der im Vergleich zu den Lebensverhältnissen des Betroffenen angemessen ist, nicht unterstellt werden. Das Recht der Bestimmung über die eigene Bestattung ist als allgemeines Persönlichkeitsrecht anerkannt, das aus Artikel 2 des **1347**

---

116 OLG Hamm FamRZ 2003, 1875
117 LG Verden FamRZ 2004, 221
118 LG Hamburg Rpfleger 2003, 503
119 BayObLG BtPrax 2002, 73 = FamRZ 2002, 1289 = FGPrax 2003, 73, BayObLG FamRZ 2005, 1199 = FG Prax 2005, 119 = BtPrax 2005, 108
120 OLG Hamm, Beschluss vom 06.11.2006, 15 W 328/06, FamRZ 2007, 854 = BtMan 2007, 104 (Ls)
121 § 88 BSHG Rn. 12
122 So auch LPK BSHG § 88 Rn. 12
123 *LPK BSHG* § 88 Rn. 74

Grundgesetzes resultiert.[124] Wenn das Recht zur Bestimmung der eigenen Bestattung als Persönlichkeitsrecht anerkannt ist, dann muss auch die Möglichkeit bestehen, für die Bezahlung der Bestattung zu sorgen.[125] Auch stellt die Bestattungsvorsorge gem. § 33 SGB XII im Sozialhilferecht eine **anerkennenswerte Risikovorsorge** dar und sollte aus diesem Grunde auch bei der Vermögensinanspruchnahme nach § 1836c Nr. 2 unberücksichtigt bleiben.[126]

1348 So entschied die Rechtsprechung, dass eine Sterbegeldversicherung, die erkennbar nur der Sicherung einer würdigen Bestattung dient, unabhängig davon, ob der Rückkaufswert günstig ist oder nicht, Vermögen „zur Aufrechterhaltung einer **angemessenen Alterssicherung**" und somit nicht für die Betreuervergütung heranzuziehen ist.[127]

1349 Ob solche Guthaben als Schonvermögen auch gegenüber dem Sozialhilfeträger (§ 90 SGB XII) bzw. dem Leistungsträger von Arbeitslosengeld II (§ 12 SGB II) anzusehen sind, war in letzter Zeit wieder strittig geworden. Während vor dem 1.1.2005 die zuständigen Verwaltungsgerichte Bestattungsverträge i.d.R. schonten[128], scheint seit der Übertragung der Entscheidungsgewalt auf die Sozialgerichtsbarkeit eine einschränkende Auslegung stattzufinden.[129] Nach einer neuen Entscheidung des *BSG*[130] bleibt jedoch eine angemessene Bestattungsvorsorge weiterhin geschützt. Im entschiedenen Fall waren kurz vor Eintritt der Hilfebedürftigkeit 6.000,– € in einem Bestattungsvertrag angelegt worden.

1350 Es wurde weiterhin nicht beanstandet, dass eine Betreute ihren angesparten Barbetrag nach § 35 Abs. 2 SGB XII für die Grabpflege des verstorbenen Ehemannes verwendet, auch in Form eines Dauergrabpflegevertrags. In dieser Form angelegte Beträge seien kein verfügbares Vermögen nach § 90 SGB XII.[131] Der Verwertung eines Dauergrabpflegevertrags durch Kündigung kann auch entgegenstehen, dass die Grabpflege des Verstorbenen ihrerseits zum notwendigen Bedarf des Verpflichteten zählt und dieser Bedarf mangels einer sozialhilferechtlichen Alternative nur durch den Grabpflegevertrag gedeckt werden kann.[132]

8.5.9 Vermögenseinsatz oberhalb des Schonbetrages bei Sozialhilfeempfängern

1351 Ist der für den jeweiligen Betreuungsfall maßgebliche Vermögensschonbetrag überschritten, ist das darüber liegende Vermögen grundsätzlich zur Finanzierung der Betreuertätigkeit einzusetzen. In der Praxis führt diese Bestimmung jedoch des Öfteren zu Schwierigkeiten. Es kommt vor, dass Personen, die sich im Sozialhilfebezug befinden, über ein Vermögen verfügen, das die Freigrenzen übersteigt. Es stellt sich dann die Frage, ob tatsächlich ein einzusetzendes Vermögen für die Betreuervergütung vorliegt.

---

124 Vgl. zum Vorrang des Willens des Verstorbenen auch *Widmann*, FamRZ 1992, 759 sowie § 2 des Feuerbestattungsgesetzes und die Bestattungsgesetze vieler Bundesländer
125 In diesem Sinne auch *Spranger*, Zum Zugriff des Sozialhilfeträgers auf Bestattungssparbücher, ZfSH/SGB 1998, 98
126 OLG Frankfurt/Main BtPrax 2001, 128 = FamRZ 2001, 868 = FGPrax 2001, 115 = OLG-Report Frankfurt 2001, 134 = EzFamR aktuell 2001, 303; LG Stade BtPrax 2003, 233; FamRZ 2006, 65 (Ls) = Rpfleger 2005, 666; OLG Zweibrücken BtPrax 2006, 80 = FGPrax 2006, 21 = MDR 2006, 398 = Rpfleger 2005, 666 OLG München BtPrax 2007, 130 = FamRZ 2007, 1189 = MDR 2007, 838 = FGPrax 2007, 128 = Rpfleger 2007, 394; OLG Schleswig BtPrax 2007, 133 = FamRZ 2007, 1188; für das Sozialhilferecht LPK SGB XII, § 90 Rn. 12
127 OLG Köln Beschluss 16 Wx 188/02 vom 27.9.2002 sowie zuvor LG Köln 1 T 294/02 vom 9.9.2002
128 Vgl. BVerwG NJW 2004, 2914; OVG Münster NVwZ-RR 2004, 360 = info also 2004, 82; OVG Berlin FEVS 49, 218; VG Sigmaringen BtPrax 1999, 33, OVG Lüneburg Nds.Rpfl. 2004, 55 und NDV-RD 2004, 1
129 Vgl. LSG Schleswig-Holstein, Urteil vom 4.12.2006 – L 9 SO 19/06 sowie LSG Niedersachsen-Bremen FEVS 58, 87; ausführlich *Jacobsen* NDV 2007, 357/361
130 BSG, Urteil vom 18.3.2008 mit dem Az.: B8/9b SO 9/06
131 VerwG Frankfurt/Main, Urteil vom 14.6.1999 – 3 E 1084/99; a.A.: VerwG Minden NVwZ-RR 2000, 167
132 OVG Münster NVwZ-RR 2002, 199

Hierbei sind folgende Fälle denkbar: **1352**

a) nachträgliches Entdecken von Vermögenswerten des Betreuten durch den Betreuer,

b) nachträglicher zweckfreier Vermögenserwerb (z.B. durch Erbschaft, Schenkung),

c) nachträglicher zweckbestimmter Vermögenserwerb (z.B. Schmerzensgeldzahlung),

d) Anwachsen des Vermögens durch Ansparen geschützten Einkommens (z.B. des persönlichen Barbetrags nach § 35 SGB XII, sog. Taschengeld oder nicht als sozialhilferechtlich angesehenes Einkommen, z.B. Grundrente nach BVG).

Allgemein gilt: Der Betreuer hat als gesetzlicher Vertreter des Betreuten (§ 1902) auch **1353** dessen sozialrechtliche Mitwirkungspflichten. So hat der Betreuer, wenn einer der obigen Sachverhalte eintritt, unverzüglich das Sozialamt davon zu informieren (§ 60 Abs. 1 Nr. 2 SGB I). Im unter **a)** genannten Fall wird davon auszugehen sein, dass der Sozialhilfeträger die gewährte Sozialhilfe in Höhe des aufgefundenen Vermögens gem. §§ 103, 104 SGB XII zurückfordert. Ein Zurückbehaltungsrecht zugunsten der Finanzierung der Betreuervergütung hat der Betreuer nicht.[133]

Im Fall **b)** wird der Betreute ab dem Zeitpunkt des Vermögenserwerbs wegen Überschreitung der Freigrenzen des § 90 Abs. 2 Nr. 9 SGB XII nicht mehr sozialhilfebedürftig sein **1354** und die laufende Sozialhilfezahlung (oder bei Überschreiten der Freibeträge des § 12 SGB II die Zahlung von Arbeitslosengeld II) wird eingestellt. Eine Rückforderung ist jedoch nur für die Zeiträume möglich, die zwischen dem Vermögenserwerb und der Einstellung der Sozialhilfezahlung lagen.

In dieser Fallgestaltung kann es vorkommen, dass das Gericht zu einem Zeitpunkt über die **1355** Betreuervergütung entscheidet, in dem der Betreute das erworbene Vermögen noch nicht zum Lebensunterhalt verbraucht hat und das Schonvermögen noch überschritten ist. Hierbei ist es denkbar, dass die Betreuervergütung aus dem Betreutenvermögen zu zahlen ist, auch wenn dies zur Folge hat, dass der Betreute schneller wieder sozialhilfebedürftig ist. Dies ist jedoch auch bei erkennbarer künftiger Sozialhilfebedürftigkeit erlaubt, eine Vermögensdisposition ist nicht ausgeschlossen.[134]

Der Fall **c)** ist grundsätzlich ebenso zu behandeln wie der Fall b), da es bei der Verwertbarkeit des Vermögens nicht auf dessen Herkunft ankommen soll.[135] Eine Ausnahme stellt **1356** Vermögen dar, welches aus der Stiftung „Hilfswerk für das behinderte Kind" stammt, da in diesem Falle § 21 Abs. 2 des diesbezüglichen Stiftungsgesetzes dem entgegensteht.

Allerdings ist auch im Fall einer Schmerzensgeldzahlung (§ 253) durch die Rechtsprechung **1357** entschieden worden, dass eine Heranziehung dieses Geldbetrages sowohl bei der Sozialhilfe[136] als auch bei der Betreuervergütung[137] unbillig ist. Ähnlich wird man dies bei anderen zweckgebundenen Vermögenserwerben sehen können, z.B. bei Nachzahlungen aus der Pflegeversicherung.

Der Fall **d)** ist grundsätzlich wie Fall b) zu bewerten, also dahingehend, dass Vermögen, **1358** welches die Schonbeträge übersteigt, dem Sozialamt zu melden ist, mit der Folge, dass im jeweiligen Monat der Betreute in Höhe des übersteigenden Einkommens nicht hilfebedürftig im Sinne des Sozialhilferechtes ist. Eine Zahlung an den Betreuer zur Deckung der Betreuervergütung dürfte sich kaum ergeben.

Sofern monatlich höhere Beträge als der Barbetrag nach § 35 Abs. 2 SGB XII[138] für Heim- **1359** bewohner eingehen (sog. Taschengeld), z.B. durch eine Grundrente nach dem BVG, sollte sich der Betreuer ernsthaft darum bemühen, in dem Monat des Geldzuflusses eine adä-

---

133 BVerwG BtPrax 1996, 101 = FEVS 46, 45; in diesem Sinne auch OLG Zweibrücken FGPrax 1999, 21
134 LPK BSHG § 88 Rn. 74 m.w.N.
135 LPK BSHG § 88 Rn. 12
136 VG Braunschweig BtPrax 1992, 78; BVerwG NJW 1995, 3001
137 LG Köln BtPrax 1998, 196
138 Ggf. in Verbindung mit § 133a SGB XII

quate Geldverwendung sicherzustellen. So wäre z.B. daran zu denken, eine ergänzende Pflege und soziale Betreuung zu organisieren, die das Maß der vom Sozialamt oder von der Pflegeversicherung gewährten Leistungen übersteigt.

8.5.10 Hausgrundstück

1360 Ein angemessenes Hausgrundstück (bzw. eine entsprechende Eigentumswohnung) zählt ebenfalls nicht zum einzusetzenden Vermögen (§ 90 Abs. 2 Nr. 8 SGB XII). Voraussetzungen hierfür sind:

- das Haus wird von der betreuten Person selbst und/oder seinem Ehegatten/Lebenspartner oder minderjährigen Kindern bewohnt (oder wenn die betreute Person selbst minderjährig ist, von ihren Eltern);

- die Haus- und Grundstücksgröße ist angemessen. Die Angemessenheit bestimmt sich nach der Zahl der Bewohner und evtl. zusätzlichem Wohnbedarf infolge Behinderung oder Pflegebedürftigkeit.

1361 Als **angemessene Hausgröße** gelten gem. § 39 des (inzwischen aufgehobenen) II. Wohnungsbaugesetz (II. WoBauG) bei Eigenheimen 130 qm Wohnfläche, bei Eigentumswohnungen 120 qm.[139] Bei der Frage hinsichtlich der angemessenen Größe einer nicht einzusetzenden Eigentumswohnung ist im Regelfall in Ermangelung geeigneterer Richtgrößen weiterhin auf die Bestimmungen des II. WobauG abzustellen.[140]

1362 Zwar läge es nahe, auf die aktuellen Ausführungsbestimmungen der Länder zum Wohnraumförderungsgesetz zurückzugreifen. Dies würde aber zu dem nicht vertretbaren Ergebnis führen, dass die bundeseinheitliche Regelung zur Vermögensheranziehung beim Vorhandensein von Wohneigentum von den erheblich differierenden Wohnflächen-Obergrenzen in den Fördergesetzen der Länder abhängig gemacht würde.

1363 Ausgehend von den **Wohnflächengrenzen** des § 39 II. WobauG sind Eigentumswohnungen nicht unangemessen groß, wenn die Wohnfläche bei einem Haushalt von vier Personen 120 qm nicht überschreitet. Leben mehr als vier Personen im Haushalt, erhöht sich die Wohnfläche je Person um weitere 20 qm. Ist häusliche Pflege für eine der in der Wohnung lebenden Personen erforderlich, erhöht sich die angemessene Wohnfläche um 20 %[141] auf 156 qm bei Häusern und 144 qm bei Eigentumswohnungen. Bei ständiger Betreuungsnotwendigkeit durch eine Pflegeperson ist eine weitere Erhöhung um 20 qm sachgerecht (analog § 82 Abs. 3 II. WoBauG).

1364 Bei einer geringeren Familiengröße (drei Personen und weniger) sind nach Auffassung des *Bundessozialgerichtes* typisierend für jede Person Abschläge von 20 qm vorzunehmen; wobei im Regelfall von einer Mindestzahl von zwei Personen auszugehen ist, so dass auch bei Einzelpersonen eine Größe der Eigentumswohnung von 80 qm als angemessen anzusehen ist.[142]

1365 Die Größe des Grundstücks hat den Gepflogenheiten des öffentlich geförderten Wohnungsbaues zu entsprechen; als angemessen gelten in der Regel bei einem Reihenhaus 250 qm, einem Reihenendhaus/einer Doppelhaushälfte 350 qm und einem frei stehenden Haus 500 qm.[143]

1366 Ist ein Haus in diesem Sinne angemessen, darf ein Sozialhilfeträger zur Sicherung seiner Ansprüche keine Sicherungshypotheken eintragen lassen. Wird die Grenze der Angemessenheit überschritten, darf eine Verwertung dann nicht erfolgen, wenn sie für den Betrof-

---

139   LPK BSHG § 88 Rn. 34
140   LPK SGB XII, § 90 Rn. 41
141   LPK SGB XII, § 90 Rn. 44
142   BSG Urteil vom 7.11.2006 Az. B 7b AS 2/05 R; kritisch dazu LPK SGB XII, § 90 Rn. 47
143   LPK BSHG § 88 Rn. 41; LPK SGB XII, § 90 Rn. 51

fenen eine Härte bedeuten würde. Ob dies der Fall ist, hängt von den Umständen des Einzelfalls ab.[144]

Die Verwertung des Hausgrundstücks einer betreuten Person ohne unterhaltsberechtigte Angehörige soll dann keine Härte darstellen, wenn sichergestellt ist, dass diese weiterhin im Haus wohnen bleiben kann (z.B. durch ein **Dauerwohnrecht**).[145] Auch ein im Ausland (im entschiedenen Fall in Polen) gelegenes Grundstück zählt mit zum Vermögen.[146] **1367**

Lässt sich ein **Grundstücksteil** selbstständig verwerten, z.B. ein Garten, ist er nicht geschützt, wenn der verbleibende Teil in seiner Eigenschaft als Wohnstatt nicht beeinträchtigt wird.[147] Nicht geschützt sind **Mehrfamilienhäuser**, auch wenn die darin befindlichen Wohnungen ausschließlich vom Betroffenen und seinen Angehörigen bewohnt werden. **1368**

Eine nicht vom Betreuten selbst bewohnte **Eigentumswohnung** ist als verwertbares Vermögen einzusetzen.[148] Der Betreuer wird auch auf die zwangsweise Verwertung des Grundstückes verwiesen, wenn der Betreute nicht zu einer zumutbaren Veräußerung bereit ist.[149] Grundeigentum, das in absehbarer Zeit nicht verwertet werden kann und dessen Verwertbarkeit nicht vom Willen des Vermögensinhabers abhängt, ist nicht als berücksichtigungsfähiges Vermögen anzusehen.[150] **1369**

Ob das Hausgrundstück, das die Schongrenze in Bezug auf die Größe übersteigt, wirklich zu verwerten ist, hängt auch davon ab, ob im Grundbuch **Belastungen** eingetragen sind (Hypotheken, Grundschulden), die einen Verkaufserlös schmälern oder gar ganz aufzehren würden[151]. Zwar sind Hausbelastungen nicht schematisch gegenzurechnen, es ist aber darauf abzustellen, ob der Hausverkauf ein vernünftiges Ergebnis erbringen würde[152]. Insofern kann eine **besondere Härte** darin bestehen, wenn beim Hausverkauf nicht mehr als eine Schuldentilgung herauskommt.[153] Bei der Immobilienverwertung (hier 2 nicht selbst genutzte Eigentumswohnungen) ist zwar vor allem auf wirtschaftliche Gesichtspunkte abzustellen, bei der Gesamtwürdigung kann indes auch das Krankheitsbild des Betroffenen einbezogen werden.[154] **1370**

8.5.11 Sonstiges Schonvermögen

Sonstige geschützte Vermögensgegenstände sind gem. § 90 Abs. 2 SGB XII:

1. Vermögen, das aus öffentlichen Mitteln zum Aufbau oder zur Sicherung einer Lebensgrundlage oder zur Gründung eines Hausstandes gewährt wird (Aufbaudarlehen nach dem LAG, Leistungen der Berufsfürsorge nach § 26 BVG oder der Berufshilfe nach dem SGB VII, Leistungen für die Erst- bzw. Wiederbeschaffung des Hausrates etc.). **1371**

2. Kapital einschließlich seiner Erträge, das der zusätzlichen Altersvorsorge im Sinne des § 10a oder des Abschnitts XI des EstG dient und dessen Ansammlung staatlich gefördert wurde (z.B. sog. Riester-Rentenverträge). Die bisher oft üblichen Kapitallebensversicherungen fallen nicht darunter. **1372**

3. Sonstiges Vermögen, solange es nachweislich zur baldigen Beschaffung oder Erhaltung eines **Hausgrundstücks** im Sinne der Nr. 8 bestimmt ist, soweit dies Wohnzwecken Behinderter, Blinder oder Pflegebedürftiger dient oder dienen soll und dieser **1373**

---

144 Vgl. *Schulte*, Schutz des angemessenen Hausgrundstücks in der Sozialhilfe, NJW 1991, 546
145 So BayObLG FamRZ 1996, 245 = BtPrax 1995, 217 = BtE 1994/95, 77; BayObLG FGPrax 1997, 102
146 LG Hannover FamRZ 1994, 777 = BtE 1992/93, 39
147 BVerwG NDV 1971, 79; BVerwGE 59, 294, 300
148 BayObLG, FamRZ 1997, 1498 = FGPrax 1997, 102 = NJWE-FER 1997, 130
149 OLG Schleswig MDR 2004, 814; OLG Koblenz FamRZ 2005, 468
150 BSG vom 06.12.2007 (Az. B 14/7b AS 46/06 R)
151 BayObLG BtPrax 1998, 31/32; LG Braunschweig 8 T 720/01 vom 21.6.2001; LPK SGB XII, § 90 Rn. 21
152 BayObLG FamRZ 1999, 1234; *Damrau/Zimmermann* § 1836c Rn. 16
153 BayObLG BtPrax 1998, 31 = FamRZ 1998, 1054; *Damrau/Zimmermann* § 1836c Rn. 18
154 LG Koblenz BtPrax 2005, 239, BayObLG FamRZ 2004, 566

Zweck durch den Einsatz dieses Vermögens gefährdet würde (insbesondere Bauspar-, Lebensversicherungs- und Sparvermögen, einschließlich daraus gewonnener und wieder angesammelter Zinsen; auch für den Aus- oder Anbau oder den Erwerb eines **Dauerwohnrechts**). So war ein **Bausparvertrag** zur Erhaltung oder Beschaffung von Wohnraum für Behinderte kein verfügbares Vermögen.[155] Ein Geldbetrag ist nur dann zur baldigen Beschaffung eines Hausgrundstückes bestimmt, wenn der Empfänger der Sozialleistung konkret damit befasst ist, ein Eigenheim im Sinne des Gesetzes zu bauen oder zu erwerben.[156] Für eine solche Annahme im Rahmen der Bewertung der Umstände des Einzelfalles reicht es nicht aus, wenn der Betreute nach langjähriger **Heimunterbringung** weiterhin in einer betreuten Wohngruppe lebt und keine konkreten Schritte im Hinblick auf den Erwerb etwa einer Eigentumswohnung unternommen hat.[157]

1374 4. Angemessener Hausrat; dabei sind die bisherigen Lebensverhältnisse zu berücksichtigen (bei der Prüfung ist nicht kleinlich zu verfahren, Luxusgegenstände sind jedoch auch dann ausgenommen, wenn ihr Besitz den bisherigen Lebensverhältnissen entsprach). Möglicherweise fallen einzelne Gegenstände dann aber unter Ziffer 6.

1375 5. Gegenstände, die zur Aufnahme oder Fortsetzung der **Berufsausbildung** oder der **Erwerbstätigkeit** unentbehrlich sind (auch das **Kraftfahrzeug**, wenn nur mit ihm die Arbeitsstelle auf zumutbare Weise erreicht werden kann).

1376 6. **Familien- und Erbstücke**, deren Veräußerung für den Hilfesuchenden oder seine Familie eine besondere Härte bedeuten würde (Grundstücke, Wertpapiere und Bargeld sind nicht gemeint. Die Veräußerung von Familien- und Erbstücken ist für den Betroffenen fast durchweg hart. Verlangt wird aber eine besondere Härte. Eine besondere Härte wird z.B. vorliegen, wenn der Wert des Erbstücks für den Betroffenen den Verkehrswert wesentlich übersteigt oder verlangt wird, dass er eine wertvolle Brosche, das letzte Erinnerungsstück an seine Mutter, veräußern soll).

1377 7. Gegenstände, die zur Befriedigung geistiger, besonders wissenschaftlicher oder künstlerischer Bedürfnisse dienen und deren Besitz nicht Luxus ist (z.B. Bücher, Musikinstrumente, Ton- und Bildträger, Briefmarkensammlung, Fotoausrüstung, TV- und Stereoanlage, Videorecorder, DVD-Spieler, Fußball- und Tennisausrüstung).

8.5.12 Einzelentscheidungen zur Vermögensheranziehung

1378 **Vermögensfreibetrag** von seinerzeit 1.279,– € (Hilfe zum Lebensunterhalt; seit 1.1.2005 1.600,– €) ist bei der Betreuervergütung nicht anzuwenden.[158]

Angespartes **Schmerzensgeld** ist beim Schonvermögensbetrag nicht mitzurechnen.[159]

Kein Einsatz einer **Unterhaltsabfindung**, die für den laufenden Lebensbedarf benötigt wird, zur Deckung der Betreuervergütung, wegen Anwendung der Härtefallregelung (§ 90 Abs. 3 SGB XII).[160]

Kein Einsatz von Entschädigungen nach dem StrRehaG für eine zu Unrecht verhängte **Freiheitsentziehung** für die Betreuervergütung.[161]

Kein Einsatz von angesparten Leistungen der Stiftung „**Hilfswerk für das behinderte Kind**" für die Betreuervergütung.[162]

---

155 LG Koblenz, 2 T 232/99 vom 31.5.1999, RdLH 1999, 174
156 LPK SGB XII, § 90 Rn. 31
157 OLG Hamm, Beschluss vom 7.7.2005, 15 W 481/04
158 LG Leipzig FamRZ 2001, 656
159 LG Essen Beschluss / T 206 und 210-212/95 vom 21.6.1995; OLG Köln FamRZ 1988, 95; OLG Hamm AnwBl 1981, 72, OLG Jena FamRZ 2005, 1199 = FGPrax 2005, 125; OLG Hamm, Beschluss 15 W 328/06 vom 6.11.2006
160 OLG Hamm FamRZ 2003, 1875
161 LG Verden FamRZ 2004, 221
162 LG Hamburg Rpfleger 2003, 503; LPK SGB XII, § 90 Rn. 13

Werden laufende **Versorgungsbezüge** nach dem OEG nicht verbraucht, sondern dem Vermögen zugeführt, steht dieses grundsätzlich für die Betreuervergütung zur Verfügung.[163]

Bausparvertrag zur Erhaltung oder Beschaffung von **Wohnraum für Behinderte** ist kein verfügbares Vermögen.[164]

Bausparguthaben ist einzusetzendes Vermögen nach § § 90 SGB XII, dies gilt auch, wenn bei einer Kündigung staatliche Zulagen zurück zu zahlen sind.[165]

Forderungen aus **Prämiensparverträgen** sind grundsätzlich dem Kontoinhaber als Vermögen zuzurechnen.[166]

Auf Grund eines **Grabpflegevertrags** gebildetes Vermögen ist kein Schonvermögen i.S.d. § 90 SGB XII; die Kündigung des Vertrags ist zuzumuten.[167]

Es ist nicht zu beanstanden, dass eine Betreute ihren angesparten Barbetrag nach § 35 Abs.2 SGB XII für die **Grabpflege des verstorbenen Ehemannes** verwendet, auch in Form eines Dauergrabpflegevertrags. In dieser Form angelegte Beträge sind kein verfügbares Vermögen nach § 90 SGB XII.[168]

Der Verwertung eines **Dauergrabpflegevertrags** durch Kündigung kann entgegenstehen, dass die Grabpflege des Verstorbenen ihrerseits zum notwendigen Bedarf des Verpflichteten zählt und dieser Bedarf mangels einer sozialhilferechtlichen Alternative nur durch den Grabpflegevertrag gedeckt werden kann.[169]

Für **Bestattungsvertrag** angelegtes Geld ist verbindlich festgelegt und ist somit bei der Berechnung des Vermögensfreibetrags nicht mitzurechnen.[170]

Eine **Sterbegeldversicherung**, die erkennbar nur der Sicherung einer würdigen Bestattung dient, ist unabhängig davon, ob der Rückkaufswert günstig ist oder nicht, Vermögen „zur Aufrechterhaltung einer angemessenen Alterssicherung im Sinne des § 90 SGB XII und somit nicht für die Betreuervergütung heranzuziehen.[171]

Ist ein erhebliches Vermögen, z.B. aus Nachlass, noch **nicht auseinandersetzungsfähig**, gilt der Betreute als mittellos.[172]

Berücksichtigung von Vermögensgegenständen setzt voraus, dass diese **verwertbar** sind. Hieran fehlt es insbesondere, wenn der Verwertung ein rechtliches oder tatsächliches Hindernis entgegensteht oder sie nicht in angemessener Zeit durchgeführt werden kann.[173]

An der Verwertbarkeit von Vermögen fehlt es, wenn der Verwertung ein rechtliches oder tatsächliches **Hindernis** entgegensteht, wenn die Verwertung wirtschaftlich unvertretbar wäre oder wenn sie nicht in angemessener Zeit durchgeführt werden kann.[174]

Eine schwierige Verwertung von **Grundeigentum** liegt nicht schon deshalb vor, weil nach Auskunft eines Maklers ein Verkauf unter Wert erfolgen müsste; ein halbes Jahr ist eine angemessene Frist für eine Verwertung; in der Zwischenzeit kann der Betreuer seinen Anspruch durch eine Hypothek absichern.[175]

---

163 BayObLG FamRZ 2002, 1289 = FGPrax 2003, 73; BayObLG BtPrax 2005, 108 = FamRZ 2005, 1199 = FGPrax 2005, 119
164 LG Koblenz RdLH 1999, 174
165 OVG Münster NVwZ-RR 2000, 685 = FEVS Bd. 51, 551
166 OVG Lüneburg NVwZ-RR 2000, 166
167 VG Minden NVwZ-RR 2000, 167
168 VG Frankfurt/Main, Urteil vom 14.6.1999 – 3 E 1084/99
169 OVG Münster NVwZ-RR 2002, 199
170 OLG Frankfurt/Main BtPrax 2001, 128 = FamRZ 2001, 868 = FGPrax 2001, 115 = OLG-Report Frankfurt 2001, 134, ebenso VG Sigmaringen BtPrax 1999, 33 und LG Stade BtPrax 2003, 233 sowie für das Sozialhilferecht OVG Münster, Beschluss 16 B 2078/03 vom 19.12.03 info also 2004, 82; OVG Berlin FEVS 49, 218
171 OLG Köln Beschluss 16 Wx 188/02 vom 27.9.2002 sowie zuvor LG Köln 1 T 294/02 vom 9.9.2002; OLG Zweibrücken BtPrax 2006, 80 = FGPrax 2006, 21 = MDR 2006, 398 = Rpfleger 2005, 666 (im letzteren Fall Sterbegeldversicherung in Höhe von 3.000 Euro); OLG München, Beschluss 33 Wx 228/06 vom 4.4.2007, BtPrax 2007, 130 = FamRZ 2007, 1189 = MDR 2007, 838 = FGPrax 2007, 128 = Rpfleger 2007, 394; OLG Schleswig, Beschluss 2 W 252/06 vom 14.2.2007, BtPrax 2007, 133 = FamRZ 2007, 1188 = FGPrax 2007, 230
172 OLG Oldenburg FamRZ 2000, 1534 = Rpfleger 2000, 456 = FamRZ 2001, 309; ähnlich OLG Schleswig FamRZ 2003, 1130 und OLG Frankfurt FGPrax 2003, 33
173 BayObLG BayObLGZ 2001, 38; BayObLG 3 Z BR 251/01 vom 11.9.2001; BayObLG FamRZ 1999, 1234; LG Koblenz FamRZ 1995, 1444; BayObLG NJW-RR 2003, 1306
174 BayObLG NJW-RR 2001, 1515 = BtPrax 2002, 40; OLG Oldenburg FamRZ 2001, 309, ähnlich LG Koblenz BtPrax 2002, 222
175 LG Schweinfurt 42 T 221/01 vom 15.10.2001, ähnlich LG Koblenz FamRZ 2001, 1645

Mittellosigkeit ist auch dann anzunehmen, als einziger Vermögenswert ein Anspruch auf **Verschaffung des Eigentums** an einer für eigene Wohnzwecke bestimmten und bereits genutzten Eigentumswohnung zur Abgeltung eines Pflichtteilsanspruchs besteht. Dem steht nicht entgegen, dass der Ergänzungsbetreuer, der seine Vergütung aus der Staatskasse beantragt, gerade zur Geltendmachung des Pflichtteilsanspruchs bestellt ist.[176]

Mittellosigkeit ist dann nicht gegeben, wenn eine **Grundstücksverwertung** längere Zeit in Anspruch nimmt; keine darlehensweise Vergütung des Betreuers analog zu § 89 BSHG.[177]

Keine Mittellosigkeit, wenn eine zu eigenen Wohnzwecken nicht mehr benötige und vermietete **Eigentumswohnung** mit einem Verkehrswert von mind. 100.000,– € lastenfrei verfügt. Ein Zeitraum von einem halben Jahr zur Vermögensverwertung ist dem Betreuer zumutbar.[178]

Gesellschaftsanteil gehört zum Vermögen des Betreuten i.S.d. § 1836c, auch wenn zunächst eine Auflösung der Gesellschaft erfolgen muss.[179]

Rückgriff der Staatskasse (§ 1836e) nur so weit der Betroffene sein Einkommen und Vermögen einzusetzen hat. Auf **geschütztes Vermögen** i.S.d. § 90 SGB XII darf die Staatskasse erst zurückgreifen, wenn der Vermögenswert kein Schonvermögen mehr ist. Kein Anspruch auf Sicherung des Rückgriffsanspruchs durch **Zwangshypothek**.[180]

Ein zum Kaufpreis von 750.000,– DM (ca. 380.000,– €) erworbenes **Hausgrundstück** mit einer Grundstücksfläche von 1.143 qm und einer Wohnfläche von 135 qm ist auch für eine 5köpfige Familie mit einem schwerstbehinderten Kind nicht mehr angemessen i.S.v. § 90 Abs. 2 SGB XII.[181]

Bei Gewinnspiel gewonnene **Luxuskreuzfahrt** bildet einen verwertbaren Vermögenswert, dessen Verwertung grundsätzlich auch keine besondere Härte bedeutet.[182]

Eine in einem **Sparkassenbrief** verbriefte Forderung ist als Vermögen zu berücksichtigen, auch wenn diese erst in 5 Jahren fällig wird, weil der Sparbrief als Sicherheit für ein Darlehen akzeptiert werden würde.[183]

Besitzt der Betreute Vermögen über der Schongrenze, ist er auch dann nicht mittellos, wenn Verbindlichkeiten gegenüber dem Sozialhilfehilfeträger entgegenstehen, die bisher nicht durch **Leistungsbescheid** oder Überleitungsanzeige konkretisiert worden sind und der Sozialhilfeträger seine Leistungen ohne Rücksicht auf die Vermögensverhältnisse des Betroffenen erbracht hat.[184]

Durch **Leistungsbescheid** zum Zeitpunkt des Gerichtsbeschlusses titulierte Forderungen des Sozialhilfeträgers sind vom Vermögen in Abzug zu bringen.[185]

Verbindlichkeiten bleiben bei der Mittellosigkeitsprüfung unberücksichtigt, auch wenn sie bereits tituliert, aber noch nicht vollstreckt sind.[186]

Kein **Zurückhalten von Vermögenswerten** durch den Betreuer gegenüber dem Sozialhilfeträger zugunsten der Refinanzierung der Betreuertätigkeit (so auch *BVerwG* BtPrax 1996, 101); für die Begleichung von Forderungen ist keine gerichtliche Genehmigung nötig.[187]

Härte im Sinne des § 90 Abs. 3 SGB XII), somit höherer Vermögensfreibetrag, kann auch durch aus dem **Krankheitsbild** des Betroffenen folgende Umstände gegeben sein.[188]

Anspruch auf **Schenkungsrückforderung** wegen Verarmung (§ 528) kann Vermögen i.S.d. § 1836c sein.[189]

Kein Vermögenseinsatz, wenn dieser für den Betreuten oder seine unterhaltspflichtigen Angehörigen eine **Härte** bedeuten würde. Bei der Bestimmung der Härte kommt es darauf, ob der Vermögenseinsatz eine angemessene Lebensführung oder Alterssicherung wesentlich erschweren würde.[190]

---

176 OLG Frankfurt/Main FGPrax 2001, 152 = OLG-Report Frankfurt 2001, 135
177 LG Koblenz FamRZ 2002, 970
178 LG Schweinfurt FamRZ 2002, 1146
179 OLG Frankfurt/Main BtPrax 2001, 167
180 OLG Düsseldorf FGPrax 2001, 110; ähnlich OLG Frankfurt/Main BtPrax 2003, 85 = Rpfleger 2003, 365
181 VG Braunschweig ZfF 2000, 189
182 VG Düsseldorf info also 2000, 84
183 LG Frankenthal FamRZ 2001, 1645
184 BayObLG BtPrax 2002, 262 = FamRZ 2002, 1658
185 LG Koblenz FamRZ 2004, 1899
186 BayObLG FamRZ 2004, 308; a.A.: OLG Zweibrücken FamRZ 1999, 799
187 LG Saarbrücken FamRZ 2003, 60
188 BayObLG FamRZ 2004, 566
189 OLG Hamm FamRZ 2003, 1873
190 LG Bochum BtPrax 2004, 247

Es besteht auch dann Anspruch auf die Zahlungen aus der Staatskasse, wenn der Betreuer keinen Zugang zu Vermögen des Betreuten hat, das von einem **Testamentsvollstrecker** im Rahmen eines Behindertentestamentes zu anderen Zwecken verwaltet wird.[191]

Ein Betreuer, der über nicht unerhebliches verwertbares Vermögen verfügt, ist nicht deshalb als mittellos anzusehen, weil er auf den Vermögenseinsatz für laufenden Lebensunterhalt angewiesen ist und die Bezahlung des Betreuers zu einem **schnelleren Vermögensverbrauch** und einem früher einsetzendem sozialhilferechtlichen Bedarfs führt.[192]

Von einem Betreuten kann nicht verlangt werden, die aus einer **Härtebeihilfe** (für Opfer von nationalsozialistischen Unrechtsmaßnahmen im Rahmen des allg. Kriegsfolgengesetzes) gebildeten Ersparnisse in Form einer Lebensversicherung einzusetzen, weil das eine Härte i.S. des § 90 Abs. 3 SGB XII bedeuten würde. [193]

Das Vermögen muss dann nicht verwertet werden, wenn dies für den Betreuten eine **besondere Härte** darstellt, insbesondere eine angemessene Lebensführung oder die Aufrechterhaltung einer angemessenen Alterssicherung wesentlich erschweren würde.[194] Im Einzelfall wurde diese Ausnahme verweigert bei einem Betreuten mit einem Barvermögen von rund 37.000,– € und laufender Rente von über 1.000,– €. [195]

Kein Vermögenseinsatz, wenn dieser für den Betreuten oder seine unterhaltpflichtigen Angehörigen eine Härte bedeuten würde. Bei der Bestimmung der Härte kommt es darauf an, ob der Vermögenseinsatz eine angemessene Lebensführung oder **Alterssicherung** wesentlich erschweren würde.[196]

Für Ansprüche eines Pflegers für ein **Sammelvermögen** (§ 1914 BGB) haftet das zusammengebrachte Vermögen, weshalb eine Festsetzung gegen das Sammelvermögen erfolgt.[197]

8.5.13   Betreuungen mit Auslandsbezug

Gemäß Artikel 24 des Einführungsgesetzes zum Bürgerlichen Gesetzbuche (EGBGB) ist für Angehörige fremder Staaten ein Betreuer nach deutschem Recht zu bestellen, wenn der Betroffene seinen gewöhnlichen Aufenthalt im Inland hat, andernfalls ist das Recht des Herkunftsstaates anzuwenden.   **1379**

In der Praxis scheitert dies oft schon daran, dass es keine Möglichkeit gibt, den Inhalt ausländischer Gesetze in Erfahrung zu bringen. Von deutschen Gerichten eingesetzte Betreuer werden oft nicht von den Institutionen des jeweiligen Heimatlandes anerkannt. Wer für einen Betreuten bei ausländischen Stellen Unterlagen anfordert oder dessen Pass verlängern will, wird deshalb häufig einfach ignoriert. Es gibt zurzeit kein allgemein gültiges Abkommen über die internationale Anerkennung von deutschen Betreuungen. Das Haager Erwachsenenschutzabkommen gilt zum Zeitpunkt der Drucklegung noch nicht, da es noch nicht genügend Staaten ratifiziert haben.[198]   **1380**

Probleme gibt es auch bei der Durchsetzung von Vergütungsansprüchen, z.B., wenn der Betreute zwar über kein Geld verfügt, aber Eigentümer eines Grundstückes im Ausland ist und das Vormundschaftsgericht deswegen den Vergütungsanspruch nicht gegen die Staatskasse, sondern gegen den Betroffenen festsetzt. Die Verwertung des Grundstücks und damit die Realisierung des Vergütungsanspruchs dürften in solchen Fällen nahezu unmöglich sein.   **1381**

---

191 LG Itzehoe, Beschluss 4 T 311/06 vom 1.8.2006, RdLH 2006, 180
192 OLG München BtPrax 2005, 191 = FamRZ 2005, 1928 = FGPrax 2005, 120 = FGPrax 2005, 210 = MDR 2006, 336
193 OLG Köln BtPrax 2005, 237
194 BayObLG FamRZ 2002, 416
195 LG Koblenz FamRZ 2006, 647
196 LG Bochum BtPrax 2004, 247
197 LG Koblenz FamRZ 2007, 238 = MDR 2006, 1353 = FGPrax 2007, 133; OLG Zweibrücken FamRZ 2007, 853 = Rpfleger 2007,
198 Vgl. Gesetze vom 17.3.2007, BGBl. II S. 323 sowie BGBl. I S. 314

1382   Über 10 % unserer Mitbürger sind Migranten und dementsprechend betreffen auch über 10 % der Betreuungen diesen Personenkreis. Die fehlenden gesetzlichen Regelungen und zwischenstaatlichen Verträge über Betreuungen mit Auslandsbezug zeigen, dass der Gesetzgeber die stattgefundene Entwicklung bisher nicht stark genug beachtet hat.

1383   Schon einfachste Fallgestaltungen führen an die Grenze der Möglichkeiten. Wer z.B. nach dem Tod des Betreuten einen Beschluss gegen einen im Ausland lebenden Erben erhält, wird seine Arbeit im Regelfall umsonst geleistet haben, wenn dieser nicht freiwillig zahlt. Selbst, wer die erste Hürde (Anwendbarkeit des § 56g Abs. 6 FGG auch bei einer Festsetzung gegen die Erben oder doch noch ein zweites Verfahren vor dem Zivilgericht?) genommen hat und einen vollstreckbaren Titel in Händen hält, wird Schwierigkeiten haben, seinen Anspruch durchzusetzen.

1384   Kaum jemand weiß, wie er einen Gerichtsvollzieher in Porto oder Istanbul ausfindig machen und mit der Zwangsvollstreckung beauftragen kann und wie in Erfahrung zu bringen ist, ob die Erfolgsaussichten eines Pfändungsauftrags in Anbetracht der in dem betreffenden Lande geltenden gesetzlichen Pfändungsfreigrenzen und der finanziellen Lage des Erben den Aufwand rechtfertigen. Da die Kosten der Zwangsvollstreckung zunächst vom Gläubiger der Forderung aufzubringen sind und nur im Falle einer erfolgreichen Zwangsvollstreckung vom Schuldner zurückerhalten werden können, dürfte das Risiko, erfolglos zu bleiben und im Ergebnis nur noch mehr Verluste zu erwirtschaften, so hoch sein, dass der Betreuer besser gleich auf die Vergütung verzichtet. In Zeiten des Zusammenwachsens Europas und der restlichen Welt kein überzeugendes Ergebnis.

8.5.14   Nichtrealisierbarkeit des Vergütungsanspruches

1385   Eine missliche Lage ist auch dann gegeben, wenn der Betreuer die Forderung gegen den Betreuten bzw. den Erben des verstorbenen Betreuten trotz aller Bemühungen nicht realisieren kann, weil der Zahlungspflichtige nach Beschlussfassung des Gerichtes die Vermögenswerte beiseite geschafft oder auf andere Weise verloren hat.

1386   Das *BayObLG* weist hierzu einen Ausweg: Auch, wenn zunächst eine Vergütung gegen den Betreuten bzw. Erben festgesetzt wurde, kann danach ein **Vergütungsantrag aus der Staatskasse** gestellt werden, wenn sich nach rechtskräftiger Festsetzung herausstellt, dass die Vergütung aus dem Vermögen nicht befriedigt werden kann und dies nicht vom Betreuer zu vertreten ist.[199]. Das bedeutet, dass es für den Betreuer nicht von vorne herein erkennbar sein durfte, dass sich die Ansprüche gegen den Betreuten nicht realisieren lassen. Außerdem muss er sich eine vollstreckbare Ausfertigung erteilen lassen und nachweisen, welche (erfolglosen) Zwangsvollstreckungsversuche gegen den Betreuten (bzw. dessen Erben) unternommen wurden.

8.6   Heranziehung der Erben für die Betreuervergütung

8.6.1   Allgemeines

1387   Im Falle des **Todes des Betreuten** stellt sich für alle beruflich geführten Betreuungen (§ 1897 Abs. 2 und 6) die Frage der abschließenden Betreuervergütung, d.h. zunächst einmal für die Tätigkeiten zu Lebzeiten des Betreuten, die seit der letzten Vergütungsabrechnung geleistet wurden, sowie ggf. für Tätigkeiten, die nach dem Tod des Betreuten vom Betreuer noch zu erbringen sind. Diese Situation entspricht derjenigen vor Inkrafttreten des 1. BtÄndG, jedoch mit dem Unterschied, dass seinerzeit diese abschließende Vergütungsabrechnung die einzige Kostenbelastung des Erben des Betreuten darstellte. Seit Inkrafttreten des 1. BtÄndG am 1.1.1999 können zusätzlich auf den Erben die zuvor für

---

199   BayObLG FamRZ 2004, 305

die Betreuertätigkeit aus der Staatskasse verauslagten Betreuervergütungen (und Aufwendungsersatzzahlungen) zurückverlangt werden (§ 1836e).

8.6.2 Person des Zahlungspflichtigen

Der Vergütungsbeschluss ergeht (sofern keine Zahlungspflicht der Staatskasse besteht) gegen den Erben; bei mehreren Erben sind alle Erben im Beschluss aufzuführen. Bei **unbekannten Erben** und daher bestelltem Nachlasspfleger richtet sich der Beschluss gegen die „unbekannten Erben", gesetzlich vertreten durch den Nachlasspfleger.[200] Auch Ersatz von Aufwendungen ist gegen den Erben durch Beschluss festzusetzen, und zwar auch dann, wenn der Betreuer zu Lebzeiten des Betreuten die Vermögenssorge innehatte; die Beendigung der Betreuung durch Tod des Betreuten hat den Wegfall der Verfügungsgewalt zur Folge und ist analog zu § 56g Abs. 1 Nr. 1 2. Alternative FGG zu sehen.

1388

Ist im Sinne der unten stehenden Ausführungen ein für die Forderungen des Betreuers ausreichender Nachlass vorhanden, ist aber der Erbe unbekannt, so kann der bisherige Betreuer als Nachlassgläubiger die Bestellung eines **Nachlasspflegers** beim Nachlassgericht beantragen (§ 1961). Es handelt sich hierbei nicht um eine Ermessensentscheidung des Nachlassgerichtes. Die Nichtbestellung eines Nachlasspflegers kann vom ehemaligen Betreuer mit dem Rechtsmittel der Beschwerde angefochten werden. Örtlich zuständig ist im Regelfall das Nachlassgericht am letzten Wohnort des verstorbenen Betreuten (§ 73 FGG).

1389

8.6.3 Maßstab der Erbenhaftung

Zu der Frage, in welchem Umfang der Erbe für die Betreuervergütung aufzukommen hat, ist keine ausdrückliche gesetzliche Regelung erfolgt. Nach einer Auffassung ist bereits bei der Bestimmung der Haftung der Staatskasse für die Betreuervergütung die Mittellosigkeit des Nachlasses in jedem Fall nach § 1836e Abs. 1 Satz 3 zu bestimmen. Diese Auffassung hat sich in der obergerichtlichen Rechtsprechung inzwischen allgemein durchgesetzt.[201]

1390

Die Gegenauffassung – Die Erben haften nach dem Tod des Betreuten gegenüber dem Betreuer unbegrenzt, wenn direkter Anspruch gegen den Erben geltend gemacht wird und die Staatskasse nicht vorherig eingetreten ist[202] – wird nicht geteilt. Sie stellt den Erben des Betreuten willkürlich in dem Falle schlechter, in dem erst nach dem Tod des Betreuten über einen Vergütungsantrag des Betreuers entschieden wird. Sie darf inzwischen als hinfällig betrachtet werden.

1391

Nach der bis zum 31.12.1998 allgemeinen Auffassung haftete der Erbe für die ausstehende Betreuerforderung als **Nachlassverbindlichkeit** im Rahmen des allgemeinen Erbrechtes,[203] also ggf. nicht nur mit dem Nachlasswert, sondern auch mit dem eigenen Vermögen.[204] Allerdings war auch damals die **Einrede der Dürftigkeit** des Nachlasses zu berücksichtigen, die im Rahmen einer Nachlassverwaltung bzw. eines Nachlasskonkurses (jetzt: einer Nachlassinsolvenz) erfolgen konnte.[205]

1392

---

200 *Zimmermann*, Betreuungsrecht 3. Aufl., § 56g FGG Rn. 30
201 Thür. OLG Jena FGPrax 2001, 22 = Rpfleger 2001, 130; BayObLG FamRZ 2001, 866 und 3 Z BR 251/01 vom 11.9.2001 sowie 3 ZBR 334/01 vom 14.11.2001, BtPrax 2002, 40 = NJW-RR 2002, 1229, LG Krefeld, 6 T 333/01 vom 10.9.2001; OLG Düsseldorf ZEV 2002, 468= NJW-RR 2002, 1660 = BtPrax 2002, 265 = FamRZ 2002, 1658 und 1659 = FGPrax 2002, 219 und OLG Hamm Rpfleger 2002, 314; LG Koblenz FamRZ 2004, 221; OLG Zweibrücken Beschluss 3 W 196/03 vom 22.9.03; OLG Frankfurt/Main BtPrax 2004, 37 = Rpfleger 2004, 220 = FPR 2004, 143 = FamRZ 2004, 836 = NJW 2004, 373; LG Berlin Rpfleger 2003, 580; OLG Brandenburg FGPrax 2003, 220
202 LG Leipzig FamRZ 2000, 1451
203 BayObLG FamRZ 1996, 1173/1174 = BtPrax 1996, 151/152 = JurBüro 1996, 595/596 = NJWE-FER 1997, 33 = Rpfleger 1996, 407 = BtE 1996/97, 91
204 BayObLG FamRZ 1996, 1173; anders allerdings die Nachlasspflegervergütung, für die damals bereits nur der Aktivnachlass maßgeblich war: LG Berlin Rpfleger 1975, 435; KG Rpfleger 1995, 356/357
205 *Jürgens* u.a., Das neue Betreuungsrecht, Rn. 279 a; BayObLG MDR 1998, 415 = BayObLGZ 1997, 335 = FamRZ 1998, 697 = NJW-RR 1998, 697 = NJWE-FER 1998, 152 = BtE 1996/97, 92; a.A.: OLG Köln NJW-RR 1998, 438

1393 Die Inanspruchnahme des Erben wurde jedoch durch das 1. BtÄndG zum 1.1.1999 ausgeweitet und umfasst seither auch die früheren Vergütungsansprüche des Betreuers, die die Staatskasse wegen seinerzeitiger Mittellosigkeit, insbesondere wegen der Berücksichtigung von Schonvermögenswerten, verauslagt hat. Aufgrund fehlender Übergangsbestimmungen ist zwar die Rückwirkung für Zeiträume vor dem 1.1.1999 strittig geblieben,[206] in den Folgejahren steigt seither aber die mögliche Kostenbelastung des Erben sukzessive an, bis sie 2009 den vollen Umfang (wie sie im Sozialhilferecht den Erben umfasst) erreicht.

1394 Daher ist die in § 1836e vorgesehene **Haftungsbeschränkung** des Erben auf den Wert des Nachlasses (auch ohne die obige Dürftigkeitseinrede) der angemessene Ausgleich für die Erweiterung der Forderungen.[207] Dadurch werden im Übrigen die haftungsbegrenzenden Verfahren (§§ 1975 ff.) eingespart, womit auch eine **Verwaltungsvereinfachung** verbunden ist.[208] Zum Zeitpunkt der Drucklegung hat die Bundesregierung einen Gesetzentwurf eingebracht, der auch für Regressansprüche der Staatskasse eine Verkürzung des Anspruchszeitraums auf drei Jahre vorsieht.[209]

8.6.4 Haftungsbegrenzung nur bei Eintritt der Staatskasse?

1395 Zwar ist die Beschränkung des § 1836e nach dem Wortlaut der Norm nur auf Ansprüche der Staatskasse anwendbar, es ist aber kein Grund ersichtlich, diese angesichts der offenbaren Gesetzeslücke nicht auch bereits bei der Frage anzuwenden, ob der Erbe oder stattdessen die Staatskasse für die Vergütung aufzukommen hat.[210]

1396 Nach der hier als richtig angesehenen und inzwischen allgemeinen Auffassung haftet der Erbe jedenfalls seit 1.1.1999 daher auch gegenüber dem ehemaligen Betreuer nur mit dem Wert des zum Zeitpunkt des Todesfalls vorhandenen **Aktivnachlasses**.[211] Jede andere Auffassung hätte dazu geführt, dass bei fast 90 % aller Betreuten die Schutzregelung des § 1836e für den Erben keine Anwendung gefunden hätte; dies kann nicht Absicht des Gesetzgebers gewesen sein.

8.6.5 Aktivnachlass als Grundlage

1397 Wieweit der Erbe den Nachlass einzusetzen hat, bestimmt sich durch den Verweis in § 1836e auf § 102 Abs. 3 und 4 SGB XII. Maßgeblich ist hiernach der „Wert des im Zeitpunkt des Todes vorhandenen Nachlasses". In der sozialhilferechtlichen Kommentarliteratur wird davon ausgegangen, dass sich der Begriff des „Wertes des Nachlasses" nach dem BGB, insbesondere nach § 2311 Abs. 1, richtet, sodass darunter das dem Erben angefallene **Aktivvermögen** des Erblassers abzüglich der Nachlassverbindlichkeiten zu verstehen ist.[212]

1398 Zum Nachlass gehört auch das zu Lebzeiten des Betreuten gem. § 90 SGB XII geschützte Vermögen des Betreuten, also z.B. ein selbst bewohntes Hausgrundstück oder Familienerbstücke sowie der „kleine Barbetrag" nach § 1 der VO zu § 90 SGB XII, der im Regelfall

---

206 Keine Forderung für Betreuertätigkeiten vor dem 1.1.1999: OLG Schleswig FamRZ 2000, 562, ebenso OLG Zweibrücken BtPrax 2000, 40 = OLG-Rp. Zweibrücken 2000, 61 sowie LG Trier BtPrax 2000, 132; keine Forderung für vor dem 1.1.1999 gezahlte Beträge: BayObLG JurBüro 1999, 431 = FamRZ 2000, 300 = Rpfleger 1999, 390 = NJWE-FER 1999, 248 = BtPrax 1999, 247

207 Ebenso weiterhin bei der Nachlasspflegervergütung BayObLG ZEV 2000, 410 = NJW 2000, 1392

208 BT-Drs. 13/7158, S. 32

209 Entwurf eines Gesetzes zur Änderung des Erb- und Verjährungsrechts (Regierungsbeschluss vom 30.1.2008)

210 Thür. OLG Jena FGPrax 2001, 22 = Rpfleger 2001, 130 sowie BayObLG FamRZ 2001, 866 sowie für den Nachlasspfleger BayObLG ZEV 2000, 410 = NJW-RR 2000, 1392, a.A.. LG Duisburg, Beschl. 12/22 T 272/00 v. 31.1.2001

211 So auch Knittel § 1836d Rn. 5; LG Erfurt FamRZ 1999, 1302

212 BVerwGE 66, 161 ff.; BVerwGE 90, 250 ff.; Schellhorn/Jirasek/Seipp § 92c BSHG Rn. 16; Mergler/Zink § 92c BSHG Rn. 22; DNotI-Report 18/99, 149/150; zu Unrecht a.A.: LG München I BtPrax 1997, 206 = NJW-RR 1998, 438 = NJWE-FER 1998, 106 = Rpfleger 1997, 477

zwischen 1.600,– € und 2.600,– € liegen dürfte. Ist **Schonvermögen** des Verstorbenen zugleich Schonvermögen des Erben, so ist es nicht mitzurechnen. Dies betrifft insbesondere ein Haus, in dem neben dem Betreuten auch dessen Ehegatte/Lebenspartner oder Kinder, die ihn nun beerben, leben.

Bei dieser Berechnungsweise sind bestimmte **Erbfallschulden**, wie testamentarische Auflagen, Vermächtnisse und Pflichtteilsansprüche nicht zu berücksichtigen.[213] Es handelt sich hierbei um die Belastungen des Nachlasses, die im Nachlassinsolvenzverfahren nur nachrangig zu befriedigen sind (§ 327 Abs. 1 InsO).[214]   **1399**

Bei der Erbenhaftung für die Betreuervergütung kann eine den Erben treffende grundbuchmäßig abgesicherte **Verpflichtung zur Übertragung eines Grundstücksanteils**, die der verstorbene Betreute lange vor Errichtung der Betreuung eingegangen ist, eine abzugsfähige Nachlassverbindlichkeit sein.[215]   **1400**

8.6.6 Bestattungskosten

Aus der Regelung des Aktivnachlasses wird bisweilen geschlossen, dass Erbfallverbindlichkeiten, also insbesondere die Kosten der vom Erben zu tragenden Bestattungskosten (§ 1968) nicht in Abzug zu bringen sind.[216] Diese Auffassung geht indes fehl. Denn die Erbfallverbindlichkeiten sind nicht generell nachrangig gegenüber den Erblasserverbindlichkeiten, im Gegenteil sind die Kosten der Bestattung im Nachlassinsolvenzverfahren sogar vorrangig zu berücksichtigende Masseverbindlichkeiten (§§ 53 i.V.m. 324 Abs. 1 Nr. 2 InsO).[217] Sie stehen ausdrücklich der Nachlasspflegervergütung gleich (§ 324 Abs. 1 Nr. 1 InsO)[218], nicht jedoch anderen Vergütungsansprüchen, denen gegenüber sie vorrangig sind.   **1401**

Auch wegen der Formulierung „zum Zeitpunkt des Erbfalles" wurde eingewendet, dass Bestattungskosten, da sie ja erst nach dem Tod, mit **Durchführung der Bestattung** (Bestattungsvertrag, § 641) fällig werden, nicht zu berücksichtigen seien. Indes ist die genannte Formulierung, die durch Gesetz vom 21.12.1993[219] mit Wirkung vom 1.7.1994 eingefügt wurde, mit einer durch den Gesetzgeber nicht akzeptablen seinerzeitigen Rechtsprechung des BVerwG[220] begründet worden[221]; diese Rechtsprechung hatte zur Folge, dass ein Erbe vor Inanspruchnahme durch den Sozialhilfeträger wesentliche Teile des Nachlasses veräußern oder verschenken und dann nicht mehr herangezogen werden konnte. Mit den Bestattungskosten hatte diese Regelung nichts zu tun. Sie sind auch im Sozialhilferecht weiterhin vom Nachlasswert abzuziehen und gehen dem Ersatzanspruch der Staatskasse vor.[222]   **1402**

Zwar ist durch das Insolvenzrecht[223] mit Wirkung vom 1.1.1999 das Wort „standesgemäße" aus der Regelung der Bestattungskostenpflicht des § 1968 gestrichen worden[224]; jedoch dürfte auch weiterhin nur eine angemessene Bestattung vom Nachlasswert abzu-   **1403**

---

213 BGH NJW 1988, 136/137; vgl. zur Vermächtnisproblematik im „Behindertentestament" *Hartmann*, ZEV 2001, 89, 93

214 *Mergler/Zink* § 92c BSHG Rn. 23; Palandt/*Edenhofer*, 58. Aufl., § 2311 BGB Rn. 7

215 OLG München NJW-RR 2005, 1531

216 So zum früheren Recht LG Koblenz FamRZ 1997, 968 = BtPrax 1997, 122 = JurBüro 1997, 542 = Rpfleger 1997, 260 = BtE 1996/97, 91 sowie neu: LG Kreteld, 6 T 376/99 vom 26.10.1999, Betreuungsrecht-Info LWV Württemberg 1/2000, S. 27; LG Hanau 3 T 222/01 vom 17.9.2001

217 So auch Thür. OLG Jena, a.a.O.

218 BayObLG ZEV 2000, 410 = NJW-RR 2000, 1392

219 BGBl. I S. 2374

220 BVerwGE FEVS 43, 321 = NJW 1993, 1089

221 LPK BSHG § 92c Rn. 15; *Nerreter*, ZfF 1999, 141/142

222 LPK BSHG § 92c Rn. 15; OVG Lüneburg FEVS 31, 197, BVerwG FEVS 32, 177/179; *Nerreter*, ZfF 1999, 141/142; HK BUR/*Winhold-Schött* § 1836e BGB Rn. 20; *Schellhorn* u.a. § 92c BSHG Rn. 18; *Zimmermann*, Betreuungsrecht 3. Aufl. § 1836e BGB Rn. 16; unsicher *Mergler/Zink* § 92c BSHG Rn. 23

223 Art. 33 Nr. 31 EGInsO vom 5. 10. 1994)

224 BGBl. I S. 2911

setzen sein.[225] Maßstab hierfür müssen neben den Lebensverhältnissen des Verstorbenen, dessen Wunsch in diesem Rahmen beachtlich ist[226], die örtlichen Gepflogenheiten, z.B. die üblichen Kosten einer Grabstätte und Grabsteingestaltung sein. Zu den Kosten der Bestattung gehören auch Leichenfeier, Grabstein[227], Erstbepflanzung des Grabes[228] entsprechend der Friedhofssatzung[229], nicht jedoch die laufende Grabpflege.[230]

1404 Ob eine Begrenzung der **angemessenen Bestattungskosten** anhand des Freibetrags in § 102 Abs. 3 Nr. 1 SGB XII von zurzeit 2082,– € (Stand 1.7.2007)[231], so wie vereinzelte Rechtsprechung es sieht, den Umständen des Einzelfalles gerecht wird, darf allerdings bezweifelt werden.[232]

1405 Von den Bestattungskosten sind anderweitige zweckgebundene Zahlungen in Abzug zu bringen, bevor sie den Nachlass belasten; dies ergibt sich aus dem Nachrangprinzip, das sowohl dem Sozialhilferecht als auch der Eintrittspflicht der Staatskasse im Betreuungsrecht entspricht.

1406 Infrage kommen insbesondere Sterbegelder im Sozialrecht (Unfallversicherung: § 64 SGB VII, Bundesversorgungsgesetz: § 36 BVG); Sterbegeldversicherungen (vgl. § 33 SGB XII) und vergleichbare zweckgebundene Leistungen von Arbeitgebern oder Gewerkschaften sowie Zahlungspflichten von Todesverursachern bzw. deren Versicherern (§ 844 BGB, § 19 Abs. 1 Nr. 2 StVG).[233] Sollten allerdings Klagen in dieser Hinsicht erforderlich werden, was bei unklarer Verschuldenslage der Fall sein kann (möglicherweise nach vorherigen Strafprozessen), sollte der Grundsatz des § 1836d Nr. 2 analog Anwendung finden.

8.6.7   Lebensversicherungen und Schenkungen

1407 Soweit durch einen von einem geschäftsfähigen Betreuten geschlossenen Vertrag zugunsten Dritter Beträge aus dem Schonvermögen für den Fall des Todes verschenkt wurden, zählen diese Beträge nicht mehr zum Nachlass.[234] Auch die Versicherungssumme aus einer Lebensversicherung fällt nicht in den Nachlass, wenn bereits im Versicherungsschein ein anderer Bezugsberechtigter benannt worden ist.[235] Ein Regressanspruch gegen andere Personen als die Erben des Betreuten (z.B. einen Bezugsberechtigten aus einer Lebensversicherung) ist nicht zulässig.[236]

1408 Allerdings kann auch eine **Schenkungsrückforderung** (§ 528) Gegenstand eines Regressanspruches nach § 1836e sein; eine abschließende Klärung der Voraussetzungen der Rückforderung hat im Festsetzungsverfahren nicht zu erfolgen.[237]

---

225 *Zimmermann*, Betreuungsrecht 3. Aufl., § 1908d BGB Rn. 15
226 *Widmann*, Die Durchsetzung von Bestattungsanordnungen des Verstorbenen im Rahmen der familienrechtlichen Totenfürsorge, FamRZ 1992, 759
227 VG Gießen info also 1989, 250
228 VGH Mannheim NVwZ 1992, 83; VGH Baden-Württemberg FEVS 42, 380
229 VGH Baden-Württemberg FEVS 41, 279/281
230 OLG Oldenburg FamRZ 1992, 987
231 LG Trier BtPrax 2000, 132/133; LG Koblenz FamRZ 2001, 714 (aufgegeben durch LG Koblenz FamRZ 2004, 221); a.A.: OLG *Düsseldorf* ZEV 2002, 468 = NJW-RR 2002, 1660 = BtPrax 2002, 263 = FamRZ 2002, 1658
232 Mit Recht kritisch: *Zimmermann* a.a.O. § 1836e BGB Rn. 16; vgl. auch *Müller*, Die Kosten der Bestattung im Zivil- und Steuerrecht, DStZ 2000, 329 sowie BayObLG BtPrax 2002, 77 = FamRZ 2002, 699 (m. Anm. *Bienwald*) = NJW-RR 2002, 1229 = ZEV 2002, 468; OLG Düsseldorf ZEV 2002, 468 = NJW-RR 2002, 1660 = BtPrax 2002, 263, OLG Zweibrücken Rpfleger 2004, 488; ebenso für Sozialhilferecht OVG Rheinland-Pfalz ZfSH/SGB 2003, 25
233 Bundes- und landesrechtliche Normen dazu in: Deinert/Jegust: Todesfall- und Bestattungsrecht; 3. Aufl. Düsseldorf 2008
234 *Mergler/Zink* § 92c BSHG, Rn. 22; VGH Baden-Württemberg FEVS 44, 104 = NJW 1993, 2955; LG Koblenz FamRZ 2000, 172 = NJW-RR 1999, 951
235 LG Koblenz FamRZ 2000, 172 = NJW-RR 1999, 951
236 OLG Frankfurt/Main FGPrax 2003, 267 = Rpfleger 2004, 488
237 OLG Hamm FamRZ 2003, 1873 = BtPrax 2003, 225

8.6.8 Freibeträge für den Erben

Es stellt sich des Weiteren die Frage, ob der Erbe sich darüber hinaus auf den **Freibetrag nach § 1836e** Abs. 1 i.V.m. § 102 Abs. 3 SGB XII berufen kann. Dieser macht seit dem 1.7.2007 die Summe von 2.082,– € (insgesamt 6facher Eckregelsatz) aus. Auf jeden Fall ist dieser Freibetrag für den Regressanspruch der Staatskasse maßgeblich, ebenso für den Anspruch des Sozialhilfeträgers. Der Freibetrag kann auch bei mehreren Erben nur einmal gewährt werden.[238] **1409**

Kein **Freibetrag** wurde gegenüber dem Betreuer nach früherem, bis zum 31.12.1998 geltenden Recht eingeräumt.[239] Einige Gerichte wollten dies nach 1999 weiterhin angewendet wissen.[240] Aus den gleichen Gründen, die bereits für die Beschränkung der Erbenhaftung auf den Nachlass genannt werden, wird diese Auffassung nicht für richtig gehalten. Anders kann dies allenfalls beim Nachlasspfleger gesehen werden. **1410**

So billigt das *BayObLG* dem Nachlasspfleger, anders als dem Betreuer[241], keinen entsprechenden Freibetrag zu.[242] Es begründet dies zum einen damit, dass ein **Nachlasspfleger** grundsätzlich nur dann bestellt wird, wenn fürsorgebedürftiger Nachlass in genügender Höhe vorhanden ist und der Nachlasspfleger (anders als der Betreuer) einen nach § 324 InsO vorrangigen Vergütungsanspruch besitze. **1411**

Ein Erbenfreibetrag nach § 1836e Abs. 1 i.V.m. § 102 Abs. 3 SGB XII ist dann jedenfalls nicht zu berücksichtigen, wenn keine natürliche Person als Erbe vorhanden ist und der Fiskus als Erbe auftritt.[243] **1412**

8.6.9 Besonderer Freibetrag bei Pflegeperson als Erben

Einen höheren Freibetrag von derzeit 15.340,– € nach § 102 Abs. 3 Nr. 2 SGB XII kann der Erbe beanspruchen, der **1413**

- den Verstorbenen gepflegt hat,
- mit dem Betreuten bis zu dessen Tode verheiratet oder verwandt (i.S.v. § 1589) war und
- mit ihm nicht nur vorübergehend in häuslicher Gemeinschaft zusammengelebt hat.

Hiermit soll die **häusliche Pflegebereitschaft** gefördert und die sich hieraus ergebende Entlastung der Allgemeinheit gewürdigt werden. Alle Voraussetzungen müssen kumulativ vorliegen. Ein Mindestzeitraum kann nicht verlangt werden[244]; bezüglich der Pflegebedürftigkeit müssen die Voraussetzungen für Pflegeleistungen nach §§ 36, 37 SGB XI oder §§ 63, 64 SGB XII (bzw. entsprechenden Leistungsverpflichtungen privater Pflegeversicherungen) gegeben gewesen sein. **1414**

Das Erfordernis ist auch erfüllt, wenn die Pflege wegen des Todes des Betreuten nur kurz war; musste der Betreute kurz vor dem Tod ins Krankenhaus, ist dennoch das Erfordernis des häuslichen Zusammenlebens erfüllt. **1415**

---

238 BVerwG FEVS 27, 100
239 LG München I FamRZ 1995, 509 = BtPrax 1995, 73; BayObLG FamRZ 1996, 372, 373; LG Kleve BtPrax 1995, 185 = JurBüro 1995, 595; LG Saarbrücken BtPrax 1997, 124 = JurBüro 1997, 542 = BtE 1996/97, 38; LG Schweinfurt FGPrax 1998, 488 = JurBüro 1998, 488 = BtE 1996/97, 38; LG Koblenz FamRZ 1996, 622 = MDR 1996, 499 = BtE 1996/97, 38
240 LG Krefeld 6 T 376/99 vom 26.10.1999, Betreuungsrecht-Info LWV Württemberg 1/2000, S. 27, LG Leipzig FamRZ 2000, 1451. LG Leipzig FamRZ 2000, 1451; ebenso für den Nachlasspfleger BayObLG NJW-RR 2000, 1392; LG Hanau, Beschluss 3 T 222/01; LG Chemnitz FamRZ 2003, 708
241 BayObLG, FamRZ 2001, 866
242 BayObLG ZEV 2000, 410 = NJW 2000, 1392; Zimmermann ZEV 1999, 329/330, a.A.: KG Rpfleger 1995, 356/357
243 LG Stuttgart, Beschluss vom 11.6.2002, 2 T 288/01
244 LPK BSHG § 92c Rn. 12; *Schellhorn*, a.a.O., Rn. 23; a.A.: *Knopp/Fichtner* § 92c Rn. 11: 1 Jahr; *Mergler/Zink* a.a.O. Rn. 26: mind. 6 Monate

1416 Eine häusliche Gemeinschaft soll auch vorliegen, wenn der Betreute und die Pflegeperson im gleichen Haus, jedoch nicht in der gleichen Wohnung lebten.[245]

1417 Da keine ausschließliche Pflege durch eine einzige Person gegeben sei muss, kann dieser Freibetrag bei mehreren Pflegepersonen, auf die die o.g. Voraussetzungen zutreffen, mehrfach vorliegen.[246]

8.6.10   Besonderer Freibetrag bei besonderer Härte

1418 Stellt die Geltendmachung der Ansprüche gegen den Erben eine **besondere Härte** dar, ist ebenfalls davon Abstand zu nehmen bzw. ein angemessener Freibetrag zuzubilligen (§ 102 Abs. 3 Nr. 3 SGB XII). Nur besonders gewichtige Gründe können hierfür sprechen. In der Rechtsprechung wird als Beispiel genannt, dass eine Person, die die Voraussetzungen des § 102 Abs. 3 Nr. 2 SGB XII nur deshalb nicht erfüllt, weil kein Verwandtschaftsverhältnis besteht[247] oder der Pflegende nicht in häuslicher Gemeinschaft lebte[248] oder der Erbe zu Lebzeiten des Betreuten erheblich in das hinterlassene Haus investiert und damit den Wert des Nachlasses erheblich erhöht hatte.[249]

8.6.11   Anspruchskonkurrenz mit Staatskasse und Sozialhilfe

1419 Treffen direkte Vergütungsansprüche des bisherigen Betreuers mit Regressansprüchen der Staatskasse zusammen und sind beide zusammen nicht in voller Höhe aus dem zur Verfügung stehenden Nachlass zu zahlen, so steht der Betreuervergütung der Vorrang zu. Denn bei einer Aufteilung, die ggf. im Rahmen einer Nachlassinsolvenz erfolgen müsste, erhielte der Betreuer nur einen Bruchteil seiner Vergütungsforderung. Hierdurch wäre wiederum § 1836d Nr. 1 erfüllt und der Betreuer hätte Anspruch, seine Gesamtforderung aus der Staatskasse zu erhalten.

1420 Treffen Betreuervergütungsansprüche oder Regressansprüche der Staatskasse mit Ersatzansprüchen eines Sozialhilfeträgers nach § 102 SGB XII zusammen, so stehen die Ansprüche gleichrangig im Raum (Analogie zu § 226 Abs. 1 InsO; siehe auch ähnliche Regelung in § 106 Abs. 2 SGB X). Diese müssten bei unzureichendem Nachlass **quotenmäßig** aufgeteilt werden.

1421 Für Ansprüche des Betreuers bedeutet dieses wiederum, dass er gem. §§ 1836d Nr. 1 Abs. 1 i.V.m. 1836a Anspruch auf Gesamtzahlung aus der Staatskasse hat. Bei einem Zusammentreffen von Regressansprüchen der Staatskasse und Sozialhilfeforderungen wäre aber auch eine Orientierung am Grundsatz des § 1836c Nr. 1 Satz 1 2. Halbsatz möglich, wonach dem Sozialhilfeträger der Vorrang zusteht.

1422 Rückforderungsansprüche des Trägers der Sozialhilfe sind gegenüber dem Regressanspruch gem. § 1836e Abs. 1 Satz 1 BGB nicht vorrangig. Das haftende Aktivvermögen wird nicht bereits durch das Bestehen und die Titulierung eines Anspruchs geschmälert, sondern erst mit dessen Durchsetzung.[250]

---

245 *Schellhorn* a.a.O. Rn. 23; *Mergler/Zink,* a.a.O., Rn. 27
246 VGH Baden-Württemberg FEVS 25, 107/110 und FEVS 41, 205, *Nerreter,* ZfF 1999, 141/142
247 VGH Baden-Württemberg JSRG 1991, 287 = FEVS 41, 205; *LPK BSHG* § 902c Rn. 13; *Schellhorn* a.a.O., Rn. 24
248 Hess. VGH FamRZ 1999, 1023; *Nerreter* a.a.O., S. 142
249 LPK BSHG § 92c Rn. 13
250 OLG Stuttgart, Beschluss vom 29.6.2007, 8 W 245/07; FamRZ 2007, 1912 = BtMan 2007, 203 (Ls) = FGPrax 2007, 270

1423

> **HINWEIS**
>
> *Hat der Betreuer zunächst in Unkenntnis solcher weiterer Ansprüche eine Inanspruchnahme des Erben beantragt und stellt sich dies nun als Irrtum dar, sollte er unverzüglich den Vergütungsantrag in Bezug auf den Zahlungspflichtigen abändern; ist der Beschluss bereits erfolgt, sollte er im Rahmen der Zweiwochenfrist (§ 22 FGG) nach dessen Zustellung sofortige Beschwerde einlegen.*

Da nach Verstreichen der Frist der Vergütungsbeschluss in materielle **Rechtskraft** erwächst, sei dem Betreuer empfohlen, beim Sozialhilfeträger vor der gerichtlichen Antragstellung nachzufragen, ob voraussichtlich dort Ansprüche nach § 102 SGB XII erhoben werden; desgleichen sollte im gerichtlichen Verfahren auch dann, wenn sich der Vergütungsantrag gegen den Erben richtet, stets der Bezirksrevisor beteiligt werden, wenn dem Betreuer zu Lebzeiten innerhalb der letzten 10 Jahre (beginnend mit dem Inkrafttreten des 1. BtÄndG am 1.1.1999) Zahlungen aus der Staatskasse erbracht wurden. Es empfiehlt sich, gleichzeitig mit dem abschließenden Vergütungsantrag des Betreuers auch über die Regressansprüche der Staatskasse zu entscheiden.

1424

8.6.12 Zurückbehalterecht des Betreuers?

Die Forderung eines Gerichtes, den zum Zeitpunkt des Todes noch in der Verfügungsgewalt des Betreuers vorhandenen Geldbetrag zum Zwecke der später vom Gericht zu bewilligenden Vergütung zurückzuhalten, entbehrt jeder Rechtsgrundlage. Vielmehr hat das *BVerwG* – im Falle der Konkurrenz des Einsatzes von Vermögen zur Vermeidung von Sozialhilfebedürftigkeit einerseits und Betreuervergütung andererseits – entschieden, dass der Betreuer kein **Zurückbehalterecht** hat.[251]

1425

Wenn der Betreuer bereits zu Lebzeiten kein Recht und auch keine Verpflichtung hat, **Rücklagen** zur Betreuervergütung zu bilden[252], so muss das erst recht nach dem Tod gelten, zumal der Betreuer ja auch nicht mehr über das Vermögen verfügen darf[253], im Gegenteil verpflichtet ist, dem Erben das bisher verwaltete Vermögen herauszugeben (§ 1890). Gegen diese Pflicht würde der Betreuer jedoch nach einer solchen gerichtlichen Auffassung verstoßen müssen.

1426

Die Bestattungskosten sind im Übrigen auch eher zu zahlen als die Betreuervergütung: Nach den **Bestattungsgesetzen** der Länder muss eine Leiche in der Regel binnen 120 Stunden nach dem Tod bestattet werden (in anderen Bundesländern nach den dortigen Bestattungsgesetzen ähnlich).[254] Hierzu muss ein Bestattungsunternehmer beauftragt werden. Die Entschädigung für diesen – im Rahmen des § 641 ist mit Durchführung der Bestattung die Honorierung fällig, währenddessen nach allgemeiner Auffassung der Vergütungsanspruch des Betreuers erst durch den Beschluss des Vormundschaftsgerichtes fällig wird.[255]

1427

---

251 BVerwG BtPrax 1996, 101 = FEVS 46, 45; in diesem Sinne auch OLG Zweibrücken FGPrax 1999, 21
252 OLG Düsseldorf BtPrax 1999, 74 = FGPrax 1999, 54 = FamRZ 1999, 1169; ähnlich LG Kiel FamRZ 2000, 190 und OLG Schleswig 2 W 43/00 vom 22.3.2000, FamRZ 2001, Heft 3, S. II
253 Vgl. Kontroverse: *Vogt*, Tod der betreuten Person – Die Führung von Nachlasskonten, BtPrax 1996, 52 sowie *Jochum*, Keine Verfügung über Nachlasskonten nach dem Tode des Betreuten, BtPrax 1996, 88
254 Vgl. *Deinert/Jegust*, Todesfall- und Bestattungsrecht, 3. Aufl. Düsseldorf 2008
255 LG Stuttgart BtPrax 1999, 158

8.7   Regressansprüche der Staatskasse

8.7.1   Allgemeines

1428   Ist der Betroffene mittellos, d.h. kann er Vergütung oder Auslagen seines Betreuers

- nicht,

- nur zum Teil,

- nur in Raten oder

- nur dadurch, dass er Unterhaltsansprüche gerichtlich geltend macht,

zahlen, wird der Betreuer zunächst aus der Staatskasse entschädigt. Dies galt seit Inkrafttreten des BtG am 1.1.1992.

1429   Neu ist seit Inkrafttreten des 1. BtÄndG am 1.1.1999, dass es sich bei den Zahlungen aus der Staatskasse nur noch um eine **Vorleistung** handelt. Wenn die Staatskasse Auslagen oder Vergütung an den Betreuer gezahlt hat, kann sie sich diese Beträge vom Betroffenen zurückholen, wenn er Einkünfte oder Vermögen hat, das über der Grenze der Mittellosigkeit liegt (aber zur vollständigen Befriedigung der Ansprüche des Vormunds, Pflegers oder Betreuers nicht ausreicht). Diesen Gedanken hat der Gesetzgeber offenbar aus vereinzelter Rechtsprechung übernommen, die eine Darlehensgewährung und Rückzahlung durch den Betreuten als möglich ansah.[256]

1430   Ein **Regressanspruch** entsteht auch dann, wenn der Betreute **später Vermögen** erwirbt (z.B. durch eine Erbschaft, vgl. § 120 Abs. 4 Satz 1 ZPO). Nach dem Tod des Betreuten kann die Staatskasse sich an den Nachlass halten.

> **§ 1836e Gesetzlicher Forderungsübergang**
>
> Soweit die Staatskasse den Vormund oder Gegenvormund befriedigt, gehen Ansprüche des Vormundes oder Gegenvormundes gegen den Mündel auf die Staatskasse über. Der übergegangene Anspruch erlischt in 10 Jahren vom Ablauf des Jahres an, in dem die Staatskasse die Aufwendungen oder die Vergütung bezahlt hat. Nach dem Tod des Mündels haftet sein Erbe nur mit dem Wert des im Zeitpunkt des Todes vorhandenen Nachlasses; ...

1431   Der Anspruch der Staatskasse, auf das Vermögen des Betreuten zurückzugreifen, besteht über einen Zeitraum von 10 Jahren (zum Zeitpunkt der Drucklegung ist ein Gesetzentwurf in der Bundestagsberatung, der die Frist auf drei Jahre verkürzen soll)[257]. Die Frist beginnt mit dem Zeitpunkt der Zahlung. Das bedeutet, dass ein zunächst mitteloser Betreuer, der später Vermögen erwirbt, z.B. durch eine Erbschaft, dieses erworbene Vermögen an die Staatskasse abführen muss, natürlich nur, soweit es die Grenze der Mittellosigkeit übersteigt. Es gibt keine sachliche Zuständigkeit des VormG für Regressforderungen der Staatskasse für vor dem 1.1.1999 gezahlte Beträge.[258]

1432   Nach anderer Ansicht ist die Regressregelung des § 1836e nur auf Ansprüche für Tätigkeiten nach dem 1.1.1999 anwendbar.[259]

1433   Stirbt der Betreute innerhalb von 10 Jahren nach der Zahlung der Staatskasse, kann diese auf den Nachlass zurückgreifen.

1434   Wie das Vormundschaftsgericht diesen Rückgriff auf das Vermögen des Betreuten zu handhaben hat, ist in § 56g Abs. 1 FGG geregelt:

> Mit der Festsetzung bestimmt das Gericht Höhe und Zeitpunkt der Zahlungen, die der Mündel an die Staatskasse nach den §§ 1836c bis 1836e des Bürgerlichen Gesetzbuchs zu leisten hat. Es kann die Zahlungen gesondert festsetzen, wenn dies zweckmäßig ist.

---

256 LG Cottbus, 10 T 75/95 vom 16.11.1995
257 Entwurf eines Gesetzes zur Änderung des Erb- und Verjährungsrechts
258 BayObLG BayObLG JurBüro 1999, 431 = FamRZ 2000, 300 = Rpfleger 1999, 390 = NJWE-FER 1999, 248 = BtPrax 1999, 247
259 OLG Schleswig FamRZ 2000, 562, ebenso OLG Zweibrücken BtPrax 2000, 40 sowie LG Trier BtPrax 2000, 132

Das Gericht kann also zusammen mit der Festsetzung der aus der Staatskasse zu zahlenden Vergütung und/oder der Auslagen bestimmen, in welchem Umfang der Betreute Beträge an die Staatskasse zurückzahlen muss. **1435**

Dabei kann es **1436**

- den Betreuten zu einer einmaligen Zahlung auffordern, z.B. zur Zahlung des über den „Schonbetrag" hinausgehenden Teils des Sparguthabens;

- den Betreuten zu regelmäßigen, beispielsweise monatlichen, Zahlungen auffordern, z.B. wenn er Einkommen hat, das die Grenze der Mittellosigkeit überschreitet.

Es kann die vom Betreuten zu zahlenden Beträge aber auch später festsetzen. Eine spätere Festsetzung kommt dann in Betracht, wenn **1437**

- zunächst davon ausgegangen worden war, dass der Betreute mittellos war, sich dies aber im Nachhinein als falsch herausgestellt hat (vgl. dazu oben Rn. 1352);

- der Betreute später über Einkünfte verfügt, die ihm Zahlungen ermöglichen oder er später Vermögen erwirbt.

Die Regelung ist **rehabilitationsfeindlich**. Psychisch kranke Menschen, die in der Zeit ihrer Erkrankung einen Betreuer benötigten, müssen bei Behandlungs- und Rehabilitationserfolg noch zehn Jahre später die Kosten der Betreuung zurückzahlen. Wer innerhalb von zehn Jahren nach Betreuerbestellung z.B. wegen späterer Erfüllung der Wartezeit eine Rente erhält, muss diese einsetzen. Daher ist die Absicht der Bundesregierung zu begrüßen, den Anspruchszeitraum für den Regress auf drei Jahre zu verkürzen (s.o. Rn. 1431) **1438**

Die derzeitige Regelung ist auch **familienfeindlich**. Erhält ein Kind des Betreuten nach Abschluss der Ausbildung einen Arbeitsplatz und wird wegen gestiegenen Einkommens unterhaltspflichtig, muss es ggf. die innerhalb der letzten zehn Jahre aufgelaufenen Betreuungskosten zurückzahlen. Dabei handelt es sich hierbei um Kosten, die weder vom Betreuten noch vom unterhaltsverpflichteten Angehörigen in Höhe und Umfang beeinflusst werden können oder gegen die sie sich absichern können.[260] **1439**

Zum Zeitpunkt des Rückgriffs darf der Betreute nicht weiterhin mittellos sein[261] (zur Definition siehe § 1836c und § 1836d). Auf geschütztes Vermögen i.S.d. § 90 Abs. 2 SGB XII darf die Staatskasse erst zurückgreifen, wenn der Vermögenswert kein Schonvermögen mehr ist. Es ist kein Anspruch auf dingliche Sicherung eines künftiges Rückgriffsanspruchs durch eine Zwangshypothek auf einem derzeit geschonten Grundstück gegeben.[262] Wegen eines Miterbenanteils, dessen Höhe mangels Auseinandersetzung noch nicht ermittelt ist, kann ein Rückgriffsanspruch gegen den Betreuten noch nicht festgesetzt werden.[263] Ein gesetzlicher Forderungsübergang nach § 1836e BGB findet keine Anwendung auf Ansprüche, die infolge der Integration des BSHG in § 90 Abs. 3 SGB XII entstanden sind (bezieht sich auf den Zusatzfreibetrag bei Besich der WfbM von zuletzt 23.100 € vor dem 1.1.2005).[264] **1440**

Bei einem Regress der Staatskasse wegen u.U. bestehender Unterhaltsansprüche ist das VormG grundsätzlich nicht verpflichtet zu prüfen, ob solche Ansprüche tatsächlich bestehen. Dies ist vielmehr Gegenstand eines gerichtlichen Unterhaltsverfahrens, das von der Staatskasse gem. § 1 Abs. 1 Nr. 4b JBeitrO i.V.m. §§ 829, 835 ZPO betrieben werden kann.[265] **1441**

---

260 *Jürgens* u.a., Das neue Betreuungsrecht, Rn. 283 a
261 BayObLGZ 1999, 362 = BtPrax 2000, 83 = FamRZ 2000, 562 = NJW-RR 20001, 582 = EzFamR aktuell 2000, 134; *Knittel* § 1836e Rn. 5
262 OLG Düsseldorf FGPrax 2001, 110; ähnlich OLG Frankfurt/Main BtPrax 2003, 85 = Rpfleger 2003, 365
263 OLG Schleswig FamRZ 2003, 1130 = Rpfleger 2003, 365 und OLG Frankfurt FGPrax 2003, 33
264 OLG Hamm FamRZ 2006, 1876 = Rpfleger 2006, 466 = RdLH 2006, 78; OLG München BtPrax 2006, 79 sowie OLG Brandenburg, Beschluss 11 Wx 45/06 vom 14.11.2006
265 BayObLG 3Z BR 247/01 vom 25.9.2001

1442 Wird der Betreute nur deshalb als mittellos behandelt, weil etwaige Unterhaltsansprüche gerichtlich geltend gemacht werden müssen, hat das Gericht die Regressverpflichtung auszusprechen; es hat deutlich zu machen, dass dieser Titel nur die Grundlage für die Einziehung der Unterhaltsansprüche sein kann. Das Bestehen der Unterhaltsansprüche hat das VormG grundsätzlich nicht zu prüfen.[266] Die Festsetzung eines Rückgriffsanspruchs wegen etwaiger Unterhaltsansprüche kann entfallen, wenn ein Unterhaltsanspruch offenkundig nicht besteht.[267]

1443 Ist der Betreute verstorben, bestimmt das Gericht, wann und in welcher Höhe Zahlungen aus dem Nachlass zu leisten sind. Bei Ansprüchen der Staatskasse gegen den Nachlass wird in der Regel nur ein einmaliger Betrag in Betracht kommen. Gehören aber wiederkehrende Leistungen von dritten Personen, z.B. Mieteinnahmen oder Zinsen zum Nachlass, sind auch regelmäßige Erstattungsbeträge an die Staatskasse denkbar. Insgesamt kann der Erbe des Betroffenen in gleicher Weise zum Ersatz der von der Staatskasse für die Betreuung verauslagten Beträge herangezogen werden wie der Erbe eines Empfängers von Sozialhilfe zu deren Kosten (vgl. Rn. 1387 ff.).

1444 Die Festsetzung des Rückgriffsanspruchs durch das Gericht setzt natürlich voraus, dass dieses die Höhe des Vermögens des Betreuten bzw. die Höhe des Nachlasses kennt. Der bzw. die Erben sind daher verpflichtet, dem Gericht auf dessen Wunsch ein Nachlassverzeichnis einzureichen, § 56g Abs. 3 FGG. Die Staatskasse kann die aus dem Nachlass zu erstattenden Betreuungskosten gegen die unbekannten Erben, vertreten durch den Nachlasspfleger im Verfahren nach § 56 g FGG festsetzen lassen. Im Beschluss ist den unbekannten Erben das Recht vorzubehalten, die persönlichen Haftungsbeschränkungen nachträglich geltend zu machen. [268]

1445 Ordnet das Gericht an, dass nach dem Tod des Betreuten eine aus der Staatskasse gezahlte Betreuervergütung zu erstatten ist, haften die Erben zwar nur mit dem Wert des Nachlasses unter Anwendung der Haftungsgrenzen des § 102 SGB XII; für den Anspruch der Staatskasse ist es jedoch unerheblich, dass ein Miterbe sein Erbe nicht ausbezahlt erhielt. Wie die Erben den Nachlass untereinander aufteilen bzw. wer von ihnen die Betreuervergütung letztlich begleicht, ist für das Bestehen des Regressanspruches unerheblich.[269]

1446 Bei der Geltmdmachung des Regressanspruch kommt es auf Einkommen und Vermögen (hier Rentennachzahlung über 17.050,53 €) zum Zeitpunkt der Entscheidung über den Regress an. Der zu bemessende Betrag ist auch unter Beachtung der **Härtefallregelung** des § 90 Abs. 3 SGB XII zu bestimmen.[270]

1447 In einem noch laufenden Betreuungsverfahren ist das Gericht, wenn die Vermögenssorge zu den Aufgaben des Betreuers gehört, durch das Vermögensverzeichnis (§ 1802) und die regelmäßigen Rechnungslegungen (§ 1840) über das Vermögen des Betreuten informiert.

1448 Außerdem muss der Betreuer, wenn er die Festsetzung von Vergütung und/oder Auslagen aus der Staatskasse beantragt, gem. § 56g Abs. 2 FGG die persönlichen und wirtschaftlichen Verhältnisse des Betreuten darlegen. Dies kann dann schwierig sein, wenn die Vermögenssorge nicht zum Aufgabenkreis des Betreuers gehört und der Betreute nicht bereit ist, darüber Auskunft zu geben. Hier kann der Betreuer in der Regel nur ganz allgemeine Angaben machen; da er den Betreuten hier nicht gesetzlich vertritt (§ 1902), haben Dritte (Banken, Sozialleistungsbehörden etc.) dem Betreuer gegenüber keinerlei Auskunftspflichten. Gleiches gilt nach dem Ende einer Betreuung.

---

266 BayObLG FPR 2002, 69 = FamRZ 2002, 417; ähnlich OLG Düsseldorf FamRZ 2003, 326 = Rpfleger 2003, 28
267 LG Duisburg FamRZ 2006, 507
268 OLG Thüringen FamRZ 2006, 645 = FGPrax 2006, 70 = Rpfleger 2006, 323
269 LG Koblenz, Beschluss vom 24.7.2007, 2 T 283/07; FamRZ 2007, 2008
270 OLG Zweibrücken, Beschluss vom 27.4.2007 – 3 W 233/06; FGPrax 2007, 232

Wie der Rückforderungsbeschluss konkret auszusehen hat, ist dem Gesetz nicht zu entnehmen. Lediglich die Angabe von Höhe und Zeitpunkt der vom Betreuten zu leistenden Zahlungen werden in § 56g FGG gefordert. Aufzunehmen ist auf jeden Fall die Feststellung der Zahlungsfähigkeit und – eventuell – die Art und Weise ihrer Berechnung.   **1449**

8.7.2 Abänderung des Regressbeschlusses

Der Beschluss über die Rückforderung gegenüber dem Betreuten bzw. den Erben ist nachträglich **abänderbar.**[271] Dies ergibt sich aus der Anwendung von Teilen der §§ 118 und 120 ZPO. Das Gericht kann die Entscheidung über die zu leistenden Rückzahlungen ändern, wenn sich die maßgeblichen wirtschaftlichen oder persönlichen Verhältnisse des Zahlungspflichtigen wesentlich geändert haben.   **1450**

Eine Änderung der den Einsatz des Einkommens betreffenden Zahlungen erfolgt nur auf Antrag und ist nur dann zu berücksichtigen, wenn er dazu führt, dass keine monatlichen Zahlungen mehr zu leisten sind. Das Gericht kann den Zahlungspflichtigen auffordern, geänderte Verhältnisse nachzuweisen (§ 56g Abs. 2 Satz 2 i.V.m. § 120 Abs. 4 Satz 1. ZPO). Eine zeitliche Begrenzung zu Ungunsten des Zahlungspflichtigen auf vier Jahre besteht nicht, weil auf § 120 Abs. 4 Satz 3 ZPO kein Bezug genommen wurde.[272]   **1451**

Der **Tod des Betreuten im Regressverfahren** gem. § 1836e BGB führt nicht zur förmlichen Unterbrechung, sondern zur Fortsetzung des Verfahrens gegen die Rechtsnachfolger von Amts wegen. Die unbekannten Erben werden dabei durch den **Nachlasspfleger** gesetzlich vertreten. Beim Eintritt des Todes des Betreuten im Rechtsbeschwerdeverfahren ist eine Titelumschreibung auf die Erben ohne Vorbehalt möglich. Zur Beschränkung Ihrer Haftung müssen sie eine **Vollstreckungsabwehrklage** nach §§ 781, 785, 767 ZPO erheben.[273]   **1452**

8.7.3 Begrenzung der Rückforderung

Im Gesetzentwurf der Bundesregierung zum 1. BtÄndG vom 11.3.1997[274] heißt es deshalb: **1453**

> Eine Verpflichtung, die Rückgriffsmöglichkeit gegen den Mündel in jedem Falle wahrzunehmen, schafft der Entwurf nicht; vielmehr ermächtigt er in § 56 gFGG-E die Gerichte, von der Festsetzung von Rückzahlungen in bestimmten Fällen abzusehen. Er stellt damit sicher, dass zur Geltendmachung der auf den Fiskus übergegangenen Ansprüche kein Aufwand betrieben wird, der zum erzielbaren Ertrag außer Verhältnis steht. Vor dem Hintergrund dieser Regelung erscheint es dann unproblematisch, für die Feststellung der Mittellosigkeit auf den Zeitpunkt abzustellen, in dem über die Kostenübernahme durch die Staatskasse zu entscheiden ist.

Die Gerichte sollen durch den Regress, so der Gesetzgeber, also möglichst wenig belastet werden. Dies ist auch insofern sinnvoll, als es nicht Aufgabe der Gerichte ist, die Interessen der Staatskasse wahrzunehmen. Zur Handhabung des Rückgriffs auf das Vermögen des Betreuten sagt der oben zitierte Regierungsentwurf auf S. 16 noch Folgendes: **1454**

> Die Handhabung der Einstandspflicht der Staatskasse sowie ihres Regressanspruches gegen den Mündel oder Betreuten wird vom Entwurf dabei durch die Möglichkeit der Gerichte erleichtert, zugunsten des Betroffenen Mittellosigkeit anzunehmen bzw. vom Regress in dessen laufendes Einkommen abzusehen, wenn die Voraussetzungen hierfür nach freier Überzeugung des Gerichts vorliegen. Damit trägt der Entwurf einem Anliegen der Praxis Rechnung, die nachdrücklich darauf hingewiesen hat, dass es wesentlich ökonomischer sei, im Zweifel kleinere Nachteile für die Staatskasse in Kauf zu nehmen, als eine detaillierte Prüfung auch dort anzustellen, wo abzusehen sei, dass der damit verbundene Aufwand in keinem angemessenen Verhältnis zu dem realisierbaren Ertrag stünde.

---

271 *Jürgens* u.a., Das neue Betreuungsrecht, Rn. 285
272 *Damrau/Zimmermann* § 1836e Rn. 11; a.A.: *Bienwald* Vorbem. vor § 65 ff. FGG, Rn. 79
273 OLG Stuttgart, Beschluss vom 29.6.2007, 8 W 245/07; FamRZ 2007, 1912 = BtMan 2007, 203 (Ls) = FGPrax 2007, 270
274 BT-Drs. 13/7158, S. 34

1455 Zu hoffen bleibt, dass die Gerichte dies beherzigen und sich selbst (und den anderen Verfahrensbeteiligten) nicht unnötig Arbeit machen. Bei der Frage, ob eine Überprüfung des Vermögens des Betroffenen stattfinden sollte, sollten sich die für die Durchsetzung der Rückgriffsansprüche zuständigen Rechtspfleger vor Augen halten, wie viel ihre Arbeitsstunde und die ihres Folgepersonals kostet. Ein Prüfverfahren dürfte sich dann in der Regel verbieten, zumal Betreute im Allgemeinen nicht zu denen zählen, bei denen ein größerer Vermögenserwerb wahrscheinlich ist.

1456 Dasselbe gilt für ehemalige Mündel, die sich nach Vollendung des 18. Lebensjahrs erst einmal in der Berufsausbildung befinden dürften. Zudem scheint es bei ehemaligen Mündeln, die durch den Verlust ihrer Eltern ohnehin schon gestraft sind, grotesk, diese auch noch für die Kosten ihres Betreuers bezahlen zu lassen.

1457 Das **Unterlassen jeglicher Ermittlungen** ist aber nur dann korrekt, wenn konkrete Anhaltspunkte für die Mittellosigkeit bestehen, z.B. Bezug von Sozialhilfe.[275]

1458 Auch der Bundesrat, der innerhalb des Gesetzgebungsverfahrens oft geneigt war, restriktive, die Staatskasse schonende Regelungen durchzusetzen, war der Ansicht, dass die 10-Jahresfrist zu lang sei. Wörtlich heißt es in der BT-Drs. 13/7158:

> Weil die Kosten einer Betreuung häufig über einen längeren Zeitraum entstehen, erschwert ein langes Rückgriffsrecht der Staatskasse insbesondere jüngeren Betreuten die Wiedereingliederung. Nach Aufhebung der Betreuung würde sich der Betreute nach der vorliegenden Regelung über einen Zeitraum von zehn Jahren Rückzahlungsforderungen gegenübersehen, die dann bis zur Pfändungsgrenze durchgesetzt werden können. Anreize, die neu gewonnene Selbstständigkeit zu erhalten und auszubauen, wären damit genommen. Auch um den verwaltungsmäßigen Aufwand und dessen Kosten bei der Kontrolle und Einziehung des Anspruchs in vertretbaren Grenzen zu halten, wird eine Rückgriffsfrist von fünf Jahren für angemessen gehalten.

1459 Es wäre daher unsachgemäß, für Betreuungs-, Vormundschafts- bzw. Pflegschaftsakten 10 Jahre lang regelmäßige Vorlagefristen zu notieren und damit einen (noch größeren) Aktenumlauf zu verursachen. Sollte der von der Bundesregierung am 30.1.2008 beschlossene Gesetzentwurf zur Änderung des Erb- und Verjährungsrechtes Gesetzeskraft erlangen, wäre mit der Verkürzung des Regresszeitraums auf drei Jahre ein guter Teil der oben geschilderten Härten beseitigt.

1460 Vergütungsansprüche eines Verfahrenspflegers (§§ 93a Abs. 1 i.V.m. 137 Nr. 17 KostO) können im Übrigen gem. § 14 KostO nur binnen vier Jahren vom Betroffenen zurückverlangt werden.

HINWEIS

Bezüge zur Mittellosigkeit finden Sie auch in den folgenden Kapiteln dieses Buches:

▶ *Aufwendungsersatz aus der Staatskasse, Kapitel 4, Rn. 315*

▶ *Keine Ermessensvergütung bei Mittellosen, Kapitel 6, Rn. 411*

▶ *Unterschiedliche Stundenansätze bei Mittellosen bei der Pauschalvergütung, Kapitel 7 Rn. 966 ff.*

▶ *Zahlbarmachung bei Mittellosigkeit, Kapitel 9, Rn. 1471 ff.*

▶ *Anhörung des Bezirksrevisors, Kapitel 9, Rn. 1579*

---

275 LG Essen NJWE-FER 2001, 133

9 Verfahren zur Geltendmachung von Entschädigungsansprüchen

9.1 Neuregelung des Verfahrens seit 1999

Das gerichtliche Verfahren bei Aufwendungsersatz und Vergütung ist seit dem Inkrafttreten des 1. BtÄndG am 1.1.1999 einheitlich in § 56g FGG geregelt. Durch das 2. BtÄndG wurde die Bestimmung geringfügig redaktionell geändert. Sie soll im Rahmen der Neuregelung des familiengerichtlichen Verfahren weitestgehend (bis auf die Beschwerde) in den § 168 des künftigen Gesetzes über das Verfahren in Familiensachen und in den Angelegenheiten der freiwilligen Gerichtsbarkeit (FamFG) übernommen werden.[1] **1461**

Diese Vorschrift regelt im Einzelnen die Festsetzung von folgenden Sachverhalten: **1462**

- Vorschuss zu Aufwendungen (§ 1835),
- Ersatz von Aufwendungen (§ 1835),
- Pauschalierte Aufwandsentschädigung (§1835a),
- Ermessensvergütung (§ 1836 Abs. 3, § 8 VBVG)
- Vergütung nach Zeitaufwand (§§ 3, 6 VBVG; § 67a FGG),
- Abschlagszahlungen (nicht bei pauschalierter Vergütung, § 3 Abs. 4 VBVG),
- Pauschalvergütung bei Berufs- und Vereinsbetreuern (§§ 4,5,7 VBVG);
- Pauschalvergütungen bei Verfahrenspflegern (§ 67a Abs. 3 FGG)
- die Zahlung von Leistungen aus der Staatskasse, wenn keine Festsetzung erfolgt;
- den Rückgriff auf das Vermögen des Betroffenen;
- den Rückgriff auf den Nachlass des Betroffenen;
- die Anhörung des Betroffenen bzw. des Erben;
- den Rechtsweg;
- die Vollstreckbarkeit;
- die Anwendbarkeit auch auf Pflegschaften.

Dass § 56g FGG auch für Betreuungen gilt, ist in § 69e FGG geregelt. Im künftigen FamFG soll der entsprechende Verweis in § 292 FamFG aufgenommen werden. **1463**

Eine **isolierte Festsetzung des Stundensatzes** des Betreuers ist nicht möglich.[2] Da die Feststellung des Stundensatzes deshalb immer nur den einzelnen, in dem betreffenden Beschluss beschiedenen Vergütungszeitraum betrifft, ist es durchaus möglich, die Ausbildung hinsichtlich anderer Vergütungszeiträume anders zu bewerten. Das kann z.B. der Fall sein, wenn der zuständige Rechtspfleger wechselt, wenn er seine Rechtsauffassung – etwa, weil Rechtsprechung höherer Instanzen zu dieser Fragestellung ergangen ist – ändert oder wenn eine frühere falsche Einordnung korrigiert wird.. **1464**

Sind Vergütungsbeschlüsse rechtskräftig geworden, kann die Höhe der Vergütung nicht mehr rückwirkend geändert werden. Dies gilt auch dann, wenn sich nachträglich herausstellt, dass eine Ausbildung falsch bewertet wurde und deshalb ein zu hoher Stundensatz zu Grunde gelegt wurde. **1465**

---

1 FamFG-Entwurf (Bt-Drucksache 16/6308 vom 7.9.2007), siehe im Anhang S. 401 ff.
2 OLG Jena NJ 2002, 375; LG Mühlhausen FamRZ 2003, 708

1466 Anders liegt es aber, wenn die Auszahlung nicht im Festsetzungsverfahren, sondern lediglich im Wege der Zahlbarmachung erfolgte. Grundsätzlich kann der Stundensatz dann noch rückwirkend korrigiert und überzahlte Beträge können zurückgefordert werden (siehe dazu auch Rn. 1505). Die kann allerdings nur rückwirkend für 15 Monate geschehen, z.T. begründen die Gerichte diese Begrenzung mit einer Verwirkung[3], zum Teil wird auch angenommen, dass das Recht, eine überzahlte Vergütung zurückzufordern, ebenfalls – wie auch der Vergütungsanspruch des Betreuers – nach 15 Monaten erlischt.

1467 Einen **Bestandsschutz in Bezug auf die Höhe des Stundensatzes** gewährt die Rechtsprechung dann, wenn eine Ausbildung von einem Oberlandesgericht zunächst als vergütungssteigernd angesehen wurde, das Oberlandesgericht seine Ansicht aber später ändert. Diejenigen Betreuer, die die betreffende Ausbildung in Vertrauen auf die Anerkennung absolviert haben, sollen danach auch weiterhin den höheren Stundensatz beanspruchen können.[4]

1468 Unseres Erachtens wird man diesen Grundsatz entsprechend anwenden müssen, wenn ein langjährig tätiger Betreuer alleine im Vertrauen auf den Fortbestand der für ihn günstigen Einordnung seiner Ausbildung an der Teilnahme an einer Nachqualifizierungsmaßnahme im Sinne der §§ 2 BVormVG, 11 VBVG verzichtet hat. Dann kann man seine Ausbildung u.E. jedenfalls nicht mehr ungünstiger einstufen, nachdem die Möglichkeiten der Nachqualifizierung nicht mehr vorhanden sind (siehe zu den Nachqualifizierungsmöglichkeiten Rn. 969 ff.).

▶ *Wegen des Rückgriffs auf das Vermögen des Betroffenen bzw. seiner Erben wird auf das Kapitel 8, Rn. 1200 ff. verwiesen.*

1469 § 56g FGG unterscheidet also zwischen zwei Verfahrensarten

- Der Zahlbarmachung von Leistungen aus der Staatskasse in entsprechender Anwendung der Zeugenentschädigung (Verwaltungsanordnung) – dazu im Folgenden Rn. 1471 ff.

- Der gerichtlichen Festsetzung (Beschlussverfahren) – dazu im Folgenden Rn. 1485 ff.

1470 Der Entschädigungsanspruch für **Verfahrenspfleger** ist seit dem 2. BtÄndG in § 67a FGG geregelt. Hier ist die laut Gesetzesentwurf der Bundesregierung inhaltsgleiche Neuregelung in § 277 FamFG vorgesehen. § 67a FGG verweist auf § 56g Abs. 1 und 5 FGG. D.h. Vergütungsanträge des Verfahrenspflegers beziehen sich stets auf Ansprüche gegen die Staatskasse; die Mittellosigkeit ist nicht zu prüfen. Da stets die Staatskasse bezahlt, muss der Vergütungsbeschluss nicht vollstreckbar sein; Anhörungen erfolgen im Rahmen des Betreuungsverfahrens selbst.

9.2 Die Zahlbarmachung von Leistungen aus der Staatskasse

1471 Der Entwurf zum 1. BtÄndG sah zunächst immer eine Festsetzung von Ansprüchen auf Vergütung und Aufwendungsersatz durch **Gerichtsbeschluss** vor. Dies hätte zu erheblicher Mehrarbeit auf Seiten der Gerichte geführt. Auch bei unstreitigen Beträgen hätte ein relativ aufwendiges Festsetzungsverfahren durchgeführt werden müssen. Daher wurde der § 56g FGG um die Bestimmung ergänzt worden, dass Ansprüche lediglich zahlbar gemacht werden, wenn keine Festsetzung beantragt wird.

1472 Eine Zahlbarmachung kommt in Betracht, wenn sich der Anspruch gegen die **Staatskasse** richtet und nicht streitig ist. Dies dürfte insbesondere für die pauschale Aufwands-

---

3   LG Stuttgart BtPrax 1999,159; OLG Schleswig NJW-RR 2003,439
4   OLG München BtPrax 2006,79 = FamRZ 2006,730

entschädigung ehrenamtlicher Vormünder, Pfleger und Betreuer nach § 1835a gelten. Sie erfolgt durch den Urkundsbeamten des Vormundschaftsgerichtes.

Für die Zahlbarmachung gilt folgendes **Verfahren**:

Ist der Betreute mittellos (vgl. dazu Kapitel 8, Rn. 1200 ff.) oder geht es um Ansprüche eines Verfahrenspflegers, richten sich der Anspruch des Betreuers auf Ersatz seiner Aufwendungen und der Vergütungsanspruch des Berufsbetreuers gegen die Staatskasse, also die Justizkassen der Länder. Diese Leistungen können im Verwaltungsweg, also ohne gerichtliche Festsetzung, ausgezahlt werden. **1473**

Bei dieser Zahlung durch die Justizverwaltung sollen die Vorschriften über das Verfahren bei der Entschädigung von Zeugen hinsichtlich ihrer baren Auslagen sinngemäß gelten (§ 56g Abs. 1 Satz 4 FGG). Den Begriff der **Zahlbarmachung** wollte der Gesetzgeber offensichtlich vermeiden. Das Verfahren über die Zeugenentschädigung ist in § 2 JVEG geregelt. **1474**

Voraussetzung für die Zahlung ist, dass der Betreuer sie verlangt, § 2 Abs. 1 JVEG. Eine höhere Zahlung als die verlangte ist unzulässig.[5] Es sollte aber selbstverständlich sein, dass die Gerichte insbesondere ehrenamtliche Betreuer auf ihre Ansprüche hinweisen. Es ist aber nach der Rechtsprechung keine Pflichtwidrigkeit des Gerichtes, wenn auf die Ansprüche nicht hingewiesen wurde[6], so dass keine Wiedereinsetzung bei Fristversäumnissen gegeben ist.[7] **1475**

Das Verlangen ist weder an eine feste Form noch an einen festen Wortlaut gebunden. Es kann mündlich[8] oder schriftlich gestellt werden, sollte allerdings deutlich machen, dass keine Festsetzung, sondern lediglich eine Zahlbarmachung begehrt wird. Dies kann z.B. durch die Formulierung „Ich bitte um Zahlung der nachstehend berechneten Auslagen/ Vergütung aus der Staatskasse .." erfolgen (siehe dazu auch das Beispiel im Kapitel 5, Rn. 394). **1476**

Zuständig ist das Gericht, bei dem das Betreuungsverfahren aktuell geführt wird, auch wenn während des Zeitraums, für den eine Entschädigung beantragt wird, die Betreuung noch bei einem anderen Gericht geführt wurde.[9] **1477**

Vergütung oder Aufwendungsersatz werden im Verwaltungsweg berechnet und vom Urkundsbeamten der Geschäftsstelle im Rahmen eines haushaltsrechtlichen Verwaltungsakts zur Zahlung angewiesen.[10] **1478**

9.2.1 Art der Ansprüche bei Zahlbarmachung

Der Vormund, Pfleger oder Betreuer kann folgende Leistungen auf diesem Wege geltend machen: **1479**

- Vorschüsse für Aufwendungen (§ 1835), soweit keine pauschale Betreuervergütung (§§ 4, 5, 7 VBVG) beansprucht werden kann;

- Aufwendungsersatz (§ 1835 BGB, § 67a Abs. 1 FGG), soweit keine pauschale Betreuervergütung (§§ 4, 5, 7 VBVG) beansprucht werden kann dann ist lediglich Aufwendungsersatz für berufliche Dienste (§ 1835 Abs. 3) möglich;

- pauschale Aufwandsentschädigung (§ 1835a);

- Abschlagszahlungen auf Vergütungen (§ 3 Abs. 4 VBVG);

---

5   *Meyer/Höver/Bach* § 15, Rn. 1
6   LG Koblenz FamRZ 2006, 970
7   LG *Meiningen*, Beschluss vom 11.12.2006, 3 T 315/06, BtMan 2007, 202 (Ls)
8   LG Stuttgart vom 29.11.2001 – 2 T 334/01
9   *Meyer/Höver/Bach,* a.a.O, Rn. 11
10 *Meyer/Höver/Bach,* a.a.O, Rn. 21

- Vergütungen nach Zeitaufwand (§§ 3, 6 VBVG, § 67a Abs. 2 FGG);

- Pauschalvergütungen für Berufs- und Vereinsbetreuer (§§ 4, 5, 7 VBVG) sowie für Verfahrenspfleger (§ 67a Abs. 3 FGG)

1480 Ist der Betrag streitig, kann der Vormund, Pfleger oder Betreuer eine Festsetzung im Beschlusswege durch das Gericht verlangen. Gemeint ist damit – auch wenn der Gesetzeswortlaut in diesem Punkt nicht ganz eindeutig sein mag – eine Festsetzung nach § 56g Abs. 1 FGG, und nicht etwa eine gerichtliche Festsetzung nach § 2 JVEG. Dies würde nämlich wieder unterschiedliche Rechtszüge zur Folge haben, wie es vor 1999 der Fall war, was § 56g FGG ja gerade vermeiden wollte. Auch der Bezirksrevisor kann die gerichtliche Festsetzung beantragen, damit er die Gelegenheit erhält, Rechtsmittel einzulegen.

1481 Die Verweisung in § 56g Abs. 1 Satz 4 FGG auf das Verfahren nach dem JVEG ermöglicht nur die Festsetzung durch den **Urkundsbeamten im vereinfachten Verfahren.** Sie bedeutet nicht, dass eine einfache (unbefristete) Beschwerde gem. § 4 Abs.3 JVEG statthaft wäre.[11]

1482 Die Formulierung in einem Antrag auf **Zahlbarmachung** kann lauten: „Ich beantrage, die (Bezeichnung der jeweiligen Forderung mit Angabe der Höhe) wegen Mittellosigkeit des Vertretenen aus der Staatskasse auszuzahlen."

1483 Begehrt der Vormund, Pfleger oder Betreuer statt einer **Zahlbarmachung** eine Festsetzung gem. § 56g Abs. 1 FGG, könnte der Antrag wie folgt lauten: „Ich beantrage die Vergütung (und ggf. den Aufwendungsersatz) gem. § 56g Abs. 1 FGG durch Beschluss festzusetzen."

---

11 BayObLG BtPrax 1999, 195 = JurBüro 1999, 549.

9.2.2 Musterbeispiel für eine „Zahlbarmachung"

1484

Name, Adresse, Rufnummer des Vormundes/
Pflegers/Betreuers

An das
Amtsgericht
– Vormundschaftsgericht–   Datum

Rechnungs-Nr. ...
Steuer-Nr. ... Finanzamt ...

Betreuung für ... – Geschäfts-Nr. ...

Sehr geehrte Damen und Herren,

der Antrag bezieht sich auf den Zeitraum vom 1.1.2008 bis 30.6.2008.

Die Einzelaufstellung der vergütungsfähigen Zeiten und der Aufwendungen ergibt sich aus der Anlage.

Aufwendungsersatz (lt. beigefügtem Nachweis)	120,00 €
Vergütung (lt. beigefügtem Nachweis):	1.050,00 €
Summe netto:	1.170,00 €
Zuzügl. 19 % Umsatzsteuer:	222,30 €
Gesamtbetrag:	1.392,30 €

Ich habe eine abgeschlossene Ausbildung als Diplom-Sozialpädagoge. Mein Stundensatz beträgt gemäß § 3 VBVG daher 33,50 €.

Die betreute Person ist mittellos im Sinne von § 1908 Abs. 1 Abs. 1 Satz 1 BGB in Verbindung mit § 1835 Abs. 4 und § 1836d BGB. Ich bitte, Vergütung und Aufwendungsersatz aus der Staatskasse zu zahlen.

Meine Bankverbindung lautet:
Konto-Nr: ... BLZ: ... Konto-Inhaber: ...

Mit freundlichen Grüßen

_____
Unterschrift

▸   *Vgl. auch die Mustervergütungsanträge auf der Buch-CD.*

9.3 Die Festsetzung nach § 56g Abs. 1 FGG

1485 Im Gegensatz zur Zahlbarmachung im Verwaltungsweg können Vergütungs- und Aufwendungsersatzansprüche aber auch durch **gerichtlichen Beschluss** festgesetzt werden. Dieses Verfahren ist bei folgenden Ansprüchen zulässig:

9.3.1 Aufwendungen

1486 Nach Abs. 1 Nr. 1 (Aufwendungsersatz/Aufwandspauschale)

- Vorschuss für Aufwendungen (§ 1835),

- Ersatz von Aufwendungen (§ 1835),

- pauschale Aufwandsentschädigung (§ 1835a).

1487 Voraussetzung für die Zulässigkeit des Festsetzungsverfahrens ist aber, dass

- der Anspruch sich gegen die Staatskasse richtet **oder**

- – wenn der Anspruch sich gegen das Vermögen des Betroffenen richtet – dem Betreuer nicht die Vermögenssorge übertragen ist.

1488 Wenn zum **Aufgabenkreis** des Betreuers auch die **Vermögenssorge** gehört, kann er die ihm nach §§ 1835, 1835a zustehenden Beträge **direkt** aus dem laufenden Einkommen oder Vermögen des Betreuten **entnehmen,** sofern die betreute Person nicht mittellos im Sinne der §§ 1836c, 1836d ist. Dies gilt auch für den Vormund eines Minderjährigen und jede Art von Pflegern, deren Wirkungskreis die Vermögenssorge beinhaltet. Gegenvormund, Gegenbetreuer und Verfahrenspfleger können demgegenüber nicht in den Genuss dieser Erleichterungen kommen, da sie niemals Inhaber der Vermögenssorge sind.

1489 Ein Antrag auf Festsetzung beim Vormundschaftsgericht ist in den genannten Fällen nicht nur unnötig, sondern auch **unzulässig**, was durch die Neufassung des § 56g Abs. 1 FGG klargestellt ist.[12] Dies gilt auch für die berufsbezogenen Dienste gem. § 1835 Abs. 3.[13] Eine Anhörung des Betreuten ist nicht vorgesehen.[14]

1490 Bei Berufsbetreuern, die seit 1.7.2005 die pauschale Betreuervergütung (§§ 4, 5 VBVG) erhalten, gilt, dass diese ausschließlich Aufwendungsersatz für berufliche Dienste (§ 1835 Abs. 3) entnehmen können, sofern der Betreute nicht mittellos ist (vgl. Rn. 281 ff.; dies gilt nicht für Vereinsbetreuer).

1491 Eine Kontrolle des Vormundes, Pflegers oder Betreuers erfolgt insoweit durch die Abrechnung über die Verwaltung des Vermögens (§ 1843). Gegen unberechtigt entnommene Aufwendungen muss das Vormundschaftsgericht einschreiten (§ 1837).[15] Für etwaige Rückforderungen muss u.U. ein Ergänzungsbetreuer bzw. -pfleger bestellt werden.[16]

1492 Muss der Betreuer die Aufwendungen aus gesperrt angelegtem Vermögen entnehmen, ist eine Genehmigung des Vormundschaftsgerichts erforderlich (§ 1812 Abs. 2).[17] Das Gericht hat jedoch bei seiner Prüfung keine Befugnis, eine Beanstandung (gem. § 1843) oder Verweigerung der Entsperrung auf Zweckmäßigkeitserwägungen zu stützen, da dies in die Selbstständigkeit der Amtsführung des Betreuers eingreifen würde.[18]

---

12 Vgl. bereits für das frühere Recht BayObLGZ 1981 62/68 = Rpfleger 1981, 302; *Damrau/Zimmermann* § 1835 Rn. 44; *Knittel* § 1835 Rn. A 2.7; *Klüsener*, Rpfleger 1991, 225/233; *Sonnenfeld*, Rpfleger 1993, 97/98, nach neuem Recht: BayObLG BtPrax 2001, 77 = Rpfleger 2001, 179 = FamRZ 2001, 793 = NJWE-FER 2001, 121; *Bienwald*, Rpfleger 2001, 226
13 OLG Düsseldorf FamRZ 1995, 1375 = JurBüro 1995, 375; *Knittel* § 1835 Rn. 7
14 *Klüsener*, Rpfleger 1991, 225/233
15 *Damrau/Zimmermann* § 1835 Rn. 48; *Knittel* § 1835 Rn. A 2.8
16 BayObLGZ 1981, 60/67 = Rpfleger 1981, 302
17 Vgl. BayObLG BtPrax 1995, 227 = FamRZ 1996, 242 = BtE 1994/1995, 55
18 LG Dortmund Rpfleger 1993, 439; *Bienwald* § 1835 Rn. 41; *Knittel* § 1835 Rn. A 2.8; *Deinert*, JurBüro 1993, 513/514

Auch wenn der Vormund, Pfleger oder Betreuer die Aufwendungen entnehmen konnte, ist dies dann nicht mehr möglich, wenn die Vertretungstätigkeit insgesamt geendet hat (durch Aufhebung, Tod des Vertretenen oder Wechsel des Betreuers, Pflegers oder Vormundes) oder wenn der Aufgabenkreis Vermögenssorge aufgehoben wurde. In diesen Fällen ist dann auch die Beschlussfassung über Aufwendungsansprüche zulässig, auch wenn der Betroffene nicht mittellos ist.[19]

1493

9.3.2 Vergütungen

Nach § 56g Abs. 1 Nr. 2 (Vergütungen) können festgesetzt werden:

1494

- Ermessensvergütungen aus dem Vermögen des Vertretenen (§§ 1836 Abs. 2, § 8 VBVG),

- Vergütungen nach Zeitaufwand (§ 3, 6 VBVG, § 67a FGG),

- Abschlagszahlungen bei Vergütungen nach Zeitaufwand (§ 3 Abs. 4 VBVG),

- Pauschalvergütung bei Berufs- und Vereinsbetreuern (§§ 4, 5, 7 VBVG) sowie Verfahrenspflegern (§ 67a Abs. 3 FGG).

Mit einer Festsetzung von Ansprüchen gegen die Staatskasse kann das Gericht zugleich bestimmen, wann und in welchem Umfang der Vertretene Zahlungen nach §§ 1836c und 1836e an die **Staatskasse** zurückzuzahlen hat. Diese Feststellung kann aber auch in einem separaten späteren Beschluss erfolgen.

1495

Hinsichtlich der **Festsetzung von Raten** für die Betreuungskosten ist § 120 Abs. 2, 3 und 4 Satz 1 und 2 ZPO entsprechend anzuwenden. Danach sind Zahlungen an die Landeskasse zu leisten. Das Gericht soll die vorläufige Einstellung der Ratenzahlungen bestimmen, wenn abzusehen ist, dass die Zahlungen die Betreuungskosten decken. Bei einer Änderung der persönlichen und wirtschaftlichen Verhältnisse kann die Ratenfestsetzung jederzeit geändert werden (§ 120 Abs. 4 Satz 1 ZPO).[20]

1496

9.3.3 Wann findet ein Festsetzungsverfahren statt?

Nach § 56g Abs. 1 FGG findet eine gerichtliche Festsetzung statt, wenn

1497

- der Vertreter oder der Vertretene (ggf. vertreten durch seinen Verfahrenspfleger) eine Festsetzung beantragt oder

- bei Mittellosigkeit des Vertretenen das Gericht eine Festsetzung (statt einer Zahlbarmachung) für angemessen hält.

Der Erbe des Betreuten hat kein eigenes Antragsrecht. Er ist lediglich zu hören, wenn auf den Nachlass zurückgegriffen werden soll (§ 56g Abs. 4 Satz 2 FGG).[21]

1498

Dass ein Vertretener (Mündel, Betreuter oder Pflegling) einen Antrag auf Festsetzung stellt, wird in der Praxis vermutlich relativ selten vorkommen. Da die Gerichte von der Möglichkeit, Gegenvormünder oder -betreuer zu bestellen, selten Gebrauch machen, werden diese als Antragsteller ebenfalls nicht ins Gewicht fallen.

1499

In der Regel werden es deshalb wahrscheinlich Vormünder, Pfleger und Betreuer sein, die einen Antrag auf Festsetzung stellen.

1500

Dabei schließt es der Wortlaut des Gesetzes unseres Erachtens nicht aus, dass der Gegenbetreuer für den Betreuer – und bei mehreren Betreuern einer für den anderen – die Festsetzung von Aufwendungsersatz oder Vergütung beantragt (entsprechend bei Vormund-

1501

---

19   OLG Hamm FamRZ 2004, 1065 = Rpfleger 2003, 364; BayObLG FamRZ 2005, 393
20   Vgl. *Jürgens* u.a., Das neue Betreuungsrecht, Rn. 285
21   A.A. Fröschle/*Fröschle-Locher* PK Anhang zu § 69e FGG Rn. 46

schaften und Pflegschaften). Das Antragsrecht ist nicht auf die Leistungen beschränkt, die dem Antragsteller selbst zustehen.

1502 Unzulässig und unwirksam sind dagegen der **Verkauf und Abtretung** eines Vergütungsanspruches an Dritte gem. § 134 i.V.m. § 203 Abs. 1 Nr. 5 StGB.[22]

1503 Das Gericht kann Aufwendungsersatz oder Vergütung jedoch auch gänzlich ohne **einen Antrag** festsetzen, wenn es eine Festsetzung für angemessen hält. Ein Bedürfnis dafür könnte dann bestehen, wenn der Betreuer lediglich die **Zahlbarmachung** bestimmter Leistungen verlangt hat (siehe dazu oben Rn. 1482 ff.), das Gericht den Sachverhalt aber für streitig hält und dem Betreuer den Rechtsweg nicht vorenthalten will (siehe dazu unten Rn. 1581 ff.).

1504 Eine Festsetzung von Amts wegen könnte auch dann in Betracht kommen, wenn der Betreute verstorben ist und der Anspruch sich gegen den Nachlass richtet. Die Erben haben kein Recht, eine gerichtliche Festsetzung zu beantragen. Eine solche könnte aber wegen der Beschwerdemöglichkeiten in ihrem Interesse liegen.

1505 Die Auszahlung einer Vergütung durch Verwaltungsanordnung steht einer späteren niedrigeren Festsetzung durch Gerichtsbeschluss nicht entgegen. Rückforderungen zuviel gezahlter Betreuervergütung, die durch Verwaltungsanordnung erfolgte, sind möglich, weil keine Rechtsmittelfrist läuft und grundsätzlich auch kein Vertrauensschutz des Betreuers in die Endgültigkeit einer solchen Auszahlung zu erkennen ist [23] (siehe dazu aber auch Rn. 1468 – nachträgliche Korrektur des Stundensatzes).[24]

1506 Eine Festsetzung ist jedenfalls immer dann erforderlich, wenn zugleich oder später auf das Vermögen des Betreuten zurückgegriffen werden soll (siehe dazu in Kapitel 8, Rn. 1200 ff.).

1507 Bevor nämlich die Justizkasse auf das Vermögen des Betreuten zurückgreift, muss dieser gem. § 56g Abs. 4 FGG angehört werden, und zwar zu den von ihm zu leistenden Zahlungen. Die Höhe dieser Zahlungen hängt aber nicht nur von seinem Einkommen und Vermögen, sondern auch von der dem Betreuer gewährten Vergütung ab.

1508 Der Vergütungsbeschluss ist zu begründen, da er einem Rechtsmittel (dazu unten Rn. 1581 ff.) unterliegt.[25] Im künftigen FamFG ist generell eine Rechtsmittelbelehrung vorgeschrieben.[26]

1509 Gegenstand eines Verfahrens nach § 56g Abs. 1 FGG können im Übrigen nur Ansprüche auf Aufwendungsersatz und Vergütung für eine Betreuertätigkeit nach **Wirksamwerden der Betreuerbestellung** sein. Solche Ansprüche können deshalb für den Zeitraum einer Tätigkeit nach Ablauf der Befristung einer vorläufigen Betreuerbestellung bis zum Wirksamwerden der endgültigen Betreuerbestellung nicht festgesetzt werden.

1510 Etwa an deren Stelle tretende Ansprüche aus **Geschäftsführung ohne Auftrag** können auch dann nicht Gegenstand einer Festsetzung nach § 56g Abs. 1 FGG sein, wenn die Fortsetzung der Betreuertätigkeit über den Ablauf der vorläufigen Betreuung hinaus durch das Gericht mit veranlasst worden ist[27] (vgl. dazu unter Rn. 1036 ff.)

1511 Im Festsetzungsverfahren nach § 56g FGG ist über **Schadensersatzansprüche** wegen mangelhafter Amtsführung nicht zu befinden.[28] Dies ist ggf. Gegenstand einer separaten Schadensersatzklage nach § 1833 BGB.

---

22   OLG Dresden FamRZ 2004, 1390 = Rpfleger 2004, 351
23   OLG Köln FamRZ 2006, 1482 = FGPrax 2006, 116
24   OLG Köln FamRZ 2006, 1482 = FGPrax 2006, 116
25   LG Lüneburg Rpfleger 1999, 491
26   § 39 FamFG-Entwurf
27   OLG Hamm FGPrax 2006, 161 = JMBl NRW 2006, 282 = BtPrax 2007, 255 (Ls)
28   KG Rpfleger 2007, 608 = FGPrax 2007, 272

9.3.4 Geltendmachung von Ansprüchen gegenüber Erben im FGG-Verfahren?

Die Bestimmungen über die Betreuervergütung erwähnen zwar an mehreren Stellen den **Erben** (§ 1836e, § 56g Abs. 3 und 4 FGG), sehen aber im eigentlichen Wortlaut eine gerichtliche Beschlussfassung von Betreuervergütungsansprüchen gegenüber dem Erben nicht vor. In § 56g Abs. 3 FGG ist nur die Rede von der Festsetzung der vom Erben an die Staatskasse zu leistenden Zahlung, welche ja nur dann erfolgen kann, wenn zu Lebzeiten des Betreuten der Betreuer Zahlungen aus der Staatskasse erhalten hat. Hieraus könnten unterschiedliche Schlüsse gezogen werden: **1512**

- Der Betreuer kann nach dem Tod des Betreuten eine Forderung nicht gegenüber dem Erben geltend machen, sondern nur gegen die Staatskasse; ausschließlich diese befriedigt den Betreuer und nimmt vom Erben Regress (diese Auffassung würde den meisten Betreuern entgegenkommen, scheint aber bisher von der Rechtsprechung nicht getragen zu werden). **1513**

- Der Betreuer kann eine solche Forderung gegen den Erben zwar geltend machen, aber nur im Zivilprozess, nicht im FGG-Verfahren vor dem Vormundschaftsgericht.[29] **1514**

- Die Bestimmung des § 56g Abs. 1 FGG ist so auszulegen, dass auch ein Vergütungsverfahren direkt gegen den Erben gerichtet sein kann; in diesem Falle sind Abs. 3 Satz 2 und 3 und Abs. 4 Satz 2 analog anzuwenden, weil offenbar eine Gesetzeslücke besteht. Diese Auffassung scheint sich in der Rechtsprechung durchgesetzt zu haben.[30] **1515**

- Die Staatskasse kann die aus dem Nachlass zu erstattenden Betreuungskosten gegen die unbekannten Erben, vertreten durch den **Nachlasspfleger** im Verfahren nach § 56 g FGG festsetzen lassen. Im Beschluss ist den unbekannten Erben das Recht vorzubehalten, die persönlichen **Haftungsbeschränkungen** (§ 1836 e BGB i.V.m. § 102 SGB XII) nachträglich geltend zu machen.[31] **1516**

9.3.5 Inhalt und Form des Antrags

Bereits zum 30.4.2004 war § 69e FGG um einen Absatz 2 ergänzt worden.[32] Die Länder können demnach durch Rechtsverordnung **amtliche Vordrucke** für die Abrechnung von Betreuervergütungen einführen (§ 69e Abs. 2 Satz 1 FGG). Ist dies geschehen, ist die Verwendung der Vordrucke zwingend. Eine in anderer Form erstellte Abrechnung ist formnichtig und etwaige Fristen (§ 2 VBVG) wären hierdurch nicht eingehalten (§ 69e Abs. 2 Satz 3 FGG). Das Gericht kann die Vergütung zwar dennoch festsetzen – denn das geht nach § 56g Abs. 1 Satz 1 FGG ja auch von Amts wegen –, es ist dazu jedoch nicht gezwungen. **1517**

Nach § 69e Abs. 2 Satz 2 FGG können die Länder auch **elektronische Vordrucke** einführen, die vom Betreuer dann als elektronisches Dokument eingereicht werden müssen, das sich für die weitere Verarbeitung bei Gericht eignet. Nicht vorgeschrieben ist hierbei die Übermittlung in der elektronischen Form des § 126a BGB, sodass Betreuer nicht durch § 69e Abs. 2 Satz 2 FGG gezwungen werden, eine zertifizierte Signatur zu erwerben. Die Übermittlungsweise wird nicht vorgegeben. **1518**

---

29 So die Auffassung des LG Landshut, Beschluss 60 T 3159/00
30 BayObLG FGPrax 1999, 182 = FamRZ 1999, 1609 und BayObLGZ 2001, 65 = FamRZ 2001, 866; OLG Schleswig NJWE-FER 2000, 149, Thür. OLG Jena FGPrax 2001, 22; HK BUR/*Bauer* § 56g FGG Rn. 61; Palandt/*Diederichsen* 60. Aufl. § 1836 Rn. 8
31 OLG Thüringen FamRZ 2006, 645 = FGPrax 2006, 70 = Rpfleger 2006, 323
32 Künftig inhaltsgleich in § 292 Abs. 2 FamFG vorgesehen

1519 Möglich ist dann nach derzeitigem Stand

- die Übermittlung per E-Mail,

- ggf. das Online-Ausfüllen, falls die Gerichte diese Möglichkeit schaffen,

- das Einreichen auf einem Datenträger (Diskette, CD-ROM).

1520 Die Übermittlung müsste jedenfalls dergestalt erfolgen, dass die Daten auf dem Rechner des Gerichts ausgelesen und weiterverarbeitet werden können.

1521 Bis zum Redaktionsschluss des Buches haben die Länder von der Ermächtigung noch keinen Gebrauch gemacht. Lediglich *NRW* und *Sachsen* haben die Ermächtigung zum Erlass von Rechtsvorschriften durch Verordnungen vom 12.10.2004 (GV NW S. 301) bzw. vom 10.12.2004 (SächsGVBl. 2004, 582) auf die Justizministerien übertragen. Unseres Erachtens ist durch die Einführung der Pauschalvergütung der Bedarf an einem einheitlichen Vergütungsvordruck weitgehend entfallen. In *NRW* ist allerdings zum Zeitpunkt der Drucklegung dieses Buches ein Feldversuch zur elektronischen Antragstellung im Gange.[33]

1522 Solange keine amtlichen Vordrucke/Verfahren vorgeschrieben sind, müssen, je nachdem, wer den Antrag stellt und welche Art von Ansprüchen geltend gemacht werden, seit 1.7.2005 unterschiedliche Angaben gemacht werden.

9.3.6 Gemeinsame Angaben bei allen Anträgen

1523 Der Antrag sollte enthalten:

a) Das Aktenzeichen des Vormundschaftsgerichtes

b) Die genaue Bezeichnung des Anspruchsberechtigten (Name und Adresse, Bankverbindung)

c) Die Bezeichnung des Anspruchsgegners (Vertretener, Erbe des Vertretenen oder Staatskasse)

Als Anspruchsgegner, also diejenigen, die den Aufwendungsersatz oder die Vergütung zu zahlen haben, kommen in Betracht:

1524 • Der Betreute

Grundsätzlich hat der Vertretene selbst für die Leistungen des Betreuers, sei es Aufwendungsersatz oder Vergütung, aufzukommen.

1525 • Die Erben des Betreuten

Verstirbt der Vertretene, bevor der Betreuer seinen Anspruch geltend machen konnte, wird der Anspruch zu einem Teil des Nachlasses und richtet sich damit gegen die Erben.[34] Dieser bzw. diese Erben ist/sind namentlich aufzuführen. Sind Erben unbekannt, ist auf Antrag des Betreuers als Nachlassgläubiger ein Nachlasspfleger zu bestellen, in diesem Fall richten sich die Ansprüche gegen die unbekannten Erben, gesetzlich vertreten durch den Nachlasspfleger.

▶ *Zur Beschränkung der Haftung der Erben vgl. Kapitel 8, Rn. 1397 ff.*

1526 • Die Staatskasse

Ist der Betreute mittellos, erhält der Betreuer Aufwendungsersatz und Vergütung aus der Staatskasse (vgl. dazu Kapitel 8, Rn. 1200 ff.). Ist die finanzielle Situation des Betreuten unklar, empfiehlt es sich, den Anspruch auf Aufwendungsersatz gem. § 1835 bzw. die Aufwandspauschale gem. § 1835a vorsorglich gegen die Staatskasse geltend zu machen.

---

33 Siehe unter: http://www.justiz.nrw.de/Online_verfahren_projekte/projekte/betreuerverguetung/
34 BayObLG FGPrax 1999, 182 und Beschluss 3 ZBR 28/01 vom 14.3.2001; OLG Schleswig NJWE-FER 2000, 149; Thür. OLG FGPrax 2001, 22; a.A.: LG Landshut 60 T 3159/00

Mit der Geltendmachung des Anspruchs gegen die Staatskasse (beim Vormundschaftsgericht) wird nach § 1835 Abs. 1 Satz 3 zweiter Halbsatz (entsprechend in § 1835a) einem Erlöschen des Anspruchs gegen den Betreuten begegnet.

Der Betreuer soll nicht gezwungen sein, um die Frist zu wahren, sowohl die Staatskasse als auch vorsorglich den Betreuten selbst in Anspruch zu nehmen. Umgekehrt gilt: Ist zunächst ein Antrag gegen den Betreuten gestellt worden, ist ohne Berücksichtigung einer Erlöschensfrist ein Zweitantrag auf Zahlung der Vergütung aus der Staatskasse dann zulässig, wenn der Anspruch gegen den Betreuten ohne Verschulden des Betreuers nicht durchsetzbar ist.[35] Der beim Vormundschaftsgericht gestellte Antrag auf Festsetzung einer Vergütung aus dem Vermögen des Betroffenen wahrt die Ausschlussfrist des § 2 Satz 1 VBVG auch für einen späteren Antrag auf Festsetzung gegen die Staatskasse.[36]

1527

> **HINWEIS**
>
> *Ist die Vermögenssituation des Betreuten unklar oder liegen die Einkünfte und/oder das Vermögen nur geringfügig über den jeweiligen Freibeträgen, sollte bei einem Antrag, der gegen den Betreuten gerichtet wird, von vorne herein hilfsweise eine Erstattung aus der Staatskasse beantragt werden, für den Fall, dass doch Mittellosigkeit i.S.d. § 1836d vorliegt.*

d)   Die Art der Leistung

1528

Die **genaue Bezeichnung** der Leistung (Vergütung, Abschlagszahlung, Aufwendungsersatz, Aufwandsentschädigung, letztere oft auch als Aufwandspauschale bezeichnet) sollte selbstverständlich sein. Nur so ist für denjenigen, der zahlen muss, der Antrag nachvollziehbar. Eine genaue Bezeichnung des Anspruchs ist auch schon deshalb erforderlich, um eine Unterscheidung zu ermöglichen zu anderen Ansprüchen, die im Laufe des Betreuungsverfahrens bereits geltend gemacht wurden, bzw. in Zukunft noch geltend zu machen sind.

e)   Den genauen Betrag der beantragten Leistung

1529

f)   Den Zeitraum, für den die Leistung beansprucht wird

Natürlich ist auch der Zeitraum, für den Vergütung oder Aufwendungsersatz verlangt wird, anzugeben. Nur so ist der Antrag in sich schlüssig. Betreuungen, Vormundschaften und Pflegschaften ziehen sich oft über viele Jahre hin. Der Betreuer wird daher in der Regel nicht nur einmal (am Ende des Verfahrens) einen Anspruch auf Vergütung und/oder Aufwendungsersatz geltend machen, sondern in regelmäßigen oder unregelmäßigen Abständen.

1530

Die Angabe des Zeitraums ist also auch zur Abgrenzung verschiedener Ansprüche erforderlich (vgl. zur Abgrenzung von pauschalierter Aufwandsentschädigung und Ermessensvergütung nach § 1836 Abs. 2; vgl. auch Kapitel 5, Rn. 389 ff.). Bei pauschaler Betreuervergütung besteht der Zeitraum nach § 9 VBVG stets in einem oder mehreren Betreuungsquartalen.

1531

g)   Den Antrag auf gerichtliche Festsetzung

h)   Die persönlichen und wirtschaftlichen Verhältnisse des Betreuten

Nach § 56g Abs. 2 FGG sollen in dem Antrag die persönlichen und wirtschaftlichen Verhältnisse des Betreuten dargestellt werden, deren Kenntnis das Vormundschaftsgericht für seine Entscheidung benötigt. Gemäß dem nach Satz 2 entsprechend anzuwendenden

1532

---

35   BayObLG BtPrax 2004, 73 = FamRZ 2004, 305
36   OLG Hamm FamRZ 2007, 854 = BtMan 2007, 104 (Ls); LG Mönchengladbach FamRZ 2007, 357 = BtMan 2007, 202 (Ls)

§ 118 Abs. 2 Satz 1 und 2 der Zivilprozessordnung kann das Gericht verlangen, dass der Antragsteller seine tatsächlichen Angaben **glaubhaft** macht, und Erhebungen anstellen, insbesondere die Vorlegung von Urkunden anordnen und Auskünfte einholen.

1533 Sowohl die Festsetzung von Aufwendungsersatz- und Vergütungsansprüchen des Vormundes gegen die Staatskasse als auch die Festsetzung des Regressanspruchs der Staatskasse gegen den Mündel setzt eine Prüfung von dessen wirtschaftlicher Leistungsfähigkeit voraus, die nach § 1836c-F unter Heranziehung der Maßstäbe des **Sozialhilferechts** erfolgen soll[37] (siehe dazu Kapitel 8, Rn. 1244 ff., 1323 ff.).

1534 Wenn zum Aufgabenkreis des Betreuers auch die Vermögenssorge gehört, dürfte es ihm nicht schwer fallen, die persönlichen und wirtschaftlichen Verhältnisse des Betreuten darzustellen, zumal er dies auch in seinem Jahresbericht und der jährlichen **Rechnungslegung** tun muss, zu der er nach § 1840 verpflichtet ist.

1535 Gehört die Vermögenssorge nicht zum **Aufgabenkreis** des Betreuers, kann er das Gericht zumindest überschlägig über die persönlichen Verhältnisse des Betreuten informieren. Hieraus lassen sich meist auch Rückschlüsse auf seine finanzielle Situation ziehen. Zu einer genauen Darstellung der Einkommens- und Vermögensverhältnisse wird der Betreuer aber oftmals nicht in der Lage sein, denn Sozialleistungsträger sind ihm in diesem Falle aufgrund der Datenschutzbestimmungen des SGB X nicht zur Auskunft berechtigt und Banken und Versicherungen ebenfalls nicht aufgrund des Bankgeheimnisses.

1536 Daher ist in diesen Fällen das Gericht nach § 12 FGG, ggf. im Rahmen der Rechts- und Amtshilfe (Art. 35 Abs. 1 GG) verpflichtet, selbst die wirtschaftlichen Verhältnisse festzustellen.[38] Hier kann es auch die Unterstützung der Betreuungsbehörde nach § 8 BtBG in Anspruch nehmen.[39] Bei Unklarheiten über die Vermögensverhältnisse des ehemaligen Betreuten sind **von Amts wegen** ggf. Auskünfte von Verwandten einzuholen.[40] Das Erfordernis gerichtlicher Geltendmachung von Unterhaltsansprüchen ist ebenfalls von Amts wegen durch das Gericht zu prüfen, ggf. ist der Unterhaltspflichtige durch das Gericht anzuhören.[41]

1537 Steht der Aufwand zur Ermittlung der persönlichen und wirtschaftlichen Verhältnisse in keinem Verhältnis zu den zu erwartenden Regressforderungen (siehe dazu Kapitel 8, Rn. 1453 ff.), kann das Gericht auch ohne weitere Prüfung festsetzen. Das **Unterlassen jeglicher Ermittlungen** durch das Gericht soll nur dann nicht pflichtwidrig sein, wenn konkrete Anhaltspunkte für Mittellosigkeit bestehen, z.B. Bezug von Sozialhilfe.[42]

1538 In der Begründung des Regierungsentwurfs zum 1. BtÄndG [43] heißt es dazu:

> Da somit eine Entscheidung ohne eingehende Prüfung nur zugunsten des Mündels zulässig ist, ist die Regelung rechtsstaatlich unbedenklich. Sie ist aber auch fiskalisch begrüßenswert. Zwar lässt sie unter Verzicht auf eine vertiefende Prüfung die Gewährung von Mitteln aus der Staatskasse (zur Befriedigung von Ansprüchen des Vormundes) bzw. die Nichtgeltendmachung von Regressansprüchen (gegen den Mündel) zu, obwohl eine genaue Prüfung möglicherweise ergeben hätte, dass die Staatskasse zur Zahlung bzw. zum Regressverzicht nicht verpflichtet war. Eine solche ,Pauschalentscheidung gegen die Staatskasse' ist aber nur erlaubt, wenn die genaue Prüfung einen solchen Aufwand verursachen würde, dass die mit ihr verbundenen Kosten durch die mit ihr möglicherweise zu vermeidenden Nachteile für die Staatskasse nicht aufgewogen würden. Steht also zur freien Überzeugung des Gerichts fest, dass eine im Interesse der Staatskasse anzustellende detaillierte Prüfung mehr kosten würde als sie einbringen kann, ist ein die Justiz entlastender Verzicht auf diese Prüfung auch fiskalisch geboten.

---

37   BT-Drs. 13/7158, S. 34
38   A.A.: LG Kleve Rpfleger 1999, 446 = FamRZ 2000, 564
39   *Bienwald* Vorbem. vor §§ 65 ff. FGG Rn. 70
40   OLG Schleswig FamRZ 2004, 979 = MDR 2004, 814 = MDR 2004, 814
41   OLG Düsseldorf FamRZ 2001, 1099
42   LG Essen NJWE-FER 2001, 133
43   BT-Drs. 13/7158, S. 34, 35

Das Gericht muss also den voraussichtlich zu erwartenden Rückzahlungsanspruch gegen den Betreuten mit den Kosten vergleichen, die auf Seiten des Gerichts (Arbeitskraft des Rechtspflegers usw.) und des Betreuers entstehen. **1539**

Es bleibt zu hoffen, dass die Praxis diesen Appell des Gesetzgebers umsetzt und die Darlegung wirtschaftlicher Verhältnisse nur dort verlangt, wo sie dem Betreuer zumutbar ist und begründete Aussicht auf künftige Rückforderungen besteht. **1540**

Gegen die Anordnungen des Gerichts in Bezug auf die Darlegung der persönlichen und wirtschaftlichen Verhältnisse ist die sofortige Beschwerde zulässig (siehe dazu unten Rn. 1585). **1541**

9.3.7 Zusätzliche Angaben bei ehrenamtlichen Betreuungspersonen (und Behördenbetreuern)

Sofern eine Vergütung nach § 1836 Abs. 2 BGB seitens eines ehrenamtlichen Betreuers verlangt wird (**Ermessensvergütung**), ist eine besondere Begründung hierfür erforderlich. **1542**

Dasselbe gilt nach § 8 VBVG für einen **Behördenbetreuer.** Hier hat die Behörde, nicht jedoch der Behördenbetreuer bei nicht mittellosen Betreuten einen Anspruch auf Vergütung und Aufwendungsersatz, nach den gleichen Grundsätzen wie ein ehrenamtlicher Betreuer. **1543**

9.3.8 Zusätzliche Angaben bei beruflichen Betreuungspersonen

Bei der erstmaligen Vergütungsbeantragung Angaben zur beruflichen Vorbildung wegen der Einstufung in die drei Vergütungsstufen (§§ 3, 4 VBVG); hierzu sind ggf. **Abschlusszeugnisse** usw. in beglaubigter Kopie vorzulegen. **1544**

Bei Umsatzsteuerpflicht sollte auch eine laufende Rechnungsnummer, die Umsatzsteuernummer (oder die Umsatzsteuer-ID-Nummer) und das zuständige Finanzamt angegeben werden. Allerdings hat das Bundesministerium der Finanzen mit Schreiben vom 3.8.2004 an den Bundesverband der Berufsbetreuer seine frühere Rechtsansicht revidiert.[44] Nun wird die Auffassung geteilt, dass Vergütungsanträge von Berufsbetreuern keine Rechnungen i.S. des § 14 Abs. 4 UstG sind und daher die obigen Angaben nicht zwingend notwendig sind. Ob das auch für die neue Steuer-Identifikationsnummer (§ 139b AO) und die Wirtschafts-Identifikationsnummer (§ 139c AO) gilt, ist noch nicht klar. Es wird empfohlen, sobald die Nummern erteilt sind, diese bei den Vergütungsanträgen zu verwenden. **1545**

Es erfolgt bei Abrechnungen nach Zeitaufwand ein Hinzurechnung der Umsatzsteuer auf die beantragte Vergütung und den Aufwendungsersatz. Dies entfällt bei pauschaler Betreuervergütung. **1546**

9.3.9 Zusätzliche Angaben bei Vergütung nach Zeitaufwand

Soweit nach §§ 3, 6 VBVG, § 67a FGG Zeitansätze geltend gemacht werden, müssen diese einem konkreten Lebenssachverhalt zugeordnet werden können. Die Angabe von **Stundenzahlen pro Kalenderjahr**, multipliziert mit Stundensätzen, genügt nicht.[45] **1547**

Zur Nachweisführung bei Vergütungsansprüchen nach Zeitaufwand (§§ 3, 6 VBVG) gegenüber dem Vormundschaftsgericht stellte das LG Osnabrück fest, dass eine **Spezifizierung** der geltend gemachten Erstattungsbeträge in dem Sinne erforderlich sei, dass die Zahl der aufgewendeten Stunden, Briefe, gefahrenen Kilometer und gefertigten Kopien angegeben werden müsse. **1548**

---

44 BMF-Schreiben vom 3.8.2004, IV B 7 – S7280a – 127/04; auf beiliegender CD-ROM
45 OLG Schleswig BtPrax 2004, 245 = MDR 2004, 945 = FGPrax 2004, 281 (ebenso für Verfahrenspfleger OLG Brandenburg FamRZ 2004, 1982)

1549 Wolle man hierauf verzichten, so gäbe es für die Festsetzung der Entschädigung keinerlei überprüfbaren Anhaltspunkte mehr. Andererseits könne die Spezifizierung jedoch auch nicht so weit getrieben werden, dass im Einzelnen dargelegt werden müsse, welche Zeit für welchen Zweck und wann genau aufzuwenden war, welche Kopie wofür notwendig und welches Telefonat unabweisbar sowie wie viel Kilometer zu welchem Zwecke notwendig waren. Eine solche Dokumentation würde den Betreuer in unzumutbarer Weise belasten.[46]

1550 Ohne genaue Angaben ist eine Schätzung des Zeitaufwandes durch das Gericht analog § 287 ZPO möglich[47] (vgl. dazu Kapitel 6, Rn. 760). Dies gilt nicht in den Fällen pauschaler Betreuervergütung seit 1.7.2005. Dort sind immer die Stundenansätze nach § 5 Abs. 1 und 2 VBVG maßgeblich.

9.3.10 Zusätzliche Angaben bei pauschaler Betreuervergütung

1551 • den Tag der Wirksamkeit der Bestellung des Abrechnenden zum Betreuer (§ 69a Abs. 3 FGG);

1552 • den Tag der ersten Bestellung eines Betreuers oder die Angabe, dass die Betreuung schon länger als ein Jahr läuft;

1553 • die Angabe des Abrechnungszeitraums, grundsätzlich in Betreuungsquartalen (§ 9 VBVG), gerechnet von a) an;

1554 • die Angabe des gewöhnlichen Aufenthaltsortes des Betreuten während des Abrechnungszeitraums (vgl. Kapitel 7, Rn. 1123 ff.) und ob es sich dabei um ein Heim handelt, ggf. den Tag, an dem während des Abrechnungszeitraums ein Wechsel des Aufenthaltsortes stattgefunden hat;

1555 • den nach Betreuungsmonaten aufgeschlüsselten Stundenansatz (§ 5 Abs. 1 und 2 VBVG) und die sich daraus in Multiplikation mit dem Stundensatz (§ 4 VBVG) errechnende Vergütungshöhe für jeden Abrechnungsmonat (vgl. dazu Kapitel 7, Rn. 990 ff.);

1556 • sowie, falls ein Vertretungsbetreuer (§ 1899 Abs. 4) bestellt ist, Zeiträume etwaiger tatsächlicher Verhinderung (§ 6 Satz 2 VBVG) während des Abrechnungszeitraums.

1557 Ein Vereinsbetreuer hat selbst keinen Anspruch auf eine Vergütung. Hier ist der Verein Antragsteller, § 7 VBVG (vgl. Rn. 842).

▶ *Vgl. auch die Mustervergütungsanträge auf der Buch-CD (Arbeitshilfen).*

9.4 Anhörung im Festsetzungsverfahren

9.4.1 Anhörung des Betreuten

1558 Vor dem 1.1.1999 war das Vormundschaftsgericht nach § 69d FGG verpflichtet, den Betreuten **persönlich** anzuhören, bevor es eine Vergütung aus seinem Vermögen festsetzte. Dabei handelte es sich allerdings um eine Soll-Vorschrift. Die persönliche Anhörung konnte unterbleiben, wenn von ihr erhebliche Nachteile für die Gesundheit des Betreuten zu befürchten waren oder der Betreute seinen Willen nicht kundtun konnte. Ob diese Sollvorschrift zwingend in jedem Fall eine persönliche Anhörung erforderlich machte, war umstritten.

---

46   LG Osnabrück DAVorm 1993, 1234 = BtE 1992/93, 40
47   OLG Zweibrücken BtPrax 1997, 116

Während z.B. *Bienwald*[48], *Damrau/Zimmermann*[49] und *Bassenge/Herbst*[50] auch eine schriftliche Anhörung für ausreichend hielten, war nach *Keidel/Kuntze/Winkler* grundsätzlich die persönliche Anhörung erforderlich (§ 69d FGG Abs. 2 Satz 2). Eine Ausnahme soll danach nur im Rahmen von § 69 d Abs. 1 Satz 4 FGG a.F. möglich sein. Eine unmittelbare mündliche Anhörung des Betroffenen forderte auch *Klüsener*.[51]   **1559**

Seit 1.1.1999 ist die Anhörung des Betroffen in § 56 Abs. 4 FGG geregelt. Danach ist der Betreute zu hören, bevor gem. § 56g Abs. 1 eine von ihm zu leistende Zahlung festgesetzt wird.   **1560**

Nach Abs. 1 zu leistende Zahlungen können sein: **1561**

- Vorschuss, Ersatz von Aufwendungen und Aufwandsentschädigung nach §§ 1835, 1835a;

- Vergütungen und Abschlagszahlungen nach §§ 1836 Abs. 2 BGB, § 67a FGG, §§ 3-8 VBVG;

- die nach §§ 1836c bis 1836e von dem Betroffenen oder seinem Erben an die Staatskasse zu leistenden Zahlungen.

Eine Anhörung des Betreuten ist jetzt **zwingend vorgeschrieben**. Das Gericht hat also keine Möglichkeit mehr, nach eigenem Ermessen von einer Anhörung abzusehen. Eine Verletzung des Grundsatzes hätte im Rechtsmittelverfahren eine Aufhebung und Rückverweisung zur Folge.[52] Eine persönliche Anhörung ist dagegen nicht mehr vorgeschrieben. Es heißt nur noch: „Der Mündel ist zu hören ...".   **1562**

In welcher Weise die Anhörung stattfindet, steht also im Ermessen des Gerichts. Bei der Entscheidung dieser Frage sind die Umstände des Einzelfalls zu berücksichtigen. Die Anhörung des Betreuten dient der Gewährung rechtlichen Gehörs, das als Grundrecht in Art. 103 GG verankert ist. Dass die Art der Anhörung sich an den Bedürfnissen und Möglichkeiten des Betreuten und nicht an denen des Gerichts orientiert, ist damit klar gesagt.   **1563**

Wenn sich aus dem Akteninhalt und der Kenntnis des Gerichts eindeutig ergibt, dass der Betreute in der Lage ist, auch im Rahmen einer schriftlichen Anhörung das Anliegen des Gerichts zu verstehen und seinen Willen kundzugeben, ist ihm ausreichend rechtliches Gehör gewährt, wenn er auf **schriftlichem Wege** Gelegenheit erhält, sich zur beabsichtigten Vergütungsfestsetzung zu äußern.   **1564**

Dies dürfte aber die Ausnahme sein. Wenn die Anhörung schriftlich erfolgt, sollte das Gericht in jedem Fall ein persönliches Gespräch oder telefonischen Kontakt anbieten, um evtl. noch offene Fragen des Betreuten zu beantworten.   **1565**

In der Regel ist der Betreute persönlich durch den Rechtspfleger anzuhören, wobei nicht nur die Gewährung rechtlichen Gehörs, sondern auch die Sachverhaltsaufklärung eine Rolle spielt. Es kommt immer wieder vor, dass Betreute sehr empfindlich reagieren, wenn sie erfahren, dass sie für ihre Betreuung „bezahlen" sollen. Eine persönliche Anhörung, die mit dem gebotenen Einfühlungsvermögen sensibel und für den Betreuten verständlich durchgeführt werden muss, ist hier unerlässlich. Auch hier gilt, dass der Betreute nicht Objekt des Verfahrens ist, sondern an den zu treffenden Entscheidungen zu beteiligen ist.   **1566**

Wenn die Frage der Vergütung auf diese Weise grundsätzlich mit dem Betreuten mündlich erörtert worden ist, ist es auch zulässig, von ihm eine Erklärung entgegenzunehmen, dass er auch in Zukunft mit der Bewilligung der Vergütung einverstanden ist.   **1567**

---

48   § 69d FGG Rn. 2
49   § 69d FGG Rn. 1
50   FGG/RpflG § 69d FGG Anm. 2 a
51   Rpfleger 1991, 231
52   LG Rostock Rpfleger 2001, 234

9.4.2 Zur Bestellung eines Verfahrenspflegers im Festsetzungs- verfahren

1568 Da das Gericht keine Möglichkeit hat, von einer Anhörung abzusehen, folgt daraus, dass ein **Verfahrenspfleger** bestellt werden muss, wenn keine Verständigung mit dem Betreuten möglich ist.[53] Nur auf diese Weise ist dann rechtliches Gehör gewährleistet. Auch bei weit reichenden Aufgabenkreisen muss im Vergütungsverfahren aber nicht stets ein Verfahrenspfleger bestellt werden; es kommt vielmehr auf die Verständigungsmöglichkeit mit dem Betreuten an.[54] Eine Bestellung soll laut Rechtsprechung unterbleiben, wenn ein Interesse des Betreuten offensichtlich nicht besteht.[55]

1569 Legt der **Gegenbetreuer** gegen die Höhe seiner Vergütungsfestsetzung Beschwerde ein und erhalten vor der nachteiligen Beschwerdentscheidung hiervon weder der Betreuer noch der Betreute Kenntnis, ist die Entscheidung wegen eines **absoluten Beschwerde- grundes** aufzuheben.[56]

1570 Die Bestellung der **Betreuungsbehörde** als Verfahrenspfleger im Vergütungsfestset- zungsverfahren soll wegen möglicher Interessenkollision möglichst unterbleiben, da die Betreuungsbehörde auch gem. § 68a FGG Sachverhaltsaufklärung für das Gericht zu betreiben hat.[57]

1571 Billigt der Verfahrenspfleger im Vergütungsverfahren einen über den **Höchstsatz** hinaus- gehenden Stundensatz, ist dies kein wirksames Zugeständnis zu Lasten des Betreuten.[58]

9.4.3 Anhörung des Erben

1572 Ist der Betreute verstorben, so ist nach § 56g Abs. 3 FGG der Erbe vor der Festsetzung anzuhören. Dies ist sowohl der Fall, wenn direkt gegen den Erben die Vergütung und ggf. der Aufwendungsersatz festgesetzt werden soll, als auch, wenn die Staatskasse gem. § 1836e gegen den Erben Regress geltend macht (vgl. zum Anspruch gegen den Erben Kapitel 8, Rn. 1397).

1573 Anhörung „des" Erben bedeutet natürlich, dass bei mehreren Erben **alle Erben** anzuhö- ren sind. Nicht anzuhören sind Pflichtteilsberechtigte, Vermächtnisnehmer oder von erbrechtlichen Auflagen Begünstigte. Bei Vor- und Nacherbenschaft sind nur die Vorerben anzuhören. Steht auch der Erbe unter Betreuung oder als Minderjähriger unter elterlicher Sorge, Vormundschaft oder Pflegschaft mit dem Wirkungskreis Vermögenssorge, ist der gesetzliche Vertreter des Erben anzuhören; ist der Erbe unbekannt und ein **Nachlasspfle- ger** bestellt, so ist dieser anzuhören.

1574 Da der bisherige Betreuer (und auch bei Regressansprüchen der Vertreter der Staatskasse) oft nicht in der Lage sein wird, im Rahmen der **Mitwirkungspflicht** nach § 56g Abs. 2 FGG alle Erben zu benennen, und da auch stets die Möglichkeit besteht, dass Erben von ihrem Ausschlagungsrecht (§§ 1944 ff.) Gebrauch machen, wird das Vormundschaftsge- richt hier oft das Nachlassgericht um Rechtshilfe angehen müssen. Letzteres ist für die Nachlasssicherung zuständig (§§ 1960 ff.; zur örtlichen Zuständigkeit des Nachlassgerich- tes siehe §§ 73, 74 FGG).

1575 Bei Anhörungen nach § 56g Abs. 3 FGG wird in der Regel eine **schriftliche Anhörung** ausreichend sein; der Erbe kann in die Akten des Vormundschaftsgerichts Einsicht neh- men, § 34 FGG. Darüber hinaus ist der bisherige Betreuer ihm Rechenschaft schuldig (§ 1890).

---

53 BayObLG BtPrax 2004, 159 = FGPrax 2004, 124 = Rpfleger 11/2004
54 OLG Köln FamRZ 2003, 171
55 OLG Karlsruhe Rpfleger 2003, 124 = FGPrax 2003, 30 = MDR 2003, 154 = FamRZ 2003, 405
56 BayObLG BtPrax 2004, 195
57 LG Braunschweig FamRZ 2005, 304 m. Anm. *Bienwald*
58 BayObLG FamRZ 2005, 64

Sind die Erben unbekannt oder ist unklar, ob diese die Erbschaft angenommen haben, ist die Bestellung eines **Nachlasspflegers** durch das Nachlassgericht sinnvoll (§ 1960). Auch der bisherige Betreuer, der noch einen offenen Vergütungsanspruch hat, ist als Nachlassgläubiger zur Antragstellung berechtigt (§ 1961). Da der Nachlasspfleger alle Erben gesetzlich vertritt, ist seine Anhörung bei der Entscheidung über den Vergütungsantrag des bisherigen Betreuers ausreichend. Im Beschluss ist den unbekannten Erben aber das Recht vorzubehalten, die persönlichen Haftungsbeschränkungen (§ 1836 e BGB i.V.m. § 92 BSHG/§ 102 SGB-XII) nachträglich geltend zu machen.[59]

1576

Der Erbe hat dem Gericht Auskunft über den Wert des Nachlasses zu erteilen und auf Anforderung ein **Nachlassverzeichnis** zu erstellen. Eine Versicherung an Eides statt kann von ihm verlangt werden (vgl. § 156 StGB). Eine Erzwingung der Auskunftsverpflichtung ist im Rahmen des § 33 FGG möglich. Der bisherige Betreuer und Antragsteller hat ebenfalls eine Pflicht, an der Ermittlung der wirtschaftlichen Verhältnisse mitzuwirken (§ 56g Abs. 2 FGG). Im Regelfall dürfte diese Verpflichtung durch die abschließende Rechnungslegung erfüllt sein (§§ 1890 Abs. 1 i.V.m. 1892). Der Erbe ist im Rahmen des § 56g Abs. 5 FGG beschwerdeberechtigt.

1577

Keine Einsicht in die Vergütungsabrechnungen soll ein künftiger im Rahmen eines Erbvertrags eingesetzter Erbe des noch lebenden Betreuten bekommen, wenn es dem ausdrücklichen Willen des Betreuten widerspricht.[60]

1578

9.4.4 Anhörung des Bezirksrevisors

Inwieweit der Bezirksrevisor bei Vergütungsbeschlüssen gegen die Staatskasse vor dem Beschluss anzuhören ist, ergibt sich aus landesrechtlichen Verwaltungsvorschriften. An den Bezirksrevisor ist der Vergütungsbeschluss förmlich zuzustellen. Gelegenheit zur Kenntnisnahme reicht nicht aus.[61] Die Zustellung an den Bezirksrevisor ist in dem Zeitpunkt bewirkt, in dem die Akten am Dienstsitz des Bezirksrevisors eingehen. Eine spätere Vorlage an den Bezirksrevisor selbst ist unerheblich.[62]

1579

Es ist von einem Verstoß gegen den Grundsatz des rechtlichen Gehörs auszugehen, wenn in dem Festsetzungsverfahren gegenüber den Verfahrensbeteiligten hiervon abgesehen wird. Daher ist auch dem Vertreter der Staatskasse vor Festsetzung der Antrag des Betreuers zur Stellungnahme vorzulegen. Auch die hierauf ergangene Erwiderung des Betreuers ist dem Vertreter der Staatskasse nochmals zur Stellungnahme zu übersenden, wenn dessen Ausführungen für die Entscheidung rechtserheblich sind.[63]

1580

9.5 Rechtsmittel und Rechtsweg

Für die Festsetzung von Aufwendungsersatz bzw. Vergütung nach § 56g Abs. 1 FGG ist der Rechtspfleger zuständig, § 16 RpflG enthält insoweit keinen Richtervorbehalt. Das gilt auch für Vergütungsanträge von Verfahrenspflegern im Betreuungsverfahren.[64] Wenn ein Richter eine Entscheidung trifft, für die eigentlich der Rechtspfleger zuständig ist, ist die Entscheidung trotzdem wirksam, § 8 Abs. 1 RpflG. Für Vergütungsentscheidungen im Unterbringungsverfahren (z.B. für den Verfahrenspfleger) ist der Richter zuständig.[65]

1581

---

59 OLG Thüringen FamRZ 2006, 645 = FGPrax 2006, 70 = Rpfleger 2006, 323
60 OLG Köln FamRZ 2004, 1124
61 LG Göttingen Rpfleger 2001, 30; vgl. auch *Justizmin. NRW*, Vertretung der Landeskasse bei der Durchführung des BtG, BtPrax 1993, 206; zur Anhörung eines gegenüber dem Betreuten Unterhaltspflichtigen siehe OLG Düsseldorf FamRZ 2001, 1099
62 LG Lüneburg BtPrax 2007, 186 = FamRZ 2007, 1843 = Rpfleger 2007, 468
63 LG Stuttgart vom 18.1.1999, 10 T 493/98
64 *Jürgens/Klüsener* § 14 RpflG Rn. 28; Fröschle/*Fröschle* PK § 67a FGG Rn. 22
65 BayObLG Rpfleger 1993, 483; LG Kaiserslautern FamRZ 1996, 896

1582 Der Rechtsweg gegen Festsetzungen von Vergütungen und Aufwendungsersatz und Regressforderungen nach § 56g Abs. 1 FGG ist in § 56g Abs. 5 FGG geregelt.

1583 Diese Vorschrift regelt aber nicht nur den Rechtsweg bei Festsetzungen nach § 56g Abs. 1, sondern darüber hinaus auch

- bei Entscheidungen nach § 56g Abs. 2 FGG: Anordnungen des Gerichts in Bezug auf die Darstellung der persönlichen und wirtschaftlichen Verhältnisse des Betreuten; vorläufige Einstellung von Regresszahlungen usw.;

- bei Entscheidungen nach § 56 Abs. 3 FGG: Anordnungen des Gerichts in Bezug auf Regressforderungen gegen den Erben des Betreuten (siehe dazu auch Kapitel 8, Rn. 1388 ff.).

1584 Rechtsmittel können nur gegen Beschlüsse eingelegt werden. Erfolgt die Betreuervergütung oder die Aufwendungsersatzzahlung durch Verwaltungsanordnung ohne Beschlussfassung (vgl. oben Rn. 1471 ff.), so kann die gerichtliche Festsetzung beantragt werden (§ 4 JVEG), damit im Anschluss daran Rechtsmittel eingelegt werden können.

9.5.1   Sofortige Beschwerde

9.5.1.1   Allgemeines

1585 § 56g Abs. 5 FGG sieht gegen die oben genannten Entscheidungen das Rechtsmittel der **sofortigen Beschwerde** vor. Auch wenn der Rechtspfleger die Entscheidung getroffen hat, heißt das Rechtsmittel seit der Änderung des Rechtspflegergesetzes am 1.10.1998 sofortige Beschwerde und nicht mehr sofortige Erinnerung. Sofortige Beschwerde heißt, dass die Beschwerde innerhalb einer Frist eingelegt werden muss.[66]

1586 Nach den allgemeinen Regeln des FGG für die sofortige Beschwerde (§ 22 FGG) beträgt die Frist zwei Wochen. Die Frist beginnt mit der förmlichen Zustellung der Entscheidung (§ 16 Abs. 2 FGG).[67] Erfolgt keine förmliche Zustellung, so beginnt die Frist nicht zu laufen.[68] Die förmliche Zustellung erfolgt in der Regel per Postzustellungsurkunde.

1587 Rechnet der Betreuungsverein Entschädigungsansprüche für den Vereinsbetreuer ab, ist die Gerichtsentscheidung an den Verein, nicht an den Vereinsbetreuer persönlich zuzustellen. Werden gegenüber dem Antrag Kürzungen vorgenommen, ist nur der Verein, nicht der Vereinsbetreuer beschwert und somit zur Einlegung von Rechtsmitteln berechtigt.[69]

1588 Auch an den **Bezirksrevisor** ist förmlich zuzustellen (bei Zahlungen aus der Staatskasse). Gelegenheit zur Kenntnisnahme reicht nicht aus.[70] Allerdings kann eine Verwirkung des Rechtsmittels des Bezirksrevisors bei längerer Duldung rechtswidriger Zustellpraxis des Amtsgerichts gegeben sein, wenn der Nichtbeginn der Rechtsmittelfrist zu Lasten des Antragstellers benutzt wird.[71] Dies dürfte dann der Fall sein, wenn 18 Monate nach formloser Übersendung des Beschlusses der Betreuer auf die Endgültigkeit des Beschlusses vertrauen durfte.[72]

1589 Trifft der Postzusteller den Empfänger, z.B. den Betreuer, nicht an, erfolgt die Zustellung durch **Niederlegung**. Das heißt: Der Postzusteller benachrichtigt den Empfänger über die versuchte Zustellung und darüber, wo er die Sendung abholen kann. Tag der Zustellung ist

---

66   Vgl. auch BayObLG BtPrax 1999, 195 = JurBüro 1999, 549 = BtPrax 1999, 195, 196
67   BayObLG, FamRZ 1999, Heft 15, S. IX = JurBüro 1999, 548 = Rpfleger 1999, 488, ebenso OLG Schleswig, 2 W 122/01 und 2 W 107/01 vom 13.11.2001 sowie LG Lübeck (für Vergütungsbeschluss vor 1999) BtPrax 2004, 156
68   BayObLG, FamRZ 1999, Heft 15, S. IX = JurBüro 1999, 548 = Rpfleger 1999, 488
69   LG Koblenz FamRZ 2005, 1778
70   LG Göttingen Rpfleger 2001, 30; OLG Schleswig, Beschlüsse 2 W 122/01 und 2 W 107/01 vom 13.11.2001
71   OLG Schleswig FGPrax 2002, 259 = NJW-RR 2003, 439; zuvor bereits LG Stuttgart BtPrax 1999, 159
72   OLG Frankfurt/Main FGPrax 2005, 24 = FamRZ 2005, 391 = BtPrax 2005, 76

der Tag der Benachrichtigung und nicht der Tag, an dem der Empfänger das Schriftstück von der Post abholt!

Dabei wird nach § 17 FGG Abs. 1 i.V.m. § 187 der Tag der Zustellung bei der Berechnung der Frist nicht mitgerechnet. Wird eine Entscheidung an einem Mittwoch zugestellt, endet die Beschwerdefrist am übernächsten Mittwoch (siehe dazu auch § 188). Endet die Frist allerdings an einem Sonnabend, Sonntag oder gesetzlichen Feiertag (dies ist z.B. immer dann der Fall, wenn die Entscheidung samstags zugestellt wird), verlängert sich die Frist bis zum Ablauf des letzten Werktags. — **1590**

Wurde die Frist unverschuldet versäumt (z.B. durch Krankheit), kann **Wiedereinsetzung** in den vorherigen Stand beantragt werden. Die Wiedereinsetzung muss ebenfalls innerhalb von zwei Wochen ab dem Wegfall des Hindernisses beantragt werden. — **1591**

Eine Rechtsmittelbelehrung ist im FGG-Verfahren derzeit nicht vorgesehen. Dennoch empfiehlt es sich – zumindest bei nicht beruflich tätigen Vertretungspersonen –, auf Rechtsmittel hinzuweisen, wenn dem Ansinnen des Antragstellers nicht oder nicht vollständig entsprochen wurde. — **1592**

Die Beschwerde muss innerhalb der Frist beim Vormundschaftsgericht oder Beschwerdegericht (Landgericht) eingegangen sein. Sie kann schriftlich eingereicht werden oder zu Protokoll der Geschäftsstelle erklärt werden (§ 21 FGG). Zur Fristwahrung ist es ausreichend, die Beschwerde zunächst per Telefax einzureichen. Das Schriftstück muss dann aber nachgereicht werden. — **1593**

Durch das Gesetz zur Anpassung der Formvorschriften des Privatrechts und anderer Vorschriften an den modernen Rechtsgeschäftsverkehr vom 13.7.2001[73] können Anträge und Rechtsmittel auch auf elektronischem Weg eingereicht werden können (vgl. in den Gesetzesanhängen § 21 Abs. 2 und 3 FGG und §130a ZPO). Derzeit liegen jedoch unseres Wissens die dazu noch erforderlichen landesrechtlichen Umsetzungsvorschriften nicht vor. — **1594**

Beschwerdeberechtigt ist derjenige, der von der Entscheidung betroffen (d.h. von ihr beschwert) ist. Dies können sein: — **1595**

- der Betreute (z.B. wenn die Vergütung aus seinem Vermögen zu zahlen ist);
- der Betreuer (z.B. wenn das Gericht Beträge abgesetzt hat);
- der Erbe des Betreuten bzw. bei unbekannten Erben der Nachlasspfleger (z.B. bei Regressansprüchen gegen den Nachlass);
- der Verfahrenspfleger;
- der Vertreter der Staatskasse (Bezirksrevisor), wenn die Zahlungen aus der Staatskasse zu leisten sind.

Kein Beschwerderecht hat der Betreute bei der Ablehnung einer Vergütung aus der Staatskasse (nur im Verfahren der Betreuervergütung aus dem Betreutenvermögen).[74] — **1596**

Der Verfahrenspfleger kann für den Betreuten (als dessen gesetzlicher Vertreter) Beschwerde erheben.[75] — **1597**

Voraussetzungen für die Berechtigung zur sofortigen Beschwerde sind: — **1598**

- Nur derjenige, der von der Entscheidung des Gerichts negativ betroffen ist, hat ein Beschwerderecht.

---

73 BGBl. I S. 1542
74 BayObLG FamRZ 2000, Heft 20, S. IX = JurBüro 2000, 592 = FGPrax 2000, 202 = BtPrax 2000, 259 = BayObLGZ 2000, Nr. 42 = FamRZ 2001, 377
75 Vgl. *Jürgens*, § 67 FGG, Rn. 12

- Der Wert des Beschwerdegegenstands muss 150,– € übersteigen (also mindestens 150,01 € betragen) oder das Vormundschaftsgericht muss die Beschwerde wegen grundsätzlicher Bedeutung der Rechtssache zugelassen haben.

1599 Der Beschwerdewert bei einem Rechtsmittel durch den Bezirksrevisor ist der Betrag, um den der Vergütungsbeschluss nach dessen Auffassung gekürzt werden soll.[76] Kein Beschwerderecht hat der Bezirksrevisor gegen die Bewilligung einer Vergütung aus dem Vermögen des Vertretenen mit dem Ziel der Herabsetzung der Vergütung, um den auf diese Weise freiwerdenden Vermögensbetrag zum Staatsregress (§ 1836e) zur Verfügung zu bekommen.[77]

1600 Entscheidungen zur Betreuervergütung sind dem Betroffenen selbst bekannt zu machen. Ist eine solche Bekanntmachung unterblieben, muss sich der Betreute die Kenntnis seines gesetzlichen Vertreters nicht zurechnen lassen. Weder wird hierdurch der Fristbeginn für eine sofortige Beschwerde in Lauf gesetzt noch kann eine spätere Rechtsmitteleinlegung im Namen des Betreuten verwirkt sein.[78]

1601 Ein Betreuer oder Betreuungsverein kann die Festsetzung seiner Vergütung aus dem Vermögen des Betroffenen nicht mit der Begründung anfechten, die Vergütung müsse wegen Mittellosigkeit des Betroffenen gegen die Staatskasse festgesetzt werden.[79]

9.5.1.2 Abhilfemöglichkeit

1602 Der Rechtspfleger kann bei einer sofortigen Beschwerde die angefochtene Entscheidung nicht mehr abändern (§ 18 Abs. 2 FGG).[80] Dennoch vertrat das *LG München* I die u.E. falsche Auffassung, dass die Vorlage einer Beschwerde an das Landgericht nur dann infrage komme, wenn der Rechtspfleger eine mit Gründen versehene Nichtabhilfeentscheidung erlassen hat.[81]

1603 Der Wert des **Beschwerdegegenstands** berechnet sich aus der Differenz des beantragten zu dem festgesetzten Betrag. Bei Einlegung der Beschwerde durch den Bezirksrevisor richtet sich der Beschwerdewert nach dem Betrag der beabsichtigten Kürzung.[82] Bei einem Beschwerdegegenstand bis zu 150,– € kann die Beschwerde zugelassen werden, wenn die Rechtssache von grundsätzlicher Bedeutung ist. Dies ist dann der Fall, wenn die Sache ungeklärte Rechtsfragen enthält.[83]

1604 Da es sich um eine Zulassungs- und nicht um eine Annahmebeschwerde handelt, ist für die Zulassung das Vormundschaftsgericht und nicht das Landgericht zuständig.

1605 Bei der funktionalen Zuständigkeit innerhalb des VormG gibt es Uneinigkeit in der Rechtsprechung:

- Zuständigkeit des Rechtspflegers[84]
- Zuständigkeit des Vormundschaftsrichters[85]

Als h.M. kann man inzwischen ansehen: Zuständigkeit sowohl des Rechtspflegers als auch des Vormundschaftsrichters.[86]

---

76   BayObLG FamRZ 2001, 379 = BtPrax 2001, 86
77   OLG Hamm BtPrax 2001, 261 = FamRZ 2002, 266
78   OLG München BtPrax 2007, 180
79   OLG Hamm FamRZ 2007, 854 = BtMan 2007, 104 (Ls)
80   LG Lüneburg Rpfleger 1999, 491
81   LG München I FamRZ 2001, 376
82   BayObLG FamRZ 2001, 379
83   BT-Drs. 13/7158, S. 60
84   LG Frankfurt/Oder FamRZ 2001, 376
85   LG Passau BtPrax 1999, 158 a.A.
86   OLG Hamm BtPrax 2000, 129 = Rpfleger 2000, 271 = FGPrax 2000, 60 – OLG Rp 2000, 124 = NJWE-FER 2000, 157 sowie LG Gera Rpfleger 2000, 271 und LG Bielefeld 23 T 74/00 vom 16.3.2000 sowie BayObLG FamRZ 2001, 378 = BtPrax 2001, 75

Die Nichtzulassung der Beschwerde kann nicht gesondert angefochten werden, weil lediglich bei einer Zulassung das Gericht eine Entscheidung trifft. Will das Gericht die Beschwerde nicht zulassen, enthält der Beschluss hierüber keine Aussage. Die Anfechtung einer nicht getroffenen Entscheidung ist nicht möglich. **1606**

Über die sofortige Beschwerde entscheidet das übergeordnete Landgericht. **1607**

Ist die Rechtsmittelfrist verstrichen, so kann das Gericht seinen Beschluss – anders als nach alter Rechtslage – nachträglich nicht mehr ändern, dies ergibt sich aus § 18 Abs. 2 FGG (anders aber die Fallgestaltungen, bei denen weiterhin die einfache Beschwerde möglich ist, vgl. unten Rn. 1632 ff.). **1608**

9.5.1.3 Beschwerdeentscheidung durch das Landgericht

Für die Entscheidung des Beschwerdegerichtes über die sofortige Beschwerde gilt:

- **Es erfolgt keine Herabsetzung** von Vergütungen im Beschwerdeverfahren, wenn nur der Betreuer, nicht jedoch der Betreute, sein Erbe bzw. der Bezirksrevisor Rechtsmittel eingelegt hatte.[87] **1609**

- Im Beschwerdeverfahren vor dem Landgericht kann **zusätzlicher Zeitaufwand** geltend gemacht werden (entsprechend der Klageerweiterung in der Berufungsinstanz).[88] **1610**

- Im Beschwerdeverfahren gegen die Ablehnung einer Vergütung aus der **Staatskasse** kann über einen Hilfsantrag auf Gewährung der Vergütung aus dem Vermögen des Betreuten entschieden werden.[89] **1611**

- Der Beschwerdegegner kann auch nach Ablauf der Beschwerdefrist eine **unselbstständige Anschlussbeschwerde** erheben.[90] **1612**

- **Kein Beschwerderecht haben Abkömmlinge** des Betreuten gegen Vergütungsbeschlüsse aus dem Betreutenvermögen.[91] **1613**

9.5.2 Sofortige Erinnerung

Auch wenn der Wert des Beschwerdegegenstands 150,– € und weniger beträgt und das Gericht eine sofortige Beschwerde nicht zugelassen hat, kann ein Rechtsmittel möglich sein, sofern eine Entscheidung des Rechtspflegers vorliegt. **1614**

Die gesetzliche Grundlage hierfür ergibt sich nicht unmittelbar aus dem FGG, sondern aus dem **Rechtspflegergesetz**, welches sich gegenüber § 56g FGG als Spezialnorm darstellt. Dort heißt es in § 11 Abs. 2: „Ist nach den allgemeinen verfahrensrechtlichen Vorschriften ein Rechtsmittel nicht gegeben, so findet binnen der für die sofortige Beschwerde geltenden Frist die Erinnerung statt." **1615**

Im Klartext heißt dies Folgendes: Wenn der Rechtspfleger eine Festsetzung nach § 56g FGG vorgenommen hat und weder der Wert des Beschwerdegegenstandes 150,– € überschreitet noch eine Beschwerde zugelassen worden ist, kann die Entscheidung des Rechtspflegers mit der sofortigen **Erinnerung** angefochten werden. Für die Frist und die Einlegung der Erinnerung gilt dasselbe wie für die sofortige Beschwerde. Eine falsche Bezeichnung des Rechtsmittels schadet übrigens nichts. **1616**

---

87 KG OLGZ 1986, 282 = MDR 1986, 1035 = Rpfleger 1986, 477; BayObLGZ 1995, 35; BGH, XII ZB 142/01 v. 24.10.2001; BGH FamRZ 2000, 1569; BayObLG FamRZ 2002, 130
88 BayObLG FamRZ 1997, 1563 = NJW-RR 1998, 8
89 OLG Hamm FamRZ 2004, 1324
90 BayObLG BtPrax 2002, 129 = FamRZ 2002, 130
91 BayObLG BtPrax 1998, 147 = EzFamR aktuell 1998, 250

1617   Der Rechtspfleger kann bei diesem Rechtsmittel seiner Entscheidung abhelfen, d.h., er kann sie ändern. Tut er dies nicht, muss er das Verfahren dem Vormundschaftsrichter vorlegen. Der Richter entscheidet dann endgültig.

9.5.3   (Sofortige) Weitere Beschwerde

9.5.3.1   Zulassung

1618   Gegen die Entscheidungen des Landgerichts ist die weitere Beschwerde zulässig. Voraussetzung ist, dass das Beschwerdegericht (Landgericht) die weitere Beschwerde wegen der grundsätzlichen Bedeutung der zur Entscheidung stehenden Frage **zugelassen hat**. Dies gilt auch dann, wenn es um Ansprüche eines ehrenamtlichen Betreuers geht.[92] Die Zulassung der weiteren Beschwerde durch das Landgericht erfolgt von Amts wegen.

1619   Anträge auf Zulassung sind daher streng genommen weder notwendig und auch nicht zurückzuweisen.[93] Dennoch kann es sinnvoll sein, anlässlich der Erstbeschwerde das LG auf offenbare allgemein klärungsbedürftige Sachfragen hinzuweisen, insbesondere bei entgegenstehenden Entscheidungen auswärtiger Oberlandesgerichte. Denn in diesem Fall wäre mit einer Zulassung der weiteren Beschwerde schneller eine bundesweite Klärung von Streitfällen möglich, wenn das angerufene OLG die Sache dem BGH vorlegt.

1620   Eine Beschränkung der Zulassung der weiteren Beschwerde auf die Höhe des Stundensatzes ist zulässig.[94] Die Zulassung der weiteren Beschwerde kann nach neuerer Auffassung nicht auf eine bestimmte Rechtsfrage, sondern nur auf selbstständig abtrennbare Teile des Streitgegenstandes beschränkt werden. Bei unzulässiger Beschränkung gilt die Zulassung als unbeschränkt.[95]

1621   Nachträglich (nach Ende der Rechtsmittelfrist) kann die weitere Beschwerde wegen der eingetretenen Rechtskraft nicht mehr zugelassen werden.[96] Die Nichtzulassung einer weiteren Beschwerde bindet das OLG, auch wenn sich die weitere Beschwerde gegen eine Vorfrage richtet (z.B. Selbstständigkeit der Betreuertätigkeit).[97] Eine willkürliche Nichtzulassung des Rechtsmittels verstößt gegen Art. 101 Abs. 1 Satz 2 GG.[98]

1622   Aber nur in Ausnahmefällen krassen **Unrechts** war bislang auch bei Nichtzulassung der weiteren Beschwerde aus Gründen der Rechtsstaatlichkeit die außerordentliche weitere Beschwerde dann zulässig, wenn die angefochtene Entscheidung jeder gesetzlichen Grundlage entbehrt und inhaltlich dem Gesetz fremd ist bzw. mit der Rechtsordnung schlechthin unvereinbar ist.[99] Dies ist jedoch spätestens seit dem 1.1.2005 nicht mehr der Fall. Denn mit dem neu eingefügten § 29a FGG ist seither die Anhörungsrüge möglich (vgl. dazu unten Rn. 1629 f.).[100]

9.5.3.2   Fristen und Formen

1623   Für die weitere Beschwerde gelten die §§ 27 ff. FGG. Da gegen die Entscheidung der ersten Instanz ein befristetes Rechtsmittel zulässig ist, gilt nach § 29 Abs. 2 FGG auch für die weitere Beschwerde die Zwei-Wochen-Frist.[101] Von einem Berufsbetreuer kann erwartet werden, dass er die formellen Voraussetzungen der weiteren sofortigen Beschwerde

---

92   BayObLG BtPrax 2004, 243
93   *Bienwald* Vorbem. vor §§ 65 ff. FGG Rn. 91
94   OLG Schleswig MDR 2001, 1169 = BtPrax 2001, 259 = Rpfleger 2002, 313 = FamRZ 2002, 1286; KG FGPrax 2003, 123
95   OLG Schleswig FGPrax 2005, 159 = NJW-RR 2005, 1093
96   OLG Zweibrücken FamRZ 1999, 1167; BayObLG BtPrax 1999, 195; Damrau/Zimmermann § 1836 Rn. 69
97   OLG Düsseldorf FamRZ 2001, 1275; BayObLG BtPrax 2002, 131
98   BVerfG FamRZ 1991, 295; *Damrau/Zimmermann* § 1836 Rn. 69
99   OLG Brandenburg BtPrax 2000, 127/128; BayObLG FGPrax 2002, 218
100   KG Berlin FGPrax 2005, 66; BayObLG FamRZ 2005, 390
101   Vgl. auch BT-Drs. 13/7158, S. 36.

kennt. Bei Einlegung einer formnichtigen weiteren Beschwerde kann trotz fehlender Rechtsmittelbelehrung keine Wiedereinsetzung gewährt werden.[102]

Wegen des Fristbeginns und der Fristberechnung gilt das bei der Beschwerde (oben Rn. 1586 ff.) Gesagte. Die weitere Beschwerde kann beim Landgericht oder dem Gericht der weiteren Beschwerde, dem Oberlandesgericht, eingelegt werden (§ 29 Abs. 1 FGG). Die Beschwerde ist zu Protokoll der Geschäftsstelle eines der beiden Gerichte oder schriftlich möglich. Wenn die weitere Beschwerde schriftlich eingelegt wird, muss sie von einem **Rechtsanwalt** unterzeichnet sein (§ 29 FGG). Die Zulässigkeit der weiteren Beschwerde setzt nicht voraus, dass die Beschwerdeschrift von einem Rechtsanwalt abgefasst ist, sondern es genügt, wenn er sie durch seine Unterschrift billigt.[103]   **1624**

Die anwaltliche Unterschrift ist nicht nötig, wenn eine Behörde (z.B. Jugendamt als Vormund, Betreuungsbehörde als Betreuer) das Rechtsmittel einlegt (sog. **Behördenprivileg** gem. § 29 Abs. 1 Satz 3 FGG). Bei der Einlegung einer weiteren Beschwerde durch Mitarbeiter der Betreuungsbehörde als Verfahrenspfleger gilt dieses Behördenprivileg jedoch nicht.[104]   **1625**

9.5.3.3 Entscheidung über die weitere Beschwerde

Die weitere Beschwerde ist nur zulässig, wenn die angefochtene Entscheidung auf einer Verletzung des Gesetzes beruht (§ 27 Abs. 1 FGG). Mit der weiteren Beschwerde kann also nicht die Tatsachenfeststellung (Feststellung des Sachverhalts) angefochten werden.[105] Sie kann nur darauf gestützt werden, dass gesetzliche Vorschriften fehlerhaft angewendet wurden.   **1626**

Über die weitere Beschwerde entscheidet das jeweilige Oberlandesgericht (in Bayern das OLG München, in Berlin das Kammergericht), ggf. legt dieses die Sache zur Entscheidung dem Bundesgerichtshof vor, wenn es von der Rechtsmeinung eines anderen OLG abweichen will (§ 28 Abs. 2 FGG).   **1627**

§ 56g Abs. 5 FGG ist auf alle Entscheidungen anzuwenden, die nach dem 1.1.1999 ergangen sind, auch wenn der Festsetzungszeitraum vor dem Datum liegt, somit ist eine weitere Beschwerde nur dann möglich, wenn die Zulassung ausdrücklich erfolgt ist.[106]   **1628**

9.5.4 Anhörungsrüge (§ 29a FGG)

Mit der zum 1.1.2005 eingeführten Anhörungsrüge (§ 29a FGG) hat der Gesetzgeber nun auch im FGG-Verfahren (wie bereits zuvor in § 321a ZPO) eine förmliche Abhilfemöglichkeit **bei groben Verstößen gegen Verfahrensgrundsätze**, insbesondere den Anspruch auf rechtliches Gehör (Art. 103 Abs. 1 GG) eingeführt. Dies geschah unter dem Gesichtspunkt, dass dem Gedanken der Selbstkorrektur der Vorzug gegenüber außerordentlichen Rechtsmitteln einzuräumen ist. Erhebliche Verfahrensverstöße sind durch das Gericht zu korrigieren, das sie begangen hat.[107]   **1629**

Dem entsprach bisher schon die Rechtsprechung zur Zulässigkeit einer **Gegenvorstellung**, wonach bei „überraschenden Entscheidungen", bei denen der Betreuer keine Gelegenheit zur Stellungnahme hatte, ihm die Möglichkeit der Gegenvorstellung gegeben werden musste, über die das LG sachlich zu entscheiden hat.[108]   **1630**

---

102 OLG Zweibrücken FGPrax 2004, 75 = FamRZ 2004, 422 = Rpfleger 2004, 422
103 OLG Köln, Beschluss v. 3.2.1998 – 14 Wx 16/97
104 BayObLG FamRZ 20/2001, II = BtPrax 2002, 129
105 BayObLG BtPrax 1998, 156 = FamRZ 1998, 1245
106 Hanseatisches OLG, 2 Wx 98/99 vom 4.8.1999; OLG Zweibrücken FamRZ 1999, 1167 = MDR 1999, 807 = Jur-Büro 1999, 547 = Rpfleger 1999, 394 =BtInfo 2/99, 53 sowie OLG Brandenburg BtPrax 2000, 128 sowie SchlH OLG FamRZ 2000, 1441 und BayObLG (für Nachlassverwalter): FamRZ 2000, 1447 und BayObLG (für Nachlasspfleger): FamRZ 2000, 1447
107 KG Berlin FGPrax 2005, 66; BayObLG FamRZ 2005, 390; OLG Thüringen FGPrax 2006, 115
108 OLG Frankfurt/Main, Beschluss 20 W 263/01 vom 9.7.2001

1631 Die Anhörungsrüge ist ebenfalls innerhalb einer 14-Tagesfrist einzulegen (§29a Abs. 2 FGG). Die Frist beginnt zu dem Zeitpunkt, zu dem man Kenntnis von der Verletzung des rechtlichen Gehörs erhält; beim Betreuer dürfte das i.d.R. das Bekannt werden des Vergütungsbeschlusses bzw. des Beschlusses des Landgerichts sein, wenn in einem solche Tatsachen behauptet werden, zu denen sich der Betreuer nicht äußern konnte. Die Rüge ist schriftlich oder zur Niederschrift bei dem Gericht einzulegen, dessen Entscheidung man anfechtet. Geht es um die Entscheidung eines OLG, ist bei schriftlicher Rüge die Unterschrift eines Rechtsanwaltes nötig.

9.5.5 Einfache (unbefristete) Erinnerung/Beschwerde

1632 Die einfache, unbefristete Erinnerung bzw. Beschwerde ist gegen einige Entscheidungen in Bezug auf die Betreuervergütung weiterhin zulässig.

1633 Dies betrifft alle Entscheidungen, die in § 56g FGG nicht geregelt sind. Dies sind in der Praxis:

- die Entscheidung, ob eine Vormundschaft, Pflegschaft oder Betreuung beruflich geführt wird (§ 1 Abs. 2 VBVG, § 67 Abs. 1 Satz 6 FGG);[109]

- die Zwischenentscheidung über die Einstufung in eine der Vergütungsstufen (vgl. Rn. 517 ff.).

- die Verkürzung oder Verlängerung der Fristsetzung in §§ 1835 Abs. 1a bzw. § 2 Abs. 2 VBVG.

1634 Außerdem bleibt die einfache Erinnerung/Beschwerde zulässig gegen Gerichtsentscheidungen aus der Zeit vor Inkrafttreten des 1. BtÄndG (am 1.1.1999). Jedoch ist ein Rechtsmittel gegen einen ca. drei Jahre alten Vergütungsbeschluss verwirkt.[110] Eine direkte Frist für die **Verwirkung** des unbefristeten Rechtsmittels gibt es nicht, die Rechtsprechung nimmt aber nach Zeiträumen von 12 bis 24 Monaten meist eine Verwirkung aus dem Grundsatz von **Treu und Glauben** an.[111]

1635 Ist die Entscheidung durch einen Rechtspfleger getroffen worden, wird das Rechtsmittel als Erinnerung bezeichnet, bei einer Richterentscheidung als Beschwerde.

1636 Bei der einfachen Erinnerung/Beschwerde kann stets das Vormundschaftsgericht selbst dieser stattgeben (§ 18 Abs. 1 FGG). Einer speziellen **Zulassung** der (einfachen) Beschwerde oder eines bestimmten Beschwerdewertes bedarf es nicht.

1637 Auch für die Einlegung einer weiteren Beschwerde beim OLG bedarf es keiner **Zulassungsentscheidung** des LG. Aber auch hier ist die weitere Beschwerde nur zulässig, wenn die angefochtene Entscheidung auf einer Verletzung des Gesetzes beruht (§ 27 Abs. 1 FGG). Mit der weiteren Beschwerde kann also auch hier nicht die Tatsachenfeststellung (Feststellung des Sachverhalts) angefochten werden. Sie kann nur darauf gestützt werden, dass gesetzliche Vorschriften fehlerhaft angewendet wurden.

1638 Ist der Entschädigungsanspruch nicht durch Beschluss, sondern im vereinfachten Verwaltungsweg (Rn. 1471) festgestellt worden, ist hiergegen **kein Rechtsmittel** möglich, jedoch kann gerichtliche Festsetzung durch Beschluss beantragt werden (§ 4 JVEG). Im Anschluss daran kann ggf. eines der genannten Rechtsmittel eingelegt werden.

---

109 So auch BayObLG BayObLGZ 2001 Nr 6 = FamRZ 9/2001, Abs. 2 = FGPrax 2001, 79 = BtPrax 2001, 124, LG Koblenz JurBüro 2000, 430, ebenso *Zimmermann*, FamRZ 1999, 130/432 *Karmasin*, FamRZ 1999, 348/349
110 LG Lüneburg FamRZ 2001, 449
111 Z.B. LG Stuttgart BtPrax 1999, 159; vgl. aber BayObLG FamRZ 1994, 317/318, LG Berlin BtPrax 1999, 35, die zusätzliche Umstände für die Verwirkung für notwendig halten

9.5.6 Einzelentscheidungen

- **Kein Beschwerderecht des Bezirksrevisors** gegen Berufsbetreuerbestellung.[112] **1639**

- **Kein Beschwerderecht der Betreuungsbehörde** gegen Berufsbetreuerbestellung.[113]

- Beschwerde der **Staatskasse gegen Ablehnung der Betreuerentlassung** ist nur zulässig, wenn Staatskasse einen konkreten Vorschlag für die ehrenamtliche Betreuung unterbreitet.[114]

9.6 Der (Vergütungs-)Festsetzungsbeschluss als Vollstreckungstitel

9.6.1 Allgemeines

Vor dem 1.1.1999 war zur Durchsetzung von Vergütungsansprüchen eine gerichtliche Bewilligung erforderlich.[115] Durch die Bewilligung des Gerichts wurde der Anspruch jedoch lediglich dem Grunde und der Höhe nach festgestellt. Bei der Bewilligung handelte es sich also nicht um eine Festsetzung der Vergütung. Aufgrund der Bewilligung des Gerichts konnte der Betreuer die Vergütung dem Vermögen des Betreuten entnehmen, wenn er das Vermögen verwaltete. War dies nicht möglich und zahlte der Betreute nicht freiwillig, blieb dem Betreuer nur der Klageweg.[116] **1640**

> Absatz 6 (des § 56g FGG) verbesserte die Position des Antragstellers, dessen Anspruch auf Vergütungen und Abschlagszahlungen gegen den (vermögenden) Mündel festgesetzt worden ist: Er kann selther schon aus diesem Festsetzungsbeschluss nach den Vorschriften der Zivilprozessordnung die Zwangsvollstreckung gegen den Mündel betreiben. Die Regelung entspricht der Sache nach dem Artikel 6 Abs. 1 Nr. 3 des Niedersächsischen FGG, dessen Anwendung bislang keine Probleme aufgeworfen hat.[117] **1641**

Ein Beschluss, mit dem eine Vergütung, Abschlagszahlung oder Pauschalvergütung gegen das Vermögen des Betreuten festgesetzt wird, ist somit nicht mehr nur eine Bewilligung des Gerichts, sondern ein zur **Zwangsvollstreckung** geeigneter Titel. Dasselbe gilt für Festsetzungsbeschlüsse, die Aufwendungsersatz, Vorschüsse oder pauschale Aufwandsentschädigungen zur Folge haben. **1642**

Die Notwendigkeit des Betreuers, gegen seinen Betreuten zwangsweise vorzugehen, wird in der Praxis (hoffentlich) selten vorkommen. Wenn dies doch einmal der Fall sein sollte, ist Folgendes zu beachten: **1643**

Eine **Zwangsvollstreckung** darf erst beginnen, wenn der Vollstreckungstitel, also die vollstreckbare Ausfertigung des Festsetzungsbeschlusses mit einer **Vollstreckungsklausel** versehen ist. Diese Klausel wird vom Urkundsbeamten der Geschäftsstelle des Vormundschaftsgerichts erteilt. Sie lautet: „Vorstehende Ausfertigung wird dem Betreuer usw. ... zum Zwecke der Zwangsvollstreckung erteilt." (§§ 724, 725 ZPO). **1644**

Die **vollstreckbare** Ausfertigung des Festsetzungsbeschlusses muss außerdem mit einer Bescheinigung versehen sein, wonach eine Ausfertigung des Beschlusses dem Betreuten zugestellt sein muss. Dieser Zustellungsnachweis kann beim Gericht zusammen mit dem Antrag auf Erteilung der Klausel beantragt werden. **1645**

---

112 SchlH OLG, MDR 1999, 681 = BtPrax 1999, 155 = FGPrax 1999, 110 = FamRZ 2000, 1444, ebenso OLG Hamm BtPrax 2000, 265 = FGPrax 2001, 18 = FamRZ 2001, 1482; BayObLG FamRZ 2001, 1484
113 LG Nürnberg-Fürth BtPrax 1999, 157
114 LG Saarbrücken BtPrax 2001, 88
115 *Bach*, Kostenregelungen, Rn. E.1.10
116 *Bach*, a.a.O, Rn. E.1.13, E.1.14
117 BT-Drs. 13/7158, S. 35

1646 Hat der Betreuer den vollstreckbaren Titel in Händen, kann er die Zwangsvollstreckung betreiben, z.B., indem er einen Gerichtsvollzieher mit der Pfändung beauftragt oder das Einkommen des Betroffenen pfändet (ein entsprechender **Pfändungs- und Überweisungsbeschluss** ist beim Vollstreckungsgericht zu beantragen). Jedem Zwangsvollstreckungsantrag ist das Exemplar des Vergütungsbeschlusses mit der Vollstreckungsklausel im Original beizufügen; nach der Vollstreckungsmaßnahme erhält der Betreuer diesen Titel zurück. Titulierte Forderungen können 30 Jahre lang vollstreckt werden (§ 197).

9.6.2 Vollsteckung nach dem Tod der betreuten Person

1647 Die gesetzliche Vertretung der betreuten Person und somit auch die Verfügungsgewalt des Betreuers über Konten dieser Person endet spätestens mit deren Tod.[118] Dem Betreuer wird für offen stehende Aufwendungsersatzansprüche allenfalls ein sog. **Zurückbehaltungsrecht** zugebilligt (vgl. dazu Kapitel 8, Rn. 1419 ff.); selbst dem Vermögen des Verstorbenen darf er die Forderungen nicht mehr entnehmen; dies gilt auch bei sonstiger Beendigung des Amtes.[119] Anspruchsgegner der Forderung ist nach dem Tod der betreuten Person der Erbe.[120]

1648 Der Vergütungsfestsetzungsbeschluss ist auch gegen die Erben des verstorbenen Betreuten vollstreckbar, auch wenn dies in § 56g Abs. 7 FGG nicht ausdrücklich erwähnt wird. Dies ergibt sich aus der Stellung der Erben als Rechtsnachfolger des Verstorbenen (§ 1967 Abs. 1). Bei mehreren Erben haften diese als Gesamtschuldner (§§ 2058 ff.), d.h., der Anspruchsberechtigte kann den Gesamtbetrag seiner Forderung bei einem beliebigen Erben vollstrecken.

1649 Die Staatskasse kann ihre Regressansprüche nach gerichtlicher Festsetzung ebenfalls gegen den Erben vollstrecken (§ 1 Abs. 1 Nr. 4 b Justizbeitreibungsordnung).

9.7 Beabsichtigte Änderungen am Verfahrensrecht

9.7.1 Allgemeines

1650 Die Bundesregierung hat im September 2007 den Regierungsentwurfs eines Gesetzes über das **Verfahren in Familiensachen und in den Angelegenheiten der freiwilligen Gerichtsbarkeit (FamFG)** den Bundesministerien, Ländern und Verbänden zur Stellungnahme zugeleitet. Das beabsichtigte FamFG soll für Familiensachen und Angelegenheiten der freiwilligen Gerichtsbarkeit ein Verfahrensrecht „aus einem Guss" schaffen.

1651 Das neue Gesetz gliedert sich in einen Allgemeinen Teil, der Regelungen zu den wichtigsten übergreifenden Verfahrensfragen enthält, und in einen Besonderen Teil mit Vorschriften über das Verfahren in den einzelnen Familiensachen, in Betreuungs- und Unterbringungssachen sowie in Registersachen und unternehmensrechtlichen Angelegenheiten. Das Gesetz soll voraussichtlich zum 1.7.2009 in Kraft treten.

9.7.2 Änderungen im Vergütungsverfahren

1652 Sollte die derzeitige Entwurfsfassung Gesetz werden, bedeutete dies für die Vergütung von Vormündern, Pflegern und Betreuern:

1653 Die bisherige Verfahrensvorschrift (§ 56g FGG) wird zu § 168 FamFG (i.V.m. § 292 FamFG). Inhaltlich sind keine Änderungen enthalten, allerdings gibt es keine speziellen Vorschriften mehr zu Rechtsmitteln. Diese sind im Allgemeinen Teil geregelt. Ein Problem

---

118 *Paßmann*, BtPrax 1994, 202
119 *Knittel* § 1835 Rn. A 2.9
120 BayObLG FGPrax 1999, 182 und Beschluss 3 ZBR 28/01 vom 14.3.2001; OLG Schleswig NJWE-FER 2000, 149, Thür. OLG FGPrax 2001, 22; a.A.: LG Landshut 60 T 3159/00

kann es werden, dass die Wertgrenzen für die Einlegung einer Beschwerde auf 600,– €
(bisher 150,– €) erhöht werden sollen (§ 61 Abs. 1 FamFG).

Des Weiteren wird die Bestimmung zur Einführung von Vergütungsvordrucken (§ 69e **1654**
Abs. 2 FGG) unverändert in § 292 FamFG übernommen. Die Vergütungsvorschrift für Verfahrenspfleger (§ 67a FGG) findet sich ebenfalls unverändert in § 272 FamFG wieder.

Daneben wird die Beschwerdefrist generell auf vier Wochen festgelegt Eine weitere **1655**
Beschwerde zum OLG wird es nicht mehr geben; jedoch können Landgerichte Fälle von
grundsätzlicher Bedeutung künftig dem BGH vorlegen. Hiervon erhoffen sich die Ent-
wurfsverfasser künftig schnellere bundesweite Musterentscheidungen.

9.8 Zum Umgang mit Gerichtsbeschlüssen

Das Recht der Betreuervergütung gründet sich im Wesentlichen auf Rechtsprechung. In **1656**
diesem Buch werden zahlreiche Rechtsprechungsbeispiele genannt, sofern veröffentlicht,
mit so vielen Zitatstellen aus Fachzeitschriften wie möglich, um die Auffindbarkeit der einzelnen Entscheidungen zu erleichtern. Hin und wieder ist eine Entscheidung (mit Datum
und AZ) erwähnt, die unseres Wissens nicht in einer Fachzeitschrift veröffentlicht ist. Sollte
ein solches Dokument für die konkrete Arbeit notwendig werden, so kann dieses beim
Gericht angefordert werden, das den Beschluss erlassen hat. Pro Seite werden in der Regel
0,50 € in Rechnung gestellt. Dies kann mit folgendem Musterbrief geschehen:[121]

Betreuer – Name, Adresse, Rufnummer **1657**

An die
Betreuungsbehörde
des Landkreises/der Stadt ...   Ort/Datum

Anforderung einer Entscheidung des Gerichts, Az.: ...

Sehr geehrte Damen und Herren,

zur Beurteilung einer vergütungsrechtlichen Angelegenheit benötige ich die von Ihnen
zu Aktenzeichen ... mit Beschluss vom ... ergangene Entscheidung. Ich bitte um Übersendung unter Aufgabe der bei Ihnen entstandenen Kosten. Vielen Dank für Ihre Unterstützung!

Mit freundlichem Gruß

_____

(Unterschrift)

---

121 Nach *Meier*, Handbuch Betreuungsrecht, S. 318

1658 In diesem Zusammenhang sei darauf hingewiesen, dass Gerichtsentscheidungen nur insoweit dem Datenschutz unterliegen, als dort personenbezogene Daten der Beteiligten (Namen, Adressen) vorhanden sind. Werden diese unkenntlich gemacht (nicht aber das Aktenzeichen), ist eine Weitergabe von Gerichtsentscheidungen an andere Personen, Berufsverbände und Fachzeitschriften nicht nur zulässig, sondern auch angebracht, um auf diese Weise die Rechtsentwicklung zu unterstützen. Meist zahlen Fachzeitschriften ein Abdruckhonorar für Gerichtsbeschlüsse (ca. 25,– €).

10 Entstehen und Erlöschen der Ansprüche

10.1 Neuregelung durch das 1. BtÄndG

10.1.1 Allgemeines

Mit dem 1. BtÄndG ist seit dem 1.1.1999 eine einheitliche Ausschlussfrist von 15 Monaten bestimmt worden (§ 1835 Abs. 1 Satz 3). Diese bezieht sich bisher auf die einzelnen Betreuertätigkeiten[1] und gilt auch für die Abrechnungen nach dem Tod des Betreuten. Dies gilt sowohl für Aufwendungsersatz (§ 1835 Abs. 1 Satz 3) als auch entsprechend § 2 VBVG für Vergütungen nach Zeitaufwand (§ 3, 6 VBVG, § 67a FGG). Unabhängig davon empfahl es sich auch bisher generell, die abschließenden Vergütungsanträge möglichst zeitnah nach dem Tod des Betreuten oder dem Ende einer Betreuung zu stellen.

1659

Nicht eindeutig geregelt ist die Frage, ob auch ein ehrenamtlicher Betreuer, der einen Vergütungsanspruch nach § 1836 Abs. 2 BGB hat (siehe dazu unter Vergütung ehrenamtlicher Betreuer im Kapitel 6, Rn. 403 ff.), seinen Vergütungsanspruch innerhalb von 15 Monaten nach der Beendigung seines Amts geltend machen muss. Wenn man sich auf den Standpunkt stellt, dass die Regelungen über Abschlagszahlungen und das Erlöschen von Vergütungsansprüchen in § 1836 Abs. 2 generelle Regelungen für die Gewährung von Vergütungen sind, ist diese Frage zu bejahen. Vertritt man den Standpunkt, dass diese Regelungen nur für Berufsbetreuer gelten, ist die Frage zu verneinen.

1660

Bis zur 3. Auflage vertraten wir die Auffassung, dass die Regelung über das Erlöschen von Ansprüchen in § 2 VBVG, genau wie die über die Abschlagszahlung (§ 3 Abs. 4 VBVG), eine generelle Vergütungsregelung ist, die auch für ehrenamtliche Betreuer gilt. Verneinte man dies, würde der Vergütungsanspruch eines ehrenamtlichen Betreuers als familienrechtlicher Anspruch nach § 197 nach derzeitigem Recht erst nach 30 Jahren erlöschen (siehe zu den Auswirkungen der Neuregelungen des 2. BtÄndG unter Rn. 440 ff.)

1661

Für Aufwendungsersatz und Aufwandsentschädigung ist in § 1835 Abs. 1 Satz 3, 2. Halbsatz, bzw. § 1835a Abs. 4, 2. Halbsatz und in § 2 VBVG (für berufliche Vormundschaften und Betreuungen) geregelt, dass die Geltendmachung beim Vormundschaftsgericht auch als Geltendmachung gegenüber dem Mündel gilt. Der Anspruch gegen den Betroffenen ist also nicht erloschen, wenn der Betreuer ihn fristgerecht beim Vormundschaftsgericht geltend gemacht hat, sich aber im Nachhinein herausstellt, dass der Betreute zahlungspflichtig ist.

1662

> Ist die finanzielle Situation unklar, empfiehlt es sich für den Vormund, seinen Anspruch vorsorglich gegen die Staatskasse geltend zu machen. Mit der Geltendmachung des Anspruchs gegen die Staatskasse beim Vormundschaftsgericht wird, ... auch einer Verfristung des Anspruchs gegen den Mündel begegnet. Der Vormund soll nicht gezwungen sein, aus Fristwahrungsgründen sowohl die Staatskasse als auch vorsorglich ... den Mündel selbst in Anspruch zu nehmen.[2]

1663

Für Vergütungen des Betreuers fand sich in § 1836 bis 30.06.2005 keine vergleichbare Regelung. Zu fragen ist, ob der Gesetzgeber bei Vergütungsansprüchen bewusst keine Regelung wollte, wonach die Geltendmachung beim Vormundschaftsgericht auch als Geltendmachung gegenüber dem Betreuten gilt, oder ob eine solche Regelung vergessen wurde. Nun ist in § 2 VBVG eine entsprechende Regelung enthalten.

1664

---

1   OLG Schleswig BtPrax 2002, 271 = FamRZ 2002, 1288 = FGPrax 2002, 175 = Rpfleger 2002, 443 = NJW-RR 2002, 1227 sowie BayObLG NJW-RR 2003, 438; BayObLG FamRZ 2003, 325
2   BR-Drs. 13/7158, S. 22

1665 Bei der pauschalen Betreuervergütung ab 1.7.2005 muss berücksichtigt werden, dass je nach der Person des Zahlungspflichtigen zwei getrennte Berechnungen erfolgen müssen (vgl. Kapitel 7, Rn. 966 ff.).

1666 Kann der Betreuer seine Aufwendungen oder die Aufwendungspauschale ohne eine gerichtliche Geltendmachung aus dem Vermögen des Betreuten entnehmen, weil die Vermögenssorge zu seinem Aufgabenkreis gehört, wird man die Fristen so verstehen müssen, dass die Entnahme nach Ablauf der Frist nicht mehr zulässig wäre, weil der Anspruch dann erloschen ist.[3]

1667 Fällt der letzte Tag der Frist auf einen Sonnabend, Sonntag oder gesetzlichen Feiertag, so ist nach § 193 BGB /§ 17 Abs. 2 FGG die Antragstellung noch am nächsten Werktag möglich.

10.1.2 Ausgewählte Rechtsprechung zur Ausschlussfrist

1668 **Die Verlängerung der Ausschlussfrist** setzt einen konkreten Antrag voraus, der vor Fristablauf an das VormG gerichtet sein muss.[4]

Keine **Wiedereinsetzung** bei Versäumung der Ausschlussfrist, auch nicht bei langer schwerer Erkrankung des Betreuers.[5]

Die Ausschlussfrist von 15 Monaten gilt auch, wenn ein **anwaltlicher Betreuer** Ansprüche geltend macht.[6]

Die Ausschlussfrist gilt auch für Erstattungsansprüche von **Verfahrenspflegern[7] und von Nachlasspflegern.**[8]

Zur Versäumung der **Ausschlussfrist**, wenn der Rechtspfleger bzw. Bezirksrevisor den Betreuer von der rechtzeitigen Stellung des Antrags abgehalten hat.[9]

Die Geltendmachung der Vergütungsansprüche setzt voraus, dass die **Zeitansätze** einem konkreten Lebenssachverhalt zugeordnet werden können. Die Angabe von Stundenzahlen pro Kalenderjahr, multipliziert mit Stundensätzen, genügt nicht.[10]

Keine Pflicht des VormG, auf den **Ablauf der gesetzlichen Frist** und die damit verbundenen Folgen hinzuweisen.[11]

Eine Verlängerung der gesetzliche Ausschlussfrist setzt voraus, dass das VormG dem Betreuer einen **Schlusszeitpunkt** für die Einreichung seines Antrags mitteilt. Die bloße Erinnerung an die Nachreichung von Tätigkeitsnachweisen kann nicht als Fristverlängerung verstanden werden.[12]

Die Verjährungsfrist für den Anspruch eines Betreuungsvereins, ihm **Mehrwertsteuer** nachzuvergüten, beginnt erst mit Ablauf des Jahres, in dem dem Betreuungsverein der Bescheid des Finanzamtes über die Feststellung der Steuerschuld zugestellt wurde[13].

Die Vergütungsansprüche des Berufsbetreuers gegen die Staatskasse **verjähren** nach zwei Jahren.[14] Für titulierte Forderungen gegen den Betreuten bzw. den Erben gilt die allgemeine Verjährungsfrist von 30 Jahren (§ 195).

Der **Ersatzanspruch der Staatskasse** erlischt zudem drei Jahre nach dem Tod des Betreuten (§ 1836e Abs. 1 Satz 3 Abs. 1 i.V.m. § 102 SGB XII). Eine Hemmung bzw. Unterbrechung entsprechend den BGB-Bestimmungen ist möglich (§§ 202 ff.).

---

3 *Jürgens* u.a., Das neue Betreuungsrecht, Rn. 272 a
4 OLG Frankfurt/Main FamRZ 2003, 1414 = BtPrax 2003, 220 = Rpfleger 2003, 651 = FGPrax 2003, 178
5 LG Koblenz FamRZ 2003, 1970; BayObLG FGPrax 2004, 77 = FamRZ 2004, 1137; OLG Schleswig FamRZ 2002, 1288
6 OLG Schleswig NJW 2003, 1538 = FGPrax 2003, 127; OLG Frankfurt/Main FamRZ 2004, 1518 = Rpfleger 2004, 488
7 OLG Koblenz FamRZ 2002, 1355 und FamRZ 2003, 168; BayObLG Rpfleger 2003, 578
8 LG Berlin FamRZ 2004, 1518; KG FamRZ 2006, 225 = FGPrax 2005, 264; KG FamRZ 2006, 651 = Rpfleger 2006, 76; OLG Zweibrücken FamRZ 2007, 1271 = Rpfleger 9/2007; OLG Zweibrücken FGPrax 2007, 232 = Rpfleger 2007, 471 = ZEV 2007, 528 (Ls) = BtPrax 2007, 267 (Ls)
9 OLG Frankfurt/Main FGPrax 2001, 205 = FamRZ 2002, 194 = BtPrax 2001, 261; OLG Koblenz FamRZ 2003, 190
10 OLG Schleswig BtPrax 2004, 245 = MDR 2004, 945 = FGPrax 2004, 281; OLG München BtPrax 2006, 80 = FamRZ 2006, 891; (ebenso für Verfahrenspfleger OLG Brandenburg FamRZ 2004, 1982)
11 BayObLG FamRZ 2004, 1137; OLG Dresden FamRZ 2004, 137 = MDR 2004, 814, LG Koblenz FamRZ 2006, 970; ebenso für Nachlasspfleger KG FGPrax 2005, 264
12 OLG Schleswig, FGPrax 2006, 119 = FamRZ 2006, 890 = BtPrax 2006, 110
13 OLG Köln FamRZ 2005, 239
14 BayObLG FamRZ 2000, 1455 = FGPrax 2000, 201

10.2 Fristen bei der Aufwandspauschale (§ 1835a BGB)

Die Aufwandspauschale muss innerhalb von drei Monaten nach Ablauf des Jahres, in dem sie entstanden ist, geltend gemacht werden. Andernfalls erlischt der Anspruch. Die Geltendmachung beim Vormundschaftsgericht gilt dabei auch als Geltendmachung gegenüber dem Betreuten, § 1835a Abs. 4. **1669**

Die Formulierung ist insoweit missverständlich, als in § 1835a zweimal der Begriff „Jahr" vorkommt. Wenn zunächst in Absatz 2 die Rede davon ist, dass der Anspruch erstmals nach Ablauf eines Jahres entsteht, dann ist damit das wiederkehrende Datum der Betreuerbestellung gemeint; mit dem „Jahr" in Absatz 4 hingegen ist das Kalenderjahr gemeint[15], d.h., die Aufwandspauschale ist spätestens bis zum 31.3. des Folgejahres geltend zu machen[16] (vgl. dazu auch Rn. 374 ff.) **1670**

Die Auffassung des *LG Koblenz*[17], in den Fällen eine abweichende Frist zugrunde zu legen, in denen eine Betreuung schon länger eingerichtet ist (hier Gebrechlichkeitspflegschaft vor 1992), wird nicht geteilt. Hiernach wäre fiktiv von einer Betreuerbestellung zum 31.12. des Vorjahres auszugehen. Im Folgejahr entstünde der Anspruch des Betreuers am 31.12. und erlischt am 31.3. des nächsten Jahres.[18] **1671**

Die Versäumung der Antragsfrist des § 1835a Abs. 4 kann nicht mit Krankheit entschuldigt werden.[19] Allerdings kann die Versäumung der Antragsfrist nach dem Grundsatz von Treu und Glauben unschädlich sein, wenn der ehrenamtliche Betreuer von der rechtzeitigen Geltendmachung durch einen Hinweis des VormG über die Verwendung eines zu verwendenden Hausvordruckes und dessen verspäteter Übersendung abgehalten wurde.[20] **1672**

Ist die Erlöschensfrist des § 1835a Abs. 4 eingehalten worden, verjährt der Anspruch auf die Aufwandspauschale erst in 30 Jahren.[21] Die Neuregelung des Verjährungsrechtes am 1.1.2002 verkürzte diese allgemeine Verjährungsfrist auf drei Jahre (§ 195). Allerdings ist zur Zeit der Drucklegung dieses Buches ein Gesetzentwurf der Bundesregierung vorgelegt worden, wonach auch familienrechtliche Ansprüche nach drei Jahren verjähren sollen.[22] **1673**

10.3 Fristen bei der Pauschalvergütung ab 1.7.2005 (§§ 4, 5, 7 VBVG)

Vor dem 1. Juli 2005 stand es dem beruflichen Betreuer frei, wann er seinen Vergütungsantrag stellte, wobei sich der Antrag auf Tätigkeiten der letzten 15 Monate vor Antragseingang beim Vormundschaftsgericht beziehen konnte. In der Praxis hatten sich meist Abrechnungsrhythmen von 3, 6 oder 12 Monaten eingebürgert, auch im Hinblick auf Wünsche der Vormundschaftsgerichte. **1674**

Seit dem 1.7.2005 bestimmt § 9 VBVG für die pauschale Betreuervergütung einen Abrechnungszeitraum von drei Monaten. Vor Ablauf von drei Monaten kann der Betreuer demnach die pauschale Betreuervergütung (außer im Falle vorzeitiger Beendigung der Betreuung) nicht abrechnen. Danach kann der Betreuer **genau die drei vergangenen** **1675**

---

15 Vgl. BR-Drucks. 960/96, S. 24
16 LG Koblenz BtPrax 2002, 88; LG Hannover 15 T 1151/01 und 66 T 2048/01; OLG Celle FamRZ 2002, 1591; OLG Frankfurt/Main BtPrax 2004, 243 = Rpfleger 2005, 85 = FGPrax 2004, 288 = FamRZ 2005, 393
17 LG Koblenz FamRZ 2002, 1291
18 LG Koblenz, a.a.O.
19 LG Koblenz FamRZ 2001, 934 = JurBüro 2001, 43 = BtPrax 2001, 88; vgl. auch OLG Frankfurt/Main FGPrax 2001, 205; BayObLG FamRZ 2001, 189, erneut LG Koblenz FamRZ 2003, 1970
20 OLG Frankfurt/Main FGPrax 2001, 205 = NJWE-FER 2001, 314 = BtPrax 2001, 257 = OLG-Report Frankfurt 2001, 278
21 BayObLG FamRZ 2000, 561, 562; OLG Frankfurt/Main FamRZ 2002, 989 = OLG-Report Frankfurt 2001, 315
22 Entwurf eines Gesetzes zur Änderung des Erb- und Verjährungsrechts (Regierungsbeschluss vom 30.1.2008)

Monate abrechnen. Erst nach dem Ende der nächsten drei Monate entsteht die nächste Abrechnungsmöglichkeit. Allerdings ist der Betreuer nicht gezwungen, tatsächlich stets nur drei Monate abzurechnen. Er kann, so lange die 15-Monatsfrist des § 2 VBVG noch nicht abgelaufen ist – den Ablauf mehrerer Dreimonatszeiträume abwarten und dann 6, 9, 12 oder 15 Monate abrechnen.

1676 Andere Kombinationen sind **nicht zulässig**[23] (vgl. aber unten zur Sondersituation der Altfälle). Etwas anderes gilt jedoch, wenn die Betreuung insgesamt endet oder ein Betreuerwechsel eintritt. Dann kann entsprechend der h.M. zur Aufwandspauschale des § 1835a auch der Anspruch auf pauschale Betreuervergütung für den angefangenen Abrechnungszeitraum sofort abgerechnet werden.[24]

1677 Fraglich ist, ob sich daraus ein Zinsanspruch für den Fall ergibt, dass der Vergütungsantrag erst nach längerer Zeit beschieden wird.

1678 Bei der Bearbeitung von Vergütungsanträgen nach der bis zum 30.6.2005 geltenden Rechtslage ist es immer wieder zu **Verzögerungen** gekommen, die z.T. existenzbedrohende Auswirkungen für den Betreuer gehabt haben konnten. Schließlich musste ein Betreuer ohnehin einige Zeit in Vorleistung treten, also einige Monate lang arbeiten, bevor er abrechnen konnte. Der Gesetzgeber hatte diesen Fall nicht bedacht und – außer der Möglichkeit, gem. § 1836 Abs. 2 eine Abschlagszahlung zu verlangen – keine Rechtsmittelmöglichkeit geschaffen. Es gibt deshalb keine so genannte Untätigkeitsbeschwerde.[25]

1679 Auch ein Anspruch auf **Verzinsung** der Betreuervergütung – der als Druckmittel für eine zeitnahe Bearbeitung von Vergütungsanträgen hätte eingesetzt werden können – ist jedenfalls für solche „Altfälle" nicht gegeben. Ein Anspruch auf Zinsen entsteht nämlich erst ab der Fälligkeit einer Forderung. Der Vergütungsanspruch wird aber erst dann fällig, wenn der entsprechende Beschluss ergangen ist. Zinsen können deshalb nur in dem seltenen Fall verlangt werden, dass der Beschluss ergangen ist, aber die Auszahlung trotzdem nicht zeitnah erfolgt.[26]

1680 Vom Wortlaut der Neuregelung des § 9 Satz 1 VBVG her scheint der Anspruch auf die Vergütung tatsächlich nach jeweils drei Monaten für die zurückliegenden drei Monate fällig zu werden. Mit den Worten „kann verlangen" wird innerhalb des BGB nämlich üblicherweise die Fälligkeit eines Anspruchs beschrieben.[27] Die Konsequenz wäre dann im Falle einer verzögerten Bearbeitung gem. § 288 ein Anspruch auf Verzugszinsen.

1681 Dafür spricht der Umstand, dass die Entscheidung über Vergütungsanträge in Zukunft nicht mehr von der komplexen und zeitaufwendigen Überprüfung der in Ansatz gebrachten Zeiten abhängen wird und Verzögerungen ihre Ursachen häufig in der Sphäre des Gerichts haben dürften. Solche Gründe, wie etwa eine schlechte personelle oder technische Ausstattung eines Gerichts, dürfen dem Betreuer aber nicht zum Nachteil gereichen.

1682 Andererseits lässt sich den Materialien zum Gesetzgebungsverfahren nicht entnehmen, dass der Gesetzgeber tatsächlich eine **Regelung zur Fälligkeit** treffen und eine Pflicht zur Verzinsung schaffen wollte. Es handelt sich bei der in § 9 VBVG gewählten Formulierung deshalb möglicherweise auch nur um eine sprachliche Ungenauigkeit.

1683 Und es sind auch Fallgestaltungen denkbar, in denen eine Pflicht zur Verzinsung zu zweifelhaften Ergebnissen führen würde. Ein Beispiel: Dem Betreuer wurde lediglich die Gesundheitssorge, nicht auch die Vermögenssorge übertragen. Der Betreute macht erst nach längerer Zeit und mehreren Anmahnungen durch das Gericht die Angaben, die belegen, dass er mittellos ist und eine Zahlung aus der Staatskasse erfolgen muss. Es erscheint

---

23   A.A.: LG Wuppertal, Beschlüsse 6 T 8/06 vom 13.6.2006 und 6 T 452/06 vom 2.8.2006 und FamRZ 2006, 1066
24   BtKomm/*Dodegge* F Rn. 60; *Fröschle*, Betreuungsrecht 2005, Rn. 338
25   Vgl. BayObLG FamRZ 1998,,438
26   OLG Hamm BtPrax 2003, 81; LG Stuttgart BtPrax 1999, 158
27   Vgl. § 271 Abs. 1 BGB

nicht als einsichtig, dass dadurch Zinsansprüche zu Lasten der Staatskasse entstehen sollten. Auch kann kaum davon ausgegangen werden, dass der Gesetzgeber schon für den Zeitraum, den gegebenenfalls eine Stellungnahme des Bezirksrevisors in Anspruch nimmt, einen Anspruch auf Verzinsung schaffen wollte.

Es bleibt abzuwarten, wie die Gerichte den Wortlaut des § 9 VBVG bewerten und ob es ihnen gelingt, insoweit sachgerechte Lösungen zu finden, die zumindest im Falle einer unnötigen Verzögerung der Bearbeitung zu einem Zinsanspruch führen. **1684**

Das *OLG Rostock* entschied jedenfalls gegen eine Verzinsung: **1685**

> Der Vergütungsanspruch des Betreuers ist nicht ab Antragstellung zu verzinsen. Weder § 1836 BGB noch eine der Bestimmungen des Gesetzes über die Vergütung von Vormündern und Betreuern (VBVG) sprechen eine derartige Verpflichtung aus. Auch wenn der Betreuer seine Vergütung gem. § 9 VBVG nach Ablauf von jeweils drei Monaten geltend machen kann, folgt allein aus der Fälligkeit des Anspruchs noch nicht dessen Verzinslichkeit. Die Verzinsungspflicht lässt sich weder aus einer entsprechenden Anwendung des § 291 BGB noch des § 104 Abs. 1 S. 2 ZPO ableiten, da zwischen einem streitigen Verfahren zwischen den Parteien eines Zivilprozesses und dem Anspruch des Betreuers gegen die Staatskasse ein erheblicher Unterschied besteht.[28]

10.4 Beginn des Abrechnungszeitraums bei der Pauschalvergütung

Auch für § 9 Abs. 1 VBVG muss geklärt werden, wann der erste Abrechnungszeitraum beginnt. Daraus ergeben sich dann zwangsläufig die Folgezeiträume. Einfach ist dies bei der erstmaligen Betreuerbestellung nach Inkrafttreten des 2. BtÄndG am 1.7.2005. Maßgeblich ist die Bekanntgabe der Betreuerbestellung an den Betreuer, § 69a Abs. 3 FGG.[29] Ab dem Beginn des folgenden Tages[30] besteht der Vergütungsanspruch, unabhängig von der tatsächlichen Tätigkeit des Betreuers oder dem Umfang der Aufgabenkreise. **1686**

Ist die sofortige Wirksamkeit der Betreuerbestellung angeordnet, beginnt der Vergütungsanspruch unter Umständen bereits, **bevor der Betreuer von seiner Bestellung Kenntnis** hat.[31] Denn in diesem Falle führen auch die Bekanntgabe an den Betreuten, seinen Verfahrenspfleger oder die Übergabe der Gerichtsakte an die Geschäftsstelle des Vormundschaftsgerichts zur Rechtswirksamkeit des Beschlusses. **1687**

Auch bei der Anordnung sofortiger Wirksamkeit beginnt der Vergütungszeitraum mit (auch telefonischer) Bekanntgabe der Betreuerbestellung durch den Vormundschaftsrichter an den Betreuer, auch wenn der Vorgang erst später der Geschäftsstelle zur Bekanntmachung übergeben wurde.[32] **1688**

10.5 Pauschalvergütung bei Ende der Betreuung

Im Gesetz wird nicht ausdrücklich genannt, welcher Zeitpunkt genau das Ende des abrechnungsfähigen Betreuungszeitraumes markiert. **1689**

Die Rechtsprechung geht durchgängig davon aus, dass auf das tatsächliche Ende der Betreuung, also den Tag der Bekanntgabe des Aufhebungsbeschlusses oder des Todes des Betreuten, abzustellen ist. Noch erforderliche Abwicklungsarbeiten (Vermögensheraus- **1690**

---

28 OLG Rostock, Beschluss vom 1.3.2007, 3 W 144/05
29 § 69a Abs. 3 FGG
30 § 187 BGB
31 LG Darmstadt, Beschluss 5 T 668/07 vom 14.2.2008
32 LG Nürnberg-Fürth, Beschluss 13 T 1059/06 vom 21.12.2006

gabe, Schlussrechenschaft gem. §§ 1890 bis 1892 BGB) sollen bereits durch die bis zu diesem Zeitpunkt gezahlte Pauschale mit abgegolten sein.[33]

1691   Dagegen wird unseres Erachtens zutreffend eingewandt, dass eine eventuell noch bestehende **Notgeschäftsführungspflicht** (§§ 1908i, 1893, 1698b BGB) unter Umständen noch erheblichen Zeitaufwand verursachen kann und es deshalb sachgerecht sei, z.B. noch die Zeit bis zur Rechenschaftserteilung zu vergüten, sofern der Betreuer diese nicht schuldhaft verzögert hat.[34]

1692   Insoweit scheinen sich örtlich unterschiedliche Handhabungen zu entwickeln. So wird vereinzelt noch ein Zeitraum von zwei Wochen nach dem Ende der Betreuung vergütet; z.B. hat das Amtsgericht Paderborn in einem Rundschreiben eine solche Vergütungspraxis angekündigt.[35] Das *AG Gifhorn*[36] sowie das *AG Neustadt a. Rbge.*[37] haben mitgeteilt, dass der Zeitraum, in welchem der Betreuer seinen Verpflichtungen zur Schlussabrechnung, der Aushändigung sämtlicher Unterlagen an den Betroffenen bzw. dessen Erben nachzukommen hat sowie Tätigkeiten im Rahmen einer Notgeschäftsführung als vergütungsfähig angesehen werden.

1693   Inzwischen ergeben sich für die Frage von Tätigkeiten, die der Notgeschäftsführung zuzurechnen sind, zwei verschiedene Auffassungen in der Rechtsprechung:

1694   • Nach Auffassung des *OLG München* sind in einem solchen Falle diese Tätigkeiten auch beim Berufs-/Vereinsbetreuer nicht mehr im Rahmen der Pauschalabrechnung geltend zu machen; es ist stattdessen eine Einzelaufstellung nach konkretem Zeitaufwand analog zu § 3 VBVG (mit den dortigen Stundensätzen zu fertigen);[38]

1695   • das *Landgericht Stendal* geht davon aus, dass die Notgeschäftsführungspflicht den Zeitraum der Betreuung über den Tod des Betreuten hinausschiebt. Für diesen postmortalen Betreuungszeitraum ist der Betreuer folgerichtig weiterhin nach Maßgabe der Pauschalregelung des § 5 VBVG zu vergüten.[39]

▶ *Vgl. zu den Tätigkeiten der Notgeschäftsführung im bisherigen Vergütungsrecht unter Kapitel 6, Rn. 826 ff.*

1696   Einigkeit besteht im Übrigen darüber, dass die Pauschale nach dem Tod des Betreuten gem. den §§ 1908i Abs. 1 Satz 1, 1893 Abs. 1, 1698a solange weitergezahlt werden soll, bis der Betreuer Kenntnis von dessen Tod erlangt, weil der Betreuer bis dahin verpflichtet ist, die Geschäfte des Betreuten weiterzuführen.[40]

1697   Mögliche Beispiele sind der Tod des Betreuten in eigener Wohnung in solchen Fällen, in denen dieser den Kontakt mit dem Betreuer verweigert hat oder Todesfälle von Betreuten, die aus Einrichtungen entwichen sind und deren Aufenthalt dem Betreuer unbekannt war. Meist wird es sich nur um Zeiträume von wenigen Tagen handeln, es können aber auch einige Wochen zustande kommen. Im letztgenannten Beispiel wird man eine Vermisstenanzeige des Betreuers erwarten müssen.

---

33   *Fröschle* Betreuungsrecht 2005, Rn. 361; OLG Dresden BtPrax 2006, 115 = FamRZ 2006, 1483; OLG Köln FGPrax 2006, 163 = FamRZ 2006, 1787; OLG München BtPrax 2006, 233 = FamRZ 2006, 1787 = NJW-RR 2006, 1517 = Rpfleger 2006, 650 = BtMan 2006, 217; LG Duisburg, Beschluss BtPrax 2006, 115; LG Mönchengladbach, Beschluss 5 T 59/06 vom 12.4.2006; LG Meiningen BtMan 2007, 202 (Ls); LG Wuppertal, FamRZ 2006, 1063; LG Köln, Beschluss 1 T 107/06 vom 22.9.2006

34   *Deinert*, BtPrax Sonderausgabe 2005 S. 13,15 f

35   Veröffentlicht auf der Internetseite des AG Siegburg http://www.ag-siegburg.nrw.de/service/formular/verguet.pdf, dort S.11

36   Rundschreiben an Berufsbetreuer vom 14.6.2006

37   Rundschreiben an Berufsbetreuer vom 4.7.2006

38   OLG München BtPrax 2006, 233 = FamRZ 2006, 1787 = NJW-RR 2006, 1517 = Rpfleger 2006, 650 = BtMan 2006, 217; ähnlich LG Traunstein BtPrax 2006, 115

39   LG Stendal BtPrax 2006, 234 = FamRZ 2006, 1063 = NJW-RR 2006, 1085 = BtMan 2006, 215; a. A. LG Wuppertal, FamRZ 2006, 1063

40   *Fröschle* a.a.O. Rn. 362; *Deinert* a.a.O.

10.6 Beginn der Ausschlussfrist bei der Pauschalvergütung

Bisher ist es allgemeine Auffassung bei der Vergütung nach Zeitaufwand, dass die 15-Monatsfrist mit jeder Tätigkeit des Betreuers beginnt, sodass eine Abrechnung maximal die letzten 15 Monate vor Antragstellung umfassen konnte. Das war nur deshalb so, weil der bisherige Vergütungsanspruch auch mit jeder Tätigkeit entstanden ist.[41] Ab dem 1.7.2005 kann die Pauschalvergütung gemäß § 9 VBVG erst **nach Ablauf von jeweils drei Monaten** Tätigkeit verlangt werden.[42] **1698**

Unserer Auffassung nach folgt hieraus auch ein anderer Fristbeginn nach § 2 VBVG, denn wenn eine Ausschlussfrist schon laufen soll, bevor der Anspruch überhaupt geltend gemacht werden kann, müsste das Gesetz dies ausdrücklich so anordnen. Die Frist beginnt deshalb u.E. jeweils **mit Ablauf des jeweiligen dreimonatigen Abrechnungszeitraums.**[43] **1699**

Anderenfalls würde die nach § 2 Satz 2 VBVG i.V.m. § 1835 Abs. 1a mögliche **Fristverkürzung auf zwei Monate** im Übrigen bewirken, dass der Betreuer für einen Monat gar keine Vergütung verlangen könnte, weil der Anspruch für den ersten der drei nach § 9 VBVG anrechenbaren Monate schon vor seiner Fälligkeit erloschen wäre. Dieses widersinnige Ergebnis kann vom Gesetzgeber nicht gemeint gewesen sein. **1700**

Soweit *Knittel* davon ausgeht, dass für den Beginn der Ausschlussfrist jeweils **einzelne Betreuungsmonate** maßgeblich sein sollen,[44] teilen wir diese Auffassung nicht. Die Berechnung der Betreuervergütung nach monatlichen Stundenansätzen i.S. von § 5 Abs. 1 und 2 VBVG rechtfertigt die Anwendung auf die Ausschlussfrist nicht. **1701**

Die Rechtsprechung ist nicht einheitlich. Zum Teil folgen die Gerichte der ersten, betreuerfreundlichen Lösung, nach der die Frist erst am Ende des Vergütungszeitraumes zu laufen beginnt.[45] So begründet das *LG Göttingen* seine Sichtweise wie folgt: **1702**

Aus einer Gesamtbetrachtung der §§ 2, 5 und 9 VBVG ergibt sich, dass die 15-Monatsfrist des § 2 VBVG erst nach Ablauf der 3-Monatsfrist des § 9 VBVG zu laufen beginnt: **1703**

Zwar folgt aus § 9 in Verbindung mit § 5 VBVG, dass der Vergütungsanspruch des Betreuers bereits mit Ausübung der jeweiligen Betreuungstätigkeit entsteht. Der Beginn der Ausschlussfrist bereits zu diesem Zeitpunkt – also drei Monate vor der erstmalig möglichen Geltendmachung des Vergütungsanspruches – hätte jedoch faktisch eine **Verkürzung** der 15-Monatsfrist auf eine 12-Monatsfrist zur Folge. **1704**

Diese betreuerfeindliche Auslegung des Wortlautes ist jedoch auch nach der Gesetzesbegründung vom Gesetzgeber nicht gewollt.[46] **1705**

Danach wurde vielmehr in § 2 VBVG der alte Wortlaut des § 1836 Abs. 2 Satz 4 BGB a.F. übernommen. Im Gegensatz zur alten Rechtslage, bei der die **Fälligkeit des Vergütungsanspruches** nicht gesetzlich geregelt war, ist dies nunmehr in § 9 VBVG dahin gehend geregelt worden, dass der Anspruch jeweils erst drei Monate nach seiner Entstehung geltend gemacht werden kann. **1706**

Ausweislich der Gesetzesmaterialien diente diese Einschränkung der Entlastung der Gerichte, um diese nicht mit zu häufigen Auszahlungsvorgängen zu belasten.[47] Es kann daraus jedoch nicht abgeleitet werden, dass damit auch eine Verkürzung der Erlöschensfrist des § 2 VBVG beabsichtigt war. **1707**

---

41 OLG Schleswig DtPrax 2002, 271 f.
42 Vgl. HK BUR/*Bauer-Deinert* § 9 VBVG Rn. 17 ff.
43 So auch LG Göttingen = BtPrax 2007, 255 (Ls) = FamRZ 2008, 92; *Fröschle* a.a.O. Rn. 392; Palandt/*Diederichsen*, 66. Aufl., § 2 VBVG Rn. 2; *Jurgeleit/Maier* § 2 VBVG Rn. 2; a.A: *Jürgens* § 2 VBVG Rn. 1; *Bieg/Jaschinski*, jurisPK BGB, § 2 VBVG Rn. 5
44 *Knittel* § 2 VBVG Anm. III.3.
45 So OLG Dresden, Beschluss vom 2.1.2008, Az. 3 W 1439/07; LG Göttingen FamRZ 2008, 92 = BtPrax 2007, 255
46 Vgl. dazu BT-Drucksache 15/4874, S. 30; BT-Drucksache 15/4874, S. 33 i.V.m. der BT-Drucksache 15/2494, S. 36
47 Vgl. zu Einzelheiten HK BUR/*Bauer-Deinert*, § 9 VBVG Rn. 2, 3, 5

1708 Einige Gerichte wollen aber an der **alten Regelung** festhalten.[48] § 9 VBVG soll nach dieser Ansicht keinen Einfluss auf die Frage des Erlöschens von Ansprüchen nach § 2 VBVG haben, die beiden Vorschriften hätten unterschiedliche Zielsetzungen und keine inhaltliche Verbindung miteinander.[49]

1709 Diese **gegensätzliche Rechtsprechung** auf Ebene der Oberlandesgerichte ist eigentlich erstaunlich. Im Interesse einer einheitlichen Rechtsprechung müssen Oberlandesgerichte, wenn Sie von der Entscheidung eines anderen OLG zu gleicher Fragestellung abweichen wollen, die Sache gem. § 28 Abs. 2 FGG dem BGH zur Entscheidung vorlegen. Das *OLG Dresden* hätte also nicht ohne weiteres anders als das *OLG Düsseldorf* und das *OLG Frankfurt/Main* entscheiden dürfen, sondern hätte durch einen entsprechenden Vorlagebeschluss eine Klärung durch den BGH herbeiführen müssen. Möglicherweise haben die verschiedenen Entscheidungen sich überschnitten bzw. sind nicht ausreichend zeitnah bekannt geworden, so dass die beteiligten Richter des *OLG Dresden* noch nichts von den vorangegangenen gegenteiligen Beschlüsse wussten.

1710 Das *OLG München* hat die Frage des Beginns der Ausschlussfrist nun gem. § 28 FGG dem *BGH* vorgelegt, so dass in Kürze diese Frage entschieden wird.[50]

1711

> **HINWEIS**
>
> *Bis dahin können wir allen Betreuern wegen der Unsicherheit nur empfehlen, bei der Antragstellung für mehrere Betreuungsquartale nicht „bis zum letzten Drücker" abzuwarten, sondern bis zu einer endgültigen Klärung vorsichtshalber von der kürzeren Frist auszugehen.*

10.7 Abweichende Fristsetzungen

1712 Das Gericht kann gem. § 1835 Abs. 1a für den Aufwendungsersatz und gem. § 2 Satz 2 VBVG für die Vergütung des beruflichen Vormundes, Pflegers und Betreuers eine abweichende Frist setzen. Diese kann länger oder kürzer als die übliche 15-Monats-Frist sein, muss aber mindestens zwei Monate betragen.[51] Eine mehrfache Verlängerung ist möglich.[52] Ist seitens des Gerichts eine Verkürzung beabsichtigt, ist eine Belehrung über die Folgen der Fristverkürzung erforderlich[53]; die Verfügung ist zuzustellen.

1713 Dass hiergegen **kein Rechtsmittel** zulässig sein soll[54], wird unsererseits bezweifelt; zulässig müsste, da diese Art von Beschlussfassung in § 56g FGG nicht erwähnt wird, die einfache (unbefristete) Erinnerung sein, vgl. § 11 RpflG.

1714 Grundsätzlich dürfte es erforderlich sein, dass ein betreuerseitiger Antrag auf **Fristverlängerung** vor Ablauf der 15-Monats-Frist bei Gericht eingeht.[55] Hiervon muss es aber u.E. aus wichtigen Gründen Ausnahmen geben. Zu einer abweichenden Frist dürfte in der Praxis aus Sicht des Betreuers selten Anlass bestehen, da es in seinem eigenen Interesse liegen wird, die Ersatzansprüche zeitnah geltend zu machen.

---

48 OLG Düsseldorf, Beschluss vom 19.10.2007 mit dem Az. I-Wx 60/07; OLG Frankfurt/Main FamRZ 2008, 304 = Rpfleger 2008, 28; LG Münster, Beschluss 5 T 91/07 vom 22.6.2007, FamRZ 2008, 187
49 OLG Düsseldorf a.a.O.
50 OLG München, Vorlagebeschluss vom 3.3.2208, Az.: 33 Wx 236/07
51 Vgl. BT-Drs. 13/7158, S. 22
52 *Damrau/Zimmermann* § 1836 Rn. 44
53 *Damrau/Zimmermann* § 1836 Rn. 44
54 So *Meier*, Handbuch Betreuungsrecht, S. 342
55 *Meier*, a.a.O., S. 342

Ein solcher Anlass war Ende 2000 gegeben, als durch Rundverfügung des Bundesjustizmi-**1715** niteriums vom 21.9.2000 (das Dokument finden Sie auf der beiliegenden CD-ROM) die Frage der Umsatzsteuerpflicht rückwirkend bundesweit geregelt wurde. Hiervon waren viele (im Sinne der AO gemeinnützige) Betreuungsvereine betroffen, die zuvor im guten Glauben von der Umsatzsteuerfreiheit der Betreuervergütungen ausgegangen waren (siehe zur neuen Rechtsprechungslage unter Kap. 12, Rn. 1925 ff.).

10.8 Vorzeitiges Betreuungsende bei Pauschalvergütung

Endet die Betreuung, endet auch der Anspruch auf die pauschale Betreuervergütung. Der **1716** Tag, in den das Ereignis fällt, das das Ende des abrechnungsfähigen Zeitraums markiert (z.B. Bekanntgabe des Betreuerwechsels oder der Betreuungsaufhebung, vgl. § 69a Abs. 3 FGG), wird bei der Pauschale noch mitgerechnet (§ 188).

▶ *Zum Tod des Betreuten und den damit verbundenen Fragen der Betreuungsführung vgl. Kapitel 6, Rn. 824 ff.*

Es entsteht abrechnungstechnisch im Regelfall ein **Rumpfzeitraum**, der den angefange-**1717** nen Teil eines vollständigen dreimonatigen Abrechnungszeitraums umfasst. Enthält dieser noch vollständige Monate, gelten für sie die gewöhnlichen Stundenansätze. Für angefangene Monate dagegen gilt § 5 Abs. 4 Satz 2 VBVG, denn das Ende der Betreuung ist ein Umstand, der sich auf die Höhe der Vergütung auswirkt.

Für den angefangenen Monat ist als Stundenansatz ein dem Anteil der noch zu vergüten-**1718** den Tage am vollen Monat entsprechender Teil zu errechnen. Dazu werden die zu vergütenden Tage durch die Gesamtzahl der Tage im Abrechnungsmonat geteilt und dann mit dem Stundenansatz, der für den vollen Monat gegolten hätte, multipliziert.

Das so errechnete Ergebnis ist nach § 5 Abs. 4 Satz 3 VBVG anschließend auf volle Zehn-**1719** telstunden (also 6 Minuten) **aufzurunden**. Denn im Gesetzestext ist nur von Aufrunden die Rede. Dieses ist u.E. so zu verstehen, dass stets auf 1/10 Stunde aufgerundet und nicht im Sinne einer kaufmännischen Rundungsregelung Zahlenangaben bis 0,50 ab- und ab 0,51 aufzurunden sind.[56]

Soweit das Rechenbeispiel im Gesetzesentwurf zum 2. BtÄndG[57] von 2,2129 auf 2,2 **1720** Stunden *abrundet*, dürfte das ein Versehen sein, denn die Formulierung in § 5 Abs. 4 Satz 3 VBVG ist eindeutig – sie entspricht im Übrigen derjenigen in § 1612a Abs. 2 Satz 2, die auch in diesem Sinne ausgelegt wird. Im Gegensatz dazu enthalten andere gesetzliche Bestimmungen Regelungen zum Auf- und Abrunden.[58]

---

56 So auch *Fröschle*, a.a.O., Rn. 349
57 Bt-Drs. 15/2494, S. 34
58 Z.B. § 11 Abs. 2 BKGG, § 67 Abs. 6 BSHG, § 82 BSHG, § 5 Abs. 2 BUrlG, § 115 Abs. 1 Nr. 4 ZPO, § 850c Abs. 3 ZPO, §§ 109, 110 SGB X

1721

> ## BEISPIEL[59]
>
> *X wird mit Wirkung vom 3. August 2008 zum Betreuer des mittellosen, in der eigenen Wohnung lebenden Y bestellt. Y stirbt am 26. Dezember 2008. X ist Berufsbetreuer mit nutzbarer Hochschulausbildung.*
>
> *X kann zunächst das vollständige Quartal vom 4. August bis 3. November 2008 abrechnen. Er erhält für jeden der drei ersten Betreuungsmonate: 7 Std. × 44,– € = 308,– €, insgesamt 924,– €. Diese Abrechnung kann er am 3. November vornehmen.*
>
> *Nach dem Ende der Betreuung kann er auch das Rumpfquartal vom 4. November bis 26. Dezember 2008 abrechnen. Darin steckt noch ein vollständiger Monat (4. November bis 3. Dezember), für den er 5,5 Std. × 44,– € = 242,– € erhält.*
>
> *Der Stundenansatz für die dann noch zu vergütenden 23 Tage beträgt:23/31 × 5,5 Std. = 4,0806 Std, aufgerundet 4,1 Std, sodass er noch einmal 4,1 Std. × 44,– € 180,40 €, insgesamt für das zweite Abrechnungsquartal also 422,40 € abrechnen kann.*

10.9 Tabellarische Übersicht bei anteiligen Zeiträumen

1722 Die nachstehende Tabelle kann bei der Berechnung von anteiligen Vergütungszeiträumen (§ 5 Abs. 3 VBVG) behilflich sein. Die Stundenansätze sind hierbei aufgerundet auf 1/10 Stunden (6 Minuten).[60]

1723 **Monat mit 28 Tagen**

Antei-lige Tage	Stundenansätze nach § 5 Abs. 1 oder 2 VBVG									
28	8,5	7,0	6,0	5,5	5,0	4,5	4,0	3,5	3,0	2,5	2,0
27	8,2	6,8	5,8	5,4	4,9	4,4	3,9	3,4	3,9	2,5	2,0
26	7,8	6,5	5,6	5,2	4,7	4,2	3,8	3,3	2,8	2,4	1,9
25	7,6	6,3	5,4	5,0	4,5	4,1	3,6	3,2	2,7	2,3	1,8
24	7,3	6,0	5,2	4,8	4,3	3,9	3,5	3,0	2,6	2,2	1,8
23	7,0	5,8	5,0	4,6	4,2	3,7	3,3	2,9	2,5	2,1	1,7
22	6,7	5,5	4,8	4,4	4,0	3,6	3,2	2,8	2,4	2,0	1,6
21	6,4	5,3	4,5	4,2	3,8	3,4	3,0	2,7	2,3	1,9	1,5
20	6,1	5,0	4,3	4,0	3,6	3,3	2,9	2,5	2,2	1,8	1,5
19	5,8	4,8	4,1	3,8	3,4	3,1	2,8	2,4	2,1	1,7	1,4
18	5,5	4,5	3,9	3,6	3,3	2,9	2,6	2,3	2,0	1,7	1,3
17	5,2	4,3	3,7	3,4	3,1	2,8	2,5	2,2	1,9	1,6	1,3
16	4,9	4,0	3,5	3,2	2,9	2,6	2,3	2,0	1,8	1,5	1,2
15	4,6	3,8	3,3	3,0	2,7	2,5	2,2	1,9	1,7	1,4	1,1
14	4,3	3,5	3,0	2,8	2,5	2,3	2,0	1,8	1,5	1,3	1,0
13	4,0	3,3	2,8	2,6	2,4	2,1	1,9	1,7	1,4	1,2	1,0
12	3,7	3,0	2,6	2,4	2,2	2,0	1,8	1,5	1,3	1,1	0,9
11	3,4	2,8	2,4	2,2	2,0	1,8	1,6	1,4	1,2	1,0	0,8
10	3,1	2,5	2,2	2,0	1,8	1,7	1,5	1,3	1,1	0,9	0,8
9	2,8	2,3	2,0	1,8	1,7	1,5	1,3	1,2	1,0	0,9	0,7
8	2,5	2,0	1,8	1,6	1,5	1,3	1,2	1,0	0,9	0,8	0,6
7	2,2	1,8	1,5	1,4	1,3	1,2	1,0	0,9	0,8	0,7	0,5
6	1,9	1,5	1,3	1,2	1,1	1,0	0,9	0,8	0,7	0,6	0,5
5	1,6	1,3	1,1	1,0	0,9	0,9	0,8	0,7	0,6	0,5	0,4
4	1,3	1,0	0,9	0,8	0,8	0,7	0,6	0,5	0,5	0,4	0,3
3	1,0	0,8	0,7	0,6	0,6	0,5	0,5	0,4	0,4	0,3	0,3
2	0,7	0,5	0,5	0,4	0,4	0,4	0,3	0,3	0,3	0,2	0,2
1	0,4	0,3	0,3	0,2	0,2	0,2	0,2	0,2	0,2	0,1	0,1

59   *Fröschle*, a.a.O., Rn. 350
60   nach *Fröschle*, a.a.O., Rn. 354 ff.

Monat mit 29 Tagen 1724

Anteilige Tage	Stundenansätze nach § 5 Abs. 1 oder 2 VBVG										
29	8,5	7,0	6,0	5,5	5,0	4,5	4,0	3,5	3,0	2,5	2,0
28	8,3	6,8	5,8	5,4	4,9	4,4	3,9	3,4	2,9	2,5	2,0
27	8,0	6,6	5,6	5,2	4,7	4,2	3,8	3,3	2,8	2,4	1,9
26	7,7	6,3	5,4	5,0	4,5	4,1	3,6	3,2	2,7	2,3	1,8
25	7,4	6,1	5,2	4,8	4,4	3,9	3,5	3,1	2,6	2,2	1,8
24	7,1	5,8	5,0	4,6	4,2	3,8	3,4	2,9	2,5	2,1	1,7
23	6,8	5,6	4,8	4,4	4,0	3,6	3,2	2,8	2,4	2,0	1,6
22	6,5	5,4	4,6	4,2	3,8	3,5	3,1	2,7	2,3	1,9	1,6
21	6,2	5,1	4,4	4,0	3,7	3,3	2,9	2,6	2,2	1,9	1,5
20	5,9	4,9	4,2	3,8	3,5	3,2	2,8	2,5	2,1	1,8	1,4
19	5,6	4,6	4,0	3,7	3,3	3,0	2,7	2,3	2,0	1,7	1,4
18	5,3	4,4	3,8	3,5	3,2	2,8	2,5	2,2	1,9	1,6	1,3
17	5,0	4,2	3,6	3,3	3,0	2,7	2,4	2,1	1,8	1,5	1,2
16	4,7	3,9	3,4	3,1	2,8	2,5	2,3	2,0	1,7	1,4	1,2
15	4,4	3,7	3,2	2,9	2,6	2,4	2,1	1,9	1,6	1,3	1,1
14	4,2	3,4	2,9	2,7	2,5	2,2	2,0	1,7	1,5	1,3	1,0
13	3,9	3,2	2,7	2,5	2,3	2,1	1,8	1,6	1,4	1,2	0,9
12	3,6	2,9	2,5	2,3	2,1	1,9	1,7	1,5	1,3	1,1	0,9
11	3,3	2,7	2,3	2,1	1,9	1,8	1,6	1,4	1,2	1,0	0,8
10	3,0	2,5	2,1	1,9	1,8	1,6	1,4	1,3	1,1	0,9	0,7
9	2,7	2,2	1,9	1,8	1,6	1,4	1,3	1,1	1,0	0,8	0,7
8	2,4	2,0	1,7	1,6	1,4	1,3	1,2	1,0	0,9	0,7	0,6
7	2,1	1,7	1,5	1,4	1,3	1,1	1,0	0,9	0,8	0,7	0,5
6	1,8	1,5	1,3	1,2	1,1	1,0	0,9	0,8	0,7	0,6	0,5
5	1,5	1,3	1,1	1,0	0,9	0,8	0,7	0,7	0,6	0,5	0,4
4	1,2	1,0	0,9	0,8	0,7	0,7	0,6	0,5	0,5	0,4	0,3
3	0,9	0,8	0,7	0,6	0,6	0,5	0,5	0,4	0,4	0,3	0,3
2	0,6	0,5	0,5	0,4	0,4	0,4	0,3	0,3	0,3	0,2	0,2
1	0,3	0,3	0,3	0,2	0,2	0,2	0,2	0,2	0,2	0,1	0,1

Monat mit 30 Tagen 1725

Anteilige Tage	Stundenansätze nach § 5 Abs. 1 oder 2 VBVG										
30	8,5	7,0	6,0	5,5	5,0	4,5	4,0	3,5	3,0	2,5	2,0
29	8,3	6,8	5,8	5,4	4,9	4,4	3,9	3,4	2,9	2,5	2,0
28	8,0	6,6	5,6	5,2	4,7	4,2	3,8	3,3	2,8	2,4	1,9
27	7,7	6,3	5,4	5,0	4,5	4,1	3,6	3,2	2,7	2,3	1,8
26	7,4	6,1	5,2	4,8	4,4	3,9	3,5	3,1	2,6	2,2	1,8
25	7,1	5,9	5,0	4,6	4,2	3,8	3,4	3,0	2,5	2,1	1,7
24	6,8	5,6	4,8	4,4	4,0	3,6	3,2	2,8	2,4	2,0	1,6
23	6,6	5,4	4,6	4,3	3,9	3,5	3,1	2,7	2,3	2,0	1,6
22	6,3	5,2	4,4	4,1	3,7	3,3	3,0	2,6	2,2	1,9	1,5
21	6,0	4,9	4,2	3,9	3,5	3,2	2,8	2,5	2,1	1,8	1,4
20	5,7	4,7	4,0	3,7	3,4	3,0	2,7	2,4	2,0	1,7	1,4
19	5,4	4,5	3,8	3,5	3,2	2,9	2,6	2,3	1,9	1,6	1,3
18	5,1	4,2	3,6	3,3	3,0	2,7	2,4	2,1	1,8	1,5	1,2
17	4,9	4,0	3,4	3,2	2,9	2,6	2,3	2,0	1,7	1,5	1,2
16	4,6	3,8	3,2	3,0	2,7	2,4	2,2	1,9	1,6	1,4	1,1
15	4,3	3,5	3,0	2,8	2,5	2,3	2,0	1,8	1,5	1,3	1,0
14	4,0	3,3	2,8	2,6	2,4	2,1	1,9	1,7	1,4	1,2	1,0
13	3,7	3,1	2,6	2,4	2,2	2,0	1,8	1,6	1,3	1,1	0,9
12	3,4	2,8	2,4	2,2	2,0	1,8	1,6	1,4	1,2	1,0	0,8
11	3,2	2,6	2,2	2,1	1,9	1,7	1,5	1,3	1,1	1,0	0,8
10	2,9	2,4	2,0	1,9	1,7	1,5	1,4	1,2	1,0	0,9	0,7
9	2,6	2,1	1,8	1,7	1,5	1,4	1,2	1,1	0,9	0,8	0,6
8	2,3	1,9	1,6	1,5	1,4	1,2	1,1	1,0	0,8	0,7	0,6
7	2,0	1,7	1,4	1,3	1,2	1,1	1,0	0,9	0,7	0,6	0,5
6	1,7	1,4	1,2	1,1	1,0	0,9	0,8	0,7	0,6	0,5	0,4
5	1,5	1,2	1,0	1,0	0,9	0,8	0,7	0,6	0,5	0,5	0,4
4	1,2	1,0	0,8	0,8	0,7	0,6	0,6	0,5	0,4	0,4	0,3
3	0,9	0,7	0,6	0,6	0,5	0,5	0,4	0,4	0,3	0,3	0,2
2	0,6	0,5	0,4	0,4	0,4	0,3	0,3	0,3	0,2	0,2	0,2
1	0,3	0,3	0,2	0,2	0,2	0,2	0,2	0,2	0,1	0,1	0,1

1726   Monat mit 31 Tagen

Anteilige Tage	Stundenansätze nach § 5 Abs. 1 oder 2 VBVG										
31	8,5	7,0	6,0	5,5	5,0	4,5	4,0	3,5	3,0	2,5	2,0
30	8,3	6,8	5,9	5,4	4,9	4,4	3,9	3,4	3,0	2,5	2,0
29	8,0	6,6	5,7	5,2	4,7	4,3	3,8	3,3	2,9	2,4	1,9
28	7,7	6,4	5,5	5,0	4,6	4,1	3,7	3,2	2,8	2,3	1,9
27	7,5	6,1	5,3	4,8	4,4	4,0	3,5	3,1	2,7	2,2	1,8
26	7,2	5,9	5,1	4,7	4,2	3,8	3,4	3,0	2,6	2,1	1,7
25	6,9	5,7	4,9	4,5	4,1	3,7	3,3	2,9	2,5	2,1	1,7
24	6,6	5,5	4,7	4,3	3,9	3,5	3,1	2,8	2,4	2,0	1,6
23	6,4	5,2	4,5	4,1	3,8	3,4	3,0	2,6	2,3	1,9	1,5
22	6,1	5,0	4,3	4,0	3,6	3,2	2,9	2,5	2,2	1,8	1,5
21	5,8	4,8	4,1	3,8	3,4	3,1	2,8	2,4	2,1	1,7	1,4
20	5,5	4,6	3,9	3,6	3,3	3,0	2,6	2,3	2,0	1,7	1,3
19	5,3	4,3	3,7	3,4	3,1	2,8	2,5	2,2	1,9	1,6	1,3
18	5,0	4,1	3,5	3,2	3,0	2,7	2,4	2,1	1,8	1,5	1,2
17	4,7	3,9	3,3	3,1	2,8	2,5	2,2	2,0	1,7	1,4	1,1
16	4,4	3,7	3,1	2,9	2,6	2,4	2,1	1,9	1,6	1,3	1,1
15	4,2	3,4	3,0	2,7	2,5	2,2	2,0	1,7	1,5	1,3	1,0
14	3,9	3,2	2,8	2,5	2,3	2,1	1,9	1,6	1,4	1,2	1,0
13	3,6	3,0	2,6	2,4	2,1	1,9	1,7	1,5	1,3	1,1	0,9
12	3,3	2,8	2,4	2,2	2,0	1,8	1,6	1,4	1,2	1,0	0,8
11	3,1	2,5	2,2	2,0	1,8	1,6	1,5	1,3	1,1	0,9	0,8
10	2,8	2,3	2,0	1,8	1,7	1,5	1,3	1,2	1,0	0,9	0,7
9	2,5	2,1	1,8	1,6	1,5	1,4	1,2	1,1	0,9	0,8	0,6
8	2,2	1,9	1,6	1,5	1,3	1,2	1,1	1,0	0,8	0,7	0,6
7	2,0	1,6	1,4	1,3	1,2	1,1	1,0	0,8	0,7	0,6	0,5
6	1,7	1,4	1,2	1,1	1,0	0,9	0,8	0,7	0,6	0,5	0,4
5	1,4	1,2	1,0	0,9	0,9	0,8	0,7	0,6	0,5	0,5	0,4
4	1,1	1,0	0,8	0,8	0,7	0,6	0,6	0,5	0,4	0,4	0,3
3	0,9	0,7	0,6	0,6	0,5	0,5	0,4	0,4	0,3	0,3	0,2
2	0,6	0,5	0,4	0,4	0,4	0,3	0,3	0,3	0,2	0,2	0,2
1	0,3	0,3	0,2	0,2	0,2	0,2	0,2	0,2	0,1	0,1	0,1

11 Mitteilungspflicht von Berufsbetreuern

11.1 Allgemeines

§ 1908k wurde im Rahmen des 1. BtÄndG aufgrund der Empfehlung des Rechtsausschusses des Bundestages vom 1.4.1998[1] in das Gesetz aufgenommen. **1727**

Danach sind alle Berufsbetreuer (auch Betreuungsvereine) verpflichtet, der Betreuungsbehörde ihres Wohnsitzes mitzuteilen: **1728**

- die Anzahl ihrer beruflich geführten Betreuungen,
- die dafür in Rechnung gestellte Zeit,
- den insgesamt in Rechnung gestellten Geldbetrag und
- den für die Führung von Betreuungen im Kalenderjahr erhaltenen Geldbetrag.

Im Rahmen des 2. BtÄndG wurde die Bestimmung zwar aus dem BGB gestrichen, jedoch als § 10 in das neue VBVG übernommen. **1729**

Die Angaben zur Anzahl der beruflichen Betreuungen und den im Kalenderjahr erhaltenen Geldbetrag müssen auch künftig gemacht werden. Auch müssen nach der Neufassung die Zahlen der geführten Betreuungen nach Heimbewohnern und Nichtheimbewohnern getrennt werden (vgl. Rn. 1068 ff.). Die Daten zur in Rechnung gestellten Zeit und zum in Rechnung gestellten Geldbetrag sind entfallen. **1730**

Hinzu kommt seit dem 1.7.2005 eine weitere Mitteilungspflicht von Berufsbetreuern nach § 1897 Abs. 8, wonach bei der Übertragung einer neuen Betreuung der Betreuer sich (gemeint ist offenbar anlässlich der Erklärung der Übernahmebereitschaft gem. § 1898) über Zahl und Umfang der beruflichen Betreuungen zu äußern hat. Bei dieser Mitteilungspflicht ist kein Adressat genannt. Es dürfte im Regelfall eine Mitteilung an das Vormundschaftsgericht gemeint sein. Letzteres kann aber die Betreuungsbehörde im Rahmen der Sachverhaltsaufklärung bitten, bei der Benennung eines Betreuers diesen zu den Zahlen nach § 1897 Abs. 8 BGB zu befragen. Die Betreuungsbehörde hat diese Zahlenangaben dann ebenfalls an das Vormundschaftsgericht weiterzuleiten (§ 8 BtBG). **1731**

Soweit *Knittel* davon ausgeht, die neue Mitteilung nach § 1897 Abs. 8 solle lediglich bei der erstmaligen Bestellung eines Berufsbetreuers erfolgen[2], liegt u.E. ein Irrtum vor. § 1897 Abs. 8 enthält anders als § 1897 Abs. 7 keine Beschränkung auf die erstmalige Betreuerbestellung. Daher muss die Mitteilung bei jeder beruflichen Betreuerbestellung erfolgen. Anderenfalls gäbe das Abstellen auf bereits geführte Betreuungen im Übrigen auch keinen Sinn. **1732**

11.2 Betroffener Personenkreis

In § 10 Abs. 1 VBVG werden Personen genannt, die Betreuungen entgeltlich führen, also Berufsbetreuer, unabhängig von ihrer beruflichen Vorbildung, erfasst werden somit auch Rechtsanwälte. **1733**

Ehrenamtliche Betreuer, die ausnahmsweise gem. § 1936 Abs. 2 eine Ermessensvergütung erhalten, sind hiermit (entgegen dem Wortlaut der Norm) nicht gemeint.[3] Auch **1734**

---

1 BT-Drs. 13/10331, S. 26
2 *Knittel*, BtG, § 1897 Rn. 23d (Buchst. H; zu Absatz 8)
3 HK BUR/*Walther/Klie* § 1908k Rn. 7

unterliegt ein ehrenamtlicher Betreuer nicht der Meldepflicht, wenn er mehr als 10 Betreuungen führt.[4]

1735 Bei Vereinsbetreuungen nach § 1897 Abs. 2 sind nicht die einzelnen Vereinsbetreuer mitteilungspflichtig, sondern der Betreuungsverein (gesetzlich vertreten durch seinen Vorstand), da dieser gem. § 7 Abs. 1 VBVG der Empfänger der Zahlungen ist.[5] Eine Aufgliederung der Mitteilung nach einzelnen Vereinsbetreuern wird vom Wortlaut her in § 10 VBVG nicht verlangt. Da der Betreuungsverein selbst den Vergütungsanspruch hat, reicht es u.E. aus, eine Gesamtmitteilung für alle Vereinsbetreuer zu erstellen.

1736 Die Mitteilungspflicht nach § 1897 Abs. 8 BGB bezieht sich u.E. auf die Betreuungszahlen der einzelnen Betreuer, also auch einzelner Vereinsbetreuer. Hier stellt sich die Frage, was mit „Umfang" der geführten Betreuungen gemeint ist. Abgestellt werden kann u.E. nur auf die in § 5 VBVG genannten Kriterien, also den Aufenthaltsstatus des Betreuten (Heim/kein Heim; vgl. Kapitel 7, Rn. 1068 ff.) und die Frage der Mittellosigkeit (Kapitel 8, Rn. 1200 ff.).

1737 Die Regelungen gelten im Übrigen nicht für die Führung von Vormundschaften und Pflegschaften aller Art.[6] Hierdurch sind angesichts der Tatsache, dass Berufsbetreuer auch Vormundschaften und Pflegschaften führen können, für eine sachgerechte Auswertung im Sinne von Arbeitsbelastungssituationen die Gesetzesfassung wenig Möglichkeiten gegeben.

1738 Wer erst im Laufe des vergangenen Kalenderjahres seine Tätigkeit aufgenommen hat, hat über den dadurch begrenzten Zeitraum zu berichten, wird die Tätigkeit vor Jahresablauf eingestellt, entfällt die Mitteilungspflicht.[7]

11.3   Kritik an der Bestimmung

1739 Die Regelung des § 1908k ist seinerzeit bei den Berufsverbänden der Berufsbetreuer auf scharfe Kritik gestoßen. Tatsächlich erweckte die Regelung hinsichtlich mehrerer Einzelheiten den Anschein, dass der Gesetzgeber mit seinem Anliegen über das Ziel hinausgeschossen ist.

1740 Im Hinblick auf eine Vereinbarkeit mit Art. 12 Abs. 1 GG wurde angeführt, dass § 1908k/ § 10 VBVG nicht für die Erreichung der an sich legitimen Zwecke erforderlich sei, weil das vom Gesetzgeber angestrebte Ziel der Vermeidung von **Missbräuchen** im Betreuungsrecht auch durch eine weniger einschneidende Maßnahme hätte erreicht werden können. So sei nicht ersichtlich, weshalb der Berufsbetreuer neben der Zahl der im Kalenderjahr geführten Betreuungen und der in Rechnung gestellten Zeit auch noch den geforderten sowie den tatsächlich erhaltenen Geldbetrag mitteilen sollte – vor allem hinsichtlich der Eindämmung von Missbräuchen im Betreuungsrecht dürften die beiden erstgenannten Informationen genügen. Soweit es um die Ermittlung von Fakten gehe, mögen auch die finanziellen Informationen von Interesse sein, insoweit sei aber die Angemessenheit des Eingriffs in die Berufsfreiheit fragwürdig, da die Regelung des § 1908k (wie auch des § 10 VBVG) – ohne jede Einschränkung – für alle Berufsbetreuer gilt. Im Hinblick darauf, dass es in der Vergangenheit nur vereinzelte Fälle missbräuchlichen Verhaltens gegeben habe, erscheine es als unangemessen, eine umfassende Mitteilungspflicht für einen ganzen Berufszweig vorzusehen.

---

4   *Rienwald*, a.a.O., Rn. 4
5   *Wagenitz/Engers*, FamRZ 1998, 1273, 1276. Palandt/*Diederichsen*, 58. Aufl. 1999, § 1908k BGB, Rn. 1; *Knittel* § 1908k BGB, Rn. 1; BT-Drucks 13/10331 S. 20, HK-BUR/*Walther* § 10 VBVG Rn. 8 f.; Jurgeleit/*Kania/Langholf/ Schmidt* Rn. 14; a.A.: *Schwab* 4. Aufl. § 1908k BGB Rn. 2.
6   *Bienwald* § 1908k Rn. 1
7   *Bienwald*, a.a.O., Rn. 7

Das Recht auf informationelle Selbstbestimmung sei durch die Verpflichtung zur jährlichen Offenlegung des Jahreseinkommens betroffen, aus den schon oben genannten Gründen sei auch dieser Eingriff nicht erforderlich. **1741**

Der **Gleichheitsgrundsatz** sei schließlich tangiert, weil eine ganze Berufsgruppe in einer bislang nicht bekannten Art und Weise mit weitgehenden Offenlegungspflichten belastet und damit im Vergleich zu anderen Berufsgruppen ungleich behandelt werde. Es sei durch den Gesetzgeber nicht ausreichend dargelegt worden, dass hier Unterschiede von solcher Art und solchem Gewicht bestehen, dass diese Ungleichbehandlung gerechtfertigt sei. **1742**

Widersprüchlich an der Regelung ist im Übrigen auch, dass Vormundschaften und Pflegschaften (also auch Verfahrenspflegschaften) von ihr nicht erfasst werden. Das gleiche gilt im Übrigen für die neu eingeführte Mitteilungspflicht nach § 1897 Abs. 8. Die Frage, ob ein Betreuer bereits überlastet ist bzw. ob die Verteilung der Fälle zu einer existenzsichernden Auslastung führt, kann kaum ohne diese Informationen sicher beantwortet werden. Ohnehin ist die Angabe der Gesamtzahl der in einem Kalenderjahr tatsächlich geführten Betreuungen nach § 10 VBVG kaum geeignet, hierüber eine brauchbare Aussage zu ermöglichen, weil sie durch neu übernommene Betreuungen, Aufhebung von Betreuungen, Betreuerwechseln und Tod des Betreuten nicht unerheblichen Schwankungen unterworfen ist.[8] **1743**

Nach der zunächst sehr verbreiteten Kritik an dieser Regelung ist sie bis vor kurzem weitgehend aus der öffentlichen Diskussion verschwunden. So gab es lediglich eine Gerichtsentscheidung, die die Zulässigkeit der Abfrage der Daten durch die Betreuungsbehörde und die Befugnis, für den Fall der Verweigerung der Datenabgabe ein **Zwangsgeld** festzusetzen, bejahte.[9] Weitere in diesem Zusammenhang laufende Gerichtsverfahren sind uns, nachdem ein Antrag auf Erlass einer einstweiligen Anordnung gegen diese Regelung durch das *BVerfG*[10] wegen fehlender „Erschöpfung des Rechtswegs" abgelehnt wurde[11], weiterhin nicht bekannt. **1744**

Gründe dafür dürften sein, dass viele Behörden die Daten nicht abfragen bzw. nicht reagieren, wenn ein Betreuer die Mitteilung unterlässt und wohl auch, dass etliche Betreuer nach anfänglichen Protesten nun doch – vermutlich auch aufgrund der Befürchtung, andernfalls bei der Vergabe von Betreuungen nicht mehr berücksichtigt zu werden – die geforderten Angaben machen. **1745**

In letzter Zeit bekam § 1908k/§ 10 VBVG jedoch wieder eine unverhoffte Bedeutung, und zwar durch Anfragen seitens der Steuerfahndung (siehe dazu unten Rn. 1762). **1746**

11.4 Einzelheiten zur Anwendung des § 10 VBVG

11.4.1 Inhalt der Mitteilung

Es ist die Anzahl der insgesamt in einem Kalenderjahr geführten Betreuungen mitzuteilen; es geht nicht um eine Bestandsmitteilung zum 31.12. als Stichtag. Eine Differenzierung nach Heimbewohnern und Nichtheimbewohnern ist seit 1.7.2005 erforderlich.[12] Nicht mehr anzugeben ist die in Rechnung gestellte Zeit und der in Rechnung gestellte Geldbetrag.[13] **1747**

---

8 HK BUR/*Walther/Klie*, a.a.O., Rn. 15
9 VG Lüneburg, 5 A 116/00 vom 8.8.2001, das Urteil ist nicht rechtskräftig
10 BtPrax 2000, 30
11 Das BVerfG sah keinen Grund für die Annahme, dass im Falle der üblicherweise vor einer verfassungsgerichtlichen erforderlichen Überprüfung durch die Fachgerichte den betroffenen Berufsbetreuern ein schwerer Nachteil drohen würde, zu den Voraussetzungen einer einstweiligen Anordnung durch das BVerfG siehe § 32 Abs. 1 BVerfGG
12 HK BUR/*Walther/Klie*, a.a.O., Rn. 15
13 HK BUR/*Walther/Klie*, a.a.O., Rn. 16

1748 § 10 VBVG hat ebenso wie § 1908k BGB die Eigentümlichkeit, dass ein Zeitraum (das vergangene Kalenderjahr) benannt ist und nicht, was u.E. mehr Sinn machen würde, ein Zeitpunkt. Streng nach den Buchstaben des Gesetzes müßte also ein Betreuer alle Betreuungen mitteilen, die er zu Beginn des Kalenderjahres geführt hat und dieser Zahl alle in diesem Kalenderjahr hinzu gekommenen Betreuungen hinzufügen, ohne die innerhalb des Kalenderjahrs beendeten oder aufgehobenen Betreuungen in Abzug zu bringen. Praxisnäher wäre es, der Betreuer teilte die Zahl der am 1.1. des Jahres bestehenden Betreuungen mit und die Zu- und Abgänge innerhalb des Jahres. Erzwungen werden kann diese Unterteilung freilich nicht. Auch von einem Berufsbetreuer ehrenamtlich geführte Betreuungen sollen in der Jahresmitteilung aufgelistet werden[14] (jedoch keine Vormundschaften oder Pflegschaften).

1749 Besonders kurios wird dies am Beispiel des seit dem 1.7.2005 zusätzlichen Kriteriums „unterteilt nach Betreuten in einem Heim oder außerhalb eines Heimes". Hier könnte mangels gesetzlicher Klarheit auf tatsächlichen oder gewöhnlichen Aufenthalt abgestellt werden; mit Heim könnte der Heimbegriff des § 1 HeimG oder aber der des § 5 Abs. 3 VBVG gemeint sein. Da die Regelung zugleich mit dem VBVG in Kraft trat und um dem Ganzen überhaupt ein wenig Logik zu geben, gehen wir davon aus, dass der Begriff des gewöhnlichen Aufenthaltes in einem Heim i.S.d. § 5 VBVG gemeint ist[15]. Dennoch muss konstatiert werden: Innerhalb des Kalenderjahrs kann sich nicht nur der tatsächliche, sondern auch der gewöhnliche Aufenthalt (i.S. eines Lebensmittelpunktes) geändert haben.

1750 Welche Zahl soll also benannt werden? Es bietet sich an, auf den **Stichtag 31.12.** abzustellen, wahlweise darauf, wo der einzelne Betreute **innerhalb des Kalenderjahre überwiegend** seinen gewöhnlichen Aufenthalt hatte. Die Kommentarliteratur ist angesichts solcher unsauberer Gesetzesformulierung genauso ratlos wie wir an dieser Stelle.[16] Für während des Kalenderjahrs aufgehobene Betreuungen empfiehlt es sich, auf den gewöhnlichen Aufenthalt zum Zeitpunkt der Beendigung abzustellen.

1751 Ob die Angaben über den im Kalenderjahr erhaltenen Geldbetrag nur die Vergütung oder auch die Aufwendungen betreffen sollen, war umstritten.[17] Da jedenfalls bei der Pauschalvergütung (vgl. Kapitel 7, Rn. 979 ff.) gem. § 4 Abs. 2 VBVG der Ersatz von Barauslagen in der Pauschale enthalten ist, erübrigt sich diese Frage seit dem 1.7.2005. Eine weitere Differenzierung ist nicht erforderlich.[18]

11.4.2 Örtliche Zuständigkeit

1752 Mangels entgegenstehender anderweitiger Regelung ist die örtliche Betreuungsbehörde zuständig (§ 9 BtBG). Örtlich zuständig soll die Behörde sein, in der der Betreuer seinen Sitz oder Wohnsitz hat. Dies führt wohl auch zu Missverständnissen. Deshalb sei klargestellt: Ein **Einzelbetreuer** (auch ein Anwalt) ist eine natürliche Person im Sinne des BGB und hat keinen Sitz, sondern nur einen Wohnsitz (§ 7 BGB). Deshalb kann nur der Wohnsitz (im Sinne der Meldeadresse) maßgeblich sein, nicht etwa das Büro oder die Sozietät des Anwalts. Es wird ja nicht das Büro zum Betreuer bestellt, auch dann nicht, wenn der Betreuer in einer GbR oder Partnerschaftsgesellschaft arbeitet.[19]

1753 Betreuungsvereine haben andererseits als juristische Personen keinen Wohnsitz, sondern einen Sitz (§ 24 BGB). Dieser ergibt sich aus der Vereinssatzung und liegt da, wo die Verwaltung des Vereins liegt. An die Betreuungsbehörde, deren örtliche Zuständigkeit genau

---

14   Dodegge/*Roth* D Rn. 53
15   Jürgens/*Winterstein*, § 10 VBVG Rn. 7
16   das gilt auch für Jurgeleit/*Kania* § 10 VBVG Rn. 5
17   Bejahend HK BUR/*Walther/Klie*, a.a.O., Rn. 17, weil die Regelung auch die Abrechnungsehrlichkeit bzgl. der Aufwendungen fördern solle, anderer Ansicht *Rienwald*, a.a.O., Rn. 13
18   HK BUR/*Walther/Klie*, a.a.O., Rn. 18
19   Jurgeleit/*Kania/Langholf/Schmidt* Rn. 4.; a.A.: HK BUR/*Walther/Klie*, a.a.O., Rn. 12, Jürgens/*Winterstein* RdNr. 5

diese Adresse betrifft, ist die Mitteilung zu machen, ganz gleich, ob in deren Bezirk die Betreuungen geführt werden oder nicht.

Liegt der Wohnsitz des Betreuers z.B. in einer Stadt, die auch einem Landkreis angehört, und gibt es dort sowohl eine städt. Betreuungsbehörde als auch eine des Landkreises, wäre die Mitteilung an die städtische Betreuungsbehörde zu machen; läge der Wohnsitz im Kreisgebiet außerhalb der Stadt, an die Kreisbetreuungsbehörde. **1754**

11.4.3 Weitergabe von Daten, Datenschutz

Gerade auch in Anbetracht der an der Regelung geäußerten Kritik sind die Betreuungsbehörden gefordert, mit den Daten sensibel umzugehen. Sie haben hierbei ohnehin das jeweilige Landesdatenschutzgesetz zu beachten. Daten dürfen nur an die Vormundschaftsgerichte weitergegeben werden, sowohl ungefragt als auch auf Anfrage.[20] **1755**

Die Mitteilung kann an jedes beliebige Vormundschaftsgericht erfolgen. Eine Mitteilung an andere Stellen, z.B. benachbarte Betreuungsbehörden, ist demgegenüber nicht vorgesehen, obwohl das sicher sinnvoll gewesen wäre. Da es hierüber aber nichts im Gesetz gibt, gilt das, was in den Landesdatenschutzgesetzen analog zu § 14 Abs. 1 BDSG steht (z.B. §§ 13 der Landesdatenschutzgesetze NRW oder Hessen): **1756**

Nach den für die Betreuungsbehörden anzuwendenden Landesdatenschutzgesetzen sind personenbezogene Daten über Betreuer von der Behörde grundsätzlich beim Betreuer mit seiner Kenntnis zu erheben.[21] **1757**

Nur mit schriftlicher Einwilligung des Betreuers darf die Behörde die Mitteilung bei einer anderen Behörde anfordern. Dabei ist der Betreuer ausdrücklich darauf hinzuweisen, daß seine Einwilligung freiwillig ist und welche Rechtsfolgen eine Verweigerung möglicherweise haben könnte[22]. Es gibt keine Rechtsvorschrift, die eine Erhebung der Daten grundsätzlich bei einer anderen Behörde vorsieht oder zwingend voraussetzt. Zwar ist eine **Datenübermittlung innerhalb des öffentlichen Bereichs** in Einzelfällen auch zulässig, jedoch nur unter der Voraussetzung, dass sie zur rechtmäßigen Erfüllung von Aufgaben des Empfängers erforderlich ist.[23] Dabei bleiben die Gebote der Erhebung beim Betroffenen und der Zweckbindung uneingeschränkt bestehen. **1758**

Eine Datenweitergabe ist danach nur zu dem Zweck zulässig, zu dem die Daten erhoben wurden.[24] Allerdings gibt es davon Ausnahmen, die wichtigste dazu ist die Weitergabe von Daten zum Zwecke der Steuerfahndung. **1759**

So heißt es in § 13 DSG NRW, dass dann, wenn Daten zu Zwecken weiterverarbeitet werden sollen, für die sie nicht erhoben oder erstmals gespeichert worden sind, dies nur zulässig ist, wenn entweder **1760**

- eine Rechtsvorschrift dies erlaubt oder die Wahrnehmung einer durch Gesetz oder Rechtsverordnung zugewiesenen einzelnen Aufgabe die Verarbeitung dieser Daten zwingend voraussetzt,

- die betroffene Person eingewilligt hat,

- Angaben der betroffenen Person überprüft werden müssen, weil tatsächliche Anhaltspunkte für deren Unrichtigkeit bestehen oder

---

20 Nach HK BUR/*Walther/Klie*, a.a.O., Rn. 24 darf die ungefragte Weitergabe aufgrund des Verhältnismäßigkeitsgrundsatzes nur dann erfolgen, wenn Anhaltspunkte für Unregelmäßigkeiten ersichtlich sind
21 Vgl. z. B. § 12 Abs. 1 HDSG sowie Entwurf des Bundesrates zur Ergänzung des § 8 BtBG
22 Vgl. z.B. vgl. § 7 Abs. 2 HDSG, § 65 Abs. 3 DSG Rheinland-Pfalz
23 Vgl. z.B. vgl. § 11 Abs. 1 HDSG, § 14 Abs. 1 DSG Rheinland-Pfalz
24 So auch HK BUR/*Walther/Klie*, a.a.O., Rn. 14, 28 f.

- sich bei Gelegenheit der rechtmäßigen Aufgabenerfüllung Anhaltspunkte für Straftaten oder Ordnungswidrigkeiten ergeben und die Unterrichtung der für die Verfolgung oder Vollstreckung zuständigen Behörden geboten erscheint.

1761 Die für alle Steuerarten maßgebende Verfahrensvorschrift, die Abgabenordnung (AO), sieht für alle Behörden eine Mitteilungspflicht an die Finanzbehörde vor, wenn sie Kenntnis von Umständen erhalten, die für eine Steuerstraftat sprechen (§ 116 AO). Dies dürfte bei Jahresmitteilungen nach § 1908k/§ 10 VBVG regelmäßig nicht gegeben sein.

1762 Allerdings ist die Betreuungsbehörde im Rahmen der Amtshilferegeln der Abgabenordnung auch dann zur Datenweitergabe an das Finanzamt bzw. die Steuerfahndungsstelle verpflichtet, wenn von diesen Auskünfte erbeten werden, um z.B. potenziell Steuerpflichtige zu ermitteln, die bisher keine an sich erforderlichen Steuererklärungen abgegeben haben. Die Rechtsgrundlagen dafür bilden §§ 93, 97, 111 bis 114 sowie speziell für die Steuerfandung § 208 AO. Sogar gesetzlich geregelte Verschwiegenheitspflichten gelten gem. § 105 AO nicht gegenüber der Finanzverwaltung. So wurde bekannt, dass die Steuerfahndungsstelle Koblenz (für Rheinland-Pfalz) von den dortigen Betreuungsbehörden die seit 2000 gesammelten Daten nach § 1908k zur Ermittlung von steuerpflichtigen Berufsbetreuern angefordert hat.

11.4.4 Kompetenzen von Behörden und Gerichten

11.4.4.1 Verwertung und Beurteilung der Daten durch die Behörde

1763 Unseres Erachtens kann die Behörde die Daten selbst prüfen und auswerten, soweit dadurch die Erfüllung ihrer Aufgaben erleichtert wird. Die Gegenansicht, die eine Bewertung und eine wertende Stellungnahme durch die Behörde ablehnt und hierfür lediglich eine Befugnis der Vormundschaftsgerichte annimmt[25], lässt sich schwerlich mit dem Zweck der Regelung – unter anderem sollen auch der Behörde Kontroll- und Steuerungsinstrumente an die Hand gegeben werden[26] – vereinbaren. Sie ist im Übrigen in sich widersprüchlich: an anderer Stelle wird dort nämlich geäußert, dass die Behörde die Daten nur dann unverlangt weitergeben dürfe, wenn Anhaltspunkte für Unregelmäßigkeiten bestehen; das setzt aber gerade eine inhaltliche Vorprüfung und Bewertung voraus.

11.4.4.2 Durchsetzbarkeit der Verpflichtung; Verlangen der Abgabe einer eidesstattlichen Versicherung

1764 Macht der Betreuer bzw. Betreuungsverein die geforderten Angaben nicht, muss er damit rechnen, dass er von der Betreuungsbehörde aufgefordert wird, bis zu einer angemessenen Nachfrist die Mitteilung nachzureichen. Passiert dies dann auch nicht, kommen folgende Konsequenzen in Betracht:

1765 Er wird u.U. vom Vormundschaftsgericht **nicht mehr zum Betreuer bestellt** bzw. die Betreuungsbehörde wird ihn nicht mehr als Betreuer vorschlagen, weil aus der Verweigerung geschlossen wird, dass der Betreuer seinen gesetzlichen Pflichten nicht nachkommt und deshalb als für die Führung von Betreuungen ungeeignet anzusehen ist.[27]

1766

> **HINWEIS**
>
> *Wer die Angaben verweigern möchte, sollte sich daher zunächst genau überlegen, wie er die Reaktion auf dieses Verhalten einschätzt.*

---

25 HK BUR/*Walther/Klie*, a.a.O., Rn. 30
26 *Bienwald*, a.a.O., Rn. 2
27 Vgl. z.B. HK BUR *Walther/Klie* § 1908 BGB Rn. 34, so genanntes „informelles Sanktionsinstrument"

Möglicherweise muss auch mit direkten **Zwangsmitteln** aufgrund des Verwaltungsvoll- **1767**
streckungsgesetzes des jeweiligen Bundeslandes (Zwangsgeld bzw. Ersatzzwangshaft,
siehe z.B. §§ 55 ff. VwVG NRW, § 70 VwVG Niedersachsen, § 68 HessVwVG) gerechnet
werden.[28] Dies setzt eine vollziehbare Verfügung der Betreuungsbehörde voraus. Es reicht
dafür nicht, dass der Betreuer die Frist versäumt.

Die Behörde muss ihm durch Verwaltungsakt aufgeben, die Meldung abzuliefern bzw. **1768**
ihre Richtigkeit an Eides Statt zu versichern und kann – nach Eintritt der Bestandskraft –
diesen Verwaltungsakt vollziehen. Hierbei müsste die Betreuungsbehörde natürlich im
Rahmen ihres Ermessens den **Grundsatz der Verhältnismäßigkeit** der Mittel prüfen. Es
ist sehr zweifelhaft, ob derartige Zwangsmaßnahmen diesem Grundsatz entsprechen.

Zum Teil wird allerdings auch angenommen, dass die Durchsetzung der zivilrechtlichen **1769**
Norm mit den Mitteln des Verwaltungsrechts grundsätzlich unzulässig sei und allenfalls
dann in Betracht komme, wenn eine landesrechtliche Ermächtigungsnorm für die Anwendung von Verwaltungszwang vorliegt.[29] Als rechtmäßig betrachtet wurde die Zwangsgel-
dandrohung vom *Verwaltungsgericht Lüneburg*.[30]

Ein Bundesland hat zu dieser Frage einen Regelungsbedarf gesehen und in seinem Aus- **1770**
führungsgesetz zum BtÄndG den Betreuungsbehörden ausdrücklich die Ermächtigung
übertragen, die Mitteilungspflichten durchzusetzen:

Mecklenburg-Vorpommern: § 2 Abs. 2 AGBtG[31]

Die örtliche Betreuungsbehörde kann die Betreuer zur Erfüllung ihrer Pflichten nach § 1908k
Abs. 1 und 2 Bürgerliches Gesetzbuch durch Verwaltungsakt anhalten.

Zumindest in **Mecklenburg-Vorpommern** wurde damit durch Landesrecht für die **1771**
Betreuungsbehörde eine Rechtsgrundlage geschaffen, um im Weigerungsfall die Angaben
durch den Betreuer mithilfe von **Zwangsmitteln des Verwaltungsrechts** zu erzwingen.
Die Betreuungsbehörden (im Übrigen nicht das VormG) *können* im Weigerungsfall die
Abgabe der Erklärung erzwingen, sie *müssen* es aber nicht, so der Wortlaut der genann-
ten landesrechtlichen Ermächtigungen.[32]

Auf Verlangen der Behörde müssen die Angaben an Eides statt versichert werden. Da **1772**
bereits eine fahrlässig abgegebene eidesstattliche Versicherung strafbar ist, sollte diese
nicht standardmäßig bei jeder Mitteilung gem. § 10 VBVG erfolgen, sondern eine entsprechende Aufforderung der Behörde abgewartet werden. § 156 des Strafgesetzbuches
lautet: „Wer vor einer zur Abnahme einer Versicherung an Eides statt zuständigen
Behörde eine solche Versicherung falsch abgibt oder unter Berufung auf eine solche Versicherung falsch aussagt, wird mit Freiheitsstrafe bis zu drei Jahren oder mit Geldstrafe
bestraft."

Auch Betreuungsbehörden sollten nicht leichtfertig eine solche Versicherung verlangen, **1773**
sondern nur bei konkretem Verdacht auf eine Falschaussage. In § 10 VBVG ist diesbezüglich lediglich eine Kann-Vorschrift gegeben. Das heißt, die Behörde muss ein Ermessen
ausüben und darf die eidesstattliche Versicherung wohl nur in Zweifelsfällen oder bei
Anhaltspunkten für unzutreffende Angaben verlangen.[33]

---

28 Erman/*Holzhauer* § 1908k Rn. 11; *Knittel* Rn. 7; HK-BUR/*Walther* Rn. 36; Jurgeleit/*Kania/Langholf/Schmidt*
Rn. 12; BtKomm/*A. Roth* D Rn. 56
29 HKBUR/*Walther/Klie*, a.a.O., Rn. 33 ff.; derartige landesrechtliche Normen existieren zurzeit nur in Bayern und
Mecklenburg-Vorpommern
30 VG Lüneburg BtPrax 2001, 262
31 Eine beabsichtigte vergleichbare Regelung in Bayern wurde nicht realisiert.
32 HKBUR/*Walther* § 1908k BGB Rn. 34a
33 Anders *Bienwald*, a.a.O., Rn. 18, danach sollte die Behörde grundsätzlich von vornherein eine eidesstattliche
Versicherung verlangen, weil im Falle eines späteren Verlangens der Eindruck entstehen würde, dass es einen
aktuellen Anlass dafür gäbe

1774 Im Hinblick auf die Mitteilung nach § 1897 Abs. 8, die nur dann an die Betreuungsbehörde erfolgt (und nicht direkt an das Vormundschaftsgericht), wenn die Behörde vom Gericht gebeten wurde, gem. § 8 BtBG einen geeigneten Betreuer zu benennen, ist nicht mit Sanktionsmitteln zu rechnen. Ein Betreuer, der sich hier weigert, diese Zahlenangaben zu machen, dürfte von der Behörde nicht vorgeschlagen werden. Da man keinen Rechtsanspruch auf Übertragung einer speziellen Betreuung hat, ist hier auch kein Rechtsmittel gegeben.

11.4.5 Rechtsmittel gegen die Forderung, eine Erklärung nach § 10 VBVG abzugeben

1775 Die Aufforderung der Betreuungsbehörde, die Jahresmitteilung zu erstatten, ggf. auch mit Zwangsmittelandrohung, ist ein Verwaltungsakt. Dass die Rechtsgrundlage für die Auskunftspflicht im BGB steht, ist unerheblich. Der Verwaltungsakt kann mit dem Rechtsmittel des Widerspruchs binnen eines Monats nach Zustellung angefochten werden (§ 70 VwGO).

1776 Der **Widerspruchsbescheid** ist von der örtlichen Betreuungsbehörde selbst zu erlassen (§ 73 Abs. 1 Nr. 3 VwGO), da die Durchführung der Aufgaben der Betreuungsbehörde in den einzelnen Bundesländern den Kommunen als Selbstverwaltungsaufgabe übertragen wurde (siehe die einzelnen Ausführungsgesetze zum BtG). Gegen die Widerspruchsentscheidung ist Klage beim Verwaltungsgericht zulässig (§§ 40, 43 VwGO). Allerdings dürften Rechtsmittel, die sich gegen die Auskunftspflicht als solche richten, wenig Aussicht auf Erfolg haben, zumal die gesetzliche Pflicht in § 10 VBVG ja klar formuliert ist. Allenfalls gegen die Zwangsmittel wäre ein Widerspruch wegen Verletzung des oben erwähnten Verhältnismäßigkeitsgrundsatzes evtl. aussichtsreich.

1777 Verschiedentlich war angekündigt worden, § 1908k/§ 10 VBVG mit einer Verfassungsbeschwerde angreifen zu wollen (zu den angeführten verfassungsrechtlichen Bedenken gegen diese Vorschrift siehe oben Rn. 1740 ff.). Eine Verfassungsbeschwerde zur Klärung der Vereinbarkeit der Regelung mit dem Grundgesetz ist aber erst nach „Erschöpfung des Rechtswegs" zulässig.[34] Zunächst müsste also die Reaktion der Behörde auf die Verweigerung der Abgabe der Daten abgewartet werden. Gegen eine Androhung von Zwangsmitteln muss dann – nach Durchführung eines Widerspruchsverfahrens – Klage erhoben werden. Erst die letztinstanzliche Entscheidung kann dann mit der Verfassungsbeschwerde angegriffen werden.

---

34 So ausdrücklich auch auf die Durchsetzbarkeit der Mitteilungspflicht bezogen: BVerfG BtPrax 2000, 30

11.5 Beispiel für eine Mitteilung nach § 10 VBVG

Betreuer – Name, Adresse, Rufnummer **1778**

An die
Betreuungsbehörde
des Landkreises/der Stadt ...   Ort/Datum

Jahresmeldung gem. § 10 VBVG für das Kalenderjahr ...
dortiges Aktenzeichen: ...

Sehr geehrte Damen und Herren,

Hiermit teile ich Ihnen mit, dass ich im vergangenen Jahr als Berufsbetreuer gem. § 1 Abs. 1 VBVG tätig war.

Während des genannten Jahres führte ich ... berufliche Betreuungen gem. § 1896 BGB.

Von den Betreuten waren ... Personen Heimbewohner und ... Personen keine Heimbewohner i.S. des § 5 Abs. 3 VBVG.

Innerhalb des genannten Jahres erhielt ich durch die betreuten Personen sowie die Staatskasse Vergütungen sowie Aufwendungsersatz einschl. der gesetzlichen Umsatzsteuer in folgender Höhe: ... Euro.

Mit freundlichen Grüßen

_____
(Unterschrift)

11.6 Beispiel für eine Mitteilung nach § 1897 Abs. 8

1779

Betreuer – Name, Adresse, Rufnummer

An das Vormundschaftsgericht ...
(ggf. über die
Betreuungsbehörde
des Landkreises/der Stadt ...)*   Ort/Datum

Übernahmeerklärung gem. § 1898 BGB sowie Mitteilung gem. § 1897 Abs. 8 BGB
dortiges Aktenzeichen: ...

Sehr geehrte Damen und Herren,

Hiermit erkläre ich mich bereit, die Betreuung für Herrn/Frau ... zu übernehmen.

Zugleich erkläre ich, dass ich am heutigen Tage insgesamt ... Betreuungen beruflich
führe.

Zum Umfang dieser beruflich geführten Betreuung führe ich weiter aus, dass ...
Betreute ihren gewöhnlichen Aufenthalt innerhalb eines Heimes gem. § 5 Abs. 3 VBVG
und ... Betreute außerhalb eines solchen Heimes haben.

Mit freundlichen Grüßen

_____
(Unterschrift)

*Bzw. bei direkter Anfrage des Gerichtes an das Vormundschaftsgericht

12 Steuerrechtliche Behandlung der Betreuerentschädigung

12.1 Auf Seiten des Betreuten

Soweit der Betreute nicht mittellos ist und für die Kosten der Betreuung selbst aufkommen muss, kann er diese Ausgaben zum Teil als außergewöhnliche Belastungen gem. § 33 EStG in Abzug bringen:

1780

Nach einem Beschluss der obersten Finanzbehörden des Bundes und der Länder liegen in den Fällen krankheits- bzw. behinderungsbedingter Betreuung die Voraussetzungen zum Abzug der Aufwendungen für den Betreuer als **außergewöhnliche Belastung** im Rahmen des § 33 EStG vor, soweit es sich dabei nicht um Betriebsausgaben oder um Werbungskosten handelt. Da das Vormundschaftsgericht sowohl die Betreuung anordnet als auch über die Höhe der Vergütung des Betreuers entscheidet, können die Notwendigkeit wie auch die Angemessenheit der Vergütung unterstellt werden.

Sofern der Betreuer ausschließlich im Bereich der **Personensorge** tätig ist, sind die dafür entstehenden Aufwendungen insgesamt als außergewöhnliche Belastung abziehbar. Bei ausschließlicher Vermögenssorge kommt ein Abzug der Aufwendungen als außergewöhnliche Belastung nur in Betracht, soweit ertragsloses Vermögen verwaltet wird, während bei Erzielung von Einkünften die Aufwendungen für den Betreuer Betriebsausgaben bzw. Werbungskosten darstellen.

Übt der Betreuer sowohl Vermögens- als auch Personensorge aus, so ist im Schätzungswege eine Aufteilung der Vergütung in **Betriebsausgaben/Werbungskosten** einerseits und **außergewöhnliche Belastung** andererseits vorzunehmen. Ein geeigneter Aufteilungsmaßstab (Zeitaufwand, Berechnung der Vergütung durch Vormundschaftsgericht) kann nur im jeweiligen Einzelfall gefunden werden, ggf. kann hierbei auf die Maßstäbe zurückgegriffen werden, die das Vormundschaftsgericht bei der Bestimmung der Höhe der Vergütung angelegt hat.

Die Berücksichtigung der Aufwendungen als außergewöhnliche Belastung wird, sofern es sich um eine behinderungsbedingte Betreuung handelt, auch durch die Inanspruchnahme des Behinderten-Pauschbetrages (§ 33 EStG) nicht ausgeschlossen. Dies bedeutet, dass die Aufwendungen für die Betreuung – allerdings abzüglich der zumutbaren Belastung – sowie der Behinderten-Pauschbetrag nebeneinander berücksichtigt werden können.[1]

12.2 Auf Seiten des Betreuers

12.2.1 Ehrenamtliche Betreuer

Ehrenamtliche Betreuer erhalten im Regelfall lediglich Aufwendungsersatz gem. § 1835 Abs. 1 und 2, wenn sie dies wünschen, gem. § 1835a in Form einer Pauschale in Höhe von 323,– € jährlich (vgl. Kapitel 5, Rn. 335 ff.).

1781

12.2.1.1 Keine generelle Steuerfreiheit der Aufwandspauschale

1782

Der früheren Auffassung, dass die Aufwandspauschalen nach § 3 Nr. 12 generell steuerfrei oder nach § 3 Nr. 26 EStG jedenfalls bis zu einem Betrag von 2.100 € (bis zum 31.12.2006: 1.846 €) steuerfrei sind, ist in den vergangenen Jahren seitens der Finanzministerien entschieden entgegen getreten worden.

1783

Nach einer Mitteilung des *Bundesministeriums der Finanzen*[2] kommt es jedoch darauf an, ob eine „**objektive Vermögensmehrung**" eingetreten ist, d.h., ob ein Überschuss der

1784

---

1   Schreiben des Bayerischen Staatsministeriums für Arbeit und Sozialordnung, Familie, Frauen und Gesundheit vom 31.10.1997 an die Regierungen in Bayern zur Frage der steuerlichen Anerkennung von Kosten der Betreuertätigkeit. Az. 31b/5 – S 2286-67 – 72609/96, siehe auch Zimmermann, Die steuerliche Behandlung der Betreuervergütung, BtPrax 1999, 33 ff.

2   Schreiben vom 1.10.2001, Az.: IV A 6 – S 2240 – 48/01

Einnahmen über die steuerlich anzuerkennenden Ausgaben erzielt wird. Die Erwägungen, aus denen heraus einer Tätigkeit nachgegangen wird, die gesellschaftliche Wertigkeit der Tätigkeit und auch die Erzielung eines nur sehr geringen „Stundenlohns" sind danach unerheblich.

1785 Eine Steuerbefreiung als Aufwendungsersatz gem. § 3 Nr. 12 EStG scheide aus, weil die gezahlten Beträge nicht als separater Posten im Haushaltsplan ausgewiesen seien und ehrenamtliche Betreuer **keine „öffentlichen Dienste"** im Sinne der Vorschrift leisten würden, da sie trotz Bestellung durch das Vormundschaftsgericht nicht im Dienst einer juristischen Person des öffentlichen Rechts stehen.[3] Das Bundesfinanzministerium vertrat in einem Antwortschreiben vom 7.5.2001 ebenfalls die obige Auffassung[4] (siehe hierzu aber die Änderung der Auffassung im Rahmen des neuen § 3 Nr. 26a EStG, weiter unten Rn. 1790 ff.).

12.2.1.2 Keine Anwendung der „Übungsleiterpauschale" auf ehrenamtliche Betreuer

1786 Erzielte Gewinne fallen danach auch nicht unter § 3 Nr. 26 EStG. Dort werden zwar unter anderem die Tätigkeitsbereiche „nebenberufliche Tätigkeiten als Übungsleiter, Ausbilder, Erzieher, **Betreuer**" steuerlich begünstigt, dies sei aber so zu verstehen, dass Tätigkeiten gemeint sind, die „auf andere Menschen durch persönlichen Kontakt Einfluss nehmen, um auf diese Weise deren geistige und leibliche Fähigkeiten zu entwickeln und zu fördern" und dabei eine pädagogische Ausrichtung haben.[5]

1787 Obwohl durch das Steuerbereinigungsgesetz 1999 der Katalog der steuerfreien Einnahmen nach § 3 Nr. 26 EStG, die sog. „Übungsleiterpauschale" von seinerzeit 1848,– €/Jahr (ab 1.1.2007: 2.100,– €) um den **Begriff des Betreuers** erweitert wurde, handele es sich hierbei nicht um den Betreuer i.S.d. Betreuungsrechts, weil diese ausschließlich rechtliche Angelegenheiten der betreuten Personen wahrnehmen, sondern um denjenigen, der durch einen direkten pädagogisch ausgerichteten persönlichen Kontakt zu den von ihm betreuten Menschen dem Kernbereich des ehrenamtlichen Engagements zuzurechnen ist.[6]

1788 Im Rahmen des Gesetzgebungsverfahrens zum Jahressteuergesetz 2007 wurden aus unterschiedlichen Richtungen erneut Forderungen nach einer Steuerbefreiung für ehrenamtliche Betreuer/Vormünder laut. U.a. hatte der *Vormundschaftsgerichtstag e.V.* bereits 2002 in einer Petition an den Bundestag die Anwendung der Übungsleiterregelung auf rechtliche Betreuer gefordert und diese Forderung nun erneuert.[7] Die *Bundesarbeitsgemeinschaft der Freien Wohlfahrtspflege e.V.* forderte in einer Stellungnahme zum o.g. Gesetzentwurf ebenfalls die steuerliche Befreiung.[8]

1789 Auch aus den Reihen der Landesjustiz- und Sozialminister kamen entsprechende Forderungen[9], die jedoch stets aus Richtung Finanzministerien zurückgewiesen wurden. Die Finanzseite ist der Auffassung, das Einkommensteuergesetz beurteile die Steuerpflicht von Leistungen grundsätzlich nicht danach, ob es sich um eine gesellschaftspolitisch wünschenswerte und förderungswürdige Tätigkeit handele. Es sei auch nicht entscheidend, ob diese ehrenamtlich oder hauptberuflich ausgeübt werde. Sie verweist außerdem auf politische Bestrebungen, die einkommensteuerlichen Bemessungsgrundlagen zu verbreitern.[10]

---

3   FG Kiel EFG 2003, 1595 = BtPrax 2004, 206; ebenso Oberfinanzdirektion Koblenz, Rundverfügung vom 15.12.2006 (Az.: S 2240 A – St 31 4)
4   BMF, IV C – S 2121 – 51/01 –
5   OFD Frankfurt vom 11.1.2001, S 2245 A – 2 – St II 21 EStG § 3 Nr. 26
6   BT-Drs. 14/2070, S. 16
7   Petition des VGT e.V. und weitere Stellungnahmen im Internet unter: www.vgt-ev.de
8   Vom 5.10.2007; siehe unter: www.bundestag.de%2Fausschuesse%2Fa07%2Fanhoerungen%2F071%2F Stellungnahmen%2F04-Bundesarbeitsgem__der_Freien_Wohlfahrtspflege.pdf
9   Z.B. Beschluss der Arbeits- und Sozialministerkonferenz vom 21./22.11.02, TOP 7.3
10   Justizministerium Rheinland-Pfalz; Landtagsdrucksache Rheinland-Pfalz Nr. 15/373 vom 18.10.2006

12.2.1.3 Neuer Steuerfreibetrag (§ 3 Nr. 26a EStG) ab 1.1.2007

Auch im Rahmen des o. g. Jahressteuergesetzes kam es, anders als vom Bundesrat mehrfach eingefordert[11], zu keiner generellen Steuerbefreiung für ehrenamtliche rechtliche Betreuer. Der Finanzausschuss des Bundestages ist dieser Stellungnahme aber nicht gefolgt und hat entsprechende Anträge, die die Umsetzung der Stellungnahme des Bundesrates zum Ziel hatten, abgelehnt[12], obwohl sich auch die Experten in der Sachverständigenanhörung für die Schaffung eines solchen Freibetrages ausgesprochen hatten.

1790

Nachdem nun mehrere Gesetzesvorschläge gescheitert sind, für die ehrenamtlichen Betreuer eine der Steuerbefreiung des § 3 Nr. 26 EStG („Übungsleiterpauschale") auch der Höhe nach (Steuerfreibetrag 2.100,– €) vergleichbare Steuerbefreiung einzuführen (z.B. einen neuen § 3 Nr. 26b EStG), haben die obersten Finanzbehörden beschlossen, auf diesen Personenkreis zumindest die neue Steuerbefreiung des § 3 Nr. 26a EStG (Steuerfreibetrag allerdings höchstens bis zu 500,– € im Jahr) anzuwenden.[13]

1791

Danach sind ab 1.1.2007 Einnahmen aus nebenberuflichen Tätigkeiten (u.a.) im Dienst oder Auftrag einer inländischen juristischen Person des öffentlichen Rechts bis zur Höhe von insgesamt 500,– € im Jahr steuerfrei. Die Steuerbefreiung ist ausgeschlossen, wenn für die Einnahmen aus der Tätigkeit – ganz oder teilweise – eine Steuerbefreiung nach § 3 Nr. 12 oder 26 EStG gewährt wird. Überschreiten die Einnahmen den steuerfreien Betrag, dürfen die mit den nebenberuflichen Tätigkeiten in unmittelbarem wirtschaftlichen Zusammenhang stehenden Ausgaben abweichend von § 3c EStG nur insoweit als Betriebsausgaben oder Werbungskosten abgezogen werden, als sie den Betrag der steuerfreien Einnahmen übersteigen.

1792

Erläuterungen hierzu:

1793

- Tätigkeiten im Dienst oder Auftrag einer inländischen juristischen Person der öffentlichen Rechts

Ein ehrenamtlichen Betreuer ist im Auftrag einer inländischen juristischen Person des öffentlichen Rechts (Vormundschaftsgericht) tätig.

- Nebenberufliche Tätigkeit

1794

Bei der Tätigkeit des ehrenamtlichen rechtlichen Betreuers handelt es sich auch um eine nebenberufliche Tätigkeit. Nebenberuflich bedeutet dabei, eine Tätigkeit, die selbstständig und unselbstständig auch ohne Hauptberuf (z.B. Student, Rentner, Hausfrau) und ohne Vollzeiterwerb ausgeübt werden kann, auch mit dem Ziel, den Lebensunterhalt damit zu bestreiten. Sie muss nur neben einer Vollbeschäftigung ausgeübt werden können[14]. Dies ist stets dann der Fall, wenn die nebenberufliche Tätigkeit nicht mehr als ein Drittel der Arbeitszeit eines vergleichbaren Vollzeiterwerbs in Anspruch nimmt.[15] Grundsätzlich ist davon auszugehen, dass die ehrenamtlichen Betreuer nur entsprechend dieser zeitlichen Vorgaben in Anspruch genommen sind.

12.2.1.4 Steuerpflicht als „sonstige Einkünfte" nach § 22 EStG

Strittig war früher auch die Frage, was für eine **Einkommensart** im Steuerrecht die Aufwandspauschale darstellt. Für ehrenamtliche Betreuer hat ein Erlass des *Bayerischen*

1795

---

11 BR-Drucksache 117/07; BR-Drucksache 544/7/07
12 BT-Drucksache 16/5985 S. 18
13 Veröffentlichung der OFD Hannover im Internet: http://www.nlwkn.niedersachsen.de/master/ C39776583_N9590_L20_D0_I636 (Stand Januar 2008)
14 Schmidt/Heinicke, EStG 22. Auflage 2003, § 3 ABC „Übungsleiter und ähnliche Berufe"
15 BFH, Urteil vom 30. März 1990, VI R 188/87, BStBl II 1990, 854; FG Hamburg Urteil vom 23. März 2006 II 317/ 04, PKR 2007, 25

Finanzministeriums vom 7.4.2004 Klarheit gebracht.[16] Er ist mit den obersten Finanzbehörden des Bundes und der anderen Länder abgestimmt und ist in den anderen Bundesländern wortgleich veröffentlicht worden.

1796   Hiernach handelt es sich bei der Aufwandspauschale nach § 1835a um **sonstige Einkünfte** i.S.d. § 22 Nr. 3 EStG. Die Aufwandspauschale fällt somit nicht unter die allgemein üblichen Einnahmearten nichtselbstständige Arbeit, selbstständige Tätigkeit, Gewerbebetrieb, Land- und Fortwirtschaft, Vermietung und Verpachtung oder Kapitalvermögen.

1797   Für die sonstigen Einkünfte nach § 22 Nr. 3 EStG gibt es eine **eigene Steuerfreigrenze**. Sie beträgt jährlich 256,– €. Dies hätte zur Folge, dass ehrenamtliche Betreuer, um diese Freigrenze zu unterschreiten, jährlich mindestens 67,– € (bei 323,– € Pauschale) an konkreten Einzelaufwendungen gegenüber dem Finanzamt nachweisen müssten, da Werbungskosten bei dieser Einkommensart (ähnlich wie bei Einkommen aus nichtselbstständiger Tätigkeit) abgezogen werden können (mit der Einschränkung, das kein „Minus"-Einkommen möglich ist).

1798   Diese Pflicht zur, wenn auch vereinfachten, Buchführung konterkariert bekanntermaßen den Sinn der Aufwandspauschale nach § 1835a, der nach dem Willen des BtG-Gesetzgebers den ehrenamtlichen Betreuer gerade davon entlasten sollte, Belege über meist geringfügige Aufwendungen zu sammeln.[17]

1799   In dem o. g. Erlass der *Bayerischen Finanzministeriums* wird hier ein Ausweg aufgezeigt: Hiernach bestehen keine Bedenken, die **tatsächlichen Aufwendungen**, die der Betreuer ja seit 1999 auch nicht mehr separat abrechnen kann, wenn sie im Einzelfall nicht geringfügig sind, auch ohne Nachweis **pauschal mit 25 % der Pauschale** anzusetzen. Diese Auffassung hat sich soweit erkennbar, allgemein bei den Finanzbehörden durchgesetzt.

1800   Dies bedeutet, dass bei der jährlichen Pauschale von 323,– € ein Betrag von 80,75 € abzuziehen wäre. Hiermit bliebe die Restsumme mit 242,25 € unterhalb der steuerlichen Freigrenze von 256,– €. Mit dem ab 1.1.2007 geltenden neuen Freibetrag von 500,– € nach § 3 Nr. 26a EStG ist jedoch nun ohnehin die erste ehrenamtlich geführte Betreuung steuerfrei. Die obigen Berechnungen spielen jedoch bei mehreren ehrenamtlichen Betreuungen weiterhin eine Rolle.

1801

> **HINWEIS**
>
> *Führt der Ehrenamtliche lediglich eine einzige Betreuung und erhält er neben der Aufwandspauschale (§ 1835a) keine Ermessensvergütung (§ 1836 Abs. 2), ist er steuerlich auf der „sicheren Seite". Das gleiche gilt, wie im Weiteren beschrieben wird, ab 1.1.2007 bei zwei Betreuungen.*

12.2.1.5   Anwendung bei mehreren ehrenamtlichen Betreuungen

1802   Bei der obigen Berechnung, die bis zum 31.12.2006 Gültigkeit hatte, wäre bei der zweiten jährlich gezahlten Aufwandspauschale der Steuerfreibetrag nach § 22 Nr. 3 EStG von 256,– € überschritten gewesen. Daher wäre eine steuerliche Deklaration des Gesamtbetrags unter Abzug einzelner, glaubhaft zu machender Barauslagen nach § 1835 BGB erforderlich gewesen.

---

16   Bayr. Finanzministerium, 32/34 – S 2337 – DB 2004, 1177; den Wortlaut finden Sie auf der beiliegenden CD-ROM; hierzu gibt es nahezu wortgleiche Regelungen aus anderen Bundesländern, z.B. OFD Hannover vom 21.07.2003 – S 2337 – 121 – StO 211; Finanzministerium Baden.Württemberg, Rundschreiben vom 14.10.2003 – 3 S 233.7/38; Finanzmin. Sachsen-Anhalt, Rundschreiben vom 15.10.2003 – 43-S 2257-27
17   BT-Drucks. 11/4528, S. 69 und 112

Mit der Berücksichtigung des ab 1.1.2007 geltenden neuen Steuerfreibetrags nach § 3 Nr. 26a EStG auf die Aufwandspauschalen, ist zu klären, wie die Einkünfte der ehrenamtlichen Betreuer steuerlich zu berechnen sind, wenn mehr als eine ehrenamtliche Betreuung geführt wird. Laut Auskunft des *BMF* ist es geplant, allgemeine Verwaltungsanweisungen zu der neuen Freibetragsregelung herauszugeben; die notwendigen Abstimmungen zwischen dem BMF und den obersten Finanzbehörden der Länder sind aber derzeit noch nicht abgeschlossen.[18] Bis zu einer endgültigen Klärung der Einzelheiten wird also noch einige Zeit vergehen. **1803**

Hier sind § 3 Nr. 26a EStG und § 22 Nr. 3 EStG sind nacheinander anzuwenden, § 2 Abs. 2 EStG. Dies folgt aus dem Wortlaut der Vorschriften, denn § 3 Nr. 26a EStG regelt, dass der Steuerfreibetrag von den Einnahmen abzuziehen ist. § 22 Nr.3 EStG hingegen stellt auf die erzielten Einkünfte ab. Voraussetzung für die Anwendbarkeit des § 22 Nr. 3 EStG ist insoweit, dass die Tätigkeit des ehrenamtlichen Betreuers nicht als Arbeitnehmertätigkeit oder als gewerblich zu qualifizieren ist. Entscheidend ist die der Tätigkeit zugrunde liegende vertragliche oder rechtliche Gestaltung. Grundsätzlich üben ehrenamtliche Betreuer eine **sonstige Tätigkeit** im Sinne des § 22 Nr. 3 EStG aus.[19] **1804**

Demzufolge sind zunächst von den erzielten Einnahmen (den gezahlten Aufwandspauschalen) der Freibetrag bzw. die tatsächlichen Werbungskosten – soweit diese den Betrag von 500,– € übersteigen – abzuziehen. Ob neben dem Freibetrag des § 3 Nr. 26a EStG noch ein weiterer pauschaler Abzug für Werbungskosten oder Betriebsausgaben erfolgen kann, ist derzeit nicht anschließend geklärt.[20] Die so ermittelten Einkünfte bleiben steuerfrei, wenn sie unterhalb der Freigrenze des 22 Nr. 3 EStG (256,– €) liegen. Übersteigen sie die Freigrenze, sind sie in vollem Umfang steuerpflichtig **1805**

12.2.1.6 Berechnungsbeispiel bei zwei ehrenamtlichen Betreuungen

Aufwandspauschale für zwei Betreuungen	646,00 €	**1806**
abzügl. Freibetrag § 3 Nr. 26a EStG	– 500,00 €	
Einnahmen	146,00 €	
abzüglich Werbungskostenpauschale 25%	– 36,50 €	
Einkünfte nach § 22 Nr. 3 EStG	146,00 €	

Die Einkünfte in Höhe von 146,– € liegen unterhalb der Freigrenze von 256,– € und sind somit nicht einkommensteuerpflichtig. Sollte sich herausstellen, dass zusätzlich zu dem Freibetrag aus § 3 Nr. 26a EStG noch ein weiterer pauschaler Abzug für Werbungskosten oder Betriebsausgaben i.H.v. 25% erfolgen kann (siehe oben, Rn. 1805), würden sich die Einkünfte dementsprechend noch einmal um 36,50 € verringern, im Endergebnis also lediglich 109,50 € betragen. Am Ergebnis – keine Steuerpflicht – würde das in dieser Fallkonstellation nichts ändern.

12.2.1.7 Berechnungsbeispiel bei drei ehrenamtlichen Betreuungen

Aufwandsentschädigung für 3 Betreuungen	969,00 €	**1807**
abzügl. Freibetrag § 3 Nr. 26a EStG	– 500,00 €	
Einnahmen	469,00 €	
abzüglich Werbungskostenpauschale 25%	– 117,25 €	
Einkünfte nach § 22 Nr. 3 EStG	469,00 €	

18   Schreiben des BMF an den BdB vom 7.3.2008 mit Zeichen IV C 4 – S 2121/07/0003
19   So auch das BMF in seinem Schreiben vom 7.3.2008
20   Schreiben des BMF vom 7.3.2008

Die Einkünfte in Höhe von 469,– € liegen über der Freigrenze von 256,– € und sind daher in vollem Umfang steuerpflichtig. Sollte sich herausstellen, dass zusätzlich zu dem Freibetrag aus § 3 Nr. 26a EStG noch ein weiterer pauschaler Abzug für Werbungskosten oder Betriebsausgaben i.H.v. 25% erfolgen kann (siehe oben, Rn. 1805), würden sich die Einkünfte dementsprechend noch einmal um 117,25 € verringern, im Endergebnis also lediglich 351,75 € betragen. Am Ergebnis – keine Steuerpflicht – würde das in dieser Fallkonstellation nichts ändern.

1808 Bei der Führung von mehr als zwei Betreuungen funktioniert die vereinfachte Form der Steuerbefreiung somit leider nicht mehr, da die Summe von 256,– € eine Freigrenze, kein Freibetrag ist. Daher muss der mehrfache Betreuer nach dieser Rechtsauffassung zur Vermeidung persönlicher Einkommensteuerpflicht die konkreten Aufwendungen weiterhin gegenüber dem Finanzamt konkret nachweisen.

1809 Das gleiche gilt, wenn die Aufwandspauschale für eine ein oder zwei Betreuungen **in einem Kalenderjahr** doppelt gezahlt wird (z.B. weil zum einen eine späte für das vergangene und eine frühe Antragstellung für das Folgejahr erfolgen) oder weil die Betreuung zwischenzeitlich endet. Der Betreuer sollte dann die zweite Pauschale so beantragen, dass sie möglichst erst im nächsten Kalenderjahr ausgezahlt wird.

1810 Außerdem ist auch beim Betreuer, der nur eine oder zwei Betreuungen führt, eine Besonderheit zu beachten: Hat der Betreuer nämlich **andere Einkünfte nach § 22 Abs. 3 EStG**, kann es sein, dass dadurch die Freigrenze dadurch überschritten wird.

1811 Zu den anderen Einkünften nach § 22 Abs. 3 EStG zählen, was geradezu wie Satire klingt, aber wahr ist, z.B. folgende Einkünfte: Vermittlungsprovisionen, Bestechungs- und Schmiergelder, Lösegeldforderungen aus Erpressungen sowie Entgelte für Geschlechtsverkehr (sog. „Dirnenlohn").[21]

12.2.1.8 Zusammenfassung zur Steuerpflicht ehrenamtlicher Betreuer

1812 Im Ergebnis bedeutet dies Folgendes: Erhält der (ehrenamtliche) Betreuer nur seine tatsächlich angefallenen Aufwendungen im Rahmen des § 1835 Abs. 1 BGB (also nicht die Aufwandspauschale) erstattet, so handelt es sich in der Regel nicht um einkommensteuerrelevante Einkünfte, da kein Gewinn bzw. Überschuss erzielt wurde.

1813 Erhält der Betreuer die Aufwandspauschale nach § 1835a BGB mehr als zwei mal innerhalb eines Kalenderjahres, so kann er in Zusammenhang mit der ehrenamtlichen Tätigkeit stehende Aufwendungen als Betriebsausgabe im Rahmen des § 4 EStG oder als Werbungskosten im Rahmen des § 9 EStG von den Einnahmen in Abzug bringen; der so errechnete Gewinn ist als Einkommen zu versteuern.[22] Die Aufwandspauschalen sind dann im Rahmen der Einkommensteuererklärung bzw. des Lohnsteuerjahresausgleiches zu deklarieren.

1814

> **HINWEIS**
>
> *Wichtig: Ist der Betreuer aufgrund der Tatsache, dass er ansonsten als Arbeitnehmer nur Einkünfte aus nichtselbstständiger Arbeit erhält, nicht einkommensteuer- und -erklärungspflichtig, kann er es durch den Erhalt der Aufwandspauschalen werden. Das gleiche gilt für Betreuer, die als Arbeitslose oder Rentner bisher keine Einkommensteuererklärung abgeben müssen.*

---

21 Nach *Schmidt*, Einkommenssteuergesetz, 19. Aufl. 2000, § 22 Rn. 150 ff.
22 Siehe hierzu auch *Zimmermann*, a.a.O. sowie die Antwort der Oberfinanzdirektion Frankfurt/Main auf eine entsprechende Anfrage der Betreuungsbehörde der Stadt Kassel in BtPrax 1999, 135.

12.2.1.9 Umsatzsteuerpflicht beim ehrenamtlichen Betreuer

Grundsätzlich ist der ehrenamtliche Betreuer bez. der erhaltenen Aufwendungsersatzzahlungen umsatzsteuerfrei nach § 4 Nr. 26b UStG. Dies gilt laut *BMF* auch für die Aufwandspauschale nach § 1835a BGB. In Ausnahmefällen kann ein Einzelbetreuer, der Betreuungen nicht berufsmäßig durchführt, eine Ermessensvergütung aus dem Vermögen des Betreuten nach § 1836 Abs. 2 BGB erhalten. Erhält dieser Einzelbetreuer eine solche Vergütung, wird die Betreuungstätigkeit nicht mehr ehrenamtlich ausgeübt; die Steuerbefreiung nach § 4 Nr. 26 b UStG kommt dann nicht in Betracht, er ist daher (neben der Einkommensteuerpflicht) auch umsatzsteuerpflichtig (soweit er nicht als „Kleinunternehmer" nach § 19 UStG von der Mehrwertsteuer befreit ist). Diese Problematik kann vor allem bei Personen auftreten, die als Selbstständige andere steuerpflichtige Einnahmen erzielen. | **1815**

Erhält ein Einzelbetreuer, der Betreuungen nicht berufsmäßig durchführt, für seine Betreuungsleistungen, die zu seinem Gewerbe oder seinem Beruf gehören, Aufwendungsersatz für berufliche Dienste nach § 1835 Abs. 3 BGB (vgl. oben Rn. 281 ff.), fällt diese Leistung ebenfalls nicht unter die Befreiung nach § 4 Nr. 26 Buchstabe b UstG, so das *BMF* in seiner Rundverfügung vom 21.9.2000.[23] | **1816**

12.2.1.10 Anrechnung auf Leistungen der Agentur für Arbeit

Der Ersatz von Auslagen, die dem ehrenamtlich Tätigen durch Ausübung der ehrenamtlichen Tätigkeit entstehen, berührt die Unentgeltlichkeit nicht. Dies gilt auch, wenn der Auslagenersatz in pauschalierter Form erfolgt und die Pauschale 154,– € im Monat nicht übersteigt.[24] Es ist daher bei der Aufwandspauschale nach § 1835a BGB möglich, bis zu fünf ehrenamtliche Betreuungen zu führen. Erst danach führen die pauschalierten Zahlungen zu einer Anrechnung auf Bezüge nach SGB II /III. | **1817**

12.2.2 Berufsbetreuer

Für die berufliche Betreuung kommen Einkommensteuer, Umsatzsteuer und Gewerbesteuer in Betracht. Beim gemeinnützigen Betreuungsverein ist nur die Umsatzsteuerpflicht gegeben. | **1818**

12.2.2.1 Einkommensteuer

Die Einkünfte eines selbstständigen Berufsbetreuers unterliegen der Einkommensteuer (inkl. Solidaritätszuschlag) und gegebenenfalls der Kirchensteuer. | **1819**

In diesem Zusammenhang gibt es in letzter Zeit häufiger Probleme mit der steuerrechtlichen Anerkennung eines häuslichen **Arbeitszimmers**. | **1820**

Grundsätzlich können betrieblich bedingte Ausgaben von den Einnahmen in Abzug gebracht werden, Grundlage der Besteuerung ist der verbleibende Gewinn. | **1821**

Wer als Betreuer über ein externes Büro verfügt, hat keine Probleme damit, die für das Büro entstehenden Kosten abzusetzen. Anders sieht es insoweit aber für Betreuer aus, die Betreuungen „von zu Hause aus" führen, also lediglich über Arbeitsräume in der eigenen Wohnung oder dem eigenen Haus verfügen. | **1822**

Seit dem 1.1.2007 können die Kosten für ein so genanntes **häusliches Arbeitszimmer** nur noch unter sehr engen Voraussetzungen in Abzug gebracht werden. | **1823**

Nach § 4 Abs. 5 Satz 1 Nr. 6b Satz 1 und § 9 Abs. 5 Satz 1 EStG dürfen die Aufwendungen für ein häusliches Arbeitszimmer sowie die Kosten der Ausstattung grundsätzlich | **1824**

---

23 Abs. 4 D 1 – S 7175 – 1/00; veröffentlicht im BStBl. Teil I Nr. 16, S. 1251 sowie in FamRZ 2000, 1414 und BtPrax 2001, 23; den Wortlaut finden Sie auf der beiliegenden CD-ROM
24 § 1 Abs. 2 der Verordnung über die ehrenamtliche Betätigung von Arbeitslosen vom 24. Mai 2002 (BGBl. I S. 1783), zuletzt geändert durch Artikel 12 des Gesetzes vom 19. November 2004 (BGBl. I S. 2902)

nicht mehr als Betriebsausgaben oder Werbungskosten abgezogen werden. Nach § 4 Abs. 5 Satz 1 Nr. 6b Satz 2 EStG dürfen sie ausnahmsweise noch dann steuerlich berücksichtigt werden, wenn das häusliche Arbeitszimmer den Mittelpunkt der gesamten betrieblichen und beruflichen Betätigung bildet. Die Einzelheiten sind in einem Rundschreiben des *Bundesministeriums der Finanzen* näher erläutert worden.[25]

1825   Nach diesem Rundschreiben ist ein häusliches Arbeitszimmer dann **Mittelpunkt der gesamten betrieblichen und beruflichen Betätigung**, wenn „nach Würdigung des Gesamtbildes der Verhältnisse und der Tätigkeitsmerkmale dort diejenigen Handlungen vorgenommen und Leistungen erbracht werden, die für die konkret ausgeübte betriebliche oder berufliche Tätigkeit **wesentlich und prägend** sind. Übt ein Steuerpflichtiger nur eine betriebliche oder berufliche Tätigkeit aus, die in qualitativer Hinsicht gleichwertig sowohl im häuslichen Arbeitszimmer als auch am außerhäuslichen Arbeitsort erbracht wird, soll der Mittelpunkt der gesamten beruflichen und betrieblichen Betätigung danach dann im häuslichen Arbeitzimmer liegen, wenn der Steuerpflichtige mehr als die Hälfte der Arbeitszeit im häuslichen Arbeitszimmer tätig wird. Werden mehrere betriebliche und berufliche Tätigkeiten nebeneinander ausgeübt, ist nicht auf eine Einzelbetrachtung der jeweiligen Betätigung abzustellen; vielmehr sind alle Tätigkeiten in ihrer Gesamtheit zu erfassen.

1826   Grundsätzlich lassen sich folgende Fallgruppen unterscheiden:

- Bilden bei allen Erwerbstätigkeiten – jeweils – die im häuslichen Arbeitszimmer verrichteten Arbeiten den qualitativen Schwerpunkt, so liegt dort auch der Mittelpunkt der Gesamttätigkeit.

- Bilden hingegen die außerhäuslichen Tätigkeiten – jeweils – den qualitativen Schwerpunkt der Einzeltätigkeiten oder lassen sich diese keinem Schwerpunkt zuordnen, so kann das häusliche Arbeitszimmer auch nicht durch die Summe der darin verrichteten Arbeiten zum Mittelpunkt der Gesamttätigkeit werden.

- Bildet das häusliche Arbeitszimmer schließlich den qualitativen Mittelpunkt lediglich einer Einzeltätigkeit, nicht jedoch im Hinblick auf die übrigen Tätigkeiten, ist regelmäßig davon auszugehen, dass das Arbeitszimmer nicht den Mittelpunkt der Gesamttätigkeit bildet.

1827   Vor diesem Hintergrund werden vermutlich jedenfalls diejenigen Betreuer Schwierigkeiten bzgl. der Anerkennung der Ausgaben für das häusliche Arbeitszimmer bekommen, die Betreuungen lediglich als **Nebentätigkeit** führen. Für einen Betreuer, der z.B. neben einer Halbtagstätigkeit als Angestellter noch beruflich Betreuungen führt, wird das Arbeitszimmer nämlich nicht als Mittelpunkt seiner gesamten beruflichen Tätigkeit darstellen.

1828   Anders ist dies unseres Erachtens für Betreuer zu beurteilen, die die Betreuungsarbeit in in der **eigenen Wohnung** oder dem eigenen Haus gelegenen Räumen verrichten, für die die Betreuungsarbeit aber die **einzige berufliche Tätigkeit** darstellt. Vor dem Hintergrund, dass die Betreuertätigkeit vor allem eine rechtliche Vertretung ist und der Schwerpunkt häufig auf der Verwaltungsarbeit (Schriftverkehr, Formulieren und Stellen von Anträgen usw.) liegt, dürfte das Arbeitszimmer für diese Betreuer der Mittelpunkt der gesamten beruflichen Tätigkeit sein.

1829   Uns wurde aber berichtet, dass einige Finanzämter das anders beurteilen. Eine Anerkennung des häuslichen Arbeitszimmers wurde zum Teil unter Hinweis darauf, dass der Betreuer auch zum persönlichen Kontakt mit dem Betreuten verpflichtet ist und deshalb

---

25   Rundschreiben an die Obersten Finanzbehörden der Länder vom 3.4.2007mit dem Geschäftszeichen IV B 2 – S 2145/07/0002 (auf der Buch-CD vorhanden)

häufiger Besuche vornimmt, verweigert. Wegen dieser außer Haus stattfindenden Tätigkeiten könne man das Arbeitszimmer nicht mehr als Mittelpunkt der Tätigkeit bezeichnen.

Inzwischen finden deshalb einige Einspruchsverfahren gegen Entscheidungen der Finanzämter statt. Gerichtsentscheidungen, die sich direkt mit dieser Fragestellung befassen, und auf die man sich ggf. berufen könnte, sind uns aber noch nicht bekannt. Allerdings wurde einem Außendienstmitarbeiter einer Software-Firma, dem am Firmensitz kein Arbeitszimmer zur Verfügung stand, die Absetzbarkeit des Arbeitszimmers zuerkannt. Argument der Richter war es, dass die Außendiensteinsätze dort intensiv vor- und nachbereitet werden mussten.[26] Dann kann für einen Betreuer aber eigentlich nichts anderes gelten. **1830**

Befindet sich ein **Arbeitszimmer in einem eigenen Mehrfamilienhaus** in einer anderen Etage als die selbst genutzte Wohnung, handelt es sich nach Ansicht des *FG Köln* aber nicht um ein häusliches, sondern um ein außerhäusliches Arbeitszimmer, das auch weiterhin ohne Einschränkung anzuerkennen ist.[27] **1831**

Arbeitsmittel (z.B. PC, Faxgerät, Fachbücher usw.) zählen aber nicht zu den Aufwendungen für das Arbeitszimmer sondern können auch weiterhin als Betriebsausgaben abgesetzt werden. Das gleiche betrifft Auslagen i.S. des § 1835 BGB, die ein pauschal abrechnender Betreuer nicht mehr im Rahmen der Betreuervergütung separat abrechnen kann. Bei der Anschaffung von Arbeitsmitteln ist die sofortige steuerliche Absetzbarkeit ab 1.1.2008 für geringwertige Wirtschaftsgüter von 410,– € auf 15,– € herabgesetzt worden. Dies ist ein Teil einer umfassenden Änderung der Abschreibungsmöglichkeiten. **1832**

12.2.2.2 Umsatzsteuer bei selbstständigen Berufsbetreuern

12.2.2.2.1 Vergütung

Berufsbetreuer unterliegen als Selbstständige grundsätzlich der Umsatzsteuerpflicht. Der Steuersatz liegt derzeit bei 19 %. Eine Ausnahme gibt es nur für so genannte **Kleinunternehmer** gem. § 19 Abs. 1 UStG. Die Vorschrift lautet: **1833**

> Die für Umsätze im Sinne des § 1 Abs. 1 Nr. 1 bis 3 geschuldete Umsatzsteuer wird von Unternehmern, die im Inland oder in den in § 1 Abs. 3 bezeichneten Gebieten ansässig sind, nicht erhoben, wenn der in Satz 2 bezeichnete Umsatz zuzüglich der darauf entfallenden Steuer im vorangegangenen Kalenderjahr 17.500,- € nicht überstiegen hat und im laufenden Kalenderjahr 50.000 € oraussichtlich nicht übersteigen wird. [...]

Obwohl der Gesetzgeber eindeutig zum Ausdruck gebracht hatte, dass es sich bei den Stundensätzen des § 4 Abs. 2 VBVG um **Inkusivstundensätze** handeln sollte (siehe auch den Wortlaut des § 4 Abs. 2 VBVG), war es zunächst umstritten, ob auch Kleinunternehmer i.S.d. § 19 Abs. 1 UStG den vollen Stundensatz erhalten sollen oder ob in solchen Fällen lediglich ein um den Umsatzsteueranteil gekürzter Betrag zu zahlen ist. Inzwischen geht die Rechtsprechung einhellig davon aus, dass auch so genannte Kleinunternehmer den ungekürzten Stundensatz erhalten.[28] **1834**

Ob es von Vorteil ist, gegebenenfalls von dieser Möglichkeit Gebrauch zu machen, muss jeder Betreuer selbst entscheiden. Macht man von dieser Regelung Gebrauch, entfällt die an sich günstige Möglichkeit des Vorsteuerabzugs. **1835**

---

26   FG Saarland, Urteil vom 30.5.2007, Az. 1 K 1023/05
27   FG Köln entschieden (Urteil vom 29.8.2007, Az. 10 K 839/04).
28   OLG München BtPrax 2006, 149 = FamRZ 2006, 1152 = FGPrax 2006, 165 = MDR 2006, 1415; OLG Stuttgart FamRZ 2007, 1271, LG Frankenthal (Pfalz), FamRZ 2006, 1482; LG Mönchengladbach, FamRZ 2006, 1229; Anderer Auffassung waren LG Passau FamRZ 2006, 1482 (aufgehoben durch obige Entscheidung des OLG München); AG Ludwigshafen, FamRZ 2006, 361 (m. Anm. Lütgens); AG Neustadt, Beschluss XVII 0302/01 vom 23.12.2005

- **Bis zum 30.6.2005 ausgeführte Tätigkeiten sowie Tätigkeiten, die auch weiterhin nach Zeitaufwand abgerechnet werden (§§ 3, 6 VBVG, § 67a FGG)**

1836 Betreuer erhalten die zu zahlende Umsatzsteuer gemäß der ausdrücklichen Regelung in § 3 Abs. 1 Satz 3 VBVG. Macht ein an sich berechtigter Betreuer nicht von der genannten Möglichkeit der so genannten Kleinunternehmerregelung des § 19 UStG Gebrauch, darf ihm das nicht zum Nachteil gereichen; die abzuführende Umsatzsteuer ist ihm ebenfalls zu ersetzen.[29]

1837 Für Zeiträume vor dem 1.1.1999 ergab sich die Pflicht, die abzuführende Umsatzsteuer zusätzlich zu ersetzen, aus der sich aus den seinerzeit geltenden gesetzlichen Vorschriften ergebenden Verpflichtung, anhand der konkreten Einzelumstände eine angemessene Vergütung festzusetzen und dabei alle maßgeblichen Umstände zu berücksichtigen. Nur durch eine zusätzliche Zahlung der abzuführenden Umsatzsteuer kann nämlich verhindert werden, dass der gesetzliche Mindeststundensatz nicht durch die Zahlung der Umsatzsteuer im Ergebnis unterschritten wird oder dass der an sich gebotene Höchstsatz für einen umsatzsteuerpflichtigen Berufsbetreuer – im Gegensatz zum nebenberuflich Tätigen, der aus der Regelung des § 19 UStG Vorteile ziehen kann – tatsächlich nicht erreichbar ist.[30]

1838 Die bis zu diesem Beschluss des *BVerfG* vorhandene Praxis einiger Gerichte, einen Stundensatz festzusetzen und dann anzumerken, dass eine gegebenenfalls zu zahlende Umsatzsteuer in diesem Stundensatz bereits enthalten sei, führte im Ergebnis zu einer Ungleichbehandlung von umsatzsteuerpflichtigen Betreuern und solchen Betreuern, die keine Umsatzsteuer abführen mussten und dementsprechend im Ergebnis eine höhere Vergütung erzielten.

- **Tätigkeiten ab dem 1.7.2005 (Pauschalvergütung)**

1839 Wie oben (in Rn. 979) dargestellt, handelt es sich bei den Stundensätzen des § 4 VBVG um so genannte Inklusivstundensätze, die gem. § 4 Abs. 2 VBVG auch die ggf. zu zahlende Umsatzsteuer enthalten. Diese Inklusivstundensätze sind in mehrfacher Hinsicht **problematisch.**

1840 So führt eine Anhebung der Umsatzsteuer (wie zum Anfang des Jahres 2007 geschehen) automatisch zu einer Absenkung der Vergütung und des Aufwendungsersatzes bei gleichzeitiger Steigerung der Lebenshaltungskosten, sofern die Stundensätze nicht zeitgleich entsprechend angehoben werden (vgl. dazu die Tabellen unter Rn. 983 ff.).

1841 Trotz diverser Eingaben hat der Gesetzgeber es bisher strikt abgelehnt, die Vergütung entsprechend anzupassen. Ausreichende Erkenntnisse über die Auswirkungen der Umsatzsteuererhöhung auf die Einkommenssituation der Berufsbetreuer, die Grundlage für eine Entscheidung über eine Anpassung der Stundensätze sein könnten, werden frühestens im Jahr 2009 vorliegen.[31] Ein von der Bundestagsfraktion der Grünen gestellter Entwurfsantrag eines Gesetzes zur Anhebung der Vergütung von Berufsbetreuern[32] wurde seitens der Bundestagsmehrheit auf Empfehlung des Rechtsausschusses[33] abgelehnt.

1842 Dass Betreuungsvereine aufgrund des geringeren Umsatzsteuersatzes (7 % anstatt der sonst üblichen 19 %) einen höheren Nettostundensatz erhalten als selbstständig tätige Betreuer, ist von der Politik erkannt worden und ausdrücklich gewollt. Hiermit will man

---

29 BayObLG BtPrax 1999, 197
30 BVerfG BtPräx 2000, 77, 80, Entscheidung vom 15.12.1999 (Volltext auf Buch-CD)
31 Siehe z.B. BtDrucks, 16/6872 vom 29.10.2007, Antwort der Bundesregierung auf eine kleine Anfrage der Fraktion *Die Linke*
32 Bt-Drs. 16/2649
33 Bt-Drs. 16/3935 vom 19.12.2006

eine gezielte Förderung der Querschnittsaufgaben der Betreuungsvereine erreichen. Die Rechtsprechung hat hierin bisher keinen Verstoß gegen den Gleichbehandlungsgrundsatz gesehen und auch sonst keine Bedenken gegen diese Regelung geäußert.[34]

Dass damit auch diejenigen Betreuten, die die Betreuervergütung selbst zahlen und für die ein Vereinsbetreuer bestellt wurde, mit einem Teil der gezahlten Vergütung zu der Förderung dieser Querschnittsaufgaben beitragen sollen, ist unseres Erachtens verfassungsrechtlich problematisch. Die Finanzierung ist schließlich eine Aufgabe aller Bürger und sollte deshalb aus Steuermitteln erfolgen. Es ist kein Grund ersichtlich, warum Betreute hierzu stärker herangezogen werden dürften, als andere Bürger. **1843**

Wir halten die höheren Einkünfte für Betreuungsvereine bedingt für akzeptabel, da diese den Mitarbeitern auch dann Entgelt bzw. Entgeltfortzahlungen leisten müssen, auch wenn sie keine oder nur wenige Einkünfte generieren (z.B. in der Einarbeitungsphase, im Urlaub oder bei Krankheit oder Mutterschaft). **1844**

Allerdings meinen wir, dass der Gesetzgeber mit dieser Regelung den Betreuungsvereinen auch deshalb einen „Bärendienst" erwiesen hat, weil mit Kürzungen oder Wegfall von Landes- und Kommunalzuschüssen für die **Querschnittsarbeit** (nach § 1908f) gerechnet werden muss. Auch sind kleine Vereine, die mit nur einem oder zwei Vereinsbetreuern „nebenher" die gleiche Querschnittarbeit leisten wie große Vereine, in denen evtl. auf eine Querschnittsstelle 10 Vereinsbetreuer kommen, benachteiligt. Die Regelung kann daher als verunglückt angesehen werden. **1845**

Dass Betreuer mit geringen Umsätzen, die von der so genannten Kleinunternehmerregelung des § 19 UStG Gebrauch machen, ebenfalls einen erheblich höheren Nettostundensatz erhalten sollen als die übrigen Betreuer,[35] ist unseres Erachtens ebenfalls bedenklich. Für diese Betreuer entfällt zwar die Möglichkeit des Vorsteuerabzugs und sie müssen den Bruttostundensatz bei der Einkommensteuer angeben, im Endergebnis dürften sie aber immer noch besser stehen, als Betreuer, die nicht von dieser Ausnahmeregelung Gebrauch machen können. **1846**

Für Betreuer, die Betreuungen nur nebenberuflich führen oder aus Altersgründen perspektivisch die Betreuungsarbeit aufgeben wollen und deshalb nach und nach immer weniger Betreuungen führen, kann es sich lohnen, einmal nachzurechnen, ob sie nicht unter die oben genannte Grenze gelangen, wenn sie ein oder zwei Betreuungen weniger führen. In einem bestimmten „Grenzbereich" kann man aufgrund der dann entfallenden Umsatzsteuerpflicht mit weniger Arbeit nämlich einen höheren Gewinn erzielen. **1847**

1848

RECHENBEISPIEL

B erhält den Stundensatz i.H.v. 44,– € und führt 16 Betreuungen; alle Betreuten sind mittellos, wohnen in einer Einrichtung und alle Betreuungen bestehen bereits länger als 12 Monate.

Je Betreuung erhält er gem. § 5 Abs. 2 VBVG also jährlich 1056,– €, insgesamt jährlich 16.896,– €. Er muss deshalb keine Umsatzsteuer abführen.

Übernimmt er eine weitere Betreuung, die die gleichen Bedingungen erfüllt, beträgt sein Jahresumsatz nun 17.952,– €. Da er nun die o.g. Grenze des § 19 Abs. 1 UStG überschreitet, muss er 19 % USt abführen, netto verbleiben ihm deshalb – bei mehr Arbeit und Aufwendungen – nur 15.085,71,– €.

---

34 OLG Karlsruhe, FamRZ 2007, 2008= BtPrax 2007, 255
35 h.M., z.B. OLG München BtPrax 2006, 149 = FamRZ 2006, 1152 = FGPrax 2006, 165 = MDR 2006, 1415; OLG Stuttgart FamRZ 2007, 1271; LG Frankenthal (Pfalz) FamRZ 2006, 1482; LG Mönchengladbach FamRZ 2006, 1229

1849 Dreht man das von *Zimmermann* in seiner Kritik an der gesetzlichen Neuregelung gebildete Beispiel[36] einmal um, ergibt sich daraus die Befürchtung, dass ein Betreuer den möglichen Umzug eines Betreuten aus einer Einrichtung in eine eigene Wohnung nur deshalb hinauszögert, um einen höheren Stundenansatz und damit auch das Überschreiten der Grenze des § 19 Abs. 1 UStG zu vermeiden. In der Praxis dürften Betreuer aber zu gewissenhaft und solche Befürchtungen deshalb unbegründet sein.

- **Behandlung von den Jahreswechsel 2006/2007 übergreifenden Abrechnungszeiträumen**

1850 Zunächst war es unklar, wie die Umsatzsteuererhöhung zum Jahreswechsel 2006/2007 in den Einzelheiten umzusetzen ist. Welcher Umsatzsteuersatz ist z.B. abzuführen, wenn eine Betreuerbestellung am 1.10.2006 erfolgte und das Abrechnungsquartal deshalb gem. den §§ 9, 5 Abs. 4 VBVG i.V.m. § 187 BGB den Zeitraum vom 2.10.2006 bis zum 1.1.2007 erfasst? Und wie verhält es sich, wenn z.B. die Vergütung für den Zeitraum vom 15.9. bis zum 14.12. erst jetzt ausgezahlt wird?

1851 Einige wenige Vormundschaftsgerichte akzeptieren Abrechnungen nach Kalenderquartalen. In diesen Fällen kann die Erhöhung des Steuersatzes – sofern man auf den abgerechneten Tätigkeitszeitraum und nicht auf den Zeitpunkt der Auszahlung abstellt – keine Probleme bereiten, weil die Vergütungen jeweils eindeutig der Zeit vor bzw. nach der Erhöhung des Steuersatzes zugeordnet werden können.

1852 Die Mehrheit der Vormundschaftsgerichte akzeptiert aber lediglich Abrechnungen nach so genannten **Betreuungsquartalen**, es wird bei der Bestimmung der Abrechnungszeiträume also auf den **Beginn der Betreuung** abgestellt.[37]

1853 Beginnt eine Betreuung z.B. am 15. Oktober, können Abrechnungen gem. § 5 Abs. 4 VBVG i.V.m. § 187 Abs. 1 BGB danach immer nur für die Zeiträume vom 16.10. bis zum 15.1.; vom 16.1. bis zum 15.3. usw. erfolgen.

1854 Wenn man einmal von den grundsätzlichen Einwänden gegen die so genannten Inklusivstundensätze und die sich daraus für Betreuer aus einer Umsatzsteuererhöhung ergebenden Einkommenseinbußen absieht, kann eine Umsetzung unseres Erachtens nur dann zu vertretbaren Ergebnissen führen, wenn alle Vergütungen für Zeiträume in den Jahren 2005 und 2006 lediglich mit dem Steuersatz i.H.v. 16 % versteuert werden müssen, unabhängig davon, wann die Vergütung beantragt und ausgezahlt wurde.

1855 Umfasst eine ausgezahlte Vergütung einen Vergütungszeitraum, der beide Jahre (2006 und 2007) betrifft, muss die abzuführende **Umsatzsteuer** unseres Erachtens deshalb **anteilig** berechnet werden.

1856 Eine andere Behandlung der Betreuervergütung – etwa ein Abstellen auf den Zeitpunkt der Antragstellung oder das Ende des Vergütungszeitraumes – würde wegen der Inklusivstundensätze und der fehlenden Möglichkeit, die Steuererhöhung wie andere Unternehmer an die Kunden weitergeben zu können, dazu führen, das Betreuer auch für bereits etliche vor dem 1.1.2007 ausgeführte Tätigkeiten nur ein verringertes Einkommen erzielen könnten. Dies war vom Gesetzgeber sicherlich nicht gewollt und könnte kaum als „gerechtes Ergebnis" der Umsetzung der Steuererhöhung aufgefasst werden.

1857 Das *Bundesministerium der Finanzen* (BMF) hatte seinerzeit allerdings auf eine schriftliche Anfrage des *BdB e.V.* hin die folgende ernüchternde Antwort gegeben:

---

36 FamRZ 2005, 950, 953
37 So z.B. OLG München, 33. Zivilsenat, Beschluss 33 Wx 117/06 vom 4.7.2006, BtPrax 2006, 184; LG Duisburg, Beschluss 12 T 6/06 vom 6.3.2006, BtPrax 2006, 115; LG Köln, Beschluss 1 T 60/05 vom 5.1.2006, BtPrax 2006, 77; LG Frankfurt/Main, Beschluss 2/20 T 110/05 vom 25.11.2005, BtPrax 2006, 78; LG Dresden, Beschluss 2 T 0180/06 vom 5.4.2006, FamRZ 2006, 1229; LG Nürnberg-Fürth, Beschluss 13 T 10342/05 vom 20.9.2006; anders LG München I, Beschluss 13 T 22696/05 vom 19.1.2006, FamRZ 2006, 1484; LG Wuppertal, Beschlüsse 6 T 8/06 vom 13.6.2006 und 6 T 452/06 vom 2.8.2006 und FamRZ 2006, 1066

… Anlässlich der Anhebung des allgemeinen Umsatzsteuersatzes zum 1. Januar 2007 sind Umsätze aus vor diesem Stichtag erbrachten Leistungen dem Steuersatz von 16 % zu unterwerfen. Umsätze aus nach dem 31. Dezember 2006 erbrachten Leistungen unterliegen insgesamt dem dann geltenden allgemeinen Steuersatz von 19%.

Unter Bezugnahme auf das Ergebnis der Erörterungen mit den obersten Finanzbehörden der Länder gilt dabei für die Besteuerung von Betreuungsleistungen Folgendes:

Aufgrund des nach § 5 des Gesetzes über die Vergütung von Vormündern und Betreuern (VBVG) geltenden Vergütungsverfahrens ist bei Betreuungsleistungen von monatlich ausgeführten Teilleistungen auszugehen. Für die Anwendung des zutreffenden Umsatzsteuersatzes ist daher auf das Ende des jeweiligen Monats abzustellen. Sollte eine monatliche Aufteilung der Vergütung im Einzelfall nicht möglich sein, ist das Ende des betreffenden Abrechnungszeitraums (§ 9 VBVG) maßgeblich. Dies gilt unabhängig vom Zeitpunkt der Abrechnung bzw. der Vereinnahmung der Vergütung.

Somit unterliegen nur Betreuungsleistungen, die in Betreuungszeiträumen erbracht werden, die im Jahr 2006 enden, noch dem Umsatzsteuersatz von 16%. Betreuungsleistungen für jahresübergreifende Betreuungszeiträume, die also die Jahre 2006 und 2007 betreffen, sind dagegen bereits insgesamt mit dem Steuersatz von 19% zu versteuern. …

Erfreulich war immerhin die Klarstellung, dass die Vergütung für **vollständig im Jahr 2006 liegende Betreuungsquartale** – unabhängig von Antragstellung und Auszahlung – ausschließlich mit dem geringeren Steuersatz i.H.v. 16 % besteuert wird.   **1858**

Im Übrigen ist es aber aus den o.g. Gründen unbefriedigend, dass die Vergütung für jahresübergreifende Zeiträume vollständig mit dem höheren Steuersatz i.H.v. 19 % besteuert werden soll.   **1859**

Dabei bleibt es unklar, wie die Passage „Für die Anwendung des zutreffenden Umsatzsteuersatzes ist daher auf das Ende des jeweiligen Monats abzustellen. Sollte eine monatliche Aufteilung der Vergütung im Einzelfall nicht möglich sein, ist das Ende des betreffenden Abrechnungszeitraums (§ 9 VBVG) maßgeblich." gemeint ist. Für unser o.g. Beispiel (Betreuerbestellung am 1.10.2006, s.o. Rn. 1850) könnte das verschiedenes bedeuten.   **1860**

Alternative 1: Es wird eine Aufteilung nach Betreuungsmonaten akzeptiert. Die Vergütung für die Betreuungsmonate 2.10. bis 1.11. und 2.11. bis 1.12. wird noch mit dem geringeren Satz i.H.v. 16 % besteuert. Da der dritte Abrechnungsmonat vom 2.12.2006 bis zum 1.1.2007 dauert, wären für die darauf entfallende anteilige Vergütung bereits 19 % Umsatzsteuer abzuführen. Diese Variante erscheint zwar vom Ergebnis her nicht als überzeugend, beinhaltet aber wenigstens eine gewisse „Schadensbegrenzung".   **1861**

Alternative 2: Es wird auf das Ende des gesamten Abrechnungszeitraums abgestellt, die Vergütung muss – obwohl der Vergütungszeitraum zu 98,9 % im Jahr 2006 lag – vollständig mit dem ab dem 1.1.2007 geltenden Steuersatz i.H.v. 19 % versteuert werden.   **1862**

Was genau das BMF meinte, können wir dem Schreiben nicht entnehmen. Es ist für uns nicht ersichtlich, unter welchen Voraussetzungen von einer möglichen Aufteilung nach Monaten ausgegangen werden kann und in welchen Einzelfällen das ausgeschlossen sein soll. Da das BMF aber offenbar meint, dass eine Aufteilung nach Monaten nur in Einzelfällen nicht möglich ist, scheint man dort die Möglichkeit einer Aufteilung als der grundsätzlich gegebene Regelfall angesehen zu werden.   **1863**

  1864

HINWEIS

Sofern überhaupt noch Vergütungen aus dieser Zeit offen sind, sollten Betreuer das jeweils zuständige Vormundschaftsgericht auf die sich aus dem Abstellen auf das Ende des Vergütungszeitraums ergebende Ungerechtigkeiten aufmerksam machen und erfragen, ob deshalb nicht ausnahmsweise aufgeteilte Zahlungen erfolgen können.

1865 Wenn zwei getrennte Vergütungsanträge und Auszahlungen (in unserem Beispielsfall in Rn. 1850 für den Zeitraum vom 2.10. bis zum 31.12.2006 sowie separat für den 1.1.2007) vorliegen, wäre die Vergütung für den im Jahr 2006 liegenden Zeitraum vollständig nur mit dem Satz i.H.v. 16 % zu versteuern.

1866 Eine weitere Möglichkeit wäre es, in dem Vergütungsantrag die jeweiligen Kalendermonate getrennt auszuweisen, in dem o.g. Beispiel also zu schreiben:

> „ … beantrage ich eine Vergütung wie folgt:
>
> Oktober 2006:   2.10. bis 31.10.…
>
> November 2006:   1.11. bis 30.11.…
>
> Dezember 2006:   1.12. bis 31.12.…
>
> Januar 2007:   1.1.2007… …"

1867 Ob die Vormundschaftsgerichte eine solche – unübersichtliche und mit einigen Zwischenschritten bei der Berechnung verbundene – Aufteilung akzeptieren und ob die Finanzämter es hinnehmen, wenn auf Grundlage einer solchen Berechnung bzgl. der Besteuerung von Kalendermonaten als Abrechnungszeitraum ausgegangen wird, können wir nicht vorhersagen.

12.2.2.2.2   Aufwendungsersatz

* **Tätigkeiten ab dem 1.7.2005 (bei pauschalierter Betreuervergütung)**

1868 Für ab dem 1.7.2005 ausgeführte Tätigkeiten ergeben sich gegenüber der Vergütung keine Unterschiede (vgl. oben Rn. 1839 ff.). Sowohl der pauschalierte Aufwendungsersatz als auch eine ggf. darauf entfallende Umsatzsteuer sind bereits in den Inklusivstundensätzen enthalten (§ 5 Abs. 2 VBVG). Sie müssen unseres Erachtens in den künftigen Vergütungsabrechnungen nicht einzeln ausgewiesen werden, sind aber natürlich gegenüber dem Finanzamt zu melden.

* **Tätigkeiten bis zum 30.6.2005 sowie Tätigkeiten, die auch weiterhin nach Zeitaufwand abgerechnet werden (§§ 3, 6 VBVG, § 67a FGG)**

1869 Da insoweit (anders, als bzgl. der Vergütung in § 1 Abs. 1 BVormVG) eine ausdrückliche gesetzliche Regelung fehlte, war es lange umstritten, ob auch die auf den Aufwendungsersatz zu entrichtende Umsatzsteuer zusätzlich zu erstatten war. Inzwischen wird dies von der Rechtsprechung ausnahmslos bejaht.[38]

Für die Abrechnung ergibt sich daraus Folgendes:

1870 Selbstständige Berufsbetreuer waren mit dem normalen Umsatzsteuersatz von 16 % (jetzt 19 %) zu veranlagen.

1871 Als Aufwendung gilt nach allgemeiner Meinung der Betrag, mit dem der Betreuer durch seine Tätigkeit beschwert ist. Da ein umsatzsteuerpflichtiger Betreuer – sofern er nicht unter die Regelung des § 19 Abs. 1 UStG fällt – die in einer Aufwendung enthaltene Umsatzsteuer als Vorsteuerabzug vom Finanzamt zurückverlangen kann, ist insoweit nicht beschwert. Daher ist zunächst zu prüfen, ob die jeweilige Aufwendung Umsatzsteuer enthält oder nicht. Bei den gebräuchlichsten Aufwendungen sieht dies wie folgt aus:

1872 **Umsatzsteuern enthalten:** Telekommunikationsentgelte, Fahrscheine der Deutschen Bahn AG, sonstige Dienstleistungen ihrerseits umsatzsteuerpflichtiger Unternehmen, z.B.

---

38   OLG Hamm BtPrax 2000, 37 = Rpfleger 2000, 215 = NJWE-FER 2000, 179 = NJW-RR 2000, 522; ebenso OLG Frankfurt/Main, BtPrax 2000, 131 = Rpfleger 2000, 331 = FGPrax 2000, 111 (Vorlage an BGH, die wegen der untenstehenden Aufgabe der Rspr. des OLG Dresden zurückgegeben wurde, siehe Pressemitteilung des BGH, FamRZ 2000, Heft 13, S. II) sowie OLG Frankfurt/Main FGPrax 2000, 204 = BtPrax 2000, 203 = Rpfleger 2000, 550 und LG Dortmund BtInfo 2/99, 57, OLG Düsseldorf FamRZ 2001, 447 sowie LG Darmstadt FamRZ 2000, 1046 und OLG Zweibrücken Rpfleger 2000, 549 = FamRZ 2001, 447 = BtPrax 2001, 87; AG Betzdorf FamRZ 2001, 1480

Kopierentgelte bei Kopiercentern, Wareneinkäufe (bei Büchern verminderter Umsatzsteuersatz von 7 %).

Keine Umsatzsteuern enthalten: Briefporto der Deutschen Post AG, Verwaltungsgebühren aller Art (z.B. für amtliche Beglaubigungen usw.) sowie Pauschalbeträge, die durch Gesetz oder ständige Rechtsprechung bestimmt sind; hier sind vor allem die km-Pauschale bei PKW-Einsatz von 0,30 € und die Anfertigung von Kopien auf eigenen Geräten zu erwähnen (nach Rechtsprechung zwischen 0,10 und 0,15 €/Seite).[39]   **1873**

Bei Parkentgelten und Fahrscheinen der Nahverkehrsunternehmen ist im Einzelfall zu klären, ob diese aufgrund privatrechtlicher Entgeltvereinbarung oder öffentlicher Gebührensatzung erhoben werden; dieser Unterschied macht die Umsatzsteuerpflicht aus, ggf. ist beim Nahverkehrsunternehmen nachzufragen.   **1874**

Enthält die Aufwendung Umsatzsteuer, so ist diese als Vorsteuerabzug aus der Summe herauszurechnen, sofern der Betreuer umsatzsteuerpflichtig ist. Danach ist der verbleibenden Summe der persönliche Umsatzsteuersatz des Betreuers hinzuzuaddieren.   **1875**

1876

BEISPIEL 1

Umsatzsteuer enthaltende Aufwendungen:

100 Telefoneinheiten à 0,06 € (brutto) betrugen 6,- €; abzüglich der enthaltenen Vorsteuer betrug die Nettoaufwendung 5,17 €. Auf den Ersatz dieser Aufwendung bestand ein Anspruch auf Erstattung der Umsatzsteuer. Beim freiberuflichen Betreuer betrug diese 16 %, also 0,83 €. Die Erstattungssumme inkl. USt. beträgt somit (aufgerundet) 6,- €.

1877

BEISPIEL 2

Aufwendungen, die keine Umsatzsteuer enthalten:

Das Briefporto von 100 Standardbriefen à 0,55 € macht die Summe von 55,- € aus. Hier können weder freiberuflicher Betreuer noch Betreuungsverein einen Vorsteuerabzug vornehmen. Daher ist die volle Summe als Aufwendungsersatz zu erstatten. Auf die Summe wiederum erhält der Empfänger seine Umsatzsteuer ersetzt.

Grundsätzlich stellen nicht erstattete Aufwendungen des Betreuers keine steuerlich absetzbaren Aufwendungen dar (weder Werbungskosten noch Sonderausgaben), eine Absetzbarkeit als außergewöhnliche Belastung kann lediglich im Ausnahmefall bejaht werden, wenn die Übernahme der Betreuung oder Vormundschaft nicht abgelehnt werden konnte (Koordinierter Ländererlass vom 4.12.1984).[40]   **1878**

12.2.2.3 Gewerbesteuer

12.2.2.3.1 Allgemeines

Nachdem es lange Zeit umstritten war, ob die berufliche Führung von Betreuungen als Gewerbe im Sinne des Steuerrechts anzusehen ist – das FG *Mecklenburg-Vorpommern*[41], das FG *Münster*[42] und das FG *Köln*[43] beispielsweise hatten das bejaht, das FG *Thürin-*   **1879**

---

39 Vgl. zuletzt OLG Zweibrücken (je Kopie 0,30 DM): FamRZ 2001, 864 = FGPrax 2001, 115 = BtPrax 2001, 169
40 DB 1985, 88
41 BtPrax 2000, 40 = EFG 1999, 1080
42 BtPrax 2003, 229 = EFG 2004, 1459
43 FamRZ 2005, 313 = EFG 2004, 119

gen[44] dagegen abgelehnt – hat der *Bundesfinanzhof*, das höchste für Steuerfragen zuständige Gericht, ebenfalls eine Gewerbesteuerpflicht angenommen[45], während es vor 1992 bei einem Vormund selbst noch freiberufliche Tätigkeit annahm.[46]

1880   Aus dem Urteil ergeben sich neben der reinen Pflicht zur Zahlung von Gewerbesteuer noch weitere Probleme, zum Beispiel die Pflichten zur **Bilanzierung** und zur **Gewerbeanmeldung** und nach § 2 des IHK-Gesetzes eine **Mitgliedschaft in der Industrie- und Handelskammer** (siehe dazu unten Rn. 1912 ff.).

1881   Unmittelbar, nach dem das Urteil bekannt wurde, hatte der *BdB e.V.* sich an die Mitglieder des Rechtsausschusses des Bundestags gewandt und angeregt, Betreuer in den **Katalog** der Freien, und damit nicht gewerbesteuerpflichtigen Berufe (§ 18 EStG) aufzunehmen. Bei der Festlegung der Stundensätze für die Vergütung der Betreuertätigkeit ist schließlich nicht an eine Gewerbesteuerpflicht gedacht worden. Das heißt: Auch die Politik ging offenbar davon aus, dass Betreuer den Freien Berufen zuzurechnen sind, denn die durch die Steuerpflicht entstehenden Mehrbelastungen wurden bei der Bestimmung einer angemessenen Vergütung nicht berücksichtigt.

1882   Die Reaktion auf die Anregung war leider nur, dass man eine Aufnahme in den Katalog zunächst ablehnte. Man wollte zunächst die Auswirkungen des BFH-Urteils untersuchen und dann sehen, ob deswegen Handlungsbedarf besteht.[47] Auch ein Schreiben des *BdB e.V.* an das *BMF*, in dem darum gebeten wurde, zumindest auf eine rückwirkende Erhebung der Steuer zu verzichten, blieb ohne Erfolg.[48]

1883   Auch, wenn man das Urteil und die Reaktionen der Politik darauf als unbefriedigend empfindet, muss man es zunächst hinnehmen und die sich daraus ergebende Rechtslage akzeptieren. Vor dem Jahr 2009 kann insoweit nicht mit Änderungen gerechnet werden.[49]

1884   In dem vom *BFH* entschiedenen Verfahren konnte der betroffene Betreuer den Bund der Steuerzahler für seine Vertretung gewinnen. Das erschien seinerzeit als gute Lösung, da die Anwälte des **Bundes der Steuerzahler** eben auf dieses Rechtsgebiet spezialisiert sind. Dazu hat der *BdB e.V.* den Bund der Steuerzahler über seine Erfahrungen informiert und ihnen Material zur Verfügung gestellt, damit ein zutreffendes Bild über die Betreuertätigkeit wiedergegeben werden kann und klargestellt wird, dass es sich bei der Führung von Betreuungen im Sinne der §§ 1896 ff. BGB um eine rein rechtliche Vertretung und nicht – wie in der Entscheidung des *FG Mecklenburg-Vorpommern* (s.o. Rn. 1879) angenommen – um eine eher pflegerische Tätigkeit oder sonstige Hilfeleistungen handelt.

1885   Insgesamt dürfte damit eine optimale Vertretung bestanden haben. Jedenfalls waren dem Bundesfinanzhof alle für die Beurteilung wesentlichen Aspekte bekannt. Es ist deshalb nicht anzunehmen, dass ein – in Diskussionen von Betreuern zum Teil gefordertes – neues Verfahren bis zum Bundesfinanzhof zu einem anderen Ergebnis führen würde.

12.2.2.3.2   Gewerbesteuerpflicht

1886   Die Gewerbesteuer ist eine **Gemeindesteuer,** die Höhe ist von dem so genannten Hebesatz der jeweiligen Gemeinde, in der der Betreuer seinen Geschäftssitz hat, abhängig. Deshalb lassen sich die Belastungen durch die Gewerbesteuer und auch die Anrech-

---

44   BtPrax 2001, 121 = DStRE 2001, 965

45   FamRZ 2005, 516 = BtPrax 2005, 67 = JurBüro 2005, 320 = BtMan 2005, 106 = Rpfleger 2005, 192 = NJW 2005, 1006 = BStBl. II 2005, S. 288; vgl. auch *Mann* NJW 2008, 121

46   BFHE 40, 110

47   Protokoll der Bundestagsdebatte vom 18. Februar 2005 (158. Sitzung), S. 14826 ff.

48   Antwortschreiben des BMF vom 11. April mit dem Aktenzeichen IV B 2 – S 224451/05

49   Siehe z.B. BT-Drucks, 16/6872 vom 29.10.2007, Antwort der Bundesregierung auf eine kleine Anfrage der Fraktion *Die Linke*

nung der Gewerbesteuer auf die Einkommensteuer nur individuell ermitteln. Es ist ratsam, dafür einen Steuerberater zu konsultieren.

Grundsätzlich ist jeder Steuerpflichtige verpflichtet, eine Steuererklärung abzugeben, wenn die Steuergesetze dies bestimmen, § 149 Abgabenordnung (AO). Nach der Entscheidung des *BFH* sollte dies selbstständig – und nicht erst auf eine Aufforderung des Finanzamts hin – erfolgen. **1887**

Unterlässt ein Betreuer die Abgabe, könnte dies als **Steuerhinterziehung** ausgelegt werden. Der Begriff der Steuerhinterziehung (§ 370 AO) ist außerordentlich weit. Grundsätzlich kommt bereits dann eine Steuerhinterziehung in Betracht, wenn der Steuerpflichtige die Finanzbehörden pflichtwidrig über steuerlich erhebliche Tatsachen in Unkenntnis lässt (§ 370 Abs. 1 Nr. 2 AO), also schon dann, wenn Steuererklärungen nicht abgegeben werden, zu deren Abgabe der Steuerpflichtige verpflichtet wäre. **1888**

Da die Entscheidung des *BFH* inzwischen in etlichen Fachzeitschriften veröffentlicht worden ist, wird sich ein Betreuer kaum darauf berufen können, dass ihm die Gewerbesteuerpflicht und die daraus resultierende Pflicht zur Abgabe der Gewerbesteuererklärung nicht bekannt gewesen sind. **1889**

Gemäß den §§ 169 Abs. 2 Ziff. 2, 170 Abs. 2 Ziff. 1 AO kann die Gewerbesteuer noch bis zu **acht Jahre rückwirkend** erhoben werden. Da unrichtig abgegebene Steuererklärungen berichtigt werden müssen, besteht eine Pflicht, nun auch Gewerbesteuererklärungen für die Vergangenheit abzugeben, denn auch das Unterlassen der Berichtigung einer Steuererklärung kann als Steuerhinterziehung angesehen werden! **1890**

Nach der BFH-Entscheidung sind nun vermutlich nach und nach alle Finanzämter zu einer entsprechenden einheitlichen Anwendung dieser Sachverhalte gekommen. **1891**

Die Verpflichtung zur Abgabe einer Gewerbesteuererklärung zieht die Verpflichtung zur Entrichtung von **Vorauszahlungen** nach § 19 Gewerbesteuergesetz (GewStG) nach sich. Die Vorauszahlungen müssen vierteljährlich geleistet werden und betragen im Regelfall ein Viertel der Steuer, die sich bei der letzten Veranlagung ergeben hat. Gem. § 19 Abs. 3 GewStG können die Vorauszahlungen allerdings angepasst werden, wenn sich die Höhe der zu zahlenden Steuer im Vorauszahlungszeitraum voraussichtlich ändern wird. **1892**

Grundsätzlich werden bei einer verspäteten Zahlung einer Steuer **Zinsen** sowie ein **Säumniszuschlag** fällig. Unter Hinweis, dass erst seit Frühjahr 2005 (dem Bekanntwerden der BFH-Entscheidung) die Rechtslage eindeutig geklärt wurde, kann ein **Antrag auf Erlass** der Zinsen und der Säumniszuschläge im Sinne des § 227 AO gestellt werden. Die Finanzbehörden können Ansprüche ganz oder zum Teil erlassen, wenn die Einziehung nach Lage des einzelnen Falls unbillig wäre. **1893**

Unbillig ist die Berechnung unseres Erachtens insbesondere dann, wenn in früheren Veranlagungszeiträumen mit Billigung der Finanzbehörden von einer Gewerbesteuerveranlagung abgesehen wurde bzw. der Steuerpflichtige die verspätete Zahlung nicht veranlasst hat, etwa, weil er davon ausgehen durfte, dass eine Steuerpflicht nicht bestünde. **1894**

Anders sieht das allerdings das *VG Gelsenkirchen*.[50] Nach Bekanntwerden der Entscheidung des BFH zur Gewerbesteuerpflicht von Berufsbetreuern wurden gegen den betroffenen Betreuer für die Jahre 1998 bis 2004 nachträglich Gewerbesteuer i.H.v. 14.755,40 € und zusätzlich Zinsen i.H.v. 2.541,– € festgesetzt. Der Betreuer beantragte zunächst den Erlass der Zinsen. Zur Begründung führte er u.a. an, dass er durch die verspätete Festsetzung selbst weitere finanzielle Nachteile hinnehmen musste, u.a. konnte die Gewerbsteuer nun nur noch in geringerem Umfang steuermindernd bei der Festsetzung der Einkommenssteuer berücksichtigt werden. Gegen einen ablehnenden Bescheid legte er zunächst Einspruch ein. Nachdem auch dieser erfolglos geblieben war, erhob er schließlich **1895**

---

50   VG Gelsenkirchen, Urteil v. 8.11.2007 mit dem Az. 5 K 3233/06, BtPrax 2008, 47

Klage. Auch das Verwaltungsgericht kam zu dem Schluss, dass **kein Anspruch auf Erlass der Nachzahlungszinsen** bestand. Der Gesetzgeber hätte bei der Regelung der Erhebung von Zinsen für verspätet gezahlte Steuern bewusst Härten in Kauf genommen. Die Verzinsung solle u.a. einen Ausgleich dafür schaffen, das der Steuergläubiger nicht so über das Geld verfügen konnte, wie es im Gesetz eigentlich für die betreffende Steuerart vorgesehen sei. Auf ein Verschulden komme es in diesem Zusammenhang nicht an, deshalb seien die Ursachen und die Begleitumstände unbeachtlich. Deshalb sei es auch unerheblich, dass die verspätete Gewerbeteuerfestsetzung letztlich darauf beruhte, dass die Finanzämter bis zum Jahre 2004 nicht von einer Gewerbesteuerpflicht von Berufsbetreuern ausgegangen seien.

1896   Die Entscheidung mag juristisch letztlich korrekt sein, als „gerecht" kann sie – gerade auch in Anbetracht der hohen finanziellen Belastung und des fehlenden Verschuldens des Betreuers – kaum empfunden werden.

1897   In Ausnahmefällen ist auch der **Erlass der Gewerbesteuer** selbst **aus Billigkeitsgründen** möglich. Der Erlass der Steuer aus persönlichen oder wirtschaftlichen Billigkeitsgründen kann dann möglich werden, wenn die Steuererhebung die wirtschaftliche oder persönliche Existenz des Steuerpflichtigen vernichten oder ernstlich gefährden würde.

1898   Jeder Betreuer sollte aber zunächst prüfen, ob „sein" Finanzamt nicht in der Vergangenheit bindend erklärt hat, dass es die Führung von Betreuungen als freiberufliche Tätigkeit ansieht. Etliche Betreuer hatten sich bei Aufnahme der Tätigkeit mit dem Finanzamt in Verbindung gesetzt und um Klärung ihres steuerlichen Status gebeten. Wieweit gegebenenfalls eine Antwort als verbindlich angesehen werden kann und eine Nachforderung der Gewerbesteuer für die Vergangenheit ausschließt, sollte im Einzelfall mit einem Steuerberater geklärt werden.

1899   Im Übrigen kann der Anspruch des Finanzamtes auf eine rückwirkende Festsetzung der Gewerbesteuer **bei Vorliegen besonderer Umstände verwirkt** sein.

1900   Auch, wenn ein Recht noch nicht **verjährt** ist, kann eine Verwirkung eintreten, „wenn der Berechtigte sein Recht über längere Zeit hinweg nicht in Anspruch genommen hat und der Verpflichtete sich darauf eingerichtet hat und sich nach dem gesamten Verhalten des Berechtigten auch darauf einrichten durfte".[51] Neben einem längeren Zeitablauf (dem so genannten „Zeitmoment") muss also auch noch ein so genanntes „Umstandsmoment" vorliegen, das heißt, ein Verhalten des Berechtigten (hier: dem Finanzamt), aus dem der Verpflichtete (hier: der steuerpflichtige Betreuer) schließen konnte, nicht mehr in Anspruch genommen zu werden.

1901   Nach der Rechtsprechung des *Bundesfinanzhofes*[52] kann der Anspruch auf Festsetzung der Gewerbesteuer verwirkt sein, wenn

- die Frage der Einkunftsart (freiberuflich oder gewerblich) streitig war,

- die Gewerbesteuervorauszahlung nach Prüfung dieser Frage auf 0,– € festgesetzt wurde und

- aus späteren Einkommensteuerveranlagungen deutlich zu erkennen gewesen ist, dass das Finanzamt die Tätigkeit des Steuerpflichtigen als freiberuflich beurteilt hat.

1902   Doch damit noch nicht genug: Endgültig darf der Steuerpflichtige erst darauf vertrauen, für ein Jahr nicht mehr zur Zahlung von Gewerbesteuer herangezogen zu werden, wenn er den Einkommensteuerbescheid für das Folgejahr erhält. Oder umgekehrt: Das Finanzamt darf einen Gewerbesteuermessbescheid erstmals für ein Jahr erlassen, für dessen Folgejahr noch kein Einkommensteuerbescheid erstellt wurde. Und selbst das gilt lediglich dann, wenn der Einkommensteuerbescheid nicht unter dem **Vorbehalt der Nachprü-**

---

51   Palandt, BGB § 242 Rn. 87 ff.
52   BFH, Urteil vom 5.3.1970, Az. IV 213/65, BStBl. II 1970,793

fung ergangen ist. Begründet wird das damit, im Falle des Vorbehalts der Nachprüfung kein **schutzwürdiges Vertrauen** geschaffen wurde, weil der Steuerpflichtige ja damit rechnen musste, dass eine abschließende Prüfung seines Falles zu einer anderen rechtlichen Würdigung führen wird.

Es gibt jetzt zwei weitere Entscheidungen von Finanzgerichten zu dieser Fragestellung, die **1903** für betroffene Betreuer von Interesse sein könnten. Zum einen handelt es sich um eine Entscheidung des *Niedersächsischen Finanzgerichts*,[53] zum anderen um eine Entscheidung des *Finanzgerichts München*.[54]

Beide Fälle sind für die jeweiligen Betreuer positiv ausgegangen, beide Entscheidungen **1904** stellen aber (leider) weder die Gewerbesteuerpflicht von Berufsbetreuern noch die grundsätzlich bestehende Möglichkeit der rückwirkenden Veranlagung in Frage.

In dem von dem *Niedersächsischen Finanzgericht* entschiedenen Fall hatte der Betreuer **1905** keine Gewerbesteuererklärungen abgegeben und das Finanzamt hatte dies in einer Außenprüfung unbeanstandet gelassen. Nach Ansicht des Gerichts hat dies für die Schaffung eines **Vertrauenstatbestande**s ausgereicht.

In dem von dem *Finanzgericht München* entschiedenen Fall stellt das Gericht zunächst **1906** fest, dass allein mündliche – etwa am Telefon erfolgte – Äußerungen eines Mitarbeiters des Finanzamtes im Regelfall keine Bindung des Finanzamtes bewirken. Anschließend wird jedoch aus einem anderen Grund eine Verwirkung angenommen: Der Betreuer hatte nämlich seine Einkünfte selbst als gewerbliche Einkünfte eingestuft und beantragt, einen im Jahre 1995 eingetretenen Verlust als „vortragsfähigen Verlust aus Gewerbebetrieb" zu behandeln. Das Finanzamt weigerte sich aber, so zu verfahren und behandelte die Einkünfte stattdessen als Einkünfte aus sonstiger (nicht gewerblicher) Tätigkeit.

Grundlage für die Besteuerung ist der Gewinn eines Betriebs. Dabei steht nach § 11 **1907** Absatz 1 Ziffer 1 EStG natürlichen Personen ein Freibetrag von 24.500,– € zu. Gewerbesteuer wird also erst für den diesen Betrag übersteigenden Gewinn erhoben. Im Übrigen ist die Berechnung der Gewerbesteuer kompliziert und wegen der unterschiedlichen Hebesätze der Gemeinden regional unterschiedlich.

1908

> **HINWEIS**
>
> Einzelheiten sollten deshalb unbedingt mit einem Steuerberater geklärt werden. Ein Rechenbeispiel hat z.B. die *Handelskammer Hamburg* ins Internet gestellt.[55]

Wer neben der nun als gewerblich eingestuften Tätigkeit als Betreuer noch eine weitere **1909** als freiberuflich eingestufte Tätigkeit ausübt, muss Einnahmen und auch die Aufwendungen getrennt ermitteln und ausweisen. Es sind dann also getrennte **Gewinnermittlungen** auszuweisen.

Ist ein Betreuer auch Gesellschafter einer **freiberuflichen Sozietät** (z.B. als Rechtsanwalt) **1910** und übt er zusätzlich die Tätigkeit eines Berufsbetreuers aus, ist zuerst zu prüfen, ob die Betreuertätigkeit durch ihn im Rahmen des Gesellschaftsverhältnisses oder eines daneben bestehenden Einzelunternehmens ausgeführt wird. Erbringt der Steuerpflichtige die Betreuungsleistung im Rahmen des Gesellschaftsverhältnisses, läuft er Gefahr, dass entsprechend der so genannten **Abfärbe- oder Infektionstheorie** alle Gewinne als Einkünfte aus Gewerbebetrieb angesehen werden.[56] Auch insoweit sollte unbedingt eine Rücksprache mit einem Steuerberater erfolgen.

---

53   Az.: 5 V 10096/06 vom 21.8.2006
54   Az.: 2 K 1208/05 vom 17.10.2006
55   http://www.hk24.de
56   Oberfinanzdirektion Koblenz, Rundverfügung vom 15.12.2006 mit Az.: S 2240 A – St 31 4 (auf der Buch-CD)

12.2.2.3.3   Weitere Auswirkungen des Urteils

- **Buchführungspflicht**

1911   Aus § 141 Abs. 1 Ziff. 4 AO ergibt sich für gewerbliche Unternehmer, deren Gewinn 50.000,– € jährlich übersteigt, eine **Buchführungspflicht.** D.h., dass dann eine vereinfachte „Trinkhallenbuchführung", die Einnahme-Überschussrechnung, nicht mehr ausreicht, sondern die doppelte Buchführung (Gewinn- und Verlustrechnung) erforderlich ist. Hiervon sind auch Betreuungsvereine betroffen.

- **IHK-Mitgliedschaft**

1912   Es ist zweifelhaft, ob eine IHK tatsächlich für die speziellen Belange der wenigen Berufsbetreuer in ihren Reihen interessante Angebote vorhalten kann. In § 2 IHK-Gesetz heißt es aber eindeutig:

1913   (1) Zur Industrie- und Handelskammer gehören, sofern sie zur Gewerbesteuer veranlagt sind, natürliche Personen, Handelsgesellschaften, andere nicht rechtsfähige Personenmehrheiten und juristische Personen des privaten und des öffentlichen Rechts, welche im Bezirk der Industrie- und Handelskammer entweder eine gewerbliche Niederlassung oder eine Betriebsstätte oder eine Verkaufsstelle unterhalten (Kammerzugehörige).

(2) Absatz 1 gilt für natürliche Personen und Gesellschaften, welche ausschließlich einen freien Beruf ausüben oder welche Land- oder Forstwirtschaft oder ein damit verbundenes Nebengewerbe betreiben, nur, soweit sie in das Handelsregister eingetragen sind.

(…)

1914   Es gibt mehrere Gerichtsentscheidungen, die eine – auch rückwirkende – Mitgliedschaft von Berufsbetreuern deshalb bejahen.[57] Eine gegen die IHK-Mitgliedschaft gerichtete Verfassungsbeschwerde wurde durch das *BVerfG* nicht zur Entscheidung angenommen.[58] Auf dem Rechtsweg kann eine IHK-Mitgliedschaft deshalb nicht vermieden werden.

1915   Für die **Verjährung** gelten gem. § 3 Abs. 8 IHK-Gesetz die Vorschriften der Abgabenordnung. Nach den §§ 228, 229 Abs. 1 AO beträgt die Verjährungsfrist deshalb fünf Jahre, die Frist beginnt mit dem Ende des Kalenderjahres der Fälligkeit zu laufen.

1916   Zweifelhaft ist es unseres Erachtens, dass auch **Beiträge für die Vergangenheit** entrichtet werden müssen, wenn ein Betreuer erst durch die Entscheidung des Bundesfinanzhofes von der Gewerbesteuerpflicht erfahren hat. Die Argumentation der Verwaltungsgerichte berücksichtigen nicht, dass beide Seiten bis zur Entscheidung des *BFH* über die Gewerbesteuerpflicht nichts von der Mitgliedschaft wussten. Durch die IHK konnten entsprechend keine Belange von Berufsbetreuern wahrgenommen und von den Betreuern keine Leistungen der IHK in Anspruch genommen werden.

1917   In solchen Fällen sollte eine Beitragspflicht deshalb erst ab der Veranlagung zur Gewerbesteuer (also der Zustellung des Gewerbesteuerbescheides) angenommen werden. Allenfalls kann man noch auf den Tag der Veröffentlichung der Entscheidung des BFH abstellen, weil erst ab diesem Zeitpunkt Sicherheit über den Status von Betreuern (und auch Kenntnis der IHK von der Mitgliedschaft von Berufsbetreuern) bestand.

1918   Die o.g. Rechtsprechung hat diesen Einwand allerdings nicht berücksichtigt. Lediglich in einem Vergleichsvorschlag des *VG Bremen*[59] wurden diese Bedenken aufgegriffen. Das Gericht argumentierte, dass die rückwirkende Beitragserhebung unter diesen Voraussetzungen eine **unbillige Härte** sein könnte und schlug den Parteien vor, die IHK-Beiträge für die Vergangenheit um die Hälfte zu reduzieren. Über den Fortgang des Verfahrens ist uns allerdings zur Zeit nichts bekannt.

---

57   OVG Rheinland-Pfalz, Beschluss vom 17. Juli 2007 mit Az.: 6 A 11414/06 OVG; VG Ansbach, Urteil AN 4 K 05.02434 vom 14.11.2005; VG Neustadt an der Weinstraße, 4 K 1375/06 NW vom 25.9.2006
58   BVerfG, Beschluss vom 4.9.2007 mit dem Az. 1 BvR 2156/07 (auf der Buch-CD)
59   Verfahren mit dem Az. 24679/07

- **Gewerbeanmeldung**

Die Pflicht zur Gewerbeanmeldung besteht unabhängig von der steuerrechtlichen Beurteilung einer Tätigkeit. Insoweit kann zurzeit keine verlässliche Empfehlung ausgesprochen werden. Zu der Frage der Anmeldepflicht für Berufsbetreuer gibt es weder Literatur noch Rechtsprechung. Unterlässt man jedoch die Anmeldung, verbleibt ein gewisses Risiko. Nach § 146 Absatz 2 Ziffer 1 Gewerbeordnung (GewO) sind Verstöße gegen die Anzeigepflicht mit einem Bußgeld bis zu 1.000,– € bedroht, nach § 8 Abs. 1, 3 des Gesetzes zur Bekämpfung der Schwarzarbeit sogar mit einem Bußgeld bis zu 50.000,– €. | 1919

Auch eine Pflicht zur Gewerbeanmeldung durch Betreuer ist unseres Erachtens nicht überzeugend. Die Pflicht zur Gewerbeanmeldung beurteilt sich nach der Gewerbeordnung (GewO). Danach übt ein Gewerbe aus, wer persönlich unabhängig ist, eine erlaubte Tätigkeit ausübt, die Tätigkeit regelmäßig ausübt und dabei einen Gewinn anstrebt. Obwohl diese Merkmale an sich auf den Berufsbetreuer zutreffen, werden derzeit traditionell wissenschaftliche, künstlerische, lehrende, heilende und rechtsberatende Tätigkeiten sowie andere ähnliche Dienstleistungen höherer Art, die eine höhere Bildung erfordern, **nicht als Gewerbe im Sinne der Gewerbeordnung** angesehen. Demnach können auch Berufsbetreuer, die nach § 1901 Abs. 1 als rechtliche Vertreter tätig sind, nicht als Gewerbetreibende im Sinne der GewO angesehen werden. | 1920

Im Übrigen ergibt sich die Pflicht zur Anzeige aus § 14 GewO. Dort steht ausdrücklich, dass die Anzeige dazu dient, der zuständigen Behörde die Überwachung zu ermöglichen. In § 1837 Abs. 2 i.V.m. § 1908i ist speziell für Betreuer geregelt, dass die Aufsicht über die gesamte Tätigkeit vom Vormundschaftsgericht ausgeübt wird. **Spezialgesetzliche Regelungen** gehen allerdings immer der allgemeinen Regelung vor. Eine Aufsicht oder Überwachung durch die Ordnungsbehörden scheidet deshalb neben der Aufsicht durch das Vormundschaftsgericht aus. Dann kann es für Betreuer aber keine Pflicht zur Gewerbeanzeige geben, weil das Ziel der Anzeigepflicht dadurch nicht erreicht werden kann. Die Ordnungsbehörden sind – wie dargestellt – nicht zur Überwachung befugt und die Vormundschaftsgerichte wissen ohnehin bereits von selbst, wen sie zum Betreuer bestellt haben. | 1921

Die Rechtsprechung ist aber auch diesen Argumenten nicht gefolgt, sondern hat eine Pflicht zur Gewerbeanmeldung bejaht.[60] | 1922

Inzwischen sind auch **erste Bußgeldverfahren** wegen unterbliebener bzw. verspäteter Gewerbeanmeldung gegen Betreuer eingeleitet worden. Vor diesem Hintergrund können wir – trotz der inhaltlichen Bedenken gegen eine Anmeldepflicht – nur dazu raten, die Anmeldung vorzunehmen, zumal wir nicht ausschließen können, dass einzelne Betreuungsbehörden und Vormundschaftsgerichte eine Verweigerung der Anmeldung als Indiz für die Unzuverlässigkeit eines Betreuers bewerten würden. Die Folge könnte es dann sein, dass betreffende Betreuer in Zukunft keine Betreuungen mehr übertragen bekommen werden. | 1923

Der Gewerbeschein ist bei der zuständigen Kommune zu beantragen. In vielen Städten und Gemeinden kann man sich bereits online anmelden. | 1924

12.2.3 Umsatzsteuerpflicht der Betreuungsvereine

Nach Auffassung des *Bundesfinanzministeriums* (BMF) ist auch bei der Führung von Vereinsbetreuungen Umsatzsteuer abzuführen, so das *BMF* in seiner Rundverfügung vom 21.9.2000 (Abs. 4 D 1 – S 7175 – 1/00)[61] an die Finanzbehörden der Länder. Damit galt | 1925

---

60 Niedersächsisches OVG, Urteile vom 29.8.2007 mit den Az. 7 C 229/06 und 7 C 125/06
61 Veröffentlicht im Bundessteuerblatt Teil I Nr. 16 S. 1251 sowie in FamRZ 2000, 1414 und BtPrax 2001, 23 (auch auf der Buch-CD)

der früher bestehende Streit in dieser Frage zunächst einmal als geklärt, wenn auch nicht so, wie es im Interesse der Betreuungsvereine gewesen wäre.

1926 Zur Begründung wurde durch das *BMF* angeführt, dass die (zumindest seit 1.1.1999) anderen Berufsbetreuern auf dem Gebiet der Vergütung für die Betreuung mittelloser Betreuter völlig gleichgestellt sind, da die damals eingeführten festen Stundensätze nach § 1 BVormVG für sie ebenso wie für freiberufliche Betreuer gelten. Insbesondere sei das Merkmal der „Entgeltbeschränkung" (§ 4 Nr. 18 Satz 1 Buchstabe c UStG) nicht gegeben. Lediglich bei Feststellung der Gemeinnützigkeit des Betreuungsvereins (§§ 51 ff. AO) könne der Umsatz der Betreuungsvereine als Zweckbetrieb mit dem niedrigeren Steuersatz von 7 % belegt werden (§ 12 Abs. 2 Nr. 8 Buchst. a UStG). Zu den Folgen und Verfahrensweisen für Vergütungsansprüche bis zum 30.6.2005 wird auf die Vorauflage dieses Buches verwiesen. Erneute Hinweise dazu sind in dieser Neuauflage entbehrlich, da die damaligen Streitfragen als erledigt angesehen werden können.

1927 **Für Zeiträume ab dem 1.7.2005** ergibt sich aus den Inklusivstundensätzen des § 4 VBVG für Betreuungsvereine gegenüber selbstständigen Betreuern ein leichter Vorteil, da sie aus dem gleich hohen Stundensatz lediglich den geringeren Umsatzsteuersatz i.H.v. 7 % abführen müssen, also für die Tätigkeit der Vereinsbetreuer einen höheren Nettostundensatz erhalten. Dies ist bewusst vom Gesetzgeber gewollt, die Betreuungsvereine sollen dadurch eine zusätzliche finanzielle Unterstützung für die Querschnittsarbeit erhalten.[62] Soweit ein Betreuungsvereinsmitarbeiter als Verfahrenspfleger tätig ist, ist der Vergütungsabrechnung gem. § 67a Abs. 4 FGG der ermäßigte Umsatzsteuersatz von 7 % hinzuzuaddieren.

1928 Nach *Schön*[63] ist allerdings aufgrund der 6. EG-Umsatzsteuerrichtlinie aus dem Jahr 1978 eine Umsatzsteuerbefreiung für Betreuungsvereine zwingend vorgeschrieben. Nachdem sich das *Finanzgericht Düsseldorf*[64] in mehreren Entscheidungen (für Tätigkeitszeiträume vor dem Inkrafttreten des 2. BtÄndG) diese Rechtsauffassung zu eigen gemacht hat, ist zum Zeitpunkt der Drucklegung dieser 5. Auflage des Buches bezüglich der Umsatzsteuerpflicht ein Revisionsverfahren beim *Bundesfinanzhof* anhängig.[65]

1929 Die wesentlichen Entscheidungsgründe des *FG Düsseldorf*, die für eine Umsatzsteuerbefreiung der Betreuungsvereine sprechen, sind im Folgenden abgedruckt. Die Begründung bezieht sich im Wesentlichen darauf, dass die Bundesrepublik Deutschland die einschlägigen EU-Bestimmungen zur Steuerbefreiung gemeinnütziger Organisationen nur unvollständig in deutsches Recht umgesetzt hat und daher eine direkte Bezugnahme auf das EU-Recht möglich sei.

Aus der Entscheidung des FG Düsseldorf:[66]

1930 Hinsichtlich der Betreuungsleistungen, die gegenüber vermögenden Betreuten erbracht wurden, ergibt sich die Umsatzsteuerfreiheit bereits aus der unmittelbaren Anwendung von § 4 Nr. 18 UStG. Dies gilt ebenfalls für die Betreuung mitteloser Personen für die Streitjahre 1994 bis einschließlich 1998. Im Übrigen sind die Betreuungsleistungen steuerfrei nach Art. 13 Teil A (1) Buchstabe g) der Richtlinie 77/388/EWG.

1931 Denn sämtliche hier im Raum stehenden Betreuungsleistungen sind umsatzsteuerfrei nach Art. 13 Teil A (1) Buchst. g) der Richtlinie 77/388/EWG. Dies gilt auch für die ab dem Jahre 1999 gegenüber Mittellosen erbrachten Betreuungsleistungen. Der Kläger kann sich insoweit unmittelbar auf die Richtlinie berufen.

1932 Ein Einzelner kann sich in Ermangelung fristgemäß erlassener Umsetzungsmaßnahmen auf Bestimmungen einer Richtlinie, die inhaltlich als unbedingt und hinreichend genau erscheinen,

---

62 BtDrucks. 15/4874, S. 72
63 Institut für Steuerrecht der Universität Bonn, Schreiben an den Deutschen Caritasverband vom 4.9.2001
64 FG Düsseldorf, Entscheidungen vom 16.8.2006, 5 K 5856/02 U, FamRZ 2007, 765 = BtPrax 2007, 256 (Ls) und 5 K 6742/02 U
65 BFH, XI R 67/06 (zuvor V R 63/06)
66 FG Düsseldorf FamRZ 2007, 765 = BtPrax 2007, 256 (Ls)

gegenüber allen nicht richtlinienkonformen innerstaatlichen Vorschriften berufen. Er kann sich auf diese Bestimmungen auch berufen, soweit sie so geartet sind, dass sie Rechte festlegen, die der Einzelne gegenüber dem Staat geltend machen kann. Ein Mitgliedstaat kann einem Steuerpflichtigen, der beweisen kann, dass er steuerrechtlich unter einen Befreiungstatbestand der Richtlinie fällt, nicht entgegenhalten, dass er die Vorschriften, die die Anwendung eben dieser Steuerbefreiung erleichtern sollen, nicht erlassen hat.[67]

1933 Artikel 13 Teil A (1) Buchst. g) der Richtlinie 77/388/EWG zählt die Tätigkeiten, die steuerfrei sind, hinreichend genau und unbedingt im o.g. Sinne auf.[68]

1934 Nach Artikel 13 Teil A (1) Buchst. g) der Richtlinie 77/388/EWG befreien die Mitgliedstaaten von der Umsatzsteuer die eng mit der Sozialfürsorge und der sozialen Sicherheit verbundenen Dienstleistungen und Lieferungen von Gegenständen, einschließlich derjenigen der Altenheime, durch Einrichtungen des öffentlichen Rechts oder andere von den betreffenden Mitgliedsstaaten als Einrichtungen mit sozialem Charakter anerkannte Einrichtungen.

1935 Die durch den Kläger mit Hilfe seiner Vereinsbetreuer erbrachten Betreuungsleistungen sind unstreitig Dienstleistungen, die eng mit der Sozialfürsorge und der sozialen Sicherheit im Sinne dieser Vorschrift verbunden sind. Darüber hinaus handelt es sich beim Kläger auch unstreitig um eine in Deutschland anerkannte Einrichtung mit sozialem Charakter.

1936 Die Steuerbefreiung ist auch nicht nach Artikel 13 Teil A (2) Buchst. b) 2. Spiegelstrich ausgeschlossen. Hiernach kommt eine Steuerbefreiung z.B. nach Artikel 13 Teil A (1) Buchst. g) für Leistungen nicht in Betracht, die im wesentlichen dazu bestimmt sind, der Einrichtung zusätzliche Einnahmen durch Tätigkeiten zu verschaffen, die in unmittelbarem Wettbewerb mit Tätigkeiten von der Mehrwertsteuer unterliegenden gewerblichen Unternehmen durchgeführt werden.

1937 Die Betreuungsleistungen der Vereinsbetreuer sind auch nicht „im Wesentlichen dazu bestimmt..." i.S.v. Art. 13 Teil A (2) Buchst. b) 2. Spiegelstrich, der Einrichtung zusätzliche Einnahmen zu verschaffen. Vielmehr handelt der Kläger bei der Erbringung der Betreuungsleistungen in unmittelbarer Erfüllung seiner Satzungszwecke. Er ist als Betreuungsverein außerdem gesetzlich gem. § 1908f Abs. 1 Nr. 1 BGB verpflichtet, eine ausreichende Zahl geeigneter professioneller Mitarbeiter (Vereinsbetreuer) vorzuhalten, die neben der Gewinnung von ehrenamtlichen Mitgliedern auch konkret zur Erbringung von – insbesondere schwierigen – Betreuungsleistungen eingesetzt werden.[69] Die Erzielung zusätzlicher Einnahmen ist damit zweitrangig und nur ein Annex zu den sich aus den Satzungszwecken ergebenden und vom Gesetzgeber geforderten Tätigkeiten.

1938 Schließlich spricht gegen eine Steuerbefreiung auch nicht, dass die Mitgliedstaaten nach Art. 13 Teil A (2) Buchst. a) der Richtlinie 77/388/EWG die Gewährung der Steuerbefreiung für Einrichtungen, die keine Einrichtungen des öffentlichen Rechts sind, von Fall zu Fall von der Erfüllung einer oder mehrerer der dann folgenden 4 Bedingungen abhängig machen können.

1939 Diese Beschränkung der Befreiungsregel hat nur Eventualcharakter. Ein Mitgliedstaat, der es – wie hier – unterlassen hat, die insoweit erforderlichen Maßnahmen zu treffen, kann sich nicht auf sein eigenes Unterlassen berufen, um einem Steuerpflichtigen eine Steuerbefreiung zu verwehren, die dieser – wie im Streitfall der Kläger – nach der Richtlinie 77/388/EWG in Anspruch nehmen kann.[70]

1940 Eine Einschränkung der Steuerfreiheit durch den deutschen Gesetzgeber stellt das Abstandsgebot gem. § 4 Nr. 18c UStG dar. § 4 Nr. 18c UStG ist aber weder durch die in Betracht kommenden Bedingungen nach Art. 13 Teil A (2) Buchst. a) 3. Spiegelstrich noch 4. Spiegelstrich gedeckt.

Die Bedingung laut Art. 13 Teil A (2) Buchst. a) 3. Spiegelstrich lautet wie folgt:

a. Es müssen Preise angewendet werden, die von den zuständigen Behörden genehmigt sind, oder solche, die die genehmigten Preise nicht übersteigen; bei Tätigkeiten, für die eine Preisgenehmigung nicht vorgesehen ist, müssten Preise angewendet werden, die unter den Preisen liegen, die von der Mehrwertsteuer unterliegenden gewerblichen Unternehmen für entsprechende Tätigkeiten gefordert werden.

1941 Diese Regelung ist durch den deutschen Gesetzgeber nur unvollständig in nationales Recht umgesetzt worden. Zwar geht die umsatzsteuerrechtliche Kommentarliteratur offenbar davon aus, dass

---

67 Vgl. z.B. EuGH, Urteil vom 10.09.2002, Rs. C-141/00, Kügler, Sammlung der Rechtsprechung des Gerichtshofs (EuGHE) 2002, I-6833, Umsatzsteuer-Rundschau 2002, 513 m.w.N.
68 EuGH, Urteil vom 10.9.2002, a.a.O
69 Vgl. hierzu Palandt/*Diederichsen*, 62. Aufl., § 1908f BGB Rn. 3
70 EuGH, Urteil vom 10.09.2002, a.a.O.

§ 4 Nr. 18c UStG von der Richtlinie gedeckt ist.[71] Dabei bleibt aber unberücksichtigt, dass Art. 13 Teil A (2) Buchst. a) 3. Spiegelstrich der Richtlinie 77/388/EWG zwischen genehmigten Preisen und solchen Tätigkeiten unterscheidet, bei denen eine Preisgenehmigung nicht vorgesehen ist; ein Abstandsgebot ist nur bei Preisen erlaubt, „für die eine Preisgenehmigung nicht vorgesehen ist". Demgegenüber gilt das Abstandsgebot des § 4 Nr. 18c UStG seinem Wortlaut nach einschränkungslos.

1942 Zwar gestattet die Richtlinie, den Mitgliedsstaaten die Steuerbefreiung von Fall zu Fall von der Erfüllung einer oder mehrerer der aufgeführten Bedingungen abhängig zu machen. Dies geht aber nicht soweit, dass einzelne Bedingungen nur zum Teil in nationales Recht übernommen werden können. Vielmehr sind die Mitgliedsstaaten an den Inhalt der einzelnen Bedingungen gebunden[72]. Für die Bedingung des Art. 13 Teil A (2) Buchst. a) 3. Spiegelstrich der Richtlinie ergibt sich daraus, dass die Entgeltbeschränkung nur in der Weise in das nationale Recht eines Mitgliedsstaates übernommen werden darf, dass genehmigte Preise von dieser Voraussetzung ausgenommen werden. § 4 Nr. 18 c) UStG kann damit nicht auf Art. 13 Teil A Abs. 2 Buchst. a) 3. Spiegelstrich der Richtlinie gestützt werden.

1943 Es bleibt abzuwarten, wie der Bundesfinanzhof die Angelegenheit beurteilen wird, insbesondere auch unter dem Aspekt des Inklusivstundensatzes des § 4 Abs 2 VBVG ab 1.7.2005. Für die **Vergütungsanträge** der Betreuungsvereine **im Rahmen der Pauschalvergütung** nach §§ 4, 5, 7 VBVG spielt diese Entscheidung letztlich keine Rolle, da in der vergütungsrechtlichen Rechtsprechung sich die Auffassung durchgesetzt hat, dass der volle Stundensatz nach § 4 Abs. 1 VBVG auch in den Fällen zu zahlen ist, in denen der Anspruchsberechtigte keine Umsatzsteuer abführt. Die Entscheidungen bezogen sich zwar auf Berufsbetreuer, die als „Kleinunternehmer" die Umsatzsteuerbefreiung gewählt haben, dürfte sich aber bei Betreuungsvereinen nicht anders beurteilen. Die Frage, ob Umsatzsteuer abzuführen ist, ist daher nur eine Frage der **Steuerzahlungspflicht.**

1944

> **HINWEIS**
>
> *Hier sollten Betreuungsvereine gegen entsprechende Steuerbescheide Widerspruch einlegen und zugleich beantragen, die Entscheidung über den Widerspruch bis zur Entscheidung des BFH auszusetzen.*

1945 Lediglich in den Fällen, in denen **Vergütungen für Zeitaufwand** nach § 7 Abs. 2 i.V.m. §§ 3 und 6 Satz 1 VBVG (also **Sterilisationsbetreuungen** und **Vertretungsbetreuungen** wegen rechtlicher Verhinderungen) sowie Vergütungen als Verfahrenspfleger nach § 67a Abs. 4 FGG geltend gemacht werden, ist dies anders zu betrachten. Hier muss sich der Betreuungsverein bereits bei der Antragstellung entscheiden, ob er bei diesen Vergütungsanträgen (nach Zeitaufwand) die verringerte Mehrwertsteuer von 7 % hinzuaddiert. Es wird empfohlen, dies zu tun.

1946 Soweit in diesen Fällen die Vergütung durch **Verwaltungsanordnung** (vgl. Kap. 9, Rn. 1479) festgelegt wird, tritt keine Rechtskraft ein und eine Rückforderung der bewilligten Umsatzsteuer kann jederzeit erfolgen, falls der *BFH* der Auffassung des *FG Düsseldorf* folgen sollte. Bei einer Festsetzung durch **Beschluss** ist Betreuten, Verfahrenspflegern und Bezirksrevisoren geraten, ihrerseits Beschwerde gegen die Gewährung von Umsatzsteuern einzulegen und ebenfalls zu beantragen, die Entscheidung bis zur BFH-Entscheidung auszusetzen.

---

71 Vgl. z.B. Kraeusel in: Reiß/Kraeusel/Langer, UStG, § 4 Nr. 18 Rz. 7 f.; Huschens in: Vogel/Schwarz, UStG, § 4 Nr. 18 Rz. 9
72 Vgl. hierzu auch Hüttemann, UR 2006, 441, 451

13 Sozialversicherung

13.1 Unfallversicherung/Berufsgenossenschaft

13.1.1 Ehrenamtliche Betreuer

Nach § 2 Abs. 1 Nr. 10 SGB VII sind ehrenamtliche Vormünder, Pfleger und Betreuer kraft Gesetzes unfallversichert.[1] Zuständig ist die Eigenunfallversicherung des jeweiligen Bundeslandes; Beiträge sind nicht zu zahlen.

1947

13.1.2 Berufsbetreuer

Die Rechtsprechung hat Berufsbetreuer inzwischen ausnahmslos als versicherungspflichtige Mitglieder der Berufsgenossenschaft (als im Bereich der Wohlfahrtspflege tätige Personen gem. § 2 Abs. 1 Nr. 9 SGB VII) eingeordnet.[2]

1948

Häufig lehnen Betreuer eine **Versicherungspflicht** aufgrund ihres (trotz der Einordnung als Gewerbetreibende durch den Bundesfinanzhof immer noch vorhandenen) Selbstverständnisses als Freiberufler ab. Gegen eine Mitgliedschaft spricht auch, dass der gesamte private Bereich aus der Versicherung herausgenommen ist und zusätzlich privat versichert werden muss.

1949

Unabhängig von der Frage einer Versicherungspflicht spricht aber der gesetzlich festgelegte Leistungskatalog der gesetzlichen **Unfallversicherung** für eine Mitgliedschaft, zumal – anders als bei privaten Unfallversicherungen – keine finanzielle Begrenzung der Leistungspflicht existiert, d.h., dass – bei einem Beitrag von unter 200,– € jährlich – alle erforderlichen Behandlungen, Rehabilitationsmaßnahmen usw. auch tatsächlich übernommen werden, während private Versicherungen im Regelfall lediglich Leistungen bis zu einem vereinbarten Höchstbetrag übernehmen. Die Beiträge zur Berufsgenossenschaft können als Betriebsausgabe von der Einkommensteuer abgesetzt werden.

1950

Aus unserer Sicht wäre es – sowohl im eigenen Interesse als auch im Interesse der Betreuten, denen nicht damit gedient ist, wenn der Betreuer wegen einer fehlenden Versicherung im Falle eines Unfalls in Insolvenz gerät oder auch im arbeitsunfähigen Zustand weiterarbeiten muss, um wirtschaftlich überleben zu können – unverantwortlich, das Unfallrisiko nicht abzusichern. Es kommt gar nicht mal so selten vor, dass Betreuer z.B. während einer mit der Betreuertätigkeit in Zusammenhang stehenden Autofahrt einen Unfall erleiden, von einem Betreuten tätlich angegriffen werden o.Ä.

1951

Wer Angestellte, etwa eine Hilfskraft für Bürotätigkeiten, beschäftigt, ist unabhängig von der Frage der Versicherungspflicht für Betreuer verpflichtet, seine Angestellten dort zu versichern (§ 2 Abs. 1 Nr. 1 SGB VII). Zuständig ist die

1952

Berufsgenossenschaft für Gesundheitsdienst und Wohlfahrtspflege (BGW)
Pappelallee 35/37
22089 HamburgTel. 0 40/2 02 07-0
http://www.bgw-online.de

1953

Hier sind auch Vereinsbetreuer durch ihren Betreuungsverein zu versichern. Für Behördenbetreuer ist die Eigenunfallversicherung der jeweiligen Kommune zuständig.

1954

---

1 Vgl. dazu *Deinert*, BtPrax 1996, 42; BSG, Urteil vom 23. 3. 1999 – B 2 U 15/ 98 R; BtPrax 2000,30; =NJWE-FER 1999,334
2 SG Berlin BtPrax 2001, 130, bestätigt durch das LSG Berlin L 3 U 20/01 vom 12.9.2002; LSG Niedersachsen-Bremen, Urteil vom 21.06.2007, L 9 U 315/04; LSG NRW, Urteil vom 21. Mai 2003, L 17 U 54/02

13.2 Krankenversicherung und Pflegeversicherung

1955 Berufsbetreuer gehörten als Selbstständige nicht zum Kreis der versicherungspflichtigen Personen. Sie konnten sich lediglich freiwillig in der gesetzlichen Krankenkasse oder bei einer privaten Krankenversicherung versichern. Ob sie dies taten, blieb ihnen überlassen Das ist seit dem 1.4.2007 anders.

1956 Denn mit Inkrafttreten der Gesundheitsreform werden auch diejenigen Personen versicherungspflichtig in der gesetzlichen Kranken- und Pflegeversicherung, die bislang unversichert sind und keinen anderweitigen Anspruch auf Absicherung im Krankheitsfall haben. Flankiert wird diese Regelung dadurch, dass auch die private Krankenversicherung (PKV) ab dem 1.7.2007 nicht versicherte Menschen im so genannten Standardtarif versichern muss.

1957 Der Krankenversicherungsschutz ist ab dem 1.4.2007 von der gesetzlichen Krankenkasse sicherzustellen, bei der zuletzt eine Versicherung bestanden hat, auch wenn diese Versicherung Jahrzehnte zurückliegt. Wenn diese ursprüngliche Krankenkasse nicht mehr besteht, ist die Rechtsnachfolgerin zuständig. Bestand vor dem 1.4.2007 zuletzt eine private Krankenversicherung, kommt eine Versicherung in der gesetzlichen Krankenversicherung nicht zustande. Dann ist die private Krankenversicherung zuständig.

1958 Wer bisher noch nie gesetzlich oder privat krankenversichert war, kann die Krankenkasse frei wählen. Ausnahme sind hauptberuflich Selbstständige, somit auch selbstständige Berufsbetreuer. Diese können sich, soweit sie nicht nach altem Recht freiwillig in der gesetzlichen Krankenkasse versichert sind, ab 1.7.2007 an die private Krankenversicherung wenden.

1959 Ab 1.7.2007 besteht jedoch für diesen Personenkreis nur ein Recht zum Beitritt. Nichtversicherte, die nicht in die gesetzliche Krankenversicherung (GKV) aufgenommen werden, müssen seit 1.7.2007 unabhängig von ihrem Gesundheitszustand und Alter zum Standardtarif von jeder PKV aufgenommen werden (so genannter Kontrahierungszwang). Ab 1.1.2009 herrscht in Deutschland eine Krankenversicherungspflicht für alle Einwohner.

1960 Nichtversicherte werden dann in der PKV versichert, wenn sie z.B. zuletzt privat krankenversichert waren oder wegen ihrer beruflichen Tätigkeit (z.B. Selbstständigkeit) bzw. wegen der Höhe des Arbeitsentgelts der PKV zuzuordnen sind.

1961 Für eine private Versicherung sprechen die zum Teil niedrigeren Beiträge und umfangreicheren Leistungen (jedoch nicht im neuen Standardtarif), für die Beibehaltung einer freiwilligen Mitgliedschaft in einer gesetzlichen Krankenkasse die kostenlose Mitversicherung von Familienangehörigen und die zum Teil sehr eingeschränkten Möglichkeiten, nach einem Wechsel in die private Krankenversicherung später in die gesetzliche Krankenversicherung zurückzukehren. Jeder sollte das Für und Wider genau abwägen.

1962 Mit der Krankenversicherung ist auch stets eine Mitgliedschaft in der jeweiligen Pflegeversicherung verbunden.

13.3 Arbeitslosenversicherung

1963 Berufsbetreuer sind (anders als Vereinsbetreuer und angestellte Behördenbetreuer) in der Arbeitslosenversicherung nicht pflichtversichert, haben also im Fall der Arbeitslosigkeit keine Ansprüche auf Arbeitslosengeld I, sondern nur auf Arbeitslosengeld II.

1964 Seit Februar 2006 hat allerdings, wer selbstständig ist oder sich selbstständig macht, unter bestimmten Bedingungen die Möglichkeit, sich freiwillig in der gesetzlichen Arbeitslosenversicherung weiter zu versichern. Die Regelung gilt vorerst bis Ende 2010 und Die Bezeichnung „freiwillige *Weiter*versicherung" macht schon deutlich: Sie ist nur für Leute gedacht, die schon vorher, z.B. als Arbeitnehmer, Ersatzdienstleistende oder Auszubildende pflichtversichert waren.

Wer sich als Selbstständiger freiwillig weiter gegen Arbeitslosigkeit versichern will, muss dazu   **1965**

- in den zwei Jahren zuvor mindestens **zwölf Monate lang Pflichtbeiträge** z.B. als Arbeitnehmer zur gesetzlichen Arbeitslosenversicherung gezahlt haben *oder* **unmittelbar vorher Arbeitslosengeld** oder eine andere „Entgeltersatzleistung" wie Übergangs-, Unterhalts- oder Insolvenzgeld bezogen haben (egal wie lange – eine Mindestbezugsdauer gibt es dafür nicht);

- spätestens einen Monat nach Ende der alten Versicherungspflicht bzw. der Zahlung der – „Entgeltersatzleistung" eine **hauptberuflich selbstständige Tätigkeit mit mindestens 15 Arbeitsstunden pro Woche** aufnehmen (und das der Arbeitsagentur nachweisen, z.B. durch eine Gewerbeanmeldung oder die Bestätigung eines Steuerberaters);

- spätestens einen weiteren Monat danach, also einen Monat nach Aufnahme der selbstständigen Tätigkeit, bei der Arbeitsagentur den „**Antrag auf freiwillige Weiterversicherung**" stellen.

Wer eine dieser Fristen versäumt, kommt als Selbstständiger in die gesetzliche Arbeitslosenversicherung nicht herein.   **1966**

Im Rahmen einer **Übergangsregelung für „Altfälle"** galten diese Bedingungen auch für   **1967**
Diejenigen, die sich zwischen dem 1.1.2004 und dem 31.12.2006 selbstständig gemacht haben. Die zunächst beschlossene Möglichkeit, innerhalb der Übergangsfrist eine Versicherung auch dann abzuschließen, wenn man schon vor dem 1.1.2004 selbstständig war, wurde rückwirkend zum 1.6.2006 wieder gestrichen.

▶ *Weitere Informationen zur freiwilligen Arbeitslosenversicherung gibt es bei ver.di im Internet: www.mediafon.net/ratgeber_haupttext.php3?id=43e60c48815a1*

13.4   Rentenversicherung

Als Selbstständige sind Berufsbetreuer **nicht verpflichtet**, sich in der gesetzlichen Renten-   **1968**
versicherung zu versichern. Berufsbetreuer sind auch nicht „scheinselbstständig" oder „arbeitnehmerähnlich selbstständig" i.S.d. gesetzlichen Regelung in § 2 Satz 1 Nr. 9 SGB VI. Auch die Deutsche Rentenversicherung verneint eine Versicherungspflicht von Berufsbetreuern.[3] Es heißt doch ausdrücklich:

> Bei einer Bestallung zum Betreuer – auch als Berufsbetreuer – muss von einem Verhältnis eigener   **1969**
> Art ausgegangen werden, welches nicht mit einem Beschäftigungs- bzw. Auftrags-verhältnis aus
> dem Vertragsrecht vergleichbar ist. Ein dem Beschäftigungs- bzw. Auftrags-verhältnis entspre-
> chendes Verhältnis lässt sich weder in der Rechtsbeziehung zwischen Be-treuer und Betreutem
> noch in dem Verhältnis zwischen Betreuer und Vormundschaftsgericht feststellen. Ein abhängiges
> Beschäftigungsverhältnis wird daher durch das Bestallungsverhältnis nicht begründet. Versiche-
> rungspflicht nach § 2 Satz 1 Nr. 9 SGB VI für Selbständige mit einem Auftraggeber besteht für die
> Berufsgruppe der selbständig tätigen Berufsbetreuer mangels Auftragsverhältnis ebenfalls nicht.

Auch wenn keine Versicherungspflicht besteht, benötigen Berufsbetreuer eine Altersvor-   **1970**
sorge. Da keine Versicherungspflicht besteht, ist es aber jedem Betreuer selbst überlassen, ob er sich freiwillig in der Deutschen Rentenversicherung oder durch private Vorsorge absichert. Als Selbstständige können Berufsbetreuer keine Altersvorsorge durch eine sog.

---

3   Schreiben der BfA an den BdB vom 17.9.1999, ebenfalls in einer Information auf der Internetseite
www.deutsche-rentenversicherung.de/nn_7112/SharedDocs/de/Inhalt/02__Rente/02__vor__der__rente/
03__statusfeststellung/nAlage4__katalog__berufsgruppen__abgrenzung__pdf.htm

„Riester-Rente" abschließen und auch nicht von einer betrieblichen Altersvorsorge profitieren. Altersvorsorgeverträge nach dem Rürup-Modell sind jedoch möglich.

1971 Problematisch ist es, dass in Versicherungsverträgen privater Anbieter häufig regelmäßige **monatliche Zahlungen** vorausgesetzt werden, der Betreuer aber seine Vergütung aufgrund der Abrechnungspraxis nicht in regelmäßigen monatlichen Abständen erhält. Einige Anbieter haben inzwischen auf die bei Selbstständigen verbreitete Problematik unregelmäßiger Zahlungseingänge reagiert und bieten Modelle an, die es zulassen, jeweils am Monatsende Beiträge in unterschiedlicher Höhe zu leisten, sodass die Zahlungsweise den schwankenden Zahlungseingängen angepasst werden kann.

1972

> **HINWEIS**
>
> *Vor Abschluss eines Versicherungsvertrages sollte man sich wegen der unterschiedlichen Bedürfnisse für eine Alterssicherung und der inzwischen unübersichtlich vielen Angebote auf jeden Fall über die unterschiedlichen Möglichkeiten informieren und fachkundig beraten lassen.*

13.5 Mängel in der sozialen Absicherung

1973 Ende des Jahres 2004 wurde im Auftrag des *BdB e.V.* durch das Nürnberger Institut für Freie Berufe eine Mitgliederbefragung durchgeführt und ausgewertet.[4] Gegenstand der Befragung – die vom Institut für Freie Berufe selbst als repräsentativ eingestuft wird – waren u.a. Alter und familiärer Hintergrund von Betreuern, die vor der Aufnahme der Betreuertätigkeit ausgeübte berufliche Tätigkeit, die wirtschaftliche Situation und die Zufriedenheit mit der Arbeit und dem Serviceangebot des *BdB e.V.*

1974 Am Rande der Untersuchung wurde auch festgestellt, dass das erzielbare Einkommen zumindest in den beiden unteren Vergütungsstufen keine ausreichende soziale Absicherung erlaubt.[5]

1975 Über einen Krankenversicherungsschutz verfügen danach noch nahezu alle der befragten beruflich tätigen Betreuer (50,1 % sind freiwilliges Mitglied in der gesetzlichen Krankenversicherung, 34,2 % sind Mitglied einer privaten Krankenversicherung und 15,7 % sind Pflichtmitglied in der gesetzlichen Krankenversicherung), über eine private Berufs-/Erwerbsunfähigkeitsversicherung verfügen aber nur noch 32,4 % der Befragten, über eine Krankentagegeld nur noch 27,4 %.

1976 In der Berufsgenossenschaft – immerhin eine Pflichtversicherung! – sind nur 38,5 % der Befragten Mitglied.

1977 Etwa 10 % der Betreuer verfügen offenbar über keine – aus unserer Sicht nicht nur für die eigene Absicherung, sondern auch im Interesse der Betreuten unverzichtbare – Vermögensschadenshaftpflichtversicherung.

1978 Bezüglich der Frage einer ausreichenden Alterssicherung erlaubt die Untersuchung u.E. keine verlässliche Aussage. Eine ältere – nicht repräsentative – Fragebogen-Aktion des *BdB e.V.* im Jahre 1999 hatte insoweit aber erhebliche Defizite aufgezeigt.[6]

1979 Es wird zu beobachten sein, wie sich die soziale Sicherung der Betreuer nach dem Inkrafttreten der neuen Vergütungsregeln entwickeln wird. Die zu erwartenden regelmäßigeren Zahlungseingänge machen die Zahlung von Versicherungsbeiträgen sicherlich einfacher, andererseits werden verbreitet auch Einkommenseinbußen durch die vielfach als zu eng

---

4   Bdb argumente Heft 2, Situation und Perspektiven der Professionalisierung von Berufsbetreuern
5   Bdb argumente Heft 2 S. 143, 171 ff
6   Siehe hierzu die 3. Auflage dieses Werkes, S. 247 ff.

empfundenen Stundenansätze, die Folgen der Gewerbesteuerentscheidung des BFH und eine in der Diskussion stehende Mehrwertsteuererhöhung befürchtet, was den Trend zur Vernachlässigung der eigenen sozialen Absicherung verstärken könnte. Schon jetzt wird beobachtet, dass immer mehr Selbstständige nicht mehr in der Lage sind, die Beiträge für eine freiwillige Krankenversicherung aufzubringen.[7]

1980

Aktuelle Untersuchungsergebnisse zur wirtschaftlichen Situation von Berufs- und Vereinsbetreuern finden sich im Zwischenbericht des ISG zur Evaluation des 2. BtÄndG im dortigen Kapitel 5.3.[8]

---

7   Online Dienst „Ärztliche Praxis" vom 10.6.2005, www.aerztlichepraxis.de/aktuell/artikel/1118395062/gz/aktuell
8   Im Internet unter: www.bmj.de/files/-/2455/2.%20Evaluationsbericht%20BR.pdf

14 Bevollmächtigte – Tätigkeit aufgrund von (Vorsorge-)Vollmachten

14.1   Isolierte Vollmachten

1981   Die Handlung aufgrund einer Vollmacht gehört zwar nicht zu den Formen gesetzlicher Vertretung, soll hier aber aufgrund der Bedeutung für die Tätigkeit von Betreuern ebenfalls kurz erwähnt werden.

1982   In § 1896 Abs. 2 wurde festgelegt, dass eine Betreuung dann nicht erforderlich ist, wenn die zu besorgenden Angelegenheiten ebenso gut durch einen Bevollmächtigten erledigt werden können. Diese Vorschrift soll dem Interesse der Entlastung der Gerichte und der Staatskasse sowie der Wahrung des Selbstbestimmungsrechts des Betroffenen dienen.

1983   Die Vorschrift stellt zwar vor allem auf die Bevollmächtigung von Personen aus dem Nahbereich (also enge Familienangehörige, Nachbarn, Freunde usw.) ab, es ist aber auch nicht ausgeschlossen, dass fremde Personen und eventuell auch professionelle Vollmachtnehmer, die eine entsprechende Leistung gegen Geld anbieten, bevollmächtigt werden.

1984   In diesem Zusammenhang wird diskutiert, ob die berufliche Annahme von Vollmachten und die spätere Tätigkeit aufgrund dieser Vollmachten auch ein neues Betätigungsfeld für Berufsbetreuer sein könnte; zum Teil wird eine solche „Berufsbevollmächtigung" auch schon praktiziert. Vorteil für den Betreuer ist es dabei vor allem, dass die Bevollmächtigung auf einem privatrechtlichen Vertrag beruht und der Preis daher frei vereinbart werden kann. Eine Tätigkeit als „Berufsbevollmächtigter" neben einer bereits ausgeführten Tätigkeit als Betreuer wird als Möglichkeit angesehen, die durch die Einführung der Stundensätze des VBVG eingetretenen Verdiensteinbußen wenigstens teilweise zu kompensieren.

1985   Von den Kritikern dieser Möglichkeit wird vor allem eingewandt, dass eine Bevollmächtigung im Vergleich mit der Einrichtung einer Betreuung etliche Unsicherheiten mit sich bringt.[1] Kritisiert wird dort vor allem, dass

1986   •   ein Vollmachtnehmer – anders, als ein Betreuer – keiner gerichtlichen Kontrolle unterliegt, um eine solche Kontrolle zu gewährleisten, müssten weitere Vollmachten an so genannte Kontrollbevollmächtigte erteilt werden,

1987   •   keine einem Einwilligungsvorbehalt vergleichbare Möglichkeit vorhanden sei, sodass die erwünschte Freiheit vom Staat und von betreuerischer Bevormundung mit einem Verlust des Schutzes verbunden sei,

1988   •   deshalb nicht gewährleistet sei, dass der Vollmachtgeber nicht durch eigene Handlungen konkurrierend zu seinem Bevollmächtigten tätig wird oder auch weitere Personen bevollmächtigt, sodass letztlich keine sinnvolle Vertretung mehr möglich ist,

1989   •   der Vollmachtgeber keine Garantie dafür hat, dass der Vollmachtnehmer zu gegebener Zeit tatsächlich noch im Stande ist, die Aufgaben wie vereinbart zu erledigen und sich auch sonst vereinbarungsgemäß verhält, zur Sicherheit müssten daher auch Vertretungsbevollmächtigte beauftragt werden,

---

1   Siehe z.B. *Bienwald*, Die Vorsorgevollmacht – ein gleichwertiger Ersatz der Betreuerbestellung?, BtPrax 1998, 164 ff.; verschiedene Beiträge in der BdB- Verbandszeitung, z.B. Heft 20, Okt. 1999, S. 23; Heft 23, März 2000, S. 36 u. Heft 25, Juli 2000, S. 36

- das vereinbarte Honorar nicht gezahlt werden kann, weil der Vollmachtgeber über seine Verhältnisse gelebt hat und nun nur noch über die notdürftigsten finanziellen Mittel verfügt, **1990**

- z.B. im Falle von Trennung oder Scheidung vergessen wird, eine einmal erteilte Vorsorgevollmacht zurückzurufen, sodass z.B. der ehemalige Partner nun imstande ist, über das Schicksal des anderen zu befinden. **1991**

Zur Sicherheit möglicher Vollmachtgeber wird deshalb eine Qualitätssicherung gefordert. So müssten Kontrollregelungen geschaffen werden und es müsste u.a. gewährleistet werden, dass professionelle Vollmachtnehmer ausreichend qualifiziert seien, sich regelmäßig fortbilden und eine Versicherung besteht, die Schadensersatz leistet, falls der Bevollmächtigte bei dem Vollmachtgeber durch fehlerhafte Tätigkeiten einen Schaden verursacht. **1992**

Wer sich dazu entschließt, beruflich Vollmachten entgegenzunehmen und später aufgrund dieser Vollmachten tätig zu werden, muss beachten, dass dadurch Konflikte mit dem **Rechtsberatungsgesetz** (RBerG)[2] drohen. So wurde ein Betreuer, der aufgrund einer Vollmacht für den Lebensgefährten einer von ihm betreuten Frau tätig geworden war, durch die örtliche Anwaltskammer auf Abgabe einer Unterlassungserklärung verklagt. Die Klage wurde zwar durch das *LG Traunstein*[3] abgewiesen, dabei aber vor allem auf Besonderheiten des Einzelfalls abgestellt. **1993**

Hinsichtlich der Frage, ob die Tätigkeit aufgrund von Vorsorgevollmachten grundsätzlich einen Verstoß gegen das RBerG darstellt – dafür spricht der Wortlaut des RBerG, das die geschäftsmäßige rechtliche Besorgung fremder Angelegenheiten nur dann für zulässig erklärt, wenn hierfür eine behördliche Erlaubnis erteilt wurde – oder ob auch berufliches Tätigwerden aufgrund solcher Vollmachten zulässig ist – also eine Tätigkeit als „Berufsbevollmächtigter" dafür spricht, dass die Vorsorgevollmacht in § 1896 Abs. 2 ausdrücklich als Alternative zur Betreuung genannt wird und nach dem Prinzip der Einheitlichkeit der Rechtsordnung nicht an einer Stelle im Gesetz verboten werden kann, was an anderer Stelle ausdrücklich erlaubt wird –, gibt das Urteil deshalb nur wenig her. Das Gericht lehnt aufgrund der Besonderheiten des Falles bereits das Merkmal der „Geschäftsmäßigkeit" ab und setzt sich – aus seiner Sicht folgerichtig – nicht damit auseinander, ob nicht schon aus der Erwähnung der Vorsorgevollmacht im Betreuungsrecht eine Zulässigkeit solcher Tätigkeiten folgt. **1994**

Äußerungen des Gerichts während der mündlichen Verhandlung und unseres Erachtens auch dem Unterton der Urteilsbegründung kann man aber entnehmen, dass eine geschäftsmäßige Tätigkeit von Bevollmächtigten nicht als zulässig angesehen wird, soweit dabei auch eine rechtliche Besorgung der Angelegenheiten des Vollmachtgebers erfolgt. **1995**

Geht man davon aus, dass andere Gerichte dies ebenso sehen und legt man die in diesem Urteil verwendete Abgrenzung zwischen wirtschaftlicher und rechtlicher Vertretung (die bzgl. des RBerG herrschende Meinung ist) zugrunde, so würde für einen „Berufsbevollmächtigten" im Vergleich zu einem Betreuer nur ein sehr enger Tätigkeitsraum verbleiben. Er könnte lediglich so genannte Alltagsgeschäfte erledigen und sonstige wirtschaftliche Angelegenheiten regeln. Z.B. der Abschluss eines Heimvertrags oder auch ein Widerspruch gegen einen Sozialhilfebescheid wären aber wegen des Schwerpunkts im rechtlichen Bereich bereits unzulässig und müssten einem Rechtsanwalt übertragen werden – anders aber, wenn der Bevollmächtigte nicht geschäftsmäßig handelt, was wohl anzunehmen wäre, wenn er ein naher Angehöriger des Vollmachtgebers ist. **1996**

Gem. Art. 1 § 5 Nr. 3 RBerG dürfen allerdings Vermögensverwalter auch ohne besondere Erlaubnis tätig werden, sofern sie die mit der Verwaltung in unmittelbarem Zusammen- **1997**

---

2   Ab 1.7.2008 Rechtsdienstleistungsgesetz
3   Az.: 2 O 3098/00

hang stehenden Rechtsangelegenheiten regeln. Nach Ansicht von *Zimmermann*[4] folgt daraus, dass ein Vollmachtnehmer, der die Vermögensangelegenheiten des Vollmachtgebers zu erledigen hat, die damit unmittelbar zusammenhängenden Angelegenheiten erlaubnisfrei erledigen kann. Dazu sollen z.B. die Vermietung von Wohnungen im Wohnhaus des Vollmachtgebers, die Einziehung von Mietforderungen, das Erheben von Räumungsklagen, Geldanlagegeschäfte, der Abschluss eines Hausverwaltervertrages usw. gehören. Dabei ist aber zu beachten, dass bei Mittellosigkeit kein Vermögensverwalter benötigt wird; die Stellung eines Sozialhilfeantrags für einen mittellosen Vollmachtgeber z.B. dürfte deshalb kaum als Teil der erlaubnisfreien Vermögensverwaltung aufzufassen sein.[5]

1998 Der oben geschilderte Rechtsstreit zeigt, dass Bevollmächtigte sich rechtlich auf „gefährlichem Gebiet" bewegen und – solange der Gesetzgeber keine klare Regelung aufstellt – ein gewisses Risiko eingehen. Der Streitwert ist im geschilderten Fall auf 40.000,– DM festgesetzt worden; hätte der Betreuer den Prozess verloren, hätte er für die erste Instanz Anwalts- und Gerichtskosten i.H.v. ca. 10.600,– DM zahlen müssen (die Anwaltskammer hatte ursprünglich sogar die Festsetzung eines Streitwerts i. H. v. 120.000,– DM gefordert, die Kosten wären dann noch erheblich höher gewesen).

1999 Außerdem sind Verstöße gegen das RBerG eine Ordnungswidrigkeit und können mit einer Geldbuße geahndet werden (gem. Art. 1 § 8 Abs. 1 Nr. 1 i.V.m. Abs. 2 kommt eine Geldbuße bis zu 5.000,– € in Betracht).

2000 Eine Möglichkeit, Verstöße gegen das RBerG und Streitigkeiten mit der Anwaltskammer zu vermeiden wäre es, eng **mit einem Rechtsanwalt zu kooperieren**, dem die Bearbeitung aller in Zusammenhang mit der Tätigkeit als Bevollmächtigter auftretenden rechtlichen Fragestellungen übertragen wird.

2001 Zum Teil wird allerdings auch angenommen, dass schon selbst die Prüfung der Frage, ob rechtlich relevante Themen berührt sind und deswegen ein Rechtsanwalt beauftragt werden muss, als – für einen nichtanwaltlichen Bevollmächtigten unzulässige – Rechtsbesorgung anzusehen ist. Deshalb wird der umgekehrte Weg vorgeschlagen: Danach soll ein **Rechtsanwalt als Bevollmächtigter** eingesetzt werden, der dann diejenigen Tätigkeiten, die nicht als Rechtsbesorgung anzusehen sind, einem Berufsbetreuer als Unterbevollmächtigtem überträgt.[6]

2002 Ob die Tätigkeit als „Berufsbevollmächtigter" dann aber noch für breite Bevölkerungsgruppen zu einem vertretbaren Preis angeboten werden kann, bleibt abzuwarten.

2003 Zum 1.7.2008 soll das neue Rechtsdienstleistungsgesetz[7] in Kraft treten, das dann das bisherige Rechtsberatungsgesetz ersetzen wird. In § 5 Abs. 1 der Neuregelung heißt es:

> Im Zusammenhang mit einer anderen beruflichen oder gesetzlich geregelten Tätigkeit sind alle Rechtsdienstleistungen erlaubt, die eine zum Berufs- oder Tätigkeitsbild oder zur vollständigen Erfüllung der vertraglichen oder gesetzlichen Pflichten gehörige Nebenleistung darstellen.

2004 Ob sich daraus auch Veränderungen für die Tätigkeit aufgrund von Vorsorgevollmachten ergeben werden, ist zweifelhaft und lässt sich zurzeit nicht absehen.

---

4   Vorsorgevollmacht und Rechtsberatungsgesetz, BtPrax 2001, 192 ff.
5   *Zimmermann* a.a.O., im Übrigen würde danach dann eine erlaubnispflichtige rechtliche Besorgung vorliegen, wenn die rechtlichen Belange beim Geschäft ein nicht ganz unerhebliches Gewicht haben und sowohl Vollmachtgeber als auch Vollmachtnehmer in erster Linie eine rechtliche Gestaltung anstreben. Erlaubnispflichtig können danach bereits der Abschluss eines Heimvertrags, eines Mietvertrags oder eines Werkvertrags, die Schuldenregulierung, der Einzug von Forderungen, die Anfertigung von Vertragsentwürfen oder die Hilfe bei der Durchsetzung von Erbrechten sein.
6   *Heyder*, Kooperation von sozialpädagogisch ausgebildeten Betreuern mit Rechtsanwälten auf Grundlage einer Vorsorgevollmacht, BtMan 2007,8,10
7   Bt-Drucks. 16/3655

14.2   Ergänzende Vereinbarungen bei bestehender Betreuung

Viele Betreuer fühlen die durch die Reform des Vergütungsrecht benachteiligt. Bei insgesamt steigenden Belastungen (z.B. Gewerbesteuer, IHK-Mitgliedschaft) kann in vielen Fällen kein finanzieller Ausgleich durch eine Mischkalkulation stattfinden.

2005

▶ *Einzelheiten zu den ersten Erfahrungen mit der Reform finden Sie im Kapitel 1, Rn. 118 ff.*

Einige Betreuer versuchen, „Abhilfe" zu schaffen, indem sie mit dem Betreuten eine **privatrechtliche Vereinbarung über die Höhe des Stundensatzes** – der danach höher als der gem. § 4 Abs. 1 VBVG zustehende Stundensatz sein soll – treffen oder sich von dem Betreuten eine Vollmacht ausstellen lassen, die sie ermächtigt, auch außerhalb der durch das Vormundschaftsgericht übertragenen Aufgabenkreise tätig zu werden, die Arbeit auch nach dem Tode des Betreuten fortzuführen (z.B. noch die Bestattung in Auftrag zu geben) und die dafür vereinbarungsgemäß zustehende Vergütung sowie den Auslagenersatz selbst dem Vermögen des Betroffenen bzw. ggf. dem Nachlass zu entnehmen. **In diesem Zusammenhang ist Vorsicht geboten.**

2006

Die Rechtsprechung hat bereits häufiger festgestellt, dass Vereinbarungen zwischen Betreuer und Betreutem über die Höhe des Stundensatzes das Vormundschaftsgericht nicht binden können.[8] Entsprechend wird es auch in Zukunft nicht möglich sein, einen höheren Stundensatz mit dem Betreuten zu vereinbaren.

2007

Hinsichtlich einer durch einen Betreuten ausgestellten Vollmacht spricht auf den ersten Blick nichts gegen die Wirksamkeit. Warum soll ein Betreuter – sofern er geschäftsfähig ist und über ausreichende finanzielle Mittel verfügt –, nicht die Möglichkeit haben, sich Leistungen des Betreuers, die außerhalb der eigentlichen Betreueraufgaben liegen, dazuzukaufen? Andererseits ist es ein gewisser Widerspruch, wenn man einerseits feststellt, dass der Betreute krankheitsbedingt nicht mehr in der Lage ist, seine Interessen im Rechtsverkehr selbst wahrzunehmen und deshalb die Einsetzung eines Betreuers nötig ist, andererseits aber eine von ihm erteilte Vollmacht unter Umgehung der Vorgaben des Betreuungsrechts zur Grundlage der eigenen Tätigkeit und der eigenen Vergütungsansprüche zu machen.

2008

Das *LG Saarbrücken*[9] hat dazu vor einiger Zeit festgestellt, dass solche Vereinbarungen auch dann nichtig sein können, wenn der Betreute noch geschäftsfähig ist und kein Einwilligungsvorbehalt besteht.

2009

Die wesentliche Passage der Entscheidung – in dem Verfahren ging es um die Rückzahlung von Geldern, die der Betreuer aufgrund einer Vollmacht dem Vermögen bzw. dem Nachlass des Betreuten entnommen hatte – lautet:

2010

> ... Nach dem Vortrag des Beklagten stellt diese Erklärung eine über den Tod des Betreuten hinaus wirkende Vollmacht dar. Ob die Voraussetzungen einer wirksam erteilten Vollmacht gemäß § 167 vorliegen, erscheint schon hinsichtlich der erforderlichen Geschäftsfähigkeit des Betreuten zweifelhaft. Diese Frage kann jedoch dahinstehen, das die „Vollmacht" des Betreuten auf jeden Fall gemäß § 138 nichtig ist.
>
> Demnach ist ein Rechtsgeschäft nichtig, wenn es gegen die guten Sitten verstößt. Hiervon kann im Einzelfall ausgegangen werden, wenn auf Seiten des Betroffenen eine erhebliche, auch unterhalb der Schwelle der Geschäftsunfähigkeit liegende Willensschwäche oder mangelndes Urteilsvermögen gegeben ist (vgl. Palandt/Heinrichs BGB Rn. 72). Hiervon muss im vorliegenden Fall ausgegangen werden. Der Beklagte war dem Betreuten gerade deshalb im Bereich der Vermögenssorge zur Seite gestellt, weil dieser nicht in der Lage war, seine Vermögensinteressen ohne fremde Hilfe zu wahren. Wenn die „Hilfe" des Betreuers dann jedoch dahin geht, dass er sich von dem Betroffenen eine „Vollmacht" erteilen lässt, die ihm über dessen Tod hinaus die Verfügungs-

---

8   LG Hannover FamRZ 2002, 1063 mit Anmerkung *Bienwald*; BayObLG BtPrax 2002,129
9   Az.: 17 O 47/03, Urteil vom 10.8.2004

möglichkeit über dessen gesamtes Vermögen einräumt, zu der er allein nach dem Gesetz nicht berechtigt wäre, verkehrt er den Zweck der Betreuung – die Dienstleistung zugunsten einer lebenden Person, die mit deren Tod endet – in ihr Gegenteil und verstößt gegen die ihm obliegende Verpflichtung, die Vermögensinteressen des Betroffenen zu wahren ... . Somit ist die „Vollmacht" vom ... gem. § 138 als nichtig anzusehen. Eine die Abhebungen des Beklagten rechtfertigende Abrede kann in ihr nicht gesehen werden. ...

2011 Bei dem von dem *LG Saarbrücken* entschiedenen Fall handelt es sich sicherlich um eine besondere Situation. Aber auch in weniger auffälligen Fallgestaltungen ist die Rechtslage nicht ganz eindeutig. *Bienwald* geht in der o.g. Anmerkung zu dem Beschluss des *LG Hannover*[10] davon aus, dass Vereinbarungen über die Vergütung für die Betreuertätigkeit unzulässig sind, weil das Gesetz durch seine eindeutigen Vorgaben keinen Spielraum dafür lässt. Er hält aber Vereinbarungen über Tätigkeiten, die über die Betreuertätigkeit hinausgehen, für grundsätzlich zulässig. Wie die oben geschilderte Entscheidung des *LG Saarbrücken* zeigt, kann man sich aber nicht darauf verlassen, dass die Gerichte das ebenso sehen.

2012 Für den Betreuer bestehen deshalb mehrere Gefahren: Abgesehen davon, dass er möglicherweise umsonst arbeitet, weil die Vergütungsvereinbarung nichtig ist, kann er – sofern er aufgrund der Vollmacht außerhalb der durch das Vormundschaftsgericht übertragenen Aufgabenkreise tätig wird – mit dem Rechtsberatungsgesetz (ab 1.7.2008: Rechtsdienstleistungsgesetz) in Konflikt geraten. Außerdem dürfte für diese Tätigkeiten kein Versicherungsschutz durch die Berufshaftpflichtversicherung bestehen. Und schließlich besteht das Risiko, gem. § 179 haftungsrechtlich als so genannter Vertreter ohne Vertretungsmacht in Anspruch genommen zu werden, wenn einem vermeintlichen Vertragspartner des Betreuten aufgrund der Unwirksamkeit des Vertrages ein Schaden entsteht.

2013 Wer solche Vereinbarungen trifft, sollte jedenfalls unbedingt darauf achten, dass nicht der Eindruck entsteht, dass er dem Betreuten Leistungen „verkauft", die er ihm eigentlich schon aufgrund der Betreuerbestellung schuldet um so die Vorgaben über die Stundenansätze des § 5 VBVG zu umgehen.[11]

---

10 LG Hannover FamRZ 2002, 1063
11 Siehe dazu auch die Ausführungen zur Delegation in Kap.7, Rn. 1172 ff.

Anhang

Rechtsgrundlagen
– Bundesrecht –

Hinweis

Paragrafenüberschriften in Klammern sind nichtamtlich.

Übersicht

1 Bürgerliches Gesetzbuch (BGB)

In der Fassung der Bekanntmachung vom 2. Januar 2002 (BGBl. I S. 42, S. 2909), zuletzt geändert durch Artikel 1 des Gesetzes vom 21. Dezember 2007 (BGBl. I S. 3189)

– Auszug –

Buch 1
Allgemeiner Teil

Abschnitt 1
Personen

...

Titel 5
Vertretung und Vollmacht

...

§ 181   Insichgeschäft
Ein Vertreter kann, soweit nicht ein anderes ihm gestattet ist, im Namen des Vertretenen mit sich im eigenen Namen oder als Vertreter eines Dritten ein Rechtsgeschäft nicht vornehmen, es sei denn, dass das Rechtsgeschäft ausschließlich in der Erfüllung einer Verbindlichkeit besteht.

...

Abschnitt 4
Fristen, Termine

...

§ 187   Fristbeginn
(1) Ist für den Anfang einer Frist ein Ereignis oder ein in den Lauf eines Tages fallender Zeitpunkt maßgebend, so wird bei der Berechnung der Frist der Tag nicht mitgerechnet, in welchen das Ereignis oder der Zeitpunkt fällt.

(2) Ist der Beginn eines Tages der für den Anfang einer Frist maßgebende Zeitpunkt, so wird dieser Tag bei der Berechnung der Frist mitgerechnet. Das Gleiche gilt von dem Tag der Geburt bei der Berechnung des Lebensalters. ...

§ 188   Fristende
(1) Eine nach Tagen bestimmte Frist endigt mit dem Ablauf des letzten Tages der Frist.

(2) Eine Frist, die nach Wochen, nach Monaten oder nach einem mehrere Monate umfassenden Zeitraum – Jahr, halbes Jahr, Vierteljahr – bestimmt ist, endigt im Falle des § 187 Abs. 1 mit dem Ablauf desjenigen Tages der letzten Woche oder des letzten Monats, welcher durch seine Benennung oder seine Zahl dem Tag entspricht, in den das Ereignis oder der Zeitpunkt fällt, im Falle des § 187 Abs. 2 mit dem Ablauf desjenigen Tages der letzten Woche oder des letzten Monats, welcher dem Tage vorhergeht, der durch seine Benennung oder seine Zahl dem Anfangstag der Frist entspricht.

(3) Fehlt bei einer nach Monaten bestimmten Frist in dem letzten Monat der für ihren Ablauf maßgebende Tag, so endigt die Frist mit dem Ablauf des letzten Tages dieses Monats.

...

§ 191   Berechnung von Zeiträumen

Ist ein Zeitraum nach Monaten oder nach Jahren in dem Sinne bestimmt, dass er nicht zusammenhängend zu verlaufen braucht, so wird der Monat zu 30, das Jahr zu 365 Tagen gerechnet.

§ 192   Anfang, Mitte, Ende des Monats

Unter Anfang des Monats wird der erste, unter Mitte des Monats der 15., unter Ende des Monats der letzte Tag des Monats verstanden.

§ 193   Sonn- und Feiertag; Sonnabend

Ist an einem bestimmten Tag oder innerhalb einer Frist eine Willenserklärung abzugeben oder eine Leistung zu bewirken und fällt der bestimmte Tag oder der letzte Tag der Frist auf einen Sonntag, einen am Erklärungs- oder Leistungsorte staatlich anerkannten allgemeinen Feiertag oder einen Sonnabend, so tritt an die Stelle eines solchen Tages der nächste Werktag.

Abschnitt 5
Verjährung

Titel 1
Gegenstand und Dauer der Verjährung

§ 194   Gegenstand der Verjährung

(1) Das Recht, von einem anderen ein Tun oder Unterlassen zu verlangen (Anspruch), unterliegt der Verjährung.

(2) Ansprüche aus einem familienrechtlichen Verhältnis unterliegen der Verjährung nicht, soweit sie auf die Herstellung des dem Verhältnis entsprechenden Zustands für die Zukunft gerichtet sind.

§ 195   Regelmäßige Verjährungsfrist

Die regelmäßige Verjährungsfrist beträgt drei Jahre.

...

§ 199   Beginn der regelmäßigen Verjährungsfrist und Höchstfristen

(1) Die regelmäßige Verjährungsfrist beginnt mit dem Schluss des Jahres, in dem

1. der Anspruch entstanden ist und

2. der Gläubiger von den den Anspruch begründenden Umständen und der Person des Schuldners Kenntnis erlangt oder ohne grobe Fahrlässigkeit erlangen müsste.

(2) Schadensersatzansprüche, die auf der Verletzung des Lebens, des Körpers, der Gesundheit oder der Freiheit beruhen, verjähren ohne Rücksicht auf ihre Entstehung und die Kenntnis oder grob fahrlässige Unkenntnis in 30 Jahren von der Begehung der Handlung, der Pflichtverletzung oder dem sonstigen, den Schaden auslösenden Ereignis an.

(3) Sonstige Schadensersatzansprüche verjähren

1. ohne Rücksicht auf die Kenntnis oder grob fahrlässige Unkenntnis in zehn Jahren von ihrer Entstehung an und

2. ohne Rücksicht auf ihre Entstehung und die Kenntnis oder grob fahrlässige Unkenntnis in 30 Jahren von der Begehung der Handlung, der Pflichtverletzung oder dem sonstigen, den Schaden auslösenden Ereignis an.

Maßgeblich ist die früher endende Frist.

(4) Andere Ansprüche als Schadensersatzansprüche verjähren ohne Rücksicht auf die Kenntnis oder grob fahrlässige Unkenntnis in zehn Jahren von ihrer Entstehung an.

(5) Geht der Anspruch auf ein Unterlassen, so tritt an die Stelle der Entstehung die Zuwiderhandlung.

§ 200   Beginn anderer Verjährungsfristen

Die Verjährungsfrist von Ansprüchen, die nicht der regelmäßigen Verjährungsfrist unterliegen, beginnt mit der Entstehung des Anspruchs, soweit nicht ein anderer Verjährungsbeginn bestimmt ist. § 199 Abs. 5 findet entsprechende Anwendung.

§ 201   Beginn der Verjährungsfrist von festgestellten Ansprüchen

Die Verjährung von Ansprüchen der in § 197 Abs. 1 Nr. 3–5 bezeichneten Art beginnt mit der Rechtskraft der Entscheidung, der Errichtung des vollstreckbaren Titels oder der Feststellung im Insolvenzverfahren, nicht jedoch vor der Entstehung des Anspruchs. § 199 Abs. 5 findet entsprechende Anwendung.

§ 202   Unzulässigkeit von Vereinbarungen über die Verjährung

(1) Die Verjährung kann bei Haftung wegen Vorsatzes nicht im Voraus durch Rechtsgeschäft erleichtert werden.

(2) Die Verjährung kann durch Rechtsgeschäft nicht über eine Verjährungsfrist von 30 Jahren ab dem gesetzlichen Verjährungsbeginn hinaus erschwert werden.

Titel 2
Hemmung, Ablaufhemmung und Neubeginn der Verjährung

...

§ 207   Hemmung der Verjährung aus familiären und ähnlichen Gründen

(1) Die Verjährung von Ansprüchen zwischen Ehegatten ist gehemmt, solange die Ehe besteht. Das Gleiche gilt für Ansprüche zwischen

1. Lebenspartnern, solange die Lebenspartnerschaft besteht,

2. Eltern und Kindern und dem Ehegatten eines Elternteils und dessen Kindern während der Minderjährigkeit der Kinder,

3. dem Vormund und dem Mündel während der Dauer des Vormundschaftsverhältnisses,

4. dem Betreuten und dem Betreuer während der Dauer des Betreuungsverhältnisses und

5. dem Pflegling und dem Pfleger während der Dauer der Pflegschaft.

Die Verjährung von Ansprüchen des Kindes gegen den Beistand ist während der Dauer der Beistandschaft gehemmt.

(2) § 208 bleibt unberührt.

§ 211   Ablaufhemmung in Nachlassfällen

Die Verjährung eines Anspruchs, der zu einem Nachlass gehört oder sich gegen einen Nachlass richtet, tritt nicht vor dem Ablauf von sechs Monaten nach dem Zeitpunkt ein, in dem die Erbschaft von dem Erben angenommen oder das Insolvenzverfahren über den Nachlass eröffnet wird oder von dem an der Anspruch von einem oder gegen einen Vertreter geltend gemacht werden kann. Ist die Verjährungsfrist kürzer als sechs Monate, so tritt der für die Verjährung bestimmte Zeitraum an die Stelle der sechs Monate.

**Buch 2
Recht der Schuldverhältnisse**

**Abschnitt 1
Inhalt der Schuldverhältnisse**

Titel 1
Verpflichtung zur Leistung

...

§ 247   Basiszinssatz

(1) Der Basiszinssatz beträgt 3,62 Prozent. Er verändert sich zum 1. Januar und 1. Juli eines jeden Jahres um die Prozentpunkte, um welche die Bezugsgröße seit der letzten Veränderung des Basiszinssat-

zes gestiegen oder gefallen ist. Bezugsgröße ist der Zinssatz für die jüngste Hauptrefinanzierungsoperation der Europäischen Zentralbank vor dem ersten Kalendertag des betreffenden Halbjahrs.

(2) Die Deutsche Bundesbank gibt den geltenden Basiszinssatz unverzüglich nach den in Absatz 1 Satz 2 genannten Zeitpunkten im Bundesanzeiger bekannt.

§ 246 Gesetzlicher Zinssatz

Ist eine Schuld nach Gesetz oder Rechtsgeschäft zu verzinsen, so sind vier vom Hundert für das Jahr zu entrichten, sofern nicht ein anderes bestimmt ist.

§ 247 Basiszinssatz

(1) Der Basiszinssatz beträgt 3,62 Prozent. Er verändert sich zum 1. Januar und 1. Juli eines jeden Jahres um die Prozentpunkte, um welche die Bezugsgröße seit der letzten Veränderung des Basiszinssatzes gestiegen oder gefallen ist. Bezugsgröße ist der Zinssatz für die jüngste Hauptrefinanzierungsoperation der Europäischen Zentralbank vor dem ersten Kalendertag des betreffenden Halbjahrs.

(2) Die Deutsche Bundesbank gibt den geltenden Basiszinssatz unverzüglich nach den in Absatz 1 Satz 2 genannten Zeitpunkten im Bundesanzeiger bekannt.

...

§ 253 Immaterieller Schaden (Schmerzensgeld)

(1) Wegen eines Schadens, der nicht Vermögensschaden ist, kann Entschädigung in Geld nur in den durch das Gesetz bestimmten Fällen gefordert werden.

(2) Ist wegen einer Verletzung des Körpers, der Gesundheit, der Freiheit oder der sexuellen Selbstbestimmung Schadensersatz zu leisten, kann auch wegen des Schadens, der nicht Vermögensschaden ist, eine billige Entschädigung in Geld gefordert werden.

...

§ 256 Verzinsung von Aufwendungen

Wer zum Ersatz von Aufwendungen verpflichtet ist, hat den aufgewendeten Betrag oder, wenn andere Gegenstände als Geld aufgewendet worden sind, den als Ersatz ihres Wertes zu zahlenden Betrag von der Zeit der Aufwendung an zu verzinsen. Sind Aufwendungen auf einen Gegenstand gemacht worden, der dem Ersatzpflichtigen herauszugeben ist, so sind Zinsen für die Zeit, für welche dem Ersatzberechtigten die Nutzungen oder die Früchte des Gegenstands ohne Vergütung verbleiben, nicht zu entrichten.

§ 257 Befreiungsanspruch

Wer berechtigt ist, Ersatz für Aufwendungen zu verlangen, die er für einen bestimmten Zweck macht, kann, wenn er für diesen Zweck eine Verbindlichkeit eingeht, Befreiung von der Verbindlichkeit verlangen. Ist die Verbindlichkeit noch nicht fällig, so kann ihm der Ersatzpflichtige, statt ihn zu befreien, Sicherheit leisten.

...

§ 273 Zurückbehaltungsrecht

(1) Hat der Schuldner aus demselben rechtlichen Verhältnis, auf dem seine Verpflichtung beruht, einen fälligen Anspruch gegen den Gläubiger, so kann er, sofern nicht aus dem Schuldverhältnis sich ein anderes ergibt, die geschuldete Leistung verweigern, bis die ihm gebührende Leistung bewirkt wird (Zurückbehaltungsrecht).

(2) Wer zur Herausgabe eines Gegenstands verpflichtet ist, hat das gleiche Recht, wenn ihm ein fälliger Anspruch wegen Verwendungen auf den Gegenstand oder wegen eines ihm durch diesen verursachten Schadens zusteht, es sei denn, dass er den Gegenstand durch eine vorsätzlich begangene unerlaubte Handlung erlangt hat.

(3) Der Gläubiger kann die Ausübung des Zurückbehaltungsrechts durch Sicherheitsleistung abwenden. Die Sicherheitsleistung durch Bürgen ist ausgeschlossen.

...

Abschnitt 8
Einzelne Schuldverhältnisse

...

Titel 12
Auftrag und Geschäftsbesorgungsvertrag

Untertitel 1
Auftrag

...

§ 669   Vorschusspflicht

Für die zur Ausführung des Auftrags erforderlichen Aufwendungen hat der Auftraggeber dem Beauftragten auf Verlangen Vorschuss zu leisten.

§ 670   Ersatz von Aufwendungen

Macht der Beauftragte zum Zwecke der Ausführung des Auftrags Aufwendungen, die er den Umständen nach für erforderlich halten darf, so ist der Auftraggeber zum Ersatz verpflichtet.

...

Buch 4
Familienrecht

...

Abschnitt 2
Verwandtschaft

Titel 5
Elterliche Sorge

...

§ 1688 Entscheidungsbefugnisse der Pflegeperson

(1) Lebt ein Kind für längere Zeit in Familienpflege, so ist die Pflegeperson berechtigt, in Angelegenheiten des täglichen Lebens zu entscheiden sowie den Inhaber der elterlichen Sorge in solchen Angelegenheiten zu vertreten. Sie ist befugt, den Arbeitsverdienst des Kindes zu verwalten sowie Unterhalts-, Versicherungs-, Versorgungs- und sonstige Sozialleistungen für das Kind geltend zu machen und zu verwalten. § 1629 Abs. 1 Satz 4 gilt entsprechend.

(2) Der Pflegeperson steht eine Person gleich, die im Rahmen der Hilfe nach den §§ 34, 35 und 35a Abs. 1 Satz 2 Nr. 3 und 4 des Achten Buches Sozialgesetzbuch die Erziehung und Betreuung eines Kindes übernommen hat.

(3) Die Absätze 1 und 2 gelten nicht, wenn der Inhaber der elterlichen Sorge etwas anderes erklärt. 2Das Familiengericht kann die Befugnisse nach den Absätzen 1 und 2 einschränken oder ausschließen, wenn dies zum Wohl des Kindes erforderlich ist.

(4) Für eine Person, bei der sich das Kind auf Grund einer gerichtlichen Entscheidung nach § 1632 Abs. 4 oder § 1682 aufhält, gelten die Absätze 1 und 3 mit der Maßgabe, dass die genannten Befugnisse nur das Familiengericht einschränken oder ausschließen kann.

§ 1698a   Fortführung der Geschäfte in Unkenntnis der Beendigung der elterlichen Sorge

(1) Die Eltern dürfen die mit der Personensorge und mit der Vermögenssorge für das Kind verbundenen Geschäfte fortführen, bis sie von der Beendigung der elterlichen Sorge Kenntnis erlangen oder sie kennen müssen. Ein Dritter kann sich auf diese Befugnis nicht berufen, wenn er bei der Vornahme eines Rechtsgeschäfts die Beendigung kennt oder kennen muss.

(2) Diese Vorschriften sind entsprechend anzuwenden, wenn die elterliche Sorge ruht.

§ 1698b   Fortführung dringender Geschäfte nach Tod des Kindes

Endet die elterliche Sorge durch den Tod des Kindes, so haben die Eltern die Geschäfte, die nicht ohne Gefahr aufgeschoben werden können, zu besorgen, bis der Erbe anderweit Fürsorge treffen kann.

...

Abschnitt 3
Vormundschaft, Rechtliche Betreuung, Pflegschaft

Titel 1
Vormundschaft

Untertitel 1
Begründung der Vormundschaft

...

§ 1775   Mehrere Vormünder

Das Vormundschaftsgericht kann ein Ehepaar gemeinschaftlich zu Vormündern bestellen. Im Übrigen soll das Vormundschaftsgericht, sofern nicht besondere Gründe für die Bestellung mehrerer Vormünder vorliegen, für den Mündel und, wenn Geschwister zu bevormunden sind, für alle Mündel nur einen Vormund bestellen.

...

§ 1791a   Vereinsvormundschaft

(1) Ein rechtsfähiger Verein kann zum Vormund bestellt werden, wenn er vom Landesjugendamt hierzu für geeignet erklärt worden ist. Der Verein darf nur zum Vormund bestellt werden, wenn eine als ehrenamtlicher Einzelvormund geeignete Person nicht vorhanden ist oder wenn er nach § 1776 als Vormund berufen ist; die Bestellung bedarf der Einwilligung des Vereins.

(2) Die Bestellung erfolgt durch schriftliche Verfügung des Vormundschaftsgerichts; die §§ 1789, 1791 sind nicht anzuwenden.

(3) Der Verein bedient sich bei der Führung der Vormundschaft einzelner seiner Mitglieder oder Mitarbeiter; eine Person, die den Mündel in einem Heim des Vereins als Erzieher betreut, darf die Aufgaben des Vormunds nicht ausüben. Für ein Verschulden des Mitglieds oder des Mitarbeiters ist der Verein dem Mündel in gleicher Weise verantwortlich wie für ein Verschulden eines verfassungsmäßig berufenen Vertreters.

(4) Will das Vormundschaftsgericht neben dem Verein einen Mitvormund oder will es einen Gegenvormund bestellen, so soll es vor der Entscheidung den Verein hören.

§ 1791b   Bestellte Amtsvormundschaft des Jugendamts

(1) Ist eine als ehrenamtlicher Einzelvormund geeignete Person nicht vorhanden, so kann auch das Jugendamt zum Vormund bestellt werden. Das Jugendamt kann von den Eltern des Mündels weder benannt noch ausgeschlossen werden.

(2) Die Bestellung erfolgt durch schriftliche Verfügung des Vormundschaftsgerichts; die §§ 1789, 1791 sind nicht anzuwenden.

...

§ 1792   Gegenvormund

(1) Neben dem Vormund kann ein Gegenvormund bestellt werden. Ist das Jugendamt Vormund, so kann kein Gegenvormund bestellt werden; das Jugendamt kann Gegenvormund sein.

(2) Ein Gegenvormund soll bestellt werden, wenn mit der Vormundschaft eine Vermögensverwaltung verbunden ist, es sei denn, dass die Verwaltung nicht erheblich oder dass die Vormundschaft von mehreren Vormündern gemeinschaftlich zu führen ist.

(3) Ist die Vormundschaft von mehreren Vormündern nicht gemeinschaftlich zu führen, so kann der eine Vormund zum Gegenvormund des anderen bestellt werden.

(4) Auf die Berufung und Bestellung des Gegenvormunds sind die für die Begründung der Vormundschaft geltenden Vorschriften anzuwenden.

...

Untertitel 2
Führung der Vormundschaft

...

§ 1795   Ausschluss der Vertretungsmacht

(1) Der Vormund kann den Mündel nicht vertreten:

1. bei einem Rechtsgeschäft zwischen seinem Ehegatten, seinem Lebenspartner oder einem seiner Verwandten in gerader Linie einerseits und dem Mündel andererseits, es sei denn, dass das Rechtsgeschäft ausschließlich in der Erfüllung einer Verbindlichkeit besteht,

2. bei einem Rechtsgeschäft, das die Übertragung oder Belastung einer durch Pfandrecht, Hypothek, Schiffshypothek oder Bürgschaft gesicherten Forderung des Mündels gegen den Vormund oder die Aufhebung oder Minderung dieser Sicherheit zum Gegenstand hat oder die Verpflichtung des Mündels zu einer solchen Übertragung, Belastung, Aufhebung oder Minderung begründet,

3. bei einem Rechtsstreit zwischen den in Nummer 1 bezeichneten Personen sowie bei einem Rechtsstreit über eine Angelegenheit der in Nummer 2 bezeichneten Art.

(2) Die Vorschrift des § 181 bleibt unberührt.

§ 1796   Entziehung der Vertretungsmacht

(1) Das Vormundschaftsgericht kann dem Vormund die Vertretung für einzelne Angelegenheiten oder für einen bestimmten Kreis von Angelegenheiten entziehen.

(2) Die Entziehung soll nur erfolgen, wenn das Interesse des Mündels zu dem Interesse des Vormunds oder eines von diesem vertretenen Dritten oder einer der in § 1795 Nr. 1 bezeichneten Personen in erheblichem Gegensatz steht.

...

§ 1835   Aufwendungsersatz

(1) Macht der Vormund zum Zwecke der Führung der Vormundschaft Aufwendungen, so kann er nach den für den Auftrag geltenden Vorschriften der §§ 669, 670 von dem Mündel Vorschuss oder Ersatz verlangen; für den Ersatz von Fahrtkosten gilt die in § 5 des Justizvergütungs- und -entschädigungsgesetzes für Sachverständige getroffene Regelung entsprechend. Das gleiche Recht steht dem Gegenvormund zu. Ersatzansprüche erlöschen, wenn sie nicht binnen 15 Monaten nach ihrer Entstehung gerichtlich geltend gemacht werden; die Geltendmachung des Anspruchs beim Vormundschaftsgericht gilt dabei auch als Geltendmachung gegenüber dem Mündel.

(1a) Das Vormundschaftsgericht kann eine von Abs. 1 Satz 3 abweichende Frist von mindestens zwei Monaten bestimmen. In der Fristbestimmung ist über die Folgen der Versäumung der Frist zu belehren. Die Frist kann auf Antrag vom Vormundschaftsgericht verlängert werden. Der Anspruch erlischt, soweit er nicht innerhalb der Frist beziffert wird.

(2) Aufwendungen sind auch die Kosten einer angemessenen Versicherung gegen Schäden, die dem Mündel durch den Vormund oder Gegenvormund zugefügt werden können oder die dem Vormund oder Gegenvormund dadurch entstehen können, dass er einem Dritten zum Ersatz eines durch die Führung der Vormundschaft verursachten Schadens verpflichtet ist; dies gilt nicht für die Kosten der Haftpflichtversicherung des Halters eines Kraftfahrzeugs. Satz 1 ist nicht anzuwenden, wenn der Vormund oder Gegenvormund eine Vergütung nach § 1836 Abs. 1 Satz 2 in Verbindung mit dem Vormünder- und Betreuervergütungsgesetz erhält.

(3) Als Aufwendungen gelten auch solche Dienste des Vormunds oder des Gegenvormunds, die zu seinem Gewerbe oder seinem Beruf gehören.

(4) Ist der Mündel mittellos, so kann der Vormund Vorschuss und Ersatz aus der Staatskasse verlangen. Absatz 1 Satz 3 und Absatz 1a gelten entsprechend.

(5) Das Jugendamt oder ein Verein kann als Vormund oder Gegenvormund für Aufwendungen keinen Vorschuss und Ersatz nur insoweit verlangen, als das einzusetzende Einkommen und Vermögen

des Mündels ausreicht. Allgemeine Verwaltungskosten einschließlich der Kosten nach Absatz 2 werden nicht ersetzt.

§ 1835a   Aufwandsentschädigung

(1) Zur Abgeltung seines Anspruchs auf Aufwendungsersatz kann der Vormund als Aufwandsentschädigung für jede Vormundschaft, für die ihm keine Vergütung zusteht, einen Geldbetrag verlangen, der für ein Jahr dem Neunzehnfachen dessen entspricht, was einem Zeugen als Höchstbetrag der Entschädigung für eine Stunde versäumter Arbeitszeit (§ 22 des Justizvergütungs- und -entschädigungsgesetzes) gewährt werden kann (Aufwandsentschädigung). Hat der Vormund für solche Aufwendungen bereits Vorschuss oder Ersatz erhalten, so verringert sich die Aufwandsentschädigung entsprechend.

(2) Die Aufwandsentschädigung ist jährlich zu zahlen, erstmals ein Jahr nach Bestellung des Vormunds.

(3) Ist der Mündel mittellos, so kann der Vormund die Aufwandsentschädigung aus der Staatskasse verlangen; Unterhaltsansprüche des Mündels gegen den Vormund sind insoweit bei der Bestimmung des Einkommens nach § 1836c Nr. 1 nicht zu berücksichtigen.

(4) Der Anspruch auf Aufwandsentschädigung erlischt, wenn er nicht binnen drei Monaten nach Ablauf des Jahres, in dem der Anspruch entsteht, geltend gemacht wird; die Geltendmachung des Anspruchs beim Vormundschaftsgericht gilt auch als Geltendmachung gegenüber dem Mündel.

(5) Dem Jugendamt oder einem Verein kann keine Aufwandsentschädigung gewährt werden.

§ 1836   Vergütung des Vormunds

(1) Die Vormundschaft wird unentgeltlich geführt. Sie wird ausnahmsweise entgeltlich geführt, wenn das Gericht bei der Bestellung des Vormunds feststellt, dass der Vormund die Vormundschaft berufsmäßig führt. Das Nähere regelt das Vormünder- und Betreuervergütungsgesetz.

(2) Trifft das Gericht keine Feststellung nach Absatz 1 Satz 2, so kann es dem Vormund und aus besonderen Gründen auch dem Gegenvormund gleichwohl eine angemessene Vergütung bewilligen, soweit der Umfang oder die Schwierigkeit der vormundschaftlichen Geschäfte dies rechtfertigen; dies gilt nicht, wenn der Mündel mittellos ist.

(3) Dem Jugendamt oder einem Verein kann keine Vergütung bewilligt werden.

§§ 1836a, 1836 b

(weggefalen)

§ 1836c   Einzusetzende Mittel des Mündels

Der Mündel hat einzusetzen:

1. nach Maßgabe des § 87 des Zwölften Buches Sozialgesetzbuch sein Einkommen, soweit es zusammen mit dem Einkommen seines nicht getrennt lebenden Ehegatten oder Lebenspartners die nach den §§ 82, 85 Abs. 1 und § 86 des Zwölften Buches Sozialgesetzbuch maßgebende Einkommensgrenze für die Hilfe nach dem Fünften bis Neunten Kapitel des Zwölften Buches Sozialgesetzbuch übersteigt. Wird im Einzelfall der Einsatz eines Teils des Einkommens zur Deckung eines bestimmten Bedarfs im Rahmen der Hilfe nach dem Fünften bis Neunten Kapitel des Zwölften Buches Sozialgesetzbuch zugemutet oder verlangt, darf dieser Teil des Einkommens bei der Prüfung, inwieweit der Einsatz des Einkommens zur Deckung der Kosten der Vormundschaft einzusetzen ist, nicht mehr berücksichtigt werden. Als Einkommen gelten auch Unterhaltsansprüche sowie die wegen Entziehung einer solchen Forderung zu entrichtenden Renten;

2. sein Vermögen nach Maßgabe des § 90 des Zwölften Buches Sozialgesetzbuch.

§ 1836d   Mittellosigkeit des Mündels

Der Mündel gilt als mittellos, wenn er den Aufwendungsersatz oder die Vergütung aus seinem einzusetzenden Einkommen oder Vermögen

1. nicht oder nur zum Teil oder nur in Raten oder

2. nur im Wege gerichtlicher Geltendmachung von Unterhaltsansprüchen

aufbringen kann.

§ 1836e   Gesetzlicher Forderungsübergang

(1) Soweit die Staatskasse den Vormund oder Gegenvormund befriedigt, gehen Ansprüche des Vormundes oder Gegenvormunds gegen den Mündel auf die Staatskasse über. Der übergegangene Anspruch erlischt in zehn Jahren[1] vom Ablauf des Jahres an, in dem die Staatskasse die Aufwendungen oder die Vergütung bezahlt hat. Nach dem Tode des Mündels haftet sein Erbe nur mit dem Wert des im Zeitpunkt des Erbfalls vorhandenen Nachlasses; § 102 Abs. 3 und 4 des Zwölften Buches Sozialgesetzbuch gilt entsprechend, § 1836c findet auf den Erben keine Anwendung.

(2) Soweit Ansprüche gemäß § 1836c Nr. 1 Satz 2 einzusetzen sind, findet zugunsten der Staatskasse § 850b der Zivilprozessordnung keine Anwendung.

...

Untertitel 6
Beendigung der Vormundschaft

...

§ 1893   Fortführung der Geschäfte nach Beendigung der Vormundschaft, Rückgabe von Urkunden

(1) Im Falle der Beendigung der Vormundschaft oder des vormundschaftlichen Amts finden die Vorschriften der §§ 1698a, 1698b entsprechende Anwendung.

(2) Der Vormund hat nach Beendigung seines Amts die Bestallung dem Vormundschaftsgericht zurückzugeben. In den Fällen der §§ 1791a, 1791b ist die schriftliche Verfügung des Vormundschaftsgerichts, im Falle des § 1791c die Bescheinigung über den Eintritt der Vormundschaft zurückzugeben.

...

Titel 2
Rechtliche Betreuung

...

§ 1897   Bestellung einer natürlichen Person

(1) Zum Betreuer bestellt das Vormundschaftsgericht eine natürliche Person, die geeignet ist, in dem gerichtlich bestimmten Aufgabenkreis die Angelegenheiten des Betreuten rechtlich zu besorgen und ihn in dem hierfür erforderlichen Umfang persönlich zu betreuen.

(2) Der Mitarbeiter eines nach § 1908f anerkannten Betreuungsvereins, der dort ausschließlich oder teilweise als Betreuer tätig ist (Vereinsbetreuer), darf nur mit Einwilligung des Vereins bestellt werden. Entsprechendes gilt für den Mitarbeiter einer in Betreuungsangelegenheiten zuständigen Behörde, der dort ausschließlich oder teilweise als Betreuer tätig ist (Behördenbetreuer).

(3) Wer zu einer Anstalt, einem Heim oder einer sonstigen Einrichtung, in welcher der Volljährige untergebracht ist oder wohnt, in einem Abhängigkeitsverhältnis oder in einer anderen engen Beziehung steht, darf nicht zum Betreuer bestellt werden.

(4) Schlägt der Volljährige eine Person vor, die zum Betreuer bestellt werden kann, so ist diesem Vorschlag zu entsprechen, wenn es dem Wohl des Volljährigen nicht zuwiderläuft. Schlägt er vor, eine bestimmte Person nicht zu bestellen, so soll hierauf Rücksicht genommen werden. Die Sätze 1 und 2 gelten auch für Vorschläge, die der Volljährige vor dem Betreuungsverfahren gemacht hat, es sei denn, dass er an diesen Vorschlägen erkennbar nicht festhalten will.

(5) Schlägt der Volljährige niemanden vor, der zum Betreuer bestellt werden kann, so ist bei der Auswahl des Betreuers auf die verwandtschaftlichen und sonstigen persönlichen Bindungen des Volljährigen, insbesondere auf die Bindungen zu Eltern, zu Kindern, zum Ehegatten und zum Lebenspartner, sowie auf die Gefahr von Interessenkonflikten Rücksicht zu nehmen.

(6) Wer Betreuungen im Rahmen seiner Berufsausübung führt, soll nur dann zum Betreuer bestellt werden, wenn keine andere geeignete Person zur Verfügung steht, die zur ehrenamtlichen Führung der Betreuung bereit ist. Werden dem Betreuer Umstände bekannt, aus denen sich ergibt, dass der

---

1   Nach dem Entwurf eines Gesetzes zur Änderung des Erb- und Verjährungsrechts vom 30.1.2008 ist beabsichtigt, das Wort „zehn" durch „drei" zu ersetzen.

Volljährige durch eine oder mehrere andere geeignete Personen außerhalb einer Berufsausübung betreut werden kann, so hat er dies dem Gericht mitzuteilen.

(7) Wird eine Person unter den Voraussetzungen des Absatzes 6 Satz 1 erstmals in dem Bezirk des Vormundschaftsgerichts zum Betreuer bestellt, soll das Gericht zuvor die zuständige Behörde zur Eignung des ausgewählten Betreuers und zu den nach § 1 Abs. 1 Satz 1 zweite Alternative des Vormünder- und Betreuervergütungsgesetzes zu treffenden Feststellungen anhören. Die zuständige Behörde soll die Person auffordern, ein Führungszeugnis und eine Auskunft aus dem Schuldnerverzeichnis vorzulegen.

(8) Wird eine Person unter den Voraussetzungen des Absatzes 6 Satz 1 bestellt, hat sie sich über Zahl und Umfang der von ihr berufsmäßig geführten Betreuungen zu erklären.

...

§ 1899 Mehrere Betreuer

(1) Das Vormundschaftsgericht kann mehrere Betreuer bestellen, wenn die Angelegenheiten des Betreuten hierdurch besser besorgt werden können. In diesem Falle bestimmt es, welcher Betreuer mit welchem Aufgabenkreis betraut wird. Mehrere Betreuer, die eine Vergütung erhalten, werden außer in den in Absatz 2 und 4 sowie § 1908i Absatz 1 Satz 1 in Verbindung mit § 1792 geregelten Fällen nicht bestellt.

(2) Für die Entscheidung über die Einwilligung in eine Sterilisation des Betreuten ist stets ein besonderer Betreuer zu bestellen.

(3) Soweit mehrere Betreuer mit demselben Aufgabenkreis betraut werden, können sie die Angelegenheiten des Betreuten nur gemeinsam besorgen, es sei denn, dass das Gericht etwas anderes bestimmt hat oder mit dem Aufschub Gefahr verbunden ist.

(4) Das Gericht kann mehrere Betreuer auch in der Weise bestellen, dass der eine die Angelegenheiten des Betreuten nur zu besorgen hat, soweit der andere verhindert ist.

§ 1900 Betreuung durch Verein oder Behörde

(1) Kann der Volljährige durch eine oder mehrere natürliche Personen nicht hinreichend betreut werden, so bestellt das Vormundschaftsgericht einen anerkannten Betreuungsverein zum Betreuer. Die Bestellung bedarf der Einwilligung des Vereins.

(2) Der Verein überträgt die Wahrnehmung der Betreuung einzelnen Personen. Vorschlägen des Volljährigen hat er hierbei zu entsprechen, soweit nicht wichtige Gründe entgegenstehen. Der Verein teilt dem Gericht alsbald mit, wem er die Wahrnehmung der Betreuung übertragen hat.

(3) Werden dem Verein Umstände bekannt, aus denen sich ergibt, dass der Volljährige durch eine oder mehrere natürliche Personen hinreichend betreut werden kann, so hat er dies dem Gericht mitzuteilen.

(4) Kann der Volljährige durch eine oder mehrere natürliche Personen oder durch einen Verein nicht hinreichend betreut werden, so bestellt das Gericht die zuständige Behörde zum Betreuer. Die Absätze 2 und 3 gelten entsprechend.

(5) Vereinen oder Behörden darf die Entscheidung über die Einwilligung in eine Sterilisation des Betreuten nicht übertragen werden.

§ 1901 Umfang der Betreuung, Pflichten des Betreuers

(1) Die Betreuung umfasst alle Tätigkeiten, die erforderlich sind, um die Angelegenheiten des Betreuten nach Maßgabe der folgenden Vorschriften rechtlich zu besorgen.

(2) Der Betreuer hat die Angelegenheiten des Betreuten so zu besorgen, wie es dessen Wohl entspricht. Zum Wohl des Betreuten gehört auch die Möglichkeit, im Rahmen seiner Fähigkeiten sein Leben nach seinen eigenen Wünschen und Vorstellungen zu gestalten.

(3) Der Betreuer hat Wünschen des Betreuten zu entsprechen, soweit dies dessen Wohl nicht zuwiderläuft und dem Betreuer zuzumuten ist. Dies gilt auch für Wünsche, die der Betreute vor der Bestellung des Betreuers geäußert hat, es sei denn, dass er an diesen Wünschen erkennbar nicht festhalten will. Ehe der Betreuer wichtige Angelegenheiten erledigt, bespricht er sie mit dem Betreuten, sofern dies dessen Wohl nicht zuwiderläuft.

(4) Innerhalb seines Aufgabenkreises hat der Betreuer dazu beizutragen, dass Möglichkeiten genutzt werden, die Krankheit oder Behinderung des Betreuten zu beseitigen, zu bessern, ihre Verschlimmerung zu verhüten oder ihre Folgen zu mildern. Wird die Betreuung berufsmäßig geführt, hat der Betreuer in geeigneten Fällen auf Anordnung des Gerichts zu Beginn der Betreuung einen Betreuungsplan zu erstellen. In dem Betreuungsplan sind die Ziele der Betreuung und die zu ihrer Erreichung zu ergreifenden Maßnahmen darzustellen.

(5) Werden dem Betreuer Umstände bekannt, die eine Aufhebung der Betreuung ermöglichen, so hat er dies dem Vormundschaftsgericht mitzuteilen. Gleiches gilt für Umstände, die eine Einschränkung des Aufgabenkreises ermöglichen oder dessen Erweiterung, die Bestellung eines weiteren Betreuers oder die Anordnung eines Einwilligungsvorbehalts (§ 1903) erfordern.

...

§ 1908b   Entlassung des Betreuers

(1) Das Vormundschaftsgericht hat den Betreuer zu entlassen, wenn seine Eignung, die Angelegenheiten des Betreuten zu besorgen, nicht mehr gewährleistet ist oder ein anderer wichtiger Grund für die Entlassung vorliegt. Ein wichtiger Grund liegt auch vor, wenn der Betreuer eine erforderliche Abrechnung vorsätzlich falsch erteilt hat. Das Gericht soll den nach § 1897 Abs. 6 bestellten Betreuer entlassen, wenn der Betreute durch eine oder mehrere andere Personen außerhalb einer Berufsausübung betreut werden kann.

(2) Der Betreuer kann seine Entlassung verlangen, wenn nach seiner Bestellung Umstände eintreten, auf Grund derer ihm die Betreuung nicht mehr zugemutet werden kann.

(3) Das Gericht kann den Betreuer entlassen, wenn der Betreute eine gleich geeignete Person, die zur Übernahme bereit ist, als neuen Betreuer vorschlägt.

(4) Der Vereinsbetreuer ist auch zu entlassen, wenn der Verein dies beantragt. Ist die Entlassung nicht zum Wohl des Betreuten erforderlich, so kann das Vormundschaftsgericht stattdessen mit Einverständnis des Betreuers aussprechen, dass dieser die Betreuung künftig als Privatperson weiterführt. Die Sätze 1 und 2 gelten für den Behördenbetreuer entsprechend.

(5) Der Verein oder die Behörde ist zu entlassen, sobald der Betreute durch eine oder mehrere natürliche Personen hinreichend betreut werden kann.

...

§ 1908i   Entsprechend anwendbare Vorschriften

(1) Im Übrigen sind auf die Betreuung § 1632 Abs. 1 bis 3, §§ 1784, 1787 Abs. 1, § 1791a Abs. 3 Satz 1 zweiter Halbsatz und Satz 2, §§ 1792, 1795 bis 1797 Abs. 1 Satz 2, §§ 1798, 1799, 1802, 1803, 1805 bis 1821, 1822 Nr. 1 bis 4, 6 bis 13, §§ 1823 bis 1826, 1828 bis 1836, 1836c bis 1836e, 1837 Abs. 1 bis 3, §§ 1839 bis 1843, 1845, 1846, 1857a, 1888, 1890 bis 1895 sinngemäß anzuwenden. Durch Landesrecht kann bestimmt werden, dass Vorschriften, welche die Aufsicht des Vormundschaftsgerichts in vermögensrechtlicher Hinsicht sowie beim Abschluss von Lehr- und Arbeitsverträgen betreffen, gegenüber der zuständigen Behörde außer Anwendung bleiben.

(2) § 1804 ist sinngemäß anzuwenden, jedoch kann der Betreuer in Vertretung des Betreuten Gelegenheitsgeschenke auch dann machen, wenn dies dem Wunsch des Betreuten entspricht und nach seinen Lebensverhältnissen üblich ist. § 1857a ist auf die Betreuung durch den Vater, die Mutter, den Ehegatten, den Lebenspartner oder einen Abkömmling des Betreuten sowie auf den Vereinsbetreuer und den Behördenbetreuer sinngemäß anzuwenden, soweit das Vormundschaftsgericht nichts anderes anordnet.

Titel 3
Pflegschaft

§ 1909   Ergänzungspflegschaft

(1) Wer unter elterlicher Sorge oder unter Vormundschaft steht, erhält für Angelegenheiten, an deren Besorgung die Eltern oder der Vormund verhindert sind, einen Pfleger. Er erhält insbesondere einen Pfleger zur Verwaltung des Vermögens, das er von Todes wegen erwirbt oder das ihm unter Lebenden unentgeltlich zugewendet wird, wenn der Erblasser durch letztwillige Verfügung, der Zuwendende bei der Zuwendung bestimmt hat, dass die Eltern oder der Vormund das Vermögen nicht verwalten sollen.

(2) Wird eine Pflegschaft erforderlich, so haben die Eltern oder der Vormund dies dem Vormundschaftsgericht unverzüglich anzuzeigen.

(3) Die Pflegschaft ist auch dann anzuordnen, wenn die Voraussetzungen für die Anordnung einer Vormundschaft vorliegen, ein Vormund aber noch nicht bestellt ist.

§ 1911 Abwesenheitspflegschaft

(1) Ein abwesender Volljähriger, dessen Aufenthalt unbekannt ist, erhält für seine Vermögensangelegenheiten, soweit sie der Fürsorge bedürfen, einen Abwesenheitspfleger. Ein solcher Pfleger ist ihm insbesondere auch dann zu bestellen, wenn er durch Erteilung eines Auftrags oder einer Vollmacht Fürsorge getroffen hat, aber Umstände eingetreten sind, die zum Widerruf des Auftrags oder der Vollmacht Anlass geben.

(2) Das Gleiche gilt von einem Abwesenden, dessen Aufenthalt bekannt, der aber an der Rückkehr und der Besorgung seiner Vermögensangelegenheiten verhindert ist.

§ 1912 Pflegschaft für eine Leibesfrucht

(1) Eine Leibesfrucht erhält zur Wahrung ihrer künftigen Rechte, soweit diese einer Fürsorge bedürfen, einen Pfleger.

(2) Die Fürsorge steht jedoch den Eltern insoweit zu, als ihnen die elterliche Sorge zustünde, wenn das Kind bereits geboren wäre.

§ 1913 Pflegschaft für unbekannte Beteiligte

Ist unbekannt oder ungewiss, wer bei einer Angelegenheit der Beteiligte ist, so kann dem Beteiligten für diese Angelegenheit, soweit eine Fürsorge erforderlich ist, ein Pfleger bestellt werden. Insbesondere kann einem Nacherben, der noch nicht gezeugt ist oder dessen Persönlichkeit erst durch ein künftiges Ereignis bestimmt wird, für die Zeit bis zum Eintritt der Nacherbfolge ein Pfleger bestellt werden.

§ 1914 Pflegschaft für gesammeltes Vermögen

Ist durch öffentliche Sammlung Vermögen für einen vorübergehenden Zweck zusammengebracht worden, so kann zum Zwecke der Verwaltung und Verwendung des Vermögens ein Pfleger bestellt werden, wenn die zu der Verwaltung und Verwendung berufenen Personen weggefallen sind.

§ 1915 Anwendung des Vormundschaftsrechts

(1) Auf die Pflegschaft finden die für die Vormundschaft geltenden Vorschriften entsprechende Anwendung, soweit sich nicht aus dem Gesetz ein anderes ergibt. Abweichend von § 3 Abs. 1 bis 3 des Vormünder- und Betreuervergütungsgesetzes bestimmt sich die Höhe einer nach § 1836 Abs. 1 zu bewilligenden Vergütung nach den für die Führung der Pflegschaftsgeschäfte nutzbaren Fachkenntnissen des Pflegers sowie nach dem Umfang und der Schwierigkeit der Pflegschaftsgeschäfte, sofern der Pflegling nicht mittellos ist.

(2) Die Bestellung eines Gegenvormunds ist nicht erforderlich.

(3) § 1793 Abs. 2 findet auf die Pflegschaft für Volljährige keine Anwendung.

Buch 5
Erbrecht

Abschnitt 2
Rechtliche Stellung des Erben

Titel 1
Annahme und Ausschlagung der Erbschaft, Fürsorge des Nachlassgerichts

...

§ 1960   Sicherung des Nachlasses; Nachlasspfleger

(1) Bis zur Annahme der Erbschaft hat das Nachlassgericht für die Sicherung des Nachlasses zu sorgen, soweit ein Bedürfnis besteht. Das Gleiche gilt, wenn der Erbe unbekannt oder wenn ungewiss ist, ob er die Erbschaft angenommen hat.

(2) Das Nachlassgericht kann insbesondere die Anlegung von Siegeln, die Hinterlegung von Geld, Wertpapieren und Kostbarkeiten sowie die Aufnahme eines Nachlassverzeichnisses anordnen und für denjenigen, welcher Erbe wird, einen Pfleger (Nachlasspfleger) bestellen.

(3) Die Vorschrift des § 1958 findet auf den Nachlasspfleger keine Anwendung.

§ 1961   Nachlasspflegschaft auf Antrag

Das Nachlassgericht hat in den Fällen des § 1960 Abs. 1 einen Nachlasspfleger zu bestellen, wenn die Bestellung zum Zwecke der gerichtlichen Geltendmachung eines Anspruchs, der sich gegen den Nachlass richtet, von dem Berechtigten beantragt wird.

§ 1962   Zuständigkeit des Nachlassgerichts

Für die Nachlasspflegschaft tritt an die Stelle des Vormundschaftsgerichts das Nachlassgericht.

...

Titel 2
Haftung des Erben für die Nachlassverbindlichkeiten

Untertitel 1
Nachlassverbindlichkeiten

§ 1968   Beerdigungskosten

Der Erbe trägt die Kosten der Beerdigung des Erblassers.

...

2   Gesetz über die Vergütung von Vormündern und Betreuern (Vormünder- und Betreuervergütungsgesetz – VBVG)

In der Fassung der Bekanntmachung vom 21. April 2005 (BGBl. I S. 1073)

Abschnitt 1
Allgemeines

§ 1   Feststellung der Berufsmäßigkeit und Vergütungsbewilligung

(1) Das Vormundschaftsgericht hat die Feststellung der Berufsmäßigkeit gemäß § 1836 Abs. 1 Satz 2 des Bürgerlichen Gesetzbuchs zu treffen, wenn dem Vormund in einem solchen Umfang Vormundschaften übertragen sind, dass er sie nur im Rahmen seiner Berufsausübung führen kann, oder wenn zu erwarten ist, dass dem Vormund in absehbarer Zeit Vormundschaften in diesem Umfang übertragen sein werden. Berufsmäßigkeit liegt im Regelfall vor, wenn

1. der Vormund mehr als zehn Vormundschaften führt oder

2. die für die Führung der Vormundschaft erforderliche Zeit voraussichtlich 20 Wochenstunden nicht unterschreitet.

(2) Trifft das Vormundschaftsgericht die Feststellung nach Absatz 1 Satz 1, so hat es dem Vormund oder dem Gegenvormund eine Vergütung zu bewilligen. Ist der Mündel mittellos im Sinne von § 1836d des Bürgerlichen Gesetzbuchs, so kann der Vormund die nach Satz 1 zu bewilligende Vergütung aus der Staatskasse verlangen.

§ 2 Erlöschen der Ansprüche

Der Vergütungsanspruch erlischt, wenn er nicht binnen 15 Monaten nach seiner Entstehung beim Vormundschaftsgericht geltend gemacht wird; die Geltendmachung des Anspruchs beim Vormundschaftsgericht gilt dabei auch als Geltendmachung gegenüber dem Mündel. § 1835 Abs. 1a des Bürgerlichen Gesetzbuchs gilt entsprechend.

Abschnitt 2
Vergütung des Vormunds

§ 3 Stundensatz des Vormunds

(1) Die dem Vormund nach § 1 Abs. 2 zu bewilligende Vergütung beträgt für jede Stunde der für die Führung der Vormundschaft aufgewandten und erforderlichen Zeit 19,50 Euro. Verfügt der Vormund über besondere Kenntnisse, die für die Führung der Vormundschaft nutzbar sind, so erhöht sich der Stundensatz

1. auf 25 Euro, wenn diese Kenntnisse durch eine abgeschlossene Lehre oder eine vergleichbare abgeschlossene Ausbildung erworben sind;

2. auf 33,50 Euro, wenn diese Kenntnisse durch eine abgeschlossene Ausbildung an einer Hochschule oder durch eine vergleichbare abgeschlossene Ausbildung erworben sind.

Eine auf die Vergütung anfallende Umsatzsteuer wird, soweit sie nicht nach § 19 Abs. 1 des Umsatzsteuergesetzes unerhoben bleibt, zusätzlich ersetzt.

(2) Bestellt das Vormundschaftsgericht einen Vormund, der über besondere Kenntnisse verfügt, die für die Führung der Vormundschaft allgemein nutzbar und durch eine Ausbildung im Sinne des Absatzes 1 Satz 2 erworben sind, so wird vermutet, dass diese Kenntnisse auch für die Führung der dem Vormund übertragenen Vormundschaft nutzbar sind. Dies gilt nicht, wenn das Vormundschaftsgericht aus besonderen Gründen bei der Bestellung des Vormundes etwas anderes bestimmt.

(3) Soweit die besondere Schwierigkeit der vormundschaftlichen Geschäfte dies ausnahmsweise rechtfertigt, kann das Vormundschaftsgericht einen höheren als den in Absatz 1 vorgesehenen Stundensatz der Vergütung bewilligen. Dies gilt nicht, wenn der Mündel mittellos ist.

(4) Der Vormund kann Abschlagszahlungen verlangen.

Abschnitt 3
Sondervorschriften für Betreuer

§ 4 Stundensatz und Aufwendungsersatz des Betreuers

(1) Die dem Betreuer nach § 1 Abs. 2 zu bewilligende Vergütung beträgt für jede nach § 5 anzusetzende Stunde 27 Euro. Verfügt der Betreuer über besondere Kenntnisse, die für die Führung der Betreuung nutzbar sind, so erhöht sich der Stundensatz

1. auf 33,50 Euro, wenn diese Kenntnisse durch eine abgeschlossene Lehre oder eine vergleichbare abgeschlossene Ausbildung erworben sind;

2. auf 44 Euro, wenn diese Kenntnisse durch eine abgeschlossene Ausbildung an einer Hochschule oder durch eine vergleichbare abgeschlossene Ausbildung erworben sind.

(2) Die Stundensätze nach Absatz 1 gelten auch Ansprüche auf Ersatz anlässlich der Betreuung entstandener Aufwendungen sowie anfallende Umsatzsteuer ab. Die gesonderte Geltendmachung von Aufwendungen im Sinne von § 1835 Abs. 3 des Bürgerlichen Gesetzbuchs bleibt unberührt.

(3) § 3 Abs. 2 gilt entsprechend. § 1 Abs. 1 Satz 2 Nr. 2 findet keine Anwendung.

§ 5   Stundenansatz des Betreuers

(1) Der dem Betreuer zu vergütende Zeitaufwand ist

1.   in den ersten drei Monaten der Betreuung mit fünfeinhalb,

2.   im vierten bis sechsten Monat mit viereinhalb,

3.   im siebten bis zwölften Monat mit vier,

4.   danach mit zweieinhalb Stunden im Monat anzusetzen.

Hat der Betreute seinen gewöhnlichen Aufenthalt nicht in einem Heim, beträgt der Stundenansatz

1.   in den ersten drei Monaten der Betreuung achteinhalb,

2.   im vierten bis sechsten Monat sieben,

3.   im siebten bis zwölften Monat sechs,

4.   danach viereinhalb Stunden im Monat.

(2) Ist der Betreute mittellos, beträgt der Stundenansatz

1.   in den ersten drei Monaten der Betreuung viereinhalb,

2.   im vierten bis sechsten Monat dreieinhalb,

3.   im siebten bis zwölften Monat drei,

4.   danach zwei Stunden im Monat.

Hat der mittellose Betreute seinen gewöhnlichen Aufenthalt nicht in einem Heim, beträgt der Stundenansatz

1.   in den ersten drei Monaten der Betreuung sieben,

2.   im vierten bis sechsten Monat fünfeinhalb,

3.   im siebten bis zwölften Monat fünf,

4.   danach dreieinhalb Stunden im Monat.

(3) Heime im Sinne dieser Vorschrift sind Einrichtungen, die dem Zweck dienen, Volljährige aufzunehmen, ihnen Wohnraum zu überlassen sowie tatsächliche Betreuung und Verpflegung zur Verfügung zu stellen oder vorzuhalten, und die in ihrem Bestand von Wechsel und Zahl der Bewohner unabhängig sind und entgeltlich betrieben werden. § 1 Abs. 2 des Heimgesetzes gilt entsprechend.

(4) Für die Berechnung der Monate nach den Absätzen 1 und 2 gelten § 187 Abs. 1 und § 188 Abs. 2 erste Alternative des Bürgerlichen Gesetzbuchs entsprechend. Ändern sich Umstände, die sich auf die Vergütung auswirken, vor Ablauf eines vollen Monats, so ist der Stundenansatz zeitanteilig nach Tagen zu berechnen; § 187 Abs. 1 und § 188 Abs. 1 des Bürgerlichen Gesetzbuchs gelten entsprechend. Die sich dabei ergebenden Stundenansätze sind auf volle Zehntel aufzurunden.

(5) Findet ein Wechsel von einem beruflichen zu einem ehrenamtlichen Betreuer statt, sind dem beruflichen Betreuer der Monat, in den der Wechsel fällt, und der Folgemonat mit dem vollen Zeitaufwand nach Absatz 1 und 2 zu vergüten. Dies gilt auch dann, wenn zunächst neben dem beruflichen Betreuer ein ehrenamtlicher Betreuer bestellt war und dieser die Betreuung allein fortführt. Absatz 4 Satz 2 und 3 sind nicht anwendbar.

§ 6   Sonderfälle der Betreuung

In den Fällen des § 1899 Abs. 2 und 4 des Bürgerlichen Gesetzbuchs erhält der Betreuer eine Vergütung nach § 1 Abs. 2 in Verbindung mit § 3; für seine Aufwendungen kann er Ersatz nach § 1835 des Bürgerlichen Gesetzbuchs mit Ausnahme der Aufwendungen im Sinne von § 1835 Abs. 2 des Bürgerlichen Gesetzbuchs beanspruchen. Ist im Falle des § 1899 Abs. 4 des Bürgerlichen Gesetzbuchs die Verhinderung tatsächlicher Art, sind die Vergütung und der Aufwendungsersatz nach § 4 in Verbindung mit § 5 zu bewilligen und nach Tagen zu teilen; § 5 Abs. 4 Satz 3 sowie § 187 Abs. 1 und § 188 Abs. 1 des Bürgerlichen Gesetzbuchs gelten entsprechend.

§ 7   Vergütung und Aufwendungsersatz für Betreuungsvereine

(1) Ist ein Vereinsbetreuer bestellt, so ist dem Verein eine Vergütung und Aufwendungsersatz nach § 1 Abs. 2 in Verbindung mit §§ 4 und 5 zu bewilligen. § 1 Abs. 1 sowie § 1835 Abs. 3 des Bürgerlichen Gesetzbuchs finden keine Anwendung.

(2) § 6 gilt entsprechend; der Verein kann im Fall von § 6 Satz 1 Vorschuss und Ersatz der Aufwendungen nach § 1835 Abs. 1, 1a und 4 des Bürgerlichen Gesetzbuchs verlangen. § 1835 Abs. 5 Satz 2 des Bürgerlichen Gesetzbuchs gilt entsprechend.

(3) Der Vereinsbetreuer selbst kann keine Vergütung und keinen Aufwendungsersatz nach diesem Gesetz oder nach den §§ 1835 bis 1836 des Bürgerlichen Gesetzbuchs geltend machen.

§ 8 Vergütung und Aufwendungsersatz für Behördenbetreuer

(1) Ist ein Behördenbetreuer bestellt, so kann der zuständigen Behörde eine Vergütung nach § 1836 Abs. 2 des Bürgerlichen Gesetzbuchs bewilligt werden, soweit der Umfang oder die Schwierigkeit der Betreuungsgeschäfte dies rechtfertigen. Dies gilt nur, soweit eine Inanspruchnahme des Betreuten nach § 1836c des Bürgerlichen Gesetzbuchs zulässig ist.

(2) Unabhängig von den Voraussetzungen nach Absatz 1 Satz 1 kann die Betreuungsbehörde Aufwendungsersatz nach § 1835 Abs. 1 Satz 1 und 2 in Verbindung mit Abs. 5 Satz 2 des Bürgerlichen Gesetzbuchs verlangen, soweit eine Inanspruchnahme des Betreuten nach § 1836c zulässig ist.

(3) Für den Behördenbetreuer selbst gilt § 7 Abs. 3 entsprechend.

(4) § 2 ist nicht anwendbar.

§ 9 Abrechnungszeitraum für die Betreuungsvergütung

Die Vergütung kann nach Ablauf von jeweils drei Monaten für diesen Zeitraum geltend gemacht werden. Dies gilt nicht für die Geltendmachung von Vergütung und Aufwendungsersatz in den Fällen des § 6.

§ 10 Mitteilung an die Betreuungsbehörde

(1) Wer Betreuungen entgeltlich führt, hat der Betreuungsbehörde, in deren Bezirk er seinen Sitz oder Wohnsitz hat, kalenderjährlich

1. die Zahl der von ihm im Kalenderjahr geführten Betreuungen aufgeschlüsselt nach Betreuten in einem Heim oder außerhalb eines Heims und

2. den von ihm für die Führung von Betreuungen im Kalenderjahr erhaltenen Geldbetrag mitzuteilen.

(2) Die Mitteilung erfolgt jeweils bis spätestens 31. März für den Schluss des vorangegangenen Kalenderjahrs. Die Betreuungsbehörde kann verlangen, dass der Betreuer die Richtigkeit der Mitteilung an Eides Statt versichert.

(3) Die Betreuungsbehörde ist berechtigt und auf Verlangen des Vormundschaftsgerichts verpflichtet, dem Vormundschaftsgericht diese Mitteilung zu übermitteln.

Abschnitt 4
Schlussvorschriften

§ 11 Umschulung und Fortbildung von Berufsvormündern

(1) Durch Landesrecht kann bestimmt werden, dass es einer abgeschlossenen Lehre im Sinne der § 3 Abs. 1 Satz 2 Nr. 1 und § 4 Abs. 1 Satz 2 Nr. 1 gleichsteht, wenn der Vormund oder Betreuer besondere Kenntnisse im Sinne dieser Vorschrift durch eine dem Abschluss einer Lehre vergleichbare Prüfung vor einer staatlichen oder staatlich anerkannten Stelle nachgewiesen hat. Zu einer solchen Prüfung darf nur zugelassen werden, wer

1. mindestens drei Jahre lang Vormundschaften oder Betreuungen berufsmäßig geführt und

2. an einer Umschulung oder Fortbildung teilgenommen hat, die besondere Kenntnisse im Sinne von § 3 Abs. 1 Satz 2 und § 4 Abs. 1 Satz 2 vermittelt, welche nach Art und Umfang den durch eine abgeschlossene Lehre vermittelten vergleichbar sind.

(2) Durch Landesrecht kann bestimmt werden, dass es einer abgeschlossenen Ausbildung an einer Hochschule im Sinne des § 3 Abs. 1 Satz 2 Nr. 2 und § 4 Abs. 1 Satz 2 Nr. 2 gleichsteht, wenn der Vormund oder Betreuer Kenntnisse im Sinne dieser Vorschrift durch eine Prüfung vor einer staatlichen oder staatlich anerkannten Stelle nachgewiesen hat. Zu einer solchen Prüfung darf nur zugelassen werden, wer

1. mindestens fünf Jahre lang Vormundschaften oder Betreuungen berufsmäßig geführt und

2. an einer Umschulung oder Fortbildung teilgenommen hat, die besondere Kenntnisse im Sinne von § 3 Abs. 1 Satz 2 und § 4 Abs. 1 Satz 2 vermittelt, welche nach Art und Umfang den durch eine abgeschlossene Ausbildung an einer Hochschule vermittelten vergleichbar sind.

(3) Das Landesrecht kann weitergehende Zulassungsvoraussetzungen aufstellen. Es regelt das Nähere über die an eine Umschulung oder Fortbildung im Sinne von Absatz 1 Satz 2 Nr. 2, Absatz 2 Satz 2 Nr. 2 zu stellenden Anforderungen, über Art und Umfang der zu erbringenden Prüfungsleistungen, über das Prüfungsverfahren und über die Zuständigkeiten. Das Landesrecht kann auch bestimmen, dass eine in einem anderen Land abgelegte Prüfung im Sinne dieser Vorschrift anerkannt wird.

3 Einführungsgesetz zum BGB

In der Fassung der Bekanntmachung vom 21. September 1994 (BGBl. I S. 2494), zuletzt geändert durch Artikel 3 Abs. 6 des Gesetzes vom 21. Dezember 2007 (BGBl. I S. 3189)

– Auszug –

Artikel 229
Weitere Überleitungsvorschriften

...

§ 14 Übergangsvorschrift zum 2. Betreuungsrechtsänderungsgesetz vom 21. April 2005

Die Vergütungs- und Aufwendungsersatzansprüche von Vormündern, Betreuern und Pflegern, die vor dem 1. Juli 2005 entstanden sind, richten sich nach den bis zum Inkrafttreten des 2. Betreuungsrechtsänderungsgesetzes vom 21. April 2005 (BGBl. I S. 1073) geltenden Vorschriften.

4 Gesetz über die Angelegenheiten der freiwilligen Gerichtsbarkeit (FGG)

Vom 17. Mai 1898 (RGBl. S. 189) in der Fassung der Bekanntmachung vom 20. Mai 1898 (RGBl. I S. 369, 711), zuletzt geändert durch Artikel 9 Abs. 4 des Gesetzes vom 23. November 2007 (BGBl. I S. 2631)

– Auszug –

Erster Abschnitt
Allgemeine Vorschriften

...

§ 17 Fristen

(1) Für die Berechnung der Fristen gelten die Vorschriften des Bürgerlichen Gesetzbuchs.

(2) Fällt das Ende der Frist auf einen Sonntag, einen allgemeinen Feiertag oder einen Sonnabend, so endet die Frist mit dem Ablauf des nächsten Werktages.

§ 18 Änderung einer Verfügung

(1) Erachtet das Gericht eine von ihm erlassene Verfügung nachträglich für ungerechtfertigt, so ist es berechtigt, sie zu ändern; soweit eine Verfügung nur auf Antrag erlassen werden kann und der Antrag zurückgewiesen worden ist, darf die Änderung nur auf Antrag erfolgen.

(2) Zu der Änderung einer Verfügung, die der sofortigen Beschwerde unterliegt, ist das Gericht nicht befugt.

§ 19 Beschwerde

(1) Gegen die Verfügungen des Gerichts erster Instanz findet das Rechtsmittel der Beschwerde statt.

(2) Über die Beschwerde entscheidet das Landgericht.

§ 20 Beschwerdeberechtigte

(1) Die Beschwerde steht jedem zu, dessen Recht durch die Verfügung beeinträchtigt ist.

(2) Soweit eine Verfügung nur auf Antrag erlassen werden kann und der Antrag zurückgewiesen worden ist, steht die Beschwerde nur dem Antragsteller zu.

§ 20a Anfechtung der Kostenentscheidung

(1) Die Anfechtung der Entscheidung über den Kostenpunkt ist unzulässig, wenn nicht gegen die Entscheidung in der Hauptsache ein Rechtsmittel eingelegt wird. Gegen die Auslagenentscheidung nach § 13a Abs. 2 findet jedoch die sofortige Beschwerde der Staatskasse, des Betroffenen, des Dritten oder der Körperschaft, deren Verwaltungsbehörde den Antrag auf eine Unterbringungsmaßnahme nach § 70 Abs. 1 Satz 2 Nr. 3 gestellt hat, statt, wenn der Wert des Beschwerdegegenstandes 100 Euro übersteigt.

(2) Ist eine Entscheidung in der Hauptsache nicht ergangen, so findet gegen die Entscheidung über den Kostenpunkt die sofortige Beschwerde statt, wenn der Wert des Beschwerdegegenstandes 100 Euro übersteigt.

§ 21 Einlegung der Beschwerde

(1) Die Beschwerde kann bei dem Gerichte, dessen Verfügung angefochten wird, oder bei dem Beschwerdegericht eingelegt werden.

(2) Die Einlegung erfolgt durch Einreichung einer Beschwerdeschrift oder durch Erklärung zu Protokoll der Geschäftsstelle desjenigen Gerichts, dessen Verfügung angefochten wird, oder der Geschäftsstelle des Beschwerdegerichts. Die Beschwerde kann auch entsprechend den Regelungen der Zivilprozessordnung betreffend die Übermittlung von Anträgen und Erklärungen als elektronisches Dokument eingelegt werden.

(3) Die Bundesregierung und die Landesregierungen bestimmen für ihren Bereich durch Rechtsverordnung den Zeitpunkt, von dem an elektronische Dokumente bei den Gerichten eingereicht werden können, sowie die für die Bearbeitung der Dokumente geeignete Form. Die Landesregierungen können die Ermächtigung durch Rechtsverordnung auf die Landesjustizverwaltungen übertragen. Die Zulassung der elektronischen Form kann auf einzelne Gerichte oder Verfahren beschränkt werden.

§ 22 Frist für die sofortige Beschwerde

(1) Die sofortige Beschwerde ist binnen einer Frist von zwei Wochen einzulegen. Die Frist beginnt mit dem Zeitpunkt, in welchem die Verfügung dem Beschwerdeführer bekanntgemacht worden ist.

(2) Einem Beschwerdeführer, der ohne sein Verschulden verhindert war, die Frist einzuhalten, ist auf Antrag von dem Beschwerdegericht die Wiedereinsetzung in den vorigen Stand zu erteilen, wenn er die Beschwerde binnen zwei Wochen nach der Beseitigung des Hindernisses einlegt und die Tatsachen, welche die Wiedereinsetzung begründen, glaubhaft macht. Eine Versäumung der Frist, die in dem Verschulden eines Vertreters ihren Grund hat, wird als eine unverschuldete nicht angesehen. Gegen die Entscheidung über den Antrag findet die sofortige weitere Beschwerde statt. Nach dem Ablauf eines Jahres, von dem Ende der versäumten Frist an gerechnet, kann die Wiedereinsetzung nicht mehr beantragt werden.

§ 23 Neues Vorbringen

Die Beschwerde kann auf neue Tatsachen und Beweise gestützt werden.

§ 24 Aufschiebende Wirkung

(1) Die Beschwerde hat nur dann aufschiebende Wirkung, wenn sie gegen eine Verfügung gerichtet ist, durch die ein Ordnungs- oder Zwangsmittel festgesetzt wird. Bei der Anordnung von Zwangshaft (§ 33 Abs. 1) hat die Beschwerde keine aufschiebende Wirkung.

(2) Das Gericht, dessen Verfügung angefochten wird, kann anordnen, dass die Vollziehung auszusetzen ist.

(3) Das Beschwerdegericht kann vor der Entscheidung eine einstweilige Anordnung erlassen; es kann insbesondere anordnen, dass die Vollziehung der angefochtenen Verfügung auszusetzen ist.

§ 25 Gründe der Beschwerdeentscheidung
Die Entscheidung des Beschwerdegerichts ist mit Gründen zu versehen.

§ 26 Wirksamkeit der Beschwerdeentscheidung
Die Entscheidung des Beschwerdegerichts wird in den Fällen, in welchen die sofortige weitere Beschwerde stattfindet, erst mit der Rechtskraft wirksam. Das Beschwerdegericht kann jedoch die sofortige Wirksamkeit der Entscheidung anordnen.

§ 27 Weitere Beschwerde
(1) Gegen die Entscheidung des Beschwerdegerichts ist das Rechtsmittel der weiteren Beschwerde zulässig, wenn die Entscheidung auf einer Verletzung des Rechts beruht. Die Vorschriften der §§ 546, 547, 559, 561 der Zivilprozessordnung finden entsprechende Anwendung.

(2) In den Fällen des § 20a Abs. 1 Satz 2, Abs. 2 gilt Absatz 1 nur, wenn das Beschwerdegericht erstmals eine Entscheidung über den Kostenpunkt getroffen hat.

§ 28 Entscheidung über weitere Beschwerde
(1) Über die weitere Beschwerde entscheidet das Oberlandesgericht.

(2) Will das Oberlandesgericht bei der Auslegung einer *reichs*gesetzlichen Vorschrift, welche eine der im § 1 bezeichneten Angelegenheiten betrifft, von der auf weitere Beschwerde ergangenen Entscheidung eines anderen Oberlandesgerichts, falls aber über die Rechtsfrage bereits eine Entscheidung des Bundesgerichtshofs ergangen ist, von dieser abweichen, so hat es die weitere Beschwerde unter Begründung seiner Rechtsauffassung dem Bundesgerichtshof vorzulegen. Der Beschluss über die Vorlegung ist dem Beschwerdeführer bekannt zu machen.

(3) In den Fällen des Absatzes 2 entscheidet über die weitere Beschwerde der Bundesgerichtshof.

§ 29 Einlegung der weiteren Beschwerde
(1) Die weitere Beschwerde kann bei dem Gericht erster Instanz, bei dem Landgericht oder bei dem Oberlandesgericht eingelegt werden. Erfolgt die Einlegung durch Einreichung einer Beschwerdeschrift, so muss diese von einem Rechtsanwalt unterzeichnet sein. Der Zuziehung eines Rechtsanwalts bedarf es nicht, wenn die Beschwerde von einer Behörde oder von einem Notar eingelegt wird, der in der Angelegenheit für den Beschwerdeführer einen Antrag bei dem Gericht erster Instanz gestellt hat.

(2) Soweit eine Verfügung der sofortigen Beschwerde unterliegt, findet auch gegen die Entscheidung des Beschwerdegerichts die sofortige weitere Beschwerde statt.

(3) Das Gericht erster Instanz und das Landgericht sind nicht befugt, der weiteren Beschwerde abzuhelfen.

(4) Im Übrigen finden die Vorschriften über die Beschwerde entsprechende Anwendung.

§ 29a Anhörungsrüge
(1) Auf die Rüge eines durch eine gerichtliche Entscheidung beschwerten Beteiligten ist das Verfahren fortzuführen, wenn

1. ein Rechtsmittel oder ein anderer Rechtsbehelf gegen die Entscheidung oder eine andere Abänderungsmöglichkeit nicht gegeben ist und

2. das Gericht den Anspruch dieses Beteiligten auf rechtliches Gehör in entscheidungserheblicher Weise verletzt hat.

Gegen eine der Endentscheidung vorausgehende Entscheidung findet die Rüge nicht statt.

(2) Die Rüge ist innerhalb von zwei Wochen nach Kenntnis von der Verletzung des rechtlichen Gehörs zu erheben; der Zeitpunkt der Kenntniserlangung ist glaubhaft zu machen. Nach Ablauf eines Jahres seit der Bekanntgabe der angegriffenen Entscheidung an diesen Beteiligten kann die Rüge nicht mehr erhoben werden. Formlos mitgeteilte Entscheidungen gelten mit dem dritten Tage nach Aufgabe zur Post als bekannt gegeben. Die Rüge ist schriftlich oder zu Protokoll der Geschäftsstelle bei dem Gericht zu erheben, dessen Entscheidung angegriffen wird. § 29 Abs. 1 Satz 2 und 3 findet ent-

sprechende Anwendung, soweit die Entscheidung eines Oberlandesgerichts angegriffen wird. Die Rüge muss die angegriffene Entscheidung bezeichnen und das Vorliegen der in Absatz 1 Satz 1 Nr. 2 genannten Voraussetzungen darlegen.

(3) Den übrigen Beteiligten ist, soweit erforderlich, Gelegenheit zur Stellungnahme zu geben.

(4) Ist die Rüge nicht in der gesetzlichen Form oder Frist erhoben, so ist sie als unzulässig zu verwerfen. Ist die Rüge unbegründet, weist das Gericht sie zurück. Die Entscheidung ergeht durch unanfechtbaren Beschluss. Der Beschluss soll kurz begründet werden.

(5) Ist die Rüge begründet, so hilft ihr das Gericht ab, indem es das Verfahren fortführt, soweit dies aufgrund der Rüge geboten ist.

...

Zweiter Abschnitt
Vormundschafts-, Familien-, Betreuungs- und Unterbringungssachen

...

II. Vormundschafts- und Familiensachen

§ 50   Bestellung eines Pflegers

(1) Das Gericht kann dem minderjährigen Kind einen Pfleger für Wahrnehmung seiner Interessen erforderlich ist.

(2) Die Bestellung ist in der Regel erforderlich, wenn

1.   das Interesse des Kindes zu dem seiner gesetzlichen Vertreter in erheblichem Gegensatz steht,

2.   Gegenstand des Verfahrens Maßnahmen wegen Gefährdung des Kindeswohls sind, mit denen die Trennung des Kindes von seiner Familie oder die Entziehung der gesamten Personensorge verbunden ist (§§ 1666, 1666a des Bürgerlichen Gesetzbuchs), oder

3.   Gegenstand des Verfahrens die Wegnahme des Kindes von der Pflegeperson (§ 1632 Abs. 4 des Bürgerlichen Gesetzbuchs) oder von dem Ehegatten, dem Lebenspartner oder Umgangsberechtigten (§ 1682 des Bürgerlichen Gesetzbuchs) ist.

Sieht das Gericht in diesen Fällen von der Bestellung eines Pflegers für das Verfahren ab, so ist dies in der Entscheidung zu begründen, die die Person des Kindes betrifft.

(3) Die Bestellung soll unterbleiben oder aufgehoben werden, wenn die Interessen des Kindes von einem Rechtsanwalt oder einem anderen geeigneten Verfahrensbevollmächtigten angemessen vertreten werden.

(4) Die Bestellung endet, sofern sie nicht vorher aufgehoben wird,

1.   mit der Rechtskraft der das Verfahren abschließenden Entscheidung oder

2.   mit dem sonstigen Abschluss des Verfahrens.

(5) Der Ersatz von Aufwendungen und die Vergütung des Pflegers bestimmen sich entsprechend § 67a.

...

§ 56g   Entscheidungen in Aufwendungsersatz-, Vergütungs- und Regressfragen

(1) Das Vormundschaftsgericht setzt durch gerichtlichen Beschluss fest, wenn der Vormund, Gegenvormund oder Mündel die gerichtliche Festsetzung beantragt oder das Gericht sie für angemessen hält:

1. Vorschuss, Ersatz von Aufwendungen, Aufwandsentschädigung, soweit der Vormund oder Gegenvormund sie aus der Staatskasse verlangen kann (§ 1835 Abs. 4, § 1835a Abs. 3 des Bürgerlichen Gesetzbuchs) oder ihm nicht die Vermögenssorge übertragen wurde;

2. eine dem Vormund oder Gegenvormund zu bewilligende Vergütung oder Abschlagszahlung (§ 1836 des Bürgerlichen Gesetzbuchs).

Mit der Festsetzung bestimmt das Gericht Höhe und Zeitpunkt der Zahlungen, die der Mündel an die Staatskasse nach den §§ 1836c, 1836e des Bürgerlichen Gesetzbuchs zu leisten hat. Es kann die Zahlungen gesondert festsetzen, wenn dies zweckmäßig ist. Erfolgt keine Festsetzung nach Satz 1 und richten sich die in Satz 1 bezeichneten Ansprüche gegen die Staatskasse, gelten die Vorschriften über das Verfahren bei der Entschädigung von Zeugen hinsichtlich ihrer baren Auslagen sinngemäß.

(2) In dem Antrag sollen die persönlichen und wirtschaftlichen Verhältnisse des Mündels dargestellt werden. § 118 Abs. 2 Satz 1 und 2 und § 120 Abs. 2, 3 und Abs. 4 Satz 1 und 2 der Zivilprozessordnung sind entsprechend anzuwenden. Steht nach der freien Überzeugung des Gerichts der Aufwand zur Ermittlung der persönlichen und wirtschaftlichen Verhältnisse des Mündels außer Verhältnis zur Höhe des aus der Staatskasse zu begleichenden Anspruchs oder zur Höhe der voraussichtlich vom Mündel zu leistenden Zahlungen, so kann das Gericht ohne weitere Prüfung den Anspruch festsetzen oder von einer Festsetzung der vom Mündel zu leistenden Zahlungen absehen.

(3) Nach dem Tode des Mündels bestimmt das Gericht Höhe und Zeitpunkt der Zahlungen, die der Erbe des Mündels nach § 1836e des Bürgerlichen Gesetzbuchs an die Staatskasse zu leisten hat. Der Erbe ist verpflichtet, dem Gericht über den Bestand des Nachlasses Auskunft zu erteilen. Er hat dem Gericht auf Verlangen ein Verzeichnis der zur Erbschaft gehörenden Gegenstände vorzulegen und an Eides Statt zu versichern, dass er nach bestem Wissen und Gewissen den Bestand so vollständig angegeben habe, als er dazu imstande sei.

(4) Der Mündel ist zu hören, bevor gemäß Absatz 1 eine von ihm zu leistende Zahlung festgesetzt wird. Vor einer Entscheidung nach Absatz 3 ist der Erbe zu hören.

(5) Gegen die Entscheidungen nach Absatz 1 Satz 1 bis 3 und den Absätzen 2 und 3 findet die sofortige Beschwerde statt, wenn der Wert des Beschwerdegegenstandes 150 Euro übersteigt oder das Gericht sie wegen der grundsätzlichen Bedeutung der Rechtssache zulässt. Die weitere Beschwerde (§ 27) ist statthaft, wenn das Beschwerdegericht sie wegen der grundsätzlichen Bedeutung der zur Entscheidung stehenden Frage zugelassen hat.

(6) Aus einem nach Absatz 1 Satz 1 gegen den Mündel ergangenen Festsetzungsbeschluss findet die Zwangsvollstreckung nach den Vorschriften der Zivilprozessordnung statt.

(7) Auf die Pflegschaft sind die Absätze 1 bis 6 entsprechend anzuwenden.

III. Betreuungssachen

...

§ 66 Verfahrensfähigkeit
In Verfahren, die die Betreuung betreffen, ist der Betroffene ohne Rücksicht auf seine Geschäftsfähigkeit verfahrensfähig.

§ 67 Verfahrenspfleger
(1) Soweit dies zur Wahrnehmung der Interessen des Betroffenen erforderlich ist, bestellt das Gericht dem Betroffenen einen Pfleger für das Verfahren. Die Bestellung ist in der Regel erforderlich, wenn

1. nach § 68 Abs. 2 von der persönlichen Anhörung des Betroffenen abgesehen werden soll,

2. Gegenstand des Verfahrens die Bestellung eines Betreuers zur Besorgung aller Angelegenheiten des Betroffenen oder die Erweiterung des Aufgabenkreises hierauf ist; dies gilt auch, wenn der Gegenstand des Verfahrens die in § 1896 Abs. 4 und § 1905 des Bürgerlichen Gesetzbuchs bezeichneten Angelegenheiten nicht erfasst.

Von der Bestellung kann in den Fällen des Satzes 2 abgesehen werden, wenn ein Interesse des Betroffenen an der Bestellung des Verfahrenspflegers offensichtlich nicht besteht. Die Nichtbestellung ist zu begründen. Die Bestellung ist stets erforderlich, wenn Gegenstand des Verfahrens die Genehmigung der Einwilligung eines Betreuers in eine Sterilisation (§ 1905 Abs. 2 des Bürgerlichen Gesetzbuchs) ist. § 1897 Abs. 6 Satz 1 des Bürgerlichen Gesetzbuchs gilt entsprechend. Die Bestellung soll unterbleiben oder aufgehoben werden, wenn der Betroffene von einem Rechtsanwalt oder einem anderen geeigneten Verfahrensbevollmächtigten vertreten wird.

(2) Die Bestellung erfolgt für jeden Rechtszug gesondert, erfasst jedoch auch die Einlegung und Begründung eines Rechtmittels.

(3) *aufgehoben*

§ 67a   Entschädigung des Verfahrenspflegers

(1) Der Pfleger für das Verfahren erhält Ersatz seiner Aufwendungen nach § 1835 Abs. 1 bis 2 des Bürgerlichen Gesetzbuchs. Vorschuss kann nicht verlangt werden. Eine Behörde und ein Verein als Pfleger erhalten keinen Aufwendungsersatz.

(2) § 1836 Abs. 1 und 3 des Bürgerlichen Gesetzbuchs gilt entsprechend. Wird die Pflegschaft ausnahmsweise berufsmäßig geführt, erhält der Pfleger neben den Aufwendungen nach Absatz 1 eine Vergütung in entsprechender Anwendung von §§ 1 bis 3 Abs. 1 und 2 des Vormünder- und Betreuervergütungsgesetzes.

(3) Anstelle des Aufwendungsersatzes und der Vergütung nach Absatz 1 und 2 kann das Vormundschaftsgericht dem Pfleger einen festen Geldbetrag zubilligen, wenn die für die Führung der Pflegschaftsgeschäfte erforderliche Zeit vorhersehbar und ihre Ausschöpfung durch den Pfleger gewährleistet ist. Bei der Bemessung des Geldbetrags ist die voraussichtlich erforderliche Zeit mit den in § 3 Abs. 1 des Vormünder- und Betreuervergütungsgesetzes[2] bestimmten Stundensätzen zuzüglich einer Aufwandspauschale von 3 Euro je veranschlagter Stunde zu vergüten. Einer Nachweisung der vom Pfleger aufgewandten Zeit und der tatsächlichen Aufwendungen bedarf es in diesem Fall nicht; weitergehende Aufwendungsersatz- und Vergütungsansprüche des Pflegers sind ausgeschlossen.

(4) Ist ein Mitarbeiter eines anerkannten Betreuungsvereins als Pfleger für das Verfahren bestellt, stehen der Aufwendungsersatz und die Vergütung nach Absatz 1 bis 3 dem Verein zu. § 7 Abs. 1 Satz 2 und Abs. 3 des Vormünder- und Betreuervergütungsgesetzes sowie § 1835 Abs. 5 Satz 2 des Bürgerlichen Gesetzbuchs gelten entsprechend. Ist ein Bediensteter der Betreuungsbehörde als Pfleger für das Verfahren bestellt, erhält die Betreuungsbehörde keinen Aufwendungsersatz und keine Vergütung.

(5) Der Aufwendungsersatz und die Vergütung der Pflegers sind stets aus der Staatskasse zu zahlen. Im Übrigen gilt § 56g Abs. 1 und 5 entsprechend.

...

§ 69e   Anwendbare Vorschriften

(1) Im Übrigen sind §§ 35b, 47, 53 Abs. 1 Satz 2, Abs. 2, §§ 55, 56g und 62 entsprechend anzuwenden. Das Vormundschaftsgericht kann im Fall des § 1901a des Bürgerlichen Gesetzbuchs den Besitzer einer Betreuungsverfügung durch Festsetzung von Zwangsgeld zur Ablieferung der Betreuungsverfügung anhalten. Im Übrigen gilt § 83 Abs. 2 entsprechend.

(2) Die Landesregierungen werden ermächtigt, durch Rechtsverordnung für Anträge und Erklärungen auf Ersatz von Aufwendungen und Bewilligung von Vergütung Vordrucke einzuführen. Soweit Vordrucke eingeführt sind, müssen sich Personen, die die Betreuung innerhalb der Berufsausübung führen, ihrer bedienen und als elektronisches Dokument einreichen, wenn dieses für die automatische Bearbeitung durch das Gericht geeignet ist. Andernfalls liegt keine ordnungsgemäße Geltendmachung im Sinne von § 1836 Abs. 2 Satz 4 des Bürgerlichen Gesetzbuchs vor. Die Landesregierungen können die Ermächtigung durch Rechtsverordnung auf die Landesjustizverwaltungen übertragen.[3]

...

§ 69g   Beschwerde und Beschwerdeverfahren

(1) Die Beschwerde gegen die Bestellung eines Betreuers von Amts wegen, die Anordnung eines Einwilligungsvorbehalts und eine Entscheidung, durch die die Bestellung eines Betreuers oder die Anordnung eines Einwilligungsvorbehalts abgelehnt wird, steht unbeschadet des § 20 dem Ehegatten des Betroffenen, dem Lebenspartner des Betroffenen, denjenigen, die mit dem Betroffenen in gerader Linie verwandt oder verschwägert, in der Seitenlinie bis zum dritten Grad verwandt sind, sowie der zuständigen Behörde zu. Macht der Vertreter der Staatskasse geltend, der Betreuer habe eine Abrechnung vorsätzlich falsch erteilt oder der Betreute könne anstelle eines nach § 1897 Abs. 6 Satz 1 des Bürgerlichen Gesetzbuchs bestellten Betreuers durch eine oder mehrere andere geeignete Personen außerhalb einer Berufsausübung betreut werden, so steht ihm gegen einen die Entlassung des Betreuers ablehnenden Beschluss die Beschwerde zu.

---

2   Das VBVG ist auf den Seiten ??? ff. dieser Sammlung abgedruckt.
3   Siehe für landesrechtliche Bestimmungen (bisher NRW, Sachsen) die Buch-CD

(2) Der Betreuer kann gegen eine Entscheidung, die seinen Aufgabenkreis betrifft, auch im Namen des Betreuten Beschwerde einlegen. Führen mehrere Betreuer ihr Amt gemeinschaftlich, so kann jeder von ihnen für den Betroffenen selbständig Beschwerde einlegen.

(3) Der Betroffene kann, wenn er untergebracht ist, die Beschwerde auch bei dem Amtsgericht einlegen, in dessen Bezirk er untergebracht ist.

(4) Die sofortige Beschwerde findet statt gegen Entscheidungen,

1. durch die ein Einwilligungsvorbehalt angeordnet oder abgelehnt wird,

2. durch die die Weigerung, sich zum Betreuer bestellen zu lassen, zurückgewiesen worden ist,

3. durch die ein Betreuer gegen seinen Willen entlassen worden ist.

Die Beschwerdefrist beginnt mit dem Zeitpunkt, in dem die Entscheidung dem Betreuer bekannt gemacht worden ist. Im Falle der Nummer 1 beginnt für den Betroffenen die Frist nicht vor der Bekanntmachung an ihn selbst, spätestens jedoch mit Ablauf von fünf Monaten nach Bekanntmachung an den Betreuer.

(5) Für das Beschwerdeverfahren gelten die Vorschriften über den ersten Rechtszug entsprechend. Verfahrenshandlungen nach § 68 Abs. 1 Satz 1 dürfen nur dann durch den beauftragten Richter vorgenommen werden, wenn von vornherein anzunehmen ist, dass das Beschwerdegericht das Ergebnis der Ermittlungen auch ohne eigenen Eindruck von dem Betroffenen zu würdigen vermag. Das Beschwerdegericht kann von solchen Verfahrenshandlungen absehen, wenn diese bereits im ersten Rechtszug vorgenommen worden und von einer erneuten Vornahme keine zusätzlichen Erkenntnisse zu erwarten sind. Das Beschwerdegericht kann seine Entscheidung auf im ersten Rechtszug eingeholte Gutachten oder vorgelegte ärztliche Zeugnisse stützen.

...

IV. Unterbringungssachen

...

§ 70a   Verfahrensfähigkeit

Der Betroffene ist ohne Rücksicht auf seine Geschäftsfähigkeit verfahrensfähig, wenn er das vierzehnte Lebensjahr vollendet hat.

§ 70b   Verfahrenspfleger

(1) Soweit dies zur Wahrnehmung der Interessen des Betroffenen erforderlich ist, bestellt das Gericht dem Betroffenen einen Pfleger für das Verfahren. Die Bestellung ist insbesondere erforderlich, wenn nach § 68 Abs. 2 von der persönlichen Anhörung des Betroffenen abgesehen werden soll. § 67a gilt entsprechend.

(2) Bestellt das Gericht dem Betroffenen keine Pfleger für das Verfahren, so ist dies in der Entscheidung, durch die eine Unterbringungsmaßnahme getroffen wird, zu begründen.

(3) Die Bestellung soll unterbleiben oder aufgehoben werden, wenn der Betroffene von einem Rechtsanwalt oder einem anderen geeigneten Verfahrensbevollmächtigten vertreten wird.

...

5 Gesetz über die Kosten in Angelegenheiten der freiwilligen Gerichtsbarkeit (KostO)

In der Fassung der Bekanntmachung vom 26. Juli 1957 (BGBl. I S. 960), zuletzt geändert durch Artikel 2 Abs. 14 des Gesetzes vom 19. Februar 2007 (BGBl. I S. 122)

– Auszug –

**Erster Teil
Gerichtskosten**

**Erster Abschnitt
Allgemeine Vorschriften**

...

6. Der Kostenanspruch

§ 14   Kostenansatz, Erinnerung, Beschwerde

(1) Die Kosten werden bei dem Gericht angesetzt, bei dem die Angelegenheit anhängig ist oder zuletzt anhängig war, auch wenn die Kosten bei einem ersuchten Gericht entstanden sind oder die Angelegenheit bei einem anderen Gericht anhängig war. Die Kosten eines Rechtsmittelverfahrens werden bei dem mit dem Rechtsmittel befassten Gericht angesetzt.

(2) Über Erinnerungen des Kostenschuldners und der Staatskasse gegen den Kostenansatz entscheidet das Gericht, bei dem die Kosten angesetzt sind. War das Verfahren im ersten Rechtszug bei mehreren Gerichten anhängig, ist das Gericht, bei dem es zuletzt anhängig war, auch insoweit zuständig, als Kosten bei den anderen Gerichten angesetzt worden sind.

(3) Gegen die Entscheidung über die Erinnerung können der Kostenschuldner und die Staatskasse Beschwerde einlegen, wenn der Wert des Beschwerdegegenstands 200 Euro übersteigt. Die Beschwerde ist auch zulässig, wenn sie das Gericht, das die angefochtene Entscheidung erlassen hat, wegen der grundsätzlichen Bedeutung der zur Entscheidung stehenden Frage in dem Beschluss zulässt.

(4) Soweit das Gericht die Beschwerde für zulässig und begründet erachtet, hat es ihr abzuhelfen; im Übrigen ist die Beschwerde unverzüglich dem Beschwerdegericht vorzulegen. Beschwerdegericht ist das nächsthöhere Gericht; in den Fällen, in denen das Familiengericht (§ 23b Abs. 1 des Gerichtsverfassungsgesetzes) über die Erinnerung entschieden hat, ist Beschwerdegericht das Oberlandesgericht. Eine Beschwerde an einen obersten Gerichtshof des Bundes findet nicht statt. Das Beschwerdegericht ist an die Zulassung der Beschwerde gebunden; die Nichtzulassung ist unanfechtbar.

(5) Die weitere Beschwerde ist nur zulässig, wenn das Landgericht als Beschwerdegericht entschieden und sie wegen der grundsätzlichen Bedeutung der zur Entscheidung stehenden Frage in dem Beschluss zugelassen hat. Sie kann nur darauf gestützt werden, dass die Entscheidung auf einer Verletzung des Rechts beruht; die §§ 546 und 547 der Zivilprozessordnung gelten entsprechend. Beschwerdegericht ist das Oberlandesgericht. Absatz 4 Satz 1 und 4 gilt entsprechend.

(6) Anträge und Erklärungen können zu Protokoll der Geschäftsstelle abgegeben oder schriftlich eingereicht werden; § 129a der Zivilprozessordnung gilt entsprechend. Die Erinnerung ist bei dem Gericht einzulegen, das für die Entscheidung über die Erinnerung zuständig ist. Die Beschwerde ist bei dem Gericht einzulegen, dessen Entscheidung angefochten wird.

(7) Das Gericht entscheidet über die Erinnerung durch eines seiner Mitglieder als Einzelrichter; dies gilt auch für die Beschwerde, wenn die angefochtene Entscheidung von einem Einzelrichter oder einem Rechtspfleger erlassen wurde. Der Einzelrichter überträgt das Verfahren dem Gericht zur Entscheidung in der im Gerichtsverfassungsgesetz vorgeschriebenen Besetzung, wenn die Sache besondere Schwierigkeiten tatsächlicher oder rechtlicher Art aufweist oder die Rechtssache grundsätzliche

Bedeutung hat. Das Gericht entscheidet jedoch immer ohne Mitwirkung ehrenamtlicher Richter. Auf eine erfolgte oder unterlassene Übertragung kann ein Rechtsmittel nicht gestützt werden.

(8) Erinnerung und Beschwerde haben keine aufschiebende Wirkung. Das Gericht oder das Beschwerdegericht kann auf Antrag oder von Amts wegen die aufschiebende Wirkung ganz oder teilweise anordnen; ist nicht der Einzelrichter zur Entscheidung berufen, entscheidet der Vorsitzende des Gerichts.

(9) Die Verfahren sind gebührenfrei. Kosten werden nicht erstattet.

(10) Der Kostenansatz kann im Verwaltungsweg berichtigt werden, solange nicht eine gerichtliche Entscheidung getroffen ist. Ergeht nach der gerichtlichen Entscheidung über den Kostenansatz eine Entscheidung, durch die der Geschäftswert anders festgesetzt wird, kann der Kostenansatz ebenfalls berichtigt werden.

...

§ 17 Verjährung, Verzinsung

(1) Ansprüche auf Zahlung von Kosten verjähren in vier Jahren nach Ablauf des Kalenderjahres, in dem der Anspruch fällig geworden ist.

(2) Ansprüche auf Rückerstattung von Kosten verjähren in vier Jahren nach Ablauf des Kalenderjahres, in dem die Zahlung erfolgt ist. Die Verjährung beginnt jedoch nicht vor dem in Absatz 1 bezeichneten Zeitpunkt. Durch die Einlegung eines Rechtsbehelfs mit dem Ziel der Rückerstattung wird die Verjährung wie durch Klageerhebung gehemmt.

(3) Auf die Verjährung sind die Vorschriften des Bürgerlichen Gesetzbuchs anzuwenden; die Verjährung wird nicht von Amts wegen berücksichtigt. Die Verjährung der Ansprüche auf Zahlung von Kosten beginnt auch durch die Aufforderung zur Zahlung und durch eine dem Schuldner mitgeteilte Stundung erneut; ist der Aufenthalt des Kostenschuldners unbekannt, so genügt die Zustellung durch Aufgabe zur Post unter seiner letzten bekannten Anschrift. Bei Kostenbeträgen unter 25 Euro beginnt die Verjährung weder erneut noch wird sie oder ihr Ablauf gehemmt.

(4) Ansprüche auf Zahlung und Rückerstattung von Kosten werden nicht verzinst.

...

Zweiter Abschnitt
Gebühren in Angelegenheiten der
freiwilligen Gerichtsbarkeit

...

4. Familienrechtliche Angelegenheiten
und Lebenspartnerschaftssachen

...

§ 93a Verfahrenspflegschaft

(1) Die Bestellung eines Pflegers für das Verfahren und deren Aufhebung sind Teil des Verfahrens, für das der Pfleger bestellt worden ist. Bestellung und Aufhebung sind gebührenfrei.

(2) Die Auslagen nach § 137 Abs. 1 Nr. 16 können von dem Betroffenen nach Maßgabe des § 1836c des Bürgerlichen Gesetzbuchs erhoben werden.

...

6. Sonstige Angelegenheiten

...

§ 128b Unterbringungssachen

In Unterbringungssachen nach den §§ 70 bis 70n des Gesetzes über die Angelegenheiten der freiwilligen Gerichtsbarkeit werden keine Gebühren erhoben. Von dem Betroffenen werden die Auslagen nur nach § 137 Abs. 1 Nr. 16 erhoben und wenn die Voraussetzungen des § 93a Abs. 2 gegeben sind.

...

Dritter Abschnitt
Auslagen

§ 136   Auslagen

(1) Eine Dokumentenpauschale wird erhoben für

1. Ausfertigungen oder Ablichtungen, die auf Antrag erteilt, angefertigt oder per Telefax übermittelt werden;

2. Ausfertigungen und Ablichtungen, die angefertigt werden müssen, weil zu den Akten gegebene Urkunden, von denen eine Ablichtung zurückbehalten werden muss, zurückgefordert werden; in diesem Fall wird die bei den Akten zurückbehaltene Ablichtung gebührenfrei beglaubigt.

§ 191a Abs. 1 Satz 1 des Gerichtsverfassungsgesetzes bleibt unberührt.

(2) Die Dokumentenpauschale beträgt unabhängig von der Art der Herstellung in derselben Angelegenheit, in gerichtlichen Verfahren in demselben Rechtszug und bei Vormundschaften, Dauerbetreuungen und -pflegschaften in jedem Kalenderjahr für die ersten 50 Seiten 0,50 Euro je Seite und für jede weitere Seite 0,15 Euro. Die Höhe der Dokumentenpauschale ist für jeden Kostenschuldner nach § 2 gesondert zu berechnen; Gesamtschuldner gelten als ein Schuldner.

(3) Für die Überlassung von elektronisch gespeicherten Dateien anstelle der in Absatz 1 Nr. 1 genannten Ausfertigungen und Ablichtungen beträgt die Dokumentenpauschale je Datei 2,50 Euro.

(4) Frei von der Dokumentenpauschale sind

1. bei Beurkundungen von Verträgen zwei Ausfertigungen oder Ablichtungen, bei sonstigen Beurkundungen eine Ausfertigung oder Ablichtung;

2. für jeden Beteiligten und seinen bevollmächtigten Vertreter jeweils

    a) eine vollständige Ausfertigung oder Ablichtung jeder gerichtlichen Entscheidung und jedes vor Gericht abgeschlossenen Vergleichs,

    b) eine Ausfertigung ohne Entscheidungsgründe und

    c) eine Ablichtung jeder Niederschrift über eine Sitzung.

(5) (weggefallen)

§ 137   Sonstige Auslagen

(1) Als Auslagen werden ferner erhoben

1. Entgelte für Telegramme;

2. Entgelte für

    a) Zustellungen mit Zustellungsurkunde,

    b) Einschreiben mit Rückschein;

3. für die Versendung von Akten auf Antrag je Sendung einschließlich Rücksendung pauschal ein Betrag von 12 Euro;

4. Auslagen für öffentliche Bekanntmachungen

    a) bei Veröffentlichung in einem elektronischen Informations- und Kommunikationssystem, wenn ein Entgelt nicht zu zahlen ist oder das Entgelt nicht für den Einzelfall berechnet wird, je Veröffentlichung pauschal 1 Euro,

    b) in sonstigen Fällen die zu zahlenden Entgelte;

5. nach dem Justizvergütungs- und -entschädigungsgesetz zu zahlende Beträge mit Ausnahme der an ehrenamtliche Richter (§ 1 Abs. 1 Satz 1 Nr. 2 des Justizvergütungs- und -entschädigungsgesetzes), Gebärdensprachdolmetscher und an Übersetzer, die zur Erfüllung der Rechte blinder oder sehbehinderter Personen herangezogen werden (§ 191a Abs. 1 des Gerichtsverfassungsgesetzes), zu zahlenden Beträge, und zwar auch dann, wenn aus Gründen der Gegenseitigkeit, der Verwaltungsvereinfachung oder aus vergleichbaren Gründen keine Zahlungen zu leisten sind; ist aufgrund des § 1 Abs. 2 Satz 2 des Justizvergütungs- und -entschädigungsgesetzes keine Vergütung zu zahlen, ist der Betrag zu erheben, der ohne diese Vorschrift zu zahlen wäre;

6. bei Geschäften außerhalb der Gerichtsstelle

a) die den Gerichtspersonen aufgrund gesetzlicher Vorschriften gewährte Vergütung (Reisekosten, Auslagenersatz),

b) die Auslagen für die Bereitstellung von Räumen,

c) für den Einsatz von Dienstkraftfahrzeugen für jeden gefahrenen Kilometer 0,30 Euro;

7. an Rechtsanwälte zu zahlende Beträge mit Ausnahme der nach § 59 des Rechtsanwaltsvergütungsgesetzes auf die Staatskasse übergegangenen Ansprüche;

8. Rechnungsgebühren (§ 139);

9. Auslagen für die Beförderung von Personen;

10. Beträge, die mittellosen Personen für die Reise zum Ort einer Verhandlung, Vernehmung oder Untersuchung und für die Rückreise gezahlt werden, bis zur Höhe der nach dem Justizvergütungs- und -entschädigungsgesetz an Zeugen zu zahlenden Beträge;

11. an Dritte zu zahlende Beträge für

a) die Beförderung von Tieren und Sachen mit Ausnahme der für Postdienstleistungen zu zahlenden Entgelte, die Verwahrung von Tieren und Sachen sowie die Fütterung von Tieren,

b) die Durchsuchung oder Untersuchung von Räumen und Sachen einschließlich der die Durchsuchung oder Untersuchung vorbereitenden Maßnahmen;

12. Kosten einer Zwangshaft in Höhe des Haftkostenbeitrags nach § 50 Abs. 2 und 3 des Strafvollzugsgesetzes, Kosten einer sonstigen Haft nur dann, wenn sie nach § 50 Abs. 1 des Strafvollzugsgesetzes zu erheben wären;

13. nach dem Auslandskostengesetz gezahlte Beträge;

14. Beträge, die inländischen Behörden, öffentlichen Einrichtungen oder Bediensteten als Ersatz für Auslagen der in den Nummern 1 bis 13 bezeichneten Art zustehen, und zwar auch dann, wenn aus Gründen der Gegenseitigkeit, der Verwaltungsvereinfachung oder aus vergleichbaren Gründen keine Zahlungen zu leisten sind, diese Beträge sind durch die Höchstsätze für die bezeichneten Auslagen begrenzt;

15. Beträge, die ausländischen Behörden, Einrichtungen oder Personen im Ausland zustehen, sowie Kosten des Rechtshilfeverkehrs mit dem Ausland, und zwar auch dann, wenn aus Gründen der Gegenseitigkeit, der Verwaltungsvereinfachung oder aus vergleichbaren Gründen keine Zahlungen zu leisten sind;

16. an Verfahrenspfleger gezahlte Beträge.

(2) Sind Auslagen durch verschiedene Geschäfte veranlasst, werden sie auf die mehreren Geschäfte angemessen verteilt.

...

6   Rechtspflegergesetz (RPflG)

Vom 5. November 1969 (BGBl. I S. 2065), zuletzt geändert durch Artikel 78 Abs. 3 des Gesetzes vom 23. November 2007 (BGBl. I S. 2614)

– Auszug –

Erster Abschnitt
Aufgaben und Stellung des Rechtspflegers

...

§ 11   Rechtsbehelfe

(1) Gegen die Entscheidungen des Rechtspflegers ist das Rechtsmittel gegeben, das nach den allgemeinen verfahrensrechtlichen Vorschriften zulässig ist.

(2) Ist gegen die Entscheidung nach den allgemeinen verfahrensrechtlichen Vorschriften ein Rechtsmittel nicht gegeben, so findet binnen der für die sofortige Beschwerde geltenden Frist die Erinnerung statt. Der Rechtspfleger kann der Erinnerung abhelfen. Erinnerungen, denen er nicht abhilft, legt er dem Richter zur Entscheidung vor. Auf die Erinnerung sind im Übrigen die Vorschriften über die Beschwerde sinngemäß anzuwenden.

(3) Gerichtliche Verfügungen, die nach den Vorschriften der Grundbuchordnung, der Schiffsregisterordnung, des Gesetzes über die Angelegenheiten der freiwilligen Gerichtsbarkeit und den für den Erbschein geltenden Bestimmungen wirksam geworden sind und nicht mehr geändert werden können, sind mit der Erinnerung nicht anfechtbar. Die Erinnerung ist ferner in den Fällen der §§ 694, 700 der Zivilprozessordnung und gegen Entscheidungen über die Gewährung eines Stimmrechts (§§ 77, 237 und 238 der Insolvenzordnung) ausgeschlossen.

(4) Das Erinnerungsverfahren ist gerichtsgebührenfrei.

...

7   Zivilprozessordnung (ZPO)

Vom 12. September 1950 (BGBl. I 533), zuletzt geändert durch Artikel 3 Abs. 6 des Gesetzes vom 26. März 2007 (BGBl. I S. 370)

– Auszug –

...

§ 118   Bewilligungsverfahren

(1) Vor der Bewilligung der Prozesskostenhilfe ist dem Gegner Gelegenheit zur Stellungnahme zu geben, wenn dies nicht aus besonderen Gründen unzweckmäßig erscheint. Die Stellungnahme kann vor der Geschäftsstelle zu Protokoll erklärt werden. Das Gericht kann die Parteien zur mündlichen Erörterung laden, wenn eine Einigung zu erwarten ist; ein Vergleich ist zu gerichtlichem Protokoll zu nehmen. Dem Gegner entstandene Kosten werden nicht erstattet. Die durch die Vernehmung von Zeugen und Sachverständigen nach Absatz 2 Satz 3 entstandenen Auslagen sind als Gerichtskosten von der Partei zu tragen, der die Kosten des Rechtsstreits auferlegt sind.

(2) Das Gericht kann verlangen, dass der Antragsteller seine tatsächlichen Angaben glaubhaft macht. Es kann Erhebungen anstellen, insbesondere die Vorlegung von Urkunden anordnen und Auskünfte einholen. Zeugen und Sachverständige werden nicht vernommen, es sei denn, dass auf andere Weise nicht geklärt werden kann, ob die Rechtsverfolgung oder Rechtsverteidigung hinreichende Aussicht auf Erfolg bietet und nicht mutwillig erscheint; eine Beeidigung findet nicht statt. Hat der Antragsteller innerhalb einer von dem Gericht gesetzten Frist Angaben über seine persönlichen und wirtschaft-

lichen Verhältnisse nicht glaubhaft gemacht oder bestimmte Fragen nicht oder ungenügend beantwortet, so lehnt das Gericht die Bewilligung von Prozesskostenhilfe insoweit ab.

(3) Die in Absatz 1, 2 bezeichneten Maßnahmen werden von dem Vorsitzenden oder einem von ihm beauftragten Mitglied des Gerichts durchgeführt.

§ 120 Festsetzung von Zahlungen

(1) Mit der Bewilligung der Prozesskostenhilfe setzt das Gericht zu zahlende Monatsraten und aus dem Vermögen zu zahlende Beträge fest. Setzt das Gericht nach § 115 Abs. 1 Satz 3 Nr. 4 mit Rücksicht auf besondere Belastungen von dem Einkommen Beträge ab und ist anzunehmen, dass die Belastungen bis zum Ablauf von vier Jahren ganz oder teilweise entfallen werden, so setzt das Gericht zugleich diejenigen Zahlungen fest, die sich ergeben, wenn die Belastungen nicht oder nur in verringertem Umfang berücksichtigt werden, und bestimmt den Zeitpunkt, von dem an sie zu erbringen sind.

(2) Die Zahlungen sind an die Landeskasse zu leisten, im Verfahren vor dem Bundesgerichtshof an die Bundeskasse, wenn Prozesskostenhilfe in einem vorherigen Rechtszug nicht bewilligt worden ist.

(3) Das Gericht soll die vorläufige Einstellung der Zahlungen bestimmen,

1. wenn abzusehen ist, dass die Zahlungen der Partei die Kosten decken;
2. wenn die Partei, ein ihr beigeordneter Rechtsanwalt oder die Bundes- oder Landeskasse die Kosten gegen einen anderen am Verfahren Beteiligten geltend machen kann.

(4) Das Gericht kann die Entscheidung über die zu leistenden Zahlungen ändern, wenn sich die für die Prozesskostenhilfe maßgebenden persönlichen oder wirtschaftlichen Verhältnisse wesentlich geändert haben; eine Änderung der nach § 115 Abs. 1 Satz 3 Nr. 1 Buchstabe b und Nr. 2 maßgebenden Beträge ist nur auf Antrag und nur dann zu berücksichtigen, wenn sie dazu führt, dass keine Monatsrate zu zahlen ist. Auf Verlangen des Gerichts hat sich die Partei darüber zu erklären, ob eine Änderung der Verhältnisse eingetreten ist. Eine Änderung zum Nachteil der Partei ist ausgeschlossen, wenn seit der rechtskräftigen Entscheidung oder sonstigen Beendigung des Verfahrens vier Jahre vergangen sind.

...

§ 130a Elektronisches Dokument

(1) Soweit für vorbereitende Schriftsätze und deren Anlagen, für Anträge und Erklärungen der Parteien sowie für Auskünfte, Aussagen, Gutachten und Erklärungen Dritter die Schriftform vorgesehen ist, genügt dieser Form die Aufzeichnung als elektronisches Dokument, wenn dieses für die Bearbeitung durch das Gericht geeignet ist. Die verantwortende Person soll das Dokument mit einer qualifizierten elektronischen Signatur nach dem Signaturgesetz versehen. Ist ein übermitteltes elektronisches Dokument für das Gericht zur Bearbeitung nicht geeignet, ist dies dem Absender unter Angabe der geltenden technischen Rahmenbedingungen unverzüglich mitzuteilen.

(2) Die Bundesregierung und die Landesregierungen bestimmen für ihren Bereich durch Rechtsverordnung den Zeitpunkt, von dem an elektronische Dokumente bei den Gerichten eingereicht werden können, sowie die für die Bearbeitung der Dokumente geeignete Form. Die Landesregierungen können die Ermächtigung durch Rechtsverordnung auf die Landesjustizverwaltungen übertragen. Die Zulassung der elektronischen Form kann auf einzelne Gerichte oder Verfahren beschränkt werden.

(3) Ein elektronisches Dokument ist eingereicht, sobald die für den Empfang bestimmte Einrichtung des Gerichts es aufgezeichnet hat.

...

§ 850b Bedingt pfändbare Bezüge

(1) Unpfändbar sind ferner

1. Renten, die wegen einer Verletzung des Körpers oder der Gesundheit zu entrichten sind;
2. Unterhaltsrenten, die auf gesetzlicher Vorschrift beruhen, sowie die wegen Entziehung einer solchen Forderung zu entrichtenden Renten;
3. fortlaufende Einkünfte, die ein Schuldner aus Stiftungen oder sonst auf Grund der Fürsorge und Freigebigkeit eines Dritten oder auf Grund eines Altenteils oder Auszugsvertrags bezieht;

4. Bezüge aus Witwen-, Waisen-, Hilfs- und Krankenkassen, die ausschließlich oder zu einem wesentlichen Teil zu Unterstützungszwecken gewährt werden, ferner Ansprüche aus Lebensversicherungen, die nur auf den Todesfall des Versicherungsnehmers abgeschlossen sind, wenn die Versicherungssumme 3.579 Euro nicht übersteigt.

(2) Diese Bezüge können nach den für Arbeitseinkommen geltenden Vorschriften gepfändet werden, wenn die Vollstreckung in das sonstige bewegliche Vermögen des Schuldners zu einer vollständigen Befriedigung des Gläubigers nicht geführt hat oder voraussichtlich nicht führen wird und wenn nach den Umständen des Falles, insbesondere nach der Art des beizutreibenden Anspruchs und der Höhe der Bezüge, die Pfändung der Billigkeit entspricht.

(3) Das Vollstreckungsgericht soll vor seiner Entscheidung die Beteiligten hören.

...

8 Justizvergütungs- und -entschädigungsgesetz – JVEG

Vom 5. Mai 2004 (BGBl. I S. 718, 776), zuletzt geändert durch Artikel 19 des Gesetzes vom 22. Dezember 2006 (BGBl. I S. 3416)

– Auszug –

Abschnitt 1
Allgemeine Vorschriften

...

§ 2 Geltendmachung und Erlöschen des Anspruchs, Verjährung

(1) Der Anspruch auf Vergütung oder Entschädigung erlischt, wenn er nicht binnen drei Monaten bei der Stelle, die den Berechtigten herangezogen oder beauftragt hat, geltend gemacht wird. Die Frist beginnt

1. im Fall der schriftlichen Begutachtung oder der Anfertigung einer Übersetzung mit Eingang des Gutachtens oder der Übersetzung bei der Stelle, die den Berechtigten beauftragt hat,

2. im Fall der Vernehmung als Sachverständiger oder Zeuge oder der Zuziehung als Dolmetscher mit Beendigung der Vernehmung oder Zuziehung,

3. in den Fällen des § 23 mit Beendigung der Maßnahme und

4. im Fall der Dienstleistung als ehrenamtlicher Richter oder Mitglied eines Ausschusses im Sinne des § 1 Abs. 4 mit Beendigung der Amtsperiode.

Die Frist kann auf begründeten Antrag von der in Satz 1 genannten Stelle verlängert werden; lehnt sie eine Verlängerung ab, hat sie den Antrag unverzüglich dem nach § 4 Abs. 1 für die Festsetzung der Vergütung oder Entschädigung zuständigen Gericht vorzulegen, das durch unanfechtbaren Beschluss entscheidet. Weist das Gericht den Antrag zurück, erlischt der Anspruch, wenn die Frist nach Satz 1 abgelaufen und der Anspruch nicht binnen zwei Wochen ab Bekanntgabe der Entscheidung bei der in Satz 1 genannten Stelle geltend gemacht worden ist.

(2) War der Berechtigte ohne sein Verschulden an der Einhaltung einer Frist nach Absatz 1 gehindert, gewährt ihm das Gericht auf Antrag Wiedereinsetzung in den vorigen Stand, wenn er innerhalb von zwei Wochen nach Beseitigung des Hindernisses den Anspruch beziffert und die Tatsachen glaubhaft macht, welche die Wiedereinsetzung begründen. Nach Ablauf eines Jahres, von dem Ende der versäumten Frist an gerechnet, kann die Wiedereinsetzung nicht mehr beantragt werden. Gegen die Ablehnung der Wiedereinsetzung findet die Beschwerde statt. Sie ist nur zulässig, wenn sie innerhalb von zwei Wochen eingelegt wird. Die Frist beginnt mit der Zustellung der Entscheidung. § 4 Abs. 4 Satz 1 bis 3 und Abs. 6 bis 8 ist entsprechend anzuwenden.

(3) Der Anspruch auf Vergütung oder Entschädigung verjährt in drei Jahren nach Ablauf des Kalenderjahrs, in dem der nach Absatz 1 Satz 2 Nr. 1 bis 4 maßgebliche Zeitpunkt eingetreten ist. Auf die Verjährung sind die Vorschriften des Bürgerlichen Gesetzbuchs anzuwenden. Durch den Antrag auf

gerichtliche Festsetzung (§ 4) wird die Verjährung wie durch Klageerhebung gehemmt. Die Verjährung wird nicht von Amts wegen berücksichtigt.

(4) Der Anspruch auf Erstattung zu viel gezahlter Vergütung oder Entschädigung verjährt in drei Jahren nach Ablauf des Kalenderjahrs, in dem die Zahlung erfolgt ist. § 5 Abs. 3 des Gerichtskostengesetzes gilt entsprechend.

§ 3 Vorschuss

Auf Antrag ist ein angemessener Vorschuss zu bewilligen, wenn dem Berechtigten erhebliche Fahrtkosten oder sonstige Aufwendungen entstanden sind oder voraussichtlich entstehen werden oder wenn die zu erwartende Vergütung für bereits erbrachte Teilleistungen einen Betrag von 2 000 Euro übersteigt.

§ 4 Gerichtliche Festsetzung und Beschwerde

(1) Die Festsetzung der Vergütung, der Entschädigung oder des Vorschusses erfolgt durch gerichtlichen Beschluss, wenn der Berechtigte oder die Staatskasse die gerichtliche Festsetzung beantragt oder das Gericht sie für angemessen hält. Zuständig ist

1. das Gericht, von dem der Berechtigte herangezogen worden ist, bei dem er als ehrenamtlicher Richter mitgewirkt hat oder bei dem der Ausschuss im Sinne des § 1 Abs. 4 gebildet ist;

2. das Gericht, bei dem die Staatsanwaltschaft besteht, wenn die Heranziehung durch die Staatsanwaltschaft oder in deren Auftrag oder mit deren vorheriger Billigung durch die Polizei oder eine andere Strafverfolgungsbehörde erfolgt ist, nach Erhebung der öffentlichen Klage jedoch das für die Durchführung des Verfahrens zuständige Gericht;

3. das Landgericht, bei dem die Staatsanwaltschaft besteht, die für das Ermittlungsverfahren zuständig wäre, wenn die Heranziehung in den Fällen des § 1 Abs. 1 Satz 1 Nr. 1 durch die Finanzbehörde oder in deren Auftrag oder mit deren vorheriger Billigung durch die Polizei oder eine andere Strafverfolgungsbehörde erfolgt ist, nach Erhebung der öffentlichen Klage jedoch das für die Durchführung des Verfahrens zuständige Gericht;

4. das Amtsgericht, in dessen Bezirk der Gerichtsvollzieher seinen Amtssitz hat, wenn die Heranziehung durch den Gerichtsvollzieher erfolgt ist, abweichend davon im Verfahren der Zwangsvollstreckung das Vollstreckungsgericht.

(2) Ist die Heranziehung durch die Verwaltungsbehörde im Bußgeldverfahren erfolgt, werden die zu gewährende Vergütung oder Entschädigung und der Vorschuss durch gerichtlichen Beschluss festgesetzt, wenn der Berechtigte gerichtliche Entscheidung gegen die Festsetzung durch die Verwaltungsbehörde beantragt. Für das Verfahren gilt § 62 des Gesetzes über Ordnungswidrigkeiten.

(3) Gegen den Beschluss nach Absatz 1 können der Berechtigte und die Staatskasse Beschwerde einlegen, wenn der Wert des Beschwerdegegenstands 200 Euro übersteigt oder wenn sie das Gericht, das die angefochtene Entscheidung erlassen hat, wegen der grundsätzlichen Bedeutung der zur Entscheidung stehenden Frage in dem Beschluss zulässt.

(4) Soweit das Gericht die Beschwerde für zulässig und begründet hält, hat es ihr abzuhelfen; im Übrigen ist die Beschwerde unverzüglich dem Beschwerdegericht vorzulegen. Beschwerdegericht ist das nächsthöhere Gericht. Eine Beschwerde an einen obersten Gerichtshof des Bundes findet nicht statt. Das Beschwerdegericht ist an die Zulassung der Beschwerde gebunden; die Nichtzulassung ist unanfechtbar.

(5) Die weitere Beschwerde ist nur zulässig, wenn das Landgericht als Beschwerdegericht entschieden und sie wegen der grundsätzlichen Bedeutung der zur Entscheidung stehenden Frage in dem Beschluss zugelassen hat. Sie kann nur darauf gestützt werden, dass die Entscheidung auf einer Verletzung des Rechts beruht; die §§ 546 und 547 der Zivilprozessordnung gelten entsprechend. Über die weitere Beschwerde entscheidet das Oberlandesgericht. Absatz 4 Satz 1 und 4 gilt entsprechend.

(6) Anträge und Erklärungen können zu Protokoll der Geschäftsstelle abgegeben oder schriftlich eingereicht werden; § 129a der Zivilprozessordnung gilt entsprechend. Die Beschwerde ist bei dem Gericht einzulegen, dessen Entscheidung angefochten wird..

(7) Das Gericht entscheidet über den Antrag durch eines seiner Mitglieder als Einzelrichter; dies gilt auch für die Beschwerde, wenn die angefochtene Entscheidung von einem Einzelrichter oder einem Rechtspfleger erlassen wurde. Der Einzelrichter überträgt das Verfahren der Kammer oder dem Senat, wenn die Sache besondere Schwierigkeiten tatsächlicher oder rechtlicher Art aufweist oder die

Rechtssache grundsätzliche Bedeutung hat. Das Gericht entscheidet jedoch immer ohne Mitwirkung ehrenamtlicher Richter. Auf eine erfolgte oder unterlassene Übertragung kann ein Rechtsmittel nicht gestützt werden.

(8) Die Verfahren sind gebührenfrei. Kosten werden nicht erstattet.

(9) Die Beschlüsse nach den Absätzen 1, 2, 4 und 5 wirken nicht zu Lasten des Kostenschuldners.

...

Abschnitt 2
Gemeinsame Vorschriften

§ 5 Fahrtkostenersatz

(1) Bei Benutzung von öffentlichen, regelmäßig verkehrenden Beförderungsmitteln werden die tatsächlich entstandenen Auslagen bis zur Höhe der entsprechenden Kosten für die Benutzung der ersten Wagenklasse der Bahn einschließlich der Auslagen für Platzreservierung und Beförderung des notwendigen Gepäcks ersetzt.

(2) Bei Benutzung eines eigenen oder unentgeltlich zur Nutzung überlassenen Kraftfahrzeugs werden

1. dem Zeugen oder dem Dritten (§ 23) zur Abgeltung der Betriebskosten sowie zur Abgeltung der Abnutzung des Kraftfahrzeugs 0,25 Euro,

2. den in § 1 Abs. 1 Satz 1 Nr. 1 und 2 genannten Anspruchsberechtigten zur Abgeltung der Anschaffungs-, Unterhaltungs- und Betriebskosten sowie zur Abgeltung der Abnutzung des Kraftfahrzeugs 0,30 Euro

für jeden gefahrenen Kilometer ersetzt zuzüglich der durch die Benutzung des Kraftfahrzeugs aus Anlass der Reise regelmäßig anfallenden baren Auslagen, insbesondere der Parkentgelte. Bei der Benutzung durch mehrere Personen kann die Pauschale nur einmal geltend gemacht werden. Bei der Benutzung eines Kraftfahrzeugs, das nicht zu den Fahrzeugen nach Absatz 1 oder Satz 1 zählt, werden die tatsächlich entstandenen Auslagen bis zur Höhe der in Satz 1 genannten Fahrtkosten ersetzt; zusätzlich werden die durch die Benutzung des Kraftfahrzeugs aus Anlass der Reise angefallenen regelmäßigen baren Auslagen, insbesondere die Parkentgelte, ersetzt, soweit sie der Berechtigte zu tragen hat.

(3) Höhere als die in Absatz 1 oder Absatz 2 bezeichneten Fahrtkosten werden ersetzt, soweit dadurch Mehrbeträge an Vergütung oder Entschädigung erspart werden oder höhere Fahrtkosten wegen besonderer Umstände notwendig sind.

(4) Für Reisen während der Terminsdauer werden die Fahrtkosten nur insoweit ersetzt, als dadurch Mehrbeträge an Vergütung oder Entschädigung erspart werden, die beim Verbleiben an der Terminsstelle gewährt werden müssten.

(5) Wird die Reise zum Ort des Termins von einem anderen als dem in der Ladung oder Terminsmitteilung bezeichneten oder der zuständigen Stelle unverzüglich angezeigten Ort angetreten oder wird zu einem anderen als zu diesem Ort zurückgefahren, werden Mehrkosten nach billigem Ermessen nur dann ersetzt, wenn der Berechtigte zu diesen Fahrten durch besondere Umstände genötigt war.

...

Abschnitt 5
Entschädigung von Zeugen und Dritten

...

§ 22 Entschädigung für Verdienstausfall

Zeugen, denen ein Verdienstausfall entsteht, erhalten eine Entschädigung, die sich nach dem regelmäßigen Bruttoverdienst einschließlich der vom Arbeitgeber zu tragenden Sozialversicherungsbeiträge richtet und für jede Stunde höchstens 17 Euro beträgt. Gefangene, die keinen Verdienstausfall aus einem privatrechtlichen Arbeitsverhältnis haben, erhalten Ersatz in Höhe der entgangenen Zuwendung der Vollzugsbehörde.

9 Justizbeitreibungsordnung

Vom 11. März 1937 (RGBl. I S. 298), zuletzt geändert durch Artikel 4 Abs. 13 des Gesetzes vom 17. Dezember 2006 (BGBl. I S. 3171)

– Auszug –

...

§ 1 Nach dieser Verordnung beizutreibende Ansprüche

(1) Nach dieser Justizbeitreibungsordnung werden folgende Ansprüche beigetrieben, soweit sie von Justizbehörden des Bundes einzuziehen sind:

1. Geldstrafen und andere Ansprüche, deren Beitreibung sich nach den Vorschriften über die Vollstreckung von Geldstrafen richtet;

2. gerichtlich erkannte Geldbußen und Nebenfolgen einer Ordnungswidrigkeit, die zu einer Geldzahlung verpflichten;

2a. Ansprüche aus gerichtlichen Anordnungen über den Verfall, die Einziehung oder die Unbrauchbarmachung einer Sache;

2b. Ansprüche aus gerichtlichen Anordnungen über die Herausgabe von Akten und sonstigen Unterlagen nach § 407a Abs. 4 Satz 2 der Zivilprozessordnung;

3. Ordnungs- und Zwangsgelder;

4. Gerichtskosten;

4a. Ansprüche auf Zahlung der vom Gericht im Verfahren der Prozesskostenhilfe oder nach § 4b der Insolvenzordnung bestimmten Beträge;

4b. nach §§ 56g, 69e Satz 1 des Gesetzes über die Angelegenheiten der freiwilligen Gerichtsbarkeit festgesetzte Ansprüche;

5. Zulassungs- und Prüfungsgebühren;

6. alle sonstigen Justizverwaltungsabgaben;

7. Kosten der Gerichtsvollzieher und Vollziehungsbeamten, soweit sie selbständig oder gleichzeitig mit einem Anspruch, der nach den Vorschriften dieser Justizbeitreibungsordnung vollstreckt wird, bei dem Auftraggeber oder Ersatzpflichtigen beigetrieben werden;

8. Ansprüche gegen Beamte, nichtbeamtete Beisitzer und Vertrauenspersonen, gegen Rechtsanwälte, Vormünder, Betreuer, Pfleger und Verfahrenspfleger, gegen Zeugen und Sachverständige sowie gegen mittellose Personen auf Erstattung von Beträgen, die ihnen in einem gerichtlichen Verfahren zuviel gezahlt sind;

9. Ansprüche gegen Beschuldigte und Nebenbeteiligte auf Erstattung von Beträgen, die ihnen in den Fällen der §§ 465, 467, 467a, 470, 472b, 473 der Strafprozessordnung zuviel gezahlt sind;

10. alle sonstigen Ansprüche, die nach Bundes- oder Landesrecht im Verwaltungszwangsverfahren beigetrieben werden können, soweit nicht ein Bundesgesetz vorschreibt, dass sich die Vollstreckung nach dem Verwaltungsvollstreckungsgesetz oder der Abgabenordnung richtet.

(2) Die Justizbeitreibungsordnung findet auch auf die Einziehung von Ansprüchen im Sinne des Absatzes 1 durch Justizbehörden der Länder Anwendung, soweit die Ansprüche auf bundesrechtlicher Regelung beruhen.

(3) Die Vorschriften der Justizbeitreibungsordnung über das gerichtliche Verfahren finden auch dann Anwendung, wenn sonstige Ansprüche durch die Justizbehörden der Länder im Verwaltungszwangsverfahren eingezogen werden.

(4) Werden zusammen mit einem Anspruch nach Absatz 1 Nr. 1 bis 3 die Kosten des Verfahrens beigetrieben, so gelten auch für die Kosten die Vorschriften über die Vollstreckung dieses Anspruchs.

(5) Nach dieser Justizbeitreibungsordnung werden auch die Gebühren und Auslagen des Deutschen Patentamts und die sonstigen dem Absatz 1 entsprechenden Ansprüche, die beim Deutschen Patentamt entstehen, beigetrieben. Dies gilt auch für Ansprüche gegen Patentanwälte und Erlaubnisscheininhaber.

(6) Die Landesregierungen werden ermächtigt, durch Rechtsverordnung abweichend von der Justiz-beitreibungsordnung zu bestimmen, dass Gerichtskosten in den Fällen des § 109 Abs. 2 des Gesetzes über Ordnungswidrigkeiten und des § 27 des Gerichtskostengesetzes nach Vorschriften des Landes-rechts beigetrieben werden. Die Landesregierungen können die Ermächtigung durch Rechtsverord-nung auf die Landesjustizverwaltung übertragen.

...

10 Insolvenzordnung

Vom 5. Oktober 1994 (BGBl. I S. 2866), zuletzt geändert durch Artikel 1 des Gesetzes vom 13. April 2007 (BGBl. I S. 509)

– Auszug –

...

§ 324 Masseverbindlichkeiten

(1) Masseverbindlichkeiten sind außer den in den §§ 54, 55 bezeichneten Verbindlichkeiten:

1. die Aufwendungen, die dem Erben nach den §§ 1978, 1979 des Bürgerlichen Gesetzbuchs aus dem Nachlass zu ersetzen sind;

2. die Kosten der Beerdigung des Erblassers;

3. die im Falle der Todeserklärung des Erblassers dem Nachlass zur Last fallenden Kosten des Ver-fahrens;

4. die Kosten der Eröffnung einer Verfügung des Erblassers von Todes wegen, der gerichtlichen Sicherung des Nachlasses, einer Nachlasspflegschaft, des Aufgebots der Nachlassgläubiger und der Inventarerrichtung;

5. die Verbindlichkeiten aus den von einem Nachlasspfleger oder einem Testamentsvollstrecker vor-genommenen Rechtsgeschäften;

6. die Verbindlichkeiten, die für den Erben gegenüber einem Nachlasspfleger, einem Testaments-vollstrecker oder einem Erben, der die Erbschaft ausgeschlagen hat, aus der Geschäftsführung dieser Personen entstanden sind, soweit die Nachlassgläubiger verpflichtet wären, wenn die bezeichneten Personen die Geschäfte für sie zu besorgen gehabt hätten.

(2) Im Falle der Masseunzulänglichkeit haben die in Absatz 1 bezeichneten Verbindlichkeiten den Rang des § 209 Abs. 1 Nr. 3.

...

11 Erstes Buch Sozialgesetzbuch – Allgemeiner Teil

Artikel 1 des Gesetzes vom 11. Dezember 1975, BGBl I S. 3015), zuletzt geändert durch Artikel 2 Abs. 15 des Gesetzes vom 5. Dezember 2006 (BGBl. I S. 2748)

– Auszug –

§ 30 Geltungsbereich

(1) Die Vorschriften dieses Gesetzbuchs gelten für alle Personen, die ihren Wohnsitz oder gewöhnli-chen Aufenthalt in seinem Geltungsbereich haben.

(2) Regelungen des über- und zwischenstaatlichen Rechts bleiben unberührt.

(3) Einen Wohnsitz hat jemand dort, wo er eine Wohnung unter Umständen innehat, die darauf schließen lassen, daß er die Wohnung beibehalten und benutzen wird. Den gewöhnlichen Aufenthalt hat jemand dort, wo er sich unter Umständen aufhält, die erkennen lassen, daß er an diesem Ort oder in diesem Gebiet nicht nur vorübergehend verweilt.

12 Zehntes Buch Sozialgesetzbuch – Sozialverwaltungs-verfahren und Sozialdatenschutz –

In der Fassung der Bekanntmachung vom 18.1.2001 (BGBl. I S. 130), zuletzt geändert durch Gesetz vom 20.12.2007 (BGBl. I S. 3150)

– Auszug –

...

§ 15 Bestellung eines Vertreters von Amts wegen

(1) Ist ein Vertreter nicht vorhanden, hat das Vormundschaftsgericht auf Ersuchen der Behörde einen geeigneten Vertreter zu bestellen

1. für einen Beteiligten, dessen Person unbekannt ist,

2. für einen abwesenden Beteiligten, dessen Aufenthalt unbekannt ist oder der an der Besorgung seiner Angelegenheiten verhindert ist,

3. für einen Beteiligten ohne Aufenthalt im Inland, wenn er der Aufforderung der Behörde, einen Vertreter zu bestellen, innerhalb der ihm gesetzten Frist nicht nachgekommen ist,

4. für einen Beteiligten, der infolge einer psychischen Krankheit oder körperlichen, geistigen oder seelischen Behinderung nicht in der Lage ist, in dem Verwaltungsverfahren selbst tätig zu werden.

(2) Für die Bestellung des Vertreters ist in den Fällen des Absatzes 1 Nr. 4 das Vormundschaftsgericht zuständig, in dessen Bezirk der Beteiligte seinen gewöhnlichen Aufenthalt hat; im Übrigen ist das Vormundschaftsgericht zuständig, in dessen Bezirk die ersuchende Behörde ihren Sitz hat.

(3) Der Vertreter hat gegen den Rechtsträger der Behörde, die um seine Bestellung ersucht hat, Anspruch auf eine angemessene Vergütung und auf die Erstattung seiner baren Auslagen. Die Behörde kann von dem Vertretenen Ersatz ihrer Aufwendungen verlangen. Sie bestimmt die Vergütung und stellt die Auslagen und Aufwendungen fest.

(4) Im Übrigen gelten für die Bestellung und für das Amt des Vertreters in den Fällen des Absatzes 1 Nr. 4 die Vorschriften über die Betreuung, in den übrigen Fällen die Vorschriften über die Pflegschaft entsprechend.

...

13 Sozialgesetzbuch (SGB) Zwölftes Buch (XII) – Sozialhilfe –

Vom 27. Dezember 2003 (BGBl. I S. 3022, 3023), zuletzt geändert durch Artikel 5 des Gesetzes vom 23. Dezember 2007 (BGBl. I S. 3254)

– Auszug –

...

Elftes Kapitel
Einsatz des Einkommens und des Vermögens

Erster Abschnitt
Einkommen

§ 82   Begriff des Einkommens

(1) Zum Einkommen gehören alle Einkünfte in Geld oder Geldeswert mit Ausnahme der Leistungen nach diesem Buch, der Grundrente nach dem Bundesversorgungsgesetz und nach den Gesetzen, die eine entsprechende Anwendung des Bundesversorgungsgesetzes vorsehen und der Renten oder Beihilfen nach dem Bundesentschädigungsgesetz für Schaden an Leben sowie an Körper oder Gesundheit, bis zur Höhe der vergleichbaren Grundrente nach dem Bundesversorgungsgesetz.

Bei Minderjährigen ist das Kindergeld dem jeweiligen Kind als Einkommen zuzurechnen, soweit es bei diesem zur Deckung des notwendigen Lebensunterhaltes benötigt wird.

(2) Von dem Einkommen sind abzusetzen

1. auf das Einkommen entrichtete Steuern,

2. Pflichtbeiträge zur Sozialversicherung einschließlich der Beiträge zur Arbeitsförderung,

3. Beiträge zu öffentlichen oder privaten Versicherungen oder ähnlichen Einrichtungen, soweit diese Beiträge gesetzlich vorgeschrieben oder nach Grund und Höhe angemessen sind, sowie geförderte Altersvorsorgebeiträge nach § 82 des Einkommensteuergesetzes, soweit sie den Mindesteigenbeitrag nach § 86 des Einkommensteuergesetzes nicht überschreiten,

4. die mit der Erzielung des Einkommens verbundenen notwendigen Ausgaben,

5. das Arbeitsförderungsgeld und Erhöhungsbeträge des Arbeitsentgelts im Sinne von § 43 Satz 4 des Neunten Buches.

(3) Bei der Hilfe zum Lebensunterhalt und Grundsicherung im Alter und bei Erwerbsminderung ist ferner ein Betrag in Höhe von 30 vom Hundert des Einkommens aus selbständiger und nichtselbständiger Tätigkeit der Leistungsberechtigten abzusetzen. Abweichend von Satz 1 ist bei einer Beschäftigung in einer Werkstatt für behinderte Menschen von dem Entgelt ein Achtel des Eckregelsatzes zuzüglich 25 vom Hundert des diesen Betrag übersteigenden Entgelts abzusetzen. Im Übrigen kann in begründeten Fällen ein anderer als in Satz 1 festgelegter Betrag vom Einkommen abgesetzt werden.

(4) Lebt eine Person in einer teilstationären oder stationären Einrichtung, kann die Aufbringung der Mittel für Leistungen nach dem Dritten Kapitel von ihr verlangt werden, soweit Aufwendungen für den häuslichen Lebensunterhalt erspart werden. Darüber hinaus soll in angemessenem Umfang die Aufbringung der Mittel verlangt werden von Personen, die auf voraussichtlich längere Zeit der Pflege in einer Einrichtung bedürfen, solange sie nicht einen anderen überwiegend unterhalten.

§ 83   Nach Zweck und Inhalt bestimmte Leistungen

(1) Leistungen, die auf Grund öffentlich-rechtlicher Vorschriften zu einem ausdrücklich genannten Zweck erbracht werden, sind nur so weit als Einkommen zu berücksichtigen, als die Sozialhilfe im Einzelfall demselben Zweck dient.

(2) Eine Entschädigung, die wegen eines Schadens, der nicht Vermögensschaden ist, nach § 253 Abs. 2 des Bürgerlichen Gesetzbuches geleistet wird, ist nicht als Einkommen zu berücksichtigen

§ 84 Zuwendungen

(1) Zuwendungen der freien Wohlfahrtspflege bleiben als Einkommen außer Betracht. Dies gilt nicht, soweit die Zuwendung die Lage der Leistungsberechtigten so günstig beeinflusst, dass daneben Sozialhilfe ungerechtfertigt wäre.

(2) Zuwendungen, die ein anderer erbringt, ohne hierzu eine rechtliche oder sittliche Pflicht zu haben, sollen als Einkommen außer Betracht bleiben, soweit ihre Berücksichtigung für die Leistungsberechtigten eine besondere Härte bedeuten würde.

Zweiter Abschnitt
Einkommensgrenzen für die Leistungen nach dem Fünften bis Neunten Kapitel

§ 85 Einkommensgrenze

(1) Bei der Hilfe nach dem Fünften bis Neunten Kapitel ist der nachfragenden Person und ihrem nicht getrennt lebenden Ehegatten oder Lebenspartner die Aufbringung der Mittel nicht zuzumuten, wenn während der Dauer des Bedarfs ihr monatliches Einkommen zusammen eine Einkommensgrenze nicht übersteigt, die sich ergibt aus

1. einem Grundbetrag in Höhe des zweifachen Eckregelsatzes[4],

2. den Kosten der Unterkunft, soweit die Aufwendungen hierfür den der Besonderheit des Einzelfalles angemessenen Umfang nicht übersteigen und

3. einem Familienzuschlag in Höhe des auf volle Euro aufgerundeten Betrages von 70 vom Hundert des Eckregelsatzes für den nicht getrennt lebenden Ehegatten oder Lebenspartner und für jede Person, die von der nachfragenden Person, ihrem nicht getrennt lebenden Ehegatten oder Lebenspartner überwiegend unterhalten worden ist oder für die sie nach der Entscheidung über die Erbringung der Sozialhilfe unterhaltspflichtig werden.

(2) Ist die nachfragende Person minderjährig und unverheiratet, so ist ihr und ihren Eltern die Aufbringung der Mittel nicht zuzumuten, wenn während der Dauer des Bedarfs das monatliche Einkommen der nachfragenden Person und ihrer Eltern zusammen eine Einkommensgrenze nicht übersteigt, die sich ergibt aus

1. einem Grundbetrag in Höhe des zweifachen Eckregelsatzes[*],

2. den Kosten der Unterkunft, soweit die Aufwendungen hierfür den der Besonderheit des Einzelfalles angemessenen Umfang nicht übersteigen und

3. einem Familienzuschlag in Höhe des auf volle Euro aufgerundeten Betrages von 70 vom Hundert des Eckregelsatzes für einen Elternteil, wenn die Eltern zusammenleben, sowie für die nachfragende Person und für jede Person, die von den Eltern oder der nachfragenden Person überwiegend unterhalten worden ist oder für die sie nach der Entscheidung über die Erbringung der Sozialhilfe unterhaltspflichtig werden.

Leben die Eltern nicht zusammen, richtet sich die Einkommensgrenze nach dem Elternteil, bei dem die nachfragende Person lebt. Lebt sie bei keinem Elternteil, bestimmt sich die Einkommensgrenze nach Absatz 1.

(3) Der maßgebende Eckregelsatz bestimmt sich nach dem Ort, an dem der Leistungsberechtigte die Leistung erhält. Bei der Leistung in einer Einrichtung sowie bei Unterbringung in einer anderen Familie oder bei den in § 107 genannten anderen Personen bestimmt er sich nach dem gewöhnlichen Aufenthalt des Leistungsberechtigten oder, wenn im Falle des Absatzes 2 auch das Einkommen seiner Eltern oder eines Elternteils maßgebend ist, nach deren gewöhnlichem Aufenthalt. Ist ein gewöhnlicher Aufenthalt im Inland nicht vorhanden oder nicht zu ermitteln, ist Satz 1 anzuwenden.

§ 86 Abweichender Grundbetrag

Die Länder und, soweit landesrechtliche Vorschriften nicht entgegenstehen, auch die Träger der Sozialhilfe können für bestimmte Arten der Hilfe nach dem Fünften bis Neunten Kapitel der Einkommensgrenze einen höheren Grundbetrag zu Grunde legen.

---

4   Dieser beträgt ab 1.7.2007: 694,00 €.

§ 87   Einsatz des Einkommens über der Einkommensgrenze

(1) Soweit das zu berücksichtigende Einkommen die Einkommensgrenze übersteigt, ist die Aufbringung der Mittel in angemessenem Umfang zuzumuten. Bei der Prüfung, welcher Umfang angemessen ist, sind insbesondere die Art des Bedarfs, die Art oder Schwere der Behinderung oder der Pflegebedürftigkeit, die Dauer und Höhe der erforderlichen Aufwendungen sowie besondere Belastungen der nachfragenden Person und ihrer unterhaltsberechtigten Angehörigen zu berücksichtigen. Bei schwerstpflegebedürftigen Menschen nach § 64 Abs. 3 und blinden Menschen nach § 72 ist ein Einsatz des Einkommens über der Einkommensgrenze in Höhe von mindestens 60 vom Hundert nicht zuzumuten.

(2) Verliert die nachfragende Person durch den Eintritt eines Bedarfsfalles ihr Einkommen ganz oder teilweise und ist ihr Bedarf nur von kurzer Dauer, so kann die Aufbringung der Mittel auch aus dem Einkommen verlangt werden, das sie innerhalb eines angemessenen Zeitraumes nach dem Wegfall des Bedarfs erwirbt und das die Einkommensgrenze übersteigt, jedoch nur insoweit, als ihr ohne den Verlust des Einkommens die Aufbringung der Mittel zuzumuten gewesen wäre.

(3) Bei einmaligen Leistungen zur Beschaffung von Bedarfsgegenständen, deren Gebrauch für mindestens ein Jahr bestimmt ist, kann die Aufbringung der Mittel nach Maßgabe des Absatzes 1 auch aus dem Einkommen verlangt werden, das die in § 19 Abs. 3 genannten Personen innerhalb eines Zeitraumes von bis zu drei Monaten nach Ablauf des Monats, in dem über die Leistung entschieden worden ist, erwerben.

§ 88   Einsatz des Einkommens unter der Einkommensgrenze

(1) Die Aufbringung der Mittel kann, auch soweit das Einkommen unter der Einkommensgrenze liegt, verlangt werden,

1. soweit von einem anderen Leistungen für einen besonderen Zweck erbracht werden, für den sonst Sozialhilfe zu leisten wäre,

2. wenn zur Deckung des Bedarfs nur geringfügige Mittel erforderlich sind,

3. soweit bei teilstationären oder stationären Leistungen Aufwendungen für den häuslichen Lebensunterhalt erspart werden. Darüber hinaus soll in angemessenem Umfang die Aufbringung der Mittel verlangt werden von Personen, die auf voraussichtlich längere Zeit der Pflege in einer Einrichtung bedürfen, solange sie nicht einen anderen überwiegend unterhalten.

(2) Bei einer stationären Leistung in einer stationären Einrichtung wird von dem Einkommen, das der Leistungsberechtigte aus einer entgeltlichen Beschäftigung erzielt, die Aufbringung der Mittel in Höhe von einem Achtel des Eckregelsatzes zuzüglich 25 vom Hundert des diesen Betrag übersteigenden Einkommens aus der Beschäftigung nicht verlangt. § 82 Abs. 3 ist nicht anzuwenden.

§ 89   Einsatz des Einkommens bei mehrfachem Bedarf

(1) Wird im Einzelfall der Einsatz eines Teils des Einkommens zur Deckung eines bestimmten Bedarfs zugemutet oder verlangt, darf dieser Teil des Einkommens bei der Prüfung, inwieweit der Einsatz des Einkommens für einen anderen gleichzeitig bestehenden Bedarf zuzumuten ist oder verlangt werden kann, nicht berücksichtigt werden.

(2) Sind im Fall des Absatzes 1 für die Bedarfsfälle verschiedene Träger der Sozialhilfe zuständig, hat die Entscheidung über die Leistung für den zuerst eingetretenen Bedarf den Vorrang. Treten die Bedarfsfälle gleichzeitig ein, ist das über der Einkommensgrenze liegende Einkommen zu gleichen Teilen bei den Bedarfsfällen zu berücksichtigen.

Dritter Abschnitt
Vermögen

§ 90   Einzusetzendes Vermögen

(1) Einzusetzen ist das gesamte verwertbare Vermögen.

(2) Die Sozialhilfe darf nicht abhängig gemacht werden vom Einsatz oder von der Verwertung

1. eines Vermögens, das aus öffentlichen Mitteln zum Aufbau oder zur Sicherung einer Lebensgrundlage oder zur Gründung eines Hausstandes erbracht wird,

2. eines Kapitals einschließlich seiner Erträge, das der zusätzlichen Altersvorsorge im Sinne des § 10a oder des Abschnitts XI des Einkommensteuergesetzes dient und dessen Ansammlung staatlich gefördert wurde,

3. eines sonstigen Vermögens, solange es nachweislich zur baldigen Beschaffung oder Erhaltung eines Hausgrundstücks im Sinne der Nummer 8 bestimmt ist, soweit dieses Wohnzwecken behinderter (§ 53 Abs. 1 Satz 1 und § 72) oder pflegebedürftiger Menschen (§ 61) dient oder dienen soll und dieser Zweck durch den Einsatz oder die Verwertung des Vermögens gefährdet würde,

4. eines angemessenen Hausrats; dabei sind die bisherigen Lebensverhältnisse der nachfragenden Person zu berücksichtigen,

5. von Gegenständen, die zur Aufnahme oder Fortsetzung der Berufsausbildung oder der Erwerbstätigkeit unentbehrlich sind,

6. von Familien- und Erbstücken, deren Veräußerung für die nachfragende Person oder ihre Familie eine besondere Härte bedeuten würde,

7. von Gegenständen, die zur Befriedigung geistiger, insbesondere wissenschaftlicher oder künstlerischer Bedürfnisse dienen und deren Besitz nicht Luxus ist,

8. eines angemessenen Hausgrundstücks, das von der nachfragenden Person oder einer anderen in den § 19 Abs. 1 bis 3 genannten Person allein oder zusammen mit Angehörigen ganz oder teilweise bewohnt wird und nach ihrem Tod von ihren Angehörigen bewohnt werden soll. Die Angemessenheit bestimmt sich nach der Zahl der Bewohner, dem Wohnbedarf (zum Beispiel behinderter, blinder oder pflegebedürftiger Menschen), der Grundstücksgröße, der Hausgröße, dem Zuschnitt und der Ausstattung des Wohngebäudes sowie dem Wert des Grundstücks einschließlich des Wohngebäudes,

9. kleinerer Barbeträge oder sonstiger Geldwerte; dabei ist eine besondere Notlage der nachfragenden Person zu berücksichtigen.

(3) Die Sozialhilfe darf ferner nicht vom Einsatz oder von der Verwertung eines Vermögens abhängig gemacht werden, soweit dies für den, der das Vermögen einzusetzen hat, und für seine unterhaltsberechtigten Angehörigen eine Härte bedeuten würde. Dies ist bei der Leistung nach dem Fünften bis Neunten Kapitel insbesondere der Fall, soweit eine angemessene Lebensführung oder die Aufrechterhaltung einer angemessenen Alterssicherung wesentlich erschwert würde.

...

Dreizehntes Kapitel
Kosten

Erster Abschnitt
Kostenersatz

§ 102   Kostenersatz durch Erben

(1) Der Erbe der leistungsberechtigten Person oder ihres Ehegatten oder ihres Lebenspartners, falls diese vor der leistungsberechtigten Person sterben, ist vorbehaltlich des Absatzes 5 zum Ersatz der Kosten der Sozialhilfe verpflichtet. Die Ersatzpflicht besteht nur für die Kosten der Sozialhilfe, die innerhalb eines Zeitraumes von zehn Jahren vor dem Erbfall aufgewendet worden sind und die das Dreifache des Grundbetrages nach § 85 Abs. 1 übersteigen. Die Ersatzpflicht des Erben des Ehegatten oder Lebenspartners besteht nicht für die Kosten der Sozialhilfe, die während des Getrenntlebens der Ehegatten oder Lebenspartner geleistet worden sind. Ist die leistungsberechtigte Person der Erbe ihres Ehegatten oder Lebenspartners, ist sie zum Ersatz der Kosten nach Satz 1 nicht verpflichtet.

(2) Die Ersatzpflicht des Erben gehört zu den Nachlassverbindlichkeiten. Der Erbe haftet mit dem Wert des im Zeitpunkt des Erbfalles vorhandenen Nachlasses.

(3) Der Anspruch auf Kostenersatz ist nicht geltend zu machen,

1. soweit der Wert des Nachlasses unter dem Dreifachen des Grundbetrages nach § 85 Abs. 1 liegt[5],

2. soweit der Wert des Nachlasses unter dem Betrag von 15 340 Euro liegt, wenn der Erbe der Ehegatte oder Lebenspartner der leistungsberechtigten Person oder mit dieser verwandt ist und nicht

---

5   Dieser beträgt ab 1.7.2007 2.082 €.

nur vorübergehend bis zum Tod der leistungsberechtigten Person mit dieser in häuslicher Gemeinschaft gelebt und sie gepflegt hat,

3. soweit die Inanspruchnahme des Erben nach der Besonderheit des Einzelfalles eine besondere Härte bedeuten würde.

(4) Der Anspruch auf Kostenersatz erlischt in drei Jahren nach dem Tod der leistungsberechtigten Person, ihres Ehegatten oder ihres Lebenspartners. § 103 Abs. 3 Satz 2 gilt entsprechend.

(5) Der Ersatz der Kosten durch die Erben gilt nicht für Leistungen nach dem Vierten Kapitel und für die vor dem 1. Januar 1987 entstandenen Kosten der Tuberkulosehilfe.

...

14 Verordnung zur Durchführung des § 82 des Zwölften Buches Sozialgesetzbuch

Vom 28. November 1962 (BGBl. I S. 692), zuletzt geändert durch das Gesetz vom 21. März 2005 (BGBl. I S. 818)

– Auszug –

§ 1 Einkommen

Bei der Berechnung der Einkünfte in Geld oder Geldeswert, die nach § 82 Abs. 1 des Zwölften Buches Sozialgesetzbuch zum Einkommen gehören, sind alle Einnahmen ohne Rücksicht auf ihre Herkunft und Rechtsnatur sowie ohne Rücksicht darauf, ob sie zu den Einkunftsarten im Sinne des Einkommensteuergesetzes gehören und ob sie der Steuerpflicht unterliegen, zugrunde zu legen.

§ 2 Bewertung von Sachbezügen

(1) Für die Bewertung von Einnahmen, die nicht in Geld bestehen (Kost, Wohnung und sonstige Sachbezüge), sind die auf Grund des § 17 Abs. 2 des Vierten Buches Sozialgesetzbuch für die Sozialversicherung zuletzt festgesetzten Werte der Sachbezüge maßgebend; soweit der Wert der Sachbezüge nicht festgesetzt ist, sind der Bewertung die üblichen Mittelpreise des Verbrauchsortes zu Grunde zu legen. Die Verpflichtung, den notwendigen Lebensunterhalt im Einzelfall nach dem Dritten Kapitel des Zwölften Buches Sozialgesetzbuch sicherzustellen, bleibt unberührt.

(2) Absatz 1 gilt auch dann, wenn in einem Tarifvertrag, einer Tarifordnung, einer Betriebs- oder Dienstordnung, einer Betriebsvereinbarung, einem Arbeitsvertrag oder einem sonstigen Vertrag andere Werte festgesetzt worden sind.

§ 3 Einkünfte aus nichtselbständiger Arbeit

(1) Welche Einkünfte zu den Einkünften aus nichtselbständiger Arbeit gehören, bestimmt sich nach § 19 Abs. 1 Ziff. 1 des Einkommensteuergesetzes.

(2) Als nichtselbständige Arbeit gilt auch die Arbeit, die in einer Familiengemeinschaft von einem Familienangehörigen des Betriebsinhabers gegen eine Vergütung geleistet wird. Wird die Arbeit nicht nur vorübergehend geleistet, so ist in Zweifelsfällen anzunehmen, daß der Familienangehörige eine Vergütung erhält, wie sie einem Gleichaltrigen für eine gleichartige Arbeit gleichen Umfangs in einem fremden Betrieb ortsüblich gewährt wird.

(3) Bei der Berechnung der Einkünfte ist von den monatlichen Bruttoeinnahmen auszugehen. Einmalige Einnahmen sind von dem Monat an zu berücksichtigen, in dem sie anfallen; sie sind, soweit nicht im Einzelfall eine andere Regelung angezeigt ist, auf einen angemessenen Zeitraum aufzuteilen und monatlich mit einem entsprechenden Teilbetrag anzusetzen. Satz 2 gilt auch für Sonderzuwendungen, Gratifikationen und gleichartige Bezüge und Vorteile, die in größeren als monatlichen Zeitabständen gewährt werden.

(4) Zu den mit der Erzielung der Einkünfte aus nichtselbständiger Arbeit verbundenen Ausgaben im Sinne des § 82 Abs. 2 Nr. 4 des Zwölften Buches Sozialgesetzbuch gehören vor allem

1. notwendige Aufwendungen für Arbeitsmittel,

2. notwendige Aufwendungen für Fahrten zwischen Wohnung und Arbeitsstätte,

3. notwendige Beiträge für Berufsverbände,

4. notwendige Mehraufwendungen infolge Führung eines doppelten Haushalts nach näherer Bestimmung des Absatzes 7.

Ausgaben im Sinne des Satzes 1 sind nur insoweit zu berücksichtigen, als sie von dem Bezieher des Einkommens selbst getragen werden.

(5) Als Aufwendungen für Arbeitsmittel (Absatz 4 Nr. 1) kann ein monatlicher Pauschbetrag von 5,20 Euro berücksichtigt werden, wenn nicht im Einzelfall höhere Aufwendungen nachgewiesen werden.

(6) Wird für die Fahrt zwischen Wohnung und Arbeitsstätte (Absatz 4 Nr. 2) ein eigenes Kraftfahrzeug benutzt, gilt Folgendes:

1. Wäre bei Nichtvorhandensein eines Kraftfahrzeuges die Benutzung eines öffentlichen Verkehrsmittels notwendig, so ist ein Betrag in Höhe der Kosten der tariflich günstigsten Zeitkarte abzusetzen.

2. Ist ein öffentliches Verkehrsmittel nicht vorhanden oder dessen Benutzung im Einzelfall nicht zumutbar und deshalb die Benutzung eines Kraftfahrzeuges notwendig, so sind folgende monatliche Pauschbeträge abzusetzen:

   a) bei Benutzung eines Kraftwagens

      5,20 Euro,

   b) bei Benutzung eines Kleinstkraftwagens (drei- oder vierrädriges Kraftfahrzeug, dessen Motor einen Hubraum von nicht mehr als 500 Kubikzentimeter hat)

      3,70 Euro,

   c) bei Benutzung eines Motorrades oder eines Motorrollers

      2,30 Euro,

   d) bei Benutzung eines Fahrrades mit Motor

      1,30 Euro

für jeden vollen Kilometer, den die Wohnung von der Arbeitsstätte entfernt liegt, jedoch für nicht mehr als 40 Kilometer. Bei einer Beschäftigungsdauer von weniger als einem Monat sind die Beträge anteilmäßig zu kürzen.

(7) Ist der Bezieher des Einkommens außerhalb des Ortes beschäftigt, an dem er einen eigenen Hausstand unterhält, und kann ihm weder der Umzug noch die tägliche Rückkehr an den Ort des eigenen Hausstandes zugemutet werden, so sind die durch Führung des doppelten Haushalts ihm nachweislich entstehenden Mehraufwendungen, höchstens ein Betrag von 130 Euro monatlich, sowie die unter Ausnutzung bestehender Tarifvergünstigungen entstehenden Aufwendungen für Fahrtkosten der zweiten Wagenklasse für eine Familienheimfahrt im Kalendermonat abzusetzen. Ein eigener Hausstand ist dann anzunehmen, wenn der Bezieher des Einkommens eine Wohnung mit eigener oder selbstbeschaffter Möbelausstattung besitzt. Eine doppelte Haushaltsführung kann auch dann anerkannt werden, wenn der Bezieher des Einkommens nachweislich ganz oder überwiegend die Kosten für einen Haushalt trägt, den er gemeinsam mit nächsten Angehörigen führt.

§ 4 Einkünfte aus Land- und Forstwirtschaft, Gewerbebetrieb und selbständiger Arbeit

(1) Welche Einkünfte zu den Einkünften aus Land- und Forstwirtschaft, Gewerbebetrieb und selbständiger Arbeit gehören, bestimmt sich nach § 13 Abs. 1 und 2, §§ 15 Abs. 1 und 18 Abs. 1 des Einkommensteuergesetzes; der Nutzungswert der Wohnung im eigenen Haus bleibt unberücksichtigt.

(2) Die Einkünfte sind für das Jahr zu berechnen, in dem der Bedarfszeitraum liegt (Berechnungsjahr).

(3) Als Einkünfte ist bei den einzelnen Einkunftsarten ein Betrag anzusetzen, der auf der Grundlage früherer Betriebsergebnisse aus der Gegenüberstellung der im Rahmen des Betriebes im Berechnungsjahr bereits erzielten Einnahmen und geleisteten notwendigen Ausgaben sowie der im Rahmen des Betriebes im Berechnungsjahr noch zu erwartenden Einnahmen und notwendigen Ausgaben zu errechnen ist. Bei der Ermittlung früherer Betriebsergebnisse (Satz 1) kann ein durch das Finanzamt festgestellter Gewinn berücksichtigt werden.

(4) Soweit im Einzelfall geboten, kann abweichend von der Regelung des Absatzes 3 als Einkünfte ein Betrag angesetzt werden, der nach Ablauf des Berechnungsjahres aus der Gegenüberstellung der im Rahmen des Betriebes im Berechnungsjahr erzielten Einnahmen und geleisteten notwendigen Ausgaben zu errechnen ist. Als Einkünfte im Sinne des Satzes 1 kann auch der vom Finanzamt für das Berechnungsjahr festgestellte Gewinn angesetzt werden.

(5) Wird der vom Finanzamt festgestellte Gewinn nach Absatz 3 Satz 2 berücksichtigt oder nach Absatz 4 Satz 2 als Einkünfte angesetzt, so sind Absetzungen, die bei Gebäuden und sonstigen Wirtschaftsgütern durch das Finanzamt nach

1. den §§ 7, 7b und 7e des Einkommensteuergesetzes,

2. den Vorschriften des Berlinförderungsgesetzes,

3. den §§ 76, 77 und 78 Abs. 1 der Einkommensteuer-Durchführungsverordnung,

4. der Verordnung über Steuervergünstigungen zur Förderung des Baues von Landarbeiterwohnungen in der Fassung der Bekanntmachung vom 6. August 1974 (Bundesgesetzbl. I S. 1869)

vorgenommen worden sind, dem durch das Finanzamt festgestellten Gewinn wieder hinzuzurechnen. Soweit jedoch in diesen Fällen notwendige Ausgaben für die Anschaffung oder Herstellung der in Satz 1 genannten Wirtschaftsgüter im Feststellungszeitraum geleistet worden sind, sind sie vom Gewinn abzusetzen.

§ 5   Sondervorschrift für die Einkünfte aus Land- und Forstwirtschaft

(1) Die Träger der Sozialhilfe können mit Zustimmung der zuständigen Landesbehörde die Einkünfte aus Land- und Forstwirtschaft abweichend von § 4 nach § 7 der Dritten Verordnung über Ausgleichsleistungen nach dem Lastenausgleichsgesetz (3. LeistungsDV-LA) berechnen; der Nutzungswert der Wohnung im eigenen Haus bleibt jedoch unberücksichtigt.

(2) Von der Berechnung der Einkünfte nach Absatz 1 ist abzusehen,

1. wenn sie im Einzelfall offenbar nicht den besonderen persönlichen oder wirtschaftlichen Verhältnissen entspricht oder

2. wenn der Bezieher der Einkünfte zur Einkommensteuer veranlagt wird, es sei denn, dass der Gewinn auf Grund von Durchschnittssätzen ermittelt wird.

§ 6   Einkünfte aus Kapitalvermögen

(1) Welche Einkünfte zu den Einkünften aus Kapitalvermögen gehören, bestimmt sich nach § 20 Abs. 1 bis 3 des Einkommensteuergesetzes.

(2) Als Einkünfte aus Kapitalvermögen sind die Jahresroheinnahmen anzusetzen, vermindert um die Kapitalertragsteuer sowie um die mit der Erzielung der Einkünfte verbundenen notwendigen Ausgaben (§ 82 Abs. 2 Nr. 4 des Zwölften Buches Sozialgesetzbuch).

(3) Die Einkünfte sind auf der Grundlage der vor dem Berechnungsjahr erzielten Einkünfte unter Berücksichtigung der im Berechnungsjahr bereits eingetretenen und noch zu erwartenden Veränderungen zu errechnen. Soweit im Einzelfall geboten, können hiervon abweichend die Einkünfte für das Berechnungsjahr auch nachträglich errechnet werden.

§ 7   Einkünfte aus Vermietung und Verpachtung

(1) Welche Einkünfte zu den Einkünften aus Vermietung und Verpachtung gehören, bestimmt sich nach § 21 Abs. 1 und 3 des Einkommensteuergesetzes.

(2) Als Einkünfte aus Vermietung und Verpachtung ist der Überschuß der Einnahmen über die mit ihrer Erzielung verbundenen notwendigen Ausgaben (§ 82 Abs. 2 Nr. 4 des Zwölften Buches Sozialgesetzbuch) anzusetzen; zu den Ausgaben gehören

1. Schuldzinsen und dauernde Lasten,

2. Steuern vom Grundbesitz, sonstige öffentliche Abgaben und Versicherungsbeiträge,

3. Leistungen auf die Hypothekengewinnabgabe und die Kreditgewinnabgabe, soweit es sich um Zinsen nach § 211 Abs. 1 Nr. 2 des Lastenausgleichsgesetzes handelt,

4. der Erhaltungsaufwand,

5. sonstige Aufwendungen zur Bewirtschaftung des Haus- und Grundbesitzes, ohne besonderen Nachweis Aufwendungen in Höhe von 1 vom Hundert der Jahresroheinnahmen.

Zum Erhaltungsaufwand im Sinne des Satzes 1 Nr. 4 gehören die Ausgaben für Instandsetzung und Instandhaltung, nicht jedoch die Ausgaben für Verbesserungen; ohne Nachweis können bei Wohngrundstücken, die vor dem 1. Januar 1925 bezugsfähig geworden sind, 15 vom Hundert, bei Wohngrundstücken, die nach dem 31. Dezember 1924 bezugsfähig geworden sind, 10 vom Hundert der Jahresroheinnahmen als Erhaltungsaufwand berücksichtigt werden.

(3) Die in Absatz 2 genannten Ausgaben sind von den Einnahmen insoweit nicht abzusetzen, als sie auf den vom Vermieter oder Verpächter selbst genutzten Teil des vermieteten oder verpachteten Gegenstandes entfallen.

(4) Als Einkünfte aus der Vermietung von möblierten Wohnungen und von Zimmern sind anzusetzen

bei möblierten Wohnungen 80 vom Hundert,

bei möblierten Zimmern 70 vom Hundert,

bei Leerzimmern 90 vom Hundert

der Roheinnahmen. Dies gilt nicht, wenn geringere Einkünfte nachgewiesen werden.

(5) Die Einkünfte sind als Jahreseinkünfte, bei der Vermietung von möblierten Wohnungen und von Zimmern jedoch als Monatseinkünfte zu berechnen. Sind sie als Jahreseinkünfte zu berechnen, gilt § 6 Abs. 3 entsprechend.

§ 8 Andere Einkünfte

(1) Andere als die in den §§ 3, 4, 6 und 7 genannten Einkünfte sind, wenn sie nicht monatlich oder wenn sie monatlich in unterschiedlicher Höhe erzielt werden, als Jahreseinkünfte zu berechnen. Zu den anderen Einkünften im Sinne des Satzes 1 gehören auch die in § 19 Abs. 1 Ziff. 2 des Einkommensteuergesetzes genannten Bezüge sowie Renten und sonstige wiederkehrende Bezüge. § 3 Abs. 3 Satz 2 und 3 gilt entsprechend.

(2) Sind die Einkünfte als Jahreseinkünfte zu berechnen, gilt § 6 Abs. 3 entsprechend.

§ 9 Einkommensberechnung in besonderen Fällen

Ist der Bedarf an Sozialhilfe einmalig oder nur von kurzer Dauer und duldet die Entscheidung über die Hilfe keinen Aufschub, so kann der Träger der Sozialhilfe nach Anhörung des Beziehers des Einkommens die Einkünfte schätzen.

§ 10 Verlustausgleich

Ein Verlustausgleich zwischen einzelnen Einkunftsarten ist nicht vorzunehmen. In Härtefällen kann jedoch die gesamtwirtschaftliche Lage des Beziehers des Einkommens berücksichtigt werden.

§ 11 Maßgebender Zeitraum

(1) Soweit die Einkünfte als Jahreseinkünfte berechnet werden, gilt der zwölfte Teil dieser Einkünfte zusammen mit den monatlich berechneten Einkünften als monatliches Einkommen im Sinne des Zwölften Buches Sozialgesetzbuch. § 8 Abs. 1 Satz 3 geht der Regelung des Satzes 1 vor.

(2) Ist der Betrieb oder die sonstige Grundlage der als Jahreseinkünfte zu berechnenden Einkünfte nur während eines Teils des Jahres vorhanden oder zur Einkommenserzielung genutzt, so sind die Einkünfte aus der betreffenden Einkunftsart nur für diesen Zeitraum zu berechnen; für ihn gilt als monatliches Einkommen im Sinne des Zwölften Buches Sozialgesetzbuch derjenige Teil der Einkünfte, der der Anzahl der in den genannten Zeitraum fallenden Monate entspricht. Satz 1 gilt nicht für Einkünfte aus Saisonbetrieben und andere ihrer Natur nach auf einen Teil des Jahres beschränkte Einkünfte, wenn die Einkünfte den Hauptbestandteil des Einkommens bilden.

§ 12 Ausgaben nach § 82 Abs. 2 Nr. 1 bis 3 des Zwölften Buches Sozialgesetzbuch

Die in § 82 Abs. 2 Nrn. 1 bis 3 des Zwölften Buches Sozialgesetzbuch bezeichneten Ausgaben sind von der Summe der Einkünfte abzusetzen, soweit sie nicht bereits nach den Bestimmungen dieser Verordnung bei den einzelnen Einkunftsarten abzuziehen sind.

15 Verordnung zur Durchführung des § 90 Abs. 2 Nr. 9 des Zwölften Buches Sozialgesetzbuch

Vom 11. Februar 1988 (BGBl. I S. 150), zuletzt geändert durch Gesetz vom 27.12.2003 (BGBl. I S. 3022)

– Auszug –

§ 1 (Kleinere Barbeträge)

(1) Kleinere Barbeträge oder sonstige Geldwerte im Sinne des § 90 Abs. 2 Nr. 9 des Zwölften Buches Sozialgesetzbuch sind,

1. wenn die Sozialhilfe vom Vermögen der nachfragenden Person abhängig ist,

   a) bei der Hilfe zum Lebensunterhalt nach dem Dritten Kapitel des Zwölften Buches Sozialgesetzbuch 1.600 Euro, jedoch 2.600 Euro bei nachfragenden Personen, die das 60. Lebensjahr vollendet haben, sowie bei voll Erwerbsgeminderten im Sinne der gesetzlichen Rentenversicherung und den diesem Personenkreis vergleichbaren Invalidenrentnern,

   b) bei den Leistungen nach dem Fünften bis Neunten Kapitel des Zwölften Buches Sozialgesetzbuch 2.600 Euro, zuzüglich eines Betrages von 256 Euro für jede Person, die von der nachfragenden Person überwiegend unterhalten wird,

2. wenn die Sozialhilfe vom Vermögen der nachfragenden Person und ihres nicht getrennt lebenden Ehegatten oder Lebenspartners abhängig ist, der nach Nummer 1 Buchstabe a oder b maßgebende Betrag zuzüglich eines Betrages von 614 Euro für den Ehegatten oder Lebenspartner und eines Betrages von 256 Euro für jede Person, die von der nachfragenden Person, ihrem Ehegatten oder Lebenspartner überwiegend unterhalten wird,

3. wenn die Sozialhilfe vom Vermögen einer minderjährigen unverheirateten nachfragenden Person und ihrer Eltern abhängig ist, der nach Nummer 1 Buchstabe a oder b maßgebende Betrag zuzüglich eines Betrages von 614 Euro für einen Elternteil und eines Betrages von 256 Euro für die nachfragende Person und für jede Person, die von den Eltern oder von der nachfragenden Person überwiegend unterhalten wird.

Im Falle des § 64 Abs. 3 und des § 72 des Zwölften Buches Sozialgesetzbuch tritt an die Stelle des in Satz 1 genannten Betrages von 614 Euro ein Betrag von 1.534 Euro, wenn beide Eheleute oder beide Lebenspartner (Nummer 2) oder beide Elternteile (Nummer 3) die Voraussetzungen des § 72 Abs. 5 des Zwölften Buches Sozialgesetzbuch erfüllen oder so schwer behindert sind, dass sie als Beschädigte die Pflegezulage nach den Stufen III bis VI nach § 35 Abs. 1 Satz 2 des Bundesversorgungsgesetzes erhielten.

(2) Ist im Falle des Absatzes 1 Satz 1 Nr. 3 das Vermögen nur eines Elternteils zu berücksichtigen, so ist der Betrag von 614 Euro, im Falle des § 64 Abs. 3 und des § 72 des Zwölften Buches Sozialgesetzbuch von 1.534 Euro, nicht anzusetzen. Leben im Falle von Leistungen nach dem Fünften bis Neunten Kapitel des Zwölften Buches Sozialgesetzbuch die Eltern nicht zusammen, so ist das Vermögen des Elternteils zu berücksichtigen, bei dem die nachfragende Person lebt; lebt sie bei keinem Elternteil, so ist Absatz 1 Satz 1 Nr. 1 anzuwenden.

§ 2 Notlage der nachfragenden Person

(1) Der nach § 1 Abs. 1 Satz 1 Nr. 1 Buchstabe a oder b maßgebende Betrag ist angemessen zu erhöhen, wenn im Einzelfall eine besondere Notlage der nachfragenden Person besteht. Bei der Prüfung, ob eine besondere Notlage besteht, sowie bei der Entscheidung über den Umfang der Erhöhung sind vor allem Art und Dauer des Bedarfs sowie besondere Belastungen zu berücksichtigen.

(2) Der nach § 1 Abs. 1 Satz 1 Nr. 1 Buchstabe a oder b maßgebende Betrag kann angemessen herabgesetzt werden, wenn die Voraussetzungen der §§ 103 oder 94 des Gesetzes vorliegen.

.....

16 Heimgesetz

In der Fassung der Bekanntmachung vom 5. November 2002 (BGBl. I S. 2970), zuletzt geändert durch Artikel 78 der Verordnung vom 31. Oktober 2006 (BGBl. I S. 2407)

– Auszug –

§ 1 Anwendungsbereich

(1) Dieses Gesetz gilt für Heime. Heime im Sinne dieses Gesetzes sind Einrichtungen, die dem Zweck dienen, ältere Menschen oder pflegebedürftige oder behinderte Volljährige aufzunehmen, ihnen Wohnraum zu überlassen sowie Betreuung und Verpflegung zur Verfügung zu stellen oder vorzuhalten, und die in ihrem Bestand von Wechsel und Zahl der Bewohnerinnen und Bewohner unabhängig sind und entgeltlich betrieben werden.

(2) Die Tatsache, dass ein Vermieter von Wohnraum durch Verträge mit Dritten oder auf andere Weise sicherstellt, dass den Mietern Betreuung und Verpflegung angeboten werden, begründet allein nicht die Anwendung dieses Gesetzes. Dies gilt auch dann, wenn die Mieter vertraglich verpflichtet sind, allgemeine Betreuungsleistungen wie Notrufdienste oder Vermittlung von Dienst- und Pflegeleistungen von bestimmten Anbietern anzunehmen und das Entgelt hierfür im Verhältnis zur Miete von untergeordneter Bedeutung ist. Dieses Gesetz ist anzuwenden, wenn die Mieter vertraglich verpflichtet sind, Verpflegung und weitergehende Betreuungsleistungen von bestimmten Anbietern anzunehmen.

(3) Auf Heime oder Teile von Heimen im Sinne des Absatzes 1, die der vorübergehenden Aufnahme Volljähriger dienen (Kurzzeitheime), sowie auf stationäre Hospize finden die §§ 6, 7, 10 und 14 Abs. 2 Nr. 3 und 4, Abs. 3, 4 und 7 keine Anwendung. Nehmen die Heime nach Satz 1 in der Regel mindestens sechs Personen auf, findet § 10 mit der Maßgabe Anwendung, dass ein Heimfürsprecher zu bestellen ist.

(4) Als vorübergehend im Sinne dieses Gesetzes ist ein Zeitraum von bis zu drei Monaten anzusehen.

(5) Dieses Gesetz gilt auch für Einrichtungen der Tages- und der Nachtpflege mit Ausnahme der §§ 10 und 14 Abs. 2 Nr. 3 und 4, Abs. 3, 4 und 7. Nimmt die Einrichtung in der Regel mindestens sechs Personen auf, findet § 10 mit der Maßgabe Anwendung, dass ein Heimfürsprecher zu bestellen ist.

(6) Dieses Gesetz gilt nicht für Tageseinrichtungen und Krankenhäuser im Sinne des § 2 Nr. 1 des Krankenhausfinanzierungsgesetzes. In Einrichtungen zur Rehabilitation gilt dieses Gesetz für die Teile, die die Voraussetzungen des Absatzes 1 erfüllen. Dieses Gesetz gilt nicht für Internate der Berufsbildungs- und Berufsförderungswerke.

17 Einkommenssteuergesetz – EstG –

Neugefasst durch Bekanntmachung vom 19.10.2002 (BGBl. I S. 4210; BGBl. 2003 I S.179). zuletzt geändert durch Art. 8 Abs. 4 des Gesetzes vom 18.12.2007 (BGBl. I S. 2984)

– Auszug –

§ 3 (Steuerfreie Einnahmen)
Steuerfrei sind

...

12. aus einer Bundeskasse oder Landeskasse gezahlte Bezüge, die in einem Bundesgesetz oder Landesgesetz oder einer auf bundesgesetzlicher oder landesgesetzlicher Ermächtigung beruhenden Bestimmung oder von der Bundesregierung oder einer Landesregierung als Aufwandsentschädigung festgesetzt sind und als Aufwandsentschädigung im Haushaltsplan ausgewiesen werden.2Das Gleiche gilt für andere Bezüge, die als Aufwandsentschädigung aus öffentlichen Kassen an öffentliche Dienste leistende Personen gezahlt werden, soweit nicht festgestellt wird,

dass sie für Verdienstausfall oder Zeitverlust gewährt werden oder den Aufwand, der dem Empfänger erwächst, offenbar übersteigen;

13. die aus öffentlichen Kassen gezahlten Reisekostenvergütungen, Umzugskostenvergütungen und Trennungsgelder.2Die als Reisekostenvergütungen gezahlten Vergütungen für Verpflegungsmehraufwendungen sind nur insoweit steuerfrei, als sie die Pauschbeträge nach § 4 Abs. 5 Satz 1 Nr. 5 nicht übersteigen; Trennungsgelder sind nur insoweit steuerfrei, als sie die nach § 9 Abs. 1 Satz 3 Nr. 5, Abs. 2 Satz 7 bis 9 und Abs. 5 sowie § 4 Abs. 5 Satz 1 Nr. 5 abziehbaren Aufwendungen nicht übersteigen;

...

16. die Vergütungen, die Arbeitnehmer außerhalb des öffentlichen Dienstes von ihrem Arbeitgeber zur Erstattung von Reisekosten, Umzugskosten oder Mehraufwendungen bei doppelter Haushaltsführung erhalten, soweit sie die beruflich veranlassten Mehraufwendungen, bei Verpflegungsmehraufwendungen die Pauschbeträge nach § 4 Abs. 5 Satz 1 Nr. 5 und bei Familienheimfahrten mit dem eigenen oder außerhalb des Dienstverhältnisses zur Nutzung überlassenen Kraftfahrzeug die Pauschbeträge nach § 9 Abs. 2 nicht übersteigen; Vergütungen zur Erstattung von Mehraufwendungen bei doppelter Haushaltsführung sind nur insoweit steuerfrei, als sie die nach § 9 Abs. 1 Satz 3 Nr. 5 und Abs. 5 sowie § 4 Abs. 5 Satz 1 Nr. 5 abziehbaren Aufwendungen nicht übersteigen;

...

26. Einnahmen aus nebenberuflichen Tätigkeiten als Übungsleiter, Ausbilder, Erzieher, Betreuer oder vergleichbaren nebenberuflichen Tätigkeiten, aus nebenberuflichen künstlerischen Tätigkeiten oder der nebenberuflichen Pflege alter, kranker oder behinderter Menschen im Dienst oder im Auftrag einer inländischen juristischen Person des öffentlichen Rechts oder einer unter § 5 Abs. 1 Nr. 9 des Körperschaftsteuergesetzes fallenden Einrichtung zur Förderung gemeinnütziger, mildtätiger und kirchlicher Zwecke (§§ 52 bis 54 der Abgabenordnung) bis zur Höhe von insgesamt 2.100 Euro im Jahr.2Überschreiten die Einnahmen für die in Satz 1 bezeichneten Tätigkeiten den steuerfreien Betrag, dürfen die mit den nebenberuflichen Tätigkeiten in unmittelbarem wirtschaftlichen Zusammenhang stehenden Ausgaben abweichend von § 3c nur insoweit als Betriebsausgaben oder Werbungskosten abgezogen werden, als sie den Betrag der steuerfreien Einnahmen übersteigen.

26a. Einnahmen aus nebenberuflichen Tätigkeiten im Dienst oder Auftrag einer inländischen juristischen Person des öffentlichen Rechts oder einer unter § 5 Abs. 1 Nr. 9 des Körperschaftsteuergesetzes fallenden Einrichtung zur Förderung gemeinnütziger, mildtätiger und kirchlicher Zwecke (§§ 52 bis 54 der Abgabenordnung) bis zur Höhe von insgesamt 500 Euro im Jahr.2Die Steuerbefreiung ist ausgeschlossen, wenn für die Einnahmen aus der Tätigkeit – ganz oder teilweise – eine Steuerbefreiung nach § 3 Nr. 12 oder 26 gewährt wird.3Überschreiten die Einnahmen für die in Satz 1 bezeichneten Tätigkeiten den steuerfreien Betrag, dürfen die mit den nebenberuflichen Tätigkeiten in unmittelbarem wirtschaftlichen Zusammenhang stehenden Ausgaben abweichend von § 3c nur insoweit als Betriebsausgaben oder Werbungskosten abgezogen werden, als sie den Betrag der steuerfreien Einnahmen übersteigen;

...

§ 15 Einkünfte aus Gewerbebetrieb

(1) Einkünfte aus Gewerbebetrieb sind

1. Einkünfte aus gewerblichen Unternehmen. Dazu gehören auch Einkünfte aus gewerblicher Bodenbewirtschaftung, z.B. aus Bergbauunternehmen und aus Betrieben zur Gewinnung von Torf, Steinen und Erden, soweit sie nicht land- oder forstwirtschaftliche Nebenbetriebe sind;

2. die Gewinnanteile der Gesellschafter einer Offenen Handelsgesellschaft, einer Kommanditgesellschaft und einer anderen Gesellschaft, bei der der Gesellschafter als Unternehmer (Mitunternehmer) des Betriebs anzusehen ist, und die Vergütungen, die der Gesellschafter von der Gesellschaft für seine Tätigkeit im Dienst der Gesellschaft oder für die Hingabe von Darlehen oder für die Überlassung von Wirtschaftsgütern bezogen hat. Der mittelbar über eine oder mehrere Personengesellschaften beteiligte Gesellschafter steht dem unmittelbar beteiligten Gesellschafter gleich; er ist als Mitunternehmer des Betriebs der Gesellschaft anzusehen, an der er mittelbar beteiligt ist, wenn er und die Personengesellschaften, die seine Beteiligung vermitteln, jeweils als

Mitunternehmer der Betriebe der Personengesellschaften anzusehen sind, an denen sie unmittelbar beteiligt sind;

3. die Gewinnanteile der persönlich haftenden Gesellschafter einer Kommanditgesellschaft auf Aktien, soweit sie nicht auf Anteile am Grundkapital entfallen, und die Vergütungen, die der persönlich haftende Gesellschafter von der Gesellschaft für seine Tätigkeit im Dienst der Gesellschaft oder für die Hingabe von Darlehen oder für die Überlassung von Wirtschaftsgütern bezogen hat.

Satz 1 Nr. 2 und 3 gilt auch für Vergütungen, die als nachträgliche Einkünfte (§ 24 Nr. 2) bezogen werden.§ 13 Abs. 5 gilt entsprechend, sofern das Grundstück im Veranlagungszeitraum 1986 zu einem gewerblichen Betriebsvermögen gehört hat.

(1a) In den Fällen des § 4 Abs. 1 Satz 4 ist der Gewinn aus einer späteren Veräußerung der Anteile ungeachtet der Bestimmungen eines Abkommens zur Vermeidung der Doppelbesteuerung in der gleichen Art und Weise zu besteuern, wie die Veräußerung dieser Anteile an der Europäischen Gesellschaft oder Europäischen Genossenschaft zu besteuern gewesen wäre, wenn keine Sitzverlegung stattgefunden hätte. Dies gilt auch, wenn später die Anteile verdeckt in eine Kapitalgesellschaft eingelegt werden, die Europäische Gesellschaft oder Europäische Genossenschaft aufgelöst wird oder wenn ihr Kapital herabgesetzt und zurückgezahlt wird oder wenn Beträge aus dem steuerlichen Einlagenkonto im Sinne des § 27 des Körperschaftsteuergesetzes ausgeschüttet oder zurückgezahlt werden.

(2) Eine selbständige nachhaltige Betätigung, die mit der Absicht, Gewinn zu erzielen, unternommen wird und sich als Beteiligung am allgemeinen wirtschaftlichen Verkehr darstellt, ist Gewerbebetrieb, wenn die Betätigung weder als Ausübung von Land- und Forstwirtschaft noch als Ausübung eines freien Berufs noch als eine andere selbständige Arbeit anzusehen ist. Eine durch die Betätigung verursachte Minderung der Steuern vom Einkommen ist kein Gewinn im Sinne des Satzes 1.Ein Gewerbebetrieb liegt, wenn seine Voraussetzungen im Übrigen gegeben sind, auch dann vor, wenn die Gewinnerzielungsabsicht nur ein Nebenzweck ist.

(3) Als Gewerbebetrieb gilt in vollem Umfang die mit Einkünfteerzielungsabsicht unternommene Tätigkeit

1. einer offenen Handelsgesellschaft, einer Kommanditgesellschaft oder einer anderen Personengesellschaft, wenn die Gesellschaft auch eine Tätigkeit im Sinne des Absatzes 1 Nr. 1 ausübt oder gewerbliche Einkünfte im Sinne des Absatzes 1 Satz 1 Nr. 2 bezieht,

2. einer Personengesellschaft, die keine Tätigkeit im Sinne des Absatzes 1 Satz 1 Nr. 1 ausübt und bei der ausschließlich eine oder mehrere Kapitalgesellschaften persönlich haftende Gesellschafter sind und nur diese oder Personen, die nicht Gesellschafter sind, zur Geschäftsführung befugt sind (gewerblich geprägte Personengesellschaft). Ist eine gewerblich geprägte Personengesellschaft als persönlich haftender Gesellschafter an einer anderen Personengesellschaft beteiligt, so steht für die Beurteilung, ob die Tätigkeit dieser Personengesellschaft als Gewerbebetrieb gilt, die gewerblich geprägte Personengesellschaft einer Kapitalgesellschaft gleich.

(4) Verluste aus gewerblicher Tierzucht oder gewerblicher Tierhaltung dürfen weder mit anderen Einkünften aus Gewerbebetrieb noch mit Einkünften aus anderen Einkunftsarten ausgeglichen werden; sie dürfen auch nicht nach § 10d abgezogen werden. Die Verluste mindern jedoch nach Maßgabe des § 10d die Gewinne, die der Steuerpflichtige in dem unmittelbar vorangegangenen und in den folgenden Wirtschaftsjahren aus gewerblicher Tierzucht oder gewerblicher Tierhaltung erzielt hat oder erzielt. Die Sätze 1 und 2 gelten entsprechend für Verluste aus Termingeschäften, durch die der Steuerpflichtige einen Differenzausgleich oder einen durch den Wert einer veränderlichen Bezugsgröße bestimmten Geldbetrag oder Vorteil erlangt. Satz 3 gilt nicht für die Geschäfte, die zum gewöhnlichen Geschäftsbetrieb bei Kreditinstituten, Finanzdienstleistungsinstituten und Finanzunternehmen im Sinne des Gesetzes über das Kreditwesen gehören oder die der Absicherung von Geschäften des gewöhnlichen Geschäftsbetriebs dienen. Satz 4 gilt nicht, wenn es sich um Geschäfte handelt, die der Absicherung von Aktiengeschäften dienen, bei denen der Veräußerungsgewinn nach § 3 Nr. 40 Satz 1 Buchstabe a und b in Verbindung mit § 3c Abs. 2 teilweise steuerfrei ist, oder die nach § 8b Abs. 2 des Körperschaftsteuergesetzes bei der Ermittlung des Einkommens außer Ansatz bleiben. Verluste aus stillen Gesellschaften, Unterbeteiligungen oder sonstigen Innengesellschaften an Kapitalgesellschaften, bei denen der Gesellschafter oder Beteiligte als Mitunternehmer anzusehen ist, dürfen weder mit Einkünften aus Gewerbebetrieb noch aus anderen Einkunftsarten ausgeglichen werden; sie dürfen auch nicht nach § 10d abgezogen werden.Die Verluste mindern jedoch nach

Maßgabe des § 10d die Gewinne, die der Gesellschafter oder Beteiligte in dem unmittelbar vorangegangenen Wirtschaftsjahr oder in den folgenden Wirtschaftsjahren aus derselben stillen Gesellschaft, Unterbeteiligung oder sonstigen Innengesellschaft bezieht. Satz 6 und 7 gelten nicht, soweit der Verlust auf eine natürliche Person als unmittelbar oder mittelbar beteiligter Mitunternehmer entfällt.

...

§ 18 (selbstständige Arbeit)

(1) Einkünfte aus selbständiger Arbeit sind

1. Einkünfte aus freiberuflicher Tätigkeit. Zu der freiberuflichen Tätigkeit gehören die selbständig ausgeübte wissenschaftliche, künstlerische, schriftstellerische, unterrichtende oder erzieherische Tätigkeit, die selbständige Berufstätigkeit der Ärzte, Zahnärzte, Tierärzte, Rechtsanwälte, Notare, Patentanwälte, Vermessungsingenieure, Ingenieure, Architekten, Handelschemiker, Wirtschaftsprüfer, Steuerberater, beratenden Volks- und Betriebswirte, vereidigten Buchprüfer, Steuerbevollmächtigten, Heilpraktiker, Dentisten, Krankengymnasten, Journalisten, Bildberichterstatter, Dolmetscher, Übersetzer, Lotsen und ähnlicher Berufe. Ein Angehöriger eines freien Berufs im Sinne der Sätze 1 und 2 ist auch dann freiberuflich tätig, wenn er sich der Mithilfe fachlich vorgebildeter Arbeitskräfte bedient; Voraussetzung ist, dass er auf Grund eigener Fachkenntnisse leitend und eigenverantwortlich tätig wird. Eine Vertretung im Fall vorübergehender Verhinderung steht der Annahme einer leitenden und eigenverantwortlichen Tätigkeit nicht entgegen;

2. Einkünfte der Einnehmer einer staatlichen Lotterie, wenn sie nicht Einkünfte aus Gewerbebetrieb sind;

3. Einkünfte aus sonstiger selbständiger Arbeit, z.B. Vergütungen für die Vollstreckung von Testamenten, für Vermögensverwaltung und für die Tätigkeit als Aufsichtsratsmitglied;

4. Einkünfte, die ein Beteiligter an einer vermögensverwaltenden Gesellschaft oder Gemeinschaft, deren Zweck im Erwerb, Halten und in der Veräußerung von Anteilen an Kapitalgesellschaften besteht, als Vergütung für Leistungen zur Förderung des Gesellschafts- oder Gemeinschaftszwecks erzielt, wenn der Anspruch auf die Vergütung unter der Voraussetzung eingeräumt worden ist, dass die Gesellschafter oder Gemeinschafter ihr eingezahltes Kapital vollständig zurückerhalten haben; § 15 Abs. 3 ist nicht anzuwenden.

(2) Einkünfte nach Absatz 1 sind auch dann steuerpflichtig, wenn es sich nur um eine vorübergehende Tätigkeit handelt.

(3) Zu den Einkünften aus selbständiger Arbeit gehört auch der Gewinn, der bei der Veräußerung des Vermögens oder eines selbständigen Teils des Vermögens oder eines Anteils am Vermögen erzielt wird, das der selbständigen Arbeit dient. § 16 Abs. 1 Satz 1 Nr. 1 und 2 und Abs. 1 Satz 2 sowie Abs. 2 bis 4 gilt entsprechend.

(4) § 13 Abs. 5 gilt entsprechend, sofern das Grundstück im Veranlagungszeitraum 1986 zu einem der selbständigen Arbeit dienenden Betriebsvermögen gehört hat. § 15 Abs. 1 Satz 1 Nr. 2, Abs. 1a, Abs. 2 Satz 2 und 3, §§ 15a und 15b sind entsprechend anzuwenden.

....

§ 22 (Sonstige Einkünfte)

Sonstige Einkünfte sind

...

3. Einkünfte aus Leistungen, soweit sie weder zu anderen Einkunftsarten (§ 2 Abs. 1 Nr. 1 bis 6) noch zu den Einkünften im Sinne der Nummern 1, 1a, 2 oder 4 gehören, z.B. Einkünfte aus gelegentlichen Vermittlungen und aus der Vermietung beweglicher Gegenstände. Solche Einkünfte sind nicht einkommensteuerpflichtig, wenn sie weniger als 256 Euro im Kalenderjahr betragen haben. Übersteigen die Werbungskosten die Einnahmen, so darf der übersteigende Betrag bei Ermittlung des Einkommens nicht ausgeglichen werden; er darf auch nicht nach § 10d abgezogen werden.Die Verluste mindern jedoch nach Maßgabe des § 10d die Einkünfte, die der Steuerpflichtige in dem unmittelbar vorangegangenen Veranlagungszeitraum oder in den folgenden Veranlagungszeiträumen aus Leistungen im Sinne des Satzes 1 erzielt hat oder erzielt; § 10d Abs. 4 gilt entsprechend;

....

18   Umsatzsteuergesetz (UStG)

in der Fassung der Bekanntmachung vom 21. Februar 2005 (BGBl. I S. 386), zuletzt geändert durch Artikel 7 des Gesetzes vom 10. Oktober 2007 (BGBl. I S. 2332)

– Auszug –

§ 19   Besteuerung der Kleinunternehmer

(1) Die für Umsätze im Sinne des § 1 Abs. 1 Nr. 1 geschuldete Umsatzsteuer wird von Unternehmern, die im Inland oder in den in § 1 Abs. 3 bezeichneten Gebieten ansässig sind, nicht erhoben, wenn der in Satz 2 bezeichnete Umsatz zuzüglich der darauf entfallenden Steuer im vorangegangenen Kalenderjahr 17.500 Euro nicht überstiegen hat und im laufenden Kalenderjahr 50.000 Euro voraussichtlich nicht übersteigen wird. Umsatz im Sinne des Satzes 1 ist der nach vereinnahmten Entgelten bemessene Gesamtumsatz, gekürzt um die darin enthaltenen Umsätze von Wirtschaftsgütern des Anlagevermögens. Satz 1 gilt nicht für die nach § 13a Abs. 1 Nr. 6, § 13b Abs. 2, § 14c Abs. 2 und § 25b Abs. 2 geschuldete Steuer.4In den Fällen des Satzes 1 finden die Vorschriften über die Steuerbefreiung innergemeinschaftlicher Lieferungen (§ 4 Nr. 1 Buchstabe b, § 6a), über den Verzicht auf Steuerbefreiungen (§ 9), über den gesonderten Ausweis der Steuer in einer Rechnung (§ 14 Abs. 4), über die Angabe der Umsatzsteuer-Identifikationsnummern in einer Rechnung (§ 14a Abs. 1, 3 und 7) und über den Vorsteuerabzug (§ 15) keine Anwendung.

(2) Der Unternehmer kann dem Finanzamt bis zur Unanfechtbarkeit der Steuerfestsetzung (§ 18 Abs. 3 und 4) erklären, dass er auf die Anwendung des Absatzes 1 verzichtet. Nach Eintritt der Unanfechtbarkeit der Steuerfestsetzung bindet die Erklärung den Unternehmer mindestens für fünf Kalenderjahre. Sie kann nur mit Wirkung von Beginn eines Kalenderjahres an widerrufen werden. Der Widerruf ist spätestens bis zur Unanfechtbarkeit der Steuerfestsetzung des Kalenderjahres, für das er gelten soll, zu erklären.

(3) Gesamtumsatz ist die Summe der vom Unternehmer ausgeführten steuerbaren Umsätze im Sinne des § 1 Abs. 1 Nr. 1 abzüglich folgender Umsätze:

1.   der Umsätze, die nach § 4 Nr. 8 Buchstabe i, Nr. 9 Buchstabe b und Nr. 11 bis 28 steuerfrei sind;

2.   der Umsätze, die nach § 4 Nr. 8 Buchstabe a bis h, Nr. 9 Buchstabe a und Nr. 10 steuerfrei sind, wenn sie Hilfsumsätze sind.

Soweit der Unternehmer die Steuer nach vereinnahmten Entgelten berechnet (§ 13 Abs. 1 Nr. 1 Buchstabe a Satz 4 oder § 20), ist auch der Gesamtumsatz nach diesen Entgelten zu berechnen. Hat der Unternehmer seine gewerbliche oder berufliche Tätigkeit nur in einem Teil des Kalenderjahres ausgeübt, so ist der tatsächliche Gesamtumsatz in einen Jahresgesamtumsatz umzurechnen. Angefangene Kalendermonate sind bei der Umrechnung als volle Kalendermonate zu behandeln, es sei denn, dass die Umrechnung nach Tagen zu einem niedrigeren Jahresgesamtumsatz führt.

(4) Absatz 1 gilt nicht für die innergemeinschaftlichen Lieferungen neuer Fahrzeuge. § 15 Abs. 4a ist entsprechend anzuwenden.

19   Gesetz zur vorläufigen Regelung des Rechts der Industrie- und Handelskammern (IHKG)

In der im Bundesgesetzblatt Teil III, Gliederungsnummer 701-1, veröffentlichten bereinigten Fassung, zuletzt geändert durch Artikel 7 des Gesetzes vom 7. September 2007 (BGBl. I S. 2246)

– Auszug –

§ 2

(1) Zur Industrie- und Handelskammer gehören, sofern sie zur Gewerbesteuer veranlagt sind, natürliche Personen, Handelsgesellschaften, andere Personenmehrheiten und juristische Personen des privaten und des öffentlichen Rechts, welche im Bezirk der Industrie- und Handelskammer eine Betriebsstätte unterhalten (Kammerzugehörige).

(2) Absatz 1 gilt für natürliche Personen und Gesellschaften, welche ausschließlich einen freien Beruf ausüben oder welche Land- oder Forstwirtschaft oder ein damit verbundenes Nebengewerbe betreiben, nur, soweit sie in das Handelsregister eingetragen sind.

(3) Natürliche und juristische Personen und Personengesellschaften, die in der Handwerksrolle oder in dem Verzeichnis der zulassungsfreien Handwerke oder der handwerksähnlichen Gewerbe eingetragen sind oder die nach § 90 Abs. 3 der Handwerksordnung zur Handwerkskammer gehören, gehören mit ihrem nichthandwerklichen oder nichthandwerksähnlichen Betriebsteil der Industrie- und Handelskammer an.

(4) Absatz 1 gilt nicht für landwirtschaftliche Genossenschaften; als solche gelten im Sinne dieser Bestimmung

a) ländliche Kreditgenossenschaften, deren Mitglieder überwiegend aus Landwirten bestehen;

b) Genossenschaften, die ganz oder überwiegend der Nutzung landwirtschaftlicher Betriebseinrichtungen oder der Versorgung der Landwirtschaft mit Betriebsmitteln oder dem Absatz oder der Lagerung oder der Bearbeitung oder Verarbeitung landwirtschaftlicher Erzeugnisse dienen, sofern sich die Be- oder Verarbeitung nach der Verkehrsauffassung im Bereich der Landwirtschaft hält;

c) Zusammenschlüsse der unter Buchstabe b genannten Genossenschaften bis zu einer nach der Höhe des Eigenkapitals zu bestimmenden Grenze, die von dem Bundesministerium für Wirtschaft und Technologie im Einvernehmen mit dem Bundesministerium für Ernährung, Landwirtschaft und Verbraucherschutz durch Rechtsverordnung festgelegt wird.

(5) Absatz 1 gilt nicht für Gemeinden und Gemeindeverbände, die Eigenbetriebe unterhalten. Sie können aber insoweit der Industrie- und Handelskammer beitreten.

20   Gewerbeordnung

In der Fassung der Bekanntmachung vom 22. Februar 1999 (BGBl. I S. 202), zuletzt geändert durch Artikel 14 des Gesetzes vom 19. Dezember 2007 (BGBl. I S. 3024)

– Auszug –

§ 14   Anzeigepflicht

(1) Wer den selbständigen Betrieb eines stehenden Gewerbes, einer Zweigniederlassung oder einer unselbständigen Zweigstelle anfängt, muss dies der zuständigen Behörde gleichzeitig anzeigen. Das Gleiche gilt, wenn

1. der Betrieb verlegt wird,

2. der Gegenstand des Gewerbes gewechselt oder auf Waren oder Leistungen ausgedehnt wird, die bei Gewerbebetrieben der angemeldeten Art nicht geschäftsüblich sind, oder

3. der Betrieb aufgegeben wird.

Steht die Aufgabe des Betriebes eindeutig fest und ist die Abmeldung nicht innerhalb eines angemessenen Zeitraums erfolgt, kann die Behörde die Abmeldung von Amts wegen vornehmen.

(2) Absatz 1 gilt auch für den Handel mit Arzneimitteln, mit Losen von Lotterien und Ausspielungen sowie mit Bezugs- und Anteilscheinen auf solche Lose und für den Betrieb von Wettannahmestellen aller Art.

(3) Wer die Aufstellung von Automaten (Waren-, Leistungs- und Unterhaltungsautomaten jeder Art) als selbständiges Gewerbe betreibt, muss die Anzeige allen Behörden erstatten, in deren Zuständigkeitsbereich Automaten aufgestellt werden. Die zuständige Behörde kann Angaben über den Aufstellungsort der einzelnen Automaten verlangen.

(4) Für die Anzeige ist

1. in den Fällen des Absatzes 1 Satz 1 (Beginn des Betriebes) ein Vordruck nach dem Muster der Anlage 1 (Gewerbeanmeldung – GewA 1),

2. in den Fällen des Absatzes 1 Satz 2 Nr. 1 (Verlegung des Betriebes) und in den Fällen des Absatzes 1 Satz 2 Nr. 2 (Wechsel oder Ausdehnung des Gegenstandes des Gewerbes) ein Vordruck nach dem Muster der Anlage 2 (Gewerbeummeldung – GewA 2),

3. in den Fällen des Absatzes 1 Satz 2 Nr. 3 (Aufgabe des Betriebes) ein Vordruck nach dem Muster der Anlage 3 (Gewerbeabmeldung – GewA 3)

zu verwenden. Die Vordrucke sind vollständig, in der vorgeschriebenen Anzahl und gut lesbar auszufüllen. Zur elektronischen Datenverarbeitung kann die zuständige Behörde Abweichungen von der Form, nicht aber vom Inhalt der Anzeige nach den Sätzen 1 und 2 zulassen.

(5) Die Finanzbehörden teilen den zuständigen Behörden die nach § 30 der Abgabenordnung geschützten Verhältnisse von Unternehmern im Sinne des § 5 des Gewerbesteuergesetzes mit, wenn deren Steuerpflicht erloschen ist; mitzuteilen sind lediglich Name und betriebliche Anschrift des Unternehmers und der Tag, an dem die Steuerpflicht endete. Die Mitteilungspflicht besteht nicht, soweit ihre Erfüllung mit einem unverhältnismäßigen Aufwand verbunden wäre. 3Absatz 6 Satz 1 gilt entsprechend.

(6) Die erhobenen Daten dürfen nur für die Überwachung der Gewerbeausübung sowie statistische Erhebungen verwendet werden. Der Name, die betriebliche Anschrift und die angezeigte Tätigkeit des Gewerbetreibenden dürfen allgemein zugänglich gemacht werden.

(7) Öffentlichen Stellen, soweit sie nicht als öffentlich-rechtliche Unternehmen am Wettbewerb teilnehmen, dürfen der Zweckbindung nach Absatz 6 Satz 1 unterliegende Daten übermittelt werden, soweit

1. eine regelmäßige Datenübermittlung nach Absatz 9 zulässig ist,

2. die Kenntnis der Daten zur Abwehr einer gegenwärtigen Gefahr für die öffentliche Sicherheit oder erheblicher Nachteile für das Gemeinwohl erforderlich ist oder

3. der Empfänger die Daten beim Gewerbetreibenden nur mit unverhältnismäßigem Aufwand erheben könnte oder von einer solchen Datenerhebung nach der Art der Aufgabe, für deren Erfüllung die Kenntnis der Daten erforderlich ist, abgesehen werden muss und kein Grund zu der Annahme besteht, dass das schutzwürdige Interesse des Gewerbetreibenden überwiegt.

Für die Weitergabe von Daten innerhalb der Verwaltungseinheiten, denen die für die Entgegennahme der Anzeige und die Überwachung der Gewerbeausübung zuständigen Behörden angehören, gilt Satz 1 entsprechend.

(8) Öffentlichen Stellen, soweit sie als öffentlich-rechtliche Unternehmen am Wettbewerb teilnehmen, und nichtöffentlichen Stellen dürfen der Zweckbindung nach Absatz 6 Satz 1 unterliegende Daten übermittelt werden, wenn der Empfänger ein rechtliches Interesse an der Kenntnis der zu übermittelnden Daten glaubhaft macht und kein Grund zu der Annahme besteht, dass das schutzwürdige Interesse des Gewerbetreibenden überwiegt.

(9) Die zuständige Behörde darf Daten aus der Gewerbeanzeige regelmäßig übermitteln an

1. die Industrie- und Handelskammer zur Wahrnehmung der in den §§ 1, 3 und 5 des Gesetzes zur vorläufigen Regelung des Rechts der Industrie- und Handelskammern genannten sowie der nach § 1 Abs. 4 desselben Gesetzes übertragenen Aufgaben ohne die Feld-Nummer 33,

2. die Handwerkskammer zur Wahrnehmung der in § 91 der Handwerksordnung genannten, insbesondere der ihr durch die §§ 6, 19 und 28 der Handwerksordnung zugewiesenen und sonstiger durch Gesetz übertragener Aufgaben ohne die Feld-Nummer 33,

3. die für den Immissionsschutz zuständige Landesbehörde zur Durchführung arbeitsschutzrechtlicher sowie immissionsschutzrechtlicher Vorschriften ohne die Feld-Nummern 8, 10, 27 bis 31 und 33,

3a. die für den technischen und sozialen Arbeitsschutz, einschließlich den Entgeltschutz nach dem Heimarbeitsgesetz zuständige Landesbehörde zur Durchführung ihrer Aufgaben ohne die Feld-Nummern 8, 10, 27 bis 31 und 33,

4. das Eichamt zur Wahrnehmung der im Eichgesetz, in der Eichordnung sowie in der Fertigpackungsverordnung gesetzlich festgelegten Aufgaben, und zwar nur die Feld-Nummern 1, 3, 4, 11, 12, 15 und 17,

5. die Bundesagentur für Arbeit zur Wahrnehmung der in § 405 Abs. 1 in Verbindung mit § 404 Abs. 2 des Dritten Buches Sozialgesetzbuch sowie der im Arbeitnehmerüberlassungsgesetz ge-

nannten Aufgaben ohne die Feld-Nummer 33, bei der Abmeldung ohne die Feld-Nummern 8, 10 bis 16 und 18 bis 33,

6. den Hauptverband der gewerblichen Berufsgenossenschaften ausschließlich zur Weiterleitung an die zuständige Berufsgenossenschaft für die Erfüllung der ihr durch Gesetz übertragenen Aufgaben ohne die Feld-Nummern 10, 28, 30, 31 und 33,

7. die Behörden der Zollverwaltung zur Wahrnehmung der ihnen nach dem Schwarzarbeitsbekämpfungsgesetz, nach § 405 Abs. 1 in Verbindung mit § 404 Abs. 2 des Dritten Buches Sozialgesetzbuch sowie nach dem Arbeitnehmer-überlassungsgesetz obliegenden Aufgaben ohne die Feldnummer 33, bei der Abmeldung ohne die Feldnummern 10 bis 16 und 18 bis 33,

8. das Registergericht, soweit es sich um die Abmeldung einer im Handels- und Genossenschaftsregister eingetragenen Haupt- oder Zweigniederlassung handelt, für Maßnahmen zur Herstellung der inhaltlichen Richtigkeit des Handelsregisters gemäß § 132 Abs. 1 des Gesetzes über die Angelegenheiten der freiwilligen Gerichtsbarkeit oder des Genossenschaftsregisters gemäß § 160 des Gesetzes betreffend die Erwerbs- und Wirtschaftsgenossenschaften, und zwar ohne die Feld-Nummern 6 bis 8, 10 bis 13, 18, 19, 21, 22 und 27 bis 33,

9. die statistischen Ämter der Länder zur Führung des Statistikregisters nach § 1 Abs. 1 Satz 1 des Statistikregistergesetzes in den Fällen des Absatzes 1 Satz 2 Nr. 1 und 2 die in Absatz 14 Satz 4 angeführten Feld-Nummern. § 138 der Abgabenordnung bleibt unberührt.

(10) Darüber hinaus sind Übermittlungen der nach den Absätzen 1 bis 5 erhobenen Daten nur zulässig, soweit die Kenntnis der Daten zur Verfolgung von Straftaten erforderlich ist oder eine besondere Rechtsvorschrift dies vorsieht.

(11) Die Einrichtung eines automatisierten Verfahrens, das den Abruf von Daten aus der Gewerbeanzeige ermöglicht, ist nur zulässig, wenn technisch sichergestellt ist, dass

1. die abrufende Stelle die bei der zuständigen Stelle gespeicherten Daten nicht verändern kann und

2. ein Abruf durch eine in Absatz 8 genannte Stelle nur möglich ist, wenn die abrufende Stelle entweder den Namen des Gewerbetreibenden oder die betriebliche Anschrift des Gewerbetreibenden angegeben hat; der Abruf von Daten unter Verwendung unvollständiger Abfragedaten oder die Suche mittels einer Ähnlichenfunktion kann zugelassen werden.

(12) Die Einrichtung eines automatisierten Verfahrens, das den Abruf von Daten ermöglicht, die der Zweckbindung nach Absatz 6 Satz 1 unterliegen, ist nur zulässig, soweit

1. dies wegen der Häufigkeit oder der Eilbedürftigkeit der Abrufe und unter Berücksichtigung der schutzwürdigen Interessen der Gewerbetreibenden angemessen ist,

2. die zum Abruf bereitgehaltenen Daten ihrer Art nach für die Aufgaben oder Geschäftszwecke des Empfängers erforderlich sein können und

3. technisch sichergestellt ist, dass Daten durch andere als die in Absatz 9 genannten Stellen nur abgerufen werden können, wenn dabei der Verwendungszweck, für den der Abruf erfolgt, sowie das Aktenzeichen oder eine andere Bezeichnung des Vorgangs, für den der Abruf erfolgt, angegeben wird.

Die Datenempfänger sowie die Verwendungszwecke, für die Abrufe zugelassen werden, sind vom Leiter der Verwaltungseinheit schriftlich festzulegen. 3Die zuständige Stelle protokolliert die Abrufe einschließlich der angegebenen Verwendungszwecke und Vorgangsbezeichnungen. Die Protokolle müssen die Feststellung der für die einzelnen Abrufe verantwortlichen Personen ermöglichen. 5Eine mindestens stichprobenweise Protokollauswertung ist durch die speichernde Stelle zu gewährleisten. 6Die Protokolldaten dürfen nur zur Kontrolle der Zulässigkeit der Abrufe verwendet werden und sind nach sechs Monaten zu löschen.

(13) Daten, die der Zweckbindung nach Absatz 6 Satz 1 unterliegen, darf der Empfänger nur für den Zweck verwenden, zu dessen Erfüllung sie ihm übermittelt werden.

(14) Über die Gewerbeanzeigen nach Absatz 1 Satz 1 und 2 Nr. 3 werden monatliche Erhebungen als Bundesstatistik durchgeführt. Für die Erhebungen besteht Auskunftspflicht. Auskunftspflichtig sind die Anzeigepflichtigen, die die Auskunftspflicht durch Erstattung der Anzeige erfüllen. Die zuständige Behörde übermittelt die Gewerbeanzeigen monatlich an die statistischen Ämter der Länder mit den Feld-Nummern

1. 1 bis 4 als Hilfsmerkmale für den Betriebsinhaber,

2.   10 und 12 bis 14 als Hilfsmerkmale für den Betrieb,

3.   4a, 8, 15 bis 25, 27, 29 und 32 als Erhebungsmerkmale.

Die statistischen Ämter der Länder dürfen die Angaben zu den Feld-Nummern 1 und 3 für die Bestimmung der Rechtsform bis zum Abschluss der nach § 12 Abs. 1 des Bundesstatistikgesetzes vorgesehenen Prüfung auswerten. Ferner dürfen sie nähere Angaben zu der Feld-Nummer 15 unmittelbar bei den Auskunftpflichtigen erfragen, soweit die gemeldete Tätigkeit sonst den Wirtschaftszweigen der statistischen Systematik der Europäischen Gemeinschaft gemäß Verordnung (EWG) Nr. 3037/90 des Rates vom 9. Oktober 1990 (ABl. EG Nr. L 293 S. 1) nicht zugeordnet werden kann.

§ 15b   Namensangabe im Schriftverkehr

(1) Gewerbetreibende, für die keine Firma im Handelsregister eingetragen ist, müssen auf allen Geschäftsbriefen, die an einen bestimmten Empfänger gerichtet werden, ihren Familiennamen mit mindestens einem ausgeschriebenen Vornamen und ihre ladungsfähige Anschrift angeben. Der Angaben nach Satz 1 bedarf es nicht bei Mitteilungen oder Berichten, die im Rahmen einer bestehenden Geschäftsverbindung ergehen und für die üblicherweise Vordrucke verwendet werden, in denen lediglich die im Einzelfall erforderlichen besonderen Angaben eingefügt zu werden brauchen. Bestellscheine gelten als Geschäftsbriefe im Sinne des Satzes 1; Satz 2 ist nicht auf sie anzuwenden.

(2) Ausländische juristische Personen müssen auf allen Geschäftsbriefen im Sinne des Absatzes 1, die von einer gewerblichen Zweigniederlassung oder unselbständigen Zweigstelle im Inland ausgehen, den Ort und den Staat ihres satzungsmäßigen Sitzes, ihre ladungsfähige Anschrift sowie ihre gesetzlichen Vertreter mit dem Familiennamen und mindestens einem ausgeschriebenen Vornamen angeben.

(3) Absatz 2 findet keine Anwendung auf ausländische juristische Personen, die nach den Rechtsvorschriften eines Mitgliedstaates der Europäischen Union oder der anderen Vertragsstaaten des Abkommens über den Europäischen Wirtschaftsraum gegründet sind und ihren satzungsmäßigen Sitz, ihre Hauptverwaltung oder ihre Hauptniederlassung innerhalb der Europäischen Union haben. Für juristische Personen, die nach den Rechtsvorschriften eines Mitgliedstaates der Europäischen Union oder der anderen Vertragsstaaten des Abkommens über den Europäischen Wirtschaftsraum gegründet worden sind und ihren satzungsmäßigen Sitz, jedoch weder ihre Hauptverwaltung noch ihre Hauptniederlassung innerhalb der Europäischen Union haben, gilt dies nur, wenn ihre Tätigkeit in tatsächlicher und dauerhafter Verbindung mit der Wirtschaft eines Mitgliedstaates steht.

§ 35   Gewerbeuntersagung wegen Unzuverlässigkeit

(1) Die Ausübung eines Gewerbes ist von der zuständigen Behörde ganz oder teilweise zu untersagen, wenn Tatsachen vorliegen, welche die Unzuverlässigkeit des Gewerbetreibenden oder einer mit der Leitung des Gewerbebetriebes beauftragten Person in bezug auf dieses Gewerbe dartun, sofern die Untersagung zum Schutze der Allgemeinheit oder der im Betrieb Beschäftigten erforderlich ist. Die Untersagung kann auch auf die Tätigkeit als Vertretungsberechtigter eines Gewerbetreibenden oder als mit der Leitung eines Gewerbebetriebes beauftragte Person sowie auf einzelne andere oder auf alle Gewerbe erstreckt werden, soweit die festgestellten Tatsachen die Annahme rechtfertigen, daß der Gewerbetreibende auch für diese Tätigkeiten oder Gewerbe unzuverlässig ist. Das Untersagungsverfahren kann fortgesetzt werden, auch wenn der Betrieb des Gewerbes während des Verfahrens aufgegeben wird.

(2) Dem Gewerbetreibenden kann auf seinen Antrag von der zuständigen Behörde gestattet werden, den Gewerbebetrieb durch einen Stellvertreter (§ 45) fortzuführen, der die Gewähr für eine ordnungsgemäße Führung des Gewerbebetriebes bietet.

(3) Will die Verwaltungsbehörde in dem Untersagungsverfahren einen Sachverhalt berücksichtigen, der Gegenstand der Urteilsfindung in einem Strafverfahren gegen einen Gewerbetreibenden gewesen ist, so kann sie zu dessen Nachteil von dem Inhalt des Urteils insoweit nicht abweichen, als es sich bezieht auf

1.   die Feststellung des Sachverhalts,

2.   die Beurteilung der Schuldfrage oder

3.   die Beurteilung der Frage, ob er bei weiterer Ausübung des Gewerbes erhebliche rechtswidrige Taten im Sinne des § 70 des Strafgesetzbuches begehen wird und ob zur Abwehr dieser Gefah-

ren die Untersagung des Gewerbes angebracht ist. Absatz 1 Satz 2 bleibt unberührt. Die Entscheidung über ein vorläufiges Berufsverbot (§ 132a der Strafprozessordnung), der Strafbefehl und die gerichtliche Entscheidung, durch welche die Eröffnung des Hauptverfahrens abgelehnt wird, stehen einem Urteil gleich; dies gilt auch für Bußgeldentscheidungen, soweit sie sich auf die Feststellung des Sachverhalts und die Beurteilung der Schuldfrage beziehen.

(4) Vor der Untersagung sollen, soweit besondere staatliche Aufsichtsbehörden bestehen, die Aufsichtsbehörden, ferner die zuständige Industrie- und Handelskammer oder Handwerkskammer und, soweit es sich um eine Genossenschaft handelt, auch der Prüfungsverband gehört werden, dem die Genossenschaft angehört. Ihnen sind die gegen den Gewerbetreibenden erhobenen Vorwürfe mitzuteilen und die zur Abgabe der Stellungnahme erforderlichen Unterlagen zu übersenden. 3Die Anhörung der vorgenannten Stellen kann unterbleiben, wenn Gefahr im Verzuge ist; in diesem Falle sind diese Stellen zu unterrichten.

(5) (weggefallen)

(6) Dem Gewerbetreibenden ist von der zuständigen Behörde auf Grund eines an die Behörde zu richtenden schriftlichen Antrages die persönliche Ausübung des Gewerbes wieder zu gestatten, wenn Tatsachen die Annahme rechtfertigen, daß eine Unzuverlässigkeit im Sinne des Absatzes 1 nicht mehr vorliegt. Vor Ablauf eines Jahres nach Durchführung der Untersagungsverfügung kann die Wiederaufnahme nur gestattet werden, wenn hierfür besondere Gründe vorliegen.

(7) Zuständig ist die Behörde, in deren Bezirk der Gewerbetreibende eine gewerbliche Niederlassung unterhält oder in den Fällen des Absatzes 2 oder 6 unterhalten will. Bei Fehlen einer gewerblichen Niederlassung sind die Behörden zuständig, in deren Bezirk das Gewerbe ausgeübt wird oder ausgeübt werden soll. 3Für die Vollstreckung der Gewerbeuntersagung sind auch die Behörden zuständig, in deren Bezirk das Gewerbe ausgeübt wird oder ausgeübt werden soll.

(7a) Die Untersagung kann auch gegen Vertretungsberechtigte oder mit der Leitung des Gewerbebetriebes beauftragte Personen ausgesprochen werden. Das Untersagungsverfahren gegen diese Personen kann unabhängig von dem Verlauf des Untersagungsverfahrens gegen den Gewerbetreibenden fortgesetzt werden. Die Absätze 1 und 3 bis 7 sind entsprechend anzuwenden.

(8) Soweit für einzelne Gewerbe besondere Untersagungs- oder Betriebsschließungsvorschriften bestehen, die auf die Unzuverlässigkeit des Gewerbetreibenden abstellen, oder eine für das Gewerbe erteilte Zulassung wegen Unzuverlässigkeit des Gewerbetreibenden zurückgenommen oder widerrufen werden kann, sind die Absätze 1 bis 7a nicht anzuwenden. 2Dies gilt nicht für Vorschriften, die Gewerbeuntersagungen oder Betriebsschließungen durch strafgerichtliches Urteil vorsehen.

(9) Die Absätze 1 bis 8 sind auf Genossenschaften entsprechend anzuwenden, auch wenn sich ihr Geschäftsbetrieb auf den Kreis der Mitglieder beschränkt; sie finden ferner Anwendung auf den Handel mit Arzneimitteln, mit Losen von Lotterien und Ausspielungen sowie mit Bezugs- und Anteilscheinen auf solche Lose und auf den Betrieb von Wettannahmestellen aller Art.

§ 146   Verletzung sonstiger Vorschriften über die Ausübung eines Gewerbes

(1) Ordnungswidrig handelt, wer vorsätzlich oder fahrlässig

1.   einer vollziehbaren Anordnung

a) nach § 35 Abs. 1 Satz 1 oder 2,

b) nach § 35 Abs. 7a Satz 1, 3 in Verbindung mit Abs. 1 Satz 1 oder 2 oder

c) nach § 35 Abs. 9 in Verbindung mit den in den Buchstaben a oder b genannten Vorschriften

zuwiderhandelt,

1a.   einer mit einer Erlaubnis nach § 35 Abs. 2, auch in Verbindung mit Abs. 9, verbundenen vollziehbaren Auflage zuwiderhandelt oder

2.   entgegen einer vollziehbaren Anordnung nach § 51 Satz 1 eine gewerbliche Anlage benutzt.

(2) Ordnungswidrig handelt ferner, wer vorsätzlich oder fahrlässig

1.   entgegen § 14 Abs. 1 bis 4 eine Anzeige nicht, nicht richtig, nicht vollständig oder nicht rechtzeitig erstattet,

2.   entgegen § 15a Namen, Firma oder Anschrift nicht oder nicht in der vorgeschriebenen Weise anbringt,

3. entgegen § 15b auf Geschäftsbriefen die vorgeschriebenen Angaben nicht oder nicht vollständig macht,

4. entgegen § 29 Abs. 1, auch in Verbindung mit Abs. 4, jeweils auch in Verbindung mit § 61a Abs. 1 oder § 71b Abs. 1, eine Auskunft nicht, nicht richtig, nicht vollständig oder nicht rechtzeitig erteilt,

5. im Wochenmarktverkehr andere als nach § 67 Abs. 1 oder 2 zugelassene Waren feilbietet,

6. entgegen § 69 Abs. 3 eine Anzeige nicht, nicht richtig oder nicht rechtzeitig erstattet,

7. einer vollziehbaren Auflage nach § 69a Abs. 2, auch in Verbindung mit § 60b Abs. 2 erster Halbsatz, zuwiderhandelt,

8. einer vollziehbaren Anordnung nach § 70a Abs. 1, auch in Verbindung mit § 60b Abs. 2, zuwiderhandelt, durch die die Teilnahme an einer dort genannten Veranstaltung

    a) zum Zwecke der Ausübung einer Tätigkeit nach § 34c Abs. 1 Satz 1 Nr. 2 oder

    b) zum Zwecke der Ausübung einer sonstigen gewerbsmäßigen Tätigkeit untersagt wird,

9. entgegen § 70a Abs. 3 das Versteigerergewerbe auf einer Veranstaltung im Sinne der §§ 64 bis 68 ausübt,

10. entgegen § 70b, auch in Verbindung mit § 60b Abs. 2 erster Halbsatz, Name oder Firma nicht oder nicht in der vorgeschriebenen Weise anbringt,

11.. einer Rechtsverordnung nach § 71b Abs. 2 Satz 1 in Verbindung mit § 34a Abs. 2, § 34b Abs. 8, § 34d Abs. 8 Satz 1 Nr. 1 oder 3, Satz 2 oder 3 oder § 34e Abs. 3 Satz 3 oder 4 oder einer vollziehbaren Anordnung auf Grund einer solchen Rechtsverordnung zuwiderhandelt, soweit die Rechtsverordnung für einen bestimmten Tatbestand auf diese Bußgeldvorschrift verweist,

11a. einer Rechtsverordnung nach § 71b Abs. 2 Satz 1 in Verbindung mit § 34c Abs. 3 oder einer vollziehbaren Anordnung auf Grund dieser Rechtsverordnung zuwiderhandelt, soweit die Rechtsverordnung für einen bestimmten Tatbestand auf diese Bußgeldvorschrift verweist oder

12. entgegen einer nach § 133 Abs. 2 Satz 1 ergangenen Rechtsverordnung die Berufsbezeichnung "Baumeister" oder eine Berufsbezeichnung führt, die das Wort "Baumeister" enthält und auf eine Tätigkeit im Baugewerbe hinweist.

(3) Die Ordnungswidrigkeit kann in den Fällen des Absatzes 2 Nr. 8 Buchstabe a mit einer Geldbuße bis zu fünfzigtausend Euro, in den Fällen des Absatzes 1 und 2 Nr. 11a mit einer Geldbuße bis zu fünftausend Euro, in den Fällen des Absatzes 2 Nr. 4 und 7 mit einer Geldbuße bis zu zweitausendfünfhundert Euro, in den übrigen Fällen des Absatzes 2 mit einer Geldbuße bis zu eintausend Euro geahndet werden.

21 Entwurf eines Gesetzes über das Verfahren in Familiensachen und in den Angelegenheiten der freiwilligen Gerichtsbarkeit (FamFG)

FamFG-Entwurf (Bt-Drucksache 16/6308 vom 7.9.2007)

– Auszug –

§ 61 Beschwerdewert; Zulassungsbeschwerde

(1) In vermögensrechtlichen Angelegenheiten ist die Beschwerde nur zulässig, wenn der Wert des Beschwerdegegenstandes sechshundert Euro übersteigt.

(2) Übersteigt der Beschwerdegegenstand nicht den in Absatz 1 genannten Betrag, ist die Beschwerde zulässig, wenn das Gericht des ersten Rechtszuges die Beschwerde zugelassen hat.

(3) Das Gericht des ersten Rechtszuges lässt die Beschwerde zu, wenn

1. die Rechtssache grundsätzliche Bedeutung hat oder die Fortbildung des Rechts oder die Sicherung einer einheitlichen Rechtsprechung eine Entscheidung des Beschwerdegerichts erfordert und

2. der Beteiligte durch den Beschluss mit nicht mehr als sechshundert Euro beschwert ist. Das Beschwerdegericht ist an die Zulassung gebunden.

§ 168 Beschluss über Zahlungen des Mündels

(1) Das Gericht setzt durch Beschluss fest, wenn der Vormund, Gegenvormund oder Mündel die gerichtliche Festsetzung beantragt oder das Gericht sie für angemessen hält:

1. Vorschuss, Ersatz von Aufwendungen, Aufwandsentschädigung, soweit der Vormund oder Gegenvormund sie aus der Staatskasse verlangen kann (§ 1835 Abs. 4 und § 1835a Abs. 3 des Bürgerlichen Gesetzbuchs) oder ihm nicht die Vermögenssorge übertragen wurde;

2. eine dem Vormund oder Gegenvormund zu bewilligende Vergütung oder Abschlagszahlung (§1836 des Bürgerlichen Gesetzbuchs).

Mit der Festsetzung bestimmt das Gericht Höhe und Zeitpunkt der Zahlungen, die der Mündel an die Staatskasse nach den §§ 1836c und 1836e des Bürgerlichen Gesetzbuchs zu leisten hat. Es kann die Zahlungen gesondert festsetzen, wenn dies zweckmäßig ist. Erfolgt keine Festsetzung nach Satz 1 und richten sich die in Satz 1 bezeichneten Ansprüche gegen die Staatskasse, gelten die Vorschriften über das Verfahren bei der Entschädigung von Zeugen hinsichtlich ihrer baren Auslagen sinngemäß.

(2) In dem Antrag sollen die persönlichen und wirtschaftlichen Verhältnisse des Mündels dargestellt werden. § 118 Abs. 2 Satz 1 und 2 sowie § 120 Abs. 2 bis Abs. 4 Satz 1 und 2 der Zivilprozessordnung sind entsprechend anzuwenden. Steht nach der freien Überzeugung des Gerichts der Aufwand zur Ermittlung der persönlichen und wirtschaftlichen Verhältnisse des Mündels außer Verhältnis zur Höhe des aus der Staatskasse zu begleichenden Anspruchs oder zur Höhe der voraussichtlich vom Mündel zu leistenden Zahlungen, kann das Gericht ohne weitere Prüfung den Anspruch festsetzen oder von einer Festsetzung der vom Mündel zu leistenden Zahlungen absehen.

(3) Nach dem Tode des Mündels bestimmt das Gericht Höhe und Zeitpunkt der Zahlungen, die der Erbe des Mündels nach § 1836e des Bürgerlichen Gesetzbuchs an die Staatskasse zu leisten hat. Der Erbe ist verpflichtet, dem Gericht über den Bestand des Nachlasses Auskunft zu erteilen. Er hat dem Gericht auf Verlangen ein Verzeichnis der zur Erbschaft gehörenden Gegenstände vorzulegen und an Eides Statt zu versichern, dass er nach bestem Wissen und Gewissen den Bestand so vollständig angegeben habe, als er dazu imstande sei.

(4) Der Mündel ist zu hören, bevor nach Absatz 1 eine von ihm zu leistende Zahlung festgesetzt wird. Vor einer Entscheidung nach Absatz 3 ist der Erbe zu hören.

(5) Auf die Pflegschaft sind die Absätze 1 bis 4 entsprechend anzuwenden.

§ 277 Vergütung und Aufwendungsersatz des Verfahrenspflegers

(1) Der Verfahrenspfleger erhält Ersatz seiner Aufwendungen nach § 1835 Abs. 1 bis 2 des Bürgerlichen Gesetzbuchs. Vorschuss kann nicht verlangt werden. Eine Behörde oder ein Verein erhalten als Verfahrenspfleger keinen Aufwendungsersatz.

(2) § 1836 Abs. 1 und 3 des Bürgerlichen Gesetzbuchs gilt entsprechend. Wird die Verfahrenspflegschaft ausnahmsweise berufsmäßig geführt, erhält der Verfahrenspfleger neben den Aufwendungen nach Absatz 1 eine Vergütung in entsprechender Anwendung der §§ 1, 2 und 3 Abs. 1 und 2 des Vormünder- und Betreuervergütungsgesetzes.

(3) Anstelle des Aufwendungsersatzes und der Vergütung nach den Absätzen 1 und 2 kann das Gericht dem Verfahrenspfleger einen festen Geldbetrag zubilligen, wenn die für die Führung der Pflegschaftsgeschäfte erforderliche Zeit vorhersehbar und ihre Ausschöpfung durch den Verfahrenspfleger gewährleistet ist. Bei der Bemessung des Geldbetrags ist die voraussichtlich erforderliche Zeit mit den in § 3 Abs. 1 des Vormünder- und Betreuervergütungsgesetzes bestimmten Stundensätzen zuzüglich einer Aufwandspauschale von drei Euro je veranschlagter Stunde zu vergüten. In diesem Fall braucht der Verfahrenspfleger die von ihm aufgewandte Zeit und eingesetzten Mittel nicht nachzuweisen; weitergehende Aufwendungsersatz- und Vergütungsansprüche stehen ihm nicht zu.

(4) Ist ein Mitarbeiter eines anerkannten Betreuungsvereins als Verfahrenspfleger bestellt, stehen der Aufwendungsersatz und die Vergütung nach den Absätzen 1 bis 3 dem Verein zu. § 7 Abs. 1 Satz 2 und Abs. 3 des Vormünder- und Betreuervergütungsgesetzes sowie § 1835 Abs. 5 Satz 2 des Bürgerlichen Gesetzbuchs gelten entsprechend. Ist ein Bediensteter der Betreuungsbehörde als Verfahrenspfleger für das Verfahren bestellt, erhält die Betreuungsbehörde keinen Aufwendungsersatz und keine Vergütung.

(5) Der Aufwendungsersatz und die Vergütung des Verfahrenspflegers sind stets aus der Staatskasse zu zahlen. Im Übrigen gilt § 168 Abs. 1 entsprechend.

§ 292   Zahlungen an den Betreuer

(1) In Betreuungsverfahren gilt § 168 entsprechend.

(2) Die Landesregierungen werden ermächtigt, durch Rechtsverordnung für Anträge und Erklärungen auf Ersatz von Aufwendungen und Bewilligung von Vergütung Formulare einzuführen. Soweit Formulare eingeführt sind, müssen sich Personen, die die Betreuung im Rahmen der Berufsausübung führen, ihrer bedienen und sie als elektronisches Dokument einreichen, wenn dieses für die automatische Bearbeitung durch das Gericht geeignet ist. Andernfalls liegt keine ordnungsgemäße Geltendmachung im Sinne von § 1836 Abs. 1 Satz 2 des Bürgerlichen Gesetzbuchs in Verbindung mit § 1 des Vormünder- und Betreuungsvergütungsgesetzes vor. Die Landesregierungen können die Ermächtigung nach Satz 1 durch Rechtsverordnung auf die Landesjustizverwaltungen übertragen.

Stichwörter

Die Ziffern beziehen sich auf die Seitenzahlen